上海市政工程设计研究总院(集团)有限公司
现代桥梁技术丛书

现代斜拉桥
MODERN
CABLE-STAYED BRIDGE

邵长宇 著

人民交通出版社
北京

内 容 提 要

本书根据现代斜拉桥的国内外技术发展及相关工程实践成果,以工程应用为导向,系统阐述了斜拉桥的结构体系、力学性能、总体布置、结构形式与构造等。全书共分为9章,包括绪论、结构体系与力学性能、总体布置、钢梁、组合梁、混凝土梁、桥塔、斜拉索、桥面板等内容。

本书可供桥梁专业技术人员和科研人员使用,也可供大专院校研究生和高年级本科生参考。

图书在版编目(CIP)数据

现代斜拉桥 / 邵长宇著. —— 北京:人民交通出版社股份有限公司,2024.9. ——(现代桥梁技术丛书).
ISBN 978-7-114-19739-0

Ⅰ.U448.27

中国国家版本馆 CIP 数据核字第 2024LX1845 号

上海市政工程设计研究总院(集团)有限公司
现代桥梁技术丛书
Xiandai Xielaqiao

书　名:	现代斜拉桥
著 作 者:	邵长宇
责任编辑:	李　喆　袁倩倩
责任校对:	赵媛媛　刘　璇
责任印制:	刘高彤
出版发行:	人民交通出版社
地　　址:	(100011)北京市朝阳区安定门外外馆斜街 3 号
网　　址:	http://www.ccpcl.com.cn
销售电话:	(010)85285911
总 经 销:	人民交通出版社发行部
经　　销:	各地新华书店
印　　刷:	北京印匠彩色印刷有限公司
开　　本:	787×1092　1/16
印　　张:	38
字　　数:	925 千
版　　次:	2024 年 9 月　第 1 版
印　　次:	2024 年 9 月　第 1 次印刷
书　　号:	ISBN 978-7-114-19739-0
定　　价:	298.00 元

(有印刷、装订质量问题的图书,由本社负责调换)

前 言
Preface

斜拉桥作为大跨度桥梁最为常用的桥型，结构体系与形式丰富多样，不仅跨越能力大，而且对自然条件适应能力强，在世界范围得到广泛应用。自20世纪中期开启现代密索体系斜拉桥技术新时代以来，斜拉桥的应用迅速超越拱桥和悬索桥，成为当今应用最多的大跨度桥梁结构体系。现代斜拉桥从1956年瑞典主跨183m的Strömsund桥开始，到2008年中国苏通大桥主跨1088m的斜拉桥建成通车，半个多世纪的时间里取得了巨大的技术进步，斜拉桥进入了超千米跨径纪录的赶超时代。面向未来的桥梁建设需要与技术发展，斜拉桥作为重要竞争桥型，技术上仍然需要不断进步，尤其是随着斜拉桥向大跨径发展，在结构体系、主梁和桥塔的结构形式等方面，都有巨大的创新空间和需求。不断丰富斜拉桥的结构体系和结构形式，不仅是提升跨越能力的问题，也是进一步提升斜拉桥与其他桥型竞争范围和竞争能力的问题。

《现代斜拉桥》力图多方面、多角度展示斜拉桥的技术特点与实践经验，注重理论联系实际，反映斜拉桥最新设计理念与研究热点。全面回顾和评价了世界范围内斜拉桥的工程实践，系统总结了公路、铁路及公铁两用等不同类型斜拉桥的结构体系、结构形式及关键构造等，从多方面展现现代斜拉桥的技术发展。内容包含现代斜拉桥自诞生以来各类标志性桥梁工程和跨径纪录，尤其中国近20年的斜拉桥里程碑工程。放眼未来，还要建设大量的桥梁，斜拉桥不可或缺，也将面临着技术创新、跨径突破等诸多挑战与机遇，希望本书的出版对斜拉桥的发展有所裨益！

《现代斜拉桥》共有9章，汤虎参与了第1章、第5章、第6章的资料整理及部分内容编写，姜洋、吴霄、周伟翔、常付平分别参与了第2章、第3章、第4章、第9章的资料整理及部分内容编写，陈亮参与了第7章、第2章部分内容编写，李文勃参与了第8章大部分内容编写，戴昌源、逯东洋参与了本书部分案例的计算。在此，向他们表示感谢！限于时间和水平，缺点在所难免，恳请读者和同行批评指正。

2024年将迎来上海市政工程设计研究总院（集团）有限公司建院70周年，谨以《现代斜拉桥》的出版恭贺总院70周年华诞！

邵长宇
2024年5月

目 录
Contents

第1章　绪论 ··· 1

    1.1　发展概况 ·· 2

    1.2　主要技术进步 ·· 13

    1.3　前景展望 ··· 19

第2章　结构体系与力学性能 ··· 31

    2.1　结构体系 ··· 32

    2.2　基本力学性能 ·· 48

    2.3　组合梁斜拉桥的力学性能 ···································· 56

    2.4　双塔斜拉桥的力学性能 ······································· 71

    2.5　其他形式斜拉桥的力学性能 ································ 83

第3章　总体布置 ··· 95

    3.1　桥跨布置 ··· 96

    3.2　结构形式选择 ·· 103

    3.3　结构关键参数选取 ··· 124

    3.4　双塔斜拉桥 ··· 143

3.5 独塔斜拉桥 ······ 167
3.6 多塔斜拉桥 ······ 176
3.7 混合梁斜拉桥布置 ······ 188

第4章 钢梁 ······ 199

4.1 发展概况 ······ 200
4.2 钢板梁 ······ 208
4.3 钢箱梁 ······ 213
4.4 钢桁梁 ······ 232

第5章 组合梁 ······ 249

5.1 发展概况 ······ 250
5.2 组合钢板梁 ······ 260
5.3 组合钢箱梁 ······ 286
5.4 组合钢桁梁 ······ 308

第6章 混凝土梁 ······ 329

6.1 发展概况 ······ 330
6.2 混凝土板梁/边主梁 ······ 339
6.3 混凝土箱梁 ······ 349

第7章 桥塔 ······ 369

7.1 发展概况 ······ 370
7.2 基本形式与特点 ······ 373
7.3 结构受力 ······ 399
7.4 混凝土桥塔 ······ 417

7.5 钢桥塔 ········· 425

7.6 组合桥塔 ········· 441

7.7 混合桥塔 ········· 448

7.8 索锚固区 ········· 465

第8章 斜拉索 ········· 483

8.1 分类与特点 ········· 484

8.2 平行钢丝索 ········· 493

8.3 钢绞线索 ········· 502

8.4 静力特性 ········· 511

8.5 振动与减振 ········· 520

第9章 桥面板 ········· 535

9.1 正交异性钢桥面板 ········· 536

9.2 混凝土桥面板 ········· 547

9.3 正交异性组合桥面板 ········· 572

参考文献 ········· 592

第1章 绪论

1.1 发展概况

1.1.1 概述

斜拉桥是由塔、梁、索、墩和基础共同受力的结构体系。斜拉桥作为大跨径桥梁最为常用的桥型,结构体系与形式丰富多样,不仅跨越能力大,而且对自然条件适应能力强,在世界范围得到广泛应用。自20世纪中期开启现代密索体系斜拉桥技术新时代以来,斜拉桥的应用迅速超越拱桥和悬索桥,成为当今应用最多的大跨径桥梁结构体系。

斜拉桥最初的设计构思可追溯到17世纪的一些以木藤或竹子作斜向支撑的结构,18~19世纪欧美国家也修建了一些以铸铁或铁丝作为拉索的索网状斜拉体系桥梁以及部分斜拉、部分悬吊的悬索-斜拉混合体系桥梁。随着苏格兰Dryburgh Abbey附近的铁链斜拉索桥以及德国跨越Saale河的Niemburg桥的相继垮塌,工程师们开始更加倾向于采用传统悬索桥或采用斜拉索提高结构刚度的悬索-斜拉混合体系(Roebling体系),斜拉桥结构在此后一个多世纪里几被工程师们所遗忘,发展甚为缓慢。1938年,德国工程师Dischinger在对跨越德国汉堡Elbe河的一座铁路悬索桥进行试设计时,重新认识到斜拉索对悬索桥挠度的显著加劲效应,并明确指出,斜拉索应采用高强钢材且必须主动施加足够高的预应力来消除自重引起的垂度效应,以便将主梁变形控制在合理较低范围。随后Dischinger在1949年首次完整地阐述了这种斜拉桥结构体系的优越性及力学特征,揭开了现代斜拉桥的序幕。随后近半个世纪,斜拉桥作为一种极具创造性的桥型,凭借它便于施工、经济、外观优美等优点,从传统桥型中脱颖而出,成为大跨径桥梁最具竞争力的桥型方案。欧洲国家率先兴起了斜拉桥的建设热潮,尤其是德国、法国,纷纷开始斜拉桥修建,随后在20世纪六七十年代日本、美国等国家相继迅速推广,并在工程实践中不断推动艺术或技术创新与突破,使斜拉桥成为最受工程师关注和青睐的桥型之一,也成为第二次世界大战后桥梁发展中的伟大成就之一。

根据主梁材料类型进行分类,斜拉桥可划分为混凝土主梁斜拉桥、钢主梁斜拉桥和组合梁斜拉桥。图1.1-1列出了国内外部分已建成斜拉桥的跨径发展历程。混凝土主梁造价低、刚度大、抗风稳定性好,但跨越能力和施工安装速度不如钢主梁,一般多应用于中小跨径斜拉桥,20世纪90年代初建成的挪威斯卡恩圣特桥以530m跨径居混凝土斜拉桥首位。大跨径斜拉桥为减轻结构自重多采用纯钢梁结构,目前已建成的最大跨径钢斜拉桥跨径已达1104m,在建的常泰长江公铁合建大桥建成后将把钢斜拉桥的跨径纪录推进到1176m。大跨径斜拉桥根据不同建设条件,有时在适宜条件下边跨可采用混凝土主梁、中跨采用钢主梁或组合梁的混合梁体系,以改善其力学性能和经济性,如法国诺曼底大桥、日本多多罗桥、中国香港昂船洲桥均为这种类型斜拉桥,目前以中国香港昂船洲大桥1018m跨径为世界之最。组合梁设计理念是用混凝土桥面板代替钢梁上缘受压的正交异性钢桥面板,既节省了造价,又改善了桥面性能,该理念在20世纪80年代加拿大Annacis桥应用后,在一系列大中跨径斜拉桥得到推广应用,目前世界最大跨径的组合梁斜拉桥为中国湖北赤壁长江公路大桥主跨720m的双塔斜拉桥。连接美国与加拿大的戈迪-豪国际大桥将于2024年年底建成通车,该桥为双塔组合钢板梁斜拉桥,主跨长达853m。该桥建成后将刷新组合梁斜拉桥的跨径纪录。

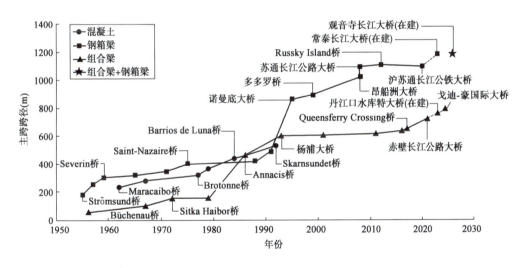

图1.1-1 不同斜拉桥发展历程

1.1.2 发展过程

斜拉桥体系从近代斜拉桥跨越到现代斜拉桥经历了漫长的过程。近代斜拉桥可以追溯到17世纪意大利人Faustus Verantius提出的由斜向眼杆悬吊木桥面的结构体系,尽管欧美地区进行了多种尝试,但由于斜拉索未能引入预张力而难以得到大的发展。现代斜拉桥区别于近代斜拉桥的根本特征,是通过斜拉索预拉来主动承担荷载而不是被动受力。1938年德国人Dischinger提出了被称为"Dischinger体系"的新构思(图1.1-2),为现代斜拉桥的发展提供了理论基础。到20世纪第二次世界大战以后,先从欧洲开始,再到美日等国家,陆续修建了大量斜拉桥。特别是自 20 世纪八九十年代以来,斜拉桥在中国得到迅速推广,成为应用最为广泛的大跨径桥型,中国也成为斜拉桥修建最多的国家。

图 1.1-2　Dischinger 体系

1956 年建成的瑞典 Strömsund 桥(图 1.1-3),由联邦德国工程师 Dischinger 设计,一般被认为是现代斜拉桥的标志性工程。Strömsund 桥为双塔三跨双索面斜拉桥,主跨 183m,主梁采用钢板梁,梁高 3.25m,斜拉索采用扇形布置,梁上索距为 35m 左右、塔上集中锚于顶部,是典型的稀索体系斜拉桥。随后稀索体系斜拉桥得到了发展,相继建成的代表性桥梁有德国 Theodor-Heuss 桥、德国 Severin 桥、德国 Knie 桥等。然而,稀索体系斜拉桥难以充分发挥斜拉桥的优势,也限制了斜拉桥的跨越能力,以至于难以达到拱桥的最大跨径。此外,稀索体系只是用拉索来代替梁式桥的中间支墩,目的只是解决梁式桥的跨越能力有限的问题。主梁上稀疏的斜拉索布置,必然需要较大的主梁刚度和单根索力,导致梁体高度较大、受力以弯曲为主以及梁上锚固区的应力集中问题。稀索体系斜拉桥的施工仍然需要类似梁式桥的架设设备,运营期的养护维修、后期斜拉索的换索都将非常困难。这一时期斜拉桥停留在稀索体系,这既有理论发展和认识问题,也有计算分析手段的限制问题。在斜拉桥的发展历程中,计算机技术的发展无疑起着重要的影响,密索体系斜拉桥这种超静定结构的求解,必须在计算机技术获得巨大发展的条件下才能得以实现。

图 1.1-3　瑞典 Strömsund 桥

密索体系斜拉桥的优点是可降低梁高,使整个结构更加轻巧。梁高的降低不仅可以减少主梁工程量,还可以减少斜拉索、主塔和基础工程量。密索体系的应用使得主梁的应力分布均匀、锚固点受力集中减小,特别是避免了主梁锚固区局部加强。由于梁上索距的减小,主梁的施工可以方便地实施悬臂施工,为成桥运营后的换索提供了结构受力与施工操作的便利条件。显然,密索体系斜拉桥理念的出现以及其多方面的优势,为斜拉桥向大跨径和超大跨径发展奠定了基础,不仅推动了斜拉桥工程应用方面的发展,更有力推动了斜拉桥在结构形式、跨越能力等多方面的全面发展。20世纪60年代末以后,斜拉桥开始了密索体系的新时代。1967年联邦德国建成的Friedrich Ebert桥(图1.1-4),为主跨280m的双塔单索面钢箱梁斜拉桥,桥宽36m,开创了密索体系斜拉桥的先河,其主梁采用了较大梁高的中心箱钢箱梁,以满足单索面布置情况下的结构抗扭需求。

图1.1-4 德国Friedrich Ebert桥

1972年建成的法兰克福Höchst Main河二桥(图1.1-5),为主跨148m的独塔斜拉桥,桥宽31m,主梁采用混凝土结构,梁上索距6.3m,由于采用密索体系,其梁高仅2.6m,以其良好的示范促进了混凝土梁斜拉桥的发展。20世纪70~80年代,根据不同国家和地区的工业水平、生活水平、实用要求、施工能力等因素,南美、法国、西班牙、意大利、瑞士、美国、挪威等国家和地区修建了一批混凝土主梁斜拉桥,杰出代表有法国Brotonne大桥(主跨320m,1977年建成,如图1.1-6所示)、美国Pasco-Kennewick桥(主跨299m,1978年建成,如图1.1-7所示)、美国East Huntington桥(主跨274.3m,1985年建成,如图1.1-8所示)。1984年西班牙建成的Luna桥(图1.1-9)采用了混凝土主梁和部分地锚的形式,以440m的主跨创造了当时的斜拉桥跨径世界纪录,1992年建成的挪威Skarnsundet大桥(图1.1-10),主跨530m,是目前世界上最大跨径混凝土斜拉桥。我国由于国情关系,早期主要发展混凝土斜拉桥。到80年代末,我国已建成混凝土斜拉桥约30座,约占世界斜拉桥总数的1/10,但最大跨径在80年代尚未突破300m,进入90年代后,1995年建成的中国武汉长江二桥,主跨400m,如图1.1-11所示,1998年建成的湖北荆州长江大桥为主跨500m的混凝土主梁斜拉桥。从长远的发展观点来看,混凝土斜拉桥的最大跨径要小于钢斜拉桥、组合梁斜拉桥和混合梁斜拉桥。

图1.1-5 德国Höchst Main河二桥

图 1.1-6　法国 Brotonne 大桥

图 1.1-7　美国 Pasco-Kennewick 桥

图 1.1-8　美国 East Huntington 桥

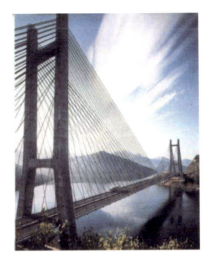

图 1.1-9 西班牙 Luna 桥

图 1.1-10 挪威 Skarnsundet 桥

图 1.1-11 武汉长江二桥

1972年联邦德国建成的跨越Rhinestone河的Mannheim-Ludwigshafen桥,为不对称独塔斜拉桥,主跨287m,主梁中跨和边跨分别采用钢梁和混凝土梁,这种混合梁斜拉桥被后续工程大量应用。在混合梁斜拉桥中,中跨采用钢梁,而边跨采用较重的混凝土梁,适用于边中跨比较小的斜拉桥。由于加大了边跨主梁的刚度和质量,大大减小了主跨主梁的内力和变形,同时可减小或避免边跨端支点负反力,从经济性角度考虑,由于减小了全桥钢梁长度,节约了造价,但应处理好钢和混凝土连接处的构造细节。法国诺曼底大桥(主跨856m,1995年建成,如图1.1-12所示)、日本多多罗桥(主跨890m,1999年建成,如图1.1-13所示)、湖北鄂东长江公路大桥(主跨936m,2010年建成,如图1.1-14所示)、武汉青山长江大桥(主跨938m,2021年建成,如图1.1-15所示)和中国香港昂船洲大桥(主跨1018m,2009年建成,如图1.1-16所示)均为这种类型的斜拉桥。

图1.1-12　法国诺曼底大桥

图1.1-13　日本多多罗桥

图 1.1-14　湖北鄂东长江公路大桥

图 1.1-15　武汉青山长江大桥

图 1.1-16　中国香港昂船洲大桥

1986年建成的主跨465m的加拿大Annacis桥(图1.1-17)，主梁为组合梁，创造了当时世界斜拉桥的跨径之最，标志着组合梁斜拉桥建造技术走向成熟。1993年建成的主跨602m的上海杨浦大桥(图1.1-18)，将组合梁斜拉桥的跨径提升到超过600m的新水平，再一次创造了斜拉桥跨径的世界新纪录，首次实现了斜拉桥跨径超越拱桥、成为仅次于悬索桥的第二大跨越能力的桥型。此后，武汉二七长江大桥(主跨2×616m,2011年建成，如图1.1-19所示)、安徽望东长江公路大桥(主跨638m的双塔斜拉桥,2016年建成，如图1.1-20所示)、英国昆斯费里大桥(主跨2×650m,2017年建成，图1.1-21)等斜拉桥采用组合梁，但主跨均未超过650m。2021年9月正式通车的湖北赤壁长江公路大桥，如图1.1-22所示，主桥为主跨720m的组合梁斜拉桥，成为当前世界跨径最大的组合梁斜拉桥。将于2024年年底建成通车的美国、加拿大戈迪-豪国际大桥，采用主跨853m的组合梁斜拉桥，建成后将成为世界上跨径最大的组合梁斜拉桥，如图1.1-23所示。

图1.1-17　加拿大Annacis桥

图1.1-18　上海杨浦大桥

图 1.1-19　武汉二七长江大桥

图 1.1-20　安徽望东长江公路大桥

图 1.1-21　英国昆斯费里大桥

图 1.1-22　湖北赤壁长江公路大桥

图 1.1-23　加拿大-美国戈迪-豪国际大桥

进入 21 世纪以来，斜拉桥进入快速发展时期，不断刷新跨径纪录。2008 年中国建成主跨 1088m 的江苏苏通大桥（图 1.1-24），使得斜拉桥的跨径突破了 1000m 级大关，直到 2012 年建成的主跨 1104m 的俄罗斯 Russky Island 桥（图 1.1-25）再次刷新纪录。2020 年建成通车的江苏沪通长江大桥，如图 1.1-26 所示，采用主跨 1092m 的钢桁梁斜拉桥，是世界上首座跨径超千米的公铁两用斜拉桥。目前正在建设的江苏常泰长江大桥，主航道桥采用主跨 1176m 的斜拉桥，为公铁两用过江通道，如图 1.1-27 所示，建成后将再次刷新斜拉桥跨径世界纪录。

图 1.1-24　江苏苏通大桥

图 1.1-25　俄罗斯 Russky Island 桥

图 1.1-26　江苏沪通长江大桥

图 1.1-27　江苏常泰长江大桥建成效果图

1.2　主要技术进步

现代斜拉桥从 1956 年主跨为 183m 的瑞典 Strömsund 桥开始,到 2008 年主跨 1088m 的苏通大桥斜拉桥建成通车,再到目前正在建设的主跨为 1176m 的公铁合建桥梁——江苏常泰长江大桥(预计2025年建成通车),半个多世纪的时间里斜拉桥技术取得了巨大的进步。

1.2.1 结构体系

现代斜拉桥发展至今,从材料、构件、结构形式到结构体系的不断改进和优化,结构体系呈现出多样化发展趋势。面对复杂多样的建设条件与功能需求,工程师可以通过塔、索、梁的选型与组合,有效优化斜拉桥主梁、桥塔的受力及其分配,充分发挥材料性能,在实现斜拉桥技术经济合理性的同时,也使得斜拉桥呈现出形式多样、千姿百态的发展态势。

从桥梁主孔布置或者桥塔数量上看,斜拉桥有独塔、双塔和多塔斜拉桥,如图1.2-1所示。独塔斜拉桥一般多见于仅适合单边设塔或仅需设一个边跨的情形,有采用对称布置,也有采用非对称布置,跨径一般在100~400m。双塔斜拉桥是应用最为广泛的斜拉桥体系,其主跨可满足一孔跨越的需求,两个边跨作为结构的平衡跨,也可满足两个较小通航孔等需求,这样边中跨的跨越能力都得到充分利用。双塔斜拉桥多采用对称布置,也有一些案例根据建设条件需要而采用塔高、边跨的不对称布置。一般认为,双塔斜拉桥合理跨径范围在200~1200m。多塔斜拉桥的应用场景可以是一些分散多孔通航水域,也可是跨越宽阔山谷或较大海域,如希腊Rion-Antirion大桥、法国Millau大桥、中国香港汀九大桥等。为解决中塔受力及中跨刚度问题,可采用交叉索布置提高结构体系刚度,也可采取辅助索控制中间桥塔的偏位,还可直接采用刚性桥塔解决问题。

a)独塔,美国East Huntington桥

b)双塔,俄罗斯Russky Island桥

c)多塔,希腊Rion-Antirion大桥

图1.2-1 斜拉桥按桥塔分类

从索面布置上看,斜拉桥有单索面、双索面、三索面以及边中跨分别采用单双索面等布置形式,如图1.2-2所示。单索面斜拉桥往往可以使结构更加简洁,并具有更好的美学效果,在

500m 以下斜拉桥中有大量应用,但是主梁的扭转刚度将制约其适用的跨径范围。双索面斜拉桥应用最为广泛,从百米以下跨径到超千米跨径有大量工程实例,特别是倾斜双索面布置,在特大跨斜拉桥中更具竞争力。多索面斜拉索布置形式,也不乏工程实例,主要用于两种情况,一种是解决主梁横向受力合理性问题,另一种是为经济性和美学考虑而采用的独柱式桥塔四索面结构形式。一些桥梁出于美学或配合主梁梁型等其他考虑,主跨采用双索面、而边跨用单索面,如泰国拉玛八世桥、美国波士顿查尔斯河桥等。

a) 单索面,上海东海大桥主通航孔

b) 双索面,江苏苏通大桥

c) 多索面,香港汀九大桥

d) 边跨单、中跨双,泰国拉玛八世桥

图 1.2-2 斜拉桥按拉索索面分类

从斜拉索面内布置形式来看,可分为扇形、近似扇形和竖琴形三种基本形式,如图 1.2-3 所示。扇形索面所有拉索集中锚固于塔顶,对塔上锚固提出了较高的要求,当前斜拉桥中采用扇形拉索布置已日趋减少。近似扇形索面布置是最为常用形式,该布置能够较好地协调结构受力合理性、斜拉索在塔上的锚固等多种关系。竖琴形索面布置形式具有很好的美学效果,能够简化和统一斜拉索在主梁和桥塔上的锚固结构,但总体而言,该形式的斜拉桥总体受力不如近似扇形索面斜拉桥。从斜拉索面内布置来看,绝大多数双塔斜拉桥从两塔伸出的斜拉索在主梁上是不交叉的,也有一些公铁两用斜拉桥面对大跨、重载等需求,或是三塔双主跨斜拉桥提升中跨刚度、改善中塔受力需要,还会通过布置交叉索的措施提高结构体系刚度。

a)扇形,美国Pasco-Kennewick桥

b)竖琴形,丹麦厄勒海峡大桥

c)近似扇形,上海长江大桥

d)交叉索布置,鳊鱼洲长江大桥

图1.2-3 斜拉桥按拉索面内布置分类

1.2.2 桥塔

桥塔承担锚固拉索及传力至基础的作用。半个多世纪以来,根据建设条件及结构性能需要,斜拉桥的桥塔在形式上逐渐发展出 H 形、A 形、倒 Y 形、钻石形、独柱等各种塔形。早期因受高耸混凝土结构施工技术限制主要发展了钢桥塔,随着混凝土泵送技术及滑模施工技术的成熟,经济性较好的混凝土桥塔逐渐成为主流。在斜拉桥的发展过程中,为适应结构静动力性能、施工与工期以及景观造型等多种需求,时有将混凝土结构与钢结构混合布置桥塔的实例,近年来为适应桥塔耐久性及轻型化的发展要求,开始发展钢-混组合桥塔。

索承式桥梁的桥塔作为主要承受压弯作用的受力构件,采用混凝土材料无疑是最为合适、经济的,但高耸混凝土结构施工技术限制,欧美国家早期建设的大跨径索承式桥梁的桥塔无一例外均选择采用钢桥塔。现代斜拉桥发展晚于悬索桥,但在相当长一段时间内也多采用钢材建造桥塔。20 世纪 70~80 年代后,施工技术的发展使得大跨径斜拉桥的高塔柱施工变得十分方便,混凝土桥塔在大跨径斜拉桥中得到广泛应用,随之变化的是钢桥塔的应用则减少。但日本在 20 世纪 80 年代以后仍然建造了一系列大跨径钢桥塔斜拉桥,日本长年受到地震影响,采用自重轻、抗震性能好的钢结构是其工程界探索出的合理解决方案。我国大跨径斜拉桥相比于欧美国家发展较晚,但自 20 世纪 90 年代以来陆续建设了一批有世界影响力的斜拉桥,桥塔绝大多数采用钢筋混凝土结构。2005 年建成的主跨 648m 的南京长江三桥,是中国第一座采用钢桥塔的大跨径斜拉桥,随后又有港珠澳大桥九洲航道桥等斜拉桥采用钢桥塔。

综合钢桥塔和混凝土桥塔各自的优势,近年来出现的钢-混组合桥塔这种轻质高强结构展现出良好的应用前景,钢混组合桥塔凭借其自重轻、结构性能好、工业化建造程度高等优点,在国内大跨径斜拉桥工程中得到开发应用。南京江心洲长江大桥采用双主跨650m的三塔斜拉桥,首次提出的内外钢壳-混凝土组合桥塔形式;正在建设的观音寺长江大桥,主跨采用1160m的双塔斜拉桥,其主塔全高262m,其中116m高度以上塔柱采用钢壳混凝土结构,其余采用混凝土结构。

随着桥梁工业化建造理念的不断深入,以及斜拉桥跨径增加对桥塔力学性能要求的提升,钢塔、钢混组合桥塔等轻质高强桥塔也越来越受到工程师的青睐。总之,未来面对不同跨径斜拉桥建设需求,斜拉桥桥塔呈现出多样化的发展趋势。

1.2.3 主梁

以密索体系为标志的现代斜拉桥,主梁的受力表现为以受压为主的压弯构件。斜拉桥的整体刚度主要由体系刚度提供,主梁或桥塔自身刚度对斜拉桥的整体刚度的贡献相对较小,特别是随着跨径的增加,这一现象更加显著。主梁梁高与主跨跨径的相关性已经很不明显,如法国诺曼底大桥主跨856m、梁高3.05m,高跨比为1/285;日本多多罗桥主跨890m、梁高2.7m,高跨比为1/330;苏通大桥主跨1088m,梁高4.0m,高跨比为1/272。自1995年法国诺曼底大桥以856m的跨径超越杨浦大桥,创造斜拉桥新的跨径纪录以来,短短10多年的时间,斜拉桥就突破了1000m大关,这些斜拉桥主梁都是采用正交异性钢桥面扁平钢箱梁。正交异性钢桥面扁平钢箱梁具有整体性强、强度高、自重轻、工厂化程度高等优点,特别是采用流线型的外形设计,抗风性能优越且抗扭刚度大。以扁平化和轻型化为特征的钢箱梁,成为斜拉桥跨径快速提升直至超越千米的关键。

不仅如此,无论传统组合梁斜拉桥,或是近些年发展的超高性能混凝土(UHPC)板组合梁斜拉桥、正交异性组合桥面板组合梁斜拉桥,为减小横风效应、改善主梁截面气动性能及适应跨径增长突破需要,与钢箱梁斜拉桥类似,对主梁提出的扁平化和轻型化的内在要求都是一致的。早期组合梁斜拉桥的主梁大部分采用构造简洁、施工便利的组合钢板梁,其缺点是其抗扭能力非常弱,随着斜拉桥跨径的增加,抗风问题面临越来越大的挑战。组合梁斜拉桥要向更大跨径发展,显然以扁平化为特征、具有良好抗扭能力的组合钢箱梁更为适合。南京江心洲长江大桥和观音寺长江大桥则通过采用UHPC代替常规普通混凝土实现主梁结构的轻型化,两座大跨径斜拉桥主跨分别为650m和1160m,均采用流线型扁平箱形组合梁结构,混凝土板标准厚度均为17cm,有效降低了桥面板板厚和结构自重,使组合钢箱梁具备在更大跨径斜拉桥中与钢箱梁展开竞争的能力。

1.2.4 约束体系

约束体系对斜拉桥动、静力性能影响十分显著,其布置不仅影响结构的正常运营,同时也受风环境及抗震需求等多种因素限制。斜拉桥顺桥向约束从传统的全飘浮体系、半飘浮体系、固结体系,逐渐发展出采用各类约束限位装置的限位约束体系,横向约束也从绝大数采用的横向塔梁间设置抗风支座固定约束,发展出横向塔梁间设置阻尼耗能装置的"熔断丝"等约束体系,这些装置一般具有足够的初始刚度和强度保证正常运营荷载下不发生熔断。随着斜拉桥跨径不断增加,面对强风、强震等外部环境挑战,各类约束限位装置及阻尼耗能装置根据建设需求特殊研发制作,其结构多样、性能各异、功能适配,斜拉桥约束体系及阻尼装置设计越发精细化。

早期大跨径斜拉桥绝大多数采用飘浮体系,1959年建成的塞弗林(Severins)大桥是世界上第一座飘浮体系斜拉桥,国内首次超过400m的南浦大桥以及曾创斜拉桥世界纪录的杨浦大桥也均采用了全飘浮体系。全飘浮体系在地震时允许主梁纵向摆动,可有效增加主梁纵向飘移振动模态的自振周期、减小地震响应,同时可较好地适应主梁温度变形。但另一方面,主梁受到的纵向荷载全部通过拉索传递至桥塔,作用力臂相对较高,特别是超大跨径斜拉桥受极限纵向风及制动力设计控制时,对桥塔受力要求较高,增加了塔顶位移、桥塔及基础弯矩,影响工程经济性。此外,飘浮体系还将导致较大的梁端纵向位移,需要采用造价和养护费用更为昂贵的大位移伸缩缝,对于轨道交通桥梁或者公路与轨道交通合建桥梁,还可能控制行车安全。采用固定或固结体系对斜拉桥动静力性能的影响则相反,多用于采用混凝土梁的独塔斜拉桥,在大跨径双塔斜拉桥中应用实例较少。当时世界第一跨径斜拉桥——诺曼底大桥,桥位地处河湾口,施工期间桥梁抗风稳定是需要重点考虑的问题,采用固结体系可提供很大帮助,同时该桥桥面以下塔柱较高,对主梁温度变形的适应性较好,而边跨主梁采用预应力混凝土主梁,与桥塔固结也相对方便,且能省去了大吨位支座,因此最终采用了固结体系。这是超过500m跨径斜拉桥唯一采用固结体系的斜拉桥。

大跨径斜拉桥合理纵向约束体系能实现结构功能、体系受力、传力路径、受力性能及工程经济的统一,需要根据具体情况综合确定。采用弹性/限位约束体系的斜拉桥,其力学性能介于飘浮体系和固结体系之间,在实际工程中最为常见。早期斜拉桥多采用性能单一的弹性约束装置,如1994年建成的日本鹤见航道桥在桥塔处设置水平拉索约束装置和螺旋桨式阻尼器;1997年建成的日本名港中央大桥在桥塔处设置了纵向钢绞线拉索作为弹性限位装置;1998年建成的日本多多罗桥则在桥塔处设置大型橡胶支座,兼顾竖向支座和纵向弹性约束的作用。随后,一些阻尼约束、动力锁定、静力行程限位及其多功能复合装置也开始逐渐研发,并在大跨径斜拉桥中得到了应用,如2008年通车的苏通大桥在桥塔处采用"额定行程+阻尼抑振"的约束方案,正常运营状态下因温度作用、汽车活载下引起的塔梁缓慢变位几乎不增加结构附加内力,在地震、脉动风及车辆振动荷载下该装置起到阻尼耗能作用,而在极限风荷载作用下塔梁位移超过额定行程后该装置起到锁定作用,以控制结构风荷载引起的结构效应,类似的阻尼装置也在上海长江大桥、沪通长江大桥中得到了应用;2009年建成的中国香港昂船洲大桥,在桥塔处设置锁定限位装置,正常运营荷载下装置可适应各种作用下的纵向位移,但在风振及地震等引起瞬时动力效应时,可起到塔梁固定约束的作用;2013年建成的芜湖二桥研制了"减振抗震、延时抗风、双向控制、有限限位"的二维阻尼约束系统,实现了大跨径斜拉桥纵、横向风致振动和地震的协同控制;正在建设的观音寺长江大桥,主跨1160m,选用了弹簧和阻尼复合型阻尼器。

相比于纵桥向可采用飘浮或半飘浮体系延长结构周期、降低地震动输入,斜拉桥塔梁之间一般采用横向抗风支座的固定约束。对于地处高烈度区桥梁,这种刚性约束增加了桥塔地震响应,导致桥塔和基础成为地震易损部位,甚至可能会控制设计而需要增加尺寸和规模。针对斜拉桥横向约束体系的提升和改善,最常见的是设置弹塑性阻尼装置,运营荷载作用下装置具有足够强度和刚度保证传力,在地震作用下装置发生屈服进入减震耗能模式。目前,用于斜拉桥塔梁处的横向约束主要为以钢阻尼器为主的弹塑性阻尼装置,如 E 形钢阻尼器、C 形钢阻尼器、三角形板钢阻尼器等。

1.3 前景展望

我国西部地区深切峡谷遍布、中东部地区大江大河横贯、东南沿海地区海湾海峡宽阔,未来还要建设大量的桥梁,斜拉桥作为大跨径桥梁重要竞争桥型不可或缺。同时,随着国家社会经济发展,可持续发展理念逐步深入,对桥梁建设也提出了新的要求,如何实现桥梁结构及构件的长寿命、易维护、高耐久性,是新时代需要重点考虑的问题之一。总之,斜拉桥建设将面临着结构创新、跨径突破等诸多挑战。

1.3.1 材料

科学技术发展与材料进步始终是现代大跨径斜拉桥发展的重要支撑和显著标志。我国改革开放之初,因为混凝土取材方便、劳动力价格便宜,桥梁建设多采用混凝土结构。随着国家经济发展和技术进步,尤其是进入新世纪以来,钢结构桥梁所占比例越来越高,尤其是大跨径桥梁。近年来,具有高强度、高韧性、可焊接性、耐腐蚀性等高性能钢材逐步研发,在桥梁工程应用逐步增加;以活性粉末混凝土为代表的超高性能混凝土逐步研发,并开始在桥梁工程中崭露头角。这些新材料除直接应用于工程外,还可相互组合使用形成新结构和构造,获得更多的应用场景。

(1) 高强度钢材

高强度钢材应用于斜拉桥关键部位,可减小受力结构尺寸和结构自重,提高跨越能力,是斜拉桥发展的重要基础支撑之一。国外在高性能桥梁用钢方面研究和应用较早。美国在上世纪 90 年代开始形成了 HPS 系列钢,强度不低于 345MPa,并纳入了 ASTM A709 标准,涵盖了 HPS 50W(345MPa)、HPS 70W(485MPa)、HPS 100W(690MPa)强度级别。目前,美国桥梁建设以美标 50 级和 70 级钢为主,高性能结构钢的应用在不断攀升;100 级钢材由于价格高、加工及焊接对施工环境要求高等原因,目前在实际工程应用较少。日本自 20 世纪中期开始,屈服强度为 500~800MPa 的高强钢材逐渐在钢桥中得到应用,1974 年建造日本大阪港大桥(Minato Bridge)时便首次采用了 700MPa 级钢材 1073t,800MPa 级钢材 4195t,在其他一些桥梁建设中也使用过 BHS500(东京跨海大桥,应用板厚 8~59mm,共 1200t)和 BSH700 桥梁钢(明石海峡大桥),到 1999 年统计时,日本高性能钢已占所有桥梁用钢量的 22%,其中抗腐蚀钢材又占高性能钢的近 70%。欧洲的高性能结构钢发展相对于美日较缓,桥梁用钢主要以 355MPa、460MPa 和 500MPa 强度等级为主,S690 级钢在全欧洲仅是少数桥梁应用。

与国外相比,国内桥梁用钢尤其是高性能桥梁用钢发展相对滞后。国内桥梁用钢发展与铁路桥梁建设密切联系,经历了由低碳钢、低合金钢、高强度钢、高性能钢的发展过程。

国内在建设南京长江大桥时,于1962年研发了低合金钢16Mnq钢,也就是目前广泛采用的Q345q钢;90年代到21世纪初期,修建九江长江大桥、芜湖长江大桥、南京大胜关长江大桥时,分别研发了15MnVNq钢、14MnNbq钢(目前广泛采用的Q370q钢)、Q420q钢;为满足沪通长江大桥设计需要,2014年国内研发了Q500的桥梁钢,2017年国内又开始研究Q690的桥梁钢,并在武汉江汉七桥上使用。目前,沪通长江大桥双塔斜拉桥以及正在建设的马鞍山长江公铁大桥三塔斜拉桥均采用了Q500q高性能钢。

近年来,Q420~Q500级钢材的应用增加,是继常见的Q345、Q355级钢材之后的钢材应用发展趋势。强度更高的钢材使得斜拉桥的钢主梁,尤其是斜拉索锚固构造更简洁,板厚更薄。然而,更高强度的钢材在抗疲劳性能方面并没有显著优势,并且可能增加屈曲失稳的风险,需要设置额外的加劲板件。因此,如何使钢结构总成本最节省是设计中需要考虑的问题。从桥梁用钢发展历史来看,高性能钢材是未来发展方向。除了传统高强度性能指标,高性能钢材的韧性、可焊接性、耐候性等综合性能的不断提升,加上焊接与制造工艺的进一步完善、对板件稳定和疲劳的妥善处理,高强度钢材未来势必在更多的大跨径斜拉桥中推广应用。

(2)高性能混凝土

近十几年来,国内外关于超高性能混凝土(Ultra-High Performance Concrete,简称UHPC)这一类新型高性能混凝土的研究和应用成为热点方向。UHPC不同于普通混凝土,一般是指具有超高强度(抗压强度在150MPa以上)、超高韧性(抗折强度在25MPa)和良好耐久性能(结构致密、孔隙率低,耐久性可达200年)的水泥基材料的统称,最具代表性的UHPC材料为活性粉末混凝土(Reactive Powder Concrete,RPC),还包括低收缩高强韧性混凝土、细集料致密混凝土、密实配筋混凝土、超高性能纤维增强混凝土等材料。

UHPC材料用于桥梁工程最早见于1993年加拿大的一座景观桥,随后欧美国家也在一些公路桥梁工程中开展实际应用,如2001年法国建成了世界上最早的两座UHPC公路桥,主梁为跨径22.5m的π形梁。国内有关UHPC工程应用最早主要在一些构件上,如高铁工程上使用UHPC盖板、正交异性钢-UHPC组合桥面等,随后也在拱桥、斜拉桥等特殊受力部位以及老桥维修加固等开始应用。

UHPC材料对于在役斜拉桥,用于钢箱梁正交异性钢桥面板疲劳损伤加固维修已经有不少工程案例,今后仍然是具有竞争力的解决方案。此外还可以用于斜拉桥混凝土主梁的维修加固等。UHPC材料对于新建斜拉桥,采用单一材料作为桥塔和主梁,总体看来并无技术和经济优势,目前重点应用场景是在主梁中与钢材共同使用,形成组合结构主梁,一是用于组合梁的桥面板,用UHPC板替代传统RC桥面板,利用UHPC超高的力学性能减轻结构自重;二是用于正交异性组合桥面板,UHPC设置于正交异性钢桥面板之上,形成正交异性组合桥面板,提升桥面刚度,参与第一体系总体受力。

(3)材料利用效率

高性能钢材、UHPC等新材料的开发应用,可以提升结构承载力、减轻结构自重,这对提高斜拉桥的跨越能力是有利的。但目前这些新材料及其塑造的结构构件仍然面临着材料价格、合理构造、施工工艺等方面的挑战,其在大跨径斜拉桥的应用前景,关键在于通过对材料的高效利用,取得经济上的竞争力。

当高性能材料与普通材料组合使用时,一个截面内的承载能力必然要受到能力弱的一方的限制。例如高性能混凝土与普通钢材形成组合结构,如果想要混凝土分担更多的荷载,单纯依靠提高其强度是不行的。要么增加混凝土的厚度(面积),这同时也会增加重量;要么增加混凝土的弹性模量、减小其收缩徐变,这对材料提出了高要求,可能面临较为昂贵或者很难合理实现的问题。以目前研究最热的钢-UHPC桥面板组合梁为例,即使采用目前最高的Q690钢材,对应混凝土抗压强度也只需要120MPa左右,两者是相互匹配的,这是从抗压能力出发的。从抗拉强度看,目前大跨径钢-UHPC桥面板组合梁多采用工厂预制、整体吊装、现场浇筑湿接缝的施工工艺,即使采用燕尾板接缝构造,也只可发挥50%~60%高性能混凝土材料抗拉强度,接缝处成为控制因素,因而在斜拉桥跨中、边跨及辅助墩等主梁拉应力较大区域,仍然需要配置预应力。

因此,寻求材料性能利用效率与工程经济性的合理平衡也是非常重要的。比如组合梁中的桥面板,在普通混凝土(RC)和超高性能混凝土(UHPC)之间,应该开发C80~C120高性能混凝土(HPC),并与钢材的强度等性能水平相互匹配,实现材料的高效利用,以便在更大跨径范围、更多应用场景中拓展组合结构的竞争优势。

1.3.2 桥面结构及主梁

随着桥梁结构的长期性能和耐久性能越来越受到关注,长寿命、高性能是斜拉桥发展的另一个趋势。大跨径斜拉桥多采用钢梁以实现技术经济合理性,但钢梁存在正交异性桥面板疲劳损伤问题。采用混凝土桥面板的传统组合梁,在国内外大跨径斜拉桥中应用广泛,并经实践和时间验证具有较好的耐久性能。随着斜拉桥跨径向千米级发展,组合梁钢筋混凝土板重量的不利影响,将超越其承受主梁压力的技术经济优势,成为影响跨越能力和经济性的不利因素。因此,对于大跨径斜拉桥主梁而言,着眼于解决钢桥面的疲劳问题、减少运营期间的维修费用及交通影响,高性能桥面结构应该作为未来研究热点之一。

(1)UHPC桥面板组合梁

在一定跨径和建设条件下,斜拉桥采用组合梁,可以规避正交异性钢桥面疲劳问题,并具有技术经济竞争力。但从组合梁斜拉桥跨径发展看,主梁承受巨大轴力作用是斜拉桥最为显著的特点之一。相对于钢材,混凝土材料承受压力有其力学和经济上的优势,但混凝土结构较大自重又使主梁产生较大轴力。随着斜拉桥跨径的进一步增加,组合梁相对于钢梁自重较大的特点,将使其失去技术和经济上的竞争力。组合梁需要实现主梁结构轻型化,采用高强混凝土材料,可以降低混凝土桥面板厚度。因此,UHPC板组合梁是应用方向之一,可在更大跨径范围斜拉桥中与钢箱梁展开竞争。

南京江心洲长江大桥是国内最早采用UHPC(粗集料活性粉末混凝土)板组合梁的实例,应用于主跨2×600m三塔斜拉桥中,混凝土桥面板标准厚度17cm,较同等规模的组合梁斜拉桥相比,减轻了主梁结构自重近30%。武汉至松滋高速公路观音寺长江大桥主跨达1160m,主跨采用UHPC板箱形组合梁,桥面板标准厚度17cm,与传统混凝土板组合梁相比,大幅降低了主梁自重;与钢主梁相比,充分发挥了UHPC板抗压强度高的特点,可显著降低主梁用钢量。该桥初设阶段的深化比选结果表明,主跨1160m斜拉桥采用UHPC组合梁在技术经济、组合箱梁制造安装工艺完全可行,考虑到进一步节省工程造价,该桥初步设计推荐采用主跨 UHPC 组合梁与钢箱梁的混合布置方案，在轴力小、弯矩大的跨中区域进一步采用更轻的钢箱梁，以减小主梁轴力、增加跨中主梁的抗弯能力。与主跨全 UHPC 组合梁方案相比，混合布置方案的造价稍低，而跨中段钢箱梁抵抗正负弯矩性能更优。无论如何，观音寺长江大桥在传统混凝土桥面板组合梁基础上进一步丰富了组合梁斜拉桥的结构形式和竞争范围。

实践和研究表明，UHPC 板组合梁是千米级斜拉桥具有竞争力的结构形式，并可在更大跨径范围的斜拉桥中与其他主梁形式展开竞争。

(2) 正交异性组合桥面板组合梁

从平衡技术性能与经济指标角度出发，在钢梁与传统组合梁之间寻求一种结构是高性能桥面构造发展方向之一。从一些工程实践和相关研究成果看，组合桥面板这种结构可以满足相关要求。正交异性组合桥面板组合梁的应用最早可追溯到 20 世纪 30 ~ 40 年代。1971 年至 1978 年完工的阿根廷的两座斜拉桥采用混凝土板厚度为 14cm 的正交异性组合桥面板，建成超过 40 年后未发现混凝土板有任何明显的损伤。正交异性组合桥面板组合梁经过历史见证，表明这是一种久经考验的可靠结构形式，用于替代钢梁的正交异性钢桥面板，或者替代组合梁的混凝土桥面板，形成组合板组合梁新结构，在钢梁与传统组合梁之间寻求竞争优势，是值得重新审视、研究和发展的一个重要方向。

组合桥面板采用正交异性钢桥面板与混凝土板组合的结构形式，着眼于减轻混凝土桥面板的自重，改善正交异性钢桥面板的疲劳性能。组合板采用普通混凝土或纤维混凝土时，将原来 20 ~ 30cm 的混凝土板降低到 10 ~ 15cm，如济南齐鲁黄河大桥采用的主跨 420m 网状系杆拱桥，主梁采用 C50 普通纤维混凝土正交异性组合桥面板，混凝土层厚度 12cm；组合板采用超高性能混凝土或高性能混凝土时，可以采用 10cm 以下的混凝土层厚度，如济南凤凰黄河大桥跨大堤主跨 245m 连续组合梁，其组合桥面板的高性能混凝土层厚 8cm。

结构受力方面，无论采用普通混凝土还是 UHPC 材料，从提高技术竞争力角度出发，正交异性组合桥面板参与斜拉桥主梁结构总体受力，是其在大跨径斜拉桥应用取得竞争优势的关键所在。根据跨径大小及受力需要，可采用不同力学性能指标的混凝土材料，甚至在同一斜拉桥中，可根据不同区域主梁受力需要，选择不同材料混凝土和厚度布置，以充分发挥材料优势。结构构造方面，由于混凝土层的引入，桥面刚度得到大幅提升，早先钢桥面板采用闭口肋以提升桥面刚度的需求已经退居次要位置，正交异性组合桥面板组合梁的钢桥面设计可以更加自由，如板式肋、球扁钢肋、L 肋等开口加劲肋可以重新进入视野。这些开口加劲肋搭配合理的开孔构造，加劲肋与钢面板接缝处的疲劳问题将几乎不会成为控制因素，加劲肋与横隔板交点处的疲劳问题也将得到改善。

目前，采用组合桥面板组合梁的斜拉桥实例并不多，2023 年 1 月建成通车的主跨 760m 丹江口水库特大桥，是首座见诸报道采用正交异性组合桥面板的大跨径斜拉桥，其中跨主梁采用轻型组合梁，由双边箱截面主梁采用正交异性钢-UHPC 组合桥面板，钢桥面顶板厚 12mm，采用 U 形肋加劲，其上为 80mm 厚密配筋 UHPC 层。

正交异性组合板在常规钢桥面板和传统混凝土桥面板之间寻求结构性能和经济性的平衡，以组合板替代传统组合梁的混凝土板，着眼于减轻混凝土桥面板的自重，或者替代钢梁的正交异性钢桥面板，改善正交异性钢桥面板的疲劳性能，可采用与正交异性钢桥面板相类似的施工工法,满足强健性和可持续性等当代建造要求。从全寿命经济性角度考虑出发,正交异性组合桥面板组合梁也是千米级钢斜拉桥的重要竞争梁型,是大跨径斜拉桥未来值得发展的桥面结构形式之一。

(3)开口肋正交异性钢桥面板主梁

随着国家交通事业的发展,我国桥梁的建设规模和数量巨大,国内今后一段时期仍然面临大量的桥梁建设任务,特别是跨江越海桥梁,其中不乏超大跨径桥梁。超大跨径斜拉桥在经济合理范围内完全规避正交异性钢桥面板钢主梁几乎是不可能的,尤其是斜拉桥跨径进一步突破时,如需保持技术经济性,上部结构恒载自重必须尽可能减小,轻质、高强的钢桥面主梁几乎是唯一选择。在保持轻质高强的特点下,如何提高正交异性钢桥面板疲劳性能,仍然是工程界未来重点关注的问题。

过去几十年里,世界范围内桥梁的正交异性钢桥面疲劳开裂频发、铺装易损的案例不胜枚举。随着对疲劳现象认识的加深,工程界针对传统U形肋正交异性桥面板提出了一系列技术措施,尝试提高钢桥面的疲劳性能,但从实施效果上来看,并未从根本上解决问题。针对闭口肋钢桥面大部分改进措施难以彻底有效解决疲劳问题,工程界开始重新审视正交异性钢桥面板的结构形式问题。

正交异性钢桥面板起源为板肋加劲,由于板肋桥面刚度较差导致铺装易损,随后发展了抗扭性能好的闭口肋,可以有效提高钢桥面的刚度和材料使用效率,一经提出应用很快成为主流,但当初并没有意识到疲劳的严重性。过去认为传统开口肋桥面刚度不足,桥面板承载力及开口板自身稳定不如闭口肋桥面板,但正交异性钢桥面板发展至今,疲劳设计早已超越其他结构性能参数成为控制设计关键。考虑到钢桥面由疲劳设计主导,开口肋可提高焊接质量、方便检修,显著提高桥面板的抗疲劳性能,充分利用开口肋的优势,反过来通过构造措施解决桥面板刚度问题,成为解决正交异性桥面板的一种新思路。

从保证焊接质量和便于运维检修角度出发,采用开口肋桥面板可以有效改善闭口肋复杂而封闭的焊接环境,为解决桥面板疲劳提供了基础;进一步对开口肋桥面板构造进行优化,通过优化加劲板形式、间距及开口孔,增加隔板间横肋,可提升开口板件稳定、桥面结构刚度等力学性能。张靖皋大桥主跨2300m悬索桥钢主梁开展了开口肋正交异性钢桥面的研究与应用,提出了开口纵肋搭配苹果孔切口、支撑隔板间增设横肋的新型开口肋正交异性钢桥面构造,解决了开口肋钢桥面的整体桥面刚度、自身稳定性能等问题,与U形肋桥面板对比试验表明,新型开口肋正交异性钢桥面具有优异的抗疲劳性能和应用价值。尽管采用开口肋正交异性钢桥面,使该桥钢主梁增加约5%造价,且应用于斜拉桥还需要解决好局部稳定等合理构造问题,但在U形肋桥面板疲劳难以解决的情况下,面对超大跨径斜拉桥发展需求,这种开口肋正交异性桥面板无疑是值得发展应用的重要结构形式。

开口肋正交异性钢桥面板作为一种新尝试,尽管与传统U形肋正交异性钢桥面板相比加工制造略微复杂,钢主梁造价略有增加,自重轻仍是其用于斜拉桥最大的优势。面对超大跨径斜拉桥发展需求,综合力学性能、疲劳性能、耐久性能与经济性能,类似于采用开口肋正交异性桥面板的高性能钢桥面主梁具有强劲的技术经济竞争力,几乎是斜拉桥跨径突破的唯一选择。针对正交异性钢桥面板疲劳问题,完善相关构造设计,持续提高制造与施工质量,开发高性能正交异性钢桥面是适应未来大跨径斜拉桥发展需求之一。

（4）混合桥面板主梁

对于大跨径斜拉桥，采用正交异性钢桥面板的钢梁几乎无法回避，如何规避钢桥面板的疲劳问题，成为值得进一步探索的关键问题。总体而言，虽然不同桥梁通行车辆数量和类型存在差异，但钢桥面疲劳最为突出的位置总是出现在重载车辆行驶的外侧车道上，集中解决该范围的钢桥面疲劳应该是方向之一。因此，考虑将外侧车道下的正交异性钢桥面替换为疲劳性能较高的结构形式，如前述的 UHPC 桥面板、正交异性组合板、开口肋正交异性钢桥面板等高性能桥面结构，组成混合桥面系统，主梁成为混合截面主梁，可兼顾对主梁轻质高强的要求，又可以回避钢桥面板重点部位的疲劳问题。

虽然采用 RC/UHPC 组合桥面板或 UHPC 桥面板与正交异性钢桥面板混合布置将使结构构造及制造更为复杂，目前也尚未有实例，同时与正交异性钢桥面板主梁相比，混合桥面主梁的结构自重和承载能力等不同程度变化对斜拉桥总体力学性能也会产生一定的影响，但连接问题和性能影响在技术上并不会成为控制因素。从大跨径斜拉桥工程耐久性和经济性角度出发，混合桥面板仍然是未来值得发展的桥面形式之一。

1.3.3 桥塔

随着斜拉桥向大跨径发展，桥塔高度随斜拉桥跨径增大而增加，在可预见的桥塔高度范围内，尽管混凝土桥塔仍然最为经济，但巨大的结构自重将使得基础规模显著加大，特别是在软土地基条件下，将引起斜拉桥造价明显增加。钢桥塔可以大幅降低结构自重，同时也可以显著降低基础规模，但钢桥塔自身造价非常高，甚至可达混凝土塔的一倍以上，此外，钢塔刚度小，存在风致振动等问题。因此，统筹考虑桥塔与基础乃至斜拉桥体系各方面需求，在混凝土桥塔和钢桥塔之间寻找平衡点，从解决桥塔力学性能和结构自重等方面问题出发，组合结构成为不仅在受力方面、也包括在经济方面的可能选择。另一方面，随着大跨径索承式桥梁跨径进一步拓展，自锚体系超大跨径斜拉桥的桥塔高度随着跨径增加，桥塔需承受超大轴力和弯矩联合作用，对桥塔结构性能提出了更高要求。而对于多塔斜拉桥，其由于缺少充分的锚固作用，即便采取辅助索或交叉索等结构措施，其受力往往控制设计。面对这些技术难题，采用何种形式桥塔需要考虑结构性能、施工便利、施工安全、施工周期及工程经济等综合确定，但显而易见的是，采用组合结构桥塔是解决方案之一，更能适应斜拉桥向大跨径发展的趋势。

目前，最具代表性的是南京江心洲长江大桥率先采用的钢壳混凝土组合桥塔以及张靖皋长江大桥南航道桥采用的钢箱-钢管约束混凝土组合桥塔两种形式。

南京江心洲长江大桥采用的钢壳混凝土组合桥塔结合了混凝土桥塔造价低、抗压性能好以及钢塔自重轻、工业化程度高的优势，具有承载能力高、韧性好、耐久性好等特点。目前在建的观音寺长江大桥主跨1160m，考虑到跨径增大带来的斜拉索数量和索力的增加，综合结构性能、施工周期、工程经济等因素，在下、中塔柱采用钢筋混凝土结构，上塔柱116m采用钢壳混凝土组合结构。

张靖皋长江大桥南航道桥提出采用钢箱-钢管约束混凝土组合桥塔，在钢箱内布置圆形钢管混凝土，利用钢管混凝土套箍效应，可充分发挥混凝土承压作用，而外缘的钢箱结构可更好地适应桥塔在不利条件下的边缘受拉需求。结合实际受力情况，可以充分利用内置钢管位置的可调性,满足桥塔刚度与受力要求,从而充分发挥混凝土和钢两种材料的力学性能优势。这种组合桥塔值得未来超大跨径斜拉桥的桥塔设计借鉴。

当斜拉桥跨径达到一定规模后,超高桥塔采用传统混凝土结构,桥塔承台及基础的竖向荷载中桥塔自重占比高而影响下部结构规模和工程造价时,采用以轻型化为特征、具有良好结构性能和高工业化程度的钢塔或组合桥塔成为合理选择。总之,组合桥塔适应了超高桥塔轻型化、高延性以及高承压和抗弯承载要求。此外,根据实际建设条件,兼顾桥梁受力需要和工程经济,组合桥塔还可与钢塔或常规钢筋混凝土桥塔进行混合布置,充分发挥各类结构的优势。因此,组合桥塔值得未来进一步研究和发展。

1.3.4 部分地锚体系

采用部分地锚体系,通过设置一个较小锚碇平衡掉一部分索力,解决主梁巨大恒载轴力及静力稳定问题,是斜拉桥提升跨越能力的途径之一。部分地锚体系构思最早在20世纪60年代由Gimsing提出相关概念,如图1.3-1所示,后来国内外不少学者对该体系进行了研究。当地锚梁段较长时,部分地锚体系斜拉桥的跨中梁段又会出现过大轴拉力的问题,法国学者Muller提出"双锚法",通过在地锚梁段设置水平索施加压力以降低截面拉应力。还有学者提出采用部分地锚交叉索斜拉桥体系,如图1.3-2所示,通过增设锚固于对向索塔的长索,将中跨长索在跨中区域进行交叉,通过调整交叉索的张拉力,实现跨中梁段内低压力、无压力甚至拉力作用,从而减小主梁塔根处轴压力,同时解决地锚斜拉桥跨中梁段的施工难题。

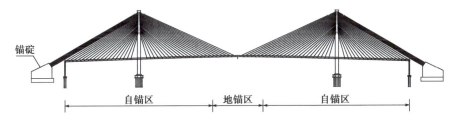

图1.3-1 部分地锚斜拉桥布置示意

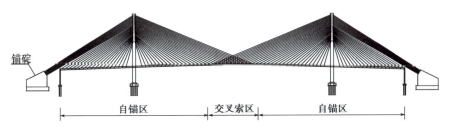

图1.3-2 部分地锚交叉索斜拉桥布置

从施工方法上讲,地锚体系自锚段主梁仍采用常规悬臂施工,但中跨地锚段主梁是施工关键问题。一般认为可通过类似于悬索桥施工时先借助临时索道架设,再以跨中梁段为平台往两侧吊装主梁节段,直至与自锚段主梁合龙。然而,与悬索桥主梁节段吊装期间不存在水平力不同,部分地锚斜拉桥的跨中受拉梁段的拉索水平力将永久作用在主梁上,临时连接成为控制难点;跨中受拉梁段在施工期间始终处于飘浮不稳定状态,水平分力无法保证完全平衡,同时缺乏有效约束,增加了开阔江面或海面施工等恶劣风环境下的施工危险性。一些学者提出的部分地锚交叉索斜拉桥体系,为了不使交叉索梁段在施工期间对自锚梁段产生轴压力,将支承同一交叉索节段的内侧索和交叉外侧索同时张拉,该体系施工时可采用悬臂施工法,无须在跨中搭设支架,避免了大量水中作业及对航运的干扰,施工可操作性较传统部分地锚斜拉桥有所改善。

部分地锚斜拉桥可以减小主梁所受轴向压力,从而增加斜拉桥的跨越能力,但并不能降低桥塔高度以及所受恒载作用,桥塔高度随斜拉桥跨径增加而增加,桥塔与基础受力增加,将进一步影响其经济竞争力。特别是跨径超千米后,随着跨径的增加,将受到悬索桥更大的竞争压力。到目前为止,部分地锚斜拉桥只是在较小跨径斜拉桥有应用,超大跨径斜拉桥仍停留在理论研究阶段,还存在诸多有待研究和解决的问题。应该指出,在千米级以下斜拉桥中,只要能够充分利用自然环境条件,采用部分地锚体系斜拉桥实现技术经济合理性,即使目标不在于减小主梁轴力,也是值得肯定的。总之,部分地锚体系通过降低主梁轴压力提升斜拉桥跨越能力的构思是合理的,但要实现在超大跨径斜拉桥中应用,还有待于出现合适的自然条件和建设需求,并需要未来进一步从多方面开展技术探索。

1.3.5　斜拉-悬索协作体系

斜拉-悬索协作体系可以同时发挥拉索和吊索的优点,具有增强结构体系性能的特性,在主梁材料和构造未有提升或优化下,为超大跨径桥梁提供了一种工程方案。与相同跨径的悬索桥相比,斜拉-悬索协作体系的主缆中张力显著减小,可有效降低主缆和大型锚碇的成本,从而降低项目的总体成本;与相同跨径斜拉桥相比,斜拉索支撑桥梁部分的长度缩短,减少了主梁轴向力,解决了超大跨径斜拉桥塔根轴力难题,同时斜拉索最大长度和桥塔高度也显著降低,此外架设期间可有效缩短最大悬臂长度,提高桥梁在施工期间的风稳定性。

斜拉-悬索协作体系的概念提出得很早,国内外一些著名的大跨径桥梁在设计时也做过方案比选,但最终付诸实际工程应用的实例极少,在很长一段时间内几乎没有得到发展。究其原因,主要还是应用场景下的技术竞争力问题。斜拉-悬索协作体系兼顾斜拉桥和悬索桥两种结构体系特点,体系刚度、受力及变形存在过渡问题,施工工艺及机具涉及斜拉桥和悬索桥两套体系,相对更为复杂,在施工过程中的线形控制和协调也难度较大。

对于一般建设条件,该体系在更大跨径区间内竞争不过悬索桥,在稍小跨径区间内竞争不过斜拉桥。斜拉-悬索协作体系只有在特定应用场景下才能充分发挥其优势,如:一些超大跨径跨海桥梁工程,或位于机场附近或与周边环境协调需要而导致塔高受限;自锚式斜拉桥跨径无法覆盖,而修建传统悬索桥的巨大锚碇费用占比高,或因软土地基下蠕变风险高、抗风不利因素而不宜修建悬索桥时;一些重载、高速的铁路或公铁合建桥梁,跨径需求超出传统自锚式斜拉桥经济范围,而传统悬索桥竖向刚度、梁端转角及伸缩量影响列车安全、舒适和平稳运营时。

2016年建成的土耳其博斯普鲁斯海峡三桥,需承载双向八车道公路和双线铁路的交通,同时航道安全通行宽度和水深限制使得大桥的最低跨径不得小于1275m,综合各方面因素,该桥最终采用主跨1408m的斜拉-悬索协作体系。近年来,随着国内铁路交通的发展,一些跨越大江大河的公铁合建桥梁也开始采用斜拉-悬索协作体系,如在建的主跨988m安徽G3铜陵长江公铁大桥、主跨1488m浙江西堠门公铁两用大桥(图1.3-3),解决了大跨径公铁合建桥梁列车行车安全和工程经济性问题。考虑到该体系并非传统意义斜拉桥,后续不再进一步讨论。

a)安徽G3铜陵长江公铁大桥

b)浙江西堠门公铁两用大桥

图1.3-3　国内近期建设的两座斜拉-悬索体系桥梁

1.3.6　主跨混合梁斜拉桥

(1)主梁恒载轴力分布

主梁承受巨大恒载轴力作用是斜拉桥最为显著的特点之一。随着斜拉桥跨径不断发展,巨大恒载轴力成为主要限制因素之一。从定性角度分析,支承跨中区域主梁的斜拉索倾角较小,为平衡主梁重量而产生的水平分力较大,随着主梁位置向塔根移动,斜拉索倾角逐渐增加,斜拉索的竖向支承效率提高,平衡相同重量引起的水平分力逐渐减小,这是对斜拉桥主梁恒载轴力分布的直观认识。本节以平衡跨中主梁重量为原则,推导主梁任意位置x处轴力N_x表达式,计算图示如图1.3-4所示。

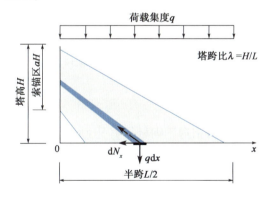

图1.3-4　主梁轴力计算图示

$$N_x = \frac{qL}{4\lambda}\left[\frac{(1-\alpha)\ln(2\alpha x/L + 1 - \alpha) + \alpha(1 - 2x/L)}{\alpha^2}\right] \quad (1.3\text{-}1)$$

式中，α 为塔上索锚区长度与梁上桥塔高度的比值；塔跨比 λ 为梁上桥塔高度 H 与桥梁主跨 L 的比值。从轴力计算公式可以看出，由于 ln 函数项的存在，主梁轴力沿主梁位置呈非线性变化规律。以 $L=800\mathrm{m}$、$q=100\mathrm{kN/m}$、塔跨比 $\lambda=0.25$ 为例，探索塔上拉索布置范围对主梁轴力大小及占塔根轴力比的影响规律，如图 1.3-5 所示。

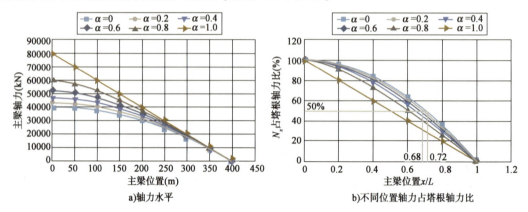

a) 轴力水平
b) 不同位置轴力占塔根轴力比

图 1.3-5　不同索面布置对主梁轴力大小及累积率的影响

从结果可以看出：索面布置对主梁轴力大小有显著影响，不同索面布置方案在靠近跨中区域主梁轴力相差不大，但随着主梁位置朝塔根移动，主梁轴力水平差值开始增加，这是由于在索面布置从扇形（$\alpha=0$）、近似扇形（$0<\alpha<1.0$）到竖琴形（$\alpha=1.0$）变化的过程中，内侧拉索的竖向支承效率逐渐降低，累积主梁轴力差异开始逐渐明显；从不同位置主梁轴力占塔根轴力比的变化规律来看，虽然塔跨比 λ 将影响主梁轴力绝对值大小，但一旦索面布置区域 α 确定，主梁轴力沿主跨位置的累积变化趋势是一致的。值得注意的是，对于竖琴形布置，主梁轴力表达式中的 ln 函数项消失，主梁轴力沿跨径变化基本呈线性变化趋势。

对于一般近似扇形索面布置（$\alpha<0.4$）斜拉桥，跨中约 30% 区段范围主梁即已累积将近塔根处主梁一半的轴力。显然，如果采取一些措施消除或者削减这部分区域主梁引起的轴力，对降低斜拉桥主梁整体轴力水平的效果是十分显著的。对于经济、耐久的组合梁斜拉桥，自重大、跨越能力不足一直是其向更大跨径发展的瓶颈，如在跨中区域采用更轻质高强的主梁，也即在中跨主梁采用混合布置，在主梁水平轴力累积最敏感区域进行减重，则是拓展组合梁斜拉桥竞争跨径的有效途径之一。

(2) 主跨主梁混合方式影响

采用承压性能好的混凝土材料相对于钢材具有其力学和经济上的优势，但混凝土结构较大的自重又使主梁产生较大轴力。根据斜拉桥受力特点和建设条件，在主跨采用较轻的钢梁或组合梁、边跨采用混凝土主梁的混合梁布置，在斜拉桥过去几十年的发展历史中已有不少工程案例，由于桥塔附近的主梁轴压力很大，一些混合梁斜拉桥还将边跨混凝土主梁延伸至主跨内一定距离，使其经济性达到最优。

结合主梁受力特点，进一步在中跨范围采用不同梁型的混合布置以取得技术经济上的优势，应该成为大跨径斜拉桥值得重视与发展的新方向。

从主梁受力特点看,从塔根处到跨中,主梁从受压为主逐步转变成受弯为主,从塔下到跨中采用不同结构形式的主梁,可以更好地满足结构受力与工程经济性要求。但主跨两种或两种以上的主梁形式将会增加施工费用,对于中小跨径斜拉桥并不能取得经济上的优势。随着斜拉桥跨径的进一步增加,特别是千米级跨径斜拉桥,主跨范围采用单一形式主梁并不是最为经济合理的选择。具体而言,在弯矩大、轴力小的近跨中段主梁采用轻质高强结构形式,在轴力大、弯矩小区段主梁采用抗压性能好的结构形式,可以达到更好的经济性。

为直观反映主跨主梁混合布置后对主梁轴力分布的影响,定义主跨中间段采用轻质主梁长度与主跨跨径之比 β,考虑两段梁型对应的主梁恒载,可以计算不同主跨混合布置方案下的主梁轴力分布情况。假定传统组合梁斜拉桥经济跨径为 900m,在中跨 30% 范围内($\beta = 0.3$)采用 UHPC 板组合梁、组合桥面板组合梁和钢箱梁三种主梁进行混合,不同形式主梁荷载集度情况如表 1.3-1 所示,计算得到的主梁轴力随半跨的变化关系如图 1.3-6 所示。可以看出,与采用单纯主跨组合梁的方案相比,主跨主梁采用混合布置后,UHPC 板组合梁、组合桥面板组合梁、钢箱梁三种方案的塔根处轴力分别下降了 12%、14%、20%。进一步,以传统 RC 板组合梁为基础方案,按照主跨跨中 1/3 采用钢箱梁等轻质主梁进行混合,比较了跨径范围 900~1200m 范围的斜拉桥在主跨采用混合布置后对主梁弯矩的影响。计算分析均表明,采用主跨混合布置,自塔下至跨中 2/3 半跨长度范围主梁弯矩变化很小。从主梁轴力和弯矩水平相当的角度,探索不同主梁混合布置下提升竞争跨径的影响,以 $\beta = 0.3$ 为例,UHPC 板组合梁、组合桥面板组合梁、钢箱梁三种混合布置方案与单纯主跨组合梁方案的主梁对比如图 1.3-7 所示,三种混合方案的经济竞争跨径分别提升为 1016m、1038m、1109m。不同形式主梁混合分界点比例对提升竞争跨径的影响如图 1.3-8 所示,中跨范围采用轻质主梁的范围越大,斜拉桥跨越能力越强。

不同形式主梁荷载集度   表 1.3-1

主梁方案	恒载重(kN/m)	主梁方案	恒载重(kN/m)
钢箱梁	340	UHPC 板组合梁	430
传统组合梁	570	组合桥面板组合梁	400

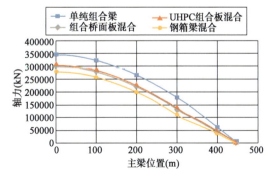

图 1.3-6 不同主跨混合布置方案的主梁轴力分布

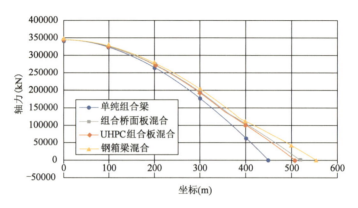

图1.3-7 不同主跨混合方案的轴力分布对比（$\beta = 0.3$）

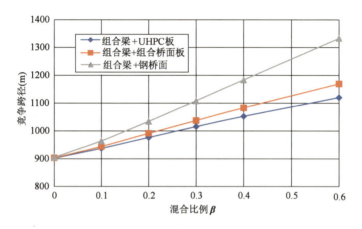

图1.3-8 不同主跨混合布置方案竞争跨径与混合分界点变化规律

以上分析只是从主梁受力角度粗略反映一些规律，在不同斜拉桥跨径及主梁受力需求下，采用不同主梁形式进行混合布置可取得技术经济上的竞争力。

观音寺长江大桥主跨达到1160m，采用了边跨混凝土主梁+主跨混合式组合梁的两重混合布置。中跨靠近桥塔两侧401m范围内主梁承受轴力较大、弯矩较小，因此选用了钢-UHPC组合梁；在跨中轴力小、弯矩大的304m区域采用钢箱梁。

针对传统组合梁结构自重大的不利因素，通过对主跨采用与其他轻质高强主梁进行混合布置的方案，可显著降低主梁轴力水平，提高主梁稳定性能，这是提升组合梁斜拉桥技术经济竞争跨径的有效途径。斜拉桥主跨主梁采用混合布置，可以充分发挥不同主梁结构的优势，使斜拉桥主梁的力学性能与受力特点更加协调，进而取得经济上的竞争力。

第2章
结构体系与力学性能

2.1 结构体系

2.1.1 基本组成

斜拉桥的结构体系由五部分组成,包括桥塔、主梁、斜拉索、墩台及基础。典型的双塔三跨斜拉桥如图 2.1-1 所示。

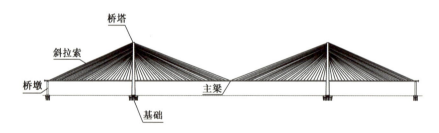

图 2.1-1 结构体系的基本组成示意

图 2.1-1 所示斜拉桥的桥塔,梁面以上的塔柱和梁面以下的塔墩固结为一体,这是最为常见的桥塔结构形式。也有少数斜拉桥采用将梁面以上的塔柱和梁面以下的塔墩分开,用塔墩支撑主梁,将主梁与塔柱固结的结构形式,如图 2.1-2 所示。主跨 320m 的法国 Brotonne 大桥采用了塔梁固结、梁墩铰接的结构体系,如图 2.1-3 所示。

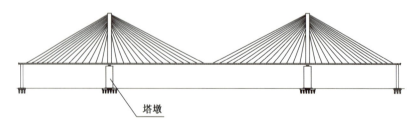

图 2.1-2 塔柱与塔墩分开的双塔斜拉桥示意

图 2.1-3　法国 Brotonne 大桥

斜拉桥的桥墩布置在很多情况下不只有边墩，有时出于改善结构的受力性能等原因，在边墩和桥塔之间设置辅助墩，如图 2.1-4 所示。江苏苏通大桥每侧边跨均设置了两个辅助墩，如图 2.1-5 所示。辅助墩可以对称设置，也可以不对称设置。

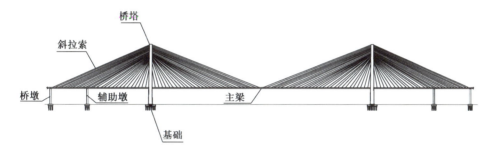

图 2.1-4　设有辅助墩的双塔斜拉桥示意

图 2.1-5　江苏苏通大桥

2.1.2　分类与特点

斜拉桥作为大跨径桥梁最为常用的桥型之一，结构体系与形式丰富多样，不仅跨越能力强，而且对自然条件适应能力强，在世界范围得到广泛应用。自 20 世纪中期开启现代密索体系斜拉桥技术以来,斜拉桥迅速超越拱桥和悬索桥,成为当今应用最多的大跨径桥梁结构体系。

斜拉桥从外部约束条件可以分为自锚式、地锚式和部分地锚式斜拉桥等,从内部约束条件可以分为飘浮体系、半飘浮体系、塔梁固结体系斜拉桥等,从总体布置上,按照桥塔数量不同,可以分为独塔斜拉桥、双塔斜拉桥、多塔斜拉桥。

双塔斜拉桥是应用最为广泛的斜拉桥体系,典型布置如图2.1-6所示。双塔斜拉桥可以满足一孔的跨越需求,两个边跨作为结构的平衡跨;还可以满足一个较大通航孔、一个或两个较小通航孔的需求,这样边中跨的跨越能力都得到充分利用。根据地形地貌、通航孔大小等建设条件,双塔斜拉桥还可以采用不等高的桥塔布置,称为高低塔斜拉桥,也称作子母塔或姐妹塔斜拉桥,如图2.1-7所示。湖北荆岳长江公路大桥为主跨816m的高低塔斜拉桥,北塔高265.5m,南塔高224.5m,如图2.1-8所示。该桥中跨和北边跨位于长江中,主梁采用扁平钢箱梁;南边跨位于岸上,采用与中跨钢箱梁外形尺寸统一的混凝土箱梁。

图2.1-6 典型双塔斜拉桥布置

图2.1-7 高低塔斜拉桥布置

图2.1-8 湖北荆岳长江公路大桥

独塔斜拉桥也是广泛应用的斜拉桥体系之一,由于其边墩可以释放水平约束,因此可以减少温度作用产生的结构内力,塔梁可以固结以提高结构刚度。是否采用固结要综合考虑桥塔、主梁的构造及斜拉索的锚固等多种因素,当塔梁固结导致构造非常复杂时,可以采用塔梁间设置支座等约束体系。独塔斜拉桥可以是对称布置也可以是非对称布置(图2.1-9),对称布置可适应双孔通航需求,但由于缺少边跨锚固作用,结构性能稍逊。因此,条件合适时也可采用非对称布置,边跨设置辅助墩来改善结构受力,需要根据实际情况进行选择。如河北曹妃甸工业区1号桥为对称布置独塔斜拉桥(图 2.1-10),而哈尔滨松浦大桥为不对称布置独塔斜拉桥(图 2.1-11)。

a)对称布置　　　　　　　　　　b)非对称布置

图 2.1-9　独塔斜拉桥布置

图 2.1-10　河北曹妃甸工业区 1 号桥(独塔对称布置斜拉桥)

图 2.1-11　哈尔滨松浦大桥(独塔不对称布置斜拉桥)

多塔斜拉桥不乏工程实例,既可满足分散多孔通航需求,也可跨越宽阔山谷或河海,典型布置如图 2.1-12 所示。多塔斜拉桥中间桥塔在活载作用下,由于没有双塔斜拉桥桥塔对应边跨斜拉索的锚固效应,将发生较大的塔顶偏位,并引起主梁挠度和自身弯矩过大问题。在实际工程中如有需要,可以采取辅助索控制中间桥塔的偏位,如中国香港汀九大桥(图 2.1-13);也可以采用交叉索的布置方式,改善结构的受力性能,如英国昆斯费里大桥(Queensferry Crossing)(图 2.1-14);可以采用刚度较大的桥塔,如希腊 Rion-Antirion 大桥(图 2.1-15)。

图 2.1-12　典型多塔斜拉桥布置

图 2.1-13　中国香港汀九大桥

图 2.1-14　英国昆斯费里大桥

图 2.1-15　希腊 Rion-Antirion 大桥

从总体布置上，按照索面横向布置不同，斜拉桥又可以划分为单索面斜拉桥、双索面斜拉桥、多索面斜拉桥。这种划分方法是针对斜拉索在主梁上的横向布置方式而言，直接关系到主梁的构造与横向受力合理性，也关系到斜拉桥整体力学性能等方面。

单索面斜拉桥一般可以使结构更加简洁，并具有更好的美学效果，但主梁的扭转刚度将制约其适用的跨径范围。随着斜拉桥跨径的增加，主梁的扭转变形加大，同时斜拉桥的抗风能力也将迅速下降。单索面布置的斜拉桥多采用箱形截面主梁，如厦门马新大桥（图 2.1-16）。钢桁梁、组合钢桁梁斜拉桥也有采用单索面布置的工程实例，主要应用于桁宽和桥面较窄的情况，如重庆千厮门大桥（图 2.1-17）和韩国 Geogeum 桥（图 2.1-18）。

图 2.1-16　厦门马新大桥（单索面钢箱梁斜拉桥）

图 2.1-17　重庆千厮门大桥（单索面钢桁梁斜拉桥）

图 2.1-18　韩国 Geogeum 桥（单索面组合钢桁梁斜拉桥）

双索面斜拉桥的应用最为广泛，采用混凝土梁、钢梁及组合梁的斜拉桥都有大量工程实践。如海南海文大桥为独塔双索面钢箱梁斜拉桥（图 2.1-19），西班牙 La Pepa 桥为双塔双索面组合钢箱梁斜拉桥（图 2.1-20），青海哇加滩黄河特大桥为双塔双索面组合钢板梁斜拉桥（图 2.1-21），重庆白沙沱长江特大桥为双塔双索面钢桁梁斜拉桥（图 2.1-22）。

图 2.1-19 海南海文大桥(双索面钢箱梁斜拉桥)

图 2.1-20 西班牙 La Pepa 桥(双索面组合钢箱梁斜拉桥)

图 2.1-21 青海哇加滩黄河特大桥(双索面组合钢板梁斜拉桥)

多索面斜拉桥也有工程应用实例,主要有三索面和四索面两种。三索面的斜拉索布置形式主要用于改善主梁的横向受力,解决主梁横向受力合理性问题。比如三索面对应三片主桁的主梁(如湖北天兴洲长江大桥,图 2.1-23)或三片工字梁的主梁。另一种是出于经济性或美学考虑采用独柱式桥塔,相应主梁采用分体式结构,为减小主梁横向受力而采用四索面的布置(如安徽芜湖长江二桥,图2.1-24)。多索面的布置形式尽管可以改善主梁的横向受力,但由于安装时同一截面斜拉索总是会存在一定的索力误差,故主梁的横向受力计算需要考虑索力误差的影响,并将索力误差控制在一定范围内。另外,斜拉桥采用多索面布置时,将会增加结构受力的复杂性及主梁和斜拉索安装控制的难度。

图2.1-22 重庆白沙沱长江特大桥(双索面钢桁梁斜拉桥)

图2.1-23 湖北天兴洲长江大桥(三索面斜拉桥)

图2.1-24 安徽芜湖长江二桥(四索面斜拉桥)

从斜拉索纵向布置看,斜拉桥索面布置又可以分为近似扇形索面、竖琴形索面和扇形索面。斜拉索近似扇形索面布置形式是最为常用的形式,它能够较好地协调结构受力合理性、斜拉索在塔上锚固等多种关系,如上海杨浦大桥(图2.1-25)。竖琴形索面布置形式具有很好的美学效果,它能够简化和统一斜拉索在主梁和桥塔上的锚固结构,如上海泖港大桥新桥(图2.1-26),但这种布置形式斜拉桥的总体受力性能不及近似扇形索面,而且立面上采用竖琴形索面布置及横向空间倾斜布置时,也难以得到好的美学效果,因此实际上并不常用。扇形索面布置最大的特点在于斜拉索在塔上集中锚固,如美国 Pasco Kennewick 桥(图2.1-27),早期稀索体系斜拉桥尚有不少应用案例,随着密索体系斜拉的流行与发展,对塔上集中锚固提出了较高的要求,因此也没有得到大量应用。

图2.1-25　上海杨浦大桥(近似扇形索面斜拉桥)

图2.1-26　上海泖港大桥新桥(竖琴形索面斜拉桥)

图2.1-27　美国 Pasco Kennewick 桥(扇形索面斜拉桥)

从结构与材料类型上看,斜拉桥主梁可以分为混凝土梁、钢梁和组合梁,具体每一种主梁又可进一步细分,比如组合梁可以分为组合钢板梁、组合钢箱梁和组合钢桁梁等。在一座斜拉桥内不同区域采用不同梁型,如边跨采用混凝土梁、中跨采用钢梁或组合梁,又被称为混合梁。

从结构与材料类型上看,斜拉桥桥塔可以分为钢塔、混凝土塔、混合塔和组合塔。早期的斜拉桥多采用钢塔,随着混凝土技术的进步,混凝土桥塔因为经济性而得到广泛应用,而钢塔的应用随之减少。下部采用混凝土结构、上部采用钢结构的混合桥塔,则可用于多塔斜拉桥的中间桥塔等特殊情况。必要时也可考虑采用外部为钢结构、内部填充混凝土的组合桥塔。对于十分复杂的桥塔锚固区,可直接采用全钢结构。按照桥塔的造型可以分为独柱、双柱、多柱、门形、A 形、倒 Y 形、菱形等。桥塔造型的选择必须统筹考虑索面布置、主梁形式及桥梁景观等多方面因素,只有协调平衡好上述多重因素,才能实现斜拉桥技术经济及美学等方面的最大价值。

2.1.3 外部约束

2.1.3.1 边跨斜拉索锚固方式

已建斜拉桥绝大部分都属于自锚式斜拉桥,但斜拉桥并非仅有自锚式斜拉索锚固方式。按照斜拉桥边跨斜拉索锚固方式不同,可以分为自锚式、地锚式和部分地锚式斜拉桥。

主跨 170m 的贵州芙蓉江大桥(图 2.1-28)和主跨 146.3m 的西班牙 Ebro 桥(图 2.1-29)都是地锚体系的独塔斜拉桥。对于独塔地锚式斜拉桥,边跨斜拉索集中锚固在基础锚块上,主跨梁体内的水平分力由梁体传递到基础。

图 2.1-28　贵州芙蓉江大桥

图 2.1-29　西班牙 Ebro 桥

地锚式斜拉桥主梁的约束方式不同,主梁的受力也不同。如图 2.1-30 所示,当主梁两端固定中间设铰时,斜拉索水平分力在主梁内产生轴向压力;当主梁两端可活动时,斜拉索水平分力在主梁内产生轴向拉力。

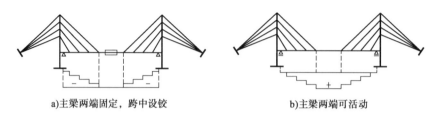

图 2.1-30　地锚式斜拉桥主梁轴力分布示意

a)主梁两端固定，跨中设铰　　　b)主梁两端可活动

自锚式斜拉桥全部斜拉索均锚固在主梁上，无须修建拉索锚碇，且施工方便，其主梁除跨中及梁端无索区外，都要承受轴向压力作用。主梁所受轴向力分布如图 2.1-31 所示。

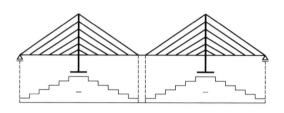

图 2.1-31　自锚式斜拉桥主梁轴力分布示意

随着跨径的增加，主梁轴力快速增加，这将成为限制自锚式斜拉桥跨径增加的主要制约因素。对于双塔斜拉桥，为了减少主梁承担的轴向压力，可以考虑设置锚碇并将部分斜拉索锚于锚碇上，将主梁的一部分轴向压力转移出去，这就形成了部分地锚式斜拉桥体系。主梁所受轴向力分布如图 2.1-32 所示。

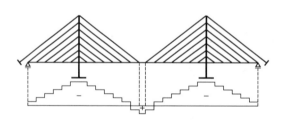

图 2.1-32　部分地锚式斜拉桥主梁轴力分布示意

部分地锚式斜拉桥不仅可以显著降低主梁所受轴力以及桥塔处主梁的轴力峰值，还可以改善斜拉桥的多项力学性能。显然，和自锚式斜拉桥相比，部分地锚式斜拉桥可以增大跨越能力，其锚碇规模比悬索桥相对要小很多，可以在千米以上的一定跨径范围内和自锚式斜拉桥及悬索桥展开竞争，但限于地锚段受拉主梁施工等关键技术，目前大都停留在方案研究。大跨径部分地锚式斜拉桥的桥式布置如图 2.1-33 所示。

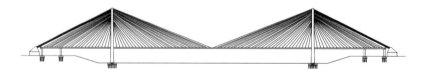

图 2.1-33　部分地锚式斜拉桥示意

部分地锚斜拉桥体系还适用于边中跨比较小的情况,如主跨440m的西班牙Luna桥(图2.1-34)采用混凝土主梁和部分地锚的形式,刷新了当时的斜拉桥跨径纪录;为避免桥塔设置在水中,该桥边跨仅为67m,边中跨比只有0.152。

图2.1-34　西班牙Luna桥

部分地锚式斜拉桥跨中主梁部分区域将承受拉力作用,这对于钢箱梁等纯钢结构并无特殊的问题。但对于组合梁而言,需要采取措施控制桥面板承受的拉力。一种方法是直接在受拉主梁段施加预应力;另一种方法是考虑先由组合梁的钢梁部分承担施工过程的拉力作用,再进行混凝土桥面板的施工。从总体来看,超大跨斜拉桥采用部分地锚式斜拉桥有技术经济合理性。

2.1.3.2　塔墩的约束

在通常情况下,桥塔是由桥面以上的塔柱和桥面以下的塔墩构成的整体结构,此外还隐含着桥塔在塔底与基础承台固结一体的边界条件。

然而,实际工程也出现过另外一些约束体系,比如梁面以上塔柱与主梁固结,梁面以下塔墩分离,在塔墩顶设置支座以提供支承和约束,如图2.1-35所示;还有桥塔是整体结构,但在桥塔底部和基础承台之间设置铰接的支承约束方式(图2.1-36),如天津团泊新桥(图2.1-37)。以上两种约束方式都有工程应用,但不适合在大跨径桥梁中使用,在实际应用中也并不多见,因此不再详细讨论。

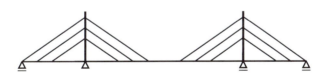

图2.1-35　塔梁固结,塔墩分离约束示意

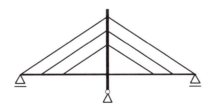

图2.1-36　塔底铰接约束示意

图 2.1-37　天津团泊新桥(塔底铰接)

2.1.3.3　梁与墩之间的约束

斜拉桥主梁与桥墩(包括边墩和辅助墩)之间的约束方式比较简单,一般通过在墩顶设置支座,限制梁体的竖向、横向位移并释放梁体的纵向位移。这种方式是一般桥梁的做法,但并不是唯一的选择。实际工程就有在边墩或辅助墩顶设置纵向固定支座,使之参与分担纵向地震荷载、限制梁端纵向位移。还有在梁端桥台处设置水平约束支座或阻尼器,以限制梁端位移、减小桥塔受力。对于横桥向的约束,处于地震烈度较高地区的斜拉桥,甚至在桥塔、边墩同时设置横向阻尼器,以便减小横向地震响应。当条件合适时,如桥墩较高且可以满足温度作用下的受力要求时,主梁与边墩、辅助墩可以采用固结,一般仅在斜拉桥边跨主梁为混凝土结构时才会采用固结,这样既简化了连接构造,也有利于增强斜拉桥刚度。

梁墩约束中辅助墩往往可以发挥很重要的作用。在各类斜拉桥体系中采用设置辅助墩的体系布置十分普遍,其数量超过了不设辅助墩的斜拉桥。尽管辅助墩设置与否对斜拉桥恒载状态影响不大,但是对斜拉桥的活载、静风、稳定等结构响应均有较大的影响,对主梁安装施工期间斜拉桥的性能也有很大影响。辅助墩的设置与否以及设置数量,都将对斜拉桥的力学性能以及技术经济性产生不同程度的影响。

2.1.4　内部约束

斜拉桥最常见的是自锚式斜拉桥,斜拉桥塔梁之间的约束属于内部约束,包括主梁与桥塔之间在空间中纵、横、竖三个方向的连接方式。一般而言,斜拉桥边墩处的约束方式相对简单且并无太多变化,约束方式变化最多、对斜拉桥结构受力影响最大的主要是塔、梁的连接方式。斜拉桥的内部约束方式不仅与结构体系密切相关,还与桥梁运营条件、风环境及抗震需求等多种因素有关。

2.1.4.1　塔梁纵向约束

塔梁之间的连接是斜拉桥设计需要考虑的重要问题之一。塔梁之间不同的连接方式,对斜拉桥的力学性能影响显著,其中纵向连接形式对斜拉桥总体受力性能的影响最为显著。一般所说的约束体系都是基于塔梁之间的纵向约束方式进行划分的,以双塔斜拉桥为例,从主梁与桥塔的连接看,最常见的有三类约束体系,分别为飘浮体系、弹性/限位约束体系以及固结/固定约束体系,如图 2.1-38 所示。

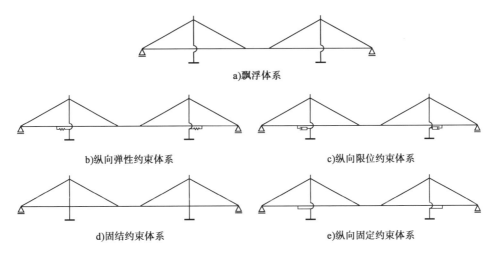

图 2.1-38　塔梁之间纵向约束方式

飘浮体系的主梁只在主梁两端有支承,其余全部由斜拉索支承,成为具有多点弹性支承的梁,主梁在纵向可稍作浮动。"飘浮"是一种形象的描述,表达的真正意义在于梁和塔之间可以有纵向的相对位移,而非固定的连接。这种约束体系在温度和混凝土收缩徐变作用下的结构受力响应均较小,但结构的位移特别是主梁的纵向位移响应相对较大。

飘浮体系在地震时允许主梁纵向摆动,可以有效增加主梁纵向飘移振动模态的自振周期,可以有效减小结构地震响应。但对于大跨径斜拉桥,由于风荷载、制动力作用下的纵向位移较大,若在塔梁间设置水平连接装置,不仅可以约束主梁的纵向位移,同时可以减小制动力以及主梁所受静风荷载(包括斜拉索传递到主梁上静风荷载)引起的塔墩弯矩。此外,塔梁间纵向不加约束的飘浮体系,将导致较大的梁端纵向位移。对于公路桥梁,需要使用造价和养护费用更为高昂的大位移伸缩装置;对于轨道交通桥梁或者公路与轨道交通合建桥梁,不仅有需要使用昂贵伸缩装置的问题,可能还会成为大跨径斜拉桥行车安全的控制条件。

弹性约束和限位约束两种体系可以看作一类约束体系,均是允许梁塔之间发生一定的、受到适当控制的相对位移。

弹性约束通常采用水平弹性钢索来实现,根据斜拉桥结构多方面的需求,优化确定弹性约束的刚度。约束刚度的大小可以通过改变钢索的面积和长度实现,除了需要兼顾运营及抗风抗震等多种斜拉桥受力需求外,还需要兼顾钢索自身的受力与安装便利。当钢索面积保持恒定时,钢索的长度越小约束刚度越大,钢索受力也越大,反之亦然。由约束刚度需求可以确定钢索长度及钢索受力,但先前确定的钢索面积有可能并不满足受力要求。因此,需要迭代考虑钢索面积、长度、受力等参数,以满足上述多方面的受力需求。由此可以看出,弹性钢索并不一定能够满足斜拉桥对塔梁的所有约束需求,即使在受力上可以满足要求,也可能因为钢索过长而并不适宜采用。尽管斜拉桥的弹性约束大部分采用钢索,但也可以采用碳纤维索或在条件适当时采用其他装置满足斜拉桥弹性约束需求。碳纤维水平拉索已在常泰长江大桥中得到应用。

限位约束装置是能够更好满足斜拉桥需求的一种约束体系,在这种约束体系中,阻尼器至关重要。限位约束装置可以实现对因温度、活载等引起的小于额定行程量的慢速位移不加约束,而当由大风等荷载引起超出额定行程位移时,装置会起到限位锁定作用;当发生地震、脉动风和车辆振动等引起的多种动力响应时,装置起阻尼耗能及抑制振动作用。因此,针对具体工程情况,可以适当选择不同阻尼器及其性能参数,以满足斜拉桥的各项受力要求。图 2.1-39 所示为纵向限位约束常用的黏滞阻尼器。

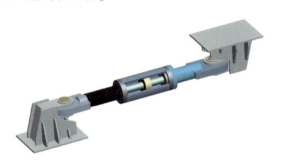

图 2.1-39　黏滞阻尼器示意图(纵向限位约束装置)

固结约束是指桥塔和主梁固结的连接方式,通常用于采用混凝土梁的独塔斜拉桥。混凝土梁和混凝土塔固结易于实现,可以简化结构构造、方便主梁的悬臂施工,在塔梁相交处无须设置支座,可以减小梁端纵向位移。塔梁之间采用固结约束较适合于独塔双跨式斜拉桥;对于双塔斜拉桥而言,温度、混凝土收缩徐变引起的次内力较大,有可能控制设计,一般仅用于塔墩较高的双塔斜拉桥中,必要时采用双薄壁柔性墩以减小温度等荷载的不利影响,如美国阳光航线桥(图 2.1-40)。当塔梁之间采用固结约束成为合适的选择,但是实施固结导致结构与构造非常复杂时,比如钢箱梁与混凝土桥塔的固结,可以考虑在塔梁交接处,采用支座、联杆或销铰连接主梁和桥塔,限制其纵向相对位移,类似于连续梁的纵向固定支座,在此称之为"固定约束"以示与固结约束的区别。对于双塔斜拉桥,也有在其中一座桥塔采用纵向固定约束而在另一座桥塔处采用纵向活动约束的形式。对于三塔斜拉桥,也可能只在中间桥塔采用纵向固定或固结约束,在两座边塔处纵向活动的约束形式。

图 2.1-40　美国阳光航线桥(双薄壁柔性墩固结体系)

2.1.4.2 塔梁竖向约束

塔梁间的竖向约束虽然不像纵向约束那样,对桥梁的总体受力产生重大影响,但是对主梁局部受力影响很大。一般塔梁间的竖向约束有两种方式,一是设置支座约束主梁的竖向位移,如重庆东水门大桥(图 2.1-41);二是从塔柱设置拉索约束主梁的竖向位移,如安徽巢湖大桥(图 2.1-42)。在桥塔上设置支座以支承主梁,由于塔下主梁所受弯矩较大,通常须加强塔下区域主梁的截面。从塔柱悬吊拉索支承主梁,可以减小主梁所受弯矩,避免主梁在塔下区域受力的突变,但有时拉索在塔上的锚固会受到一定的限制。因此,采用何种约束方式,需要结合具体工程情况择优选用。

图 2.1-41　重庆东水门大桥(塔梁间设置支座)

图 2.1-42　安徽巢湖大桥(塔柱设置拉索约束主梁竖向位移)

2.1.4.3 塔梁横向约束

由于斜拉索一般不能对主梁提供有效的横向支承,在主梁和桥塔、桥墩之间需要施加横向约束,通过设置支座限制主梁的横向位移,传递主梁横向荷载。塔梁间的横向约束一般采用限制其横向相对位移的固定约束方式,当结构抗震有特殊需要时,可以根据实际需要配置阻尼器,发挥"保险丝"熔断、阻尼耗能及抑制振动作用,满足斜拉桥抗震要求。

2.2 基本力学性能

2.2.1 总体受力性能

从承载的角度看,斜拉桥的传力路径为:荷载→主梁→斜拉索→桥塔→墩台→基础。在这一传力过程中,主梁直接承受车辆荷载作用,同时主要承受斜拉索的水平分力作用,表现为压弯受力状态;斜拉索将主梁的主要荷载传递到桥塔,表现为单向受拉受力状态;桥塔除承受自重引起的轴力外,还承受斜拉索传递来的轴向和水平分力,同时承受巨大的轴力和较大的弯矩,属于压弯构件。主塔墩及其基础承受斜拉桥绝大部分荷载作用,主要承受竖向力和弯矩;边墩和辅助墩主要承受主梁传来的部分竖向力。在斜拉桥体系中,桥塔、主梁和拉索三者之间相互依存,共同构成了三角形结构承受和传递荷载,如图 2.2-1 所示。

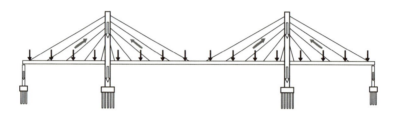

图 2.2-1　斜拉桥荷载传力路径

斜拉桥在恒载作用下的受力状态,与运营活载、温度等作用下受力完全不同。在恒载作用下,无论是在施工阶段还是在成桥阶段,通过调整斜拉索的索力可以改变结构的受力状态。根据优化设定的成桥状态目标,可以将主梁调节为以斜拉索和桥墩为支点的连续梁弯矩,使主梁的恒载弯矩达到几乎可以忽略的程度,也可以根据受力需要储存一定的恒载弯矩,比如在组合梁的跨中段储备正弯矩,以便更为经济地满足结构受力需求;同样,桥塔也可以调节为弯矩几乎为零的受力状态,或者使桥塔预先储备一定的恒载弯矩,以降低最不利荷载组合下桥塔的弯矩峰值。在活载作用下,主梁和桥塔的受力主要是结构承载后的被动反应,所产生的主要是弯矩作用,产生的轴力作用与恒载轴力相比较小。在活载和温度等作用下,桥塔所受弯矩由上而下逐步增长,通常由于塔梁约束处的集中力使得在梁面以下呈现更大的增长率,并在塔柱底部达到最大值。因此,活载和温度作用产生的弯矩是桥塔受力的重要控制因素。在活载和温度等作用下,主梁的弯矩则在中跨靠近跨中区域及边跨辅助墩顶区域(无辅助墩时为距离边墩约 1/3 边跨长度区域),出现较大的峰值。因此,在跨中和边跨弯矩较大且轴力较小的区域,活载和温度作用产生的弯矩是主梁受力的重要控制因素。对于大跨径斜拉桥,在边跨设置一个或多个辅助墩,可以改善成桥和施工状态下的静动力性能,随着斜拉桥跨径的增加,斜拉桥一般不再采用典型的三跨结构体系。除此之外,斜拉桥塔梁间的约束对于大跨径斜拉桥的静动力性能有着非常重要的影响,需要从斜拉桥运营状态的受力、抗风抗震性能要求等多方面入手,选择合适的约束体系。

2.2.2 主梁的受力特点

主梁不仅是直接承受桥面荷载的传力构件,也是斜拉桥体系中的主要承载构件之一。主梁按照材料一般可分为混凝土梁、钢梁和组合梁。钢主梁具有自重轻、强度高以及可工厂化制造且安装方便的优点,但也存在桥面钢度小、桥面铺装易损及正交异性钢桥面板疲劳损伤等问题。混凝土主梁具有抗压性能好、刚度大、取材便利等特点,但其结构自重大、抗拉性能差、易出现裂纹,长期时变与环境作用不容忽视。组合梁由钢和混凝土两种材料构成,相对于混凝土梁,桥面板以下的大部分截面由钢梁取代;相对于钢箱梁,又以混凝土桥面板取代正交异性钢桥面板,组合梁结构自重和受力性能介于混凝土梁和钢梁之间。上述不同主梁的优缺点并不能简单决定实际工程的取舍,需要纳入斜拉桥体系与工程环境之中,根据斜拉桥跨径大小、建桥条件,充分发挥材料、受力及施工等方面的优点,择优选择。

从截面形式上看,每种材料的主梁都有其不同特点和常用构造。比如,混凝土主梁常采用双边主梁和箱梁,钢梁则多采用钢箱梁、钢桁梁,组合梁应用最广泛的是组合钢板梁。主梁的截面形式需要考虑桥梁跨径、桥面宽度、索面布置以及结构的抗风要求等因素。具体到不同交通功能和不同跨径的桥梁,合理的主梁截面形式也有所不同。对于公铁两用桥梁,更多采用钢桁梁或组合钢桁梁;对于公路桥梁特别是超大跨径公路桥梁,更多采用流线型扁平钢箱梁。

斜拉桥采用组合梁的理念是用混凝土桥面板代替钢梁上缘受压的正交异性钢板,以节省造价并改善桥面性能。加拿大 Annacis 桥、上海南浦大桥、希腊 Rion-Antirion 大桥均为组合梁,主梁的钢梁均为纵横梁格体系,与桥面板结合后形成组合钢板梁;构造简洁的组合钢板梁难以适应强风环境的抗风要求,东海大桥主航道桥、椒江二桥主桥、福建泉州湾跨海大桥(图2.2-2)均采用了组合钢箱梁;丹麦的厄勒海峡桥为公铁两用桥,主桥采用了跨径490m的组合钢桁梁斜拉桥。

图 2.2-2　福建泉州湾跨海大桥(组合钢箱梁斜拉桥)

从目前的工程实践看,钢梁和组合梁斜拉桥有着广泛的应用,面对不同的建设条件和功能要求,都有合适的主梁形式可以选用。主跨1104m的俄罗斯 Russky Island 桥是目前世界上最大跨径的斜拉桥,主跨720m的湖北赤壁长江公路大桥(图2.2-3)为目前世界上跨径最大的组合梁斜拉桥,而组合梁的研究与相关实践表明,组合梁斜拉桥的合理跨径可达900m。在这一跨径范围内,组合梁斜拉桥和钢箱梁斜拉桥完全具有竞争力。组合梁的混凝土桥面板不可避免会发生收缩徐变作用,钢梁与混凝土桥面板之间存在应力重分布现象,负弯矩区桥面板还可能存在受拉开裂问题,而全钢主梁的正交异性钢桥面板疲劳损伤问题直到今日未能得到彻底解决,这些都需要得到充分考虑与妥善处理。

图 2.2-3　湖北赤壁长江公路大桥(窄幅边箱组合梁斜拉桥)

　　一座斜拉桥并不一定采用单一形式的主梁,采用两种主梁的混合梁斜拉桥有着大量的工程实例。联邦德国最早在 Knie 桥(1969 年建成)上成功采用中跨钢梁、边跨混凝土梁建成了斜拉桥。法国诺曼底大桥、日本多多罗桥、中国香港昂船洲大桥等大跨径斜拉桥都是采用混合梁的工程实例。混合梁一般中跨采用自重较轻的钢梁或组合梁,边跨采用自重较大的混凝土梁。混合梁适用于边跨跨径较小的斜拉桥,而且在布跨允许的情况下,对于特大跨斜拉桥更具技术经济优势。混合梁需要设置两种梁式的结合段,一般而言结合段宜选择在主梁弯矩和剪力小、轴力大的位置,并兼顾造价经济和施工便利。

　　斜拉桥主梁成桥后受拉索支承,受力类似于弹性支承连续梁。由于斜拉索的可调性,对主梁的支承作用在恒载下最为高效,图 2.2-4 是连续梁桥和斜拉桥的恒载弯矩比较图,由于斜拉索的作用,主梁的恒载弯矩很小。

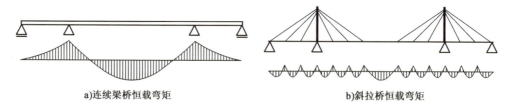

a)连续梁桥恒载弯矩　　　　　　　　b)斜拉桥恒载弯矩

图 2.2-4　连续梁桥和斜拉桥恒载弯矩对比

　　斜拉索的可调性及多点弹性支承作用,使斜拉桥主梁的弯矩峰值急剧降低,和典型受弯曲作用为主的连续梁相比,无须通过加大梁高来抵抗外力。斜拉桥主梁承受斜拉索的水平分力作用,对于广泛应用的对称双悬臂施工的主梁,越靠近桥塔轴力越大。对于混凝土主梁,斜拉索产生的轴力可以看作免费的预应力;但随着跨径的增大,梁体的轴向压力将成为设计的控制因素,并成为斜拉桥跨径进一步增大的限制条件。

斜拉索的索力可以人为调整,在一定范围内优化恒载内力。索力调整主要是改变主梁或桥塔所受的弯矩大小,对轴力并无太的影响。对于主梁受力的调整,可以用来消除混凝土主梁收缩徐变产生的部分附加内力,也可以用于组合梁使其跨中区域预存正弯矩,避免桥面板在不利荷载组合下出现受拉开裂,使结构受力合理。

斜拉桥的主梁受力的重要特征是在恒载状态下通过斜拉索的主动调节,可以使恒载弯矩达到指定的内力状态,一般以刚性支承连续梁为目标内力状态。当索距减小时,主梁在恒载与索力作用下的局部弯矩也相应减小,可以允许采用较柔的主梁。此外,主梁在活载作用下,弯矩的大小与主梁弯曲刚度的平方根成正比,当主梁刚度减小后,活载弯矩又趋向较小值。现代密索体系主梁高跨比多在 1/300~1/100,甚至更低,跨径较大时高跨比取小值。

总的来说,密索体系斜拉桥主梁高度与跨径之间不存在必然的联系。跨径相差很大的斜拉桥,其梁高也可能相同,甚至出现跨径较大、梁高反而更低的情况。要提高结构的总体刚度等力学性能,依靠加大梁高增加弯曲刚度通常不如调整拉索刚度、边跨加设辅助墩、塔梁墩采用固结体系等措施有效。主梁在参与竖向荷载传递时所起的作用主要取决于整个结构体系的总体布置,但主梁必须具有一定的刚度,才能将桥面荷载向邻近梁段分配,避免主梁出现较大的局部挠曲,同时可减小拉索的最大设计力,并且使结构具有抵御意外断索等风险的能力。总之,梁高是影响斜拉桥结构力学性能的一个重要参数。一般而言,大跨径斜拉桥梁高的确定需要考虑主梁横向受力、主梁面内受力、结构抗风性能、主梁压屈稳定性、拉索替换的要求等。增加梁高可提高结构抗力,斜拉桥静力稳定性能显著提高,颤振稳定性能亦将进一步提升。但梁高增加将显著增加风荷载下的结构响应,对于沿海强风环境,极限静风荷载作用常常成为大跨径斜拉桥的控制因素。

2.2.3 桥塔的受力特点

桥塔按照材料一般可分为混凝土塔、钢塔和钢-混凝土混合塔,除此之外,还有组合塔及其与其他材料塔的混合。塔与梁、墩既可固结,也可相互分离,可以根据具体工程建设要求而确定。桥塔是以受压为主的压弯构件,上部结构的荷载通过拉索传到桥塔,再传递到下部基础。桥塔除了承受斜拉索传来的竖向荷载外,还承受纵横向弯矩作用,塔的纵向弯矩主要由索力的纵向水平分量差引起,横向弯矩主要由索力的竖向荷载作用于桥塔横向框架以及空间索面索力的横向水平分量产生。此外,温度变化、日照温差、支座沉降、风荷载、地震作用、混凝土收缩徐变等,都会对桥塔的受力产生影响。

在有些情况下,可通过对斜拉索索力的人为调整,在一定范围内优化桥塔恒载弯矩,一般适用于中小跨径的斜拉桥,如对于双塔斜拉桥,通过调索使恒载状态下储存中跨侧受拉的弯矩,使运营组合下的桥塔最大弯矩下降;而对于大跨径斜拉桥,控制桥塔设计的往往是极限静风荷载或地震作用,而不是正常运营状态,因此无须预设桥塔偏心弯矩。

桥塔首先要能够满足自身受力及结构整体受力的需要,桥塔的选型受多种因素影响,结构体系、主梁形式、施工条件以及风环境、地震等都可能成为控制条件。从承受轴向力的角度看,独柱式桥塔最为有利,但独柱式桥塔往往需要增加主梁的宽度,特别是为满足抗弯需要而加大塔柱横向尺寸时,会导致主梁的设计很不合理。因此,桥塔多采用 H 形、A 形、倒 Y 形等结构形式,以便主梁从塔柱之间通过,这样做可以使得主梁设计最为有利。塔柱作为桥塔中的主要受力构件,相互之间通常设有横梁,以加强桥塔的整体性和稳定性。在塔柱弯折处,横梁还起到平衡水平分力、增强桥塔横向承载能力的作用。桥塔的上段是拉索锚固区,受斜拉索巨大的集中力作用,其受力状态复杂,锚固区塔柱需要将集中力安全、均匀地传递下去。

在斜拉桥结构体系不变的情况下,单方面增加桥塔的纵向刚度,所引起的主梁、斜拉索的受力以及主梁跨中挠度变化并不显著,但桥塔自身的弯矩将会显著增加,甚至会出现增加桥塔纵向尺寸,桥塔应力不降反升的现象。同时,桥塔弯矩特别是塔根弯矩的大幅增加,还会导致主塔基础规模相应增加。

混凝土桥塔应用最普遍,并具有良好的经济性。从百米以下跨径的斜拉桥到千米以上跨径的斜拉桥,不同结构形式的混凝土桥塔被广泛大量地应用。抗压能力强的混凝土材料,契合了斜拉桥桥塔以受压为主的需求;混凝土超高泵送技术和爬模技术,满足了快速高效施工要求。钢桥塔则因造价较高,主要用于强震区或者地质条件较差时以减小基础规模。由于钢塔质量轻、阻尼较小,容易发生涡振,有时需采取抑振措施。此外,钢塔存在受压稳定问题,特别是局部稳定问题及其加劲构造需要仔细考虑。由于钢桥塔通常节段庞大,其制造、运输、起吊、安装都需要严格的工艺保证。混合桥塔通过将塔的上下部分分别采用钢和混凝土结构,可以达到适当控制桥塔结构的重量、确保斜拉索锚固区的安全耐久等目标,并兼顾结构受力安全与工程经济,中国香港昂船洲大桥(图 2.2-5)就是采用混合桥塔的实例。另外,也可在外部采用钢结构,内部浇筑混凝土,形成钢-混组合桥塔,同时发挥钢材、混凝土的材料优势,并克服钢桥塔局部稳定不足的劣势,南京江心洲长江大桥便是采用组合桥塔的实例(图 2.2-6)。

图 2.2-5　中国香港昂船洲大桥混合桥塔

图 2.2-6　南京江心洲长江大桥组合桥塔

2.2.4 斜拉索的受力特性

斜拉索作为斜拉桥的主要传力构件,连接桥塔和主梁形成内部高次超静定的结构体系。斜拉索只能承受拉力,由于垂度效应影响,非线性问题比较突出。目前,普遍使用的斜拉索均为柔性索,分为平行钢丝配以冷铸墩头锚系统和钢绞线配以群锚系统两种类型,包裹于高强钢丝外的索套作为防锈蚀材料,不参与斜拉索的受力,计算中可忽略拉索抗弯刚度的影响。平行钢丝索工厂制造,质量保证性较好,索的外径及锚固空间相对较小;钢绞线索方便进行单根钢绞线安装及张拉,对施工设备要求低,但拉索外径及锚固空间相对较大。

柔性索在自重作用下有垂度,其抗拉刚度与自身截面特性、自重及所受拉力有关。斜拉索将主梁恒载和大部分活载传递到桥塔,斜拉索索力主要由主梁的恒载、车辆的活载作用产生。在同样的斜拉桥应力控制标准下,不同主梁所对应斜拉索索力的恒载和活载比例不同,显然混凝土主梁最高、钢箱梁最低、组合梁居中。其中以钢箱梁斜拉桥拉索的几何非线性影响最为严重。

尽管单根斜拉索外观柔细,但斜拉索所受风活载对斜拉桥不可忽视。在横向风荷载作用下,斜拉索引起的结构响应占结构总响应的比例较高,往往超过主梁引起的响应,纵桥向风荷载的响应也不可忽视,特别是在沿海地区的大跨径斜拉桥,无车工况的风荷载响应常成为桥塔及基础的控制因素。千米级斜拉桥拉索风荷载引起全桥顺桥风荷载响应可达50%以上、横桥向风荷载响应可达75%以上。因此,需要关注斜拉索的风荷载计算问题。

斜拉索的布置除了需要考虑施工安装与张拉外,更多的是考虑桥塔、主梁及结构整体的受力需要。在梁上的横向布置可分为单索面、双索面、多索面和空间索面。单索面斜拉桥的抗扭刚度主要由主梁提供,双索面拉索能分担主梁较大部分的力矩。对于大风环境地区,斜拉桥的索面布置与选择常常由抗风需求控制,尤其是如组合钢板梁这种自身抗扭能力很弱的主梁,采用空间双索面对抵抗风致振动特别有利。

2.2.5 结构静力稳定

随着桥梁跨径的不断增加,桥塔高耸化、箱梁薄壁化以及高强度材料的应用,结构整体和局部刚度下降,使得稳定问题显得比以往更为重要。大跨径斜拉桥失稳按结构部位可分为整体失稳、索塔稳定或主梁稳定以及索塔和主梁构件的局部稳定等,但就物理力学性质而言,所有失稳现象均可归结为两类稳定问题:①分支点失稳,通常称为第一类稳定问题,如理想轴心受压柱;②极值点失稳,即第二类稳定问题,其对应的临界荷载实际上就是结构极限承载力,如偏心受压杆件、双向压缩构件的弹塑性弯扭失稳等。

第一类稳定属于弹性稳定问题,通常采用特征值法进行计算,即通过求解稳定控制方程:$|[K]+\lambda[\overline{K}]_\sigma|=0$,将稳定问题转化为求方程的最小特征值问题,所得 λ 即为后期荷载的安全系数,相应的特征向量就是失稳模态。第二类稳定问题的求解,从力学角度看,实质就是通过不断求解计入几何非线性和材料非线性的刚度方程,寻找其极限荷载的过程。桥梁结构在不断增加外荷载的情况下,结构刚度不断发生变化,当外荷载产生的压应力或剪应力使得结构切线刚度矩阵趋于奇异时,结构承载力即达到了极限。由于结构刚度矩阵在下降段是非正定

的,因此需要借助非线性数值方法克服下降段计算不稳定的问题。

由于斜拉桥结构主梁、索塔以及斜拉索在施工过程中不可避免地具有初弯曲、初偏心和残余应力等初始缺陷,其稳定问题实质上属于第二类稳定问题,即极限承载能力问题。显然,斜拉桥稳定问题的研究与其极限承载能力的研究是分不开的。国内已建大跨径组合梁斜拉桥中南京五桥、武汉二七长江大桥、观音岩长江大桥成桥状态二类稳定安全系数分别为 2.23、2.41、2.9。根据国内已建桥梁的设计经验,组合梁斜拉桥的二类稳定安全系数一般控制在 2.0 以上。

由于结构缺陷的客观存在,利用特征值法得到的稳定分支荷载通常代表实际结构体系极限稳定荷载的可靠上限,但第一类稳定问题是特征值问题,求解方便、结果直观,所以通常仍把第一类稳定分析作为评估结构稳定承载力的重要工具,在方案设计阶段应用比较普遍。第一类稳定计算存在两种加载方式,主要区别体现在对恒载的处理上。方式一在结构稳定性分析时考虑了结构所有荷载的变异情况,也即稳定安全系数 λ 对应的稳定荷载为 $\lambda(W+H_1+H_2+\cdots+H_n)$,其中 W 为结构自重,$H_1,H_2,\cdots,H_n$ 为外加荷载,如风荷载、施工荷载、车辆荷载等,它反映了结构稳定极限承载力对某种荷载工况的安全储备。方式二认为实际工程中恒载的变异性很小,基本属于确定性荷载,因而不考虑恒载的变异,仅考虑其他外荷载的变异性,即稳定安全系数 λ 对应的稳定荷载为 $W+\lambda(H_1+H_2+\cdots+H_n)$,它反映了结构的超载能力。目前,我国桥梁设计规范对于拱桥、斜拉桥等桥梁结构的弹性稳定分析规定均遵循加载方式一。《公路斜拉桥设计规范》规定斜拉桥结构第一类稳定的结构安全系数不应小于 4.0。对于早期斜拉桥案例,跨径一般在 500m 以下,结构稳定系数总体均较大,且能满足 4.0 的要求。随着斜拉桥跨径增加,尤其是对于特大跨径斜拉桥,加劲梁的静力稳定问题有可能控制梁高的取值。一些组合梁斜拉桥的研究表明,如果以静力稳定安全系数不小于 4.0 控制,在跨径达到 900m 后,塔跨比为 0.19 时,采用 3.0m 梁高的组合钢箱梁不能满足该要求,但按照计入材料非线性影响的弹塑性强度稳定的安全系数仍然有 2.1。如按照静力稳定满足 4.0 系数的要求而增加梁高,则会引起加劲梁所承受的风荷载增加,除了对加劲梁产生直接影响外,必然导致下塔柱及主塔基础受力增加,进而影响工程经济性。

大跨径斜拉桥设计应采取客观、合理、精确的方式,综合评估斜拉桥动静力性能,确定合理的总体布置和结构尺寸。轴力大小是影响斜拉桥静力稳定的关键因素,凡可改变梁、塔轴力水平的结构布置因素均可影响斜拉桥静力稳定,但总体而言,主要影响因素包括主梁高度及宽度、桥塔高度、拉索布置等。

主梁高度决定的竖向刚度应确保主梁在巨大轴压力下不发生面内静力稳定失稳,尤其是特大跨斜拉桥,主梁静力稳定或许是控制性的。随着斜拉桥跨径的增大,其横桥向结构力学性能出现了显著的变化,主梁侧向反应随着跨径增长呈非线性增长趋势,主梁宽跨比逐渐成为超大跨径斜拉桥方案可行性的主要控制因素。一些学者研究认为:当跨径达到 1400m 以上时,若仍采用常规扁平钢箱梁,必须加大桥面宽度才能满足主梁侧向刚度及稳定性要求,显然很不经济。可进一步采用分体双箱截面,一方面改善截面的气动性能,提高悬索桥的颤振临界风速,另一方面可提供足够的侧向刚度,满足侧向刚度及面外稳定要求,同时比直接加大桥面宽度更为经济,节省全桥总造价。

塔跨比(桥塔高度)作为斜拉桥重要设计参数,受到各种因素的影响,如需要考虑成桥状态和运营状态下塔、梁、索及基础等受力的合理性,考虑加劲梁的静力稳定性、极限静风荷载作用以及抗风抗震要求。在内陆风速较小地区,斜拉桥的塔跨比可以根据成桥状态及运营状态的结构受力合理性、静力稳定性能等,可按偏高选择,而在沿海强风环境下,桥塔和斜拉索风荷载所占比例较大,往往成为不可忽视的控制因素,特别是大跨径斜拉桥,无车时极限风荷载作用,将成为桥塔及其基础,甚至加劲梁的直接控制荷载,此时宜尽量降低主塔高度以减小风载,以提高桥梁的工程经济性,这在日本一些跨海通道斜拉桥中可以窥得一隅。

拉索布置对斜拉桥静力稳定的影响主要体现在拉索支承效率不同对主梁轴力水平的改变。以拉索塔上索距为例,斜拉索在塔上的索距布置对斜拉桥静力稳定也是不容忽视的,特别是对于大跨径斜拉桥。在塔跨比一定的情况下,塔上索距在工程可行的范围内波动,将影响索力、加劲梁轴力、结构位移、静风荷载以及结构静力稳定等。有关研究表明,在塔跨比不变的情况下,选用合适的锚固结构减小塔上索距,甚至可以使加劲梁近塔区的恒载轴向力减少 10% 以上,使加劲梁面内一阶屈曲弹性稳定系数提高近 10%。在此情况下,适当采用斜拉索更密集的向上排列锚固,可以减小恒载状态下加劲梁所承担的轴向力,从而提高加劲梁的静力稳定安全系数,即可选用迎风面积更小的梁高。

2.2.6 静力非线性问题

现代斜拉桥的跨径在最近二十年左右的时间里突飞猛进,这得益于设计理论与方法、施工技术与装备、工程材料等方面的不断进步。进入 21 世纪后,中国先后修建了苏通大桥、昂船洲大桥两座千米级斜拉桥,2012 年俄罗斯修建了 Russky Island 大桥,将斜拉桥跨径推进到 1100m 左右,而近期中国建设的江苏常泰长江大桥、观音寺长江大桥将斜拉桥最大跨径逼近 1200m。随着斜拉桥跨径不断增加,桥塔高度和主梁跨径不断增加,结构的整体刚度随之降低,加之拉索的垂度效应,在恒载、活载及极限纵横风作用下,结构响应将具有典型的非线性特征,传统线性分析理论可能将影响结构可靠度和经济性。大跨径斜拉桥非线性问题成为设计时需要重点考虑的问题。

一般来说,对于对主跨 400~500m 以下混凝土主梁斜拉桥,其非线性影响总体相对较小,有学者研究认为总体在 10% 以下。随着斜拉桥跨径增加,非线性影响问题开始变得逐渐突出。苏通大桥作为世界上首座突破 1000m 跨径的钢斜拉桥,当时设计师们进行了详细非线性分析论证。总体而言,在成桥运营阶段,考虑完全几何非线性对主梁、索塔断面控制应力的影响程度约 10%~20%,对活载挠度的影响程度约为 20%,其中拉索垂度效应贡献最大,梁柱效应次之,大位移影响最小。近年来,江苏沪通长江大桥、江苏常泰长江大桥等千米级公铁两用钢桁梁斜拉桥建设也开展了几何非线性研究,研究结论与千米级钢斜拉桥相似,斜拉索垂度效应是几何非线性影响的主要因素,梁柱效应和大位移效应相对较小。设计师们提出一种经济、合理,且偏安全的方法,即在设计时采用考虑斜拉索弹性模量修正的线形计算,同时在活载效应计入 10% 非线性放大系数。

近年来随着可持续发展理念的推广,经济性和耐久性良好的组合梁斜拉桥应用跨径范围正在不断拓展。相关研究和实践经验表明,开口截面组合梁采取适当的气动抑振措施以提高其气动稳定性,可在 800~900m 具有与钢斜拉桥相当技术和经济竞争力;实际工程应用方面,观音寺长江大桥采用组合桥面组合梁与钢箱梁的混合布置方案,跨径一举突破至 1160m。面对国内特大跨桥梁高质量建设的战略需求,全寿命经济性更优的组合梁斜拉桥(传统组合梁、组合桥面板组合梁)势必将迎来进一步建设热潮。

目前，国内外有关非线性效应对大跨径组合桥面板组合梁斜拉桥结构响应的影响研究不多，笔者在承担国家重点基础研究发展计划(973计划)时曾对1000m组合桥面板组合梁斜拉桥试设计方案开展了非线性影响研究，得到了一些有益结论：①对于千米级组合桥面板组合梁斜拉桥而言，三种非线性影响因素中，梁柱效应最大，大位移效应次之，而拉索垂度效应最小。与常规千米级钢斜拉桥不同，组合桥面板组合梁斜拉桥的拉索恒载应力相对较大，其垂度效应相对较小，垂度效应引起的非线性影响相比于常规钢斜拉桥小。②对于在汽车活载及风载作用下，拉索垂度效应对结构非线性效应的影响总体上在5%以内。大位移效应引起的结构动力特性变化趋势与梁柱效应相反，同时考虑梁柱效应和大位移效应后，各部件活载效应的非线性增加系数在仅考虑梁柱效应的基础上有所减小，总体仍有10%~20%增加幅度。③拉索弹模修正法是将拉索模拟为采用修正弹模的两节点桁架单元，本身无法考虑拉索垂度效应引起的拉索在梁端和塔端的弦切角变化。多段杆单元将每根拉索分割为不传递弯矩和扭矩的直杆单元，模拟拉索垂度效应引起的曲线构形，当单元数目足够多时，其力学形态接近于拉索真实的力学形态。如在横风荷载下，采用多段杆单元反映拉索非线性，极限静横风下结构响应总体是减小的，其非线性影响系数在-5%左右。

2.3 组合梁斜拉桥的力学性能

2.3.1 概述

2.3.1.1 引言

斜拉桥按主梁用材不同，可分为钢斜拉桥、混凝土斜拉桥和钢-混凝土组合梁斜拉桥。目前组合梁斜拉桥最大跨径720m(赤壁长江公路大桥)，且跨径有不断增大的趋势。与钢斜拉桥相比，组合梁斜拉桥主梁自重较大，钢与混凝土界面的连接性能、混凝土的收缩徐变，是其设计需要重点考虑的因素。

在钢-混凝土组合梁中，钢梁和混凝土板之间由于剪力连接件产生变形，导致混凝土板和钢梁的变形不协调，从而产生相对滑移。一般情况下，组合梁斜拉桥设计通常忽略剪力钉的柔性，但对大跨组合梁斜拉桥而言，该界面滑移影响程度如何，能否在设计中忽略，是斜拉桥跨径加大到一定范围后需要明确回答的问题。另外，目前尚无一套完整的组合梁斜拉桥连接件设计理论和方法，有必要对此进行研究，以指导具体设计过程。

由于斜拉桥本身的多次超静定，混凝土收缩、徐变将在不同构件内产生次内力，另外，组合梁内钢梁的约束作用也会使截面产生应力重分布。许多学者对该问题的研究主要集中在收缩徐变对该类桥梁的不利影响、精确建模的重要性及桥面板龄期对收缩徐变效应的影响。但是大跨组合梁斜拉桥收缩徐变影响规律以及结构体系层次上为降低其不利影响可采取的措施均值得进一步研究。

对大多数桥址建设条件而言,传统的双塔双索面自锚体系斜拉桥结构具有普遍性,因此,以主跨800m组合梁斜拉桥为目标进行方案试设计,并进行静力及稳定性方面的分析,对钢混界面滑移影响及混凝土收缩徐变影响规律进行研究总结。

2.3.1.2 方案与设计参数

技术标准:按双向六车道高速公路标准设计,主梁宽度为36m(不含风嘴)。

桥下净空:桥下净空不少于55m。

设计风速:假定桥址设计基本风速$U_{10}=40$m/s,按A类场地计算风速剖面,基本可以覆盖沿海地区及大部分跨海工程的设计要求。

结构材质:主梁钢结构为Q345qD;桥塔采用C50混凝土,主梁混凝土桥面板采用C60混凝土;斜拉索采用1860MPa扭绞型平行钢丝拉索体系。

计算荷载:

(1)一期恒载:主梁、主塔、斜拉索均按实际截面并考虑构造因素计取,其中钢主梁自重分纵向板件及横向板件,纵向板件由受力确定,横向板件重量按本桥宽度取40kN/m。

(2)二期恒载:按90kN/m计入桥面铺装、栏杆等其他附属设施的重量。

(3)活载:汽车荷载等级为公路—Ⅰ级。

(4)温度荷载:整体温差:±20℃;体系温差:拉索±15℃,对应主梁±5℃;日照温差:塔身两侧±5℃,组合梁混凝土桥面板整体±10℃。

(5)风荷载:主梁截面三分力系数、塔柱和斜拉索阻力系数按抗风规范相关条款确定。当风荷载参与汽车荷载组合时,桥面高度处的风速取为25m/s。

(6)基础沉降:主塔基础不均匀沉降按10cm考虑,边墩及辅助墩不均匀沉降按5cm考虑。

(7)收缩徐变:按照《公路钢筋混凝土及预应力混凝土桥涵设计规范》(JTG 3362—2018)相关条款参数取用,一次成桥计算中,混凝土桥面板加载龄期270d,主塔加载龄期360d,混凝土开始收缩时间为3d,环境湿度为75%。

荷载组合:

在对试设计方案进行论证时,着重对以下几种控制性荷载组合进行分析:

组合1:刚成桥运营组合,恒载+基础沉降+温度荷载+运营风荷载+活载。

组合2:成桥10年运营组合,恒载+收缩徐变+基础沉降+温度荷载+运营风荷载+活载。

组合3:刚成桥百年风组合,恒载+基础沉降+温度荷载+百年风荷载。

组合4:成桥10年百年风组合,恒载+收缩徐变+基础沉降+温度荷载+百年风荷载。

拟定的主跨800m组合梁斜拉桥基本方案概略如图2.3-1~图2.3-3所示,主要设计参数详见表2.3-1。总体跨径布置为的五跨连续结构,边跨设置一个辅助墩,边中跨比为0.45。钻石型索塔,采用塔处设0号索的飘浮体系,塔梁间设置弹性连接限制主梁纵飘位移,塔梁纵向约束刚度为100MN/m。主梁采用槽形钢梁+混凝土桥面板形式的流线型扁平组合梁,箱梁全宽39m(含风嘴)。桁架式横隔梁,顺桥向标准间距4.5m。混凝土桥面板标准厚度25cm,在腹板顶附近加厚至45cm,边跨密索区及近塔段桥面全宽均为45cm。主梁钢混之间通过设置剪力钉实现结合传力,剪力钉直径22 mm。斜拉索标准索距13.5m,密索区索距10.5m。

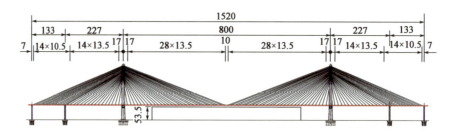

图 2.3-1 斜拉桥立面布置(尺寸单位:m)

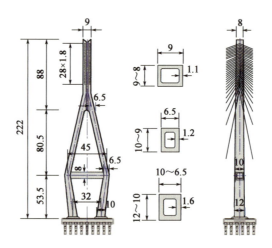

图 2.3-2 斜拉桥主塔布置(尺寸单位:m)

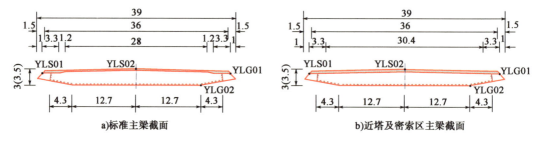

a)标准主梁截面　　　　　　　　　　　　b)近塔及密索区主梁截面

图 2.3-3 斜拉桥主梁截面布置(尺寸单位:m)

组合梁斜拉桥主要设计参数　　　　　　表 2.3-1

项目	数值
主跨跨径(m)	800
跨径布置(m)	133 + 227 + 800 + 227 + 133
梁宽跨比	1/20.5
塔高(m)	222
塔跨比	0.195
梁高(m)	3

续上表

项目		数值
梁高跨比		1/267
拉索规格		PES7-163~379
钢梁构造	顶板厚(mm)	20
	腹板厚(mm)	40
	底板厚(mm)	16~28
压重布置	密索区(kN/m)	55
	边墩顶(kN)	9500
	辅助墩顶(kN)	15000

2.3.2 运营受力与静力稳定

2.3.2.1 运营受力

1) 荷载单项结果分析

下面仅列出组合梁斜拉桥部分工况结果,如图 2.3-4 所示,各项计算结果详见表 2.3-2。

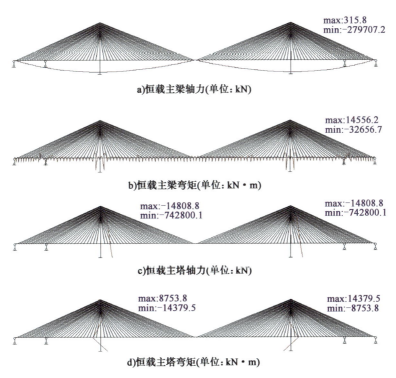

a) 恒载主梁轴力(单位: kN)

b) 恒载主梁弯矩(单位: kN·m)

c) 恒载主塔轴力(单位: kN)

d) 恒载主塔弯矩(单位: kN·m)

图 2.3-4

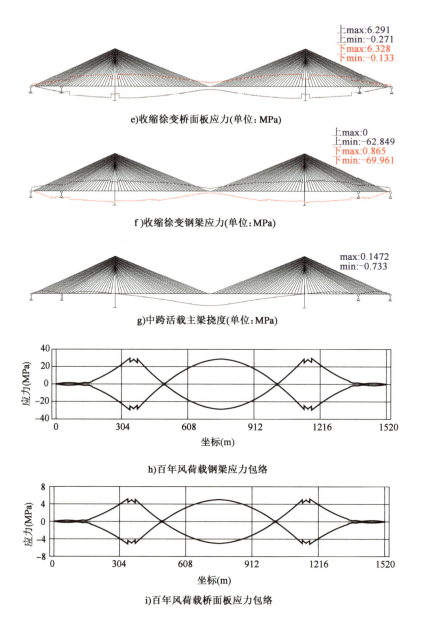

图 2.3-4　组合梁斜拉桥部分工况结果

主跨 800m 的组合梁斜拉桥单项荷载结果　　　　表 2.3-2

荷载工况	分项	计算结果
恒载	主梁最大轴压力(kN)	279707
	桥面板最大压应力(MPa)	19.2
	钢梁最大压应力(MPa)	104.6
	主塔最大轴压力(kN)	742800

续上表

荷载工况	分项	计算结果
中跨满布活载	主梁最大弯矩(kN·m)	132037
	塔底弯矩(kN·m)	467893
	主梁跨中挠度(m)	0.733
	主梁挠跨比	1/1091
	塔顶水平位移(m)	0.1846
收缩徐变	主梁最大弯矩(kN·m)	132216
	塔底弯矩(kN·m)	558168
	主梁跨中挠度(m)	0.4299
	塔顶水平位移(m)	0.1794
	桥面板最大拉应力(MPa)	6.3
	钢梁最大压应力(MPa)	70
百年横风	主梁横向最大弯矩(kN·m)	725547
	桥面板最大应力(MPa)	5.2
	钢梁最大应力(MPa)	29.6

由图2.3-4及表2.3-2可见,静活载最大挠跨比为1/1091,说明组合梁斜拉桥具有较大的竖向刚度。收缩徐变工况钢梁最大压应力约为70MPa。

2) 荷载组合结果分析

主跨800m组合梁斜拉桥应力包络分别如图2.3-5所示,可见各项应力指标满足现行规范要求。

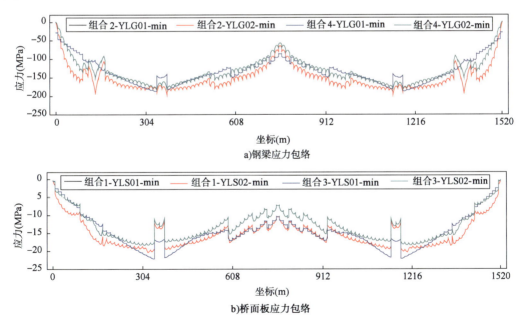

a) 钢梁应力包络

b) 桥面板应力包络

图 2.3-5

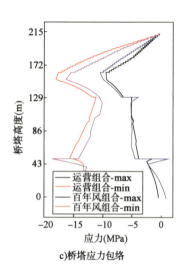
c) 桥塔应力包络

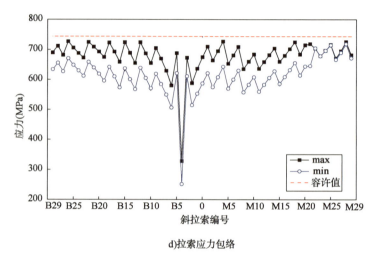
d) 拉索应力包络

图 2.3-5　梁、塔、索应力包络图

2.3.2.2　静力稳定

恒载以及不同荷载组合情况下，一阶稳定系数和失稳模态如表 2.3-3 所示。

成桥状态下一阶稳定系数　　　　　　　　　　表 2.3-3

工况	工况名称	一阶稳定系数	一阶失稳模态
1	恒载	5.244	主塔纵向弯曲 + 主梁面内屈曲
2	恒载 + 全桥满布活载	4.780	
3	恒载 + 主跨满布活载	4.792	
4	恒载 + 边跨满布活载	5.227	
5	恒载 + 半桥满布活载	4.846	
6	恒载 + 横向交通风	4.780	
7	恒载 + 纵向交通风	4.770	
8	恒载 + 极限静横风	5.244	
9	恒载 + 极限静纵风	5.191	

以恒载 + 纵向交通风工况为例，表 2.3-4 给出前 50 阶主要失稳模态及稳定系数，可以看出：前 50 阶失稳模态均以主梁面内弯曲失稳为主，同时桥塔存在纵向弯曲，稳定系数为 4.770～8.667。

恒载 + 纵向交通风工况下静力失稳模态　　　　　　　表 2.3-4

阶数	工况名称	稳定系数	失稳模态
1	恒载 + 纵向交通风	4.770	
2		4.785	
3		4.807	

续上表

阶数	工况名称	稳定系数	失稳模态
4	恒载+纵向交通风	4.823	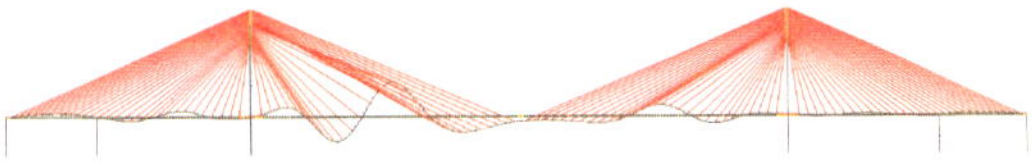
5		4.943	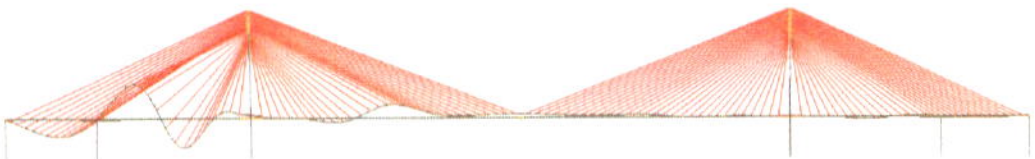
10		5.837	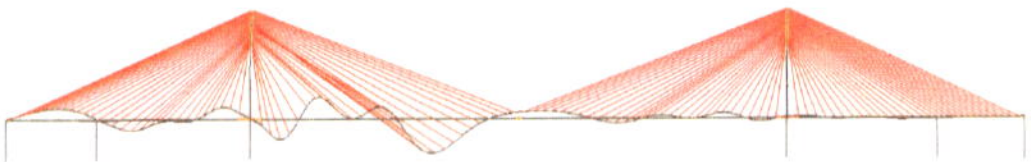
20		6.921	
30		7.930	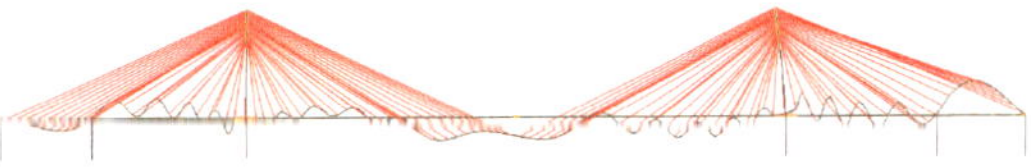
40		8.455	
50		8.667	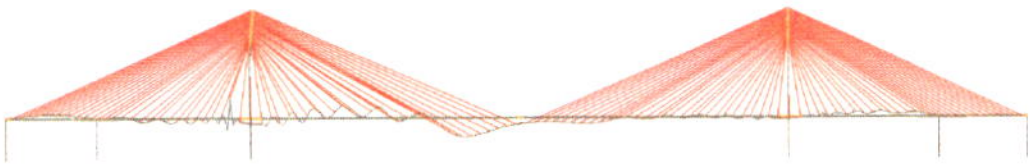

值得注意的是,由于极限静阵风(纵桥向、横桥向)工况下引起的桥塔轴力或主梁轴力变化较小,而稳定计算得到的一阶弹性屈曲表现为桥塔和主梁的欧拉屈曲,因此该工况的一阶稳定系数与恒载工况十分接近,但这并不意味着极限风对结构安全不起控制作用。如进行第二类稳定分析,极限风工况可能会比活载及其他附加组合更为不利。

2.3.2.3 主要结论

通过以上大跨径组合梁斜拉桥运营受力与静力稳定分析,可得到如下主要结论:

(1)主跨800m的组合梁斜拉桥,具有较大的竖向刚度;混凝土收缩徐变使钢梁产生60~70MPa的压应力。组合梁斜拉桥,各项受力指标能满足受力要求,运营组合下近塔区混凝土桥面板应力为设计主要控制因素。

(2)大跨组合梁斜拉桥,一类稳定失稳模态均表现为梁塔面内对称竖弯,斜拉桥跨径进一步增加,主梁面内失稳将是控制设计的另一因素。

2.3.3 钢与混凝土界面的连接

下文将以主跨800m的组合梁斜拉桥为例,考察不同钢混界面连接刚度时,滑移对斜拉桥整体受力性能的影响。表2.3-5为四种连接件布置形式,典型计算结果如图2.3-6~图2.3-9所示。

四种连接件布置形式　　　　　　　　　　　表2.3-5

布置方式	连接刚度(kPa)	剪力钉数(个/m)	备注
A 完美连接工况	3×10^8	750	
B 常规设计工况	3×10^7	75	
C 优化设计工况		20	
D 弱连接工况	8×10^6	20	与优化设计全桥钉总数不变，改为剪力钉均匀布置

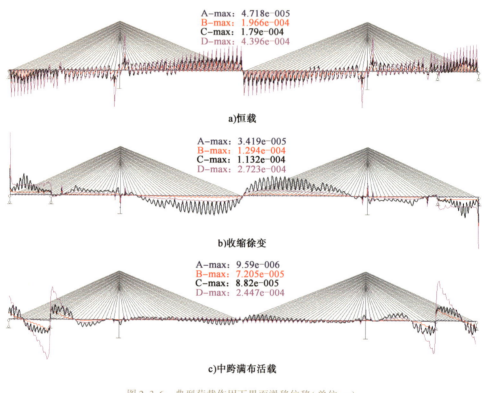

图2.3-6　典型荷载作用下界面滑移位移(单位:m)

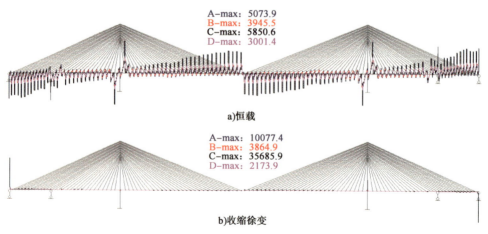

图　2.3-7

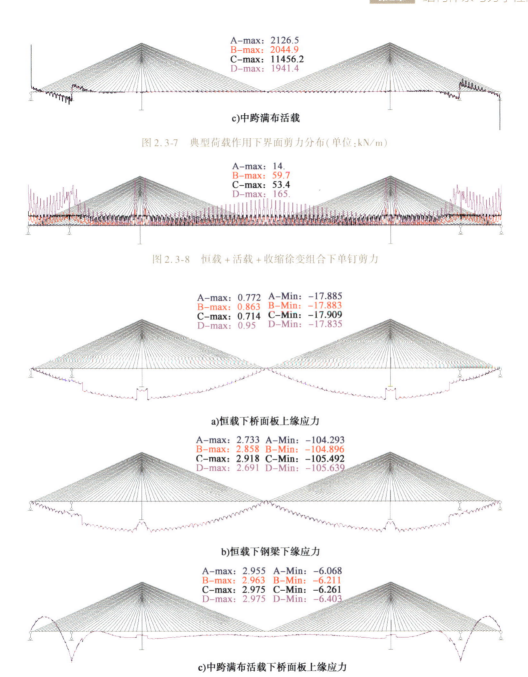

c)中跨满布活载

图 2.3-7 典型荷载作用下界面剪力分布(单位:kN/m)

图 2.3-8 恒载 + 活载 + 收缩徐变组合下单钉剪力

a)恒载下桥面板上缘应力

b)恒载下钢梁下缘应力

c)中跨满布活载下桥面板上缘应力

d)中跨满布活载下钢梁下缘应力

图 2.3-9

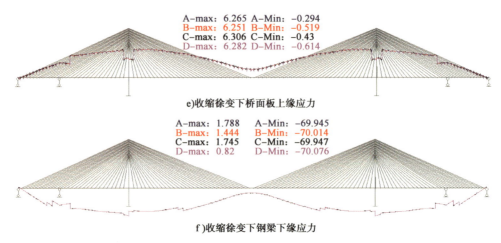

e)收缩徐变下桥面板上缘应力

f)收缩徐变下钢梁下缘应力

图2.3-9 典型荷载作用下主梁应力

(1) 对界面滑移位移的影响

由图2.3-6可见,在恒载作用下,由于拉索集中锚固于钢梁,在索梁锚固点处产生较大的滑移位移,且随着拉索水平力的增大,滑移位移逐渐增大,主塔处由于拉索间距较大,也会有较大的滑移响应;收缩徐变会在梁端产生较大的滑移位移;在中跨满布活载作用下,辅助墩附近拉索索力有较大变化,引起该处产生较大滑移。注意到收缩徐变引起的滑移位移方向与恒载下滑移位移方向相反,在A、B、C三种剪力钉布置条件下,在荷载组合作用下能满足0.2mm的滑移允许值要求,而剪力钉布置形式D不能满足。

(2) 对界面剪力的影响

由图2.3-7可见,剪力钉优化布置方式C中由于剪力钉间断布置,与其他均匀布置时相比,关键受力部位纵桥向每米剪力钉承受的剪力要大。

由图2.3-8可见,在剪力钉布置方式A条件下,各处单钉承载力均有较大余量;采用布置方式B时,辅助墩顶区域、主塔两侧局部区域承载力略微不足,而其他区域则有一定余量;采用布置方式C时,单钉剪力分布较为均匀,最大值为53.4kN,可认为能满足单钉抗剪承载力要求;采用布置方式D则大多区域无法满足剪力钉承载力要求。

(3) 对结构其他部件静力响应的影响

由图2.3-9可见,在不同剪力钉布置方式下,主梁结构响应基本一致。弱连接布置D与完美连接A布置相比,各荷载工况桥面板上缘应力最大差值为0.33MPa,钢梁下缘应力最大差值为1.35 MPa。常规布置B及优化布置C与完美连接A相比,桥面板上缘应力最大差值为0.23MPa,钢梁下缘应力最大差值为1.20MPa。因此,在实际工程设计时,关于剪力钉滑移,主要是要考虑其对剪力钉自身受力的影响,而基本不需考虑对主梁钢结构及混凝土桥面板等其他结构静力响应的影响。

(4) 对几何非线性的影响

各工况不同连接方式下几何非线性效应比较详见表2.3-6,完美连接A布置与弱连接D布置相比,几何非线性影响程度基本相同。原因为所谓的弱连接只是相对而言,与完美连接相比,除界面剪力分布外,其他结构各项响应差别不大。连接件常规布置B及优化布置C介于完美连接A及弱连接D之间,由此可见,连接件基本满足承载力要求的B、C两种情况,与完美连接相比,几何非线性的影响程度也基本相同。

各工况不同连接方式下几何非线性效应比较　　　　表 2.3-6

荷载工况	单项结果	完美连接 A			弱连接 D		
		完全线性	完全非线性		完全线性	完全非线性	
		值①	值②	[②−①]/①	值③	值④	[④−③]/③
恒载	桥面板上缘最大压应力（MPa）	17.89	17.88	0.00%	17.84	17.83	0.00%
	钢梁下缘最大压应力（MPa）	104.30	104.30	0.00%	105.60	105.7	0.00%
	跨中挠度（m）	0.002	0.002	0.00%	0.002	0.002	0.00%
中跨满布活载	桥面板上缘最大压应力（MPa）	6.07	6.47	6.60%	6.40	6.81	6.40%
	钢梁下缘最大拉应力（MPa）	52.57	56.71	7.90%	53.82	58.08	7.90%
	跨中挠度（m）	0.733	0.774	5.60%	0.735	0.777	5.70%
收缩徐变	桥面板上缘最大拉应力（MPa）	6.27	6.24	−0.40%	6.28	6.26	−0.40%
	钢梁下缘最大压应力（MPa）	69.95	70.53	0.80%	70.08	70.66	0.80%
	跨中挠度（m）	0.43	0.43	0.00%	0.43	0.43	0.00%

（5）对稳定的影响

连接件滑移对斜拉桥一类稳定的影响并不显著。斜拉桥在恒载及全桥满布活载作用下,以上四个工况 A、B、C、D 对应的一阶稳定系数分别为 4.770、4.760、4.615、4.716。优化布置 C 由于剪力钉采用间断布置方式,组合梁在各拉索间中部区段钢混之间连接较弱,因此在一定程度上影响了其稳定性,但相对于完美连接情况,稳定系数降低仅 3.3%。

2.3.4　混凝土收缩徐变影响

组合梁斜拉桥主梁是由性质不同的两种材料结合在一起的整体结构。由于混凝土的收缩徐变影响,将在钢和混凝土的结合面上产生相互作用力,导致内力重分布,并致使结构产生大量的附加变形。另外,由于斜拉桥本身的高次超静定,混凝土收缩徐变将在不同构件内产生次内力。成桥后,主梁桥面板收缩徐变将引起索力的变化,特别是边跨拉索索力会较大幅度减小。索力改变将使主塔上塔柱水平力不再平衡,如图 2.3-10 所示,并使结构产生如下变化：①塔顶向中跨偏移;②塔底出现向中跨侧顺桥向弯矩;③主梁中跨下挠;④主梁全长产生不同程度的负弯矩;⑤主梁全长产生不同程度的轴向拉力。其中后面两项均会使主梁桥面板产生不同程度的拉应力;对钢梁下缘而言,负弯矩产生压应力一般远大于轴向力产生的拉应力,故钢梁下缘压应力会有较大幅度的增加。收缩徐变将使钢结构部分压应力增加,混凝土部分压应力降低,甚至引起开裂。总体而言,混凝土收缩徐变对结构的影响是不利的,因此,钢-混组合结构斜拉桥必须考虑混凝土收缩徐变的影响。

图 2.3-10 收缩徐变效应

组合梁斜拉桥从 20 世纪 80 年代出现以来,许多学者对该类桥梁收缩徐变的效应进行了研究,研究内容主要集中在收缩徐变对该类桥梁的不利影响、精确建模的重要性及桥面板龄期对收缩徐变效应的影响,但是未对该类桥梁收缩徐变影响机理及总体特性从一般规律上进行分析总结。鉴于此,以下对组合梁斜拉桥成桥运营期不同构件的时效影响因素及不同结构体系的时效响应进行补充研究。由于滑移对结构响应影响较小,计算过程中未考虑钢混界面之间的滑移。

以主跨 800m 的组合梁斜拉桥设计为代表,进行大跨径组合梁斜拉桥时效影响因素研究。

成桥后不同时效影响因素下对应的主梁响应、索力变化分别见图 2.3-11。由图可知:①对中跨跨中挠度而言,恒载引起的桥面板徐变效应最大,其次为主塔收缩徐变、桥面板收缩;②对梁端回缩而言,恒载引起的桥面板徐变、桥面板收缩为主要因素,主塔收缩徐变基本无影响;③各种因素均使主梁产生负弯矩,试设计方案由于塔梁连接处采用 0 号索取代竖向支座,主塔收缩徐变对主梁弯矩的影响基本可忽略,不会在塔梁连接处产生负弯矩峰值;④混凝土时效将在主梁桥面板内产生很大的轴向拉力,在钢梁内则产生几乎相同大小的轴向压力。主梁徐变、主梁收缩、主塔收缩徐变均使辅助墩附近拉索产生减载效应。总之,由于试设计组合梁斜拉桥主跨跨径达 800m,相对于中等跨径组合梁斜拉桥的时效影响,主梁徐变已逐步成为成桥运营期时效响应的主要因素。

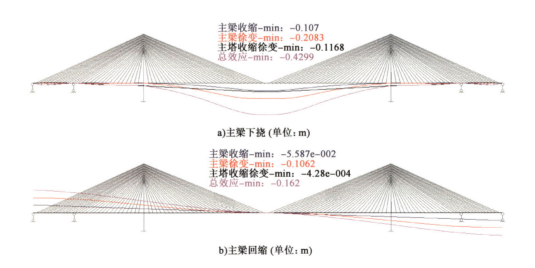

a) 主梁下挠 (单位:m)

b) 主梁回缩 (单位:m)

图 2.3-11

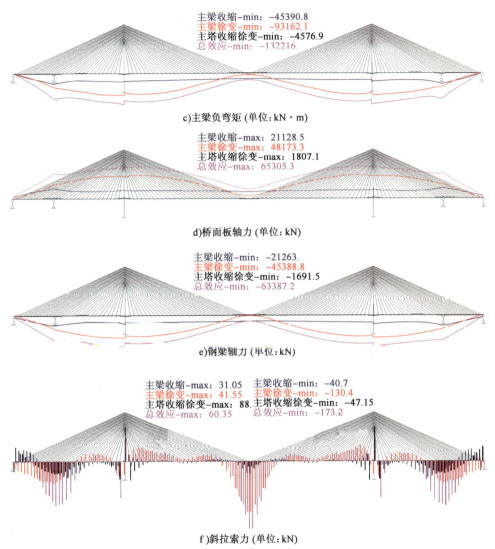

图 2.3-11 运营期不同时效影响因素下结构响应

组合梁斜拉桥往往根据工程建设条件,综合比选后确定其合理结构体系。为了解不同结构体系参数下组合梁斜拉桥的时变特性,以主跨 800m 的组合梁斜拉桥计算原型为基础,对不同结构体系下组合梁斜拉桥收缩徐变效应进行对比分析。重点分析的结构体系如下:

体系 A:塔处设竖向拉索(0 号索)+边跨设 0 个辅助墩,立面布置如图 2.3-12 所示。

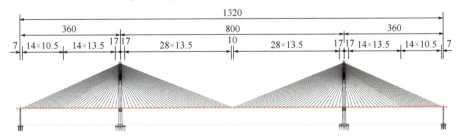

图 2.3-12 斜拉桥立面布置(无辅助墩)(单位:m)

体系 B:塔处设竖向拉索(0 号索) + 边跨设 1 个辅助墩,立面布置如图 2.3-1 所示。
体系 C:塔处设竖向拉索(0 号索) + 边跨设 2 个辅助墩,立面布置如图 2.3-13 所示。

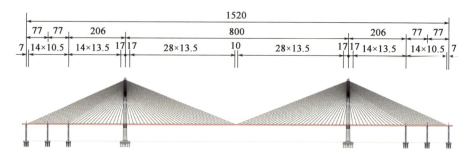

图 2.3-13　斜拉桥立面布置(边跨设置 2 个辅助墩)(单位:m)

体系 D:塔处设竖向支座 + 边跨设 1 个辅助墩,立面布置参见图 2.3-1,仅塔处 0 号索替换为竖向支座。

当斜拉桥采用不同结构体系,在收缩、徐变作用下,产生的主梁弯矩及索力变化见图 2.3-14,斜拉桥总体时效响应对比见表 2.3-7。另表 2.3-7 一并列出了中跨满布活载下斜拉桥总体响应及一阶稳定系数。

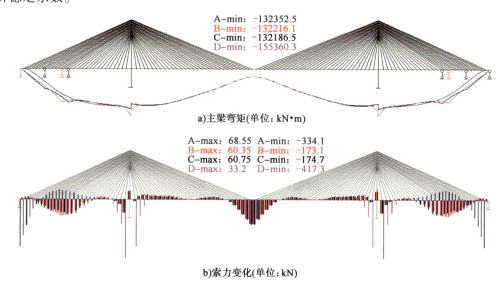

图 2.3-14　不同结构体系下收缩、徐变引起的内力

不同结构体系时总体响应对比　　　　　　　　　　　　　　表 2.3-7

结构体系	收缩徐变			中跨满布活载			一阶稳定系数
	塔顶水平位移(m)	塔底弯矩(kN·m)	主梁跨中挠度(m)	塔顶水平位移(m)	塔底弯矩(kN·m)	主梁跨中挠度(m)	
体系 A	0.121	451414	0.284	0.522	1358756	1.53	4.456
体系 B	0.179	558168	0.430	0.185	467893	0.733	4.770
体系 C	0.184	564545	0.439	0.149	410411	0.650	4.768
体系 D	0.179	558249	0.429	0.185	467972	0.733	4.768

由图 2.3-14a)可见,在主塔处设置竖向支座时,在梁塔连接处主梁内产生了局部负弯矩,体系 D 与体系 B 下塔处主梁负弯矩分别为 -155360.3 kN·m、-132216.1 kN·m,即主塔处设置竖向支座时,塔处负弯矩增幅为 17.5%。边跨设置辅助墩也将使辅助墩处主梁出现局部负弯矩,体系 B 与体系 A 下对应体系 B 辅助墩处负弯矩分别为 -110020.6 kN·m、-83153.1 kN·m,即边跨设置辅助墩时,辅助墩处负弯矩增幅为 32.3%。取消主塔处竖向支座及边跨辅助墩,将使主梁的受力更为均匀。由图 2.3-14b)可见,设置辅助墩时,辅助墩附近拉索减载明显,不设置辅助墩时边跨尾段拉索减载明显,但由于主梁在成桥后发生正向弯曲变形,故边跨跨中拉索索力普遍增加。主塔处设置竖向支座时,由于主塔收缩徐变,将使塔梁连接附近拉索有较大减载。拉索索力的变化,也合理解释了主梁负弯矩出现的缘由。

由表 2.3-7 可见,塔处竖向支座设置与否基本不影响成桥运营期收缩徐变及活载作用下塔顶水平位移与塔底弯矩及主梁竖向挠度量值,既不影响结构的整体响应,对斜拉桥静力稳定的影响也较小。设置辅助墩时收缩徐变工况边跨拉索减载更为严重,从而使时变效应下的塔顶水平位移、塔底弯矩及主梁竖向挠度量值分别增大 47.9%、23.6%、51.4%,即使组合梁斜拉桥整体时变效应更为明显。但设置辅助墩对减小活载作用下的结构响应、提高结构总体稳定性能作用显著,在活载作用下,塔顶水平位移、塔底弯矩及主梁竖向挠度量值分别减小 64.6%、65.6%、52.1%,结构一类稳定系数提高 7.1%。另外可见,随着辅助墩数量的逐步增加,其对结构整体响应的影响有减缓的趋势。设置 2 个辅助墩与 1 个辅助墩相比,在收缩徐变作用下塔顶水平位移、塔底弯矩及主梁竖向挠度量值分别增大 2.8%、1.1%、2.1%,在活载作用下塔顶水平位移、塔底弯矩及主梁竖向挠度量值分别减小 19.5%、12.3%、11.3%,而一阶稳定系数则基本不变。

由此可见,组合梁斜拉桥主梁在承受负弯矩或轴向拉力时会表现出其不利的一面,为了减轻混凝土收缩徐变的不利影响,在实际工程中常采用预制桥面板就是典型例子。当然,斜拉桥采用何种约束体系,尚应综合考虑结构总体受力、抗风、抗震以及施工等因素后最终确定。

2.4 双塔斜拉桥的力学性能

2.4.1 边中跨比的影响

双塔斜拉桥体系的边中跨比是一个重要参数,其取值要根据实际桥位的地质条件和通航要求来确定,并要兼顾由此带来的对斜拉桥力学和经济性能影响。从美学角度看,为了在视觉上清楚地表现主跨,边中跨比一般小于 0.5。从力学性能角度看,边中跨比主要与边跨锚索应力比、桥面恒活载比例以及塔梁弯曲刚度有关,同时还和斜拉索的轴向刚度、结构体系(如塔与梁之间的连接方式——飘浮体系、弹性/限位约束体系以及固结/固定约束体系等),以及斜拉索的布置方式(如近似扇形、竖琴形、扇形索面)等因素相关。边跨缩短时,结构整体刚度增大,边跨对桥塔的锚固作用增大,但边跨平衡活载上拔力的能力也随之下降。边跨增大时,锚墩负反力随之减小,但结构整体刚度也随之降低;当边跨过长时,某些缆索甚至会退出工作。超大跨径斜拉桥一般采用边跨部分长度内分散锚固锚索的方式,以避免端锚索规格过大造成的施工难题。如苏通大桥为主跨1088m双塔钢箱梁斜拉桥,在中跨加载时,边跨靠外侧约半数的斜拉索参与抵抗桥塔向中跨的侧向变形,已看不出明显的端锚索作用,拉索的应力幅不大,锚索的应力变化幅值不再是控制缆索设计的关键,边中跨比限值由此得以放宽。

斜拉桥边中跨比对力学性能的影响规律,并不是简单函数关系,斜拉桥跨径、斜拉索布置方式、塔高与跨径比、塔与梁的刚度以及辅助墩的设置情况等参数变化,都会对边中跨比对力学性能的影响规律产生变化。尽管如此,斜拉桥边中跨比对力学性能的影响问题,从总体上看仍然有其一般规律可循。为此,通过一座主跨800m的钢箱梁斜拉桥算例分析边中跨比变化对斜拉桥体系刚度的影响并进行分析总结。算例斜拉桥的塔跨比为0.2,塔高220m,梁面至承台高度约58m,主梁梁高3.0m,全宽38.5m。

考虑到斜拉桥有无辅助墩对体系刚度影响显著,分别对无辅助墩和设置一个辅助墩两种情况下边中跨比变化的影响进行了分析对比,具体跨径布置等如表2.4-1和表2.4-2所示。为了简化起见,仅计算斜拉桥主跨施加单位均匀荷载的情况,对桥塔塔顶水平位移和主跨跨中竖向位移进行分析总结。

斜拉桥跨径布置情况(无辅助墩)　　表2.4-1

序号	跨径布置(m)	边中跨比	说明
1	400 + 800 + 400	0.50	无辅助墩
2	360 + 800 + 360	0.45	
3	320 + 800 + 320	0.40	
4	280 + 800 + 280	0.35	
5	240 + 800 + 240	0.30	

斜拉桥跨径布置情况(一个辅助墩)　　表2.4-2

序号	跨径布置(m)	边中跨比	辅助墩位置*
1	99.5 + 300.5 + 800 + 300.5 + 99.5	0.500	0.249
2	86.5 + 273.5 + 800 + 273.5 + 86.5	0.450	0.240
3	73.5 + 246.5 + 800 + 246.5 + 73.5	0.400	0.230
4	74 + 206 + 800 + 206 + 74	0.350	0.264
5	63 + 177 + 800 + 177 + 63	0.300	0.263

注:"*"辅助墩位置指辅助墩距边墩距离与边跨长度比。

计算结果以无辅助墩时边中跨比0.35为基准,桥塔塔顶水平位移与主跨跨中竖向位移变化情况如表2.4-3和图2.4-1所示。

斜拉桥塔顶水平位移与跨中竖向位移　　　　　　　表 2.4-3

边中跨比	跨中竖向位移（无辅助墩）	塔顶水平位移变化率（无辅助墩）	跨中竖向位移（有辅助墩）	塔顶水平位移（有辅助墩）
0.3	1.07	1.09	0.63	0.50
0.35	1.00	1.00	0.60	0.47
0.4	1.04	1.05	0.61	0.48
0.45	1.17	1.23	0.64	0.52
0.5	1.29	1.39	0.68	0.57

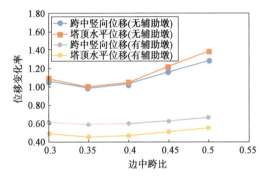

图 2.4-1　桥塔顶水平位移与主梁跨中竖向位移随边中跨比变化

从计算结果可以看出，边中跨比为 0.35 时，在无辅助墩和有辅助墩情况下，跨中竖向位移和塔顶水平位移均最小，边中跨比为 0.4 时，跨中竖向位移和塔顶水平位移略有增加，增加量在 5% 以内。说明无论有无辅助墩，边中跨比在 0.35～0.4 时，斜拉桥体系刚度较优。当边中跨比增加到 0.45、0.5 时，跨中竖向位移分别增加 17%、29%，塔顶水平位移分别增加 23%、39%，均有显著变化。当边中跨比减小到 0.3 时，跨中竖向位移增加 7%，塔顶水平位移增加 9%，增加量接近 10%；可以预见，随着边中跨比进一步减小，塔顶与跨中位移会进一步增加。

总体来看，边中跨比对斜拉桥体系刚度的影响主要受边跨长度和斜拉索布置的影响。在主梁刚度不变的情况下，边跨长度越长、主梁竖向刚度越小，也即同等荷载作用下的竖向变形越大，反之亦然。主梁竖向变形大小直接关系到斜拉索梁上锚固点的位移大小，进一步影响斜拉索上端对桥塔水平位移的锚固效应，主梁竖向位移增加时，桥塔的水平位移也将随之增加，反之亦然；显然当桥塔的变形增加时，跨中主梁的竖向变形也会增加，桥塔的变形减小时，跨中主梁的竖向变形也会减小。

斜拉索布置的影响主要体现在斜拉索所在梁上位置的变化，斜拉索在塔上锚固确定的情况下，主梁边跨从塔下到边墩的斜拉索，其长度逐步增加，与水平面的夹角不断减小。在同等斜拉索面积情况下，斜拉索轴向刚度与长度成反比，斜拉索轴向刚度的水平分量（即对桥塔水平位移的约束刚度）与水平夹角成反比。另外，斜拉索在梁上的位置不只是影响斜拉索的长度，还与上述所在位置主梁的位移大小有关，通常边跨无辅助墩斜拉桥，在中跨加载情况下，边跨主梁最大位移发生在距离边墩大约 0.2 倍范围。通过以上分析可以看出，斜拉桥边跨外层斜拉索（常称为尾索）靠近边墩附近，荷载作用下梁上锚固处的竖向变形较小，斜拉索与水平面夹角也较小。尽管斜拉索较长会降低轴向刚度，但外层长索面积大，相应增加了斜拉索的轴向刚度。因此，斜拉桥的尾索对于控制桥塔水平位移、提高斜拉桥体系刚度效率最高，通常称为尾索效应。近塔处斜拉索与水平面夹角较大、截面面积较小，斜拉索在水平方向的刚度较小，加上近塔处内层斜拉索在塔上锚固点靠下，因此对于控制桥塔水平位移、提高斜拉桥体系刚度效率较低。再看距离边墩大约0.2倍边跨长度范围的斜拉索，综合考虑斜拉索的面积、长度及与水平面夹角等方面，当该范围设置辅助墩时，斜拉桥边墩到辅助墩以及近辅助墩范围主梁竖向位移得到有效控制，该范围斜拉索对桥塔水平位移的约束能力显著提高，且边跨尾索效应也将有所提高。但当该范围无辅助墩时，斜拉索在梁上锚固点将发生较大竖向位移，该范围斜拉索对桥塔水平位移的约束能力相应显著降低。

从总体上看，一方面，当边中跨比增加超过0.4以后，斜拉桥体系刚度逐步下降；另一方面，当边中跨比小于0.35以后，斜拉桥体系刚度也开始下降。当有辅助墩时，跨中和塔顶位移随边中跨比的变化趋势与无辅助墩相同，但变化的幅度显著减小。

当斜拉桥边中跨比达到或接近0.5，在条件允许时，在斜拉桥主梁总长不变情况下适当增加主跨跨径、减小边跨跨径，可以使斜拉桥获得更好的体系刚度，有效降低主梁、桥塔及其基础所受弯矩。

2.4.2 辅助墩的影响

辅助墩对斜拉桥的力学性能有重要影响。仅就设置一个辅助墩而言，辅助墩位置不同其影响也不同。一般而言，辅助墩设置在边跨最大位移处最为有效，但位置的确定常受到自然条件、通航条件等限制。辅助墩在边跨内可均匀布置（如法国诺曼底大桥，见图2.4-2），也可以不均匀布置，即以主跨向边跨方向逐步递减，以达到美学上的韵律感（如中国香港昂船洲大桥）。大量的工程经验表明，每个边跨设置1~3个辅助墩较为适宜。辅助墩布设位置通常在边跨靠近锚墩0.2~0.6倍的边跨跨径处较好。此外，大跨径斜拉桥在活载作用下，边跨梁端附近区域会产生较大的正弯矩，导致梁体转动，伸缩缝易受损，锚墩支座反力和锚索应力幅均较大，很难单靠调整边中跨比来协调，可以通过设置辅助墩的方法予以解决。辅助墩的位置应针对具体桥梁进行方案比选，综合考虑全桥整体刚度、结构受力、边孔通航要求、施工期安全以及经济等因素的影响。

图2.4-2　法国诺曼底大桥

为了直观揭示斜拉桥、辅助墩设置对力学性能的影响,仍然采用上述主跨800m的钢箱梁斜拉桥模型,针对斜拉桥不同边中跨比条件下有无辅助墩(表2.4-1和表2.4-2)以及边中跨比0.45条件下辅助墩数量变化(表2.4-4)两种情况,同样在800m主跨的斜拉桥上施加单位均匀荷载,计算斜拉桥体系刚度的变化并进行分析总结。其中,考虑到斜拉桥有无辅助墩对体系刚度影响显著,以无辅助墩情况为基准,对设置1~3个辅助墩情况进行对比。

斜拉桥辅助墩布置情况 表2.4-4

序号	跨径布置(m)	辅助墩数量(个)	辅助墩位置参数
1	360+800+360	0	—
2	120+240+800+240+120	1	0.333
3	120+120+120+800+120+120+120	2	0.333/0.667
4	90+90+90+90+800+90+90+90+90	3	0.25/0.5/0.75

注:辅助墩位置参数为辅助墩到边墩距离与斜拉桥边跨跨径比值。

斜拉桥设置一个辅助墩,在不同边中跨比情况下,计算结果以无辅助墩时结果为基准,桥塔塔顶水平位移与主跨跨中竖向位移变化情况如表2.4-5所示。

有无辅助墩时塔顶水平位移与跨中竖向位移对比 表2.4-5

边中跨比		0.3	0.35	0.40	0.45	0.5
塔顶水平位移	无辅助墩	1.00				
	有辅助墩	0.46	0.47	0.46	0.42	0.41
跨中竖向位移	无辅助墩	1.00				
	有辅助墩	0.59	0.60	0.59	0.55	0.52

辅助墩对斜拉桥体系刚度及结构受力影响最为显著,总体上看,不同边中跨比情况下,设置一个辅助墩时,主梁跨中竖向位移均下降到不设辅助墩时的60%以下、桥塔顶水平位移均下降到不设辅助墩时的50%以下,并且边中跨比较大时下降更多,如边中跨比为0.5时,主梁跨中位移下降到52%、桥塔顶位移下降到41%。

斜拉桥边跨是否设置辅助墩对结构体系刚度影响显著,斜拉桥边中跨比变化对体系刚度也有显著影响,但斜拉桥有无辅助墩的影响程度差距明显。斜拉桥跨中竖向位移和桥塔水平位移随边中跨比变化时,有无辅助墩情况下的变化率如表2.4-6所示。

不同边中跨比时塔顶水平与跨中竖向位移变化率 表2.4-6

边中跨比	跨中竖向位移		塔顶水平位移	
	无辅助墩	有辅助墩	无辅助墩	有辅助墩
0.3	7%	5%	9%	6%
0.35	0	0	0	0
0.4	4%	1%	5%	2%
0.45	17%	7%	23%	11%
0.5	29%	13%	39%	21%

注:1.表中以最小值0.35为基准;
  2.有辅助墩指设1个辅助墩。

从表 2.4-6 中可以看出,当边中跨比从 0.35 变化到 0.5 时,无辅助墩斜拉桥体系的跨中竖向位移和塔顶水平位移逐步增加,最大增加百分比分别为 29% 和 39%,而有辅助墩斜拉桥体系的跨中位移也逐步增加,但最大增加百分比分别为 13% 和 21%;有辅助墩时的跨中竖向位移增加幅度均在无辅助墩时的 1/2 以下,塔顶水平位移增加幅度在无辅助墩时的 1/2 以下或接近 1/2。以上情况说明,斜拉桥辅助墩对结构体系影响最大,在设置辅助墩情况下,斜拉桥边中跨比对结构体系刚度的影响退居其次,影响幅度显著减小。换言之,在具备设置辅助墩情况下,边中跨比可以更自由选取。

关于辅助墩数量对斜拉桥体系刚度的影响,在边中跨比 0.45 情况下,分别计算无辅助墩和设置 1、2、3 个辅助墩时,对斜拉桥主梁跨中竖向位移和桥塔塔顶水平位移的影响。计算结果以无辅助墩时的情况为基准,塔顶水平与跨中竖向位移变化情况如表 2.4-7 和图 2.4-3 所示。

不同辅助墩数量斜拉桥塔顶水平与跨中竖向位移变化率　　　　表 2.4-7

辅助墩数量(个)	跨中竖向位移	塔顶水平位移
0	1.00	1.00
1	0.56	0.44
2	0.51	0.38
3	0.48	0.33

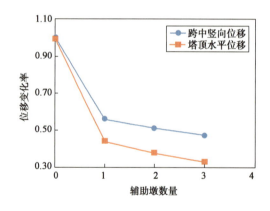

图 2.4-3　塔顶水平位移与跨中竖向位移随辅助墩数量变化

从表 2.4-7 和图 2.4-3 可以看出,设置 1 个辅助墩对斜拉桥体系刚度的影响最为显著。与无辅助墩相比,设置一个辅助墩时,主梁跨中竖向位移下降到 56%、桥塔顶水平位移下降到 44%;但进一步设置 2 个和 3 个辅助墩时,和设置 1 个辅助墩相比,主梁跨中竖向位移和桥塔顶水平位移的下降速度显著降低;设置 3 个辅助墩时,主梁跨中竖向位移下降到 48%、桥塔顶水平位移下降到 33%。因此,综合辅助墩位置和数量计算结果,在距离边墩 0.2~0.6 边跨长度范围内设置辅助墩效果最佳,通常设置 1~3 个辅助墩即可满足改善结构受力的要求。

辅助墩提高斜拉桥体系刚度的原理在于用辅助墩限制斜拉桥边跨主梁的竖向变形,使边跨主梁在斜拉索索力和车辆荷载作用下的变形有效降低,进而提高边跨斜拉索的锚固效率,减小塔顶位移和跨中挠度。斜拉桥边跨外层一定数量的斜拉索(尾索)上端锚于近塔顶处、下端锚于近边墩处,通常具有更强的锚固效率。而一个辅助墩一般设置在距离边墩 0.2 倍左右边跨长度范围,该范围乃至更大范围内主梁在中跨加载时的变形大幅减小,进而使得斜拉桥的尾索获得更好的锚固效应,从而显著提高斜拉桥体系的刚度。

2.4.3 协作跨的影响

斜拉桥的总体布置受到航道、地形等多种条件限制,常遇到边中跨比接近 0.5 而又无法设置辅助墩的情况。为改善结构受力、提高桥梁的经济性,可采用设置协作跨的方法提高斜拉桥的体系刚度。协作跨提高斜拉桥体系刚度的原理在于,通过增加一跨连续的主梁,限制原斜拉桥体系的梁端转角,使边跨主梁(主要是近边墩范围)在荷载作用下的竖向位移减小,从而提高边跨斜拉索(特别是尾索)的锚固效率。尽管没有设置辅助墩直接高效,但作用仍然明显有效,并且协作跨的跨径不同对斜拉桥体系刚度的影响也不同。此外,在斜拉桥边中跨比略小于 0.5 的情况下,是否将部分斜拉索布置在协作跨上,对斜拉桥体系刚度的影响也不同。为此,仍然采用上述主跨 800m 的钢箱梁斜拉桥模型,针对斜拉桥边中跨比为 0.5 条件下不同协作跨跨径以及边中跨比小于 0.5 条件下部分斜拉索布置在协作跨上(表 2.4-8)两种情况,同样在 800m 主跨斜拉桥上施加单位均匀荷载,计算斜拉桥体系刚度的变化并进行分析总结。

斜拉桥协作跨布置情况 表 2.4-8

序号	跨径布置 (m)	协作跨长度 (m)	边中跨比	说明
1	400+800+400	—	0.5	无协作跨
2	40+400+800+400+40	40	0.5	较小协作跨
3	80+400+800+400+80	80	0.5	较大协作跨
4	70+380+800+380+70	70*	0.475**	两对索进入协作跨
5	70+360+800+360+70	70*	0.45**	两对索进入协作跨

注:"*"表示该跨有斜拉桥进入,并非真正意义的协作跨;"**"表示该边中跨比没有计入 70m 跨。

设置协作跨提高斜拉桥体系刚度的方法,主要是通过协作跨约束原斜拉桥的梁端转角。为更加直观了解其作用,特别增加了无协作跨体系边跨梁端约束转动约束的计算工况作为对比,但这一情况并无实际工程意义。

上述对比分析计算结果分别如表 2.4-9 和图 2.4-4 所示。

不同协作跨布置下斜拉桥塔顶水平与跨中竖向位移变化率变化率 表 2.4-9

协作跨跨径 (m)	跨中 竖向位移	塔顶 水平位移	边中跨比	说明
—	1.00	1.00	0.50	无协作跨
—	0.69	0.61	0.50	无协作跨,约束梁端转动
40	0.84	0.79	0.50	较小协作跨
80	0.85	0.81	0.50	较大协作跨
70*	0.71	0.64	0.475**	两对索进入协作跨
70*	0.63	0.54	0.45**	两对索进入协作跨

注:"*"表示该跨有斜拉桥进入;"**"表示该边中跨比没有计入 70m 跨。

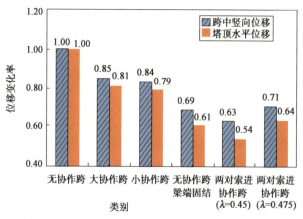

图 2.4-4　不同协作跨布置下塔顶水平与跨中竖向位移对比

无协作跨体系边跨梁端有无转动约束计算结果表明,约束梁端转角可以使主塔水平位移和主梁跨中竖向位移分别降低 25% 和 18%,这也是设置协作跨效果的上限。进一步看,设置较小的 40m 协作跨,主塔水平位移和主梁跨中竖向位移分别降低 21% 和 15%,设置 80m 较大协作跨,塔顶水平位移和主梁跨中竖向位移分别降低 19% 和 14%。尽管协作跨主梁随着跨径增加抗弯刚度减小,对原斜拉桥体系的梁端转角约束能力降低,但可以看出在合理的跨径范围内,引起塔顶水平位移和主梁跨中竖向位移变化幅度很小,仅在 1%~2%。

边中跨比小于 0.5、设置协作跨并布置两对斜拉索进入协作跨的计算结果表明,在边中跨比 0.475 条件下,设置 70m 协作跨并布置两对斜拉索,斜拉桥塔顶水平与跨中竖向位移分别降低 36% 和 29%;在边中跨比 0.45 条件下,设置 70m 协作跨并布置两对斜拉索,斜拉桥塔顶水平与跨中竖向位移分别降低 46% 和 37%。显然,与边中跨比等于 0.5、设置无斜拉索锚固的协作跨相比,此方式对提高斜拉桥体系刚度更加有效。

边中跨比接近 0.5 时,设置协作跨可以提高斜拉桥的体系刚度。在此基础上,边跨尾部部分斜拉索锚固在协作跨上,可以进一步提高斜拉桥体系刚度。原理在于锚固在协作跨上斜拉索可以减小斜拉桥尾索所在梁段的竖向位移,在斜拉桥中跨加载时,居于边墩两侧受拉的边跨斜拉索将带动自身所在一侧梁段向上位移,另一侧梁段向下位移,边墩内侧和外侧斜拉索的作用形成了抵消作用,使得斜拉桥边跨尾索所在梁段向上的竖向位移总体上得到减小,提高斜拉桥边跨尾索的锚固效率。

2.4.4　塔梁刚度的影响

桥塔和主梁作为斜拉桥的重要组成部分,桥塔刚度和主梁刚度的变化,不仅关系到自身的结构受力,也会对斜拉桥结构体系的刚度产生影响。总体来看,桥塔和主梁在合理范围内,其中一项刚度变化对自身受力影响显著而对另一项的受力影响有限,并且对斜拉桥的体系刚度影响也较小。此外,在斜拉桥是否设置辅助墩等不同情况下,桥塔刚度和主梁刚度变化的影响也会有所不同,斜拉桥设置辅助墩后,体系刚度显著增加,桥塔和主梁等构件对体系刚度的影响程度相对下降。总之,合理的桥塔和主梁刚度对于实现斜拉桥的技术经济合理性非常重要。为了直观了解斜拉桥桥塔和主梁刚度对力学性能的影响,仍然采用上述主跨 800m 的钢箱梁斜拉桥模型(边中跨比0.45),斜拉桥分为有无辅助墩(见表2.4-10 和表2.4-11)情况,针对桥塔和主梁刚度参数变化,在800m主跨斜拉桥施加单位均匀荷载,计算斜拉桥体系刚度的变化并进行分析总结。

斜拉桥桥塔和主梁参数情况(无辅助墩)　　　　　表2.4-10

序号	跨径布置（m）	桥塔/主梁刚度I	说明
1	360+800+360	1.0×I/1.0×I	无辅助墩
2		1.0×I/2.0×I	
3		1.0×I/0.5×I	
4		2.0×I/1.0×I	
5		0.5×I/1.0×I	

斜拉桥桥塔和主梁参数情况(有辅助墩)　　　　　表2.4-11

序号	跨径布置（m）	桥塔/主梁刚度I	说明
1	120+240+800+240+120	1.0×I/1.0×I	有辅助墩
2		1.0×I/2.0×I	
3		1.0×I/0.5×I	
4		2.0×I/1.0×I	
5		0.5×I/1.0×I	

无辅助墩情况下的计算结果分别如表2.4-12和图2.4-5所示。

不同塔梁刚度下塔顶水平与跨中竖向位移变化率(无辅助墩)　　　　　表2.4-12

序号	桥塔/主梁刚度I	跨中竖向位移	塔顶水平位移
1	1.0×I/1.0×I	1.00	1.00
2	1.0×I/2.0×I	0.89	0.88
3	1.0×I/0.5×I	1.12	1.14
4	2.0×I/1.0×I	0.86	0.83
5	0.5×I/1.0×I	1.10	1.12

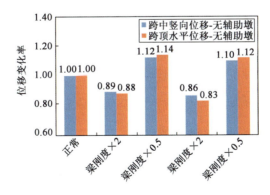

图2.4-5　不同塔梁刚度下塔顶水平与跨中竖向位移对比(无辅助墩)

在无辅助墩的情况下,主梁刚度加倍时,跨中位移降低11%,塔顶位移降低12%;梁刚度减半时跨中位移增加12%,塔顶位移增加14%;塔刚度加倍时跨中位移降低14%,塔顶位移降低17%;塔刚度减半时跨中位移增加10%,塔顶位移增加12%。

有辅助墩情况下的计算结果分别如表2.4-13和图2.4-6所示。

不同塔梁刚度下塔顶水平与跨中竖向位移变化率(有辅助墩)　　　表2.4-13

序号	桥塔/主梁 刚度 I	主梁跨中 竖向位移	桥塔塔顶 水平位移
1	1.0×I/1.0×I	1.00	1.00
2	1.0×I/2.0×I	0.89	0.88
3	1.0×I/0.5×I	1.12	1.14
4	2.0×I/1.0×I	0.86	0.83
5	0.5×I/1.0×I	1.10	1.12

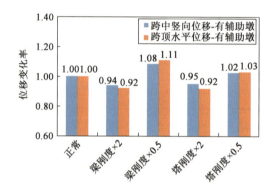

图2.4-6　不同塔梁刚度下塔顶水平与跨中竖向位移对比(有辅助墩)

在有辅助墩的情况下,主梁刚度加倍时,跨中位移降低6%,塔顶位移降低8%;梁刚度减半时跨中位移增加8%,塔顶位移增加11%;塔刚度加倍时跨中位移降低5%,塔顶位移降低8%;塔刚度减半时跨中位移增加2%,塔顶位移增加3%。

从以上结果可以看出,桥塔和主梁任何一项的刚度加倍和减半,对斜拉桥体系刚度影响有限。有辅助墩与无辅助墩相比,由于辅助墩的加入大大提高了斜拉桥体系刚度,桥塔和主梁刚度变化对体系刚度的影响更小。这一事实说明,依靠增加桥塔或主梁刚度改善主梁受力效率都很低,增加桥塔和主梁刚度对提高斜拉桥体系刚度没有明显效果。从另一方面看,当桥塔或主梁刚度增加时,尽管对斜拉桥体系刚度影响较小,但其自身所受弯矩会随着刚度的增加而增加,反之亦然。这一问题留待后续讨论。

2.4.5　关键力学性能的影响因素

由于斜拉桥的力学性能一般很难用函数关系式表达,张杨永基于解析方法对大跨径斜拉桥力学指标与结构布置参数的关系进行了研究,基本计算模型采用自锚式飘浮体系,塔墩固结,塔梁分离,无辅助墩,按线性小位移理论推导或归纳了相关近似计算公式。通过主跨为

1000m,边中跨比为 0.45,八车道汽车活载布置的双塔斜拉桥算例对近似公式的精度进行了验证,其基本假定如下:

(1)斜拉桥视为平面结构,结构变形符合线弹性的假定,适用叠加原理;

(2)斜拉索视为一根直杆,在恒载作用下的弹性模量经过 Erust 修正后,活载作用下不再考虑弹性模量的修正;

(3)不考虑主梁、主塔的 P-Δ 效应;

(4)不考虑斜拉桥各部件受力后几何尺寸的改变所引起的结构内力重分配。

在外部荷载和中跨跨径不变的情况下,得到斜拉桥关键力学指标的主要影响因素。

塔梁位移的影响因素如图 2.4-7 所示。

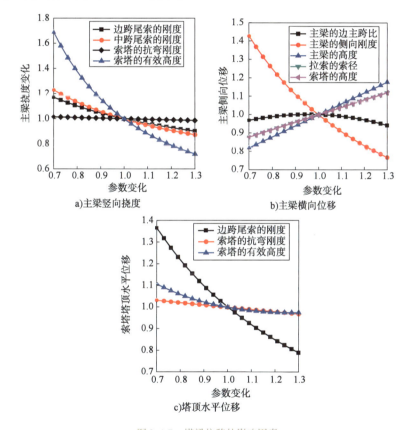

图 2.4-7 塔梁位移的影响因素

如图 2.4-7a)所示,中跨主梁跨中挠度的主要影响因素为边跨尾索和中跨外索刚度以及桥塔的抗弯刚度和有效高度(桥面以上的桥塔高度)。桥塔有效高度对主梁竖向挠度的影响最大;边跨尾索和中跨外索刚度对主梁挠度也有较大影响,且两者影响程度接近;而桥塔刚度的变化对主梁挠度影响很小。为减小斜拉桥体系中跨主梁跨中挠度,即增大整体刚度,可采取增加桥塔高度和增大斜拉索(尤其是尾索)面积的方法。对于小跨径斜拉桥,也可采取增大主梁刚度的方法。

如图 2.4-7b)所示,中跨主梁跨中横向位移的主要影响因素为边中跨比、梁高、拉索索径、桥塔有效高度和主梁侧向刚度。主梁的侧向刚度对主梁横向位移的影响最大,主梁的高度对主梁横向位移的影响次之,拉索的阻风面积和桥塔有效高度对主梁横向位移也有较大影响,而边中跨比对主梁横向位移的影响较小。为减小主梁横向位移,可以采取增加主梁横向刚度、减小主梁高度以及减小拉索面积和桥塔有效高度的方法。

如图2.4-7c)所示,桥塔塔顶水平位移的主要影响因素为桥塔的抗弯刚度和有效高度、边跨尾索刚度。边跨尾索刚度对桥塔塔顶水平位移影响最大,桥塔抗弯刚度和高度对塔顶水平位移影响较小。为减小塔顶位移,可以采取增加边跨尾索刚度的方法。

塔梁受力的影响因素如图2.4-8所示。

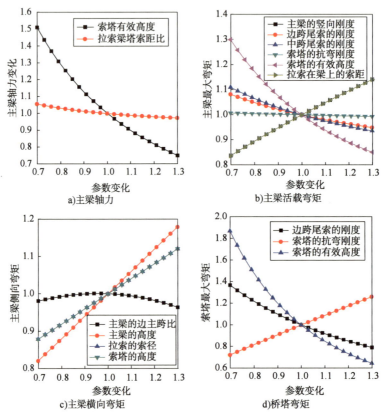

图2.4-8 塔梁受力的影响因素

如图2.4-8a)所示,主梁轴力的主要影响因素为桥塔有效高度、拉索的梁塔索距比。桥塔有效高度对主梁轴力的影响最大,而拉索的梁塔索距比对主梁轴力的影响较小。为降低主梁轴力,可以增加桥塔有效高度。

如图2.4-8b)所示,中跨主梁活载弯矩的主要影响因素为主梁抗弯刚度、边跨尾索和中跨外索刚度、主梁拉索的索距以及桥塔的刚度和高度。桥塔有效高度对主梁弯矩的影响最大;主梁的抗弯刚度和拉索在梁上的索距对主梁弯矩的影响次之;拉索的尾索刚度对主梁弯矩的影响较小;而桥塔的抗弯刚度对主梁弯矩的影响最小。为减小中跨主梁最大活载弯矩,可以采取增加桥塔有效高度、减小梁上拉索索距、减小主梁抗弯刚度的方法。

如图2.4-8c)所示,中跨主梁跨中横向弯矩的主要影响因素为边中跨比、梁高、拉索索径和桥塔有效高度。梁高对主梁横向弯矩的影响最大,拉索的阻风面积和桥塔有效高度对主梁横向弯矩的影响次之,而边中跨比对主梁横向弯矩的影响较小。为减小主梁横向弯矩,可以采取减小主梁高度、拉索面积和桥塔有效高度的方法。

如图 2.4-8d)所示,桥塔最大弯矩的主要影响因素为边跨尾索刚度、桥塔抗弯刚度、桥塔有效高度。桥塔有效高度对桥塔弯矩的影响最大,桥塔抗弯刚度和边跨尾索刚度对桥塔弯矩也有较大影响。为减小桥塔最大弯矩,可以采取增加桥塔有效高度和边跨尾索刚度以及减小桥塔抗弯刚度的方法。

主梁屈曲稳定的影响因素如图 2.4-9 所示。

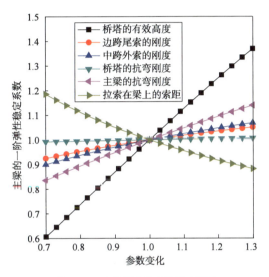

图 2.4-9　主梁屈曲稳定的影响因素

如图 2.4-9 所示,主梁一阶线性屈曲稳定系数的主要影响因素为桥塔有效高度、边跨尾索和中跨外索刚度、主梁拉索的索距、桥塔抗弯刚度、主梁抗弯刚度。桥塔有效高度对主梁屈曲稳定系数的影响最大,主梁抗弯刚度和拉索索距的影响次之,而拉索刚度和桥塔抗弯刚度对主梁屈曲稳定系数的影响较小。为提高主梁的屈曲稳定系数,可以采取增加桥塔有效高度和主梁抗弯刚度以及减小梁上拉索索距的方法。

2.5　其他形式斜拉桥的力学性能

2.5.1　多塔斜拉桥

多塔斜拉桥是最近几十年,在常规斜拉桥基础上发展出来的桥型。对于宽阔的江河、海峡,需要建造更大跨越能力的桥梁,当单跨双塔斜拉桥或悬索桥跨径难以满足要求时,多塔斜拉桥成为经济和技术上较合理的一种选择方案。

传统双塔或单塔斜拉桥,在桥塔边跨一侧设有辅助墩或过渡墩,辅助墩或过渡墩提供边跨主梁以稳定的竖向支撑,并通过边跨斜拉索(锚索)约束桥塔的纵向弯曲,提高桥塔纵向刚度,进而提高中跨侧主梁的竖向刚度,如图2.5-1所示。

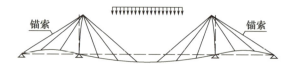

图2.5-1　有锚索的双塔斜拉桥体系变形示意

对于多塔斜拉桥而言,由于中间塔两侧均不设置辅助墩或过渡墩,相邻中跨的斜拉索不能为中间塔提供有效的纵向约束,中间塔的纵向刚度更多地取决于桥塔自身,中间塔的纵向变形和塔底内力增加,同时导致多塔斜拉桥主梁竖向刚度降低,如图2.5-2所示。

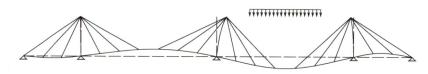

图2.5-2　多塔斜拉桥体系变形示意

多塔斜拉桥常采用飘浮或半飘浮体系,国内多座多塔斜拉桥也采用了中塔处主梁纵向固定体系,如南京长江第五大桥、武汉二七长江大桥等。

多塔斜拉桥各中间跨的外侧拉索、边跨锚索及各种加劲索,在活载、索与梁塔间温差等荷载作用下,其应力幅较大,故需考虑这些索的疲劳问题。在设计中,可适当加大这些索的横截面面积并保持合理的应力水平。

对于总长较大的多塔斜拉桥体系,均匀升降温时,主梁将产生很大的伸缩量,此时桥塔因受斜拉索牵引而产生较大的内力,且边塔尤为显著。一般可通过在主梁中设置传递弯矩和剪力、不传递轴力的刚性铰来解决,如浙江嘉绍大桥(图2.5-3)。

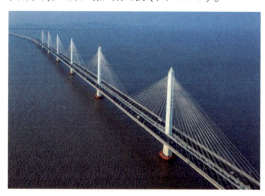

图2.5-3　浙江嘉绍大桥

多塔斜拉桥的关键力学问题是结构整体刚度偏小。为提高多塔斜拉桥的结构刚度,并使结构受力和变形趋于合理,可采取以下三种措施,即增大中塔刚度、改变缆索体系和在边孔设辅助墩。

1)增大中塔刚度

1962年建成的马拉开波桥(图2.5-4)为世界上首座多塔斜拉桥,Riccardo Morandi采用A

形桁架桥塔来解决结构刚度问题,取得了良好的效果。另外,该桥的各个中跨合龙段为挂梁。因此,严格地说,该桥由多个独塔斜拉桥组合而成,不是真正意义上的多塔斜拉桥。

图 2.5-4 委内瑞拉马拉开波桥

1976 年,丹麦的 N. J. Gimsing 针对多塔斜拉桥的刚度问题开展了相关研究,认为多塔斜拉桥采用 A 形桥塔不仅可以获得足够的纵向刚度,而且结构构件尺寸也是非常合适的,但这不是唯一的方法。如图 2.5-5 所示,体系 A 为传统双塔斜拉桥,体系 B 为常规四塔斜拉桥,两者构件尺寸相同;体系 C 和 D 的桥塔与下部结构相连,两者的区别为体系 D 的桥塔刚度为体系 C 的 10 倍;体系 E 采用水平稳定索,而体系 F 为 A 形桥塔。体系 B、C、D 的主梁挠度远大于体系 A,而体系 E 和 F 比体系 A 小得多,且体系 F 最小。因此,Gimsing 教授认为 A 形桥塔和水平稳定索均是解决多塔斜拉桥刚度问题较佳的方法。

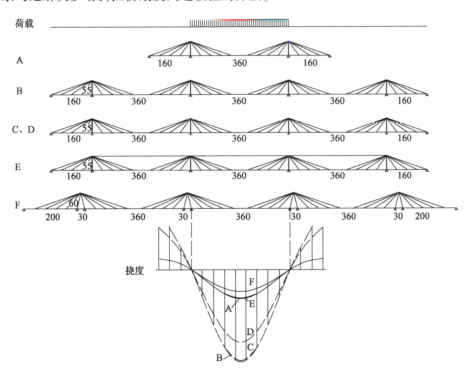

图 2.5-5 活载作用下主梁挠度特征示意

增大中塔刚度,可以有效提高多塔斜拉桥的结构刚度。刚性塔一般采用空间构造形式,如希腊 Rion-Antirion 大桥(图 2.5-6),其缺点是基础造价昂贵,施工难度大,适用于山谷等基础条件较好的区域。希腊 Rion-Antirion 大桥由于强震要求需有强大基础,采用刚性塔同时满足了多塔体系的静力受力需求。

图 2.5-6　希腊 Rion-Antirion 桥桥塔

2）改变缆索体系

多塔斜拉桥通过改变缆索体系来增大结构刚度的三种主要方式如图 2.5-7 所示。

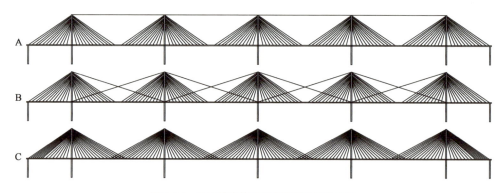

图 2.5-7　通过缆索体系对中塔塔顶加劲示意

体系 A 采用水平稳定索对桥塔塔顶进行加劲，在改善中塔塔顶位移和内力的同时，还能改善边塔塔顶和主梁的受力，并获得足够的体系刚度。但是在结构上打破了斜拉桥简洁的风格，增加了整体的压抑感，牺牲了景观效果。而且随着跨径的增大，水平索的垂度效应明显，降低了其约束效率。

体系 B 采用倾斜的稳定索加劲中塔。活载下，稳定索相当于双塔斜拉桥的边跨锚索，对中塔起到锚固作用，从而减小中塔塔顶水平位移。从美学角度，交叉布置的拉索给全桥整体景观效果带来了不利影响。

体系 A 和体系 B 都需要用到稳定索，传统钢丝索存在垂度效应影响约束效率的问题，可以考虑改用轻质高强的碳纤维材料，利用其力学性能可设计的特点，尽可能更好地满足稳定索的性能要求。

体系 C 在跨中梁段设置交叉斜拉索。当单跨加载时，可以通过交叉拉索将荷载传递给其他桥塔共同受力，从而提高结构的整体竖向刚度。

但过多的重叠索一方面将使锚固交叉索的跨中梁段轴力过大并增加施工难度；另一方面，交叉索将中间塔塔顶受到的不平衡力传递到梁中，故需增大跨中段梁的刚度才能充分发挥拉索系统的作用。但梁的刚度始终有限,因此,在较大主跨或较多桥塔的多塔斜拉桥中,不宜完全通过设置跨中交叉重叠来满足结构刚度要求。

3) 边孔设辅助墩

设置边跨辅助墩对多塔斜拉桥的加劲作用不如两塔斜拉桥有效,但对降低多塔斜拉桥的跨中挠度、塔顶水平位移和梁、塔中的弯矩仍有一定作用。对于三塔斜拉桥而言,设置辅助墩、加强边跨锚索的锚固效应可显著降低中塔塔顶水平位移和跨中挠度,对提高结构刚度较为有效,但对于四塔以上的多塔斜拉桥其效率降低。对已采取其他加劲措施的多塔斜拉桥,设置边跨辅助墩有利于进一步提高结构刚度。

在多塔斜拉桥中,三塔是应用最多的,其两个边塔可以在边跨采取有利于提高刚度的措施,使边塔具有较大刚度,因此主要是解决中塔受力问题。甚至,仅需适当增加桥塔刚度或布置稳定索、交叉索,采用常规桥塔即可满足受力要求。如墨西哥 Mezcala 桥通过边跨设置辅助墩增加了对边塔的水平约束;香港汀九大桥和英国昆斯费里大桥分别布置了稳定索和交叉索增加了对中塔的水平约束。

2.5.2 独塔斜拉桥

1) 受力特点

独塔斜拉桥一般有双跨非对称和对称两种结构布置形式,包括边跨有辅助墩的情况。非对称和对称的独塔斜拉桥体系主要由建设条件和通航等要求确定,但两者在力学性能上有所不同。两种结构布置形式主跨(单跨)施加均布荷载时,结构变形如图 2.5-8 所示。

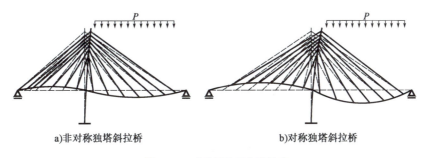

a) 非对称独塔斜拉桥　　　　b) 对称独塔斜拉桥

图 2.5-8　独塔斜拉桥变形示意

在活载作用下,非对称独塔斜拉桥将形成由尾索、塔和梁构成的三角形力系,整体上构件以受轴向力为主。直接锚固在支座上的尾索有效地限制了塔顶的水平位移,将主跨内的荷载传到支座上。由于边跨跨径较小且可设置辅助墩,尾索可以在恒载作用下储备足够的初始索力,减小了索自重引起的垂度效应,提高了结构的整体刚度。

对称布置独塔斜拉桥的最外侧拉索在恒载作用下无法储备足够的初始张拉力,否则就可能减小两边支座的初始压力,且最外侧拉索不直接锚固在支座上,最外侧拉索的刚度减小,对塔顶水平位移的约束作用降低。在活载作用下,塔顶水平位移和加载跨的主梁挠度都将增加。因此对称布置的独塔斜拉桥整体刚度不如非对称体系。

与体系温变相比,独塔斜拉桥体系的索梁以及桥塔两侧温差荷载作用对结构受力的影响更加显著。相比于主梁,日照下拉索升温更快,索梁温差使拉索索力有所减小而主梁挠度变大,即拉索对主梁的支承作用减弱。主跨侧桥塔日照升温会使桥塔向边跨侧倾斜,边跨拉索有卸载现象,而主跨主梁上挠,主跨外索索力增大。

2) 设计主要影响因素

独塔斜拉桥的边中跨比范围为 0.6~1.0,而双塔斜拉桥的边中跨比为 0.4~0.6。独塔体系桥面以上桥塔有效高度与主跨跨径的比值为 1/3~1/2,双塔体系为 1/6~1/3.5;由于独塔体系斜拉桥通常跨径不大,因此可通过增加塔高改善受力性能。

独塔体系的塔梁连接方式以塔梁墩固结为主。单索面和双索面都有采用,一般单索面要配合抗扭刚度大的箱梁使用。

增加梁塔刚度比可使主梁分配更多内力,使得结构整体刚度增大,可以控制塔、梁位移,同时减小边墩支座反力。

对于小跨径非对称独塔斜拉桥,梁体刚度相对较大,可以在主跨主梁设置相对较长的无索区,而对称结构的主梁梁端无索区要设置得相对小些。当主梁刚度较大时,无索区相对较长;拉索刚度较大时,索力也大,对主梁的支撑效果也就越好,分担的荷载也越多,无索区长度也可适当增加。随着主跨跨径的增加,梁体刚度相对变小,无索区长度也应减小。

3) 独塔协作体系

独塔协作体系主要包括独塔斜拉桥与连续梁和 T 形刚构两种协作体系形式。

美国 East Huntington 桥(图 2.5-9)为独塔斜拉桥与连续梁协作体系,主跨跨径为 274m。在连续梁和斜拉桥的主梁截面之间需设置过渡段,以利于主梁内力的顺利传递。

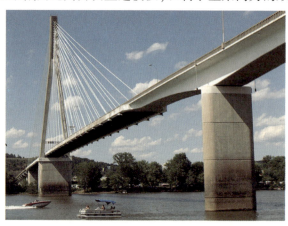

图 2.5-9　美国 East Huntington 桥

广东西江金马大桥(图 2.5-10)为独塔斜拉桥与 T 形刚构协作体系,主跨 283m,其中斜拉部分 223m。与 T 形刚构的协作使得整座桥的刚度大大增加,桥塔高度降低并使斜拉索用量减少,在受力上和经济上都取得了良好的效果。这种体系同样存在着过渡段的衔接问题,在设计中需要重点考虑。

如采用单索面斜拉桥,主梁一般采用箱形截面,以便于同梁桥部分衔接。

体系温变对于 T 形刚构协作体系的主梁受力产生较大影响,特别是对 T 形刚构墩顶处主梁受力影响较大,而对连续梁协作体系影响较小。索梁温差对主梁弯矩影响较大,与对称协作体系相比,对非对称协作体系墩顶负弯矩的影响更为明显。

图 2.5-10　广东西江金马大桥

2.5.3　无背索斜拉桥

1）受力特点

斜拉桥的桥塔纵向以直立塔柱居多，但有时为了景观和力学方面的效果有意做成倾斜的，称之为斜塔斜拉桥。独斜塔体系取消边跨一侧的拉索，形成只有半个索面的独塔体系，称之为无背索斜拉桥。

无背索斜拉桥的基本结构形式是塔和主梁固结在一起，梁端设置支座，支座静定。典型结构平衡受力如图 2.5-11 所示，总体上结构应该保持总体和局部两个平衡关系。

总体平衡是主梁正弯矩要全部通过拉索由桥塔倾斜产生的倾覆力矩来平衡，并且主梁和桥塔重量存在静力平衡关系，这样传递到基础的弯矩为零。局部平衡是让每一个梁、塔对应节段的荷载均保持平衡，这样相邻主塔节段间仅传递竖向力，不传递水平力。

图 2.5-11 所示的恒载状态下塔梁结构平衡关系中，W_t 为主塔重量，l_t 为主塔重心距塔梁固结点距离，W_d 为拉索区主梁重量，l_s 为拉索区主梁重心距塔梁固结点距离。为简化分析，假定单根斜拉索索力竖向分力等于该段梁体恒载重量，全部拉索索力竖向分力等于拉索区段梁的恒载重量；忽略无拉索区段梁体重量对结构平衡的影响。

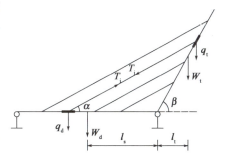

图 2.5-11　无背索斜拉桥受力平衡示意

按照拉索区主梁对塔梁固结点的倾覆力矩等于主塔的自重抵抗力矩，保证恒载状态主塔根部处于轴心受压状态，当 $W_t l_t = W_d l_s$ 时，拉索区桥面恒载与桥塔自重整体达到完全平衡。在此状况下，主塔结构仅承受活载及附加荷载作用。在结构整体平衡中，斜拉索仅起到将梁塔连接的作用，其几何特征与结构整体平衡不直接相关。

显然，整体平衡的结构，其局部不一定平衡，而局部不平衡荷载将导致塔梁承受弯矩作用，为保证主塔和主梁结构各截面均处于较好的受力状态，还需要实现局部的受力平衡。

若索力 T_i 与塔身重 q_t 在垂直于塔身方向的分力保持平衡，则主塔不承受倾覆力矩，且索

力 T_i 及塔身重 q_t 的合力沿塔身轴线方向。在此状态下，塔处于轴心受压状态，得出 $q_t\sin\alpha\cos\beta = q_d\sin(\beta-\alpha)$。

显然，要保持局部平衡关系，主梁和主塔重量以及主塔倾角相互关联，并且斜拉索以及主塔倾角是无背索斜拉桥的重要几何参数。

若主梁重量较大，则桥塔本身的体积和刚度相应要做得比较强大，在外形上会显得很笨拙，施工也会困难一些。当设置大吨位支座时，无论从设计、养护还是更换上都非易事。

当塔梁墩三者固结在一起时，结构的整体刚度有所提高，桥塔的高度可以不必做得像以前一样高，桥塔的重量减小以后，上部结构的不平衡弯矩转移到了下部结构。此时塔、梁的重量和刚度以及墩台的抗弯刚度之间的关系是十分重要的。目前的大部分无背索斜拉桥都做成塔、梁、墩固结的形式，如西班牙的 Alamillo 桥、荷兰的 Zwolle 桥等都属于这种结构形式。

2）设计主要影响因素

实际工程中，恒载状态下的完全平衡只是一种特例。无背索斜拉桥不仅仅需要考虑成桥恒载状态，还需要考虑施工过程以及后期承受活载、温度力等荷载作用。由于主塔结构具备承受一定弯矩的能力，梁塔结构恒载的不平衡并不意味着结构方案不成立，反过来说，完全的恒载平衡只是表明结构在恒载状态下的较好受力状态，并不一定意味着最好的使用状态。因此，考察活载、结构受力以及施工过程对平衡关系的影响是很有必要的。为简单起见，在此将塔、梁结构各自倾覆力矩的比值定义为结构的平衡度，即 $\lambda = M_t / M_d$。

在无背索斜拉桥中，活载对主塔的作用主要表现在使主塔向主跨侧偏移，主塔截面在主跨侧受压，另一侧受拉。考察主塔的受力状态不难发现，若按照完全平衡的概念设计，则主塔截面上下缘的最大应力不同，表现为主跨侧压应力大，而另一侧压应力小。因此考虑适当加大主塔截面，在主塔截面预存一部分抵挡活载的弯矩。也就是适当加大结构的平衡度，可保证主塔结构截面上下缘的最大应力相同。

无背索斜拉桥主塔结构所受轴向力的作用，是从上到下逐步增大的。从应力水平来看，显然主塔截面采用由上到下逐渐变大的布置较为合理。但必须看到，该布置形式导致主塔结构重心下移，降低了其能够提供的抵抗力矩，也即降低了结构的平衡度。

无背索斜拉桥的受力和传统直塔柱独塔斜拉桥的受力有所不同。直塔斜拉桥的桥塔在施工过程中只受较小弯矩，斜塔斜拉桥的桥塔在施工过程中要承受较大的弯矩和轴力作用，而且在运营状态下还要承受其他荷载作用产生的较大弯矩。恒载作用下，桥塔要通过拉索来平衡主梁自重，因此，这种无背索斜拉桥的总体设计构思就是尽可能使主梁做得轻，以减轻主塔的负荷，从而减小塔柱外形尺寸。

3）结构特征

（1）主梁

无背索斜拉桥单侧斜拉索索力基本上依靠塔身自重平衡，而斜拉索索力与梁重直接相关，选用自重较轻的梁体形式具有重要的现实意义。目前已建的同类型桥梁大多数采用了质量较小的钢梁或组合梁。

（2）主塔

无背索斜拉桥的桥塔形式同常规斜拉桥一样，主要有独柱式、钻石形、倒 Y 形、双柱形与门形等几种形式。每种塔形都有各自的特点,总体上都可以满足结构受力的需要。

从整体平衡的关系来看,主塔取高值提供的抵抗力矩较大。实际结构塔高还应考虑施工、结构受力及整体刚度等因素确定。从几何关系来看,选定最外侧斜拉索倾角及主塔倾角,主塔的结构塔高就已经确定。

塔柱倾角越大,主塔混凝土材料用量越少,这一点在平衡关系式中可以看出。目前已建的同类型桥梁,均采用了 30°左右的倾角,此角度的选用应是综合技术、经济、景观以及施工等方面因素的结果。

(3)斜拉索的布置

同常规斜拉桥一样,纵向拉索布置可采用 3 种形式。竖琴形索从力学和经济上并不是最佳的形式,但其美学优点是极其明显的。扇形索能够更好地提高斜拉索的使用效率,可以降低塔高,但当斜拉桥跨径较大、索较多时,塔顶构造难以处理,近似扇形索是介于竖琴形索和扇形索之间的一种构造。

无背索斜拉桥由于结构体系的不同,索形的优缺点已不同于有背索斜拉桥。从整体平衡的角度来看,无背索斜拉桥不依靠斜拉索索力自身平衡,而需要桥塔来平衡梁体及活载重量。因此无论采用哪种索形布置,塔高不宜过低,因为降低塔高势必因减小抵抗力臂而需要增加桥塔重量,其材料用量反而增加。

无背索斜拉桥中的竖琴形索和扇形索各自优缺点如下:竖琴形索由于塔上拉索索距相等,若桥塔采用等截面布置,易于照顾到局部平衡关系,成桥状态下的结构安全性较好,但其恒载应力水平由上到下呈直线增大的趋势,难以调整;扇形索虽然不具有能降低塔高的优点,但可通过塔上索距及主塔截面的变化,适当降低主塔下部的恒载应力水平,但其对局部平衡的考虑不及竖琴形索布置形式。

2.5.4 部分地锚体系斜拉桥

随着跨径的增大,自锚式斜拉桥桥塔处主梁轴向压力的增加将导致强度和稳定问题,成为限制斜拉桥跨径进一步增加的主要因素。如果将边跨尾端水平分力最大的部分拉索锚固在地锚上,其对应的主跨拉索的水平分力将转化为梁内的拉力,从而减小了桥塔处主梁内的压力。自锚与部分地锚斜拉桥主梁受力如图 2.5-12 所示。

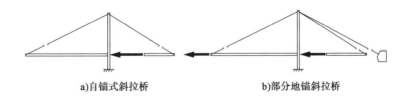

a)自锚式斜拉桥   b)部分地锚斜拉桥

图 2.5-12　自锚与部分地锚斜拉桥主梁受力示意图

采用部分地锚体系可以显著地减小近塔处主梁所承受的轴力,改善斜拉桥的力学性能,增大由强度控制的斜拉桥极限跨径。假设部分地锚斜拉桥的桥塔有效高度为 h,主梁中跨自锚段长度为 L_c,地锚段长度为 L_a,平均恒载集度为 w,如图 2.5-13 所示。

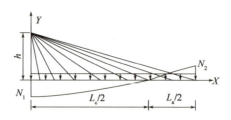

图 2.5-13　部分地锚斜拉桥主梁轴力计算简图

根据张杨永推导的自锚式斜拉桥主梁轴力的近似计算公式,可得桥塔处的最大压力 N_1 和跨中最大拉力 N_2 分别为:

$$\begin{cases} N_1 = \dfrac{w}{8h}L_c^2 \\ N_2 = \dfrac{w}{8h}L_a(L_a + 2L_c) \end{cases} \tag{2.5-1}$$

若主梁材料极限抗拉、抗压强度相等,为了充分利用材料,应该满足 $N_1 = N_2$,从而可得:

$$L_a = (\sqrt{2} - 1)L_c \tag{2.5-2}$$

从这一点看,采用部分地锚体系,斜拉桥的极限跨径可增大到 $\sqrt{2}$ 倍。反之,同等跨径条件下,自锚体系桥塔处主梁最大轴力为 N_{sa},则部分地锚体系相应位置处最大轴力 N_{aa} 为:

$$N_{aa} = \dfrac{w}{8h}\left(\dfrac{L_c}{\sqrt{2}}\right)^2 = \dfrac{1}{2}\dfrac{w}{8h}L_c^2 = \dfrac{1}{2}N_{sa} \tag{2.5-3}$$

即同等跨径条件下,部分地锚体系斜拉桥的主梁最大轴力可以减小 1/2。这是因为在部分地锚体系中,中跨跨中的一部分主梁通过拉索锚固在地锚上,相应的斜拉索索力的水平分力与中跨主梁拉力平衡,从而有效地缓解了近塔处主梁巨大的轴向压力。轴向压力的减小,也使得主梁的稳定性得到了提高。

部分地锚比自锚式斜拉桥的跨越能力强,且其锚碇规模一般比悬索桥要小很多,对地质条件的要求较之悬索桥要低。在自锚式斜拉桥跨径受限且地质条件适宜修建锚碇的情况下,部分地锚斜拉桥体系在 1100~1600m 的跨径范围内可以与自锚斜拉桥及悬索桥进行竞争。

为进一步研究斜拉桥体系的极限跨径,本节对主跨 2000m 部分地锚式斜拉桥结构体系进行研究。

桥跨布置为 3×80m+280m+2000m+280m+3×80m=3040m,主跨跨中 960m 范围内的梁段通过拉索锚固在地锚上,主跨与边跨自平衡梁段长度为 520m。汽车活载采用公路—Ⅰ级,按照八车道布置。

桥塔处为竖向支撑体系,横向设置抗风支座。主梁采用分离式(中央开槽)扁平钢箱梁截面形式,全宽 52m,高度 4m。桥塔高度为 520m,其中上塔柱高度为 436m,下塔柱高度为 84m(桥底距承台顶面高度)。斜拉索索面为近似扇形布置,双索面,梁上拉索锚点位于主梁两侧,塔中心处标准索距为 2.5m,梁上标准索距为 20m,斜拉索采用平行钢丝拉索。结构立面布置和主梁截面如图 2.5-14、图 2.5-15 所示。

塔柱为混凝土结构,采用 C60 混凝土,桥塔横桥向、纵桥向立面及截面如图 2.5-16 所示。辅助墩及边墩采用 C50 混凝土。斜拉索为高强平行钢丝,抗拉强度 2000MPa。

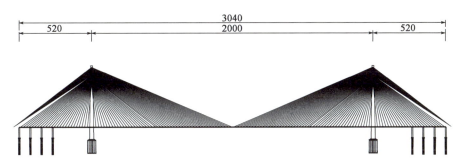

图 2.5-14 2000m 部分地锚式斜拉桥立面布置(尺寸单位:m)

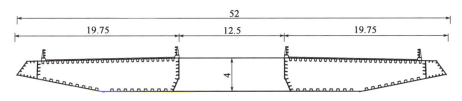

图 2.5-15 2000m 部分地锚式斜拉桥主梁截面布置(尺寸单位:m)

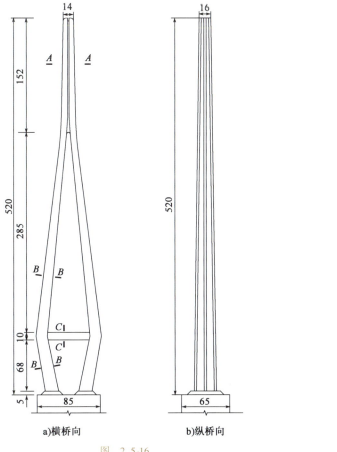

a) 横桥向　　b) 纵桥向

图 2.5-16

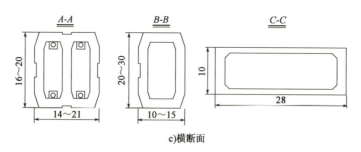

c)横断面

图 2.5-16　2000m 部分地锚式斜拉桥桥塔构造图(尺寸单位:m)

在运营阶段各种工况下,主梁、桥塔和斜拉索的结构强度均满足现行规范要求。汽车活载作用下主梁的最大竖向挠度为 1.485m,挠跨比为 1/1346;极限横风作用下主梁的最大横向位移为 8.417m,挠跨比为 1/237。

成桥一阶失稳模态表现为中跨主梁失稳(图 2.5-17),恒载 + 极限横风工况下的一阶弹性稳定系数最小为 5.79。江苏苏通大桥的一阶弹性稳定系数最小为 4.11,2000m 部分地锚式斜拉桥的受压梁段长度与江苏苏通大桥接近,且两者梁高均为 4m。因此,与自锚式斜拉桥相比,部分地锚式斜拉桥由于跨中受拉,主梁稳定性较好。

图 2.5-17　成桥一阶失稳模态

第3章
总体布置

3.1 桥跨布置

3.1.1 单主孔桥跨布置

影响桥梁孔跨布置的主要因素有地形、河道、通航、施工、风环境、地震烈度以及结构受力等,应根据桥位具体情况,选择合适的斜拉桥形式并充分考虑经济合理性进行桥跨布置。双塔斜拉桥是最为常用的斜拉桥形式,可以适应跨径小到 200m 以下、大到 1000m 以上的桥梁建设需求。

在跨越河流时,当河道宽度相对较小,河道内由于通航或防洪要求不允许设立桥墩时,或者河道仅要求一个主通航孔时,可以采用主跨一孔跨越的双塔斜拉桥方案,如图 3.1-1 所示。

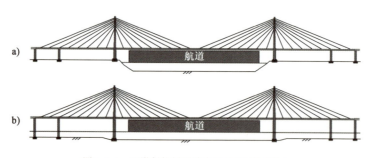

图 3.1-1 双塔斜拉桥桥跨布置示意(单主孔)

对于双塔斜拉桥的边跨布置问题,岸上边跨主要看是否有地面道路、构筑物、地下管线等,水上边跨主要看有无较高的通航要求等。当不受各种限制时,边跨的长度选择及辅助墩的设置,主要考虑斜拉桥受力合理性确定边中跨比,通过设置辅助墩改善结构受力,以便使斜拉桥经济性更好。

双塔斜拉桥的主跨跨径并不一定完全由跨越的航道、构筑物等条件决定,如果由跨越需要确定的桥塔墩位遇有不良地质时,一般需要加大主跨跨径以避开不良地质;还可能通航要求并不高或无通航要求,但所涉环境处于河道深槽、海域深沟等情况,主墩基础修建技术难度与风险大、工程造价高,一般需要加大双塔斜拉桥的主跨跨径,以实现技术经济的合理性。

润扬长江公路大桥北汊桥,通航净宽要求210m,但其在主跨布置时还需满足江中立墩数量限制以及夹江断裂限制,最终采用了主跨406m的跨径布置方案。

双塔斜拉桥可以布置成两个边跨跨径相等的对称形式,在受地形、水文、景观风貌等限制的条件下,也可以采用高低塔的布置方案(图3.1-2),以提高桥梁的技术和经济合理性。

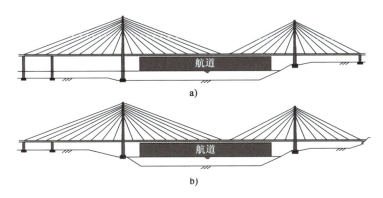

图3.1-2 双塔斜拉桥桥跨布置示意(单主孔,高低塔)

对于一座桥塔在水上、一座桥塔在岸上或浅滩的双塔斜拉桥[图3.1-2a)],水上采用高塔、岸上采用低塔的高低塔斜拉桥,可以减少水域设墩数量,也更有利于桥梁景观。斜拉桥的边跨可以通过技术经济性比较,确定是否设置辅助墩。

对于两座桥塔均在岸上或浅滩的双塔斜拉桥,或者跨越山区谷地的双塔斜拉桥,当斜拉桥一侧边跨受到地形限制不能展开,或者道路线形布置需要尽早设置曲线时,采用高低塔斜拉桥可以减小该侧边跨长度,使斜拉桥总体布置上更加合理,见[图3.1-2b)]。

红岩村嘉陵江大桥(图3.1-3)位于重庆主城核心区,距重庆两江交汇处上游约10km,是重庆快速路三纵线及轨道交通五号线跨越嘉陵江的重要节点工程。根据通航孔要求,该桥主跨跨径不得小于375m,且南侧主墩需紧靠牛滴路布置,由于桥位区南侧为陡峭的斜坡地貌,因此南边跨长度也受到地形限制。为了解决边跨不等且偏小的问题,大桥采用了高低塔双索面钢桁梁斜拉桥,大桥立面布置如图3.1-4所示。

图3.1-3 重庆红岩村嘉陵江大桥

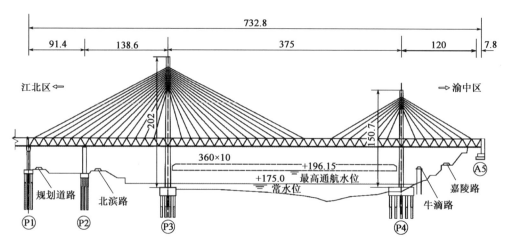

图 3.1-4 红岩村嘉陵江大桥立面布置(尺寸单位:m)

双塔斜拉桥的边跨可以根据地形、地质、水文等条件及结构受力和施工的需要,布置或多或少的辅助墩。当斜拉桥边跨处于浅水或陆地区域时,可以采用小跨径、多辅助墩的布置,配合经济性更好的主梁形式以及合理的施工方法。

独塔斜拉桥也是常见的结构形式。独塔斜拉桥的跨越能力小于双塔斜拉桥,故特别适用于跨越中小河流、谷地及交通道路,当然也可以用于跨越较宽阔河流的主通航孔。当只需要设置一个通航孔时,可以采用两跨非对称布置的独塔斜拉桥,非通航的一跨可以减小跨径并酌情设置辅助墩,以改善结构受力,如图3.1-5a)所示。当跨越通航孔的主跨较大,为了减小斜拉桥的规模,同时引桥跨径与结构形式合适时,可以采用协作体系的结构形式,如图 3.1-5b)所示。

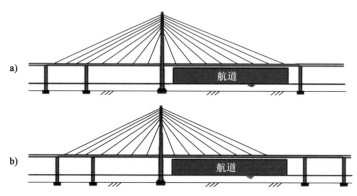

图 3.1-5 独塔斜拉桥桥跨布置示意(单主孔)

斜拉桥主跨跨径是影响其技术经济指标的主要因素,一般情况下跨径越大造价越高,跨径应该根据跨越需求确定。独塔斜拉桥的跨越能力大约为双塔斜拉桥的一半,在同等跨越需求情况下,独塔斜拉桥经济上面临双塔斜拉桥的竞争,目前独塔斜拉桥的跨径大多数在400m以下。由于建设条件的复杂性,斜拉桥的桥型选择和桥跨布置需要考虑技术、经济、景观等多方面的因素,应该结合具体建设条件深入比选确定。

独塔斜拉桥可以布置成两跨对称形式,也可以布置成两跨不对称的形式,其中,以两跨不对称的形式为多,技术与经济上更加合理。独塔斜拉桥的边跨可以根据地形、地质、水文等条件及结构受力的需要,布置辅助墩。德国杜塞尔道夫市莱茵河上桥梁群中的克尼桥(图3.1-6),仅主跨有通航要求,边跨位于浅滩区,通过设置辅助墩以改善结构受力。

图 3.1-6　德国克尼桥

对于跨越较小河流,航道等级低的地区,单跨式斜拉桥也有工程应用。单跨式斜拉桥常见于无背索体系,最著名的是西班牙 Alamillo 桥(图3.1-7),桥塔设于岸上,一跨跨越河道。

图 3.1-7　西班牙 Alamillo 桥

3.1.2　主副孔桥跨布置

斜拉桥主跨是为了跨越航道、道路等障碍而设置,边跨则主要是为了平衡主跨而设置。在跨越水面宽度较大的河流或海域通航环境时,双塔斜拉桥的主跨跨越主航道,边跨布置根据副航道设置等情况而有所不同,如图 3.1-8 所示。

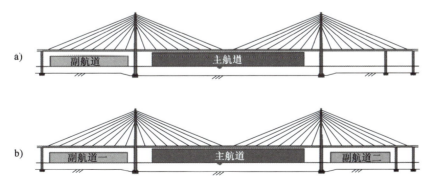

图 3.1-8　双塔斜拉桥桥跨布置示意(主副孔)

当其中一侧边跨有副航道不宜设墩时,则斜拉桥可以采用不设辅助墩的双塔三跨布置形式,也可以根据受力需要在另一侧设置辅助墩,如图3.1-8a)所示。当两侧边跨范围均有副通航孔时,根据两侧副通航孔的大小,斜拉桥采用不设辅助墩的三跨布置形式、仅一侧设置辅助墩的四跨布置方式以及两侧均设置辅助墩的五跨布置方式,其中四跨布置方式如图3.1-8b)所示。

类似于边跨设有副通航孔的情况,当其中一侧边跨有相交公路通过或有地下管线不宜设墩时,斜拉桥可以采用不设辅助墩的双塔三跨布置形式,也可以根据受力需要在另一侧设置辅助墩。当两侧边跨范围均有地面或地下构筑物限制时,则斜拉桥只能采用不设辅助墩的双塔三跨布置形式。

当阳经枝江至松滋高速公路松滋河特大桥(图3.1-9)采用双塔组合梁斜拉桥方案,综合通航、防洪论证得到桥梁布跨要求,主跨一孔555m跨越南汊主河槽,枝江侧边跨230m跨越北汊河槽。松滋侧边跨处于岸上,采用70m左右小跨布置的混凝土梁;枝江侧边跨虽然无通航要求,但防洪要求不能设墩,采用了边中跨比大于0.4的较大跨径。

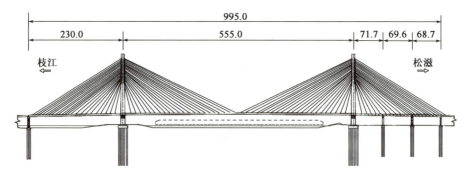

图3.1-9 松滋河特大桥立面布置(尺寸单位:m)

独塔斜拉桥跨越较为宽阔的河流时,其桥式布置应该结合通航孔的情况确定。当需要设置主副两个通航孔时,可以将桥塔设在河道中,采用两跨不对称布置的结构形式,如图3.1-10a)所示。当主通航孔较大且条件合适时,可以采用协作体系的结构形式,以减小斜拉桥的规模,如图3.1-10b)所示。

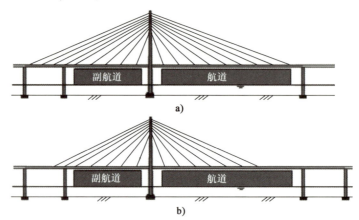

图3.1-10 独塔斜拉桥跨布置示意(主副孔)

总之,独塔斜拉桥采用两跨不对称的形式,即分为主跨和边跨,各满足大小不等两个通航孔,技术与经济上也较合理。

跨越塞尔维亚贝尔格莱德市的新萨瓦河桥,桥位位于河道分叉处,桥塔立于河道中央陆地区域,主跨及边跨均有通航需求,采用了(376+200)m的主边跨布置,主梁采用混合梁,同时为减小匝道长度,50m尾跨与边跨形成连续体系,大桥立面布置如图3.1-11所示。

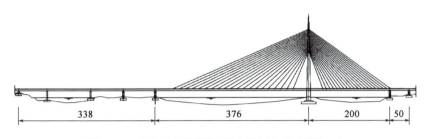

图3.1-11 塞尔维亚新萨瓦河桥立面布置(尺寸单位:m)

3.1.3 多主孔桥跨布置

当桥梁跨越航运繁忙的宽阔河道或海域时,常常会有多孔通航的需求。因此,多塔多跨式斜拉桥的跨径布置形式也有不少工程应用。即使仅需要双主通航孔,当河道冲淤变化航道不稳定时,也常常采用多塔多跨式布置。当桥位位于宽阔深水海域环境,跨越能力有限的梁式桥已经不具备经济性时,也需要采用多塔多跨斜拉桥方案。通常斜拉桥的主跨可以按等跨径布置,也可以按照不等跨布置。

在多塔斜拉桥中,最常见的是三塔斜拉桥,多用于跨越河道以满足双孔通航的需求,如图3.1-12所示。

对于通航繁忙的宽阔河道,不仅主跨有大型船舶或船队的通航要求,边跨也有小型船舶的通航要求,可以采用三塔四跨的斜拉桥布置方式,如图3.1-12a)所示。由于三塔斜拉桥的受力特点,在边跨不能设置辅助墩的情况下,其结构受力性能相对较差,特别是对于主跨较大的三塔斜拉桥,需要进行充分的技术经济比较后方可选用。当三塔斜拉桥的两座边塔处于岸上、浅滩或边跨无通航要求时,宜设置辅助墩以改善结构受力性能,如图3.1-12b)所示。当三塔斜拉桥的两座边塔处于岸上或岸边时,边跨长度受限,还可以采用高中塔、低边塔的桥塔不等高布置的结构形式,以减小斜拉桥的总长度,但中塔受力更为不利,如图3.1-12c)所示。上述三种布置形式的斜拉桥,特别是主跨跨径较大的斜拉桥,在主梁安装至最大双悬臂状态时,结构的颤振、抖振及非对称施工荷载等都可能成为中塔受力控制因素,需要考虑是否具备设置临时墩以及采取抗风措施等条件。结合具体的建设条件,还可以采用低中塔、高边塔的桥塔不等高布置的结构形式,在同等主跨跨径的情况下,虽然斜拉桥的总长度有所增加,但如果两侧边跨也需要较大孔跨,则会是一种合理的选择,如图3.1-12d)所示。

三塔斜拉桥典型布置如英国昆斯费里大桥(图3.1-13),桥位南侧跨越福斯湾深水航道,北侧跨越连接桥梁上游罗赛斯港的引航道,而河道中央露出水面的基岩为三塔斜拉桥的布置提供了良好的条件。

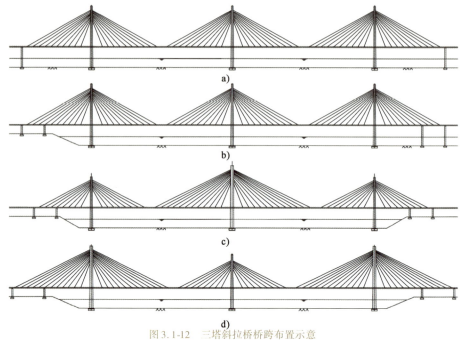

图 3.1-12 三塔斜拉桥桥跨布置示意

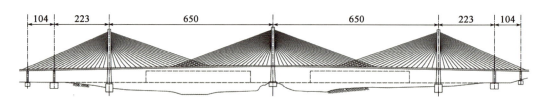

图 3.1-13 英国昆斯费里大桥立面布置(尺寸单位:m)

除了三塔斜拉桥外,四塔及以上多塔斜拉桥的布置形式也偶有出现,比较著名的是希腊 Rion-Antirion 大桥(图 3.1-14),跨径布置受通航、地质、水深、抗震等多种不利因素影响,采用了比较经济而少见的四塔斜拉桥方案。

图 3.1-14 希腊 Rion-Antirion 大桥

此外,多塔多跨式斜拉桥还可以用于跨越山谷地带,如法国米劳大桥(图 3.1-15),采用 204m+6×342m+204m 八跨连续斜拉桥,大桥立面布置如图 3.1-16 所示,结合塔梁整体顶推工艺,成为桥梁建造史上经典工程之一。

图 3.1-15　法国米劳大桥

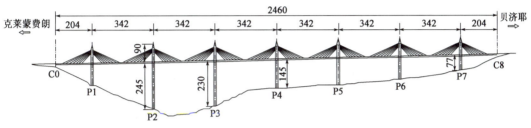

图 3.1-16　法国米劳大桥立面布置(尺寸单位:m)

3.2　结构形式选择

3.2.1　斜拉索索面

1) 索面基本形式

斜拉桥的斜拉索布置从立面看,主要有两种基本形式:一是扇形索面布置(包括近似扇形索面),二是竖琴形索面,如图3.2-1 所示。

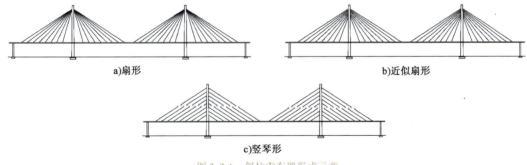

图 3.2-1　斜拉索布置形式示意

扇形拉索布置是早期斜拉桥最为常用的布置方式,最初的斜拉索扇形布置是将斜拉索集中锚固在塔顶,这一做法主要源自悬索桥,也即将拉索布置在塔柱顶部鞍座内,鞍座底面一般采用一定半径的弧形形状,以使每根拉索均可以穿过塔柱,并直接锚固在梁上。这种布置在结构受力上是高效的,在塔柱高度一定的情况下,所有拉索均取得最大竖向支承效率,对塔柱施加力矩也是最小的。在早期中等跨径的稀索斜拉桥,因为斜拉索数量较少,在塔顶通过及锚固容易处理,应用较为广泛,德国 Severins 桥(图 3.2-2)、美国 Pasco-Kennewick 桥(图 3.2-3)均采用了这种拉索布置形式。

图 3.2-2　德国 Severins 桥

图 3.2-3　美国 Pasco-Kennewick 桥

　　扇形布置用于较大跨径斜拉桥时,随着斜拉索尺寸增大,最终难以在塔顶锚固构造内布置,塔顶锚固装置变得十分笨重,构造复杂。此外,斜拉索扇形布置在塔顶处,当时在腐蚀作用、弯曲和水平剪切应力下拉索疲劳性能以及单根拉索发生损坏时的更换工作等方面也存在明显困难。尽管后来引入桥塔回转鞍座的概念,改进钢绞线系统,解决了防腐性能差的问题,并且可逐根拉索进行更换,但随着密索体系斜拉桥的流行,斜拉桥需要更多数量的拉索,近似扇形斜拉索布置开始逐渐流行,将拉索分别锚固在塔柱顶部附近,这也是目前斜拉桥最为普遍的斜拉索布置形式,从中小跨径斜拉桥到大跨径斜拉桥广泛应用,如图 3.2-4 ~ 图 3.2-6 所示分别为主跨 332m 的上海颗珠山大桥、主跨 638m 的安徽望东长江公路大桥和主跨 1088m 的江苏苏通大桥。

　　对于近似扇形斜拉索布置,为了提供足够的锚固空间,塔上拉索锚固点竖向间距,根据锚固方式、索力大小等不同,一般为 1.0~2.5m。近似扇形布置将拉索锚固区保持在靠近塔顶位置,结构受力高效性基本不会受影响,这是因为拉索力学行为主要由外层斜拉索控制,特别是布置在边墩、辅助墩附近梁上的斜拉索,类似于锚索的作用。

图 3.2-4　上海颗珠山大桥

图 3.2-5　安徽望东长江公路大桥

图 3.2-6　江苏苏通大桥

现代密索体系斜拉桥多采用近似扇形斜拉索布置，可以容纳更多数量拉索，使得主梁受力更为均匀，主梁截面构造更为轻盈和简便；斜拉索在主梁上的布置间距与主梁节段长度相对应，可以采用逐节段悬臂法架设主梁；采用近似扇形布置，各斜拉索可以相互独立，便于安装以及调整索力，并可单独更换斜拉索。

采用竖琴式拉索布置的斜拉桥，斜拉索在桥塔上以等间距锚固，彼此之间保持平行布置。这种布置形式在视觉上强调了从锚跨到主跨的传力模式，布置合理得当时，给人一种美学上的愉悦感。然而，竖琴形布置在结构受力上不如扇形布置高效，因此实际工程应用相对较少。采用竖琴式拉索布置比较著名的斜拉桥如丹麦厄勒海峡桥，如图 3.2-7 所示。

图 3.2-7　丹麦厄勒海峡桥

除上述扇形索面布置以及竖琴式索面布置外,对于多塔斜拉桥结构,其刚度较双塔及单塔低。为提高多塔斜拉桥的结构刚度,通常采用增大中塔刚度及改变拉索布置形式两种方法,特殊的拉索布置形式主要有多塔交叉索布置及多塔辅助索布置等方式(图 3.2-8)。

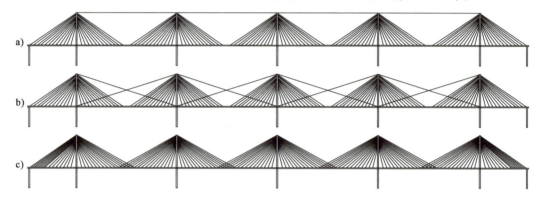

图 3.2-8　特殊的拉索布置形式

在跨中梁段设置交叉斜拉索的方法,当单跨加载时,可以通过交叉拉索将荷载传递给其他桥塔共同受力,从而提高结构的整体竖向刚度。英国昆斯费里大桥采用的就是这种布索方式(图 3.2-9),大桥采用三塔斜拉桥,主跨为 650m,桥宽 39.8m,每跨设 24 对扇形布置的拉索,斜拉索在跨中交叉布置。

图 3.2-9　英国昆斯费里大桥

对于设置辅助索的两种方式,设置塔顶水平索能够提高中塔刚度,而且还可以改善边塔受力,但这种方式对景观效果影响较大,而且随着跨径的增加,水平索的垂度效应明显,其约束效果也随之降低,目前在多塔斜拉桥中未见应用。采用塔顶设置稳定索到相邻塔根部布索方式,中国香港汀九大桥(图3.2-10)就是这种体系,中塔每侧两根稳定索,活载下稳定索相当于双塔斜拉桥的边跨锚索,对中塔起到锚固作用,从而减小中塔塔顶水平位移。

图 3.2-10　中国香港汀九大桥

2) 常用索面

斜拉桥的索面布置最常用形式为单索面布置和双索面布置。单索面布置也称中心索面布置,常采用两排横向较近的平行斜拉索,以减小单根斜拉索的索力、方便塔和梁上的锚固构造等处理。单索面斜拉桥桥塔必须布置在行车道中央,因此需额外设置主梁索区宽度以保证必要的行车道宽度。双索面布置也可以分为在横桥向平行的索面和倾斜的索面(空间索面)。采用空间索面布置的双索面斜拉桥,在多数情况下两个索面并不在一个平面内,比如采用倒Y形桥塔的斜拉桥。采用空间索面布置的斜拉桥,在桥梁跨径较小、宽度较大时,斜拉索索面会影响交通建筑限界,甚至需额外增加主梁宽度。

斜拉桥采用单索面布置,可避免双索面斜拉索交叉的视觉干扰,有大量的工程应用,其中不乏经典案例。如泰国拉玛九世桥(Rama Ⅸ Bridge,见图3.2-11)和美国阳光高架公路桥(Sunshine Skyway Bridge,见图3.2-12)。拉玛九世桥位于曼谷跨湄南河,主跨为450m,采用正交异性钢桥面板主梁,主梁高度为4m,采用双向六车道,桥宽33m;阳光高架公路桥横跨佛罗里达州坦帕湾,主跨长366m,采用梯形混凝土箱梁,梁高4.27m,采用双向四车道,桥宽29m。

图 3.2-11　泰国拉玛九世桥

图 3.2-12　美国阳光高架公路桥

单索面斜拉桥本身结构体系抵抗偏心活载等扭转荷载能力较弱，因此一般需要采用抗扭刚度大的箱形主梁，对于现代密索体系斜拉桥而言，箱形截面竖向抗弯刚度越大主梁活载弯矩一般也越大。

双索面分为平行索面和空间索面两种形式，平行索面的斜拉索从主梁两侧分别连接至两个竖直塔柱，保持索面为垂直平面，空间布置的斜拉索一般从主梁两侧分别连接至 A 形、倒 Y 形塔、钻石形塔柱上，形成两个空间倾斜索面。随着斜拉桥技术的完善，跨越能力和竞争范围的扩大，大跨径斜拉桥建设数量迅速增长，空间索面布置的斜拉桥成为最为常见的形式，如杨浦大桥、西班牙 La Pepa 桥、法国诺曼底大桥、武汉青山长江大桥、北盘江大桥等。

杨浦大桥（图 3.2-13）主跨为 602m，桥宽 30.35m，主梁为纵横梁体系的组合梁，因自身抗扭能力较弱，采用钻石形混凝土桥塔，相应的斜拉索布置为空间索面，能够提高抗扭能力，解决大桥的抗风问题；2015 年建成通车的西班牙 La Pepa 桥（图 3.2-14），主跨为 540m，桥宽 34.2m，主梁采用组合钢箱梁，梁高 3.0m，桥塔采用钢筋混凝土结构，桥面以上呈倒 Y 形，为保证主梁的抗风稳定性，主梁最外边缘采用圆弧线形，结合空间索面的布置形式，使斜拉桥具有足够的抗风能力；1995 年建成的法国诺曼底大桥（图 3.2-15），主跨为 856m，桥宽 21.2m，主梁采用混合梁，桥塔采用倒 Y 形桥塔，塔梁固结，能够显著提高结构的抗风性能，同时倒 Y 形塔柱对提高桥塔横向受力也极为有利；武汉青山江大桥（图 3.2-16）主跨为 938m，桥宽 48m，主梁采用中跨钢箱梁、边跨组合钢箱梁的混合形式，由于大桥桥面与江面距离较低，桥塔采用 A 形结构，无下横梁，塔柱顺直到底，下塔柱不内收；2016 年建成的北盘江大桥（图 3.2-17），主跨为 720m，桥宽 27.9m，桥位跨越峡谷，因此主梁采用正交异性钢桥面板钢桁梁，桁高 8m，桥塔采用 H 形构造，全桥共设 112 对拉索，平行双索面扇形布置。

图 3.2-13　上海杨浦大桥

图 3.2-14　西班牙 La Pepa 桥

108

图 3.2-15　法国诺曼底大桥

图 3.2-16　武汉青山长江大桥

图 3.2-17　贵州北盘江大桥

斜拉桥采用空间索面后,倾斜的斜拉索可进一步增加结构刚度和稳定性,在横桥向形成了索、梁稳定横向框架结构。随着斜拉桥跨径的增大,越来越多的斜拉桥采用空间索面布置,这样可显著改善在偏心活荷载和空气动力效应下结构扭转响应。特别是采用抗扭刚度较小的开口截面主梁的斜拉桥结构,当采用空间索面布置时,在偏心荷载作用下主梁的扭转变形可以降为平行索面布置的 1/2 左右。在斜拉桥的气动特性方面,空间索面布置的斜拉桥可减少涡振幅度,提高结构颤振临界风速。

3) 多索面

对于超宽桥面的斜拉桥,桥梁的横向受力成为关键问题,可通过增加主梁高度来解决,也可通过增加索面,即采用三索面或四索面布置,主梁横向计算跨径大幅度减小,同时主梁中承受横向荷载所需要的材料也大幅度减少,主梁自重也可以减轻,对结构是有利的。

三索面斜拉桥通常出现在公铁合建钢桁梁斜拉桥中,采用三片主桁较两片主桁有明显优势:①两桁的最大杆力大于三桁,由最大杆力控制杆件外形尺寸,导致主桁腹杆及一些小轴力杆件的承载能力得不到充分发挥,采用三片桁可减小最大杆力、进而减少截面尺寸,可充分利用截面承载力,同时小尺寸截面的次内力也小;②三桁方案大大减小了横梁的计算跨径,横梁横向受力以及节点疲劳性能得到了极大的改善。目前国内沪通长江大桥、湖北天兴洲长江大桥均采用这种索面布置形式。

湖北天兴洲长江大桥(图 3.2-18)为国内首个采用三片桁架主梁、三索面的公铁两用斜拉桥,大桥主跨为 504m,主梁为板桁结合钢桁梁,桁宽 30m,桁高 15.2m,主桁截面布置如图 3.2-19 所示,桥塔桥面以上为倒 Y 形塔柱,中间拉索竖直布置,两侧拉索呈空间索面布置;沪通长江大桥(图 3.2-20)主跨为 1092m,为世界上首座跨径超千米的公铁两用斜拉桥,主桥桥宽 35m,主梁采用三片主桁的正交异性桥面板钢桁梁,边桁桁高 16m,中桁桁高 16.308m,主桁横截面如图 3.2-21 所示。桥塔造型与索面布置和湖北天兴洲长江大桥类似。

图 3.2-18　湖北天兴洲长江大桥(尺寸单位:cm)

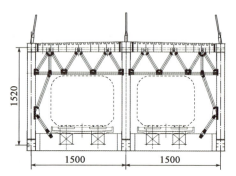

图 3.2-19　天兴洲长江大桥桥横截面布置
(尺寸单位:m)

图 3.2-20　江苏沪通长江大桥(尺寸单位:cm)

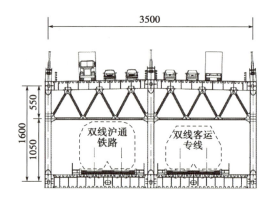

图 3.2-21　沪通长江大桥横截面布置
(尺寸单位:m)

四索面斜拉桥通常出现在分体箱梁斜拉桥之中。四索面的布置形式可以改善主梁的横向受力、降低主梁高度;斜拉索的索力水平分量在主梁截面的分布相对均匀;单根斜拉索索力值减小,拉索规格变小,减少了索梁铺固点处的应力集中现象;对超长的斜拉索,因单根拉索重量减轻,施工过程中挂索的难度降低;单根拉索吨位减小,对千斤顶等施工设备要求降低,单根拉索的破坏和更换对结构的影响程度也相应地减弱,方便换索。中国香港汀九大桥(图 3.2-22)桥塔为独柱结构,嵌在两分体主梁之间,因此斜拉索可布置成四索面,每两个索面承担四车道的主梁,两分离主梁之间每隔 13.5m 设置连接横梁,单幅主梁横向宽度 18.5m,连接横梁长 5.8m,主梁截面如图 3.2-23 所示。采用四索面的布置形式,主梁和主梁桥面系的受力状态大为改善,主梁采用 1.5m 高焊接槽型截面加 250mm 厚预制混凝土桥面板组成的组合截面,为施工提供了有利条件。

图 3.2-22　中国香港汀九大桥

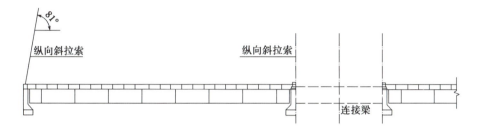

图 3.2-23　中国香港汀九大桥主梁横截面布置

安徽芜湖长江二桥(图3.2-24)也采用了四索面的拉索布置方式,该桥主跨为806m,桥宽53m,采用扁平弧形底板分体式钢箱梁,中心线处梁高3.5m,主梁由双18m宽单箱和中间17m宽横梁组成,桥塔采用独柱塔,斜拉索按照空间扇形布置,斜拉索上端锚固在桥塔内的鞍座上,下端锚固在主梁梁体两侧钢梁中,采用锚拉板形式。

图 3.2-24　安徽芜湖长江二桥

4) 异形索面

在斜拉桥的建设中,斜拉索索面布置并不仅限于上述布置形式,一些桥梁从景观等因素考虑,有的边中跨分别采用双索面和单索面形式,有的边跨索面采用交叉布置形式等。

2002年建成的泰国拉玛八世大桥(Rama Ⅷ Bridge)同时采用了双索面布置和单索面布置两种布置形式(图3.2-25),大桥采用倒Y形桥塔,采用空间布置双索面以支承300m主跨,锚跨则采用单索面布置,直接锚固在桥台基础上。

图 3.2-25　泰国拉玛八世大桥

2019 年建成的沙洲岛特大桥西溪主桥(图 3.2-26)为"斜塔 + 超宽混合梁 + 扭背索"的结构形式,边跨为预应力混凝土箱梁,主跨为钢箱梁,跨径布置为 88m + 200m,中跨钢箱梁宽 47m,边跨混凝土梁宽 51m。边跨侧为双索面空间扭面索,主跨为中央索面,桥塔采用独塔柱,桥面以上塔柱向边跨侧倾斜 8°。

图 3.2-26　福建沙洲岛特大桥西溪主桥

无背索斜拉桥也是比较经典的拉索布置形式,常见于中小跨径斜拉桥中,长沙洪山大桥(图 3.2-27)主跨跨径为 206m,桥宽 32.2m,主梁采用组合截面脊骨梁截面,主箱宽 7.0m,高 4.4m,桥塔采用混凝土箱形结构,根部采用钢结构以便于与主梁的连接,全桥设置 13 对索,索面布置为竖琴索面。

图 3.2-27　长沙洪山大桥

3.2.2 主梁形式

1）主要影响因素

在斜拉桥设计中，主梁形式选择非常重要。斜拉桥的主梁形式多样，主梁的选择应该在桥梁布跨条件确定的情况下，根据桥梁跨径、桥梁宽度以及结构的抗风要求等多种因素，结合索面布置以及桥塔形式选择综合确定。

主梁的选择与布置不仅决定了它在结构体系中所起的作用，还直接影响到结构恒载和所受静风荷载的大小，也会引起结构在活载、温度作用下的受力大小，以及结构在地震和风荷载作用下不同的动力响应。从静风荷载看，不同主梁截面的风阻系数不同：直腹板截面约为1.5、斜腹板半流线型截面在1.0以下、流线型截面风阻系数约为0.5，可以看出不同截面形式差别非常大。主梁截面形式对斜拉桥的另一重要影响与结构的空气动力稳定密切相关，主梁的抗扭能力是决定斜拉桥颤振临界风速的重要因素。开口截面的钢梁和组合梁自身抗扭能力远小于箱梁和桁梁，这种梁型不适合单索面斜拉桥，需要配合采用双索面布置的结构形式。同时，当斜拉桥跨径较大、处于强风环境时，需选择桥面以上塔柱为A形或Y形的桥塔，使斜拉索形成空间布置以提高整体抗扭能力，必要时还需在主梁两侧设置风嘴等气动措施。特别是在沿海强风环境中，采用开口截面梁的斜拉桥，由于抗风稳定性控制设计，尤其是当跨径达到600m后，需仔细研究气动等抗风措施。

在钢与组合梁斜拉桥的合理跨径范围内，不同截面形式主梁亦各有其力学及经济合理区间。可根据场地风速条件及经济性，分别选用开口截面主梁、半封闭主梁、全封闭主梁等。全封闭主梁可以很好地满足颤振稳定性要求，但跨径较小且难以充分发挥材料性能。因此，从经济性考虑，钢板梁、组合钢板梁这类开口截面主梁，主要用于主跨在600m以下的斜拉桥；钢箱梁及组合钢箱梁这类箱形梁，适合于跨径更大且抗风要求高的斜拉桥。此外，双层桥梁或山区运输条件受限的桥梁，钢桁梁、组合钢桁梁无论在满足交通功能，还是在适应山区运输以及抗风能力等方面都有其合理性。

斜拉桥的主梁形式与桥塔形式、索面布置等相互关联，索、梁、塔三者之间相互组合，创造了力学性能不同、形态各异的斜拉桥形式，可以满足交通功能、经济性及美学等多方面的需求。跨径较小的斜拉桥不同索面布置、不同梁和塔的结构形式之间相互组合类型最多。仅就主梁而言，已有的工程实例结构形式丰富多样，对应单索面、双索面及四索面布置的斜拉桥，分别都有相应合适的主梁形式。跨径较大的斜拉桥情况则有所不同，因受到多种制约因素的影响，尤其是抗风需求影响，需要采用抗扭能力和气动外形较好的流线型扁平箱梁或钢桁梁等结构形式，相应要采用双索面或多索面布置，主梁形式的选择受到较多限制。

2）不同梁型的特点与适用性

箱形梁适合于单索面斜拉桥，由于单索面几乎不能为桥面提供抗扭能力，箱形梁强大的抗扭刚度将弥补单索面抗扭能力的不足。单索面斜拉桥受制于抗扭问题所能适应的跨径有限，实际采用单索面斜拉桥的最大跨径在500m左右。此外，单索面斜拉桥的箱形梁多采用中心箱加悬臂的钝体截面，虽然主梁本身受力高效，但气动外形较差，随着斜拉桥跨径增加，抗风问题也将成为主要控制因素。单索面斜拉桥也有采用流线型钢箱梁的工程实例，主要目的在于通过改变气动外形改善斜拉桥的抗风性能。

图 3.2-28 为上海东海大桥，主航道桥采用主跨 420m 的双塔单索面组合钢箱梁斜拉桥，主梁截面采用中心箱加悬臂的钝体截面，为单索面斜拉桥常用的截面形式，如图 3.2-29 所示。

图 3.2-28　上海东海大桥

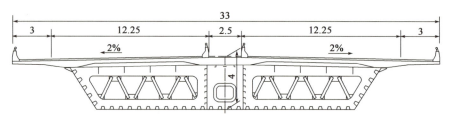

图 3.2-29　东海大桥横截面布置(尺寸单位:m)

东海大桥主航道桥的跨径、桥面宽度以及中央分隔带的宽度，使得该桥采用中心箱梁、倒 Y 形桥塔和单索面的布置较为协调，斜拉索布置在中央分隔带上，无须增加主梁宽度；桥塔上塔柱(斜拉索锚固)与中塔柱的比例较为合适。如果桥宽进一步增加或跨径进一步减小(相应塔高降低)，不仅会引起桥塔结构比例失调，还会因为中塔柱倾斜角度增加而导致受力增加，甚至会影响桥面通行净空。如果采用独柱桥塔，在海上强风环境中，塔柱所需横向尺寸约为 5m，这将导致主梁宽度增加，虽然独柱桥塔造价降低，但主梁造价将会增加。总体来看，采用加宽主梁配以独柱式桥塔的方案，更适合跨径较小和处于内陆且风荷载较小的地区。

钢板梁和组合钢板梁不适合单索面斜拉桥，一般多用于 600m 以内跨径的双索面斜拉桥。斜拉桥跨径较小时，两排斜拉索可以采用平行索面布置。早期钢斜拉桥跨径较小，抗风性能要求低，为减轻重量，主梁多采用钢板梁等开口截面形式，如 1957 年联邦德国建成的跨莱茵河 Düsseldorf North 桥，首次在斜拉桥中采用正交异性钢桥面板体系，较轻的主梁体系为悬臂施工创造了条件。

早期斜拉桥中混凝土桥面板仅作为传力构件，不承受斜拉索的水平分力，第一座真正意义上的组合钢板梁斜拉桥是 1956 年联邦德国 Büchenau 桥，该桥主跨为 59m，跨中设两对吊杆，如图 3.2-30 所示；到 20 世纪 70 年代末，大跨径的组合钢板梁斜拉桥才得以设计，主跨 465m 的加拿大 Annacis 桥(图 3.2-31)，主梁截面布置如图 3.2-32 所示，主梁采用组合钢板梁，斜拉索采用平行索面，斜拉索锚固采用锚拉板的形式直接锚固于主梁腹板上。

图 3.2-30 Büchenau 桥

图 3.2-31 加拿大 Annacis 桥

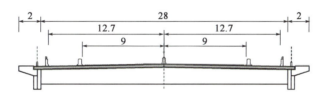

图 3.2-32 加拿大 Annacis 桥主梁横截面布置(尺寸单位:m)

上述几座斜拉桥采用开口截面的钢板梁或组合钢板梁以及双直立塔柱或接近直立的 H 形桥塔,共同特点在于:一是跨径相对较小,二是抗风性能要求不高,三是桥塔所受横向风荷载不是设计主要控制因素。因此,可以采用材料较为节省的开口截面主梁和施工更加便利的直柱或接近直立柱的桥塔形式,从而降低桥梁造价。当斜拉桥跨度进一步增加或风环境恶劣时,需要增强结构的抗风性能,斜拉索需要采用空间索面布置,相应桥塔也需要采用 A 形倒 Y 形结构。上海杨浦大桥为主跨 602m 的双索面斜拉桥,处于强风环境,为提高其抗风性能,也为了改善桥塔受力性能,采用了空间索面的布置形式及倒 Y 形桥塔。

从斜拉桥抗风的角度看,能够通过气动措施解决问题是最为经济的方法,尤其是在主梁横截面两端设置风嘴或导流板等较为简单易行的方法。因此,当斜拉桥抗风成为控制因素时,应该优先采用气动措施,例如福州青州闽江在主梁两端设置导流板解决斜拉桥抗风问题。

对于跨径较小斜拉桥,主梁所受轴力与弯矩较小,除了跨中和辅助墩附近弯矩较大梁段以及塔下轴力较大梁段,全封闭钢箱梁或组合钢箱梁受构造控制,材料性能得不到充分发挥。因此,采用全封闭钢箱梁等形式,并不是经济合理的选择。

对于跨径较大的斜拉桥，尤其是处于强风环境的斜拉桥，需要采用抗扭能力更强的主梁形式，常见的有钢箱梁、组合钢箱梁，多采用流线型横截面形式，并与空间布置的双索面配合使用。根据斜拉桥的跨径、桥面宽度以及桥址环境条件，可以选择全封闭箱梁和半封闭箱梁等形式，以适应结构运营受力及抗风等要求。对于大跨径斜拉桥，最为常用的是全封闭流线型钢箱梁结构。如图3.2-33所示的韩国仁川大桥，为主跨800m双塔双索面斜拉桥，出于抗风需要采用了典型的流线型全封闭钢箱梁，采用倒Y形桥塔、空间索面布置，主梁全宽36.1m（含风嘴）、高3.0m，主梁高宽比1/12。江苏苏通大桥为主跨1088m的双塔双索面斜拉桥，也是从抗扭及抗风需求出发，主梁采用了流线型全封闭钢箱梁、A形桥塔和空间索面布置。

图3.2-33　韩国仁川大桥

主梁形式选择没有严格的跨径限制，沿海地区和内陆地区抗风要求不同，都会对主梁选择产生影响。除了全封闭钢箱梁和组合钢箱梁外，半封闭钢箱梁和组合钢箱梁也是常用的主梁形式。日本主跨490m的生口大桥，处于强风环境中，采用了半封闭钢箱梁，兼顾了节省钢材用量和抗风需求。中国主跨460m的台州椒江二桥，同样处于强风环境，采用了半封闭组合钢箱梁，也是既考虑了节省钢材用量又要满足抗风需求。在中国内陆湖北的鄂东长江公路大桥，斜拉桥主跨达到936m、桥面宽度达到38m，采用流线型半封闭钢箱梁，主梁高跨比1/244、高宽比1/10，既节省了钢材用量，又可以满足抗风要求。

钢桁梁和组合钢桁梁承载能力强、抗扭能力大，能够适应大跨径斜拉桥的受力需求，多用于铁路桥、公路与铁路合建桥、或上下层均为公路的双层斜拉桥，山区等建设条件受限情况下也用于单层公路桥梁。相对于钢桁梁而言，组合钢桁梁在斜拉桥中的应用少一些。钢桁梁和组合钢桁梁多用于双索面斜拉桥，在单索面斜拉桥也有工程应用。重庆东水门大桥和重庆千厮门大桥如图3.2-34所示，均为单索面钢桁梁斜拉桥，东水门大桥为双塔斜拉桥，跨径布置为222.5m+445m+190m，千厮门大桥为独塔斜拉桥，跨径布置为88m+312m+240m+80m，两桥均为双层桥面的公轨两用桥，上层桥面标准宽度为24m，主梁典型横截面如图3.2-35所示，充分利用了钢桁梁自身的抗弯和抗扭刚度。

钢桁梁、组合钢桁梁和双索面配合使用时，多采用双主桁结构形式。按照斜拉索锚固形式不同又可以进一步细分，一种是斜拉索直接锚于主桁节点，如贵州鸭池河大桥（图3.2-36）；另一种是设置专门锚固副桁，如丹麦的厄勒海峡桥（图3.2-37）。前一种结构形式斜拉索一般锚于主桁上弦节点，也有少数锚于下弦的工程实例，如图3.2-38所示；后一种结构形式的两片主桁按照下层较窄的车道确定宽度，上层在主桁外设有悬臂以满足较宽的桥面要求，如图3.2-39所示。

图 3.2-34　重庆东水门大桥和重庆千厮门大桥

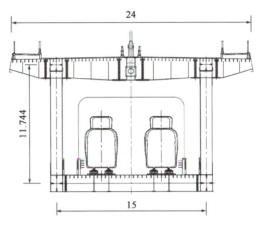

图 3.2-35　重庆东水门大桥和重庆千厮门大桥主梁截面布置
（尺寸单位：m）

图 3.2-36　贵州鸭池河大桥　　　　　图 3.2-37　丹麦厄勒海峡桥

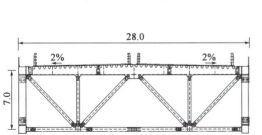 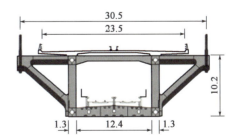

图 3.2-38　贵州鸭池河大桥横截面布置　　图 3.2-39　丹麦厄勒海峡桥横截面布置
　　　（尺寸单位：m）　　　　　　　　　　　（尺寸单位：m）

21世纪以来,中国铁路桥梁建设进入高潮,大量四线铁路桥梁开始兴建,由于荷载重、桁宽大,采用双片主桁的钢桁主梁,结构横向受力十分不利。为避免此类问题,三片主桁的钢桁梁在铁路斜拉桥中得到应用,如湖北天兴洲公铁两用大桥、沪通长江大桥等(图3.2-40)。

图 3.2-40　江苏沪通长江大桥

采用分体钢箱梁可以显著提升斜拉桥的颤振临界风速,将是超大跨斜拉桥解决抗风问题的选项之一。不过从已经建成的采用全封闭钢箱梁或钢桁梁的千米级斜拉桥看,抗风都不存在问题。尽管如此,仍然有一些斜拉桥从桥梁美学等角度,主梁选用了分体钢箱梁,跨径从400m左右到1000m左右都有应用。如上海长江大桥(图3.2-41)和中国香港昂船洲大桥(图3.2-42),两座斜拉桥的分体钢箱梁与独柱式桥塔相互匹配,并采用空间双索面布置。从分体钢箱梁受力看,两个索面支撑在箱梁外侧,因为桥面宽度较大主梁的横向受力相对较大,但和四索面布置相比,结构受力及施工安装控制更为简洁明确。

图 3.2-41　上海长江大桥

图 3.2-42　中国香港昂船洲大桥

对于桥面较宽的分体钢箱梁斜拉桥,斜拉索布置在两侧的方案,主梁的横向受力及经济性不尽合理,采用三索面或四索面可能成为合理的选择。索面的增加又与桥塔的选型相互关联,并且斜拉桥跨径、塔高不同,索面布置有可能又对主梁宽度产生影响。公路桥梁采用三索面、四索面的应用并不多见,浙江嘉绍大桥(图3.2-43)及芜湖长江二桥是两座采用分体钢箱梁的四索面斜拉桥,中国香港汀九大桥(图3.2-44)则是采用分体组合钢板梁的斜拉桥,采用四索面的目的在于减少主梁的横向支承跨距,改善主梁的横向受力。

图3.2-43 浙江绍兴嘉绍大桥

图3.2-44 中国香港汀九大桥

3)主梁合理高度

主梁不仅需要与斜拉索布置、桥塔形式相互协调匹配,其梁高也是关系到斜拉桥体系刚度、桥塔及自身受力的重要参数。梁高的大小既关系到主梁自身受力,也关系到桥塔等结构的受力;既关系到纵向受力,也关系到横向受力。首先,主梁的梁高变化时,其竖向抗弯刚度相应变化,将引起斜拉桥体系刚度以及运营荷载作用下桥塔受力、主梁自身受力的变化。从纵向受力看,梁高在一定范围内增减对体系刚度影响较小,对桥塔受力的影响也较小,但对自身受力影响较大;梁高增加自身所受弯矩随之增加,反之亦然。其次,主梁所受风荷载与梁高大小紧密相关,对于强风环境的大跨径斜拉桥,极限静风荷载甚至导致主梁横向面外受力成为控制因素;传递到桥塔还会成为桥塔和基础设计的控制因素。从工程实践看,斜拉桥梁高与跨径并无明确的比例关系,梁高与跨径的相关性不强。日本多多罗桥主跨为890m,主梁高2.7m、高跨比为1/330,韩国仁川大桥主跨为800m,梁高3.0m、高跨比为1/266。有关研究表明,对于千米级六车道高速公路桥梁,主梁采用高度3m的流线型钢箱梁,结构受力、结构稳定及抗风性能可以满足要求。即使主梁采用高度3m的流线型组合钢箱梁,也同样可以满足各项受力要求。

斜拉桥主梁的梁高(横梁高度)还需要考虑横向受力要求。一般而言,主梁的横梁高度与宽度比(宽度为吊索横向间距)在1/12~1/10,对于六车道高速公路或八车道城市道路的桥梁,从横向受力看,梁高均可以控制在3m以内;对于车道数更多、桥面更宽的桥梁,需要增加横梁的高度。

从主梁的纵横向受力看,两个方向受力所需梁高并没有直接的相关关系,只是结构构造上的协调关系。因此,根据主梁纵横双向受力得到所需的梁高不同时,不应该简单统一,而是应该尽可能根据纵横向受力需要,各自确定合理取值,通过构造措施协调实现结构的一体化。大跨径公路斜拉桥为了抗风需要,通常采用全封闭钢箱梁,主梁作为一个整体已经不可分割成纵梁与横梁,只能兼顾主梁纵向、横向受力及抗风需要确定梁高。

对于钢板梁/组合钢板梁、双边箱钢箱梁/双边箱组合钢箱梁以及分体钢箱梁等结构形式,纵梁高度和横梁高度可以分开确定,在主梁纵向和横向受力合理的基础上,提升主梁的技术经济性。具体应该根据斜拉桥跨径与主梁宽度大小、结构受力情况以及风环境等情况,结合主梁结构形式,从技术和经济两方面进行比选,做出合理选择。如图3.2-45所示的组合钢板梁,为不同纵横梁高度情况下的横截面布置。当桥梁的宽度较小,根据结构纵向受力确定的钢纵梁高度较大时,可以采用图3.2-45a)所示结构形式,横梁高度低于纵梁高度,按照横向受力所需确定。当桥梁的宽度较大,从结构纵向受力考虑所需钢纵梁高度较小时,可以采用图3.2-45b)所示结构形式,按照横向受力计算所需横梁高度高于纵梁高度,可以采用横梁下缘低于纵梁下缘的布置方式。当主梁纵横向受力所需的纵横梁高度接近时,可以采用图3.2-45c)所示结构形式。

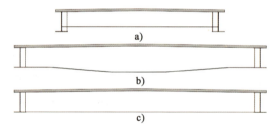

图3.2-45　组合钢板梁横截面布置示意

以上是以组合钢板梁为例对梁高选择的原则进行的说明,对于双边箱梁、分体箱梁梁高选择的原则是一致的,不再赘述。对于整体式钢箱梁/组合钢箱梁,主梁作为一个整体不可分割,梁高不能分为纵横向独立选择,梁高应该寻求纵横向受力需求的最佳结合点。

主梁高度的选择不仅关系到自身受力的合理性,还与斜拉桥总体力学性能密切相关,应该从斜拉桥整体的合理性出发,综合考虑斜拉桥的体系刚度、抗风性能、桥塔受力等多方面的要求,结合具体情况综合论证后加以确定。比如,当双塔斜拉桥可以设置辅助墩等措施,结构体系刚度较大,主梁和桥塔所受运营荷载弯矩相对较小时,可以采用较小的主梁高度;当桥面较宽时,可以增加横梁高度,以减少主梁材料用量。当斜拉桥无法设置辅助墩、边中跨比较大,结构体系刚度较小时,则需要采用较大的梁高,加强主梁承载能力;当主梁桥面宽度较小时,应该减小横梁高度,以减少材料消耗。再如,对于强风环境下的大跨径斜拉桥,百年一遇极限静风荷载可能成为桥塔、主梁的设计控制条件,主梁的梁高直接影响所受风荷载大小,在这种情况下,应该在充分发挥气动措施的条件下,合理选择梁高,减小风阻系数,满足颤振稳定等要求,不宜简单增加梁高以提高抗弯抗扭刚度。

3.2.3 桥塔形式

桥塔的结构形式与索面布置和主梁的形式密切相关,桥塔有钢塔、混凝土塔、组合塔以及混合塔之分,混凝土桥塔一般更为经济。桥塔的选择与布置主要应该考虑两个方面的问题,一是从斜拉桥总体布置出发,与斜拉桥的索面布置、主梁布置相互协调匹配;二是从自身受力出发,选择合适的塔型以及塔柱尺寸,特别是纵向尺寸。桥塔的选择与布置,不仅关系到自身的受力与经济性,作为斜拉桥结构体系的主要组成部分,还将对斜拉桥总体的结构刚度、结构受力、抗风抗震性能等产生影响。

斜拉桥广泛采用双索面布置,斜拉索设置在主梁的两侧,不仅可以提高主梁抗扭能力,而且一般不会因为索面布置影响车道净空而增加桥面宽度。对于中小跨径的斜拉桥,一般采用两个竖直塔柱,必要时设置横梁联系(图3.2-46);或采用桥面以上塔柱中段稍微内倾、上段竖直的形式(图3.2-47)。这类竖直塔柱的桥塔结构,构造简单、施工方便。

对于大跨斜拉桥,特别是沿海风荷载较大地区,为提高抗风性能需要采用空间索面布置,桥面以上通常采用A形(图3.2-48)、倒Y形(图3.2-49)等桥塔。从桥塔结构受力看,强风区桥塔横桥向受力常受极限静风荷载控制,塔柱采用倾斜相交布置的A形等桥塔可以改善桥塔的受力性能。大跨径斜拉桥因为桥塔较高,一般不会因为空间索面布置增加桥面宽度,即使有所增加也非常有限。

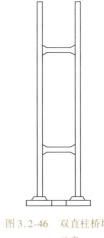 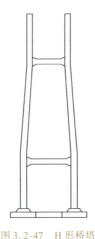  

图3.2-46 双直柱桥塔示意　　图3.2-47 H形桥塔示意　　图3.2-48 A形桥塔示意　　图3.2-49 倒Y形桥塔示意

中小跨径斜拉桥采用单索面布置时,也可以采用倒Y形塔、A形塔,可以避免或减小增加主梁宽度,但桥塔造价要高于独柱式桥塔。中小跨径的空间双索面斜拉桥也可以采用倒Y形塔、A形塔,为使斜拉索不至侵入行车空间,有可能需要增加塔柱在主梁处的距离,或者选用较高的桥塔布置。从桥梁美学角度,斜拉桥中的桥塔造型最具表现力,因此中小跨径斜拉桥在桥梁宽度等条件合适时,也常见倒Y形塔、A形塔实际应用。

不同桥塔不仅受力性能、造价不同，而且塔柱的形状将影响基础的尺寸，对总造价的影响更为显著。A形塔一般底部距离较大，需要基础具有较大的横向尺寸，或者采用横向分离基础。具体还要看斜拉桥的跨径、主梁的位置（或者桥下净空高度）等。当因为地质条件、基础形式等原因，导致桥梁造价显著增加时，可采用两个下塔柱内收的钻石形塔柱方案。虽然下塔柱内收使得受力性能相对较差，需要增加塔柱尺寸，但是下塔柱内收可使基础横向尺度减小，从而降低工程造价。

对于中小跨径的斜拉桥，还常常采用单索面斜拉桥方案，在满足横向屈曲稳定的前提下，桥塔可采用独柱式。独柱式桥塔结构简洁、受力明确、施工便利，并且造价经济（图3.2-50）。由于桥面车道分隔带的宽度通常在2m以内，采用独柱式桥塔一般需要加大主梁的宽度，也就是说会增加主梁的造价。因此，采用独柱式桥塔的斜拉桥，需要从结构受力、施工难度、桥梁景观以及工程造价等方面进行综合比选。一般而言，对于中小跨径斜拉桥，采用独柱式桥塔在经济上是合理的；对于较大跨径斜拉桥，特别是在强风环境中，独柱塔所需横向尺寸将会显著增加，导致主梁宽度大幅增加，为此一般采用梁面以上为倒Y形或A形桥塔，这样虽然桥塔的工程量增加、施工难度加大，但主梁的宽度可以不增加或少量增加，可以使工程总造价最低。单索面斜拉桥无论采用独柱塔还是A形或倒Y形塔，由于桥面扭转问题主要依靠主梁自身抗扭刚度，从控制桥面扭转角、斜拉桥抗风稳定性以及经济合理性考虑，应用范围多在500m跨径以内。

独柱形桥塔不仅适合于单索面斜拉桥，还可与分体式钢箱梁相结合，用于双索面斜拉桥（图3.2-51）或四索面斜拉桥。独柱塔相对于A形塔等双柱形桥塔，结构简单、材料节省，施工也更为便利，造价也会降低；而分体钢箱梁相对于整幅钢箱梁，材料用量增加，结构更为复杂，制造与安装难度更大，造价也会增加。当采用独柱塔与分体钢箱梁组合的斜拉桥时，其总造价是增加还是减少与斜拉桥跨径等多种条件有关，很难一概而论。

图3.2-50　独柱式桥塔示意（一）

图3.2-51　独柱式桥塔示意（二）

中国香港昂船洲大桥主航道桥采用双塔双索面钢箱梁斜拉桥（图3.2-52），主跨为1018m，桥宽53.3m，桥塔采用独柱塔，桥塔高度达298m，塔顶部以下约118m为钢结构，其余部分为混凝土结构。主梁为流线型分体式双箱梁，在主跨为钢箱梁，在两边边跨为预应力混凝土箱梁,斜拉索采用近似扇形布置,在主跨部分的间距为18m,而边跨部分的间距为10m。上海长江大桥(图3.2-53)为双塔双索面分体钢箱梁斜拉桥,主跨为730m,桥宽51.5m,桥塔为人字形混凝土结构,桥面以上为独柱塔,桥面以下分叉与承台衔接,上部斜拉索锚固区采用钢锚箱,钢箱梁为分体式结构,两个分体钢箱梁间距10m,由纵向间距15m的箱形横梁连接。

图3.2-52 中国香港昂船洲大桥　　　　　　　　图3.2-53 上海长江大桥

桥塔不仅需要与斜拉索布置、主梁形式相互协调匹配,其塔型和纵横向尺度也是关系到斜拉桥体系刚度、主梁及自身受力大小的非常重要的参数。

桥塔在运营状态下所受的荷载作用,轴向力主要由恒载产生,弯矩主要由车辆荷载、温度效应及风荷载产生。桥塔承受纵横双向荷载产生的弯矩作用,弯矩的大小与桥塔的外形尺度和刚度等有关。桥塔纵横向尺度既关系到纵向受力,也关系到横向受力,纵向尺寸与桥塔纵向刚度密切相关,在横向尺寸一定的条件下,桥塔刚度随纵向尺寸(刚度)变化最为敏感。而桥塔刚度的变化又对斜拉桥结构体系产生影响。总体来看,桥塔刚度变化对主梁受力影响有限,对自身受力影响显著;桥塔刚度增加,所受汽车活载弯矩和温度弯矩会显著增加,反之亦然。参数分析和设计方案比选经验都表明,在正常桥塔纵向刚度(纵向尺寸)的基础上,有时增加纵向尺寸,甚至会出现应力不降反升的现象。不仅如此,增加纵向尺寸还会导致桥塔所受横向风荷载增加,从而进一步增加桥塔所受弯矩。桥塔受力增加,还会导致基础受力增加,对于地质条件较差的地区,还会对造价产生较大影响。

桥塔横向弯矩主要由两类荷载产生,一是横向风荷载,二是索竖向分力和塔柱自重。强风地区水平风荷载大,竖直塔柱容易产生较大弯矩,常采用倾斜柱的倒Y形、A形塔,如此在斜拉索竖向分力和塔柱自重作用下又将产生弯矩。因此必须合理协调好不同荷载作用,实现总体上的合理性。A形桥塔可以有效降低横向风荷载产生的弯矩,自重恒载产生的弯矩通常也是可以接受的,但对于近似扇形索面布置,一般与塔柱中线不重合,斜拉索锚固在两个倾斜塔柱,将在塔柱产生弯矩作用,必要时需要在塔柱之间增加横梁,以满足受力要求,避免过分加大塔柱横向尺寸。倒Y形桥塔的上塔柱(索锚固段)斜拉索两个索面的恒载水平分力相互抵消,不会在上塔柱产生弯矩作用。斜拉索竖向分力在中塔柱主要产生轴力作用。通常塔柱在梁下设置横梁,以平衡水平分力或减少塔柱由于自重等荷载作用产生的弯矩。

无论 H 形桥塔、A 形桥塔还是倒 Y 形桥塔,梁面以下塔柱的布置可分为三种,一是与中塔柱等斜率连续布置,二是竖直布置,三是自下横梁处转折内收布置。下塔柱与中塔柱等斜率顺延至承台的布置,横向风荷载及斜拉索竖向分力产生弯矩最小,但常常受到基础设计的制约而放弃;下塔柱采用竖向布置,在恒载作用下弯矩小,但不利于抵抗横向风荷载作用;下塔柱在主梁以下转折内收应用最多,能够很好地适应基础设计,但在恒载作用下将产生较大弯矩。当下塔柱所受横桥向弯矩较大时,通常会增加塔柱横向尺寸以提高其承载能力,这会增加纵向的迎风面积,但由于下塔柱位置较低,影响相对也较小。每座斜拉桥所处建设环境和条件不同,桥塔的设计需要根据具体情况,匹配好纵横向受力与构造尺寸。

综合以上分析,在结合索面布置、主梁形式完成塔型选择后,最重要的是要选择合适的纵向尺寸,实现桥塔结构尺寸与结构受力的最佳平衡。由于桥塔的纵向抗弯惯性矩对塔柱纵向尺寸变化十分敏感,在桥塔结构与受力平衡的前提下,增加桥塔尺寸有可能导致塔柱应力不减反增的情况,还会引起横向风荷载的增加。因此,塔柱拟定的纵向尺寸过大,桥塔所受纵向弯矩将显著增加,会导致非常不合理的结果,不仅桥塔材料用量增加,基础造价也会因为所受弯矩的增加而增加。

3.3 结构关键参数选取

3.3.1 概述

斜拉桥由桥塔、主梁、斜拉索、桥墩及基础组成。在恒载作用下,可以通过调整斜拉索的索力实现理想的受力状态;在活载作用下,主梁和桥塔的受力主要是结构承载后的被动反应,所产生的主要是弯矩作用,活载和温度作用产生的弯矩是结构受力的重要控制因素。从总体布置看,斜拉桥的边中跨比、桥塔高度与跨径之比、塔梁之间的约束方式以及是否设置辅助墩和协作跨等都会对斜拉桥的体系刚度和结构受力产生影响,合理的总体布置是改善斜拉桥受力状况、提高斜拉桥经济性的前提。除此之外,主梁和桥塔的刚度、斜拉索在塔上和梁上的索距布置等也会产生影响,应该进行合理的选择与布置。从斜拉桥的受力性能看,不同结构体系的斜拉桥受力性能不同,如三塔斜拉桥和双塔斜拉桥受力特点差异很大;斜拉桥不同的主跨跨径、主梁材料与结构形式等,结构受力性能也有很大不同。总之,斜拉桥结构体系丰富多样,力学性能各有不同,但总体而言仍然有其一般规律。为此,选择工程应用最多、最具代表性的双塔钢箱梁斜拉桥进行分析研究。

采用主跨 800m 双塔钢箱梁斜拉桥,计算模型与主要结构形式如图 3.3-1 所示,通过有关总体与结构参数分析,可进一步明确参数变化对结构受力性能的影响。计算分析了主梁和桥塔在汽车荷载和温度作用下响应。

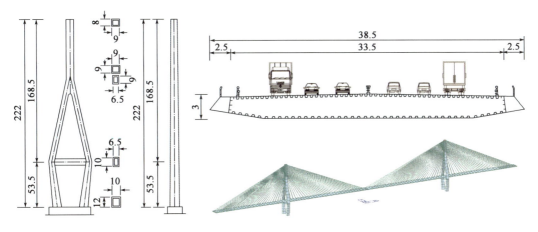

图 3.3-1　斜拉桥模型及主要结构形式(尺寸单位:m)

3.3.2　边中跨比

斜拉桥在主跨确定后,边孔跨径的确定需要考虑多方面的影响,包括边孔是否有通航要求、桥址地形和地质特点、结构整体受力性能与使用性能、边墩锚墩负反力及抵抗措施、边跨尾索的抗疲劳性能以及桥梁景观等,无论采用何种布置方式,都要充分考虑工程的经济性。

斜拉桥在中跨确定后边跨的确定上具有一定的灵活性,有必要充分关注边中跨比对结构受力的影响,从而做出合理选择,提高斜拉桥的技术经济性。为此,分别对无辅助墩和设置一座辅助墩两种情况下边中跨比变化的影响进行了分析,计算模型具体跨径布置等如表 3.3-1 和表 3.3-2 所示。为了简化起见,仅分别计算最不利活载组合和最不利温度组合,得到桥塔和主梁弯矩包络图进行分析总结。

斜拉桥跨径布置情况(无辅助墩)　　　　　　　　　　　　表 3.3-1

序号	跨径布置(m)	边中跨比	说明
1	400 + 800 + 400	0.50	
2	360 + 800 + 360	0.45	
3	320 + 800 + 320	0.40	无辅助墩
4	280 + 800 + 280	0.35	
5	240 + 800 + 240	0.30	

斜拉桥跨径布置情况(一个辅助墩)　　　　　　　　　　　表 3.3-2

序号	跨径布置(m)	边中跨比	辅助墩位置*
1	99.5 + 300.5 + 800 + 300.5 + 99.5	0.500	0.249
2	86.5 + 273.5 + 800 + 273.5 + 86.5	0.450	0.240
3	73.5 + 246.5 + 800 + 246.5 + 73.5	0.400	0.230
4	74 + 206 + 800 + 206 + 74	0.350	0.264
5	63 + 177 + 800 + 177 + 63	0.300	0.263

注:*辅助墩位置指辅助墩距边墩距离与边跨长度比。

在无辅助墩情况下,不同边中跨比下主梁和桥塔的活载及温度弯矩包络值分别如图 3.3-2 和图 3.3-3 所示。

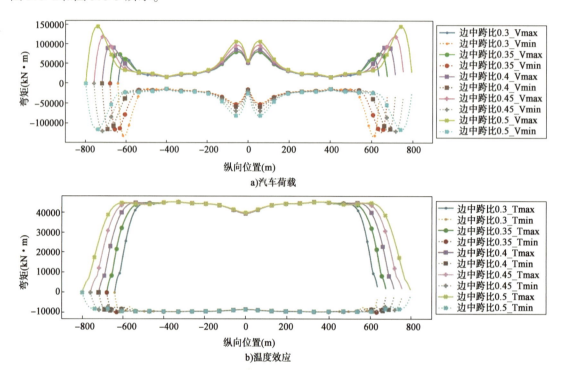

图 3.3-2　不同边中跨比下主梁活载、温度弯矩包络图(无辅助墩)

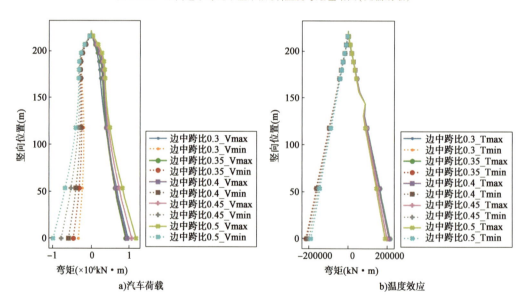

图 3.3-3　不同边中跨比下桥塔活载、温度弯矩包络图(无辅助墩)

在有辅助墩情况下,不同边中跨比下主梁和桥塔的活载及温度弯矩包络值分别如图 3.3-4 和图 3.3-5 所示。

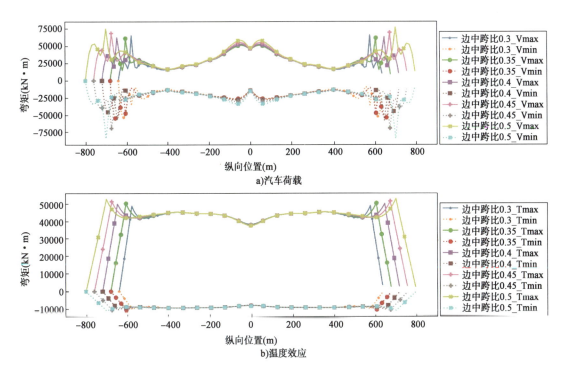

图 3.3-4 不同边中跨比下主梁活载、温度弯矩包络图(有辅助墩)

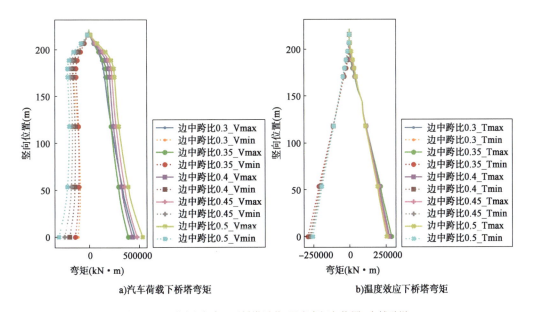

图 3.3-5 不同边中跨比下桥塔活载、温度弯矩包络图(有辅助墩)

在无辅助墩和有辅助墩情况下,活载和温度下主梁峰值弯矩和桥塔塔根最大弯矩随边中跨比变化情况分别如图 3.3-6 和图 3.3-7 所示。

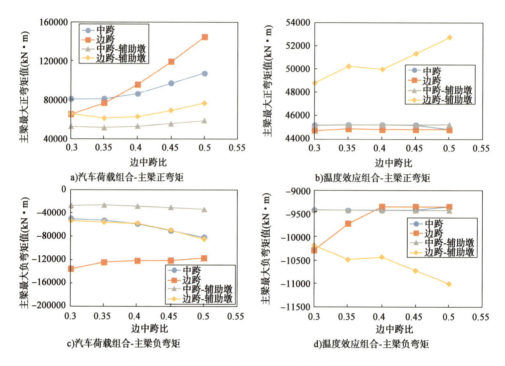

图 3.3-6　不同边中跨比主梁活载、温度最不利组合弯矩

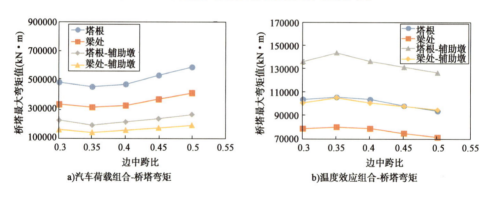

图 3.3-7　不同边中跨比桥塔活载及温度最不利组合弯矩

斜拉桥不同边中跨比(无辅助墩)下的结构受力主要结论如下：

(1)对于中跨正弯矩峰值，在汽车荷载作用下，随边中跨比的增加而增加，边中跨比为0.3时最小，边中跨比为0.5时最大，后者比前者增加了33%；在温度效应下，随边中跨比的增加而变化很小。

(2)对于中跨负弯矩峰值(绝对值)，在汽车荷载作用下，随边中跨比的增加而增加，边中跨比为0.3时最小，边中跨比为0.5时最大，后者比前者增加了62%；在温度效应下，随边中跨比的增加而变化很小。

(3)对于边跨正弯矩峰值，在汽车荷载作用下，随边中跨比的增加而增加，边中跨比为0.3时最小，边中跨比为0.5时最大，后者比前者增加了120%；在温度效应下，随边中跨比的增加而变化很小。

(4)对于边跨负弯矩峰值(绝对值),在汽车荷载作用下,随边中跨比的增加而减小,边中跨比为0.3时最大,边中跨比为0.5时最小,后者比前者减少了14%,边中跨比居中时变化较小;在温度效应下,从边中跨比0.3变化到0.4减少约9%,随后变化很小。

(5)对于桥塔塔根最大弯矩,在汽车荷载作用下,边中跨比为0.35时最小,之后随边中跨比的增加而增加,边中跨比为0.5时最大,后者比前者增加了30%,但边中跨比从0.35减小到0.3时,增加了约7%;在温度效应下,边中跨比为0.35时最大,之后随边中跨比的增加而减小,边中跨比为0.5时最小,后者比前者减小了11%,但边中跨比从0.35减小到0.3时,减小了约2%。对于桥塔主梁处的最大弯矩,变化规律与桥塔根处弯矩基本一致,不再详述。

斜拉桥不同边中跨比(有辅助墩)下的结构受力主要结论如下:

(1)对于中跨正弯矩峰值,在汽车荷载作用下,边中跨比为0.35时最小,之后随边中跨比的增加而增加,边中跨比为0.5时最大,后者比前者增加了14%,但边中跨比从0.35减小到0.3时,增加了2%;在温度效应下,随边中跨比的增加而变化很小。

(2)对于中跨负弯矩峰值(绝对值),在汽车荷载作用下,边中跨比为0.35时最小,之后随边中跨比的增加而增加,边中跨比为0.5时最大,后者比前者增加了27%,但边中跨比从0.35减小到0.3时,增加了3%;温度效应下,随边中跨比的增加而变化很小。

(3)对于边跨正弯矩峰值,在汽车荷载作用下,边中跨比为0.35时最小,之后随边中跨比的增加而增加,边中跨比为0.5时最大,后者比前者增加了25%,但边中跨比从0.35减小到0.3时,增加了7%;在温度效应下,随边中跨比的增加总体呈增加状态,但边中跨比从0.35到0.4时略有下降,边中跨比0.5较0.3增加8%。

(4)对于边跨负弯矩峰值(绝对值),在汽车荷载作用下,随边中跨比的增加而增加,边中跨比为0.3时最小,边中跨比为0.5时最大,后者比前者增加了59%;在温度效应下,随边中跨比的增加总体呈增加状态,但边中跨比从0.35到0.4时略有下降,边中跨比0.5较0.3增加8%。

(5)对于桥塔塔根最大弯矩,在汽车荷载作用下,边中跨比为0.35时最小,之后随边中跨比的增加而增加,边中跨比为0.5时最大,后者比前者增加了37%,但边中跨比从0.35减小到0.3时,增加了约17%;在温度效应下,边中跨比为0.35时最大,之后随边中跨比的增加而减小,边中跨比为0.5时最小,后者比前者减小了12%,但边中跨比从0.35减小到0.3时,减小了约5%。对于桥塔主梁处的最大弯矩,变化规律与塔根处弯矩基本一致,不再详述。

对比以上有无辅助墩的斜拉桥结构体系得到的结果可以看出,边中跨比过大或过小对于结构受力都是不利的;有辅助墩时,边中跨比变化对结构受力变化的敏感性降低。从总体布置角度看,当斜拉桥可以设置辅助墩时,边中跨比可以选择的范围更大。

根据现有统计资料,双塔三跨式斜拉桥边跨与主跨跨径比为0.3~0.5。通常斜拉桥主梁采用混合梁时,如中跨采用钢箱梁、边跨采用混凝土梁,边中跨比取值较小;组合梁斜拉桥较少采用混合梁,其边中跨比取值范围一般在0.4~0.5。边中跨比的取值与主梁形式有关,组合钢箱梁和钢箱梁取值偏小,组合钢桁梁和钢桁梁取值偏大,组合钢板梁介于两者之间。斜拉桥边中跨比的取值,不仅与主梁结构形式有关,还和桥面恒活载的比例、塔与梁的弯曲刚度、斜拉索的轴向刚度、塔梁墩之间的连接方式以及斜拉索的布置方式(如竖琴式、扇形、近似扇形)等因素相关。因此,考虑到实际工程中多变的技术条件,斜拉桥的边中跨比取值可以更宽松,结构布跨更自由。

对于双塔斜拉桥,当无辅助墩时,边中跨比小于0.5(等高双塔,图3.3-8)时,一般需要在边跨进行压重,以便与中跨恒载相互平衡,并且边中跨比越小压重量越大。边跨不设压重仅由边跨锚墩提供拉力来平衡时,会导致边跨主梁在恒载状态出现较大的负弯矩。压重可以解决恒载状态下主梁的受力平衡,使斜拉桥实现合理成桥状态以及解决运营状态下的边墩负反力问题。理论上,梁平塔直是合理成桥状态之一,边跨压重与边跨大小及索距布置需要保持精确的匹配关系,边墩负反力所需压重也需要直接设在墩顶梁体处。在实际工程中并非如此,而是考虑工程上的便利性来确定压重方案,控制梁塔位移和弯矩在可接受的合理范围。实际工程中边跨压重配置可以根据实际情况加以确定,常用的包括边墩设置拉力支座、梁体压重及利用相邻跨压重等,可以单独采用其中一种方式,也可以采用多种方式组合。边跨压重的实施有时并不能完全根据力学上的需要布置,这与主梁的结构形式有关,不仅对于钢梁、混凝土梁和组合梁有所不同,同一种材料的主梁结构形式不同,压重布置也有所不同。比如,对于钢桁梁和组合钢桁梁,除了增加混凝土桥面板厚度外,很难找到合适的压重位置;对于钢箱梁和组合钢箱梁,箱内的空间一般可以满足配置压重的要求,而且可以方便地进行压重混凝土浇筑;对于钢板梁和组合钢板梁,正常的结构构造对实施压重而言并不方便,需要专为压重进行构造上的处理,也就是要在压重物之外付出代价。当斜拉桥设有辅助墩、边中跨比小于0.5时,通常在辅助墩至边墩范围以及辅助墩墩顶一定范围(具体视情况而定)加密布置斜拉索,该范围也是需要压重的区域,因为辅助墩的存在,压重(或配合拉力支座)无须考虑与斜拉索索力及支座反力的精确匹配关系,主要应该解决总体上的平衡要求,局部的荷载不平衡并不会导致主梁产生过大弯矩。总之,斜拉桥边中跨的比例关系,并非仅考虑结构力学性能优劣的单一指标,通常要从工程意义上的合理性出发确定。

图3.3-8 双塔斜拉桥

从力学性能上看,对于典型双塔三跨斜拉桥,当边跨缩短时,锚索所储备的恒载索力增大,活载应力幅相应降低,同时边跨平衡活载上拔力的能力随之降低,锚墩在活载下负反力增大;当边跨加长时,尾索恒载索力降低,活载应力幅增大,锚墩支承反力变化减小。随着斜拉索及锚具技术的发展进步,边跨尾索应力幅通常不会成为控制条件。尽管边中跨比大约在0.35~0.4时结构受力更为合理,但因为压重原因实际工程更偏向于0.4~0.45。因此,边孔尺度大小主要取决于布跨、通航要求以及经济性等,而并不是简单的力学上的考虑。

独塔斜拉桥边中跨比取值一般为0.5~1.0,通常斜拉桥主梁采用混合梁时,边中跨比取值较小为0.5~0.7;采用其他形式主梁的独塔斜拉桥边中跨比可根据地形、通航、施工等实际工程条件灵活选取。边中跨比较小时边跨所需压重多,但结构整体刚度大;边中跨比较大时边跨所需压重少,但结构整体刚度减小,实际工程需结合总体布置的需要以及压重设置的难易程度合理取舍,对于钢与组合梁斜拉桥来说,较少采用等跨布置的形式。压重及辅助墩的设置原则可参考双塔斜拉桥,两者规律基本相同。

对于一些特殊形式的独塔斜拉桥,如斜塔斜拉桥以及部分地锚斜拉桥,边跨负反力的问题相对来说并不显著,可以采用更小的边中跨比,甚至取消边跨作无背索斜拉桥。

多塔斜拉桥整体刚度通常由中跨控制,边中跨比对结构的刚度影响不大,因此其取值上限相对于双塔斜拉桥更为宽松,对于中塔采用矮塔的三塔斜拉桥来说,边中跨比取值要远远大于0.5。

3.3.3 辅助墩的设置

斜拉桥在条件允许时常在边跨增设辅助墩,目的在于改善斜拉桥的力学性能,提高工程经济性。一般而言,边跨辅助墩的设置须考虑多方面的因素确定,这些因素主要包括通航要求、桥址地形与地质特点、结构体系静力和动力性能上的要求、施工条件与施工风险、斜拉桥与引桥在跨径上的协调以及工程的经济性等。在设置辅助墩以改善结构受力的情况下,通常在靠近锚墩或辅助墩处梁段增设平衡重。

辅助墩对斜拉桥的体系刚度和结构受力有着重要的影响,把握其影响规律,合理进行辅助墩布置非常重要。以主跨800m的钢箱梁斜拉桥模型(边中跨比为0.45),分别对不设辅助墩以及设置1、2、3座辅助墩进行计算,辅助墩布置情况如表3.3-3所示,得到桥塔和主梁弯矩包络图进行分析总结。

斜拉桥辅助墩布置情况　　　　　　　　表3.3-3

序号	跨径布置(m)	辅助墩数量	辅助墩位置参数
1	360 + 800 + 360	0	—
2	120 + 240 + 800 + 240 + 120	1	0.333
3	120 + 120 + 120 + 800 + 120 + 120 + 120	2	0.333/0.667
4	90 + 90 + 90 + 90 + 800 + 90 + 90 + 90 + 90	3	0.25/0.5/0.75

注:辅助墩位置参数为辅助墩到边墩距离与斜拉桥边跨跨径比值。

不同辅助墩设置情况下主梁和桥塔的活载及温度弯矩包络值分别如图3.3-9和图3.3-10所示。

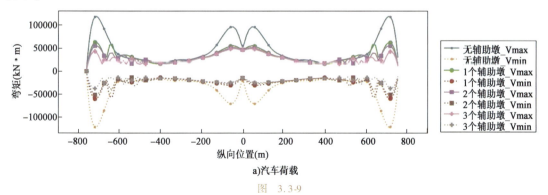

a)汽车荷载

图 3.3-9

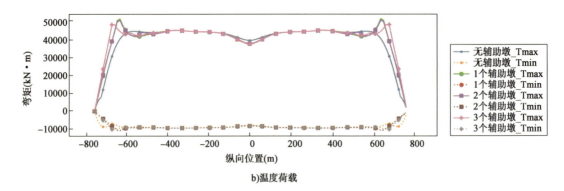

b) 温度荷载

图 3.3-9　不同辅助墩数量下主梁弯矩包络图

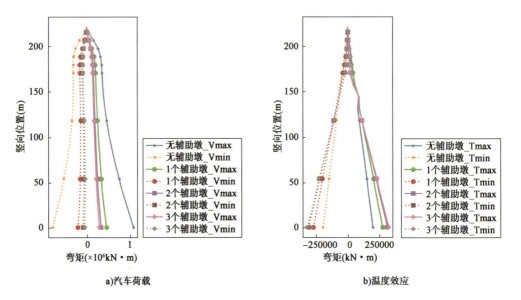

a) 汽车荷载　　　　　　　　　　　b) 温度效应

图 3.3-10　不同辅助墩数量下桥塔弯矩包络图

活载和温度最不利组合下，主梁峰值弯矩和桥塔塔根最大弯矩随辅助墩设置数量变化情况分别如图 3.3-11 和图 3.3-12 所示。

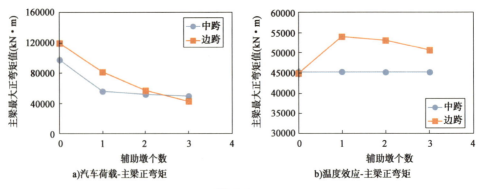

a) 汽车荷载-主梁正弯矩　　　　　　b) 温度效应-主梁正弯矩

图　3.3-11

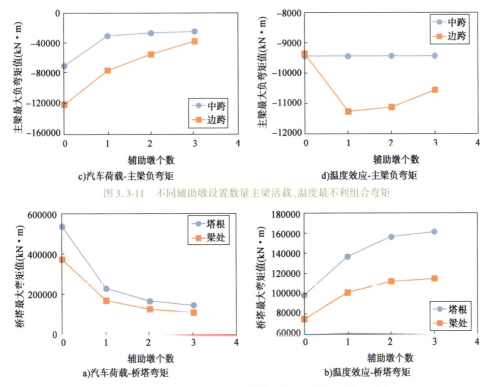

图3.3-11 不同辅助墩设置数量主梁活载、温度最不利组合弯矩

图3.3-12 不同辅助墩设置数量桥塔活载及温度最不利组合弯矩

斜拉桥不同辅助墩布置下的结构受力主要结论如下：

(1)对于中跨正弯矩峰值，在汽车荷载作用下，与无辅助墩相比，加入1个辅助墩降幅最为显著，减少了43%；进一步增加辅助墩降幅减缓，3个辅助墩时，减少49%；在温度效应下，随辅助墩数量变化而变化很小。

(2)对于中跨负弯矩峰值(绝对值)，在汽车荷载作用下，与无辅助墩相比，加入1个辅助墩降幅最为显著，减少了57%；进一步增加辅助墩降幅明显减缓，3个辅助墩时，减少65%；在温度效应下，随辅助墩数量变化而变化很小。

(3)对于边跨正弯矩峰值，在汽车荷载作用下，与无辅助墩相比，随辅助墩数量增加而减小，但降幅逐步趋缓，1个辅助墩时减少32%；3个辅助墩时减少64%；在温度效应下，加入1个辅助墩时增加20%，之后随辅助墩数量增加，增幅逐步下降，3个辅助墩较无辅助墩增加13%。

(4)对于边跨负弯矩峰值(绝对值)，在汽车荷载作用下，与无辅助墩相比，加入1个辅助墩降幅最为显著，减少了37%；进一步增加辅助墩降幅有所减缓，3个辅助墩时，减少69%；在温度效应下，加入1个辅助墩时增加20%，之后随辅助墩数量增加，增幅逐步下降，3个辅助墩时增加13%。

(5)对于桥塔塔根最大弯矩，在汽车荷载作用下，与无辅助墩相比，加入1个辅助墩降幅最为显著，减少了57%，进一步增加辅助墩降幅有所减缓，3个辅助墩时，减少73%；在温度效应下，加入1个辅助墩时增加39%，之后增加辅助墩增幅逐步下降，3个辅助墩时增加63%，增幅逐渐放缓。

当斜拉桥边跨辅助墩处于岸上或浅水区时，设置辅助墩不仅可以改善结构的力学性能，而且辅助墩造价一般相对较低，总体上常常具有工程经济性。同时，处于岸上或浅水区的主梁不具备浮运吊装条件，设置辅助墩可以方便主梁的安装，可以免除或部分免除临时支架。当斜拉桥边跨处于深水中，且需考虑船撞、下伏不良地基等情况时，应权衡辅助墩的支承效率和经济性，但对于大跨径斜拉桥，设置辅助墩通常具有工程经济性。设置辅助墩后，配合梁上索距布置的调整，可以减小斜拉索的最大应力幅，分散边墩的负反力，有利于边跨施工及压重实施。工程经验表明，辅助墩的数量一般以单侧1~3个为宜，通常设在边跨靠外侧$0.2L \sim 0.6L$位置处，具体位置可根据挠度影响线和布跨孔径统一协调，但还需要考虑具体地质、地貌条件以及设墩后主梁的施工条件等。实际工程中也有设置较多的辅助墩，使斜拉桥边跨（或一部分）变成较小跨径，以便斜拉桥边跨主梁采用更加经济的结构形式和施工方法，这在混合梁斜拉桥中最为常见。

对于组合梁斜拉桥，设置辅助墩其墩顶将出现负弯矩，但设辅助墩可减小主梁边孔尾段的负弯矩，仅从主梁的受力来看也是有利的。辅助墩顶的负弯矩则可采用设置双链杆构造等途径降低，上海南浦大桥、杨浦大桥都设置了辅助墩，均取得了良好效果。设置辅助墩后，辅助墩至边墩范围主梁的施工可根据现场条件有多种选择，可以采用顶推法、滑移法、节段拼装法、整孔浮运吊装等。对于组合梁斜拉桥，为降低施工难度，可以采用钢梁和桥面板分开进行安装，在钢梁安装就位后，再安装预制桥面板或现浇桥面板。

辅助墩的设置对结构动力特性将产生显著影响，对于强震或强风区的大跨径斜拉桥，需要充分考虑辅助墩设置及其与主梁横向约束方式对结构抗风、抗震性能的影响。边跨增设辅助墩后可以帮助桥塔分担上部结构横力，降低边跨锚墩和桥塔的横向地震内力，锚固墩顶与主梁横向相对位移也相对较小，对抗震是有利的。就抗风、抗震性能而言，某种体系与跨径布置对结构抗风有利时，可能对抗震性能又是不利的。所以，辅助墩对结构动力性能的影响应结合具体桥址和结构方案具体分析，不能一概而论。

单纯从结构受力需要看，中小跨径斜拉桥可不设置辅助墩，但这并不一定是最经济的选择。如主跨600m左右的斜拉桥，当设置1个辅助墩时，在活载作用下，对塔、梁受力性能的改善以及斜拉桥刚度提高效果显著；当设置2个辅助墩时，和设置1个辅助墩相比，梁塔的总体受力性能难有显著的变化。对于大跨径斜拉桥，由于结构整体刚度的要求，典型的双塔三跨体系已经并不常用，边中跨比取值区间更为宽松。辅助墩对于斜拉桥有重要的作用，尤其是对于大跨径斜拉桥，在边跨适当位置设置一个或多个辅助墩，不仅可以增加边跨乃至主跨的刚度，改善成桥状态下的静、动力性能，减小桥塔弯矩及中跨跨中挠度，减小边跨主梁尾段的负弯矩，分担横向地震力以及横向或斜向风荷载效应等，还可为边跨提前合龙提供有利条件，减小斜拉桥主梁安装双悬臂长度。对于沿海风环境恶劣地区，大跨径斜拉桥主梁双伸臂安装状态的风致稳定性常成为控制因素，因此，设置辅助墩不仅可以改善结构的受力，而且可以降低施工风险。边跨内设辅助墩形成多跨体系结构时，斜拉索最大应力幅通常由边跨尾索转移到近塔辅助墩附近几根拉索，尾索的疲劳问题也不再突出，边中跨比限值可适当放宽。斜拉桥设置辅助墩除了上述一般特点外，对于组合梁斜拉桥，可以减小边跨主梁负弯矩峰值，改善桥面板受力状况。

3.3.4　协作跨及尾索布置

斜拉桥的总体布置需要满足航道、防洪等要求，还需要考虑地质、地貌以及施工等多种条件。为了实现桥梁的经济性，一般尽可能采用最小的主跨跨径，在根据多种因素确定主跨跨径及边跨跨径后,有时会遇到边中跨比接近 0.5 而又无法设置辅助墩的情况,这将导致斜拉桥结构的受力很不合理,并进一步影响桥梁的经济性。为改善结构受力、提高桥梁的经济性,工程中常见做法是设置协作跨的方法。通过增加一跨连续梁形成协作体系(图 3.3-13),可以改善结构受力并解决边墩负反力问题。此外,在斜拉桥边中跨比略小于 0.5 的情况下,还常常将部分斜拉索布置在协作跨上。

图 3.3-13　连续协作体系斜拉桥示意

为直观了解这些方法的有效性,仍然采用主跨 800m 的钢箱梁斜拉桥模型,针对斜拉桥边中跨比为 0.5 条件下不同协作跨跨径以及边中跨比小于 0.5 条件下部分斜拉索布置在协作跨上(表 3.3-4)两种情况,计算斜拉桥结构受力情况并进行分析总结。

斜拉桥协作跨布置情况　　　　表 3.3-4

序号	跨径布置(m)	协作跨长度(m)	边中跨比	说明
1	400+800+400	—	0.5	无协作跨
2	40+400+800+400+40	40	0.5	较小协作跨
3	80+400+800+400+80	80	0.5	较大协作跨
4	70+380+800+380+70	70*	0.475**	两对索进入协作跨
5	70+360+800+360+70	70*	0.45**	两对索进入协作跨

注:1. 加"*"表示该跨有斜拉桥进入,并非真正意义的协作跨。
　　2. 加"**"表示该边中跨比没有计入 70m 跨。

不同协作跨跨径及尾索布置下主梁和桥塔的活载及温度弯矩包络值分别如图 3.3-14 和图 3.3-15 所示。

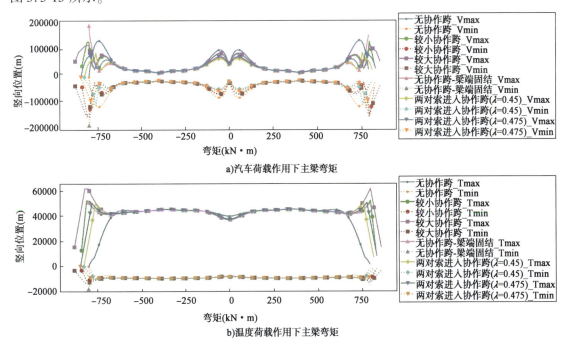

a) 汽车荷载作用下主梁弯矩

b) 温度荷载作用下主梁弯矩

图 3.3-14　不同协作跨跨径及尾索布置下主梁弯矩包络图

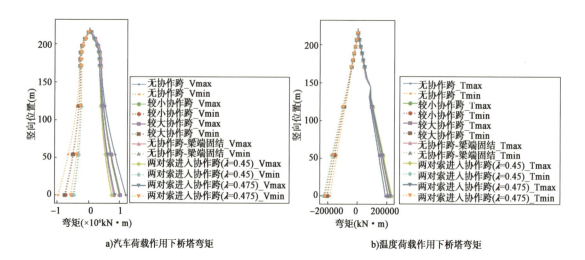

a) 汽车荷载作用下桥塔弯矩   b) 温度荷载作用下桥塔弯矩

图 3.3-15　不同协作跨跨径及尾索布置下桥塔弯矩包络图

活载和温度最不利组合下，主梁峰值弯矩和桥塔塔根最大弯矩协作跨变化及尾索布置变化分别如图 3.3-16 和图 3.3-17 所示。

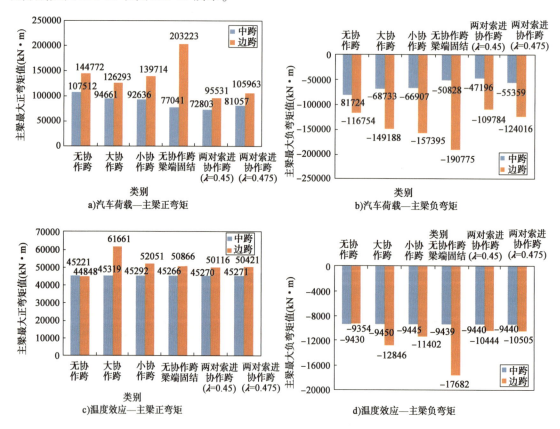

图 3.3-16　不同协作跨及尾索布置主梁活载及温度最不利组合弯矩

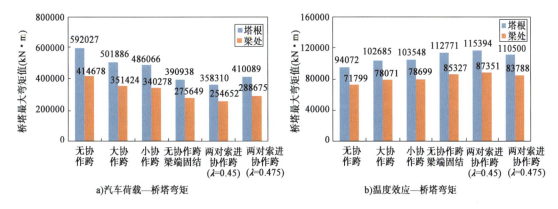

图 3.3-17 不同协作跨及尾索布置桥塔活载及温度最不利组合弯矩

不同协作跨跨径布置下主梁和桥塔受力主要结论如下：

(1)对于中跨正弯矩峰值,分别加入 80m 和 40m 协作跨后,在汽车荷载作用下分别减少了 12% 和 14%,在温度效应下均变化很小。

(2)对于中跨负弯矩峰值(绝对值),分别加入 80m 和 40m 协作跨后,在汽车荷载作用下分别减少了 16% 和 18%,在温度效应下均变化很小。

(3)对于边跨正弯矩峰值,分别加入 80m 和 40m 协作跨后,在汽车荷载作用下,分别减少了 13% 和 3%,在温度效应下分别增加了 37% 和 16%,但弯矩峰值已经转移到边墩处;汽车荷载作用与温度效应之和分别增加和减少 1% 左右,几乎没有变化。

(4)对于边跨负弯矩峰值(绝对值),分别加入 80m 和 40m 协作跨后,在汽车荷载作用下分别增加了 28% 和 35%,在温度效应下分别增加了 37% 和 22%,但弯矩峰值已经转移到边墩处;汽车荷载作用与温度效应之和分别增加了 28% 和 34%。

(5)对于桥塔塔根最大弯矩,分别加入 80m 和 40m 协作跨后,在汽车荷载作用下分别减少了 15% 和 18%,在温度效应下分别增加了 9% 和 10%;汽车荷载作用与温度效应之和分别增加了 12% 和 14%。

以上现象表明,在边中跨比达到 0.5 且无法设置辅助墩的情况下,设置协作跨可以减小主梁中跨正负弯矩峰值,但主梁边跨正负弯矩峰值转移至边墩处并有所增加;设置协作跨可以减小桥塔最大弯矩值。因此,设置协作跨对于主梁的中跨和边跨各有利弊,当协作跨与斜拉桥主梁相同,采用造价相对较高的钢梁时,设置协作跨后主梁难以直接获得经济上的好处,主要依靠桥塔与基础在受力改善后对造价的减少作用;当协作跨跨径(约在 70m 以下)适合采用较为经济的混凝土结构时,可以向有索区延伸一段,大约 100m,主梁采用预应力混凝土梁,以降低主梁造价。此外,在合理的跨径范围,协作跨的大小对结构受力影响变化并不显著,可以根据工程实际情况合理选择协作跨的跨径。因此,当地质条件较差、基础造价较高以及需要优化桥塔受力时,可以采用设置协作跨的方法,以从总体上提高斜拉桥的经济性。当然,设置协作跨不能仅从结构受力及工程造价考虑,设置协作跨可以显著降低梁端竖向转角和水平向转角。对于大跨径斜拉桥,可以改善大位移伸缩缝工作条件,提高其使用寿命。

不同边中跨比及协作跨布置下主梁和桥塔受力主要结论如下：

(1)对于中跨正弯矩峰值,边中跨分别减小至 0.475 和 0.45、两对索进入协作跨后,在汽车荷载作用下分别减少了 25% 和 32%，在温度效应下均变化很小；汽车荷载作用与温度效应之和分别减少了 17% 和 23%。

（2）对于中跨负弯矩峰值（绝对值），边中跨分别减小至 0.475 和 0.45、两对索进入协作跨后，在汽车荷载作用下分别减少了 32% 和 44%，在温度效应下均变化很小；汽车荷载作用与温度效应之和分别减少了 29% 和 38%。

（3）对于边跨正弯矩峰值，边中跨分别减小至 0.475 和 0.45、两对索进入协作跨后，在汽车荷载作用下，分别减少了 27% 和 34%，在温度效应下分别增加了 12% 和 11%，但弯矩峰值已经转移到边墩处；汽车荷载作用与温度效应之和分别减少了 18% 和 23%。

（4）对于边跨负弯矩峰值（绝对值），边中跨分别减小至 0.475 和 0.45、两对索进入协作跨后，在汽车荷载作用下分别增加了 6% 和减少了 6%，在温度效应下分别增加了 12% 和 11%，但弯矩峰值已经转移到边墩处；汽车荷载作用与温度效应之和分别增加了 7% 和减少 5%。

（5）对于桥塔塔根最大弯矩，边中跨分别减小至 0.475 和 0.45、两对索进入协作跨后，在汽车荷载作用下分别减少了 31% 和 39%，在温度效应下分别增加了 17% 和 23%；汽车荷载作用与温度效应之和分别减少了 24% 和 31%。

以上现象表明，斜拉桥边中跨比达到或接近 0.5 的较大值时，结构体系刚度相对较低，虽然设置协作跨可以提升斜拉桥体系刚度，但和设置辅助墩相比，设置协作跨提升斜拉桥体系刚度的效率较低。在条件允许时，尽可能使边中跨比小于 0.5、同时设置协作跨，这样可以使部分边跨尾部斜拉索锚固在协作跨上，可以实现更大程度地改善斜拉桥体系刚度的目的。

当一座双塔斜拉桥考虑通航等条件确定最小主跨和边墩位置，边中跨比接近 0.5 时，首先应该考虑设置协作跨以提高斜拉桥体系刚度，从而改善斜拉桥结构受力。总体来看，一般桥梁的引桥或非通航孔桥跨径都可以适应协作跨的跨径要求，除非遇到特殊情况，目前一些跨海桥梁的非通航孔桥跨径在 60~100m 左右，一般河道上桥梁的引桥跨径相对要小，不少在 50m 左右。按照这样的跨径范围设置斜拉桥的协作跨，根据以上分析结果，可以取得较好地提高斜拉桥体系刚度的作用。另外，协作跨主梁通常要与斜拉桥主梁相匹配，当为钢箱梁、钢桁梁时，可以适应 100m 及以上跨径布置要求；当为组合钢板梁、混凝土梁时，对跨径的适应能力相对较弱，除非采用变高度梁，一般不超过 100m、宜控制在 80m 以下。

双塔斜拉桥边中跨比过大，除了设置协作跨外，还应该从总体布置出发，在条件允许的情况下，适当增加斜拉桥主跨跨径或者采用高低桥塔方案，通过调整斜拉桥的跨径和结构布置，达到提升斜拉桥体系刚度、改善结构受力的目的。

对于前一种增加斜拉桥主跨跨径的方法，如斜拉桥主跨跨越通航孔，确定了其最小跨径，一侧或两侧边跨因为设置副通航孔或跨越大堤等，确定了最小距离，导致边中跨比接近 0.5，甚至超过 0.5 时，可以采用加大斜拉桥主跨跨径的措施，相应减小边跨跨径，从而使斜拉桥的边中跨比趋于合理，桥式布置如图 3.3-18 所示。一般情况下增加斜拉桥主跨跨径会增加造价，但结构受力的改善可以降低造价，因此有必要进行技术经济比选，择优选用。

对于后一种采用高低塔的方法，如在斜拉桥的一侧边跨布跨较为自由，甚至可以设置辅助墩，另一侧边跨受到限制，不能减小跨径、也不能设置辅助墩，在这一情况下，可以考虑采用高低塔的斜拉桥方案，在斜拉桥主跨跨径不变，主梁总长基本不变且两座桥塔高度增减相当的情况下，使得斜拉桥的体系刚度得到提高、结构受力得到改善，桥式布置如图 3.3-19 所示。

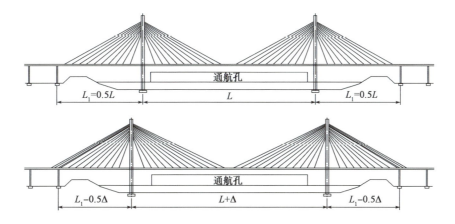

图 3.3-18　斜拉桥加大主跨跨径布置示意

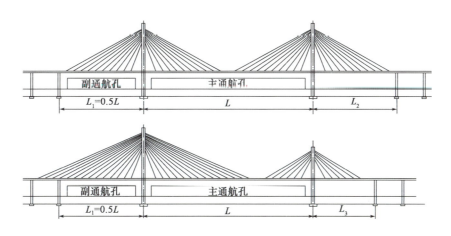

图 3.3-19　斜拉桥高低塔布置示意

3.3.5　塔跨比

桥塔在高度范围可以分为两部分,桥面以下部分的高度由通航和地形地貌等条件决定,桥面以上部分的高度需要根据结构性能、工程造价等做出合理选择。桥面以上有效高度是斜拉桥整体高度的控制因素。塔高太小会降低斜拉索的倾角,影响斜拉索的支承效率;塔高太大则会增加桥塔的材料用量,同时增加施工难度。此外,塔高还对斜拉桥结构所承受的风荷载以及主梁的受力稳定等,有着重要影响。因此,合理的桥塔高度应该由经济比较确定。所谓塔跨比,就是桥面以上塔的有效高度与斜拉桥跨径之比,已有斜拉桥的统计资料表明,对于典型的双塔三跨自锚式斜拉桥,桥塔的高跨比一般为 $1/6 \sim 1/4$,平均值在 $1/5$。

Leonhardt 教授分别对竖琴形和扇形斜拉桥(假定边主跨比为 0.4)的斜拉索用钢量与桥塔高跨比的关系进行了理论推导,认为当桥塔高跨比分别为 $1/2$、$\sqrt{3}/6$ 时的斜拉索用钢量最小(图 3.3-20)。进一步考虑桥塔高度与工程造价的关系,估算出高跨比为 $0.16 \sim 0.22$,是比较经济的范围。

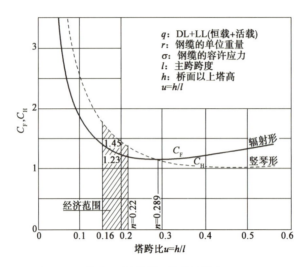

图 3.3-20 塔跨比对斜拉桥经济性的影响（Leonhardt）

Gimsing 教授以斜拉桥在竖向荷载作用下的力学性能与工程造价指标为研究目的，开展了比较系统的参数分析，论证了桥塔高跨比的变化对工程造价的影响。具体研究结果如图 3.3-21 所示。

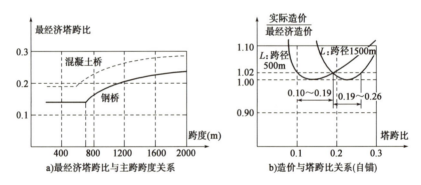

图 3.3-21 塔跨比对斜拉桥经济性影响（Gimsing）

从图 3.3-21a) 可以看出，在斜拉桥跨径较小时，斜拉桥造价最经济的塔跨比几乎保持不变，但混凝土斜拉桥和钢斜拉桥有所不同；主跨 550m 以下的混凝土斜拉桥为 0.19，主跨 700m 以下跨径的钢斜拉桥为 0.14。随着斜拉桥跨径的增加，无论混凝土斜拉桥还是钢斜拉桥，最经济的塔跨比都逐步增大。以上结论是在一定条件下得到的最优塔跨比理论值，塔跨比在理论最优值附近波动的影响如图 3.3-21b) 所示。从图中可见，塔跨比偏离最优值一定范围对工程造价的影响相对较小；对于主跨 500m 的混凝土斜拉桥，当塔跨比在 0.1~0.19 时，工程造价较最优值增加仅在 2% 以内；对于主跨 1500m 的钢斜拉桥，当塔跨比在 0.19~0.26 时，工程造价较最优值增加同样在 2% 以内；由此，我们可以看到斜拉桥塔跨比的选择具有较大的自由度。Gimsing 教授的研究给出了两种条件下的结论，即塔和梁全为混凝土结构以及塔和梁全为钢结构。对于采用混凝土塔和组合梁的斜拉桥，定性地判断其最优塔跨比应该介于上述两种情况之间。

《公路斜拉桥设计规范》（JTG/T 3365-01—2020）根据大量已建桥梁的实际使用情况，对于双塔、多塔斜拉桥，桥面以上桥塔高度与主跨跨径之比建议为 1/6～1/4，独塔斜拉桥塔高通过外索控制，桥面以上高度与主跨跨径之比建议为 1/3.7～1/2.7，外索的水平倾角不宜小于 22°。该规范给出的塔跨比适用于 800m 以下的公路斜拉桥，并且没有对桥塔和主梁的材料进行区分。

塔跨比作为斜拉桥重要设计参数，受到各种因素的影响，不仅要考虑成桥状态和运营状态下塔、梁、索及基础等受力的合理性，还要考虑主梁的静力稳定性、极限静风荷载作用以及抗风抗震要求。斜拉桥的跨径大小、桥址风环境情况和地震烈度等基本条件的变化，都将对塔跨比的选择产生影响。在内陆风速较小地区，斜拉桥的塔跨比可以根据成桥状态及运营状态的结构受力合理性进行选择，通常采用相对较高的桥塔；在沿海强风环境下，桥塔和斜拉索风荷载所占比例较大，往往成为不可忽视的控制因素，特别是大跨径斜拉桥，无车时的极限风荷载作用，将成为桥塔及其基础，甚至主梁的直接控制荷载，此时宜尽量降低桥塔高度以减小风载。对于超大跨径斜拉桥，随着塔跨比减小，主梁的静力稳定性降低，塔跨比应综合考虑各种因素后确定。

桥塔高度变化对纵向风响应影响显著，对横向风响应影响不大。对于桥塔纵向受力而言，桥塔和斜拉索上的风荷载在总量中占有绝对多的比例，随着塔跨比的减少，直接降低了桥塔上的风荷载，同时斜拉索的立面投影长度也将减少，即使索的直径略有增加，索上风荷载总效应也将大为降低。对于桥塔横向受力而言，在横向风作用下，斜拉索的风荷载所占比例最大，其次为主梁的风荷载，而桥塔上的风荷载在总的贡献中占比较小，而减小塔高虽然可以减少索长，但索的直径有所增加，索上风荷载总效应变化不大。因此，斜拉索、主梁及桥塔上风荷载的总效应，在塔跨比变化的情况下对斜拉桥横向风响应影响较小。

对于特大跨径斜拉桥，主梁的静力稳定问题有可能成为控制因素。一般而言，钢箱梁、钢桁梁等轻质高强材料的主梁，从结构静力稳定的角度看，可以适应更大的跨径。已经建成的千米级钢箱梁和钢桁梁斜拉桥表明，斜拉桥在满足运营受力和抗风稳定的情况下，结构静力稳定不会成为重要控制因素。但对于结构自重相对较大的组合梁，结构静力稳定有可能控制梁高的取值，有关组合钢箱梁斜拉桥的研究表明，如果以静力稳定安全系数不小于 4 为控制标准，在跨径达到 900m 及以上，塔跨比为 0.19，六车道高速公路标准桥宽条件下，采用 3m 梁高的组合钢箱梁不能满足要求，此时要么加大梁高、要么增加塔高。加大梁高将会引起主梁所承受的风荷载增加，除了对主梁产生直接影响外，必然导致下塔柱及桥塔基础受力增加。在此情况下，适当增加塔高，甚至更密集地布置斜拉索，可以减小恒载状态下主梁所承担的轴向力，从而提高主梁的静力稳定安全系数，也就是说可以选用迎风面积更小的梁高。由此可见，随着斜拉桥跨径的增加，斜拉桥塔跨比的选择所面临的制约因素更加复杂，不能一概而论，需要考虑斜拉桥的结构形式、桥址风场情况以及地基承载能力等多种条件，综合比选确定。

3.3.6 索距布置

斜拉桥在梁上和塔上的索距布置，对斜拉桥的力学性能有很大影响，并且主梁的材料形式不同，影响有所不同。斜拉索在桥塔上的索距布置主要受锚固结构与构造、张拉空间以及锚固区桥塔结构受力等条件控制，在塔高确定的情况下原则上斜拉索尽可能靠上布置,主要考虑锚固方式的选择,一旦确定了锚固方式,索距的变化和选择余地不大。斜拉索布置主要考虑梁上的索距布置,斜拉索在梁上的索距大小,不仅关系到主梁恒载和运营状态的受力合理性,也关系到主梁的安装起吊能力需求和安装过程的受力安全。

根据不同形式主梁的受力特性和工程实践经验,混凝土梁的梁上索距一般为 6~8m,组合梁的梁上索距一般为 8~15m,钢箱梁的梁上索距一般为 12~20m。总体而言,在斜拉桥边跨斜拉索得到合理布置的情况下,主梁的索距在合理的范围内波动,索距大小对斜拉桥运营阶段的总体受力,包括主梁和桥塔的受力,并无太大的影响。随着索距的加大,单索索力增加,将对斜拉索的锚固形式选择和构造要求产生影响,但除非过大的索距导致过大的索力,对于现代密索体系斜拉桥而言,拉索锚固构造一般不会成为控制索距的决定因素。

梁上索距的大小与主梁的安装施工关系密切,节段在起吊安装时作为外荷载施加到已成梁上,并在距离悬臂端 3~5 个索距范围内出现负弯矩峰值,有可能控制主梁安装阶段的受力,较大的索距必然导致较大的节段重量,将使上述峰值更大。显然,不同材料的主梁以及不同的施工方法,影响程度和范围有所不同。

混凝土梁结构自重大,抗拉能力弱。无论是节段预制拼装还是现浇,为解决主梁施工过程的拉应力问题,通常都要配置一定数量的预应力。除此而外,还有采取一个索距梁段分为两个节段的方法,以减轻节段及梁上吊机的重量;比如 7m 索距的梁段分为两个 3.5m 的预制节段。对于采用现浇的施工方法,采用前支点挂篮通过提前安装前端斜拉索的方法,辅助挂篮受力、减小已成梁段的弯矩,可以允许采用相对较大的索距,以加快进度。混凝土梁因为施工受力需要配置的预应力,在成桥运营阶段会产生副作用,在近塔段预应力的存在有可能导致梁体压应力超过允许值,斜拉桥跨径较大时为了控制近塔段主梁的压应力,还需要拆除施工阶段设置的预应力。

钢箱梁结构自重轻,抗拉压能力强。钢箱梁安装施工时,主梁的受力一般不会存在问题,但是较大的索距使相应较大的节段质量增加,架梁起重机的反力将使已成梁段的前端发生较大的横向变形,该变形与待安装梁段的匹配端口变形并不一致,过大的变形差会导致拼接困难。为了保证拼接精度与质量,有时甚至需要在待拼装梁段设置反力架,用于调节变形、实现精确匹配。

组合梁的结构自重与力学性能介于混凝土梁和钢箱梁之间。组合梁施工可分为两种情况,一是钢梁与桥面板组合后形成整体节段,再进行起吊拼装施工;二是先拼装钢梁节段,再安装桥面板并现浇接缝混凝土与钢梁结合。采用整体式组合梁节段的安装施工方法时,情况介于混凝土梁和钢箱梁之间,其节段质量指标大致为混凝土梁的 1/2、钢箱梁的 2 倍,其合理的索距(相应的节段长度)也介于两者之间;索距可以大于混凝土梁,但过大将导致已成梁段组合梁桥面板的受力问题。采用先钢梁后桥面板的安装施工方法时,较轻的钢梁先行安装并挂设前端斜拉索,再安装桥面板完成两者结合工序,已成梁段的受力一般不会控制施工,但新安装的纯钢梁节段的受力将成为控制因素,过大的索距将导致新安装钢梁需要特别地加强,将成为不经济的选择,因此也不宜选用过大的索距。

除了考虑主梁施工期间其自身受力外,还需要考虑安装期间桥塔的受力,甚至斜拉索的受力也是控制因素。国内规范规定斜拉桥在安装过程中需要检算不平衡荷载工况,这往往会成为桥塔受力的控制因素,有可能对节段长度(与索距关联)产生影响。

梁上索距的大小还与斜拉索所承受的风荷载关系密切,当斜拉索索距增加时,索数会减少,此时,虽然单索直径会增加,但总的迎风面积将减少。由于斜拉索的风荷载在斜拉桥所受风荷载的占比较高,并且随着斜拉桥跨径的增加愈加明显,所以在沿海强风环境中采用较大的索距是有利的;另外,较大的索距可以缩短工期,一方面可以通过合理安排工期避开台风期,另一方面可以降低工程造价。

斜拉索在塔上的索距布置也是不容忽视的。特别是对于大跨径斜拉桥,在塔跨比一定的情况下,塔上索距在工程可行的范围内波动,将影响索力、主梁轴力、结构位移、静风荷载以及结构静力稳定等。有关研究表明,在塔跨比不变的情况下,选用合适的锚固结构并减小塔上索距,在塔高不变的情况下,将斜拉索尽可能向上布置,可以使主梁近塔区的恒载轴向力减少10%以上,使主梁面内一阶屈曲弹性稳定系数提高近10%。

3.4 双塔斜拉桥

3.4.1 主要技术特点

双塔斜拉桥是斜拉桥总体布置中最常见的形式,其主跨大小可根据河流水文、通航要求、桥位处的地形、地质和施工条件等综合确定。由于它的主孔跨越能力较大,适用于跨越需求较大的海峡、河流和沟谷,从简化设计、方便施工的角度出发,双塔斜拉桥一般布置成对称结构,特殊情况下也可以采用两个边跨不相等的非对称结构。

与独塔斜拉桥相比,双塔斜拉桥的跨越能力要更强,一般是独塔斜拉桥的两倍,因此其适用范围更广,从百米级到千米以上跨径范围均有应用;而与多塔斜拉桥相比,由于不存在中塔刚度问题,通过边中跨比的合理选择以及端部锚索的设置,可以获得满意的结构刚度;并且双塔的布置符合传统审美的观念,因此双塔斜拉桥成为斜拉桥体系中的经典桥型。

双塔双索面斜拉桥的双索面拉索能够分担主梁较大部分的扭矩,尤其是空间双索面对抵抗风致振动特别有利,在大跨径桥梁中应用较广。与双索面布置相适应,其主梁可采用双边主梁结构、双边箱结构、分体箱结构、整箱结构以及桁架梁结构,适应范围较广。

采用双塔单索面斜拉桥时,要求主梁具有较大的抗扭刚度,一般适用于抗扭能力较大的箱形主梁斜拉桥或桁架梁斜拉桥,对于中小跨径桥梁也可采用中心箱带大挑臂的脊骨梁。

对于宽幅桥梁,可通过增加索面的方式改善横向受力。对于双塔多索面斜拉桥,最常见的是三索面及四索面的布置形式,其截面可采用开口截面、箱形截面以及桁架截面。

3.4.2 双塔双索面斜拉桥

1)钢板梁/组合钢板梁斜拉桥

最早出现的双塔双索面斜拉桥是由 Dischinger 设计并于1956年建成的主跨183m的瑞

典 Strömsund 桥(图 3.4-1),是现代斜拉桥的标志性工程。Strömsund 桥主梁采用开口的钢板梁,梁高 3.25m,斜拉索采用扇形布置,梁上索距为 35m 左右,塔上集中锚固于顶部,是典型的稀索体系斜拉桥,如 3.4-2 所示。该桥采用混凝土桥面板作为行车道板,行车道板与主纵梁受力上相互独立。

图 3.4-1　瑞典 Strömsund 桥

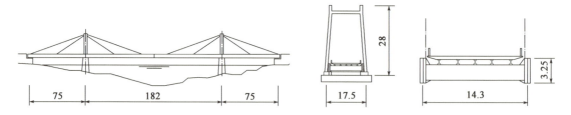

图 3.4-2　Strömsund 桥总体布置(尺寸单位:m)

正交异性钢桥面板的发展对现代斜拉桥的成功建设具有重要意义。直到第二次世界大战之前,行车道板与主纵梁等各构件相互独立,无法共同参与受力,正交异性钢桥面板的出现改变了这一现状,它最早的应用出现在悬索桥当中,随后将这种结构又被引入斜拉桥当中,其中 Düsseldorf North 桥(图 3.4-3)采用双塔斜拉桥结构,跨径组合为 108m + 260m + 108m,边中跨比约为 0.4,采用稀索体系,桥宽 26.6m,双主梁间距为 17.6m,施工方法为平衡悬臂施工,该桥的总体布置、截面形式以及施工方法为开口截面主梁斜拉桥的发展奠定了基础。

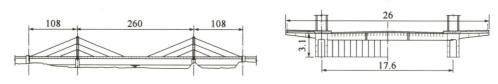

图 3.4-3　Düsseldorf North 桥总体布置(尺寸单位:m)

1956 年联邦德国建成了第一座采用组合梁的斜拉桥—Büchenau 桥,虽然跨径仅 59m,但对组合梁斜拉桥的发展具有重要意义。经过一段时间的探索,到 20 世纪 70 年代末开始了大跨径组合梁斜拉桥建设的新时代,并对钢主梁斜拉形成了挑战。

组合梁用于斜拉桥,其最大优势在于能够充分发挥混凝土的抗压性能。1980 年联邦德国的 Leonhardt 教授在美国佛罗里达州的 Sunshine Skyway 桥设计竞赛中,首次提出了组合梁斜拉桥方案，尽管没有被选为实施方案，但其设计理念随后被用于加拿大的 Annacis 桥。该主跨 465m 的大桥建成于 1986 年，一段时间内保持了组合梁斜拉桥最大跨径纪录，跨径布置为 50m+182.75m+465m+182.75m+50m，如图 3.4-4 所示。Annacis 桥在温哥华跨越 Fraser 河，桥面设计为双向 6 车道+人行道，桥宽 32m。主梁采用钢-混组合钢板梁，由两片工字形钢纵梁，纵向以一定间距设置的钢横梁以及混凝土桥面板组成。斜拉索采用扇形密索系布置，标准索距为 9.0m，最外部分和最内部分的索距稍有变化，为 8.0～13.5m，全桥共 192 根斜拉索。这座斜拉桥的斜拉索在梁上锚固有所突破，采用锚拉板结构直接锚于钢主梁腹板上。

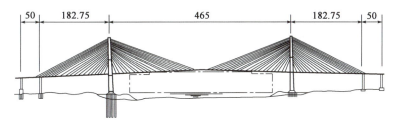

图 3.4-4　Annacis 桥立面布置(尺寸单位：m)

从 Annacis 桥的桥式布置上可以看出，全部边跨长度与中跨长度之比约为 0.5，有索区边跨长度与中跨长度之比约为 0.4，并且边跨斜拉索在辅助墩顶内外两侧密集布置。这种边跨跨径及斜拉索的布置方式，一方面有利于结构整体的受力性能，另一方面可减少边墩及辅助墩压重需求。在辅助墩附近密集布置斜拉索是要充分发挥尾索效应，跨墩顶两侧布置斜拉索可以在中跨加载时，利用墩顶两侧斜拉索的相互平衡作用，减小墩顶梁体转角和位移，更进一步发挥尾索提高体系刚度的能力，也改善边跨辅助墩顶附近主梁的受力状态。

Annacis 桥之后，上海的南浦大桥(图 3.4-5)开始建设，并于 1991 年 12 月建成通车。大桥位于南码头渡口，水上交通繁忙，因此采用一跨过江的斜拉桥方案。南浦大桥斜拉桥跨径布置为 40.5m+76.5m+94.5m+423m+94.5m+76.5m+40.5m，如图 3.4-6 所示，桥面全宽 30.51m，其中 6 车道行车道宽 23.45m，设双向 2% 的横坡，主桥两侧各设 2m 宽的人行道。

图 3.4-5　上海南浦大桥

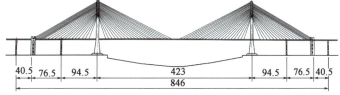

图 3.4-6　南浦大桥立面布置(尺寸单位：m)

南浦大桥的桥塔均设置在浦江岸边，桥塔高度为 150m，为钢筋混凝土花瓶形塔柱，斜拉索采用双索面布置，其中梁上标准索距为 9m，边跨局部段加密至 4.5m，塔上索距为 2m，塔柱每侧索面各有 22 对斜拉索，在塔柱中央设置了一对垂直拉索代替梁下竖向支承，使全桥梁体在纵向成为全飘浮体系。斜拉桥主梁采用组合钢板梁，截面布置和 Annacis 桥基本一致，但斜拉索在梁上的锚固采用钢锚箱锚于钢纵梁的腹板上。从南浦大桥跨径布置上看，边跨长度与中跨长度之比约为 0.4，其间设有辅助墩一座，斜拉索在近边墩一段范围加密布置，为了保持成桥的合理线型与受力状态，在索距加密段进行了压重，除此而外，为了避免运营阶段边墩出现负反力,采用了 40.5m 简支跨作为压重。

2011 年 5 月建成通车的美国约翰詹姆斯奥杜邦大桥(图 3.4-7)主桥是一座双塔斜拉桥,为双向 4 车道公路桥梁,桥梁宽度为 23.2m,全长为 970m,跨径布置为 48.5m + 195.5m + 482.5m + 195.5m + 48.5m,如图 3.4-8 所示。

图 3.4-7　美国约翰詹姆斯奥杜邦大桥

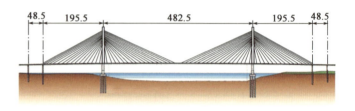
图 3.4-8　约翰詹姆斯奥杜邦大桥立面布置(尺寸单位:m)

全桥共计 136 根斜拉索,采用平行钢丝索,近似扇形布置,梁上索距为 13.9m。主梁采用钢-混组合梁,标准宽度为 23.2m,在中跨一半长度范围内,主梁边缘增加了风嘴装置,桥面宽度为 25.9m。

约翰詹姆斯奥杜邦大桥的桥式布置和 Annacis 桥类似,只是具体的跨径大小不同,全部边跨长度与中跨长度之比约为 0.5,有索区边跨长度与中跨长度之比约为 0.4,并且边跨斜拉索在辅助墩顶内外两侧密集布置。大桥采用 H 形混凝土桥塔,斜拉索采用垂直的索面布置。前述的 Annacis 桥和南浦大桥也都是类似于这种塔形和索面的布置,在 500m 的跨径范围内,这种组合钢板梁的斜拉桥抗风问题可以得到解决,即使在风速较高地区,主梁设置风嘴等气动措施后也可满足抗风要求,但要满足更大跨径斜拉桥抗风要求,需要采取更多的结构与气动措施。

上海在南浦大桥之后,紧接着进行杨浦大桥的建设,并于 1993 年 10 月通车(图 3.4-9)。斜拉桥为双塔双索面组合梁斜拉桥,全长 1172m,跨径布置为 40m(连接跨) + 99m + 144m + 602m + 144m + 99m + 44m(连接跨),如图 3.4-10 所示。大桥桥宽 30.35m,采用钻石形混凝土桥塔,塔高 216m,桥塔每侧设置 32 对斜拉索,最长斜拉索长度为 330m,由 313 根直径 7mm 的高强度钢丝组成。

图 3.4-9　上海杨浦大桥

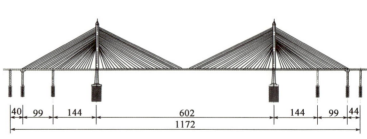
图 3.4-10　杨浦大桥立面布置(尺寸单位:m)

组合梁的钢梁由两片箱形钢纵梁和横梁组成,桥面板采用预制板,梁上索距9m。

杨浦大桥的边跨布置和南浦大桥思路基本一致,边跨长度与中跨长度之比约为0.4,其间设有辅助墩一座,但斜拉索在边墩墩顶密集布置,为了避免运营阶段边墩出现负反力,采用了40m/44m简支跨作为压重。此外,与前述几座斜拉桥不同,其桥塔采用菱形桥塔(桥面以上为倒Y形),相应斜拉索布置为空间索面,在主梁边缘设置了风嘴装置,采用这种布置方式主要为解决抗风问题。钢梁为纵横梁体系的组合梁自身抗扭能力较弱,在斜拉桥跨径达到600m以上后,除了主梁采用气动措施外,还需要采取空间索面的布置方式,才能满足大桥的抗风要求。

杨浦大桥之后,另一座突破600m跨径的组合梁斜拉桥是青州闽江大桥(图3.4-11),大桥位于福州市马尾区与长乐市之间,于2001年通车。大桥为双塔双索面斜拉桥,跨径布置为41.13m+250m+605m+250m+40.21m+9.79m,边跨与主跨比为0.48,比常规0.3~0.45偏大,为此在边跨290m范围内设置辅助墩,对改善桥塔受力、结构刚度和施工都极有利,总布置如图3.4-12所示。

图3.4-11　福建青州闽江大桥　　　　　图3.4-12　青州闽江大桥立面布置(尺寸单位:m)

该桥主梁由钢纵横梁与混凝土桥面板结合而成,桥梁全宽29m。桥塔采用菱形结构,斜拉索为空间索面布置,立面为近似扇形布置,梁上索距为13.5m。

目前为止,开口截面斜拉桥的最大跨径在700m以内,在这一跨径范围内,结构的静动力性能相对容易得到满足。然而,对于更大跨径的斜拉桥,情况则会不同。从桥式布置上看,辅助墩有着不可忽视的作用,在活载作用下锚墩支座反力和端锚索应力变化较大,单靠调整边中跨比来协调往往是不够的,设置一个或多个辅助墩,不仅可以改善成桥状态下的静、动力性能,同时还可使边跨提前合龙,降低最不利悬臂施工状态的抗风要求和施工风险。

上述几座双塔斜拉桥桥跨都是采用对称布置的工程实例,根据桥梁所处的环境,斜拉桥可以采用非对称的布置方式,既可以采用等高双塔、不等边跨的布置,也可以采用不等高双塔、不等边跨的布置。美国跨越Ohio河的US Grant大桥就是因地制宜采用不对称布置的一例。US Grant大桥原先为悬索桥结构,主跨跨径为213.4m,边跨跨径为106.7m。经过近80年的运营,原先桥梁开始出现功能性衰退,于2002年予以拆除。US Grant大桥为双塔三跨组合梁斜拉桥,桥梁全长513.6m,其中主跨跨径为266.7m,两边跨布置不对称,跨径分别为140.2m和106.7m,如图3.4-13和图3.4-14所示。斜拉索在梁上的标准索距为15.24m。桥塔采用单柱形塔柱,桥面以上高度为57.9m。主梁采用组合钢板梁,全宽约为22m。桥塔支承在11m×11m的桩基础承台上,承台下设置4根直径3m的钻孔灌注桩。

图 3.4-13　美国新建 US Grant 斜拉桥

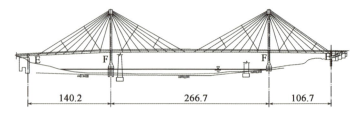

图 3.4-14　US Grant 斜拉桥立面布置(尺寸单位:m)

该桥的一侧边跨与中跨之比达到了 0.526、超过了 0.5,另一侧边跨与中跨之比约为 0.4。从桥式布置看,如果采用高低塔的布置形式会更加合理,但考虑到主跨仅有 266.7m,不合理的边中跨比并不会对结构受力等造成太大的影响,而采用等高的桥塔布置,不仅桥塔自身结构统一,还可以使大部分的主梁和斜拉索对称统一。

2)钢箱梁/组合钢箱梁斜拉桥

从箱形主梁的截面形式和承载性能看,采用箱形主梁的双塔双索面斜拉桥的桥式布置,总体受力更合理。箱形主梁具有优越的抗扭性能以及承受压力和弯曲作用的能力,这使得斜拉桥抗风问题容易得到解决,辅助墩顶等处的主梁适当加强可以承受更大的正负弯矩作用。此外,箱形主梁的构造使得需要设置压重时,可以方便地在箱内浇筑混凝土来实现。这些特点使设计者在必要时不再受制于主梁局部区域的受力问题,而是更多地关注结构总体受力性能。

椒江二桥是一座采用组合钢箱梁的斜拉桥,大桥位于台州市,在椒江口跨越椒江,全桥长 1395m,2014 年 8 月通车,如图 3.4-15 所示。主桥为双塔双索面斜拉桥,跨径布置为 70m + 140m + 480m + 140m + 70m = 900m,边跨各设 1 个辅助墩,桥塔为钻石形混凝土结构,主桥总体布置如图 3.4-16 所示。

图 3.4-15　台州椒江二桥

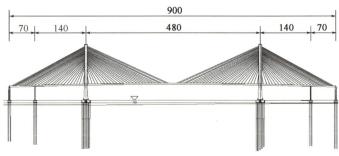

图 3.4-16　椒江二桥立面布置(尺寸单位:m)

椒江二桥推出了双边箱组合钢箱梁,梁顶宽 39.6m、含风嘴全宽 42.5m,中心线处梁高 3.5m。这种梁型兼顾了结构受力与抗风的要求,并且其混凝土桥面板仅设于两侧索锚区以内的范围,两侧人行道和风嘴相结合处均采用全钢结构桥面板。该斜拉桥跨径布置的边中跨比为 0.4375,属于比较合理的范围;在 70m 的边跨范围斜拉索间距加密,这是由于相对较小的跨径和较大的主梁刚度,可以较好地发挥尾索效应。尽管该桥所处的风环境比东海大桥更为恶劣,但空间双索面布置及抗扭能力较好的双边箱组合梁,可以使该桥的抗风不会成为控制因素。

2015 年建成通车的西班牙 La Pepa 桥的主桥,是一座别具特色的双塔组合钢箱梁斜拉桥,跨径布置为120m+200m+540m+200m+120m=1180m,如图3.4-17所示。

组合钢箱梁的扁平截面外形呈近似梯形,桥面宽度为34.20m、梁高3.0m,桥面设有双向4车道公路和双线电车轨道。桥塔采用钢筋混凝土结构,桥面以上呈倒Y形。主梁采用悬臂节段拼装施工,吊装节段长20m,如图3.4-18所示。

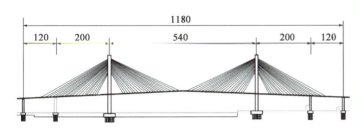

图3.4-17 La Pepa大桥立面布置(尺寸单位:m)

图3.4-18 建设中的La Pepa大桥

为保证结构的抗风稳定性,主梁不是简单依靠增加底板宽度或梁体高度,而是尽可能使主梁轻盈、纤细,采用了梁高3.0m的组合钢箱梁,最外边缘采用圆弧线形。由于主梁截面两端高度很小,在中间设置两道竖腹板以满足受力要求。扁平流线型的主梁再加上空间索面布置,使斜拉桥具有足够的抗风能力。

La Pepa大桥的桥式布置和前述三座斜拉桥有所不同,边中跨的斜拉索呈对称布置,120m边跨有半跨为无索区,边中跨之比达到约0.6。此外,斜拉索在桥塔附近无索区较长,使得全桥斜拉索在立面呈现为4个近似三角形,与桥塔的横向三角形造型相互呼应,构成全桥非常新颖的建筑形式。这样的结构布置方式有利于主梁节段的标准化,可以降低或避免边墩和辅助墩的压重需求,缺点是结构的整体性能并没有达到最优状态。反过来也说明,实际工程需要考虑的因素很多,不可能每一项都能实现最优化,可以结合具体的情况进行取舍。

钢箱梁斜拉桥因承载能力高、抗风性能优越,在超大跨径斜拉桥设计中经常被采用。根据截面布置的不同主要分为整体式钢箱斜拉桥及分体式钢箱斜拉桥。流线型整体式钢箱常用于超大跨径斜拉桥,国内第一座流线扁平型封闭钢箱梁为2001年建成的南京长江二桥,跨径布置为58.5m+246.5m+628m+246.5m+58.5m,单侧各设置一个辅助墩,主桥桥宽38.2m,高3.5m,采用双向6车道布置,斜拉索采用空间双索面扇形索布置,斜拉索在塔柱上的锚固间距为1.75~2.5m,在梁上的锚固间距,标准梁段为15m,塔下无索区为2×21.5m,辅助跨锚索间距为12m,桥塔采用两个196m高的钻石形混凝土结构。

韩国仁川大桥主桥为主跨800m的双塔双索面五跨连续半飘浮斜拉桥(图3.4-19),跨径布置为80m+260m+800m+260m+80m,桥面总宽33.4m,双向6车道,桥塔为倒Y形混凝土桥塔,塔高约240m,下塔柱内收以减小基础尺寸,边跨辅助墩及边墩分别配置了两根预应力索以抵抗拉力,主梁采用宽高比为12的流线型扁平钢箱梁,梁高3m,全宽36.1m。

国内江苏苏通大桥主航道桥(图3.4-20),采用双塔双索面斜拉桥,跨径布置为100m+100m+300m+1088m+300m+100m+100m=2088m,边跨布置两个辅助墩,大桥采用双向6车道高速公路标准,主梁为扁平流线型钢箱梁,含风嘴全宽41.0m,梁高4.0m,桥塔采用混凝土结构,塔高约300m,呈倒Y形,斜拉索采用1770MPa平行钢丝斜拉索。大桥桥塔与主梁间横向设置抗风支座、纵向设置额定行程功能的阻尼器,不设竖向支座,其余墩柱设置竖向支承及横向约束。

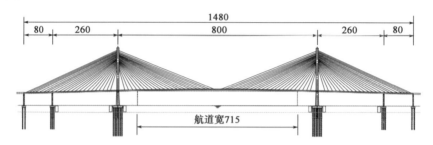

图3.4-19 仁川大桥立面布置(尺寸单位:m)

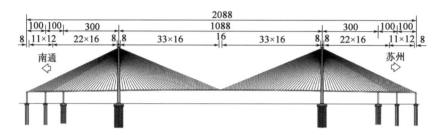

图3.4-20 苏通大桥立面布置(尺寸单位:m)

超大跨径斜拉桥一般采用边跨部分长度内分散锚固尾索的方式,以避免因端锚索规格过大而造成施工困难。苏通大桥中跨加载时,边跨靠外侧约半数的斜拉索参与抵抗桥塔向中跨侧的变形,已看不出明显的端锚索作用,拉索的应力幅不大,不再是控制缆索设计的关键,边中跨比可以放宽。

上海长江大桥主航道桥采用92m + 258m + 730m + 258m + 92m = 1430m的双塔双索面斜拉桥体系(图3.4-21),两边跨各设一个辅助墩。桥塔为人字形混凝土结构,桥面以上为独柱形式,桥面以下分叉为倒V形与承台衔接;分体式钢箱梁梁高4m、全宽51.5m,双箱间距为10m,采用箱形横梁连接,标准节段长15m,梁上索距与横梁间距也为15m;斜拉索采用空间索面布置。全桥采用飘浮体系,塔梁之间采用了阻尼器加刚性限位的约束方式。

该桥除了主跨为通航孔外,要求两侧设置辅助通航孔,跨径不低于243m,因此上海长江大桥边中跨比较大,这也与悬臂施工工法相适应,能够尽量减少外海环境下临时支架的设置,结构整体刚度则通过设置辅助墩来保证。

黄茅海跨海通道东航道高栏港大桥(图3.4-22),桥址基本设计风速为46m/s,桥梁承受的风荷载明显高于同跨径桥梁,大桥采用超宽分体式钢箱梁,主梁通过斜拉索与桥塔连接,彼此之间构成稳定的受力大三角,主梁荷载通过双索面扇形斜拉索传递给桥塔,构成优美的力线造型。箱梁中间开槽有助于提高大桥的抗风性能,并使桥面增添通透感和轻巧感。

黄茅海跨海通道东航道高栏港大桥跨径布置为110m + 248m + 700m + 248m + 110m = 1416m,边中跨比为0.51,高跨比为0.25,分体式钢箱梁,梁高4.0m,斜拉索横向间距为46.9m。桥址处建设条件复杂,需克服强台风、高烈度地震、强海水腐蚀、高船撞力等不利的建设条件,合理的结构约束体系是其受力的关键,大桥全桥约束体系如图3.4-23所示。

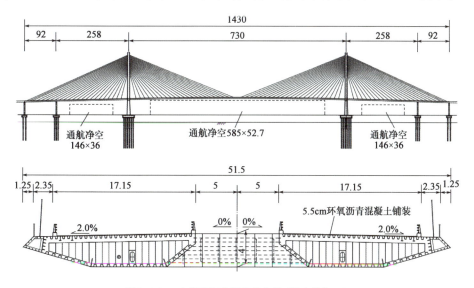

图 3.4-21 上海长江大桥总体布置(尺寸单位:m)

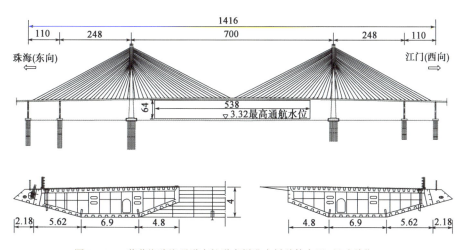

图 3.4-22 黄茅海跨海通道东航道高栏港大桥总体布置(尺寸单位:m)

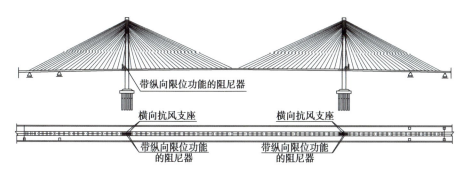

图 3.4-23 全桥约束体系布置

(1) 竖向约束体系：桥塔处不设置竖向支座，每个辅助墩和过渡墩处设置两个竖向支座。

(2) 横向约束体系：在每个主墩处设有两个横向支座，起抗风、防震、限位作用。辅助墩及过渡墩的横向支座在 E2 地震外的工况下，一个固定，另一个放开；在 E2 地震工况下，地震力超过给定值时，横向固定支座剪力销剪断，支座限位约束被解除，辅助墩及过渡墩处所有支座可双向滑动。

(3) 纵向约束体系：桥塔和主梁之间采用动力阻尼加刚性限位的结构体系，边墩及辅助墩处设置纵向活动支座。

3) 钢桁梁/组合钢桁梁

桁架梁斜拉桥多用于公铁两用桥或有双层交通需求的斜拉桥。从桁架梁的结构形式看，用于斜拉桥时，其桥式布置与开口截面、箱形截面斜拉桥有所不同。一是边跨的长度一般超过中跨长度的 1/2，二是斜拉索在边中跨对称布置、并保持等索距。采用边中跨比大于 0.5 的跨径布置，是因为钢桁结构不易实施压重，特别是铁路路面二期恒载及运营荷载较大，即使边中跨比为 0.5 的对称布置，在运营阶段也将在边墩和辅助墩上产生很大的负反力，在不易实施压重的情况下，需要采用竖向拉索予以平衡，但构造与细节并不简单。如果边跨尾端部分斜拉索采用加密索距布置，往往需要改变桁架的节间距，这对于钢桁梁并不是理想的选择，即使结构形式上可以做出这种布置安排，因为难以采取相应的压重措施，将导致主梁恒载状态下承受过大的局部弯矩作用。反过来看，由于钢桁梁具有较大抗弯刚度，即使在采用较大边跨以及边中跨斜拉索对称布置的情况下，只要适当设置辅助墩，斜拉桥仍然可以保持较好的总体力学性能。

丹麦厄勒海峡桥是从丹麦的哥本哈根到瑞典的马尔默之间跨越厄勒海峡联络线的一部分，通道为公铁两用，包括双线铁路和 4 车道公路（图 3.4-24）。厄勒海峡桥的主桥是一座极具代表性和影响力的大跨径组合钢桁梁斜拉桥。

图 3.4-24 丹麦厄勒海峡桥

主桥跨越 FLinterenden 通道，通航净高为 56m，采用双塔竖琴式双索面斜拉桥，主跨为 490m，总长 1092m。大桥 2000 年 7 月通车，建成时是世界上最大跨径的公铁两用斜拉桥，同时也是目前为止跨径最大的组合钢桁梁斜拉桥，如图 3.4-25 所示。

厄勒海峡桥引桥采用组合钢桁梁，而主桥部分占桥梁全长的比例相对较小（约 15%），在主桥结构形式选择时考虑与引桥结构在结构形式及视觉效果上相互协调。由于桥梁承载非常重的货运列车和速度较高的客运列车，对结构的强度和刚度要求较高，选择了主跨 490m 的组合钢桁梁斜拉桥方案。此外,出于改善结构刚度及景观的双重目的,斜拉索采用角度相对较大的竖琴式布置,并在边跨设置辅助墩,如图 3.4-26 所示。

图 3.4-25　丹麦厄勒海峡桥主航道斜拉桥

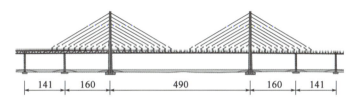

图 3.4-26　丹麦厄勒海峡桥斜拉桥立面布置(尺寸单位:m)

从斜拉桥总体布置可见,斜拉索不仅在边中跨对称布置,而且边中跨之比大于 0.6。尽管如此,为解决运营阶段辅助墩的负反力问题,在主梁底设置了竖直拉索锚于桥墩内部下端锚块上。此外,该斜拉桥的高跨比达到了 0.3 以上,这不仅是为了实现竖琴式索面布置,对于提高公铁两用桥梁的竖向刚度也是有利的。

国内组合钢桁梁的应用非常少见,芜湖长江大桥是难得的一座工程实例,这座公铁两用桥,包括双线铁路和 4 车道公路,公路面行车道净宽 18m,两侧各设 1.5m 宽的人行道,总宽 21m。大桥于 2000 年 9 月 30 日建成通车,如图 3.4-27 所示。

图 3.4-27　安徽芜湖长江大桥

主航道桥采用双塔双索面组合钢桁梁斜拉桥,跨径布置为 180m + 312m + 180m = 672m,如图 3.4-28 所示。桥塔采用外形简洁的直塔结构,每塔设 8 对斜拉索。主梁的钢桁梁高 13.5m、主桁中心距 12.5m,主桁两侧设副桁用于锚固斜拉索。

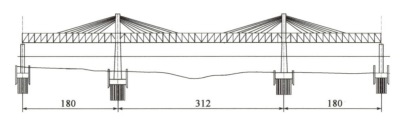

图 3.4-28　芜湖长江大桥斜拉桥立面布置(尺寸单位:m)

这座矮塔斜拉桥的边中跨均为通航孔跨,边中跨比为 0.58,受到通航限制,180m 边跨不能设置辅助墩;桥塔受航空限制不能自由选择,斜拉索的最外索的倾角约为 15.08°。从这些参数可以看出,受多种条件限制,斜拉桥的总体布置不能够按照结构受力的合理性进行选择,对于承担双线重载铁路的公铁两用桥是不利的。

日本柜石岛·岩黑岛桥为修建在本州四国联络线上的公铁两用桥梁(图 3.4-29),该桥经柜石岛—岩黑岛—羽佐岛,包含两座跨径布置为 185m + 420m + 185m 三跨钢桁梁斜拉桥,上层公路、下层铁路,大桥总体布置如图 3.4-30 所示。边跨设置辅助墩一方面经济性较差,另一方面辅助墩墩顶可能出现负反力。由于双层桁架主梁刚度较大,即便不设置辅助墩,梁端转角以及尾索应力幅值仍然满足要求,因此该桥采用不设辅助墩的方案。

图 3.4-29　日本柜石岛·岩黑岛桥

两桥主梁均采用带竖杆的华伦结构,主桁中心高度为 13.9m,桁间距为 12.35m。拉索锚固于上层主桁,上层桥面采用板桁结合的构造,以共同承受拉索传来的水平力,上层横梁间距为 4.216m,横向设置一道小纵梁以提高桥面板的横向刚度;下层桥面采用板桁分离结构,轨道直接与传力纵梁连接。拉索采用平行钢丝索,索间距为 12.35m,塔根无索区长度两侧各 49.4m。桥塔采用 H 形结构,下肢内收以减少基础工程量。

贵州都格北盘江大桥主桥跨径采用 80m + 2 × 88m + 720m + 2 × 88m + 80m 双塔双索面钢桁梁斜拉桥,总体布置如图 3.4-31 及图 3.4-32 所示。主梁采用由钢桁架和正交异性钢桥面板结合的钢桁梁结构体系。通过混凝土检修道、主桁弦杆内灌混凝土的压重形式平衡主、边跨恒载及活载的重量。全桥共设112对224根斜拉索,斜拉索上端锚固于上塔柱内的钢锚梁上,下端锚固于主桁架上弦杆的钢锚箱上。桥塔采用H形钢筋混凝土结构,桥塔基础采用28根直径2.8m的群桩基础。

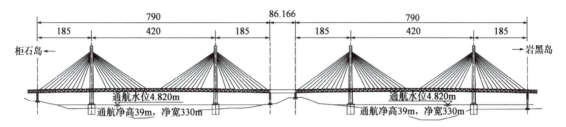

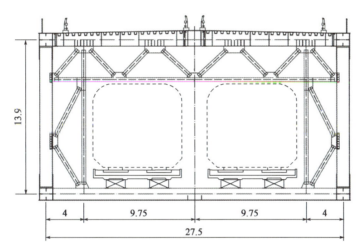

图3.4-30　柜石岛·岩黑岛桥总体布置(尺寸单位:m)

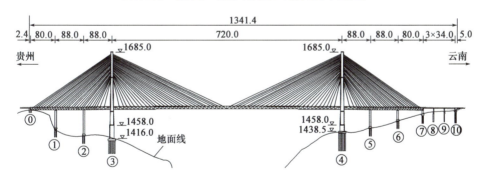

图3.4-31　北盘江大桥立面布置(尺寸单位:m)

钢桁梁横向布置2片主桁,主桁中心间距为27.0m。主桁高8.0m,主跨节间长12.0m,边跨节间长12.0m、8.0m。主梁上层桥面采用少纵梁支承体系,在适当加大横梁刚度同时,桥梁中心线处增设1道中纵梁作为正交异性钢桥面板横梁的支承,避免在车道下方设置纵梁,从构造和受力角度有效提高桥面板体系的疲劳性能。桥塔采用C50钢筋混凝土结构、H形构造,两岸桥塔塔高分别为269m和248m。斜拉索采用平行双索面扇形布置,上端锚固于上塔柱内的钢锚梁上,下端锚固于主桁架上弦杆的钢锚箱上。

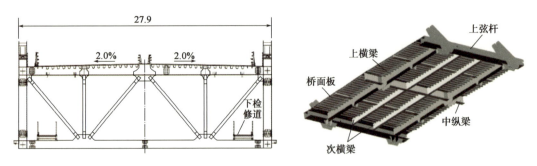

图 3.4-32 北盘江大桥主桥截面布置(尺寸单位:m)

常泰长江大桥主航道桥为主跨1176m的公铁两用斜拉桥,上层为高速公路,下层为城际铁路与普通公路(采用非对称布置),跨径布置为142m+490m+1176m+490m+142m,边中跨比超过0.5,如图3.4-33所示。该桥采用温度自适应塔梁纵向约束体系,塔梁之间设置纵向阻尼器。斜拉索采用平行钢丝成品索,扇形索面布置。主梁采用两主桁板桁(上层桥面)、箱桁(下层桥面)组合结构。

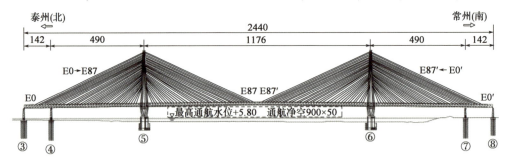

图 3.4-33 常泰长江大桥主航道桥立面布置(尺寸单位:m)

常泰长江大桥搭载6车道高速公路、双线城际铁路、4车道普通公路,是一座多功能复合桥梁。如采用平层布置的钢箱梁,桥面宽度将达到70m左右。而采用钢桁梁上、下层布置,则横截面布置紧凑,故该桥采用此种布置方式。主梁采用2片主桁结构,主桁桁高15.5m、宽35m,N形桁式,如图3.4-34所示。主梁上层桥面采用正交异性钢桥面板,纵横梁体系,在节点处设置组合式横梁,组合式横梁由节点横肋与桁架式杆件组成,上层桥面与主桁结构形成板桁组合结构。下层桥面采用钢箱整体桥面,下层桥面与主桁结构形成箱桁组合结构。

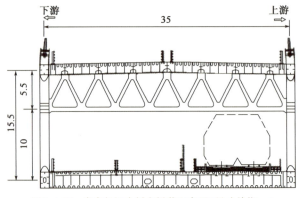

图 3.4-34 常泰长江大桥主梁截面布置(尺寸单位:m)

由于常泰长江大桥主航道桥的跨径和主梁自重均较大，对桥塔的设计也提出了更高的要求。采用空间钻石形桥塔塔肢的截面尺寸大大减小，从而降低了非受力方向混凝土开裂控制的难度；塔肢的弯矩作用将大部分转变为框架柱的轴力作用；相较于平面钻石形桥塔方案，该方案的桥塔抗弯刚度提高，如图3.4-35所示。

图3.4-35　常泰长江大桥桥塔构造比较

3.4.3　双塔单索面斜拉桥

双塔单索面斜拉桥由于其对主梁抗扭刚度要求较高，主要采用箱形主梁以及桁架主梁。

箱形梁最适合于单索面斜拉桥，由于单索面几乎不能为桥面提供抗扭能力，箱形梁强大的抗扭刚度将弥补单索面的不足。单索面斜拉桥受制于抗扭问题所能适应的跨径有限，实际采用单索面斜拉桥的最大跨径为500m左右。单索面斜拉桥的箱形梁多采用中心箱加悬臂的钝体截面，虽然主梁本身受力高效，但不利于抗风。单索面斜拉桥也有采用流线型钢箱梁的工程实例，主要目的在于通过改变气动外形改善斜拉桥的抗风性能。

2005年12月建成通车的东海大桥（图3.4-36），主航道桥采用了双塔中央索面组合钢箱梁斜拉桥，跨径布置为73m+132m+420m+132m+73m=830m，两边跨各设辅助墩1座，以提高体系刚度，降低梁与塔的受力。总体布置如图3.4-37所示。大桥为六车道高速公路桥梁，斜拉桥桥面全宽33m，主梁采用钢-混组合钢箱梁，桥塔采用上段为倒Y形、下段为实腹宽肩式的构造形式。中央索面布置的斜拉索由2根组成，横桥向间距为2.0m，每塔一侧24对斜拉索，梁上索距为8m。

东海大桥主航道桥斜拉桥的边中跨之比为0.488，这是一个相对较大的比值，之所以如此，是因为考虑边跨长度减小将会有更多的斜拉索采用更小的索距，在外海环境下搭设临时墩及支架进行边跨安装费用大、风险高，应该尽可能在斜拉桥边跨主梁采用标准节段拼装。该斜拉桥较早采用组合钢箱梁，并且采用组合梁节段进行拼装，节段质量较大，在确定梁上索距（对应节段长度）时取为8m，从减少现场接头数量和现场工作量来看较为保守，从主梁的承载能力看可以取用更大的索距。此外，该桥从景观角度考虑采用了中央索面的斜拉桥，利用桥面中央分隔带布置斜拉索,并且与相邻引桥梁高一致、主梁两侧混凝土悬臂板也基本一致。在强风环境、跨径420m的情况下,利用了组合钢箱梁优越的抗扭性能,满足了结构抗风性能要求。

图3.4-36 上海东海大桥主桥

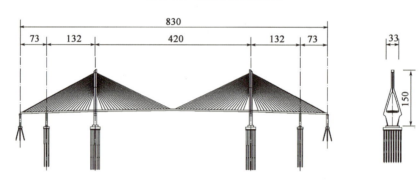

图3.4-37 东海大桥主桥总体布置(尺寸单位:m)

宁波大榭第二大桥跨径布置为50m+158m+392m+158m+50m五跨连续钢箱梁斜拉桥,在158m边跨外设置了50m压重跨,大桥立面布置如图3.4-38所示。考虑景观需求采用了帆形塔结构,与帆形桥塔结构相对应,斜拉索按单索面进行布置,拉索间距为10.5m。为提高结构抗扭性能,主梁采用单箱三室箱形截面、全钢结构、梁高3.5m、桥宽29.5m。

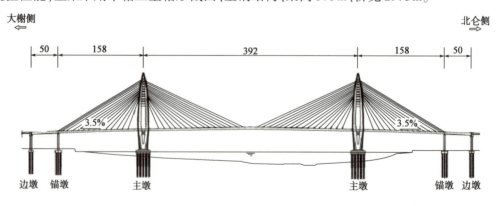

图3.4-38 大榭第二大桥立面布置图(尺寸单位:m)

塔梁处采用主梁梁体开洞、桥塔贯通的形式,结构体系采用塔墩固结、塔梁分离体系(支承体系),桥塔与主梁间设置竖向和横向限位支座,并安装纵向黏滞阻尼器。锚墩横桥向一侧设置纵向滑动支座,另一侧设置双向滑动支座,边墩均设置双向滑动支座,如图3.4-39所示。

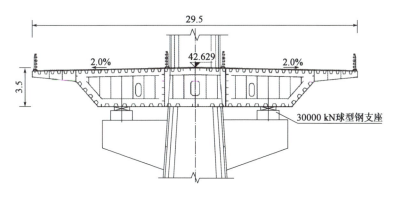

图3.4-39 主桥中墩横截面(尺寸单位:m)

图3.4-40为马来西亚柔佛海峡大桥,采用主跨500m的双塔单索面斜拉桥,从抗扭及抗风需求出发,主梁采用了流线型组合钢箱梁,如图3.4-41。

图3.4-40 马来西亚柔佛海峡大桥

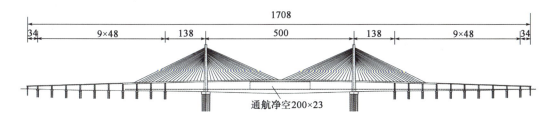

图3.4-41 柔佛海峡大桥立面布置(尺寸单位:m)

马来西亚柔佛海峡大桥跨径布置为34m+9×48m+138m+500m+138m+9×48m+34m=1708m。桥面以上塔高121.4m,拉索间距为12m,主跨及两边跨各119.5m范围内为组合钢箱梁,其余为混凝土梁结构,梁高3.21m,宽23.16m,组合钢箱梁截面布置如图3.4-42所示。

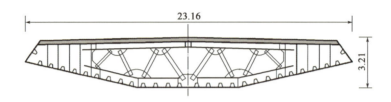

图 3.4-42 柔佛海峡大桥截面布置(尺寸单位:m)

日本鹤见航道桥(图 3.4-43)主桥考虑通航需求及景观效果,采用跨径布置为 255m + 510m + 255m 双塔单索面斜拉桥。与索面布置形式相适应,桥塔采用倒 Y 形桥塔,主梁至塔顶第一根拉索锚固点间高度约为 127m;主梁截面全宽 38m,为提高抗扭刚度采用扁平箱形截面,梁高 4m,两端设有风嘴以提高抗风性能。主桥在纵向设置弹性约束索来限制温度及活载下的水平位移,地震时依靠翼型油压阻尼器耗能,降低地震工况下的响应。

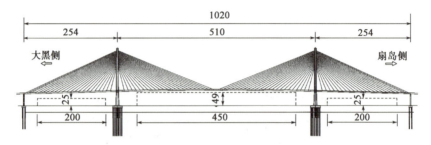

图 3.4-43 鹤见航道桥主桥立面布置(尺寸单位:m)

钢桁梁配以单索面布置的斜拉桥,不仅可用于大跨径的斜拉桥,而且用于不同交通荷载的桥梁中,并且展现了经济上的合理性。委内瑞拉 Puente Mercosur 桥是一座公铁两用桥,为奥里诺科河上的第三座大桥,主桥为双塔单索面组合钢桁梁斜拉桥,全长 840m,如图 3.4-44 所示。

图 3.4-44 委内瑞拉 Puente Mercosur 大桥

斜拉桥跨径布置为 120m + 120m + 360m + 120m + 120m = 840m,边跨跨径与引桥跨径一致,均为 120m,立面布置如图 3.4-45 所示。桥塔采用钻石形钢筋混凝土结构,塔高 135m,支承在 39 根直径 2.50m 的群桩基础上,单桩桩长 80m。

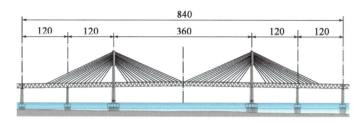

图 3.4-45　Puente Mercosur 桥斜拉桥立面布置(尺寸单位:m)

主梁采用钢-混凝土组合钢桁梁,桥面宽度 19.9m,上层为四条机动车道,下层为单线铁路线路。斜拉桥的边中跨跨径比为 0.67,斜拉索为近似扇形索面、边中跨对称布置,塔跨比约为 0.24。边跨辅助墩的布置有其特殊的考虑,辅助墩居于边跨中间布置,将边跨均分为两个 120m 的等跨,这种布置主要为了方便钢桁梁顶推施工,对于斜拉桥的总体受力并非最优选择。

2011 年 12 月通车的韩国 Geogeum 桥,是又一座采用单索面的组合钢桁梁斜拉桥,大桥设计为双向两车道高速公路,桥梁全长 2028m,其中主桥长 1116m,如图 3.4-46 所示。

图 3.4-46　韩国 Geogeum 桥

Geogeum 桥斜拉桥的跨径布置为 120m + 198m + 480m + 198m + 120m = 1116m,如图 3.4-47 所示。桥塔采用钻石形混凝土结构,在桥塔上塔柱大约距桥面 85m 处,两根塔柱通过钢锚箱连接形成整体截面。一座桥塔上的全部斜拉索被分为三个簇群布置,第一簇群的斜拉索采用 55 根索股钢绞线,第二簇群和第三簇群的斜拉索则分别采用 61 和 75 根索股钢绞线。主梁为组合钢桁梁,桥梁宽度 15.3m,其中,上层机动车道为混凝土桥面板,下层人行道和非机动车道为正交异性钢桥面板。

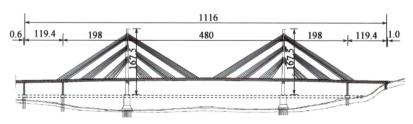

图 3.4-47　韩国 Geogeum 桥立面布置(尺寸单位:m)

该斜拉桥的斜拉索布置颇具特色,这种布置并不完全是追求桥梁造型的独特,也与组合钢桁梁大节段的安装相互配合。边中跨的斜拉索也是对称布置,三个斜拉索簇群的最外侧一簇与辅助墩的位置相互配合,外侧一簇斜拉索几乎对称布置在辅助墩两侧的主梁上,这样可以充分发挥其提高结构刚度的作用。边中跨的跨径之比达到了 0.66,塔的高跨比也达到了 0.33 以上。组合钢桁梁下缘非机动车道的正交异性桥面板,在辅助墩顶一段区域采用了混凝土板,使主梁变成为双层组合结构,不仅被用来有效承担负弯矩的作用,而且与较大的边跨共同解决了辅助墩处支座的负反力问题。

重庆两江桥中的东水门大桥也采用了双塔单索面稀索体系钢桁梁斜拉桥,跨径布置为 222.5m + 445m + 190.5m。主梁采用钢桁梁,标准桁高 11.74m。双塔的塔柱均设计为圆润的天梭造型,其中南塔总高 172.61m、北塔总高 162.49m,桥面以上塔高 96.40m,塔跨比为 1/4.62。每个塔上设 9 对斜拉索,全桥共 18 对斜拉索,梁上索间距为 16m。主梁跨中无索区长 80m,桥塔处无索区长 109m,如图 3.4-48 所示。

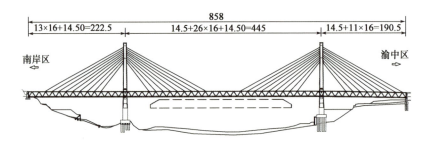

图 3.4-48　东水门大桥立面布置(尺寸单位:m)

主桥采用半飘浮体系。主梁与桥塔、桥台之间分别设竖向抗压支座,南岸区侧桥塔纵向约束,渝中区侧桥塔纵向自由,两侧边跨支座纵向均为自由。

传统斜拉桥主梁自身抗弯刚度较小,自重基本由斜拉索承担,几乎不承担自身重力产生的弯矩。通过对已建斜拉桥进行统计发现,斜拉索承担主梁自重的比例通常高达 95% 以上,且无索区长度通常较短。该桥与传统斜拉桥的不同之处在于,其主梁采用钢桁架形式,标准桁高 11.74m,主梁高跨比为 1/37.87,抗弯刚度较大,因此全桥斜拉索数量布置较少,主梁自重产生的弯矩相当大一部分靠自身承担。主梁刚度越大,承重作用愈明显,斜拉索的辅助作用减弱,此时桥梁即变为部分斜拉桥。通过将斜拉索竖向力与支座竖向支反力进行对比可知,该桥斜拉索承担主梁自重的比例约为 70%,剩余 30% 由主梁自身承担。因此,从受力体系上讲,该桥属于典型的部分斜拉桥受力体系,而非传统斜拉桥受力体系。

3.4.4　双塔多索面斜拉桥

双塔多索面斜拉桥适用于桥面较宽的情况,增加索面以改善桥面横向受力,常用的主梁截面形式包括多主梁、箱形主梁以及桁架式主梁等。

加拿大温哥华市跨越弗雷泽河的新曼港大桥(New Port Mann Bridge)是曼港/1 号公路改造工程的一部分。大桥全长约 2km,其中主桥采用双塔四索面斜拉桥,跨径布置为 190m + 470m + 190m。主梁采用组合梁,设双向十车道,桥宽 67m,为目前加拿大最宽的桥梁,如

图 3.4-49 及图 3.4-50 所示。

图 3.4-49 加拿大新曼港大桥

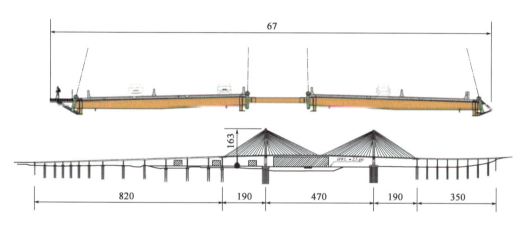

图 3.4-50 新曼港大桥总体布置(尺寸单位:m)

该桥紧邻原曼港大桥,施工期间要求原曼港大桥维持正常的交通。方案设计阶段对单双层桥面布置进行对比,双层桥面尽管能够降低桥宽,但会增加两侧引桥规模,而单层桥面布置方案会受到老桥线位影响,基础规模不能超出桥面范围。综合以上因素,主桥桥面采用单层十车道布置,桥塔采用独柱塔布置于桥面中间。

独柱塔的设置可满足双索面及四索面两种索面布置形式,分析表明采用四索面布置形式能够降低约 35% 用钢量,尽管拉索工程量有所增加,但仍具有比较良好的经济性。与四索面布置相适应,主桥采用分幅双主梁组合梁结构,两幅桥面之间采用钢横梁进行连接。

受水中辅通航孔设置影响,曼港大桥主桥边中跨比略低于最优值(约为 0.4),同时为满足桥面净空的要求,桥塔塔高增加了约 12m,桥面以上塔高约 122m,高跨比约 0.265。

芜湖长江二桥跨江主桥为双塔四索面全飘浮体系斜拉桥,跨径组合为 100m + 308m + 806m + 308m + 100m,立面布置如图 3.4-51 所示。

该桥主梁为分体钢箱梁,双箱横桥向净距为 17m,主桥主梁横截面如图 3.4-52 所示。斜拉索采用同向回转钢绞线斜拉索,梁上锚固间距为 16m,采用锚拉板锚固系统,塔上锚固为四索面双层同向回转拉索锚固体系。桥塔为分肢柱式塔,承台以上塔高 262.48m。

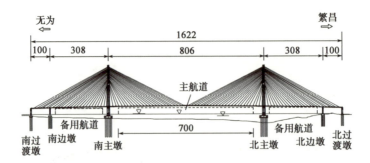

图 3.4-51　芜湖长江二桥跨江主桥立面布置(尺寸单位:m)

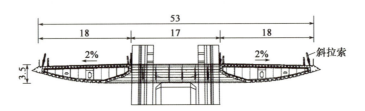

图 3.4-52　芜湖长江二桥跨江主桥主梁截面布置(尺寸单位:m)

斜拉桥依靠塔梁间设置的黏滞阻尼器减小地震响应。芜湖长江二桥主桥桥塔为柱式结构,若采用传统的纵向设置阻尼器、横向设置限位支座的约束体系,主梁纵向地震响应虽得到有效控制,但横向内力响应仍较大,若设置横向阻尼器,又受到主梁纵向位移的困扰。为了同时对该桥的纵向和横向地震响应进行控制,提出"斜置阻尼约束体系",即阻尼器设置轴线与主梁纵轴之间存在一个夹角β,阻尼器对主梁同时提供顺桥向和横桥向阻尼约束,如图 3.4-53 所示。

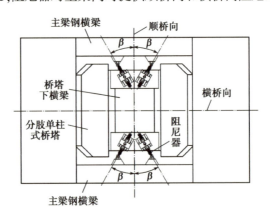

图 3.4-53　芜湖长江二桥跨江主桥约束体系

湖北天兴洲公铁两用长江大桥主桥为双塔三索面斜拉桥,主桥跨径布置为 98m + 196m + 504m + 196m + 98m,铁路、公路分上下 2 层布置,主桥立面布置如图 3.4-54 所示。

桥梁全宽 30m,为减少横梁的跨径和增加断面的刚度,主梁采用 3 片主桁钢桁梁,相应设置三个斜拉索索面,如图 3.4-55 所示。主桁采用 N 形桁式,桁高 15.2m,节间长度为 14m。主桁杆件弦杆均采用带加劲肋的箱形截面,斜杆和竖杆采用箱形或工字形截面。主桁杆件采用整体节点构造形式,下弦杆高约1.45m、宽1.0m,斜杆和竖杆均采用插入形式。两侧边跨168m范围公路桥面采用混凝土板结构,其余部分公路桥面采用正交异性钢桥面板结构,正交异性钢桥面板和混凝土桥面板均与主桁结合参与共同受力。斜拉索采用平行镀锌高强钢丝,梁上索距14m,塔上索距1.5~2.0m。桥塔为倒Y形混凝土结构,塔高188.5m。

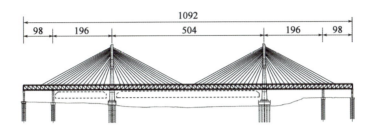

图3.4-54 天兴洲长江大桥立面布置(尺寸单位:m)

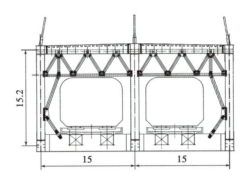

图3.4-55 天兴洲长江大桥主梁截面布置(尺寸单位:m)

安徽铜陵公铁两用长江大桥主桥跨径为90m+240m+630m+240m+90m的五跨连续钢桁梁斜拉桥(图3.4-56),该桥上层桥面布置六车道高速公路,下层桥面布置四线铁路。主梁采用3片主桁,总宽34.2m,N形桁架,桁高15.5m,节间长15m,上、下弦杆均采用箱形截面,主桁腹杆采用箱形截面或H形截面;斜拉索采用三索面布置,桥塔两侧各布置3×19根钢绞线斜拉索,索距为15m,如图3.4-57所示。公路和铁路桥面均采用密布横梁的正交异性整体钢桥面,横梁间距为3m,下层桥面在受力较大的桥塔根部及压重区段采用箱形结构,每个竖杆处均设有三角形桁架式横联;桥塔为倒Y形C50混凝土结构,承台以上桥塔高212m。

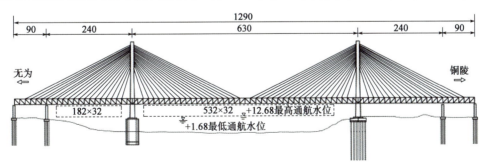

图3.4-56 安徽铜陵公铁两用长江大桥立面布置(尺寸单位:m;高程单位:m)

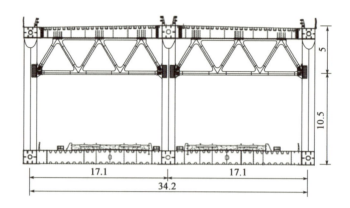

图 3.4-57 铜陵公铁两用长江大桥截面布置(尺寸单位:m)

主梁和桥塔下横梁间设置阻尼装置,各墩墩顶和桥塔下横梁处设置竖向铰轴滑板支座,在桥塔和主梁间设置横向约束支座。

江苏沪通长江大桥为公铁两用桥。主航道桥采用双塔斜拉桥方案,跨径布置为140m + 462m + 1092m + 462m + 140m,立面布置如图 3.4-58 所示,塔梁之间设置支座和纵向阻尼器。下层桥面布置了四线铁路,横向受力很大,因此主梁采用三主桁箱桁,边跨侧 252m 范围公路桥面采用混凝土桥面板,通过增大结构自重平衡辅助墩处支座负反力。桥塔为混凝土结构,斜拉索采用三索面布置,主梁截面布置如图 3.4-59 所示。

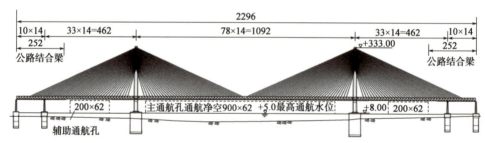

图 3.4-58 沪通长江大桥立面布置(尺寸单位:m)

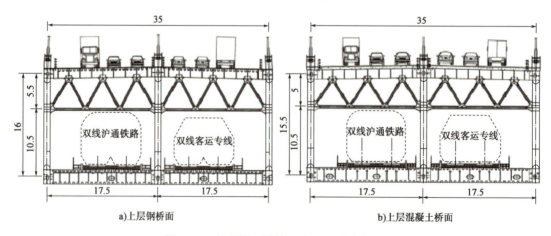

a) 上层钢桥面　　　　　　　　　　b) 上层混凝土桥面

图 3.4-59 沪通长江大桥截面布置(尺寸单位:m)

沪通长江大桥所跨越的水域航运繁忙，主通航孔按单孔双向通航的要求设计，主跨需1092m；在主通航孔南、北两侧也需相应布置1个跨径为462m的副通航孔，使通航孔覆盖范围达到2000m。为使斜拉桥结构受力更合理并减小梁端转角，两侧各增加了142m的辅助跨，这样主桥边中跨比达到0.55，拉索等间距对称布置，这样仍然需要在主梁两侧边跨各252m范围公路桥面采用混凝土桥面板组合截面，以平衡辅助墩活载作用下产生的负反力。

3.5 独塔斜拉桥

3.5.1 主要技术特点

独塔斜拉桥也是斜拉桥体系中比较常见的桥型，多出现在城市桥梁中，由于它的主跨跨径一般比双塔斜拉桥小，故特别适用于跨越中小河流、谷地及作为跨线桥梁，或用来跨越较大通航河流的主航道，此时桥塔及边跨布置在河流的一岸。

独塔斜拉桥如采用两跨对称形式，由于不存在锚索，在刚度方面不能充分发挥斜拉桥的优势；而采用不等跨的非对称布置，可以通过设置锚索有效地约束塔顶的位移，是比较常见的布置形式。

3.5.2 独塔双索面斜拉桥

独塔斜拉桥因其较好的景观效果，在20世纪50～70年代联邦德国莱茵河上应用较多，多数采用双工字钢或者双边箱的钢梁截面，比较著名的是建于1969年的Knie桥(图3.5-1)。该桥主跨320m，相当于640m主跨的双塔斜拉桥，创造了当时的世界纪录，桥面以上塔高114m，双塔柱之间不设横梁，斜拉索采用当时比较常见的稀索体系，边跨锚索锚固在辅助墩墩顶，该桥设计完成时间为1954年，当时组合梁还处于发展的初级阶段，因此该桥主梁采用的还是双工字形钢梁截面，但其受力性能上与开口截面主梁斜拉桥类似。此后1959年设计的Severin桥(图3.5-2)，主跨302m，采用了双边箱的钢梁截面形式，并且首次实现了塔梁分离的飘浮体系的概念。

图3.5-1 德国Knie桥

图 3.5-2　德国 Severin 桥

随着双塔开口截面主梁斜拉桥的成功建设，其优越的经济性能越来越得到桥梁界认可，独塔斜拉桥相对来说跨径较小，开口截面主梁也更适合这一形式，而由于独塔斜拉桥其边中跨比取值更加灵活，其桥跨布置也更多变。1994 年建成的芬兰 Heinola 桥（图 3.5-3），边中跨分别为 127m 和 165m，主梁采用双工字钢组合梁，现浇桥面板，斜拉索采用了对称的竖琴布置，这样边跨与引桥做成连续体系，解决了边跨锚固的同时，也改善了引桥的受力。这种布跨形式要求主桥及引桥采用相同的截面形式，适用于水中引桥比较长的桥位，具有较好的经济性及景观效果。大桥总体布置如图 3.5-4 所示。

图 3.5-3　芬兰 Heinola 桥

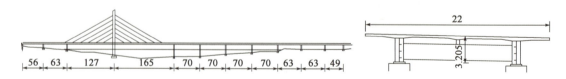

图 3.5-4　Heinola 桥总体布置（尺寸单位：m）

塞尔维亚首都贝尔格莱德的萨瓦河桥为混合梁独塔斜拉桥,立面布置如图3.5-5所示。桥塔为A形混凝土桥塔,高200m;钢梁主跨为376m,边跨为200m预应力钢筋混凝土连续箱梁结构;引桥为长338m的预应力钢筋混凝土连续箱梁结构。桥面宽45.04m,布置双向六车道、双线轻轨线及两条人行道和两条自行车道。

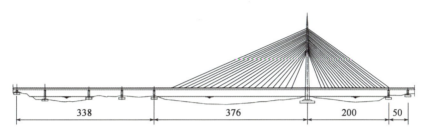

图3.5-5　萨瓦河桥立面布置(尺寸单位:m)

受桥位处地形限制,该桥不允许水中立墩,因此选择了不对称的独塔双跨斜拉桥。根据主梁功能截面的需求,桥面被划分为三个部分:中央轨道交通及两侧车行及慢行交通区域,区域之间通过拉索进行分割以节省桥面面积。大桥从经济性考虑采用了主跨钢梁、边跨混凝土梁的混合梁布置,主跨钢梁截面布置如图3.5-6所示。大桥挑臂长度约15m,截面高度为4.75m,拉索直接锚固于箱内,横向采用桁架式横梁进行连接,横梁间距4.5m。

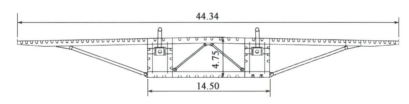

图3.5-6　萨瓦河桥主跨钢梁截面布置(尺寸单位:m)

2008年建成的青银高速公路济南黄河大桥(简称济南黄河三桥)(图3.5-7),主桥为主跨386m的独塔双索面斜拉桥,相当于主跨772m双塔斜拉桥,已经超过目前开口截面主梁斜拉桥的跨径纪录。另外该桥采用双向八车道加两侧应急车道的布置,截面宽度达到43.6m,因此从受力及功能要求出发,选择了箱形截面主梁形式。

图3.5-7　济南黄河三桥

全桥跨径布置为60m+60m+160m+386m(图3.5-8),主梁在桥塔处设竖向支承,纵向设阻尼装置,横向限位。主梁在边墩、辅助墩处设纵向滑动支座,并限制横向相对位移。流线型扁平钢箱梁梁高3.5m,不含封嘴宽40.8m,全宽43.6m,斜拉索呈空间近似扇形布置,桥塔采用倒Y形结构,在主梁下方设置一道横梁。

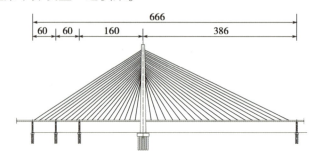

图3.5-8 济南黄河三桥立面布置(尺寸单位:m)

独塔双索面斜拉桥应用于桁架梁时,常采用边中跨索面对称布置的形式,特殊情况下为减小边跨跨径,也可采用边跨尾索加密的不对称布置形式,这种情况往往带来两个问题,一是桁架标准桁间距须调整,另外边跨须采取相应的压重措施,因此这种布置形式仅在特殊情况下采用。上海闵浦二桥是一座公轨两用的独塔双索面斜拉桥,根据航道部门研究论证,工程桥位处航道为49m(辅)+169m(主)的两个通航孔布置,主桥水中可设墩,采用独塔布置能够显著减小主桥规模,同时为缩减岸上边跨长度,全桥采用了38.25m+147m+251.4m的跨径布置,如图3.5-9所示,边中跨比约为0.74,这样一来边跨锚跨索距需加密,带了边跨桁架单元桁间距及桁架形式的改变,另外为克服锚跨边墩的负反力,在锚跨下层桥面38m范围内设置了2000t的压重混凝土。

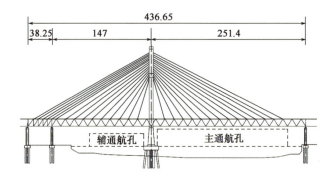

图3.5-9 闵浦二桥立面布置(尺寸单位:m)

1993年建成的尼泊尔卡那里河大桥(Karnali Bridge)(图3.5-10),是第一座采用组合钢桁梁的公路斜拉桥。大桥采用单塔不对称布置,主跨为325m,采用桁高为3m的华伦式桁架,桥梁宽度为11.3m,主桁间设置2道小纵梁,混凝土桥面板厚度为22.9cm,与主桁、横梁及小纵梁结合为整体截面(图3.5-11)。

图 3.5-10　尼泊尔卡那里河大桥

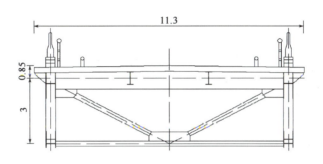

图 3.5-11　卡那里河大桥主梁横截面(尺寸单位:m)

3.5.3　独塔单索面斜拉桥

如前所述,相比于开口截面主梁,箱形截面主梁在外观及承载能力上都更具优势,因此更加适合于索面位于中央的独塔单索面斜拉桥或者斜拉—连续协作体系斜拉桥。

德国莱茵河上的 Niederrhein brücke 桥(图 3.5-12),采用了斜拉-连续协作的稀索体系斜拉桥。该桥全长 773m,主跨跨径为 335m,边跨跨径为 53～64m,中跨主梁采用钢箱梁以降低结构自重,边跨采用混凝土梁以平衡中跨自重,整个桥宽 29.22m,包含双向四车道以及两侧慢行系统。拉索布置于桥面中央,箱形截面的布置为主梁提供了强大的抗弯及抗扭能力。中跨钢箱梁截面布置如图 3.5-13 所示,梁高 3.75m,桥面宽度 29.22m,中心箱宽 13.8m。

图 3.5-12　德国 Niederrhein brücke 桥

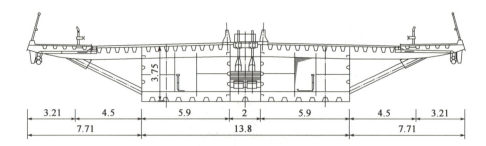

图 3.5-13　Niederrhein brücke 桥截面布置(尺寸单位:m)

芬兰凯米河桥大桥(Kemijoki Bridge)(图 3.5-14),采用单塔单索面不对称布置,主跨 126m。主梁采用带撑杆的组合钢箱梁截面,梁高 3.0m,桥面宽度 25.5m,底宽 8.8m,截面布置如图 3.5-15 所示。

图 3.5-14　芬兰凯米河大桥

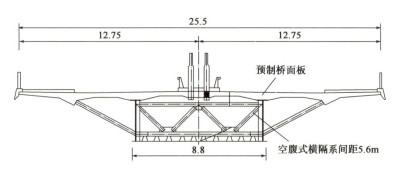

图 3.5-15　凯米河大桥主梁截面布置(尺寸单位:m)

无背索斜拉桥考虑景观的需求,也经常采用单索面的形式,特别在采用混凝土桥塔时,由于其本身自重较大,桥塔自身重量能够平衡中跨梁重,国内长沙洪山大桥采用的就是这种方式。大桥主跨 206m,桥塔为混凝土结构,自桥面以上高度为 138.3m。主梁采用带大挑臂的脊骨梁形式,主箱梁为矩形截面,宽 7.0m,高 4.4m,主箱梁两侧设悬臂长度 12.6m 的箱形钢挑梁,钢挑梁上设 21cm 厚混凝土桥面板形成组合截面,挑臂顶面与主梁截面中性轴接近,这样混凝土桥面板主要承受轴力。大桥总体布置如图 3.5-16 所示。

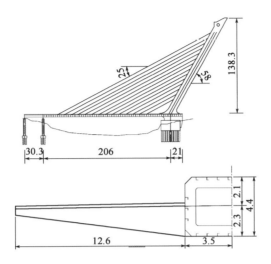

图 3.5-16　湖南长沙洪山大桥总体布置(尺寸单位:m)

独塔单索面斜拉桥较少采用桁架式主梁,一般在桥跨布置受特殊条件限制时采用。重庆两江大桥是东水门大桥和千厮门大桥的总称,位于重庆两江交汇处上游约1km处,千厮门大桥由于在渝中侧边跨布置受限采用独塔斜拉桥,跨径布置为88m+312m+240m+80m,为4跨独塔单索面连续钢桁斜拉桥,立面布置如图3.5-17所示。主桁采用三角形桁式,桁宽15m,标准桁高11.744m。采用双层桥面,下层为双线城市轨道交通,上层为双向四车道及两侧人行道。主梁支承体系布置为桥塔位置处设置固定支座,其他墩台均设置纵向活动支座。

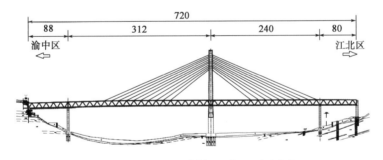

图 3.5-17　千厮门嘉陵江大桥立面布置(尺寸单位:m)

两座桥边中跨比与常规桁架式主梁斜拉桥相比均偏低,正常布索情况下将在边墩上产生很大的负反力,针对这一问题,两江桥首次提出了适用于公轨复合交通的单索面双桁片部分斜拉桥结构体系,有效解决了边墩墩顶反力问题,允分利用了钢桁梁自身的刚度及承载能力,减少了斜拉索数量,增加了桥面的通透性,分别在双塔和单塔2种布置方式上大幅度突破世界单索面部分斜拉桥的主跨跨径。

两江大桥的钢桁梁均采用双层正交异性钢桥面板与主桁结合、栓焊组合式构造,在上层桥面梁主桁之间设置通常的中央纵梁以传递索力带来的轴力,索力竖向分力通过上层加高的横梁来进行传递。由于该桥塔上拉索张拉空间受限,张拉端仅能设于梁端,因此设计提出了索梁锚固设于中纵梁下方和锚索横梁外侧的一种钢锚箱锚固方式,主梁截面布置如图3.5-18所示。

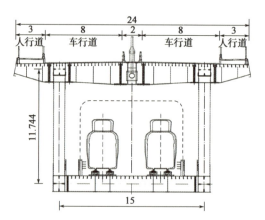

图 3.5-18　千厮门大桥主梁截面布置(尺寸单位:m)

3.5.4　独塔混合索面斜拉桥

除了上述双索面及单索面传统布置形式外,城市景观桥梁中还会出现多索面、边中跨不等索面等混合索面布置形式。

国内宁波外滩大桥(图 3.5-19),桥址为宁波市中心的核心地带。经过方案征集,采用了独塔四索面异形斜拉桥结构,桥塔和主梁均为全钢结构,跨径布置自西向东为 225m + 82m + 30m,全长 337m,该桥功能截面为双向六车道加非机动车道和人行道,桥塔采用倾斜的三角形不对称结构(图 3.5-20),位于主梁中间,为适应桥塔位置及功能截面的需要,主梁采用了分体式钢箱截面,单侧箱宽 17.07m,计入人行道挑臂总宽 21.4m,两箱梁间通过横梁联系。

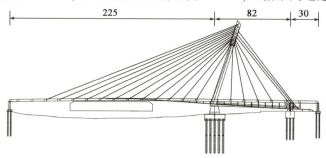

图 3.5-19　宁波外滩大桥立面布置(尺寸单位:m)

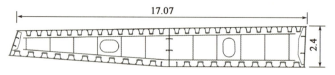

图 3.5-20　宁波外滩大桥横截面布置(尺寸单位:m)

主跨采用塔、梁、墩固结体系,梁和塔融为一体,前塔柱、后斜杆和边跨主梁形成主要的受力封闭三角体系。后斜杆产生的强大上拔力由两部分来平衡。恒载通过边跨尾端主梁及横梁、部分后斜杆以及后锚点内的压重来平衡;其他活载通过设置预应力锚固的后锚点承台来平衡。

印度新德里的 Yamuna 桥(图 3.5-21),采用异形独塔结构,主跨为 251m,全桥长度 575m。主梁采用三片工字钢组合梁,桥宽 35.2m,横梁采用变高工字型截面(图 3.5-22),间距为 4.5m,大桥截面布置如图 3.5-23 所示。桥面板采用预制结构,标准板厚 250mm,塔附近增加至 700mm。

图 3.5-21　印度 Yamuna 桥

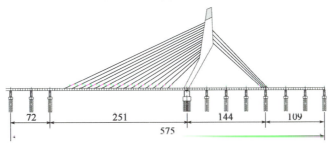

图 3.5-22　Yamuna 桥立面布置(尺寸单位:m)

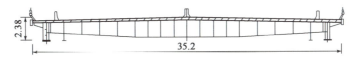

图 3.5-23　Yamuna 桥截面布置(尺寸单位:m)

该桥桥塔别具新意,下部采用分离双肢,上部拉索锚固区合二为一,桥塔下部与主梁固结,双肢之间的横向水平力由钢横梁承担,整个桥塔采用了钢结构,能够平衡部分中跨重量,其余不平衡力依靠锚固于墩顶的背索来承担。

泰国曼谷拉玛八世桥(图 3.5-24)是一座不对称独塔斜拉桥,主跨采用钢组合梁配空间双索面的结构形式,边跨采用预应力混凝土箱梁配单索面的结构形式。主桥全长 475m,主跨长 300m,2×50m 边跨范围内不设拉索,背索依靠岸上 75m 锚固跨来实现。

图 3.5-24　泰国拉玛八世桥

主跨桥面宽29.2m,双向四车道加慢行系统,主梁采用双工字钢组合钢板梁,钢梁高1.6m,每隔5m布置一道高1.3m钢横梁,主梁上翼缘宽700mm,下翼缘宽度从桥塔处的1300mm变化至750mm。为提高桥面板承载能力,预制桥面板采用了带肋结构,如图3.5-25所示。

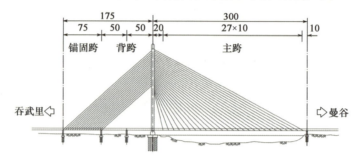

图3.5-25 拉玛八世桥立面布置(尺寸单位:m)

考虑全桥的景观效果,采用了纤维加劲复合板对主梁进行外包,这样边跨混凝土梁截面与中跨组合梁截面在外观上可以保持基本一致。

3.6 多塔斜拉桥

3.6.1 主要技术特点

多塔斜拉桥结构体系和双塔斜拉桥结构体系的力学性能存在显著的差异,双塔斜拉桥因为有边跨锚索的约束作用,在中跨加载时桥塔的塔顶不至发生过大的位移,桥塔自身刚度的变化对主梁的受力影响不大。多塔斜拉桥在一个中跨加载时,桥塔两侧斜拉索产生不平衡力,中间塔由于没有锚索约束,将发生很大的塔顶位移并产生巨大的弯矩作用,结构的整体刚度显著下降,跨中挠度明显增加,主梁的受力也将大幅增加。

三塔斜拉桥的结构刚度和受力性能等,在多塔斜拉桥中属于相对较好的。如果把中塔及其相应范围的斜拉索、主梁共同组成的结构,视为一个"桥塔结构体",那么这个"桥塔结构体"所受到的外界约束除了其基础以外,就是另外一个"桥塔结构体",两者之间通过主梁的连接实现。显然,对于三塔斜拉桥,两个边塔"桥塔结构体"为中塔提供约束,而边塔由于有锚索作用,具有较好的刚度,这就使得三塔斜拉桥比四塔以上的多塔斜拉桥具有更好的结构刚度和受力性能。尽可能利用合理的跨径布置和辅助墩的设置提升边塔的刚度,对于改善三塔斜拉桥结构整体的刚度和力学性能是非常重要的。

墨西哥梅兹卡拉桥为一座三塔双索面斜拉桥(图3.6-1),是墨西哥城到Acapulco高速公路上的一座重要桥梁,1993年建成。设有四个车道,桥面宽度约20m,斜拉桥全长939m,跨径布置为57m+80m+311.5m+299.5m+84m+68m+39.5m,如图3.6-2所示。斜拉索采用近似扇形布置,主梁采用钢-混组合梁,组合梁由工字形钢纵梁和钢横梁及20cm厚的混凝土桥面板组成。

图 3.6-1　墨西哥梅兹卡拉桥

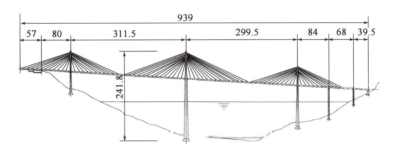

图 3.6-2　梅兹卡拉桥总体布置(尺寸单位:m)

从桥式布置可见,该斜拉桥两个边塔的边跨尽管跨径不大,但都设置了辅助墩,用以加强边跨的约束,加强边跨锚索的锚固效应,从而提升三塔斜拉桥的整体性能。鉴于本桥跨径仅有300m左右,在不显著加大中塔刚度的情况下,通过合理的结构布置后,可以满足斜拉桥的各项性能要求。

武汉二七长江大桥主桥(图 3.6-3)为三塔双索面斜拉桥,跨径布置为 90m + 160m + 616m + 616m + 160m + 90m,全长 1732m,桥宽 30.5m,梁高 3.5m,斜拉桥主梁采用混合梁,其中汉口及武昌岸 90m 边跨采用混凝土梁,其余梁段为组合钢板梁。钻石形桥塔高 205m,每塔两侧各有 2×22 根斜拉索,斜拉索的索距为 13.5m。边墩、辅助墩以及桥塔上均设有竖向支座和约束梁体横向位移的支座,仅中塔设有约束梁体纵向位移的构造,大桥截面布置如图 3.6-4 所示。

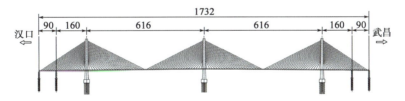

图 3.6-3　武汉二七长江大桥立面布置(尺寸单位:mm)

该桥体系刚度相对较弱,需要采取措施提高桥梁的整体刚度。设计中分别对设置中塔稳定索、设置跨中交叉索、增加中塔刚度的三种主要方案进行了研究比较。经综合比较后,认为通过增加中塔刚度的措施既可满足结构刚度要求,又在美观方面较为简洁而予以采用。边塔刚度对结构整体刚度影响较小,结构布置时中塔要具有必要的刚度,受温度力等影响,边塔刚度不宜太大。

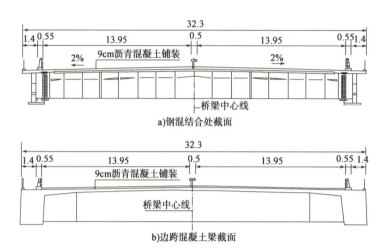

图 3.6-4　武汉二七长江大桥截面布置(尺寸单位:m)

对于超大跨径三塔斜拉桥,或三塔以上多塔斜拉桥来说,当仅仅依靠边塔边跨的合理布置或者增大中塔刚度并不一定能够完全解决问题时,往往采用改变缆索体系或者设置刚性桥塔来实现整体刚度的改善。

3.6.2　设置辅助索斜拉桥

中国香港汀九大桥就是采用改变缆索体系的一例。汀九大桥是一座三塔四索面组合梁斜拉桥(图3.6-5),横跨蓝巴勒海峡,于1998年5月通车。该桥的跨径布置为127m + 448m + 475m + 127m = 1177m,如图3.6-6所示。主梁采用钢-混组合梁,单幅桥桥宽18.8m(不包括风嘴宽度)。全桥共计384根斜拉索,采用扇形布置,梁上索距为13.5m。

图 3.6-5　中国香港汀九大桥

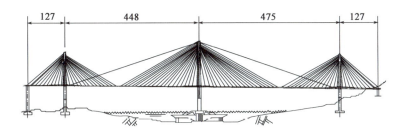

图 3.6-6 中国香港汀九大桥立面布置(尺寸单位:m)

斜拉桥的两主跨跨径不相同,主要是为了将中塔基础布置在水深较浅处,桥塔高度也不相同,主要是考虑边塔的布跨限制。桥塔采用独柱塔,桥面行车道上下行分开,分别位于独柱塔的两侧,在塔身处设置横向拉索,桥面下的塔身上嵌固2根横向空心钢梁,侧伸至桥面以外,桥塔两侧的横向拉索分别自桥塔上部拉至横向空心钢梁外端,再转向下至塔墩的变截面处,使桥塔恰似欧洲古代帆船的桅杆。为了解决三塔斜拉桥中塔柔性所引起的结构不利受力状况,采用设置稳定索的技术措施,两组稳定索由中塔塔顶分别连接到两个边塔主梁上。由于稳定索角度很小,非线性影响大,为了提高其刚度需要施加适当的初始张力。尽管存在非线性影响,稳定索的设置对于改善中塔及主梁受力作用仍然非常显著,并可以提高结构刚度,减小中塔基础的活载弯矩。

蒙华铁路洞庭湖大桥主桥为三塔双索面钢箱钢桁结合梁斜拉桥,跨径布置为 99.12m + 140m + 2×406m + 140m + 99.12m,全长 1290.24m;立面布置如图 3.6-7 所示。大桥同时采用了改变缆索体系及增大主梁刚度两种措施,来解决中跨刚度问题。桥塔、边墩、辅助墩均为活动支承,桥塔处纵向设阻尼器及限位装置,横向设抗风支座。桥塔采用钢筋混凝土结构,桥面以上为倒 Y 形,桥面以下塔柱内收为钻石形,塔高 157m。

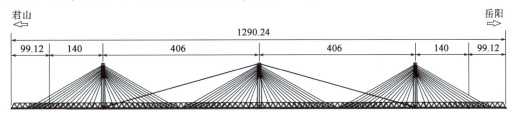

图 3.6-7 蒙华铁路洞庭湖大桥立面布置(尺寸单位:m)

蒙华铁路洞庭湖大桥为解决三塔双主跨双线铁路斜拉桥刚度问题,首次在斜拉桥上采用钢箱钢桁结合梁(图 3.6-8)。主梁主桁下弦杆件及其两侧的风嘴与桥面板组成钢箱结构,钢箱与主桁腹杆、上弦杆组成桁梁结构,有效提高了大桥的纵、横向刚度。另外该桥借鉴了中国香港汀九大桥的做法,中塔采用了稳定索布置于中塔塔顶与边塔桥面横梁上方的塔柱上,中塔稳定索长 417.6m,设置双索面,每个索面 2 根索间距 800mm。

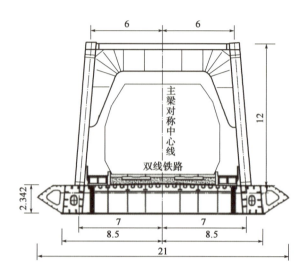

图 3.6-8　蒙华铁路洞庭湖大桥截面布置(尺寸单位:m)

3.6.3　设置交叉索斜拉桥

中国香港汀九大桥采用在中塔顶部设置稳定索的方式,虽然在改善桥梁受力及经济性方面取得了很好的效果,但把该技术用于更大跨径的斜拉桥上存在困难。随着斜拉桥跨径的增加,稳定索的长度随之增加、垂度显著增大,垂度的增大又使刚度大大减小,从而降低了稳定索的作用。为此英国昆斯费里大桥(图 3.6-9)采用了中跨斜拉索交叉锚固布置的方法。

图 3.6-9　英国昆斯费里大桥模拟图

英国昆斯费里大桥立面布置如图 3.6-10 所示,斜拉桥的纵向约束采用中塔和主梁固结的方式。钢筋混凝土桥塔位于上下行车道中央,斜拉索锚固在桥面中央。为了改善斜拉桥的受力性能,斜拉索在主跨跨中采用交叉锚固布置,采用中央锚固方式可以使得扇面简洁。此外,从单索面斜拉桥的跨径看,1994 年通车的跨径 510m 的日本鹤见航道桥,是世界上跨径最长的中央索面斜拉桥,英国昆斯费里大桥单索面斜拉桥的跨径将是一个新的突破。福斯湾桥址处最大水深 45m,岩床顶面高程 −85m。该桥位的确定是为了将桥塔建在岩石上,避免在深水中修建桥墩或需要很大的跨径。中塔采用 25m × 35m 的重力式基础,边塔承台尺寸为 29m × 41m,基础采用 16 根直径 3.4m 的灌注桩。

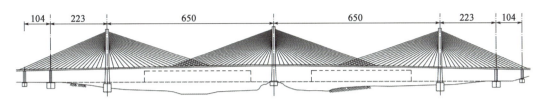

图 3.6-10 昆斯费里大桥立面布置(尺寸单位:m)

通过对已有多跨斜拉桥中塔稳定性的研究,并对英国昆斯费里大桥桥塔和主梁刚度进行了一系列的参数化研究,设计最终采用了在每个主跨将 25% 的斜拉索进行交叉锚固的方法。斜拉索交叉锚固后,当不平衡活载作用在其中一个主跨上,桥塔的侧向位移使斜拉索引起另一主跨主梁上挠,在另一跨交叉锚固的斜拉索与远处边塔接连发生卸载,如此将改善中塔及主跨主梁的受力。为此,针对采用正交异性板结构和组合结构两种主梁,在相同结构参数下,对斜拉索交叉和不交叉布置进行了比较。主梁采用正交异性板结构一般比组合结构更柔,其较轻的结构相应采用面积更小的斜拉索,从而降低斜拉桥的整体刚度。

在活载单独作用于一个主跨时,斜拉索交叉锚固和不交叉锚固时的挠度差别十分显著,斜拉索交叉锚固时,正交异性板结构主梁最大挠度减小了 25%,组合结构主梁最大挠度减小了 20%。斜拉索交叉布置提高了桥梁的总体刚度,从而提高了结构的静、动力性能。

图 3.6-11 是斜拉索交叉和不交叉布置时的主梁活载弯矩包络图。横轴以中塔位置为 0 点,负值一侧代表正交异性板主梁斜拉桥,正值一侧表示组合结构主梁斜拉桥。可以看出斜拉索交叉锚固时,十分有效地降低了最大弯矩。

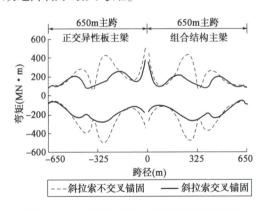

图 3.6-11 斜拉索交叉布置对主梁活载弯矩影响

采用交叉斜拉索方案的另一个优势是可以减小中塔底部的纵向弯矩,斜拉索交叉布置时,中塔底部可以减小近 30% 的纵向弯矩。

国内黄茅海大桥根据通航及建设条件,采用三塔斜拉桥(图 3.6-12),桥长 2200m,跨径布置为 100m+280m+720m+720m+280m+100m,边中跨比为 0.53,高跨比为 0.25。主梁采用分体式钢箱梁,梁高 4.0m,斜拉索横向间距为 46.9m。桥塔采用混凝土变截面独柱塔,塔底为圆形截面(直径 20m),桥面处为圆端形截面(顺桥向尺寸 15.18m,横桥向尺寸 10m),上塔柱腰部为圆形截面(直径 8.5m),塔顶为圆形截面(直径 11m),大桥主梁截面布置如图 3.6-13 所示。斜拉索采用平行钢丝索,最长约398m。为提高主梁竖向刚度,设置 $4 \times 5 = 20$ 根中央交叉索,最长约517m。

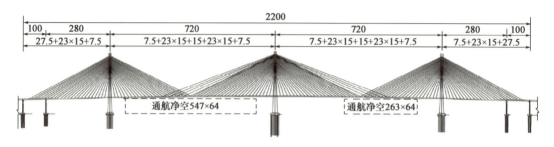

图3.6-12 黄茅海大桥立面布置(尺寸单位:m)

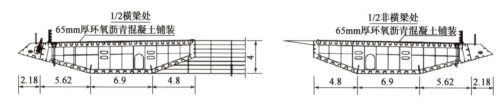

图3.6-13 黄茅海大桥截面布置(尺寸单位:m)

支承体系采用竖向全飘浮约束体系,塔与梁连接处不设竖向支座,辅助墩和过渡墩处设竖向支座。中塔塔梁连接采用纵向弹性索体系+横向抗风支座,设16根弹性索,最长约34m;边塔与梁连接采用纵向阻尼+横向抗风支座,辅助墩和过渡墩采用竖向支座+横向抗风支座。

黄茅海大桥设计中对设置塔间水平加劲索、塔间倾斜加劲索、辅助索和交叉索的几种典型加劲索布置形式进行了参数分析。黄茅海大桥在不采取任何加劲索措施时,其最不利汽车活载作用下中跨主梁的最大位移幅值为2.55m,不满足规范中不大于1.8m的要求;通过设置水平或倾斜加劲索能够一定程度提高结构刚度,减小主梁挠度,但中跨主梁最大位移幅值仍不能满足规范要求;通过在中塔设置一定数量的辅助索或交叉索,可以使中跨主梁在最不利汽车活载作用下的竖向挠度幅值满足设计要求,是提高结构竖向刚度的有效斜拉索加劲形式。而从便于工程实现角度考虑,交叉索的锚固构造实现方式简单经济,因此最终采用拉索布置形式为在中塔设置5对交叉索,如图3.6-14所示。

图3.6-14 交叉索布置示意

3.6.4 刚性塔斜拉桥

多塔斜拉桥的力学性能前面已经做了分析,对于三塔斜拉桥,依靠边塔及其边跨的合理布置,可以改善中间桥塔及加劲肋的受力,当该方式不能很好解决问题时,可进一步采用增设辅助索及斜拉索采用交叉索布置的形式,通过改变缆索体系的方式满足要求。对于四塔以上的多塔斜拉桥,当上述措施都不足以解决问题时,中间桥塔的柔性效应需要通过直接增加其刚度加以解决。希腊 Rion-Antirion 桥就是采用加大桥塔刚度的方法提高多塔斜拉桥的结构刚度。Rion-Antirion 桥横跨科林斯海湾,大桥于 2004 年通车(图 3.6-15)。

图 3.6-15 希腊 Rion-Antirion 大桥

该大桥位于强地震带,其地质条件差,且水深、通航要求高,这些不利条件给建桥带来很大的困难。主桥采用四塔五跨组合梁斜拉桥方案,主梁跨径布置为 286m + 3×560m + 286m = 2252m,如图 3.6-16 所示。

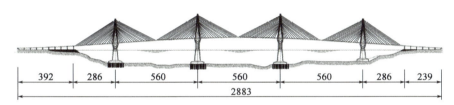

图 3.6-16 Rion-Antirion 大桥立面布置(尺寸单位:m)

斜拉桥主梁在全长 2252m 范围内是连续的,并在两端设置伸缩缝,全长由 8 组 23 对斜拉索锚固在桥塔之上,梁上索距为 12m。在顺桥向,主梁可自由活动,适应温度、风荷载、活载和地震荷载作用下位移,伸缩缝在正常运营荷载下的设计位移为 2.5m,而在地震等偶然事件下的设计位移可达 5.0m。主梁采用钢-混组合钢板梁,宽度为 27.2m,由钢纵梁、钢横梁及桥面板组成。

希腊 Rion-Antirion 大桥桥塔如图 3.6-17 所示。由于海床 20m 深范围的土层力学性能不好,为提高地基承载性能,用长 25~30m、直径 2m 的钢管以 7~8m 的间距进行土体加固,每墩下约有 250 根钢管桩。为允许基础与地基之间的滑动,在钢管上铺设厚 3m 的砂砾层,桥梁基础直接摆放在该砂砾层上,基

图 3.6-17 Rion-Antirion 大桥桥塔

础和砂砾层间没有连接,可在地震时产生向上及左右的移动(但在运营期及小地震时不会滑动),同时起了隔震的作用。每个支承在加固地基上的基础均由直径90m的混凝土沉箱构成。由于沉箱尺寸较大,设置32道放射状腹板,每道腹板厚1m,高度从中心的13.5m降到边缘的9m。在此基础上,桥墩直径从底部的38m过渡到上端27m的圆锥形构架,组成水下基础的上半部分,其高度根据水深和桥墩位置为37~53m不等。在海平面以上的桥墩呈八边形,墩高26m(中间两墩)和6m(两边墩)。桥墩顶部是倒金字塔状结构,高16m,顶面为边长40m的正方形。再往上则是4根高强混凝土塔柱,每根尺寸为4m×4m×0.7m。4根塔腿均朝中间倾斜,至上塔柱底处合并为整体。塔柱顶部为35m高的上塔柱,上塔柱由钢锚箱与两侧厚2.5m的竖向混凝土墙组成,形成整体结构。桥塔采用C60~C70混凝土,设计时除了对混凝土强度提出了较高的要求外,对混凝土的延性指标等也规定了较高和具体明确的要求,在塔柱内布置螺旋钢筋的箍筋以提高混凝土延性,并适应地震时塔顶可能发生的较大位移。桥塔顶部的高度距海面160m,设计计算塔顶位移为50cm,但实际可承受140cm。

桥塔采用空间结构形式,在桥梁纵向形成三角形布置,四根倾斜的塔柱提供足够的抗弯刚度。这不仅增加桥塔本身的造价,同时也会使基础反力大幅增加,特别是所受弯矩增加尤为显著,这将导致基础造价昂贵。

希腊Rion-Antirion桥没有采用改变缆索体系的方法,比如采用中国香港汀九大桥那样的稳定索,或者塔顶设置水平索以及相邻桥塔斜拉索在跨中梁上交叉布置,而是采用直接增加桥塔刚度的方法,从一般工程上看,这一做法是不经济的。但由于该桥跨越地震断裂带及极高的抗震要求,加上超过60m的水深条件,使得采用设置稳定索等经济性较好的方法,即使能够解决桥梁运营阶段的结构受力与性能要求,也难以满足桥梁抗震方面的要求。因此,可以认为Rion-Antirion桥是在一定特殊条件下的选择,在条件合适时,首先还是应该考虑更为经济的解决办法。

南京江心洲长江大桥为钻石形(纵向)桥塔中央双索面三塔斜拉桥结构。主跨跨径布置为80m+218m+2×600m+218m+80m,半飘浮体系(图3.6-18)。中桥塔处设置两排竖向拉压刚性支座,布设横向抗风支座;边桥塔设置两排竖向支承支座,其中中跨侧为12000t量级的弹性支座,边跨侧为刚性支座,设置横向限位支座和纵向位移阻尼;辅助墩和过渡墩均有一排竖向和横向的约束支座。大桥截面布置如图3.6-19所示。

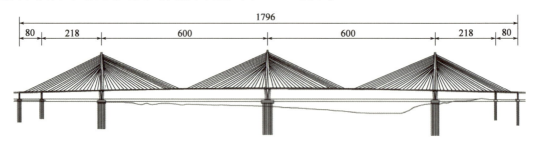

图3.6-18 江心洲长江大桥立面布置(尺寸单位:m)

对于本桥而言,由于跨径较大,采用中国香港汀九大桥这种张拉辅助索来提高全桥刚度的做法作用有限,提高桥塔自身刚度或主跨跨中设置交叉索才是较为有效且经济的做法,考虑全桥景观效果,本桥采用提高桥塔自身刚度的措施。桥塔塔柱纵桥向打开的方案是提高桥塔自身刚度比较有效的措施,不同于Rion-Antirion桥桥面以上四根塔柱的布置方式,江心洲长江大桥(图 3.6-20)在横桥向采用单柱形式,仅在塔柱纵向打开成钻石形,纵向开口尺寸为 21m,这样搭配中央双索面扁平流线型整体箱梁的主梁,呈现出独特的视觉效果,做到了力学与美学的协调统一。

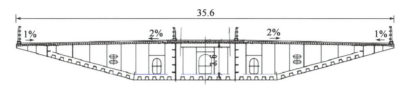

图 3.6-19　江心洲长江大桥截面布置(尺寸单位:m)

图 3.6-20　江心洲长江大桥

越南日新(Nhat Tan)大桥就是多塔斜拉桥的另一种类型的实例。日新桥位于越南首都河内,是一座五塔组合梁斜拉桥(图 3.6-21),跨径布置为 150m + 4×300m + 150m = 1500m,如图 3.6-22 所示,大桥于 2014 年通车。桥面宽 35.6m,设有 23.75m 的机动车道、3.75m 的公交车道、3.3m 的非机动车道及 0.75m 的人行道。为提高大桥的抗风稳定性,在主梁桥面板最外侧安装风嘴,斜拉索采用扇形双索面布置,梁上索距为 12.0m,每座桥塔配置 11 对斜拉索。组合梁由钢纵梁、钢横梁及桥面板组成,桥面板采用预制混凝土板。

图 3.6-21　越南日新大桥

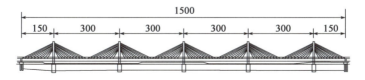

图 3.6-22　日新大桥立面布置(尺寸单位:m)

越南日新大桥的主跨为300m,不仅跨径较小,而且桥下塔墩高度较小,这两项因素对于该多塔斜拉桥具有重要的影响。桥塔的刚度与其截面尺寸、高度有关,同等截面尺寸的桥塔,桥面上下塔柱的总高度较低时桥塔的刚度较大;斜拉桥跨径减小,在最不利加载工况下,结构的受力也会显著减小。以上两项因素综合影响下,该桥可以在桥塔尺度较双塔斜拉桥适当增加的条件下,满足结构受力等性能要求。

五座桥塔为钢筋混凝土结构,塔高为106.31~108.56m,上部结构由设置在桥塔中间的横梁支承。横梁以下向中心方向收缩,桥塔底部与沉井基础的顶板刚性连接。考虑景观要求和减少水流阻力,桥塔底部塔柱的截面设计为六边形,底部至横梁间塔柱截面变为七边形,横梁以上塔柱截面为五边形(图3.6-23)。PC横梁为矩形截面,横梁下翼缘呈弧状。

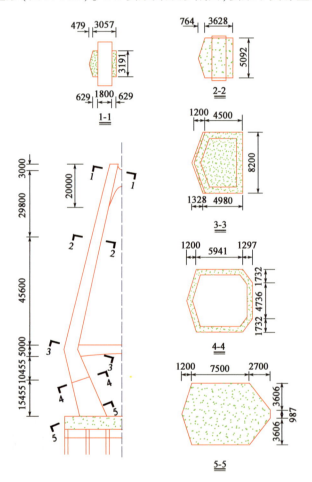

图3.6-23 日新大桥桥塔构造(尺寸单位:mm)

桥塔上部预埋锚固斜拉索的左、右2个钢锚箱间用钢箱梁连接,形成钢锚梁结构,周围填充混凝土。桥塔的各构件基本上为空心截面,为确保刚度和应力传递顺畅,距桥塔底部约5m、横梁隅角附近及钢锚箱底部附近采用实心截面。为确保钢锚箱内部的斜拉索张拉空间,沿桥塔塔柱截面顺桥向设计成悬臂形状。钢锚箱与RC塔柱通过配置在横桥向的剪力钉及底面的锚栓连接。

加拿大金耳大桥是一座四塔五跨组合梁斜拉桥,于 2009 年建成通车,如图 3.6-24 所示。该桥跨越不列颠哥伦比亚省温哥华的 Fraser 河,桥梁全长 968m,采用塔梁墩固结体系,四座高 80m 的桥塔的塔墩均采用双薄壁墩,斜拉索采用竖琴式布置。

图 3.6-24　加拿大金耳大桥

斜拉桥跨径布置为 121m + 3×242m + 121m,如图 3.6-25 所示。大桥桥面宽度 32m,可提供双向六车道外加两侧各 2.0m 的人行道。组合梁由钢纵横梁及混凝土桥面板组成。

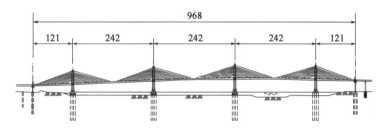

图 3.6-25　金耳大桥跨径布置(尺寸单位:m)

该桥属于中小跨径的多塔斜拉桥,塔梁固结体系及双薄壁墩塔墩的设计,在提高桥塔抗弯刚度的同时,降低了塔墩的抗推刚度。这一方面满足了多塔斜拉桥对结构整体刚度的要求,另一方面也降低了固结体系在温度作用力和收缩徐变下的效应。

除上述跨越江海多塔斜拉桥外,还有许多跨越山谷的多塔斜拉桥,其显著特点在于超高桥墩,需要协调好斜拉桥总体竖向抗弯刚度与水平抗推刚度,高效应对结构所受活载和温度等作用。法国米劳大桥是一座七塔斜拉桥(图 3.6-26),主跨 342m,最高的桥墩达到了 336.4m,为提高体系整体刚度,采用塔梁固结结构体系,桥塔在顺桥向打开以提高桥塔抗弯刚度,下部墩柱在桥面以下 90m 范围内设计成分叉结构,兼顾增加抗弯刚度、减小抗推刚度的需求,并与上部桥塔构造相呼应,兼顾受力与景观需求。大桥截面布置如图 3.6-27 所示,桥塔构造如图 3.6-28 所示。

图 3.6-26　法国米劳大桥

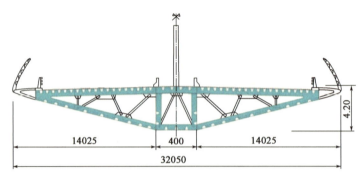

图 3.6-27　米劳大桥截面布置(尺寸单位:m)

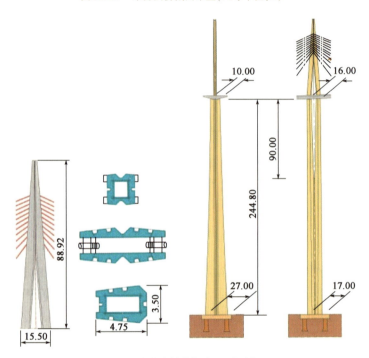

图 3.6-28　米劳大桥塔构造(尺寸单位:m)

3.7　混合梁斜拉桥布置

3.7.1　主要技术特点

混合梁斜拉桥是斜拉桥体系中重要的组成部分,从小跨径到大跨径斜拉桥都有应用,主跨1018m 的中国香港昂船洲大桥是边跨为混凝土梁、中跨为钢箱梁的混合梁斜拉桥。混合梁的梁型组合也是多种多样,以边跨为混凝土梁、中跨为钢梁最为常用,也有不少边跨为混凝土梁、中跨为组合梁以及边跨组合梁、中跨为钢梁的案例。

从混合梁的特点看,一般中跨主梁的刚度与质量相对较小,边跨主梁的刚度与重量相对较大,边跨最常用的是混凝土主梁。由于混凝土结构的特点,边跨宜采用较小的跨径布置,以便控制边跨梁的长期变形、方便施工。因此,也一般用于边跨处于岸上、浅水或适合布置较小跨径的桥址环境,边中跨比例可以从总体受力的合理性加以确定,甚至当边跨布置受到限制时采用更小的比例。

一座斜拉桥上混合梁两种梁型的分界位置也是多种多样,既有边跨主梁越过桥塔深入斜拉桥中跨一定范围的,也有在分成多跨的斜拉桥边跨中仅一跨(端跨)采用的,需要结合桥址环境、结构受力以及安装施工等综合考虑确定。混合梁两种梁的结合部位是构造复杂的薄弱环节,从结合部的受力要求看,结合点宜选择在轴力较大、弯矩和剪力较小的位置,不过从总体考虑常常并不能完全做到,但在满足总体需求的情况下应该尽可能做出有利的选择,比如稍作调整避免将结合部位设置在辅助墩墩顶等。

从混合梁斜拉桥的特点来看,边跨以混凝土梁替代中跨的组合梁或钢箱梁,可以降低主梁造价;通过更好地考虑斜拉桥总体受力以及施工的合理性,从而提高斜拉桥的经济性。因此,在条件合适时,混合梁斜拉桥将成为具有技术经济优势的桥型方案。

3.7.2 开口截面梁斜拉桥

徐浦大桥(图3.7-1)是上海继南浦大桥和杨浦大桥之后建设的第三座组合梁斜拉桥,这座大桥在前两座组合梁斜拉桥经验的基础上,充分利用边跨处于岸上的有利条件采用了混合梁斜拉桥。上海徐浦大桥斜拉桥全长1074m,跨径布置为40m(过渡孔)+40m+3×39m+45m+590m(主跨)+45m+3×39m+40m+40m(过渡孔)=1074m,如图3.7-2所示。桥宽35.95m,为八车道公路桥梁,每侧设置0.75m宽的检修道。

图3.7-1 上海徐浦大桥

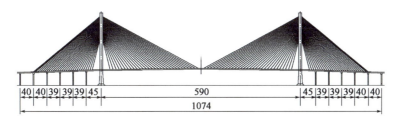

图3.7-2 徐浦大桥主桥立面布置(尺寸单位:m)

混合梁的中跨采用组合梁、边跨采用混凝土主梁,组合梁的钢梁采用窄幅箱形纵梁和工字型横梁的结构形式,边跨混凝土梁兼顾与组合梁的连接以及与引桥施工方法的一致,截面形式如图3.7-3所示。

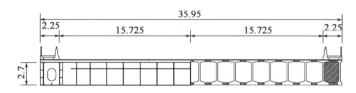

图3.7-3 徐浦大桥主桥横截面布置(尺寸单位:m)

斜拉桥边跨采用跨径为40m左右的混凝土梁,边跨与中跨之比约为0.34,在改善了斜拉桥总体受力性能的同时,使得斜拉桥的经济性得到大幅提升。

美国波士顿的Bunker Hill大桥于2003年4月建成通车,斜拉桥虽然跨径不大,但却是一座具有一定特色的混合梁斜拉桥。Bunker Hill大桥(图3.7-4)是波士顿大中央干道工程的重要工程,设计采用双向十车道。斜拉桥全长为429m,桥宽为56m,大桥立面布置如图3.7-5所示。

图3.7-4 美国Bunker Hill大桥

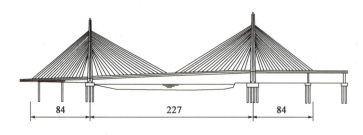

图3.7-5 Bunker Hill大桥立面布置(尺寸单位:m)

由于受到地质、地下水文以及周边复杂交通环境等限制条件的影响,Bunker Hill大桥最终采用双塔斜拉桥结构体系。大桥地处波士顿市区入口,桥塔采用倒Y形,象征着大门的意义(图3.7-6)。中跨采用重量较轻的钢-混组合梁,边跨采用重量较重的预应力混凝土梁。

图 3.7-6　过桥驾驶人角度拍摄桥梁

从桥式布置可见,斜拉桥的两个边跨斜拉索呈对称布置,但两个边跨预应力混凝土梁的跨径布置不同,一侧跨径较小、另一侧跨径较大,这是考虑了两岸具体布跨限制条件的结果。斜拉索对称布置兼顾了桥梁的美学效果,混凝土梁的不对称布置兼顾了建设条件。

墨西哥巴鲁阿特大桥主桥是一座跨越崇山峻岭混合梁斜拉桥(图 3.7-7),其边跨主梁的结构形式和施工方法为山区斜拉桥提供了很好的借鉴。大桥位于墨西哥锡那罗亚州,于 2012 年 1 月通车,凭借其鲜明特点及特殊地理位置成为墨西哥的一座代表性桥梁,图 3.7-7 为大桥实景。这座斜拉桥桥面距谷底约 403.4m,桥梁全长 1124m,跨径布置为 250m+520m+354m,主跨采用钢-混组合梁,两边跨采用预应力混凝土梁,边跨主梁一直延伸至桥塔中跨内 44m。桥塔采用倒 Y 形桥塔,全桥共计 152 根斜拉索,采用近似扇形布置。

图 3.7-7　墨西哥巴鲁阿特大桥

中跨主梁宽度 19.76m,设有双向四车道,为组合钢板梁。边跨主梁宽度约为 22m,是以预应力混凝土梁为主的特殊组合结构。

受山区地形条件限制,这座斜拉桥的边跨的桥墩需要根据地形地质条件进行设置,因而边跨的布置并不对称,而且这些桥墩很高,部分甚至超过 100m。可以想见,若边跨采用预应力混凝土梁,施工难度较大。边跨采用组合结构后,两侧预应力混凝土箱形纵梁体量显著减小,施工时先行浇筑完成两侧边纵梁,再安装较轻质的钢横梁,最后完成横梁顶面混凝土桥面板的浇

图3.7-8 边跨主梁施工场景

筑(图3.7-8)。边跨结构形式的创新为施工带来了极大的便利,也为斜拉桥获得良好的总体性能提供了保证。

如前所述,对于三塔斜拉桥,设置辅助墩、加强边跨主梁的刚度、采用合理的边中跨比布置,提升边塔系统的刚度,可以改善三塔斜拉桥整体结构的刚度和受力性能。其中,主梁采用混合梁就是实现上述目的的方式之一,武汉二七长江大桥(图3.7-9)主桥就是采用混合梁的三塔斜拉桥。

该斜拉桥的跨径布置为$90m + 160m + 2 \times 616m + 160m + 90m = 1732m$,桥式布置如图3.7-10所示,大桥于2011年12月通车。该桥两个90m边跨为混凝土梁,其余全部为钢-混凝土组合梁,混凝土梁与组合梁的结合面设于160m边跨内距辅助墩4.5m处。桥塔为花瓶形混凝土结构,承台以上高209m。

图3.7-9 武汉二七长江大桥

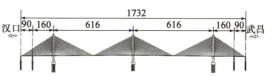

图3.7-10 二七长江大桥(尺寸单位:m)

受制于通航和跨越河道要求,250m的边跨范围不能全部采用小跨径的布置,而是采用了160m+90m的布置方式,斜拉桥的边中跨比约为0.4。本桥仅在边跨90m跨采用了预应力混凝土梁,和主跨及160m边跨的组合钢板梁相比,混凝土梁的刚度和重量显著增加,相应的斜拉索在该区域加密布置。从自然条件来看,本桥并不具备采用混合梁的最佳条件,但即使只能有偏大的90m跨采用刚度较大的混凝土梁,在配合采用合理的边中跨比例及斜拉索布置的情况下,对于改善三塔斜拉桥的整体受力和经济性也是非常重要的。

3.7.3 箱形主梁斜拉桥

箱形截面主梁是混合梁斜拉桥最常用的截面形式,从诺曼底大桥、多多罗桥、昂船洲大桥到后来的鄂东长江公路大桥、九江长江大桥、荆岳长江公路大桥等,均采用了边跨混凝土箱梁、中跨钢箱梁的结构形式,而且随着桥宽的增加,截面布置也由传统的整体箱转变为分体箱形式。

1995年建成的法国诺曼底大桥(Normandie Bridge)(图3.7-11、图3.7-12),跨越塞纳河,全长2141m,桥跨布置为$27.75m + 32.5m + 9 \times 43.5m + 96m + 856m + 96m + 14 \times 43.5m + 32.5m$,边跨引桥采用预应力混凝土箱梁,中跨采用正交异性桥面板钢箱梁,接头位于中跨侧距离桥塔116m位置。

设计当中充分考虑了边中跨的荷载比例,预应力混凝土箱梁重量大约为450kN/m,而中跨钢箱梁重度约90kN/m,边中跨悬殊的重量差异保证了边跨支墩不会出现负反力,同时较多的辅助墩一方面能够承担边跨主梁自重,改善混凝土主梁受力,另一方面增加了中跨刚度,而且较多的辅助墩减小了锚索的索力变化幅值,改善了锚索的疲劳性能。诺曼底大桥的建成将当时斜拉桥跨径的世界纪录大幅提高,也为后来斜拉桥向更大跨径发展奠定了基础。

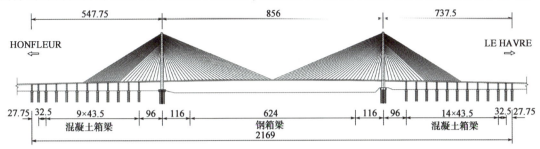

图3.7-11 诺曼底大桥立面布置(尺寸单位:m)

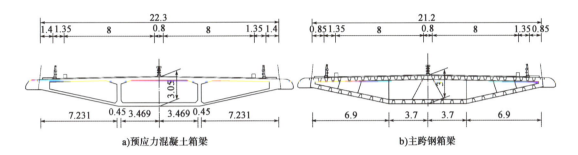

图3.7-12 诺曼底大桥截面布置(尺寸单位:m)

该桥主梁设计时一方面要考虑桥位处抗风要求,尽量减小主梁迎风面积,另一方面又要保证足够的抗扭刚度,还要考虑钢混接头的构造要求,最终采用了这种流线型的封闭箱梁形式,混凝土梁为单箱三室截面,钢梁在靠近钢混接头位置为单箱三室截面,其余区段为单箱单室截面。

在诺曼底大桥建成后不久,日本多多罗桥也相继完成,该桥主跨890m,比诺曼底大桥主跨长34m,成为当时跨径最大斜拉桥,桥的立面布置如图3.7-13所示。

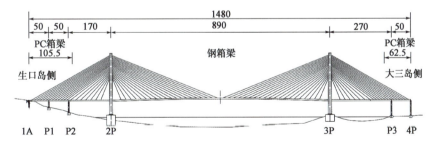

图3.7-13 日本多多罗桥立面布置图(尺寸单位:m)

日本多多罗桥跨径布置为 50m + 50m + 170m + 890m + 270m + 50m,两边跨布置因地形和施工条件的原因是不对称的,其边中跨比分别为0.3和0.34,比一般斜拉桥的边中跨比要小,因此在边跨锚跨内布置了预应力混凝土箱梁,以平衡恒载下的上拔力,其中生口岛侧混凝土梁长度105.5m,大三岛侧长62.5m。

日本多多罗桥主梁延续了法国诺曼底大桥的形式,采用了带有风嘴的扁平钢箱梁结构,2.7m 的梁高相对来说要更加纤细。后面这种带风嘴的扁平钢箱梁成为大跨径斜拉桥主梁的主要截面形式,国内建成的舟山桃夭门大桥、湛江海湾大桥、九江二桥等均采用了边跨混凝土箱梁、中跨扁平钢箱梁的混合梁形式。主梁截面布置如图 3.7-14 所示。

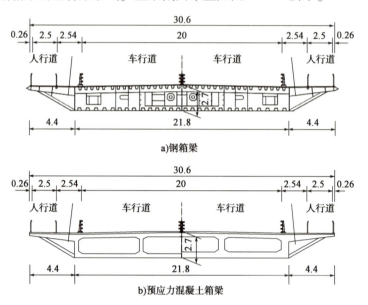

图 3.7-14　多多罗桥截面布置(尺寸单位:m)

中国香港昂船洲大桥跨越蓝巴勒海峡,连接青衣与昂船洲两地,是香港 9 号干线疏缓工程——青衣至长沙湾段中的主要工程(图 3.7-15、图 3.7-16)。大桥主桥为总长 1596m 双塔双索面斜拉桥,其中主跨跨径为 1018m,两侧边跨各长 289m,边跨均由 79.75m + 2×70.00m + 69.25m 四跨组成。桥塔为独柱式塔,从塔底至塔高 175m 段为混凝土结构,175~293m 段为钢混组合结构。主梁为分体箱钢梁,锚跨为分体箱预应力混凝土梁,钢混交界处布置在边跨内距桥塔约 50m 处。斜拉索按近似扇形布置,锚固在梁的外缘上,主跨梁上索距为 18m,锚跨梁上索距为 10m。

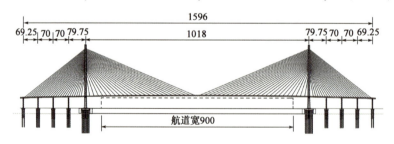

图 3.7-15　昂船洲大桥总体布置图(尺寸单位:m)

边跨主梁采用墩梁固结体系,其中有 3 个辅助墩为独柱式墩,交接墩采用双柱式门架结构。主梁在横向由桥塔上的横向抗风支座及锚跨桥墩约束;在纵向则由桥塔处的液压阻尼装置及边跨桥墩约束。设置液压阻尼装置是为了保证梁在温度、平均风速等静力作用下,能够移动,并能抵抗风致抖振、地震力等引起的短期动力。桥塔处纵横向约束体系如图 3.7-17 所示。

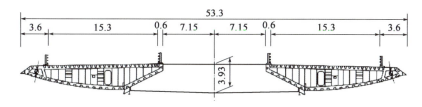

图 3.7-16　昂船洲大桥截面布置(尺寸单位:m)

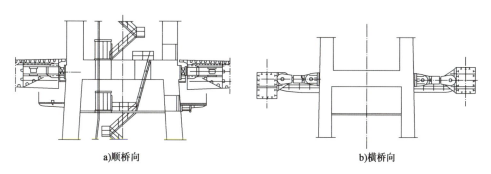

a)顺桥向　　　　　　　　　b)横桥向

图 3.7-17　桥塔外纵横向约束体系

2010 年建成的荆岳长江公路大桥(图 3.7-18)受桥位处特殊地质条件的限制,采用了不对称混合梁斜拉桥,跨径布置为 100m + 298m + 816m + 80m + 2 × 75m,桥宽 38.5m,南、北采用高低塔布置。北边跨位于水中,设 1 个辅助墩,边中跨比值为 0.488;南边跨位于岸上,设 2 个辅助墩,边中跨比值为 0.282。不对称的跨径布置导致南边跨刚度要比北边跨大,这主要体现在南、北塔内力及位移、边跨主梁内力及边跨斜拉索应力幅值的差异上,对主跨主梁及斜拉索的受力影响不大。

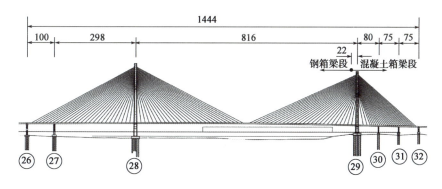

图 3.7-18　荆岳长江公路大桥立面布置图(尺寸单位:m)

主桥采用半飘浮结构体系,在桥塔、辅助墩、交界墩处设置竖向活动支座,共 7 对,在桥塔和 26 号、32 号墩处设置横向限位支座,塔、梁之间设 2 组纵向黏滞阻尼器。在 26 号、27 号墩墩顶钢箱梁内设置压重,避免支座出现负反力。

结合宽梁的受力特点,为节省材料,主梁采用双边箱的截面形式(图 3.7-19),提高了截面的受力效率,同期建成的鄂东长江公路大桥采用相同的截面形式,取得了较好的成果,但这种

截面形式对维修养护要求相对较高。

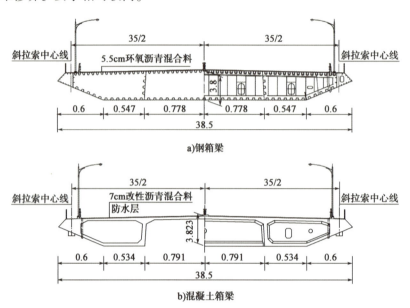

图 3.7-19　荆岳长江公路大桥主桥截面布置(尺寸单位:m)

3.7.4　桁架主梁斜拉桥

组合钢桁梁斜拉桥也有采用混合梁的工程实例,中国香港汲水门大桥就是具有国际影响的一例,如图 3.7-20、图 3.7-21 所示。汲水门大桥为主跨 430m 的双塔双索面斜拉桥,跨径布置为 70m + 80m + 80m + 430m + 80m + 80m,桥面宽 35.26m,全长 820m,1997 年通车,如图 3.7-22 所示。主跨主梁采用双层桥面的组合钢桁梁,上层为双向六车道快速公路,下层为两条机场铁路线和两条应急单线车道,主梁高 7.47m。其中主跨中部 390m 长的主梁采用钢-混组合梁,主跨其余部分和 4 个边跨的主梁,采用外形类似的预应力混凝土梯形箱梁。

图 3.7-20　中国香港汲水门大桥

图 3.7-21　汲水门大桥组合钢桁梁布置示意

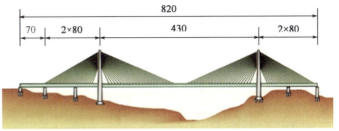

图 3.7-22　汲水门大桥立面布置(尺寸单位:m)

中国香港汲水门大桥采用了双层组合的组合梁,即上下层公路桥面均采用了混凝土板与钢梁结合共同受力,增加了大桥的气动稳定性,提高了结构承载效率,降低了建造成本。边跨采用预应力混凝土主梁,并运用顶推法施工,大量减少施工临时支架,降低了施工时间与工程造价。边跨采用重量较大的主梁后,采用较小的边跨长度(边中跨比为0.372),可以提高结构的总体刚度,这对铁路桥梁是非常有利的。为防止边跨支点出现负反力而脱离支座,边墩设置了竖向拉索将梁体锚于桥墩上。

2016年建成的贵黔高速公路鸭池河大桥是一座双塔混合梁斜拉桥(图3.7-23),跨径布置为72m+72m+76m+800m+76m+72m+72m,立面布置如图3.7-24所示。主跨主梁为正交异性钢桥面板结合钢桁梁,边跨主梁为预应力混凝土边箱梁,主、边跨采用钢箱过渡。主梁在桥塔下横梁、辅助墩处设置多向(双向)球形钢支座,过渡墩处设置1个单向活动支座和1个双向活动支座,桥塔处设横向抗风支座,每个塔梁连接处顺桥向安装4套黏滞阻尼器。

图 3.7-23　贵州鸭池河大桥

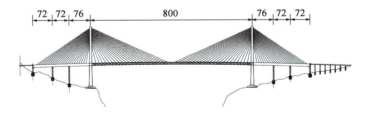

图 3.7-24　贵州鸭池河大桥立面布置(尺寸单位:m)

鸭池河山高谷深、地势险峻、岸坡前缘近于直立,桥梁跨越东风电站库区,需考虑水源保护,同时结合桥址地质情况,确定主跨为800m,由于起点侧地形限制,为避免大规模开挖造成的风险及破坏环境,边跨布展长度有限,仅能采用220m左右的跨径,这样一来鸭池河大桥边中跨比仅为0.275,明显小于常规斜拉桥边主跨比,因此,鸭池河大桥采用混合梁结构较为合适。另外该桥主跨采用钢桁梁,具有杆件轻、运输方便、施工便捷的优点,特别适合山区运输条件差,仅能小规模运输的特点。边跨采用预应力混凝土梁后,能平衡超大主跨的钢桁梁重量、使边跨各支点均不出现拉力。同时,后锚拉索的密集分布能提高整桥的总体刚度,改善结构体系的受力。

第4章
钢梁

4.1 发展概况

4.1.1 概述

18世纪钢铁开始在桥梁结构中应用,1779年英国建成第一座铸铁拱桥赛文桥,1874年美国建成第一座使用钢材修建的桥梁——密西西比跨越Stolouis河Eads桥。20世纪初开始,许多精美的钢桥先后建成,跨径也不断刷新纪录。20世纪50年代以来,随着斜拉桥与正交异性钢桥面板理论的发展完善以及工程实践的探索和经验积累,采用正交异性钢桥面板的全钢主梁斜拉桥得到开发和发展。

1957年德国建成了Düsseldorf North桥(图4.1-1),该斜拉桥主梁采用正交异性钢桥面板开口钢梁,三跨连续布置,斜拉索采用竖琴式布置,跨径布置为108m+260m+108m。

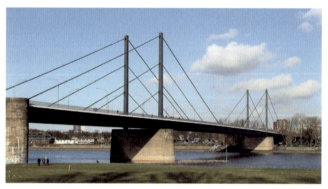

图4.1-1 德国Düsseldorf North桥

正交异性钢桥面板始于与钢板梁结合使用,随后在钢箱梁和钢桁桥梁中得到应用。1966年英国建成了Severn桥(主跨988m悬索桥),首次采用扁平钢箱梁作为悬索桥的主梁。1967年联邦德国建成的Friedrich Ebert桥(图4.1-2),为主跨280m的双塔单索面钢箱梁斜拉桥,桥宽36m,开创了密索体系的先河。主梁采用了较大梁高的中心箱钢箱梁,以满足单索面布置情况下的结构抗扭需求。

图 4.1-2　德国 Friedrich Ebert 桥

1971 年通车的位于 Duisburg-Neuenkamp 莱茵河大桥(图 4.1-3)创下了当时 350m 跨径的斜拉桥纪录,主梁全宽 36.3m,采用带斜撑的中心箱钢箱梁截面,单索面布置,塔梁固结体系。

图 4.1-3　德国 Duisburg-Neuenkamp 莱茵河大桥

1975 年通车的法国圣纳泽尔桥(图 4.1-4)是第一座跨径突破 400m 的斜拉桥,主跨 404m,桥宽 15m,双塔双索面布置,主梁为全封闭钢箱梁,混凝土墩上设置 A 形钢塔。

图 4.1-4　法国圣纳泽尔桥

1995年建成的法国诺曼底大桥(图4.1-5),主跨856m,刷新了当时斜拉桥跨径世界纪录。主桥宽21.2m,主梁采用混合梁,主跨624m范围内采用全封闭钢箱梁。

图4.1-5　法国诺曼底大桥

1999年,日本的多多罗桥(图4.1-6)以890m创下了斜拉桥新的跨径纪录。主桥桥塔采用钢塔,主梁为钢箱梁与混凝土箱梁混合梁(两端105.5m、62.5m为混凝土梁)。

图4.1-6　日本多多罗桥

2012年俄罗斯建成的俄罗斯岛大桥(图4.1-7)为双塔双索面钢箱梁斜拉桥,主桥全长1885m,主跨1104m,桥面宽度为29.5m。继中国苏通大桥之后再次刷新了斜拉桥跨径纪录。

图4.1-7　俄罗斯俄罗斯岛大桥

我国斜拉桥发展相对滞后,钢斜拉桥起步更晚,但发展迅猛。1987年我国建成了东营胜利黄河公路桥,主跨为288m的钢箱梁斜拉桥,开启了我国大跨径钢斜拉桥建设的新篇章。

20世纪末至今,已建成了超过百座大跨径钢箱梁斜拉桥。

1999年建成通车的汕头礐石大桥(图4.1-8),主跨518m,主桥全长906m,为双塔双索面混合梁斜拉桥,桥宽30.35m。主跨518m和两边跨各100m范围内为半封闭钢箱梁,两侧锚跨采用钢筋混凝土箱梁。

图4.1-8 汕头礐石大桥

2001年通车运营的南京长江二桥(图4.1-9)主桥为主跨628m的双塔双索面钢箱梁斜拉桥,桥面宽38.2m,建成时是世界第三大跨径斜拉桥。

图4.1-9 南京长江二桥

2008年建成通车的江苏苏通大桥主航道桥(图4.1-10),主跨1088m,是世界首座跨径超千米的斜拉桥。大桥主梁为扁平流线型钢箱梁,含风嘴全宽41.0m,梁高4.0m。

图4.1-10 江苏苏通大桥

2009年建成通车的中国香港昂船洲大桥(图4.1-11)为主跨1018m的独塔柱混合梁斜拉桥是世界上第二座跨径超千米的斜拉桥,主跨范围内采用分体式钢箱梁,边跨范围内采用分体式混凝土梁,钢混结合面位于锚跨内约50m处。

图 4.1-11　中国香港昂船洲大桥

2010 年通车的湖北鄂东长江公路大桥(图 4.1-12),采用主跨 926m 的双塔混合梁斜拉桥,主桥全长 1476m,桥宽 38m。主梁采用半封闭箱梁形式,主跨范围内梁体为钢箱梁,边跨范围内梁体为混凝土箱梁。

图 4.1-12　湖北鄂东长江公路大桥

在钢箱梁斜拉桥快速发展、屡创纪录的同时,钢桁梁斜拉桥也进入快速发展期,其中以铁路桥(含公铁两用桥)为主,也有公路(城市)桥。2009 年建成通车的湖北天兴洲大桥(图 4.1-13)是首次采用三桁架主梁三索面结构的斜拉桥,主桥主跨 504m,全长 1092m。主梁为板桁结合钢桁梁,公路桥面中跨为正交异性钢桥面板,边跨为混凝土桥面板。

2010 年建成通车的上海闵浦大桥(图 4.1-14),为主跨 708m 的钢桁梁双层公路斜拉桥,主桥长 1212m。主跨主梁为倒梯形钢桁梁,采用板桁结合形式;边跨采用钢桁架外包混凝土的组合桁架梁结构。

2020 年建成通车的江苏沪通长江大桥(图 4.1-15),采用主跨 1092m 的钢桁梁斜拉桥,是世界上首座跨径超千米的公铁两用斜拉桥。主梁采用三片主桁结构,上层公路桥面采用正交异性整体钢桥面板,下层铁路桥面采用箱形整体钢桥面。

图 4.1-13　湖北天兴洲长江大桥

图 4.1-14　上海闵浦大桥

图 4.1-15　江苏沪通长江大桥

迄今为止,开口钢梁、钢箱梁和钢桁梁三种钢梁截面形式在斜拉桥中都有工程实例,但应用范围和程度各不相同。正交异性钢桥面板开口钢梁,在早期斜拉桥主梁中有部分应用,但其较弱的抗扭能力限制了其在中大跨径斜拉桥中的发展应用。钢箱梁形式多样,可适应各种跨径斜拉桥受力需求,是应用最多的截面形式,特别是全封闭钢箱梁和分体式钢箱梁是千米级大跨径斜拉桥的必然选择。钢桁梁在斜拉桥中应用虽然不及钢箱梁,但近20年来,在中国铁路桥梁建设中得到较多应用,在双层桥面交通或山区运输困难等桥梁中也有应用。

4.1.2 技术特点

随着高强度结构钢的研发、焊接技术的提高以及结构设计理论的日趋完善，钢结构应用逐步扩大到各类型桥梁工程中。

斜拉桥采用钢梁可以最大程度地减小结构自重，发挥钢材轻质高强的性能特点，同时还实现了对钢材的高效利用，满足斜拉桥的经济合理性要求。这一方面需要考虑桥梁的功能定位、桥址环境、施工等建设条件，合理选择应用钢梁；另一方面也要结合桥面交通布置、结构受力及施工方法等因素，合理选择钢梁的结构形式。

开口截面的钢板梁由两侧钢纵梁、钢横梁及正交异性钢桥面板组成，斜拉索直接锚固在钢纵梁上，构造简单，受力明确。但主梁抗扭性能比较差，需要设置双索面来抵抗不对称活载产生的扭矩。当斜拉桥跨径较大时，需要斜拉索采用空间布置形式或在主梁上采取气动措施提高其颤振临界风速。总体上看，钢板梁适用于较小跨径斜拉桥。随着斜拉桥跨径的增大，钢纵梁可以用窄箱替代钢板梁，提高其承载能力，如德国 Duesseldorf-North 桥。但从整体截面来看，其本质上仍是纵横向的梁格体系，表现为开口截面受力特征，总体的抗扭能力并没有得到显著提升，抗风问题仍是这种截面形式向更大跨发展的制约因素。

随着斜拉桥跨径的加大，钢箱梁将成为更合理的选择。钢箱梁可以细分为中心箱钢箱梁、半封闭钢箱梁、全封闭钢箱梁和分体式钢箱梁等。

中心箱钢箱梁具有材料相对集中、受力效率高的特点，根据桥梁跨径及宽度等条件，可以细分为是否设置斜撑、单箱多箱等不同截面形式。由于中心箱钢箱梁为封闭截面，抗扭性能远大于开口截面的钢板梁，常用于单索面斜拉桥，比如德国 Friedrich Ebert 桥。

半封闭钢箱梁，上翼缘全宽连续，下翼缘分离的两个边箱通过横梁连接，避免全宽底板带来的材料浪费，配合双索面布置，其截面利用效率高，具有良好的面内外受力性能及抗扭性能，同时可以通过流线型截面及风嘴的设置，使斜拉桥获得较高的颤振临界风速，满足大跨斜拉桥的抗风性能要求，如日本生口桥。

全封闭钢箱梁，通常采用扁平流线型结构，具有强大的抗弯、抗扭能力以及优越的抗风性能，更适合于大跨径斜拉桥的需求，同时由于截面全封闭，通过在箱内设置除湿系统可获得较好的养护条件。全封闭钢箱梁常用于双索面斜拉桥，梁高、板厚及隔板形式等具体结构尺寸根据桥梁跨径、宽度条件确定。随着跨径的进一步增加，结构的气动稳定性、主塔附近钢箱梁在侧向风下的横向弯矩与轴压力共同作用以及悬臂施工阶段风荷载的侧向抖振响应等将是控制跨径增大的关键。

分体式钢箱梁可以提高结构的颤振稳定性能，但对于千米级斜拉桥来说并非是必要的，更多是为适应独柱塔等特殊结构造型，如上海长江大桥。分体式钢箱梁具有全封闭钢箱梁典型构造特征，不同的是中央开槽的存在能有效提高结构的颤振稳定性能，但同时在常遇风速下更易发生涡激振动问题。

对于双层桥面交通，特别是公铁合建的斜拉桥，自身刚度较大的钢桁梁是首选的截面形式，根据主桁片数可以分为双主桁和三主桁两种结构形式。双主桁钢桁梁是应用最多的一种结构形式，一般由两片竖直面内桁架、上下横梁及桥面系共同组成，桥面系与主桁共同参与总体受力，可适用于双索面或单索面斜拉桥。主梁高度、节间距和索距需结合下层交通净空、横梁受力合理性及斜拉索锚固共同确定。当桥面宽度过宽,特别是需满足四线或六线铁路通行时,为避免横梁受力过大,常在两主桁中间增加一个桁架组成三主桁钢桁梁,对应斜拉索也采用三索面,如沪通长江大桥。一般情况下,钢桁梁并非单层桥面交通桥梁的合理选择,但在山区运输条件受限时,采用钢桁梁截面有其技术经济合理性,如贵州北盘江大桥。

4.1.3 应用前景

中小跨径斜拉桥并非钢梁经济跨径,常受到组合梁的有力竞争,但对于需要减轻自重的景观桥梁或组合梁施工受限等情况下,全钢主梁将表现出合理性。由于跨径较小,全封闭钢箱梁的设计受构造控制,材料难以得到高效利用。未来桥梁建设中,中小跨径斜拉桥仍然是最常用桥梁形式,广泛应用于城市桥梁、公路桥梁。从结构的静力与动力性能需求看,由于抗风问题并不会成为控制因素,结构简单、受力明确的钢板梁,不仅可以满足结构受力要求,一般也具有更好的经济性。主梁中的工字形边纵梁可以根据结构受力、安装施工等需求,采用窄箱梁。

中小跨径斜拉桥所跨越的水位较浅河道等情况下,常常遇到无法实施钢梁整体节段运输吊装的问题,需要采用支架法进行安装施工。比如先安装钢纵梁、再安装钢横梁和桥面板;也可以在岸上拼装,然后采用顶推方法进行安装。显然,当桥位环境条件决定了不能采用整体节段安装,只能采用支架法分单元安装时,开口截面的钢板梁(包括边纵梁采用窄箱的主梁)更具有优势。

中小跨径斜拉桥常有采用单索面布置,主梁采用具有很强抗扭能力的中心箱的结构形式。该主梁形式能够与较大跨径引桥的合理结构形式相互协调匹配,不仅在桥梁总体布置上更为协调优美,在桥梁制造、安装施工方面也具有很好的协调性。随着可持续建设理念的不断深入发展,钢结构桥梁应用越来越广泛,中心箱钢箱梁斜拉桥将会有更多应用。

随着斜拉桥跨径的增加,特别是600m以上跨径的斜拉桥,半封闭和全封闭钢箱梁将逐步成为钢主梁的合理选择。一方面,由于主梁受力随斜拉桥跨径增加而增加,半封闭和全封闭钢箱梁的材料性能可以得到充分发挥;另一方面,斜拉桥跨径增加也相应要求提高其抗风性能,需要有抗扭能力更强的主梁形式。主梁采用双边箱布置的半封闭钢箱梁,可以在充分利用材料和满足斜拉桥抗风性能方面取得合理平衡,同时钢箱梁截面采用扁平流线型及两端设置风嘴等措施,可以有效解决抗风问题。有关研究表明,内陆地区的半封闭钢箱梁斜拉桥即使跨径达到1200m左右,也能够满足颤振稳定性要求。湖北鄂东长江公路大桥为主跨936m的斜拉桥和荆岳长江公路大桥为主跨816m的斜拉桥,桥宽约在35m,均采用了双边箱布置的半封闭钢箱梁,在满足斜拉桥静动力各项性能要求的前提下,节约了钢材用量,降低了工程造价。

大跨径斜拉桥,特别是千米以上跨径的斜拉桥,采用全封闭钢箱梁或分体钢箱梁是必然选择,目前主跨1500m斜拉桥的可行性已经得到公认。对于大跨径斜拉桥,特别是特大跨径斜拉桥,减轻结构自重成为主要目标,使用全钢主梁成为必然。从满足斜拉桥颤振稳定角度看,现有的千米级斜拉桥采用流线型全封闭钢箱梁完全可行,无须采用分体式钢箱梁。但是,强风环境下的超大跨径斜拉桥,在极限风静风荷载作用下,主梁将在主跨跨中及桥塔处产生巨大的弯矩作用,将成为主梁设计的主要控制问题。因此,超大跨径斜拉桥,特别是桥面宽度相对较小时,采用全封闭钢箱梁难以满足要求,需要采用分体式钢箱梁,以解决极限静风荷载作用的受力问题。

从斜拉桥的应用来看,对于公铁两用桥,适合于双层桥面的钢桁梁常常是合适的选择。对于交通量大且桥位资源有限的城市桥梁,也常常采用钢桁梁实现上下层共布置10~16条机动车道或双线轨道与4~6机动车道的交通需求。尽管钢桁梁斜拉桥的数量远不及钢箱梁斜拉桥,但国内外仍然屡见不鲜,特别是近些年来,采用钢桁梁的公铁两用斜拉桥时有建成,并且不断打破跨径纪录,2020年建成的沪通长江大桥,斜拉桥主跨为1092m,创造了公铁合建斜拉桥跨径的世界新纪录。从斜拉桥目前的工程实践及未来工程需求看,能够适应公路与铁路合建、高速公路与城市道路共建等多种交通一体化建设的钢桁梁具有较好的应用前景,面对不同的建设条件和功能要求,都有合适的钢桁梁形式可以选用,并且可以适应小到200m以下、大到1000m以上跨径范围的斜拉桥。

4.2　钢板梁

4.2.1　基本结构形式

采用正交异性钢桥面板钢板梁,自20世纪50~60年代开始作为斜拉桥的主梁得到发展应用,但相对于钢箱梁,在斜拉桥中的应用要少很多。一方面,早期的斜拉桥跨径较小,采用钢板梁从经济性看是合适的选择,随着斜拉桥跨径的增加,开口截面钢梁难以适应抗风要求,在大跨径斜拉桥中被全封闭或半封闭钢箱梁所取代;另一方面,随着组合梁技术的发展与成熟,对于中小跨径斜拉桥,钢板梁难以与组合钢板梁竞争,因此其应用空间受到了组合梁的挤占。

钢板梁一般由正交异性钢桥面板与纵横梁组成,纵向两片钢主梁之间设有横梁相互连接,钢桥面板与钢纵梁和钢横梁连接一体共同受力,钢纵梁采用工字形截面或窄幅箱形截面,钢横梁通常采用倒T形截面。两种常用的钢梁布置如图4.2-1所示。

图4.2-1　开口截面钢梁布置示意

图4.2-1a)为典型钢板梁截面,图4.2-1b)所示钢梁截面,虽然两侧钢纵梁应用了箱形结构,但其宽度较窄且自身抗扭能力有限,从全截面整体来看,主梁的抗扭能力仍然很弱,和钢板梁相比并无显著的差别。

钢板梁具有简洁的结构构造,钢梁的纵横梁格体系构造简单、受力也明确,但抗扭能力弱,需要有双索面布置的斜拉索支撑,以满足结构承受偏载作用以及抗风等方面的需要。

钢板梁的钢纵梁设置在横截面的两侧,一般为钝体截面而非流线型截面,加之钢梁的抗扭能力弱,当斜拉桥跨径较大时,为了提高其颤振临界风速,需要采用斜拉索在塔上内收的空间布置形式,还可以在钢梁上采取设置导流板等气动措施,以满足抗风要求。

随着斜拉桥的跨径进一步增加,比如跨径达到600m以上,即使在内陆非强风环境地区,虽然斜拉桥的抗风问题并不控制设计,但主梁所受轴向压力和弯矩较大,主梁所需截面面积和抗弯惯性矩也大,半封闭钢箱梁或全封闭钢箱梁与结构受力能够很好地相互匹配,开口截面钢梁不再是合适的选择。

4.2.2 结构构造

钢板梁在中小跨径斜拉桥中有其受力的合理性,采用两片钢纵梁的钢板梁是钢梁中最经济的截面形式,如图4.2-2所示。

图 4.2-2 钢板梁截面示意

钢板梁的钢纵梁通常采用等高设计,翼缘及腹板板厚根据受力需要进行选择。

钢横梁一般采用倒T形构造,并沿桥梁纵向等间距设置,间距大小与桥梁宽度、斜拉索间距、正交异性桥面板构造等多种因素有关。钢梁节段长度相对组合梁要大,通常在12～20m之间,索距一般与节段长度一致。横梁(横肋)间距主要考虑与正交异性桥面板的需求相互匹配,一般为3～4m,常用3.5m。对应斜拉索锚固处,一般设置梁高较大的横梁(常与钢纵梁等高),在相邻两根斜拉索之间,可以设置高度较小的横肋,也可以设置和斜拉索锚固处同等高度的横梁,具体应该根据桥梁宽度、斜拉索索距以及正交异性桥面板的特性加以选择。以梁上斜拉索索距为12m的主梁为例,其横梁(横肋)采用3m间距,U形肋采用300mm×280mm×8mm的尺寸,面板采用16mm。横梁高度根据横向受力确定,当纵横梁高度根据受力确定高度不同时,不应该简单统一。当横梁高度按照横向受力所需大于纵梁高度时,可采用横梁下缘低于纵梁下缘设置,当横梁高度按照横向受力所需小于纵梁高度时,可采用计算所需横梁高度。在梁端、辅助墩及塔梁交叉等处,由于设置约束支座以及压重等原因,钢横梁需要酌情加强,必要时可采用箱形截面。

由于斜拉桥主梁要受到强大的轴向压力作用,为防止发生局部屈曲,在钢纵梁的腹板需要设置纵向加劲,加劲肋可以是板肋、U形肋,也可以采用T形肋。工字形钢纵梁上通常对应钢横梁位置设置竖向加劲肋,在横梁之间可根据受力情况设置竖向加劲肋,当钢纵梁腹板设有斜拉索锚箱结构时,需要在相应位置设置专门的加劲肋,以改善局部受力并防止局部屈曲。钢横梁通常设有加劲肋,以满足局部屈曲要求。

当桥面宽度较大时,在同等梁高情况下,桥梁的横向刚度相对下降,横梁(横肋)在桥面车辆荷载作用下的变形增加,对桥面板受力及抗疲劳性能不利,可在两片钢纵梁之间设置小纵梁,以协调横梁(横肋)的传力与变形,从而扩大车辆荷载在桥面板上的传递范围并减小桥面板结构受力与关键焊接构造的应力,设置小纵梁的横截面布置如图4.2-3所示。小纵梁的间距和数量,要根据主梁宽度和桥面板的特性等情况确定,小纵梁通常采用倒T形钢梁,小纵梁的布置需要考虑与车轮所在位置的关系,原则上不得设置在大型货车轮载的正下方,应设置在两车道间的车道线下方附近。

图 4.2-3 开口截面钢梁小纵梁设置示意

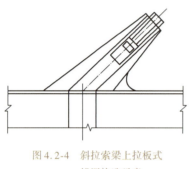

图 4.2-4 斜拉索梁上拉板式锚固构造示意

斜拉索在梁上的锚固方式根据主梁的截面形式有所不同,对于钢纵梁采用板梁的开口钢梁,有拉板式、吊耳式、锚箱式等多种结构形式,其中拉板式锚固构造如图4.2-4所示。对于采用窄箱的钢纵梁,多在箱内设置顺拉索方向的横隔板进行锚固。

目前,开口截面钢梁斜拉桥实际工程的跨径仅在300m左右,但其所能适应的跨径还有进一步增加的余地。在横截面上开口截面钢梁的材料集中于两片钢纵梁,斜拉索对应锚固于两片钢纵梁上,便于传递强大的索力。主梁悬臂施工时,为保证施工质量,宜在预制场完成钢梁节段组装后再进行节段悬臂安装施工。

传统的两片钢纵梁的开口截面钢梁,如图4.2-5所示根据不同的工程特点可以做出适当的变化,以适应更加广泛的需求。当桥面交通设有非机动车道、人行道与机动车道等混合布置时,可以选择将非机动车道、人行道设置在钢纵梁的外侧。

图 4.2-5 带挑臂开口截面钢梁示意

对于超宽的桥面结构,为了改善主梁横向受力条件,可以考虑采用三索面、三主梁的结构形式,如图4.2-6所示。尽管还没有相关工程实例,但这样可以大幅降低横向受力,从而减小横梁的尺寸和规模,也可以方便运输、起吊安装以及降低工程造价。

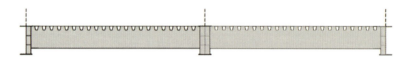

图 4.2-6 三索面、三主梁开口截面钢梁示意

4.2.3 钢板梁/双边箱梁

钢主梁斜拉桥的发展起步于稀索体系阶段,相应的主梁所受恒载及活载弯矩均较大,需要主梁具有较大的抗弯刚度。因此,多采用两个窄箱作为钢纵梁,与正交异性钢桥面板及横梁一起组成钢主梁,两个窄箱梁对应斜拉索的锚固位置。尽管钢主梁设有两个箱形纵梁,但窄箱的

抗扭能力很小,整体钢梁的抗扭能力依然较小,和采用工字形钢纵梁的结构并无太大差别,钢主梁从全截面看仍然类似钢板梁,主梁上的偏心荷载主要由拉索系统承受。

联邦德国于1957年建成主跨260m的Düsseldorf North桥是一座稀索体系斜拉桥(图4.2-7),大桥采用三跨连续结构,斜拉索采用平行拉索布置。为适应施工与运营阶段抗弯需求,主纵梁采用两个窄幅钢箱结构,高宽尺寸为3.3m×1.6m,通过横梁连接。钢桥面板的顶板厚14mm,纵向加劲肋采用200mm×100mm×11mm倒L形钢,间距为400mm,加劲肋连续通过横梁(肋),横梁(肋)纵向间距为1.85m。钢梁节段现场采用铆接连接。

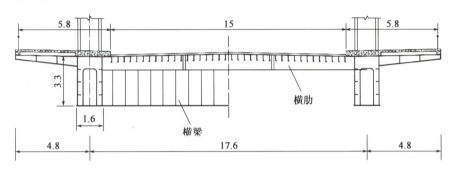

图4.2-7　Düsseldorf North桥主梁截面布置(尺寸单位:m)

联邦德国于1959年在科隆建成主跨302m的Severins桥也是一座稀索体系斜拉桥(图4.2-8、图4.2-9),大桥采用六跨连续布置,主梁采用6对(12根)斜拉索支承,为协作体系斜拉桥。主纵梁采用钢箱结构,箱宽3.2m,高度从支点处4.5m变化至跨中3.0m。正交异性钢桥面系宽度为18.9m,横肋最大高度为0.91m,顺向间距为2.0m,钢顶板厚度为9.5mm,采用间距为304mm的板肋进行加劲。为加强桥面系,在中心线位置设置了工字形小纵梁以减小横肋弯矩。为了增加结构整体性,两主纵梁之间间隔40~70m不等设置大横梁。现场钢桥面板及加劲肋节段采用焊接连接,横梁和主纵梁节段则采用铆接连接。

图4.2-8　德国Severins桥

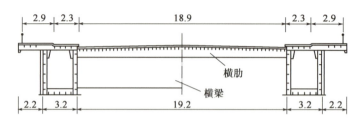

图 4.2-9 Severins 桥主梁截面布置(尺寸单位:m)

早期这些桥的面板厚度、隔板设置相对较弱,当时仍在正交异性桥面板探索阶段,尚未认识到疲劳严重性。

对于采用双索面布置的中等跨径公路斜拉桥结构,由于不需要采用抗扭刚度大的箱形截面结构,主梁可简化为开口截面。例如,联邦德国杜塞尔多夫莱茵河上 1965 年建成主跨 320m 的 Knie 大桥,采用正交异性钢桥面的双主梁开口截面,其加劲采用板肋的形式,如图 4.2-10、图 4.2-11 所示。尽管 Knie 大桥也为稀索体系斜拉桥,但其主梁索距及无索区长度远小于 Düsseldorf North 桥和 Severins 桥。钢纵梁选择构造简单的钢板梁,这样不仅可以满足受力要求,而且可以提高斜拉桥经济性。

 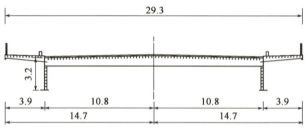

图 4.2-10 德国 Knie 桥　　　　图 4.2-11 Knie 桥主梁截面布置(尺寸单位:m)

比利时 20 世纪 70 年代建成的戈德谢德桥(Godsheide)也是一个采用钢板梁的例子,如图 4.2-12、图 4.2-13 所示。大桥采用主跨 210.2m 的双塔斜拉桥,每塔布置 8 对斜拉索。桥塔采用钢结构,桥塔和主梁均采用 S355 钢材。主梁总宽度为 26m,正交异性钢桥面板由 41 个纵向 U 形肋的正交异性板及纵向间距 4m 的横梁组成。钢桥面板厚 12mm、U 形肋板厚 6mm。因为该桥建成后其所要连接的高速公路从未建成,在建成约 40 年后,考虑需在公路桥上安装轻轨系统,由此,对主梁进行了适当的加固。

 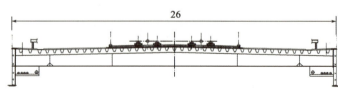

图 4.2-12 比利时 Godsheide 桥　　　　图 4.2-13 Godsheide 桥主梁截面布置(尺寸单位:m)

从以上工程实例不难看出,就现代密索体系斜拉桥而言,采用正交异性钢桥面板的钢板梁更适用于中小跨径斜拉桥,与钢箱梁等全钢梁相比,技术上合理可行,也更经济。

在内陆地区,从结构抗风和受力合理性角度看,开口截面钢梁斜拉桥可以达到组合钢板梁所适用的600m左右的跨径范围。半封闭和全封闭钢箱梁适用于600m以下跨径的斜拉桥,由于结构构造原因导致其材料指标高于开口截面钢梁。综合分析来看,中小跨径斜拉桥当需要采用轻质全钢主梁时,采用开口截面钢主梁将比全封闭钢箱梁更具经济优势。当一些城市景观桥梁,为实现桥塔的特殊造型或尺度而需要减轻主梁重量,或者当施工条件受限不适合采用组合梁时都应该从经济性角度进行多方案比选。当然开口截面钢梁也有其不足,因抗扭能力较弱,偏载作用下的扭转变形较大,主要依靠布置在截面两侧的斜拉索提供抗扭能力。由于全封闭钢箱梁内部防腐养护简单,开口截面加劲肋暴露在外,防腐养护工作量较大,因此,需要结合桥梁所处环境条件,从全寿命经济性角度加以比选。

4.3 钢箱梁

4.3.1 结构基本形式

钢箱梁结构形式多样,是现代斜拉桥应用最多的截面形式,从百米级到千米级跨径都有大量的工程案例。根据箱体的不同,钢箱梁可以分为四种基本形式——中心箱钢箱梁、半封闭钢箱梁、全封闭钢箱梁及分体式钢箱梁,需根据不同的工程建设条件和需求,考虑不同的跨径及索面布置选取合适的形式。

中心箱钢箱梁由封闭的中心箱体和挑臂共同组成(图4.3-1),具有材料相对集中,受力效率高的特点,常用于单索面斜拉桥。根据跨径和桥宽等情况,可以调节箱体的高度、宽度等尺寸,并配合斜撑的使用,以满足结构各项受力需求。对于单索面中心箱梁斜拉桥,由于抗扭刚度主要由主梁提供,因此仅适用于中小跨径斜拉桥。

图4.3-1 中心箱钢箱梁截面示意

当斜拉桥跨径较大或处在强风环境时,中心箱钢箱梁配合单索面的布置形式已不再适用,需要采用半封闭钢箱梁或全封闭钢箱梁配合双索面布置以满足结构承载和抗风需求。半封闭钢箱梁一般采用双边箱的形式,由两个边箱、箱间桥面板及横隔板共同组成(图4.3-2)。整个截面钢结构材料相对集中在两侧,可以根据受力需求选择合适的底板尺寸和板厚,避免全宽底板因为构造控制最小板厚带来的浪费。半封闭钢箱梁具有良好的面内外受力性能及抗扭性能,截面端部可以采用流线型配合风嘴的设置,并以双索面的空间布置选择适当的主塔形式,有效提高其颤振临界风速。

图4.3-2 半封闭钢箱梁截面示意

全封闭钢箱梁是现代斜拉桥最常用的截面形式,具有整体性好、承载能力大、抗扭性能强等优势,特别是流线型截面设计,其抗风性能优越,更适应大跨径斜拉桥的需求。全封闭钢箱梁是由顶板、底板、腹板及风嘴组成的封闭截面(图4.3-3),可以根据桥梁跨径、宽度及施工条件等,确定梁高、横隔板形式及板厚等具体结构尺寸,多用于双索面斜拉桥。

图4.3-3　全封闭钢箱梁截面示意

分体式钢箱梁可以看作是采用中间横梁将两幅封闭钢箱梁连接起来,横梁顺桥向间断设置的一种主梁形式(图4.3-4)。与整体封闭钢箱梁相比,分体式钢箱梁可较大幅度提高斜拉桥颤振临界风速,可用于对抗风稳定性要求更高的超大跨径斜拉桥,或者采用柱独塔等特殊结构造型时,但需注意常遇风速下的涡激振动。分体式钢箱梁应用并不广泛,但仍有不少工程实例,甚至一些中小跨径桥梁也有应用。目前我国上海长江大桥、香港昂船洲大桥及嘉绍大桥主梁均采用了该截面形式。

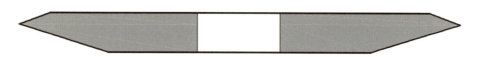

图4.3-4　分体式钢箱梁截面示意

4.3.2　结构构造

1)中心箱钢箱梁构造

适用于单索面斜拉桥的中心箱钢箱梁,通过调整箱体高度、宽度,配合斜撑使用,可以适用于不同跨径及桥宽需求,具体结构构造可细分为多种,如图4.3-5所示。

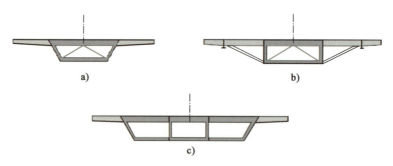

图4.3-5　中心箱钢箱梁构造形式

图4.3-5a)所示钢箱梁由单箱室的中心箱和两侧挑臂组成,多适用于桥宽较小、抗风能力需求较低的中小跨径斜拉桥,在满足斜拉桥各项受力的同时,主梁截面能够得到高效应用。由于挑臂相对较小,无须设置斜撑,构造也相对简单。斜拉索锚固均通过在箱内设置锚箱解决。由于腹板间距较大,无法通过锚箱传力板直接传递到腹板,因此一般需要在上缘设置强大的横肋、斜撑以及顺桥向传力板,与桥面板共同传递索力,必要时还可采用实腹式横隔板或增设一

道纵腹板用于拉索锚固传力。

图 4.3-5b)在图 4.3-5a)所示钢箱梁的基础上增设斜撑,以适应更大桥宽需求。减小中心箱宽度以提高材料使用效率,尤其适合当两侧设置人行和非机动车通道及斜撑节点局部应力相对较小时。在横梁和斜撑交点位置通常设置工字形纵梁来增加刚度。斜拉索锚固形式与图 4.3-5a)所示截面形式类似,这里不再赘述。该截面形式在 20 世纪 60 年代联邦德国所建成的斜拉桥应用较多,通常引桥连续梁与斜拉桥主梁截面形式一致,使整座桥梁协调流畅。

图 4.3-5c)为适应较大桥面宽度的另一种截面形式,通过采用多箱室替代单箱室,减小挑臂长度,有利于改善横向受力并方便锚固。截面上设有四道腹板,中间两道腹板距离较小以方便斜拉索锚固传力,改善锚固区桥面板局部的不利受力等问题。考虑到单索面斜拉桥适应跨径一般较小,对于早期稀索斜拉桥,主梁弯矩和剪力相对较大,四道腹板和较宽的底板设置有其合理性,但对于密索斜拉桥,主梁弯矩和剪力都较小,大部分区段结构尺寸可能因为构造控制及材料强度难以得到充分发挥。因此,一般用于荷载大、抗扭要求高的斜拉桥,否则会影响桥梁的经济性。

上述三种主梁在纵向以一定的间距设置横隔板,横隔板间距与正交异性钢桥面系受力、斜拉索间距及挑臂长度相互协调匹配,间距一般控制在 3~4m,相应斜拉索间距以横隔板间距为模数,可以采用 12~20m,钢桥面板厚为 12~16mm。考虑到正交异性钢桥面板疲劳问题,近年来横隔板间距有减小趋势,钢桥面板厚一般都采用 16mm 及以上。横隔板的形式可以采用空腹式和实腹式两种,应根据具体情况进行适当选择。

2)半封闭钢箱梁构造

半封闭钢箱梁与双索面布置相匹配(图 4.3-6),目前采用半封闭钢箱梁的斜拉桥最大跨径已达到 900m 以上。与开口钢梁或中心箱钢箱梁相比,可适应较大的跨径或强风环境;与全封闭钢箱梁相比,可以避免全宽底板因为构造控制最小板厚而带来的材料浪费。

图 4.3-6 半封闭钢箱梁构造形式

半封闭钢箱梁由两个钢边箱、箱间桥面板及横梁共同组成,其主梁高度、边箱宽度及板厚等具体结构尺寸,可以根据桥梁跨径、桥面宽度等条件确定。钢边箱外形需结合跨径大小及桥址环境进行综合考虑,对于大跨径斜拉桥或桥址位于强风区,钢边箱多采用流线型以提高其抗风性能;中小跨或桥址位于内陆环境,其静风荷载小,气动稳定性不控制,钢边箱可采用钝体外形以简化结构,提高承载效率。为了改善钢梁抗风性能,通常在钢边箱截面两端采用风嘴,风嘴的设置需综合考虑桥跨及风环境,还可采用导流板、中央稳定板等其他措施改善其气动性能。当索梁锚固设置在风嘴内,外腹板为满足锚固需求,一般钢板厚度都在 40mm 以上;内腹板的设置有利于悬臂安装时匹配调整措施,但对于钢结构加工制造要求更高,且对于跨径较小斜拉桥,从受力角度也不是抗剪所必需的。内腹板及底板加劲多采用刚度较大的 U 形肋,外腹板多采用板肋,当拉索锚固在外侧时,应根据受力需求增设加劲肋。

钢边箱通过箱间顶板及钢横梁连接,钢横梁采用倒 T 形截面,横梁的设置与边箱内横隔板相对应。当斜拉桥跨径与钢箱梁截面宽度不匹配时,易出现纵横向构造冲突问题,比如对于跨径较小、桥宽较大的斜拉桥,边箱底板厚度构造控制,一般比较薄,而横梁底板考虑横向受力一般相对比较厚,存在厚板与薄板过渡衔接问题。钢横梁与边箱横隔板间距一般控制在 3~4m,节段长度可以采用 12~20m。

对于半封闭钢箱梁,索梁锚固方式常采用钢锚箱形式,钢锚管、锚拉板形式也有应用。钢锚箱锚固多设置在风嘴内,通过锚固板与主梁腹板间焊缝来传递索力,如图 4.3-7a)所示,应用案例有鄂东长江公路大桥、荆岳长江公路大桥及沌口长江大桥等;钢锚管锚固通过将斜拉索锚管贯穿腹板来传递索力,如图 4.3-7b)所示,应用案例有日本生口桥、汕头礐石大桥等;锚拉板通过锚管、锚拉板及纵梁三者之间的焊缝来传递索力,如图 4.3-7c)所示,应用案例有勐古怒江特大桥等。无论采用哪种方式,外腹板均为锚固主要传力板件,板厚也须加强。

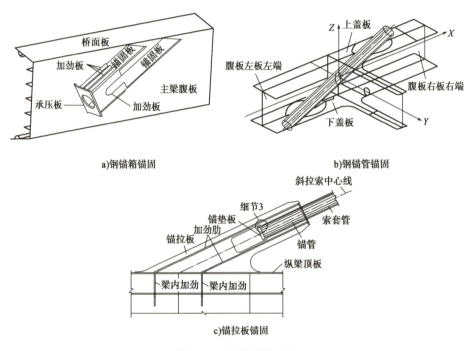

图 4.3-7 索梁锚固示意图

由于半封闭钢箱梁箱间顶板为正交异性桥面板,它具有更大的外界暴露面积和更为复杂的形状,其养护维修工作量有所增加,特别是在钢箱梁内部普遍采用除湿系统的情况下,因此从养护维修角度有其不利之处。

3)全封闭钢箱梁构造

大跨径密索斜拉桥主梁,恒载弯矩从量级上几可忽略,运营变形主要受体系刚度影响,其自身刚度加大或减小对体系刚度影响较小,主要会增大或降低自身弯矩。因此,主梁最小高度往往由横向弯矩和锚固处的集中荷载控制,截面常常具有宽幅、扁平的外形轮廓特征,一般其高宽比可达到 1/12~1/10 左右,多采用扁平钢箱梁的截面形式,如图 4.3-8 所示。全封闭钢箱梁一般用于双索面斜拉桥。

图 4.3-8 全封闭钢箱梁构造形式

全封闭钢箱梁一般是由顶板、底板、外腹板及其纵向加劲、横隔板和风嘴等组成,部分桥梁还在梁体中间布置有纵腹板。

箱梁的顶板通常按桥面横向坡度要求设置,采用 U 形肋加劲的正交异性钢面板,顶板厚目前多采用 16mm,有些桥梁为避免桥面系疲劳问题将顶板加厚到 18mm,U 形肋厚度一般采用 8mm,间距为 600mm。底板常采用平底板的构造形式,板厚根据受力进行变化,构造控制区段一般采用 12mm,纵向加劲多采用 6mm 厚 U 形肋,间距约为 800mm。外腹板是主梁的主要受力构件之一,除了抵抗截面的剪力,还要传递索梁锚固处强大的集中力,因此厚度较大。外腹板上设有纵向加劲肋,以保证其稳定性。空间索面斜拉桥外腹板一般会采用倾斜布置以适应斜拉索在主梁上的锚固。

全封闭钢箱梁横隔板刚度大小和布置形式对截面变形起着决定性的作用,并对正交异性钢桥面板及其纵向加劲肋起着支承的作用。横隔板可采用实腹式、桁架式和混合式三种构造形式。实腹式隔板对钢箱梁截面畸变约束力大,钢箱梁整体性好,桥面集中荷载作用下横隔板应力扩散性能较好,对桥面吊机适应性好,缺点是通透性差,必须在隔板上设置人孔、电缆孔等。桁架式隔板通透性好,缺点是刚度较小。钢箱梁的整体性不及实腹式隔板好,悬拼时桥面吊机支腿位置需增设临时竖向撑杆。混合式横隔板采用实腹式和桁架式隔板组合的形式,一般在靠近外腹板一定范围采用实腹式,其余位置采用桁架式,这样可使其在满足桥面吊机施工需求的同时保留了部分通透性,其力学性能介于实腹式横隔板与桁架式横隔板之间。在国内工程实践中,全封闭钢箱梁多采用实腹式隔板的构造形式。横隔板的间距直接关系到桥面板的受力和变形,一般取节段长度的整分数以便钢箱梁节段的工厂标准化制作,一般控制在 3~4m。横隔板的厚度一般不低于 12mm,为抵抗斜拉索锚固处集中力,该处横隔板板厚一般采用较大值,靠近外腹板位置还应适当加厚。

纵隔板的设置可以增加截面承压面积,加强主梁的整体性,有利于主梁吊装,但从斜拉桥运营受力来看,纵隔板并非必要构件,很多斜拉桥并未设置或仅在局部区域设置。纵隔板设置应根据具体情况进行选用,多采用混合式,辅助墩及主塔无索区为实腹式,其余均为桁架式以方便检修。纵隔板特别是实腹式纵隔板的设置将主梁横向分隔成多个密闭舱室,给养护维修带来一定困难。

封闭钢箱梁两侧的风嘴是决定其气动特性的重要因素。在设计中常常采用气动选型试验来决定风嘴的外形构造,使主梁具有良好的气动特性,以解决大跨径桥梁主梁的涡脱及气动稳定性问题。由于风嘴处于封闭钢箱梁的外侧,对成桥后桥梁外观线形的影响很大,需兼顾跨径和风环境综合确定,对于中小跨或桥址位于内陆环境中的桥梁,可取消风嘴采用其他气动措施。拉索锚固一般设置在风嘴内,可采用钢锚箱、钢锚管及耳板式等形式。

4)分体式钢箱梁构造

随着桥梁设计和施工水平的不断提高,现代斜拉桥的跨径纪录不断被刷新,如 2012 年建成的俄罗斯岛大桥跨径达到了 1104m。桥梁跨径大幅度增长带来的主要问题是结构刚度的下降,这就使得风致振动,尤其是桥梁颤振问题,将成为大跨径斜拉桥设计的主要控制因素之一。分体箱梁主要优点是能够改善空气动力性能,特别是提高颤振临界风速,满足超大跨径斜拉桥的需求。不过对于千米级斜拉桥而言,全封闭钢箱梁截面已能满足其各项力学性能要求,分体钢箱梁并非必需,已建千米级分体钢箱梁斜拉桥更多从景观方面考虑,主塔采用独柱形式,充分利用分体箱特点,主塔从两边分体箱之间穿过。

分体式钢箱梁每个箱室具备全封闭钢箱梁的典型构造特征,不同的是将双箱或多箱梁通过横梁连接成一体,形成中央开槽的横截面形式,如图 4.3-9 所示。每个分体钢箱均由顶板、底板、腹板、横隔板组成,两侧箱体构造细节与全封闭钢箱梁基本一致,需要注意的是纵梁和中间横梁的连接构造细节。纵、横梁连接时,不可避免地会碰到纵、横梁腹板交叉的问题,构造中有两种处理方式,一种纵向腹板连续,横梁腹板被纵向腹板隔开,焊在纵向腹板上,如嘉绍大桥、上海长江大桥;另一种横向腹板连续,纵向腹板被横向腹板隔开,焊在横向腹板上,如中国香港昂船洲大桥。两种连接方式各有利弊,无论采用哪种方式,均需要采用板件局部加厚、提高 Z 向性能等措施以保证纵、横梁连接的关键部位有足够的刚度,防止屈曲变形及撕裂。当中间横梁腹板和纵梁腹板连接时,板上加劲也存在一个如何过渡的问题,纵横向加劲成 90°相交,设计中常采用纵向加劲连续,中间横梁底、腹板上加劲根据受力和主梁的内腹板、内底板情况的不同逐渐断开或磨光顶紧。横梁顶板及腹板受压区,在纵梁内增设对应加劲,以加强该处横隔板的刚度,保证横梁腹板应力在靠近纵梁处平顺过渡,不会产生突变,避免了对纵梁产生不利影响,如图 4.3-10 所示。

图 4.3-9　分体式钢箱梁构造形式

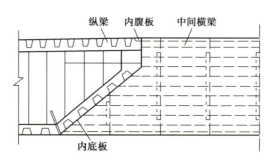

图 4.3-10　中间横梁与纵梁连接示意

分体箱隔板一般采用实腹式横隔板,其间距除满足桥面系局部受力需求外,还须与拉索间距及横梁间距模数相对应。横梁常采用箱形截面,顺桥向宽度与分体箱隔板间距一致,常为 3 ~ 4m,横梁间距一般与斜拉索间距一致,常为 15 ~ 20m。

对应分体钢箱梁,斜拉索可采用双索面布置,利用每个分体箱外侧腹板进行锚固,如中国香港昂船洲大桥、上海长江大桥;也可采用四索面布置,利用每个分体箱两侧腹板进行锚固,如嘉绍大桥、芜湖二桥。与双索面布置相比,拉索采用四索面布置,左右幅梁受力相对独立,主梁横向受力得以显著降低,可适应更大桥面宽度和中间开槽宽度。需要注意的是,四索面钢箱梁斜拉桥恒载索力空间效应显著,需要主动控制内侧与外侧斜拉索恒载索力值的分布状态,优化索力比值使分体箱及横梁等结构空间受力状态达到最佳。

现有的理论和试验研究均表明在主梁的中央开槽可有效地提高结构的颤振稳定性能,但作为分体箱梁截面气动外形特征最关键的一个参数——槽宽比同结构颤振稳定性能的关系尚存在争议,对其变化规律还需进一步研究,一般需要进行风洞试验以确定合适的槽宽比。同时,分体式钢箱梁易产生涡激振动这一事实在实际工程和试验中也经常发生,常需设置气动措施来抑制涡激共振的发生。总之,结构截面形状需兼顾跨径和风环境等影响因素,综合考虑确定气动措施。

分体式钢箱梁安装常采用整体起吊的方式,但由于分体钢箱梁横梁间断布置,整体横向刚度较弱,当采用横向每幅单吊点整体起吊时,为了确保梁段起吊过程中结构的受力稳定和横向线形控制,左右幅之间一般需增设临时横梁以保证整体刚度。当横向每幅双吊点整体起吊时,梁体横向受到四点支承,结构形成一个超静定结构,可不设置临时横梁,但须通过吊具等措施保证左右幅桥面吊机起吊的同步性。当分体式钢箱梁横梁布置不规律,部分节段并无横梁时,则需要采用双幅钢箱梁独立吊装方案,左右幅钢箱梁分别吊装,再安装横梁。由于横梁起吊以及就位安装工作滞后于钢箱梁安装,左右两幅钢箱梁匹配是施工控制工况,同时悬臂施工工效也相对较低。分体式钢箱梁桥宽较大且设置四道腹板,钢箱梁节段在吊装阶段,已成梁段由于起重机支点反力作用,局部产生横向变形,接口处与被吊梁段会产生凸凹错台,将影响拼装质量,甚至引起拼接困难。因此,需要事先进行分析评估,并对起重机、吊点位置等综合考虑确定,必要时可在接口截面两侧梁段设置反力架保证梁段间连接时接口截面的变形一致。

4.3.3 中心箱钢箱梁

早期钢梁斜拉桥多采用双板梁或双箱梁作为钢纵梁,斜拉索常采用空间双索面以保证抗扭能力。位于德国汉堡的 Norderelbe 桥,是首座在中央分隔带内布置单索面的斜拉桥,如图 4.3-11 所示。尽管这一布置形式在 Düsseldorf North 桥和 Severins 桥投标中提出过,但当时并未竞争过双索面体系。对应单索面布置,主梁必须采用抗扭刚度更大的箱形截面,Norderelbe 桥主梁由宽度为 7.8m 的中心箱和两个外侧板梁组成,中心箱和板梁具有同样的高度,通过相当数量的横梁相连接。

图 4.3-11 德国 Norderelbe 桥

在 Norderelbe 桥单索面布置应用后,很长一段时间,单索面都成为德国和其他一些国家建造斜拉桥的优选方案,这也带动了抗扭刚度更大的中心箱钢箱梁的发展。在 Norderelbe 桥之后,迎来的是跨越莱茵河的 Leverkusen 桥(图 4.3-12,1964 年通车)。该桥具有相同的中央单索面,与 Norderelbe 桥不同的是,其缆索体系采用竖琴式布置,主梁采用单箱双室钢箱梁,三腹板布置以适应稀索体系下主梁较大的剪力,两侧 12.15m 长挑臂下设斜撑,同时在斜撑与横梁交接位置,设置小纵梁确保集中力能有效分配(图 4.3-13)。

图 4.3-12 德国 Leverkusen 桥

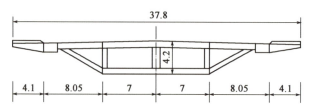

图 4.3-13 Leverkusen 桥主梁截面布置(尺寸单位:m)

20 世纪 60 年代后半期,由于计算机辅助分析技术的进步,密索体系斜拉桥开始广泛应用。1967 年建成,位于联邦德国波恩北部跨越莱茵河的 Friedrich Ebert 桥是第一座采用密索体系的斜拉桥,跨径布置为 120.1m+280m+120.1m(图 4.3-14),桥宽 36.3m,采用单索面布置,主梁为单箱单室带斜撑钢箱梁。全桥共计 40 对斜拉索,斜拉索间距为 4.5m,与主梁节段长度保持一致,主塔附近存在较长无索区。密索体系下主梁为连续弹性支承,斜拉索索力相对较小,对锚固区要求也相应降低,锚点距离的减小更有利于主梁进行悬臂拼装。主梁由中间箱、支承挑臂的斜撑以及横梁共同组成,其中斜撑与横梁相对应。钢梁梁高 4.2m,顶板宽 36.3m,底板宽 12.6m,挑臂长度为 11.85m,横梁间距为 4.5m,与斜拉索间距相对应。为提高挑臂位置刚度,在挑臂 8.25m 位置处设有小纵梁以分配集中荷载(图 4.3-15)。需要注意的是,单索面布置下主梁高度主要由横向受力控制,因此密索体系下斜拉索对主梁连续支承以减小其高度的优势并未充分发挥;但双腹板设置,底板宽度小的优点与密索体系下主梁受力还是相匹配的,材料性能也能得到充分发挥。

联邦德国杜塞尔多夫 1976 年建成的 Oberkassel 桥,为独塔单索面斜拉桥,跨径布置为 257.75m+257.75m+75m,桥宽 35m。斜拉索采用竖琴式布置,索距为 51.55m。主梁为单箱三室钢箱梁,梁高 3.15m,高跨比约为 1/80。钢梁顶宽 35m,底宽 19.16m,斜腹板布置,挑臂长 6.92m(图 4.3-16、图 4.3-17)。中间箱宽度仅为 3.1m,与主塔宽度相对应,方便与主塔进行固结,同时较小的腹板间距保证斜拉索钢锚箱传力更合理。正交异性钢桥面系在行车道范围采用 U

形肋加劲,其余位置采用板肋加劲。由于该桥位于人口密集的市区,为保证交通不会长时间中断,在桥位上游47.5m建造,然后再横向整体移动就位,塔梁固结、塔墩分离的独塔布置也方便了该施工工法的实施。

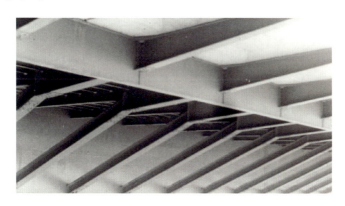

图4.3-14 德国Friedrich Ebert桥

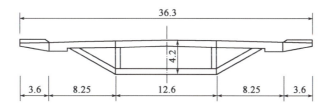

图4.3-15 Friedrich Ebert桥主梁截面布置(尺寸单位:m)

图4.3-16 德国Oberkassel桥

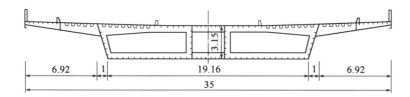

图4.3-17 Oberkassel桥主梁截面布置(尺寸单位:m)

塞尔维亚的 Sloboda 桥跨越多瑙河,是一座主跨 351m 的双塔斜拉桥,主桥全长 591m(图 4.3-18)。主梁采用单箱三室斜腹板钢箱梁,高 3.8m,顶板宽 27.48m,底板宽 13m,挑臂长 5.74m,与德国 Oberkassel 桥一样,中间箱室腹板距离较小,可同时满足主塔及索梁锚固构造及传力需求(图 4.3-19)。斜拉索采用中央索面,全桥共计 6 对拉索,其中主跨斜拉索间距分别为 54m、48m 和 48m,塔下无索区长度为 54m,跨中无索区长度为 51m,较大的无索区和索距布置能充分发挥钢箱梁承载能力。该桥于 1999 年在北约空袭期间被炸毁,并于 2002 年按原跨径、桥宽及构造尺寸进行修复重建,2005 年建成通车。

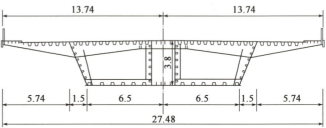

图 4.3-18 塞尔维亚 Sloboda 桥　　　　图 4.3-19 Sloboda 桥主梁截面布置(尺寸单位:m)

中心箱钢箱梁截面具有较强的抗弯能力和抗扭能力,能适应稀索或较大无索区布置,可充分发挥其承载能力,同时稀索布置有利于减小钢塔横向尺寸,无须对主梁过度加宽,与引桥协调匹配性更好,以上特点使中心箱钢箱梁截面具有一定技术经济性,在 21 世纪仍有应用案例,如波兰的维斯瓦河桥。

建成于 2006 年的波兰普沃茨克维斯瓦河桥,为主跨 375m 的双塔斜拉桥,全长 615m(图 4.3-20)。斜拉索采用中央索面,竖琴形索面布置,主跨顺桥向索距为 22.5m,边跨顺桥向索距为 15m,塔下无索区长 41.25m,跨中无索区长 22.5m,横桥向两根斜拉索间距为 900mm。主梁为单箱三室钢箱梁(图 4.3-21),梁高 3.5m,顶宽 27.25m,底宽 13m,挑臂长 5.5m,外侧腹板采用斜率为 1:2 的斜腹板,内侧腹板间距为 2.25m,适应主塔固结及斜拉索锚固。顶板为正交异性钢桥面板,顶板加劲在行车道范围采用 U 形肋,在人行道及索区范围采用板肋;底板以 U 形肋加劲,腹板采用角钢加劲。横隔板除支点及拉索锚固位置采用实腹式外,其余均为空腹式,纵向间距为 3.75m。主桥采用悬拼施工,标准节段长度为 22.5m,节段之间采用焊接。

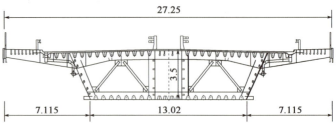

图 4.3-20 波兰普沃茨克维斯瓦河桥　　　　图 4.3-21 维斯瓦河桥主梁截面布置(尺寸单位:m)

建成于 2009 年德国韦塞尔的莱茵河桥(图 4.3-22、图 4.3-23),为主跨 335m 的混合梁独塔斜拉桥,主桥全长 773m。主塔采用倒 Y 形,斜拉索采用平行钢丝,中央索面,边跨采用竖琴布置，主跨采用扇形布置。主跨主梁采用钢箱梁，而边跨主梁采用混凝土梁。钢混结合面避开主塔截面，位于主跨侧距离主塔 12m 处，以降低主塔施工难度，保证预应力钢混接头具有更好的疲劳性能。钢箱梁采用单箱三室截面，顶板采用正交异性钢桥面板。钢箱宽 13.8m，每侧的挑臂长度为 7.71m，中间箱室宽 2m，用于斜拉索锚固。挑臂由钢斜撑支撑，间距为 4m，斜撑尺寸为 0.34m×0.40m。

图 4.3-22　德国韦塞尔莱茵河桥

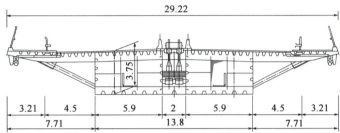

图 4.3-23　韦塞尔莱茵河桥主梁截面布置（尺寸单位：m）

由以上例子可以看出，单箱多室钢箱梁主梁采用四腹板、宽底板（占桥面宽度 1/2 以上）的截面布置，具有较大的抗弯、抗剪承载力，同时提供较大的抗扭刚度，可适应单索面稀索体系或较大的无索区布置。

4.3.4　半封闭钢箱梁

随着斜拉桥跨径的加大，中心箱钢箱梁已经无法适应结构受力和抗风需求，半封闭钢箱梁成为更合理的选择。半封闭钢箱梁截面钢结构材料相对集中在两侧，配合双索面布置截面利用效率高，具有良好的面内外受力性能及抗扭性能；流线型截面配合风嘴的设置可以满足大跨斜拉桥的抗风性能要求。

1991 年日本生口桥建成，为主跨 490m 混合梁斜拉桥，如图 4.3-24 所示。大桥主跨采用半封闭钢箱梁，边跨采用预应力混凝土箱梁，钢混接头设置在距离塔柱支承 2.65m 的主跨侧。其中钢箱梁由钢桥面板及两个边箱共同组成，箱梁高 2.7m，其截面形状是按抗风稳定性及降低雷达等电波障碍等方面考虑而确定，标准截面如图 4.3-25 所示。PC 箱梁截面与钢箱梁同高，采用单箱四室斜腹板布置。

图 4.3-24　日本生口桥

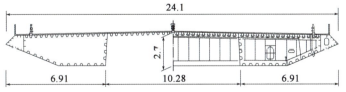

图 4.3-25　生口桥主梁截面布置（尺寸单位：m）

1999 年建成的汕头礐石大桥（图 4.3-26）。主梁采用半封闭钢箱梁，两个边箱通过带钢桥面板的横梁连接，端部设风嘴兼做人行道（图 4.3-26）。钢梁高 3m，梁宽 30.35m，标准节段长约 12m。同国内早期钢箱梁一样，钢箱梁顶板厚度采用 12mm，U 形肋间距为 600mm，厚度为

8mm。每隔 6m 设置一道横梁,横梁中间增设一道横肋。工地纵向连接为 M22 高强度螺栓 H24 孔,横向连接为 M24 高强度螺栓 H26 孔。钢梁主体结构材质 SM490C。

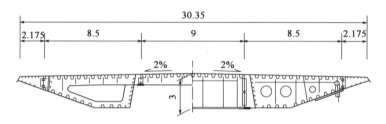

图 4.3-26 碧石大桥主梁截面布置(尺寸单位:m)

湖北鄂东长江公路大桥为主跨 936 的双塔双索面斜拉桥。钢箱梁标准节段长 15m,与主跨索距相对应,钢箱梁标准截面如图 4.3-27 所示。由鄂东长江公路大桥可以看出,半封闭钢箱梁在内陆地区适用跨径可达到千米级,通过协调静力需求及抗风需求达到材料效率最优。

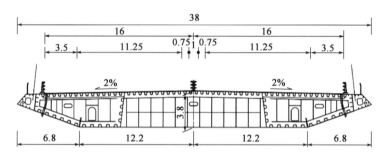

图 4.3-27 鄂东长江公路大桥主梁截面布置(尺寸单位:m)

为提高正交异性钢桥面板刚度和抗疲劳性能,减小重交通荷载的不利影响,增强钢桥面铺装耐久性,按照其结构受力和车辆荷载行驶特性,钢箱梁顶板在不同区段的厚度分别为 16 ~ 25mm,最小板厚由早期 12mm 增加到现在的 16mm。钢箱梁横隔板标准间距 3m,横隔板分为 3 类:斜拉索锚固处,厚 14mm;普通横隔板,厚 12mm;钢-混结合段的钢箱梁过渡段,厚 16mm。钢箱梁顶板、底板、斜底板及中腹板纵向采用 U 形肋,边腹板及顶板、斜底板的边角部采用板式加劲。除顶板 U 形肋采用栓接外,其余均为焊接。钢箱梁采用 Q345qD 钢材,钢箱梁边腹板采用 Z15 钢,风嘴采用 Q235B 钢材。

同样在 2010 年通车运营的荆岳长江公路大桥,主桥采用主跨 816m 的双塔不对称混合梁斜拉桥,平行双索面,如图 4.3-28 所示。

主跨和北边跨位于深水中,采用钢箱梁,主体结构采用 Q345qD 钢材;南边跨位于岸上,采用混凝土箱梁。考虑桥梁结构受力的合理性、施工的便利性和经济性,钢-混结合段设置在主跨侧距南塔中心 22.0m 处。

为提高截面受力效率、节省材料,主梁采用半封闭钢箱梁截面,两边箱之间以横梁相连接。钢箱梁全宽 38.5m,至桥塔区取消风嘴缩窄为 36.5m,梁高 3.823m,标准截面如图 4.3-29 所示。钢箱梁钢顶板厚 16 ~ 20mm,顶板 U 形加劲肋厚 8mm,加劲肋中心间距 600mm;底板厚 16 ~ 22mm,内腹板厚 14 ~ 18mm,外腹板厚 32mm。钢箱梁横隔板标准间距为 3.0m,板厚 12 ~ 22mm。

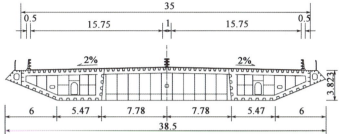

图 4.3-28　湖北荆岳长江公路大桥　　　　图 4.3-29　荆岳长江公路大桥主梁截面布置（尺寸单位：m）

日本生口桥和汕头礐石大桥主跨均为 500m 左右，桥宽 30m 左右，考虑到两桥均位于强风区，故主梁均采用流线型半封闭钢箱梁配合风嘴的设置，以满足其抗风性能要求，但对于内陆非强风环境地区，500m 主跨斜拉桥抗风问题并不控制设计，主梁截面可不设置风嘴，甚至可以采用矩形边箱钝体截面，以提高材料使用效率。湖北鄂东长江公路大桥和荆岳长江公路大桥主跨达到 900m 左右，桥宽达到 35m 以上，主梁采用双边箱布置的半封闭钢箱梁，可充分利用材料，避免全宽底板因为构造控制带来的浪费，同时跨径增大引起的抗风性能要求的提高，钢箱梁截面采用扁平流线型，两端设置风嘴解决抗风需求。总而言之，主梁可根据实际跨径、风环境确定结构气动措施，选择布置全长风嘴、主跨风嘴或采用导流板。

4.3.5　全封闭钢箱梁

世界上第一座采用全封闭扁平钢箱梁的桥梁是 1966 年英国建造的塞文悬索桥，主梁截面抗扭刚度大、抗风性能优越，因此该钢梁截面形式在斜拉桥，特别是大跨径斜拉桥中也得到广泛的应用。

1995 年通车的鹤见航道桥是日本首都高速港湾沿岸线上的重要桥梁之一，该桥采用主跨 510m 的钢箱梁斜拉桥，全长 1020m。为保证美观效果，斜拉索采用单索面布置（图 4.3-30）。主梁采用全封闭钢箱梁以提高其抗扭能力，采用扁平流线型以改善其气动性能，提高单索面斜拉桥的抗风稳定性。

主梁截面为单箱五室布置，总宽 38m，中间箱室宽 2.4m 以方便拉索锚固，梁高 4m 以满足单索面抗扭需求，外侧设风嘴用来提高抗风稳定性兼作检修通道用（图 4.3-31）。航道桥充分利用封闭钢箱梁抗扭刚度和气动外形，以满足强风环境下 500m 以上跨径单索面斜拉桥抗风稳定需求。

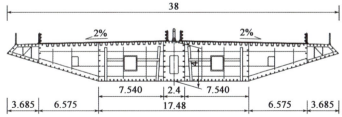

图 4.3-30　日本鹤见航道桥　　　　图 4.3-31　鹤见航道桥主梁截面布置（尺寸单位：m）

1995年建成通车的法国诺曼底大桥一举将斜拉桥跨径从602m突破到856m，使其成为当时最大跨斜拉桥（图4.3-32），主梁采用混合梁，主跨采用钢箱梁，两岸边跨采用预应力混凝土箱梁。预应力混凝土箱梁与主塔固结后向主孔悬伸116m，主跨钢箱梁部分长度缩短到624m。

法国诺曼底大桥地处塞拉河口，面临大西洋，风力较大，且桥面全宽21.2m，梁宽较小。主梁截面设计应力求减小桥梁迎风面，提高主梁抗扭刚度，其形状还需同时兼顾钢梁与预应力混凝土梁构造要求。鉴于此，钢梁采用全封闭扁平钢箱梁，梁高控制为3m，同时控制底板宽度及斜底板的倾斜角度以减少涡振的影响，该梁高也是预应力混凝土边跨需要的最小梁高（图4.3-33）。

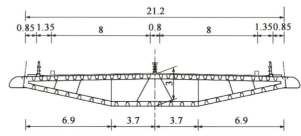

图4.3-32　法国诺曼底大桥　　　　　图4.3-33　诺曼底大桥主梁截面布置（尺寸单位：m）

除锚固腹板不设置加劲外，钢梁顶底板均采用U形肋加劲。顶板及U形肋厚度根据重载车辆布置有所区分，中央车道顶板厚12mm，U形肋板厚7mm；承受重载车辆的两侧车道顶板厚加强到14mm，U形肋板厚8mm，U形肋中心距为600mm，高度为250mm。底板及斜底板厚12mm，U形肋高240mm，板厚8mm，中心距为1000mm，考虑局部折减后并非底板全宽参与结构受力。钢梁采用实腹式横隔板，间距为3.93m，与19.65m索距相对应。钢梁斜拉索锚固采用耳板式，箱梁两侧的垂直腹板局部加厚，向上延伸并穿孔，斜拉索通过铰连接在耳板上（图4.3-34）。

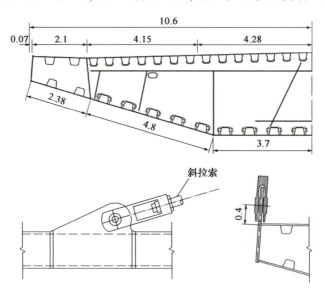

图4.3-34　诺曼底大桥主梁构造细节（尺寸单位：m）

1999年建成通车的日本多多罗桥是一座混合梁斜拉桥(图4.3-35),全桥长1480m,主跨890m,比法国诺曼底大桥的主跨长34m。两边跨因地形和施工条件采用不对称布置,在两边跨的端部各布置了一段预应力混凝土主梁,钢梁总长为1330m。

根据风洞试验,钢梁选定带有风嘴的扁平三室宽箱梁(图4.3-36),桥宽30.6m,梁高2.7m,梁高与主跨跨径之比为1/330,主梁相对纤细,弯曲刚度相对较小,轴压力起控制作用。桥面板、底板和腹板形成矩形闭合截面,受力高效。顶底板采用U形肋加劲,腹板采用板肋加劲。从美学和维护方面考虑,将斜拉索锚固的钢锚箱设置在风嘴里面。

图4.3-35 日本多多罗桥

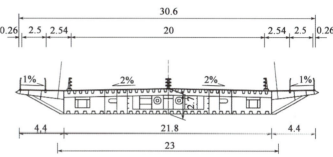

图4.3-36 日本多多罗桥主梁截面布置(尺寸单位:m)

钢箱梁采用工厂化预制,在制作钢梁时,由于构件作为受压加劲板设计,为提高其压屈承载力,尽量控制钢桥面板下翼缘的初始偏差,在制造时进行构件矫正。钢梁的安装梁段分为:近塔处的大梁段、两边跨侧的大梁段、标准梁段,近塔处的大梁段、两边跨侧的大梁段采用浮式起重机施工,最大节段质量为1800t,标准梁段(长20m,质量约为350t)采用桥面起重机进行悬拼。

2009年建成通车的仁川大桥采用主跨800m的五跨连续钢箱梁斜拉桥,考虑减轻重量和抗风要求,主梁采用宽高比为12的流线型扁平钢箱梁,梁高3m,全宽36.1m(包含风嘴)(图4.3-37、图4.3-38)。一般拉索间距为15m,隔板间距为3.5m。钢桥面板的最小厚度为14mm,顶底板采用U形肋加劲,U形肋标准间距为815mm。为缩短工期并便于施工,边跨主梁采用设置两个临时墩的大节段吊装施工方法。除了桥面板的U形肋外,大节段的接头处上、下翼板均采用现场焊接,主跨主梁悬臂拼装,除桥面板采用焊接外均采用螺栓连接。主塔处的大节段重约2300t,采用3000t浮式起重机在悬吊状态下插入主塔间安装就位。

图4.3-37 韩国仁川大桥

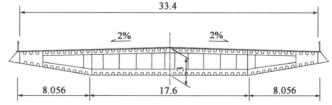

图4.3-38 仁川大桥主梁截面布置(尺寸单位:m)

根据美国规范AASHTO和韩国的设计规范,钢桥面板的最小厚度为14mm(AASHTO钢桥面板最小厚度为15.875mm),桥面板和U形肋角焊熔深根据AASHTO规定采用80%,比韩国的规范严格。

我国斜拉桥起步较晚，且早期多以混凝土斜拉桥为主。南京长江二桥主桥为主跨 628m 的双塔双索面钢箱梁斜拉桥，于 2001 年建成通车，是国内跨径斜拉桥代表之一如图 4.3-39 所示。

主梁采用全封闭钢箱梁，高 3.5m，宽 38.2m（图 4.3-40）。钢箱梁顶板厚 14~20mm，下斜腹板和底板厚 12~16mm，边腹板厚 30mm。顶底板采用 U 形肋加劲，顶板 U 形肋采用高强度螺栓连接。箱梁每隔 3.75m 设置一道实腹式横隔板，板厚 10mm。箱内设有两道纵腹板，横向间距为 15.2m，纵腹板在辅助墩及主塔无索区为实腹式，其余均为空腹式。斜拉索锚固于钢箱梁腹板外侧的锚箱上。全桥共 93 个梁段，标准节段长 15m（辅助跨 12m），最大节段吊重为 274t。

图 4.3-39　南京长江二桥

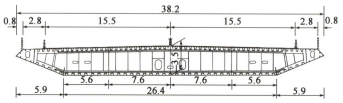

图 4.3-40　南京长江二桥主梁截面布置（尺寸单位：m）

桃夭门大桥为舟山连岛一期工程中的一座跨海大桥，于 2006 年 1 月通车。该桥为主跨 580m 的双塔双索面混合梁斜拉桥（图 4.3-41）。

主梁主跨为全封闭钢箱梁，边跨为预应力混凝土箱梁，梁高均为 2.8m，外轮廓一致。钢箱梁全桥共分 45 个节段，标准节段长 13m。钢箱梁顶板厚 14mm、边腹板厚 25mm、下斜底板和底板厚 12~16mm，横隔板间距为 3.25m，板厚 8mm、10mm。顶底板加劲采用 U 形肋，顶板 U 形肋厚度为 8mm、间距为 600mm，底板 U 形肋厚度为 6mm、间距为 800mm，节段连接处 U 形肋采用焊接。斜拉索梁段锚固采用销铰形式，横向角度偏差通过耳板厚度进行调节（图 4.3-42）。

图 4.3-41　舟山桃夭门大桥

江苏苏通大桥是世界上第一座主跨超过千米的斜拉桥，如图 4.3-43 所示。主梁采用全封闭扁平钢箱梁，含风嘴全宽 41.0m，不含风嘴顶板宽 35.4m，中心线处高度 4.0m，横截面布置如图 4.3-44 所示。主梁标准节段长度 16m，纵向每 4m 设一道实腹式横隔板，箱内设置两道桁架式纵腹板（有竖向支承和主塔区段采用实腹板式），间距为 18.4m。

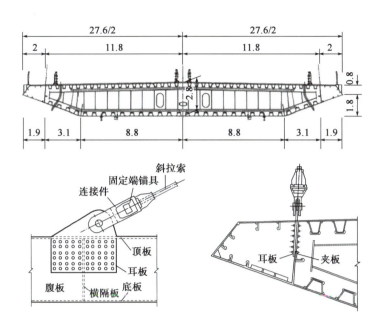

图 4.3-42　桃夭门大桥主梁截面布置及锚拉板构造(尺寸单位:m)

图 4.3-43　江苏苏通大桥

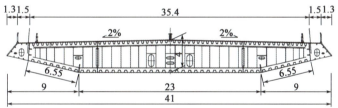

图 4.3-44　苏通大桥主梁截面布置(尺寸单位:m)

斜拉桥随着密索体系的流行和跨径的增大,结构体系也逐渐演变,结构整体刚度主要由体系刚度提供,主梁和主塔的刚度变化对整体刚度影响的敏感性下降,主梁的高跨比呈减小的趋势并向轻型化发展,一般为 1/300～1/100,甚至更低,如法国诺曼底大桥高跨比为 1/285,日本多多罗桥高跨比达到了 1/330。主梁高宽比一般为 1/12～1/10,国内宽桥较多,主梁高宽比也偏大,抗扭刚度大,但相应梁高增加带来的静风问题更为突出。早期钢箱梁顶板厚度多为 12mm 或 14mm,现在一般不小于 16mm,同时根据重载车辆位置分布情况,钢顶板横向可以采用不同的厚度,在内侧重载车道或拉索锚固范围板厚较大,而在中间小车道板厚相对较小。为提高桥面板接头位置的疲劳性能,U 形肋采用高强度螺栓连接,面板采用焊接已成主流。

4.3.6　分体式钢箱梁

分体式钢箱梁由 2～3 个钢箱通过横梁连接成整体,形成中央开槽的截面形式。对于三箱截面,公路上下行线路布置在两边箱上,轨道交通布置在中间箱上;对于双箱截面,公路或公路与轨道的上下行线路分别布置在两边箱上。分体式钢箱梁可采用受力明确的双索面支承,也可采用四索面支承减小横向受力。该截面形式具有较高的颤振临界风速,但对于千米级斜拉桥并非必要,全封闭钢箱梁截面也可满足其抗风需求。

2009年正式通车的中国香港昂船洲大桥主桥为主跨1018m的双塔双索面斜拉桥,是一座位于台风区主跨超过1000m的斜拉桥(图4.3-45)。主梁采用混合梁,钢箱梁部分全长1117.5m,包括主跨1018m和49.75m长的梁段延伸入边跨,余下部分边跨为预应力混凝土箱梁。主梁全长均采用分体箱,双索面布置下横向受力较大,主跨钢箱梁部分通过间隔18m的箱形钢横梁联结,钢横梁间距与斜拉索的间距一致;在边跨部分的混凝土双箱梁则通过间距20m的混凝土横梁联结,边跨斜拉索间距为10m。

分体钢箱梁全宽53.3m(含中间横梁和风嘴),中间开槽宽14.3m,梁高3.93m(图4.3-46)。钢箱梁截面外形充分考虑抗风稳定性,外侧斜底板采用圆弧形构造,风洞测试结果显示大桥具有良好的颤振稳定性能,但存在涡振现象,采用了导流板措施以达到抑振效果。考虑到成桥后大量重型货柜车通行需求,桥面板的疲劳性能要求高,钢桥面板顶板厚度不小于18mm,U形肋高325mm,厚度为9mm 横隔板间距2.4~2.7m,横隔板厚24mm。分体箱与横梁连接位置,横梁腹板连续,分体箱内腹板及内底板被横梁腹板隔开,焊在横梁腹板上,横梁底、腹板上加劲在分体箱内腹板及内底板位置逐渐断开。主梁采用S420M及S420ML级钢材,该钢材含合金量低,可焊性比较高。

图4.3-45 中国香港昂船洲大桥

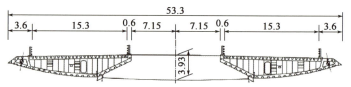

图4.3-46 昂船洲大桥钢梁截面布置(尺寸单位:m)

钢梁采用整体悬臂拼装,在钢梁预制厂拼装成完整的箱梁节段后吊装上船,然后利用大型运输船行驶至主桥下方,进行吊装作业,吊装后采用栓焊结合对主梁进行拼装。

2008年建成通车的上海长江大桥主桥为主跨730m的双塔双索面斜拉桥,从抗风稳定需求来看,常规钢箱梁即可满足要求,但考虑到大桥位于长江入海口,自下而上为万里长江第一桥,从大桥美学及城市地标定位角度,主梁采用分体式钢箱梁配合人字形桥塔(图4.3-47)。风洞模型试验表明上海长江大桥成桥状态的颤振临界风速在100m/s以上,在低风速下有轻微涡振。

分体式钢箱梁全宽51.5m(含中间横梁和风嘴),梁高4m,单个分体箱宽20.75m,两幅梁间距为10m,如图4.3-48所示。顶板厚16mm,纵向采用U形肋,U形肋高300mm,横向间距为600mm,厚8mm。在远期轨道交通位置下设2条倒T形加劲肋,以增加桥面刚度。内腹板为铅垂面,板厚14mm,纵向采用12mm×140mm板肋加劲。外腹板在截面内和铅垂线夹角为8°,板厚40~60mm,纵向采用20mm×280mm板肋加劲。内、中及外底板板厚12~14mm,纵向采用U形肋,横向间距为800mm,厚6mm。横隔板间距为3.75m,中间横梁采用箱形截面,间距采用15m与斜拉索索距一致,以适应双索面布置下较大的横向弯矩。拉索锚箱设在风嘴内侧,索力通过锚箱均匀传递至腹板。

图4.3-47 上海长江大桥

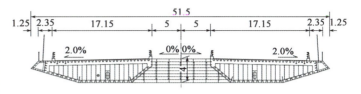

图4.3-48 长江大桥钢梁截面布置(尺寸单位:m)

纵、横梁腹板交叉位置采用纵向腹板连续方案,横梁腹板被纵向腹板隔开,焊在纵向腹板上。为保证纵、横梁连接的关键部位有足够的刚度,防止屈曲变形及撕裂,与横梁腹板相连的纵梁内腹板和内斜底板适当加厚;内斜底板上采用刚度较大的U形肋焊在对应中间横梁的横隔板上,横隔板上不开过焊孔;纵梁内腹板和内斜底板采用Z向板,防止横向受力时被撕裂。纵横梁加劲相交位置采用纵向加劲连续,中间横梁底、腹板上加劲根据受力情况不同和主梁内腹板及内底板逐渐断开或磨光顶紧。

分体式钢箱梁选用钢材为Q345qD,全桥用钢量约35000t。全桥共分为99个节段,南北对称标准节段长15m,每个节段质量约340t。节段连接处钢顶板采用焊接,U形肋采用栓接。

2013年通车的嘉绍大桥主航道桥采用主跨428m的六塔独柱四索面钢箱梁斜拉桥,桥梁总长为2680m(图4.3-49)。主梁采用分体钢箱梁,单幅箱梁宽24m,为流线型扁平钢箱梁,外侧全梁段设置风嘴。梁高4.0m,两幅梁间距为9.8m,全幅总宽为55.6m,如图4.3-50所示。

图4.3-49 浙江嘉绍大桥

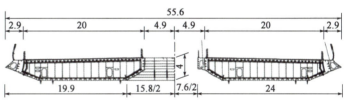

图4.3-50 嘉绍大桥主梁截面布置(尺寸单位:m)

因四索面布置下横向受力较小,跨中部分间隔一个节段设置一道箱形横梁和工字形横梁,梁端节段为加强两幅梁之间的横向联系,设置两道箱形横梁。标准箱形横梁宽度为3m,端横梁宽度为3.23m(腹板中心间距)。箱形横梁及工字形横梁顶板及底板厚度为20mm,腹板厚度为16mm。纵、横梁腹板交叉位置处理方式与上海长江大桥一样,采用纵向腹板连续,横梁腹板被纵向腹板断开的方案。为控制涡激振动,在风嘴侧检修道栏杆上设置抑振板。抑振板高度为2.9m,立柱间距为2m,采用工字形截面与风嘴顶板焊接。

箱梁顶板厚为16mm(顶板两侧与腹板刚度过渡,板厚为20mm),U形肋厚8mm。平底板板厚为12mm,在辅助墩、过渡墩、主塔附近厚度增大为16mm和20mm,U形肋厚6mm。单幅箱内外侧腹板厚均为30mm,采用厚度为20mm的板肋加劲。箱梁内部设置实腹式横隔板,标准间距为3m,板厚为12mm。

主梁标准节段长度为15m。全部节段左右幅箱梁段均采用独立吊装方式,中间设置临时横梁,永久横梁中间段在左右幅箱梁架设到位后安装,悬臂施工最大吊装质量为265t。

2017年建成的安徽芜湖长江二桥为主跨806m的双塔四索面斜拉桥,全长1622m,主梁采用扁平弧形底板分体钢箱梁(图4.3-51)。

分体式钢箱梁全幅总宽53m,梁高3.5m,单幅箱梁为流线型扁平钢箱梁,梁宽18m,外侧全梁段设置风嘴,内侧设置斜拉索检修道,标准梁段长度为16m,与斜拉索标准索距一致(图4.3-52)。两幅梁间距17m,采用箱形横梁连接,横梁纵向标准间距为32m,截面尺寸为3.2m×3.5m,全桥共54道。为提高钢箱梁顶板在重车作用下的抗疲劳性能,将钢箱梁顶板的板厚根据车道分布进行适当优化,即将桥面外侧混合车道及应急车道7.2m范围顶板厚度由16mm调整为18mm。顶板U形肋现场连接采用高强度螺栓连接,底板纵肋现场连接采用嵌补段焊接。钢箱梁分为11种类型梁段,共计105个梁段。

图4.3-51 安徽芜湖长江二桥

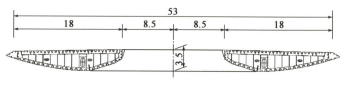
图4.3-52 芜湖长江二桥主梁截面布置(尺寸单位:m)

芜湖长江二桥进行大比例节段模型风洞试验对中央开槽箱梁涡激共振特性进行研究,结果显示位于气动敏感位置的内侧检修车轨道是诱发涡激共振原因。抑振措施并未采用常规导流板,而是将内侧检修车轨道向主梁中心线偏移一定距离,通过改进截面进行抑振。

由以上桥例可以看出,中国香港昂船洲大桥、上海长江大桥均采用双索面布置,梁高较大,芜湖长江二桥采用四索面布置,梁高较小,嘉绍大桥虽然也采用四索面布置,但多塔斜拉桥整体受力性能差,因此主梁取值较高。总而言之,双索面横向受力明确,安装控制方便,景观效果较好,但横向受力不利且斜拉索规格较大;四索面布置横向受力小,斜拉索规格较低,但横向受力复杂,安装控制要求高,四索面略显凌乱。

4.4 钢桁梁

4.4.1 结构基本形式

现代大跨径斜拉桥多采用实腹式主梁,钢桁梁应用比例并不高,但在索承式桥梁发展史上,为保证主梁结构所需要的抗弯和抗扭刚度,钢桁梁很长一段时间曾是优选方案,如今钢桁梁多应用在双层桥面的桥梁中。

斜拉桥钢桁梁的结构形式,按照主桁片数情况可以分为双主桁和多主桁两种形式,分别可以对应双层桥面、单层桥面两种桥面布置和单索面、双索面以及三索面三种斜拉索索面布置。以下将结合斜拉桥主梁的受力特点和工程需求,分别进行分析讨论。

双主桁钢桁梁是钢桁梁斜拉桥应用最多的一种结构形式,可适用于双层桥面、单层桥面,多与双索面布置相对应,但在桥面宽度较小时,也可采用单索面布置。双主桁钢桁梁主要有以下三种截面形式,图4.4-1、图4.4-2适用于双索面斜拉桥,图4.4-3适用于单索面斜拉桥。

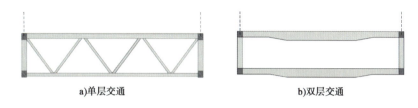

图4.4-1 双索面双主桁钢桁梁基本结构形式

图4.4-2 双索面双主桁钢桁梁特殊结构形式

图4.4-1所示钢桁梁是公路桥梁最基本的主桁形式,由两片竖直面内桁架与上下横梁和平面连接系组成,平面连接系根据桥面系构造情况,可以由上下层桥面系部分或全部取代。当应用于单层桥面交通时,车辆常布置在上层,为保证主梁抗扭能力,须在主桁间设置横联,如图4.4-1a)所示。需要注意的是,单层桥面交通的桥梁,一般情况下钢桁梁并不是合理的选择,只有在山区运输困难等特殊条件下,才能展现其技术经济合理性。当应用于双

图4.4-3 单索面双主桁钢桁梁结构形式

层桥面交通时,由于上下层均需考虑交通,无法在主桁间设置横联。当桥面过宽时,荷载作用下结构将发生较大的面外变形和扭转等,需要加强横梁竖向抗弯能力和腹杆横向抗弯能力或配合设置横向加劲措施,以改善桁架结构横向系统的受力,使结构更为经济合理,如图4.4-1b)所示。

图4.4-2所示钢桁梁结构形式,可以看作在图4.4-1所示钢桁梁的基础上对主桁截面进行调整,最早在公轨合建的人带海峡东航道桥方案研究时提出。图4.4-2a)所示钢桁梁最大特点在于设有专用副桁配合斜撑用于传递斜拉桥的索力到钢桁的上下节点,副桁不作为主要纵向受力构件。钢桁梁两片主桁的间距根据下层桥面功能宽度确定,上层桥面板分布于主桁两侧,钢桁架受力更为合理。图4.4-2b)的特点是主桁在横向为倾斜布置,整个截面形成梯形轮廓,使得斜拉索可以锚固在主桁的同时,控制下层桥面的宽度在功能所需范围。为减小上层桥面跨径,可设置竖向撑杆支承上层桥面。由于上弦杆为异形结构,构造处理起来会相对复杂,该截面实际应用相对较少。

图 4.4-3 所示钢桁梁结构形式,斜拉索直接锚于主梁中心的钢横梁上,斜拉索的水平分力由钢锚箱传到桥面板、再到主桁弦杆及全截面,竖直分力由横梁及其与桥面板的组合结构平衡。钢横梁为适应承受斜拉索的索力而加强,索锚区范围可设置小纵梁共同受力。该截面形式通过增强横梁进行锚固,可避免采用上下层等宽桁造成下层不合理的受力以及设置副桁导致结构复杂化,可以简化主桁及锚固构造,但当主桁宽度太大,特别是下层桥面过宽时,横梁受力过大导致该截面形式不再合理。因此该截面形式应用于单索面,可以满足四车道公路与单线铁路桥梁的受力要求。

为了满足铁路运输的要求,新建的铁路桥梁通行能力从以前的双线铁路发展到四线铁路甚至六线铁路,从而对线路通行能力提出了更高的要求。如果采用双主桁结构形式,则存在主桁杆件轴力过大、横梁过高且受力不合理、竖杆应力幅值高、桁架截面整体性差和制造安装困难等问题,双主桁桥梁设计方案不再是最合适的选择;如果分建两座桥梁则既不经济,也会大幅降低桥梁横向刚度。因此在常规双主桁中间增加一片桁架组成三主桁以提高结构刚度、减小主桁杆件轴力成为合理的选择,对应的斜拉索也设计成三个索面,如图 4.4-4 所示。这种三索面三主桁结构首先应用于湖北天兴洲长江大桥,此后,推广应用于铜陵大桥、沪通长江大桥、安庆铁路大桥等斜拉桥工程。

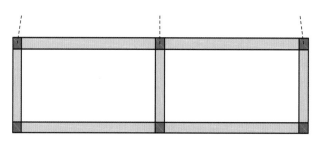

图 4.4-4　三索面三主桁钢桁梁结构形式

钢桁梁桁式主要有华伦桁、三角桁(又称纯华伦桁)及 N 形桁(又称普拉特桁),区别主要在于腹杆的布置,如图 4.4-5 所示。华伦桁在所有节点均布置有竖腹杆便于吊杆锚固,因此广泛应用于悬索桥,但节点复杂,加工难度大。三角桁无竖杆布置给桁架加工提供了有利条件,节点构造也相对简单,但主桁缺少竖杆对横向斜撑的设置带来了困难,因此三角桁多通过加强横梁来代替横向斜撑。N 形桁具有同三角桁一样简洁的外形,简单的节点构造,同时保留了竖腹杆便于横向斜撑的设置,是斜拉桥中应用最多的桁式。需要注意的是当钢桁梁桁高与节间距一定时,三角桁的杆件最大长度较 N 形桁小,也即当杆件的最大长度一定时,三角桁的节间距或桁高可以更大,因此当杆件为压屈稳定控制设计时,三角桁更经济。

钢桁梁无论采用何种桁式,节间距都将超出正交异性钢桥面板的合理支承跨距,因此有必要在钢桁梁弦杆之间设置纵横梁为桥面板提供必要的支承。早期桥面板与主桁分离,桥面板不参与总体受力,常采用纵横梁支承体系,通过桥面板与纵梁结合后支承在节点横梁上,使得桥面板获得足够的支承。钢桁架节间距通常较大,混凝土桥面板与纵梁结合后以横向受力为主,而对于 U 形肋纵向布置的正交异性钢桥面板,还需在节间增设间距 3m 左右横肋。这种桥面体系将大部分桥面荷载通过纵梁→节点横梁→主桁,可以有效降低主桁弯矩效应,具有构造简单、施工设计简便等优点,但桥面系整体刚度小、行车舒适性差、养护工作量大且材料利用率低,后期逐渐被整体板桁结合桥面系所替代。钢桥面板与主桁结合,不仅作为支承汽车轮载的结构,而且也作为主梁的一部分分担主梁的内力。

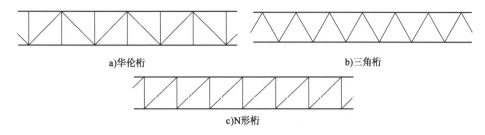

图 4.4-5 桁式示意图

对于正交异性钢桥面作为桥面系,板桁结合的钢桁梁来说,采用纵梁支承的方式意味着桥面系加劲也相应要改为横向设置,显然是不合理的,因此对于正交异性钢桥面系,常采用纵横梁和密布横梁两种支承体系,如图 4.4-6 所示。纵横梁体系由钢桥面板、强大的节点横梁、较弱的节间横肋、纵梁及纵向加劲组成,节间横肋间距常为 3m 左右。桥面荷载通过面板与纵向加劲肋经由横肋(梁)到纵梁,再沿纵向传递到节点横梁上,通过节间横肋和面板横向传递到主桁杆件上,由于节间横肋在节点外与弦杆连接,弦杆不可避免会产生附加弯矩,但弦杆仅分配了部分桥面荷载,附加弯矩一般相对较小。纵横梁桥面板体系传力、构造复杂、加工制造难度也较大。当节间横肋加强、节点横梁减弱,使节点横梁与节间横梁相等或接近时,桥面荷载将主要通过横梁横向传递,因此可以缩小纵梁的尺寸或者取消纵梁,最终变成无纵梁的密布横梁支承桥面体系。该桥面系构造简单,传力路径短,桥面变形相对连续、协调,但由于桥面荷载大部分通过横梁横向传递,弦杆附加弯矩相对较大。两种支承体系可结合桥面刚度、桥面系及弦杆受力情况,对桥面荷载纵横向分配进行适当调整,纵横梁体系可通过减少纵梁数量或者加强节间横肋,提高桥面荷载横向分配比例,直至趋于密布横梁体系受力;密布横梁体系可通过增设纵梁,削弱节间横梁,提高桥面荷载纵向分配比例,直至趋于纵横梁体系受力。但无论采用哪种桥面系支承体系,正交异性桥面板与弦杆结合共同受力,钢桥面板受弯作用不可避免,追求弦杆只承受单纯轴力作用已无必要,应充分考虑其弯矩效应。

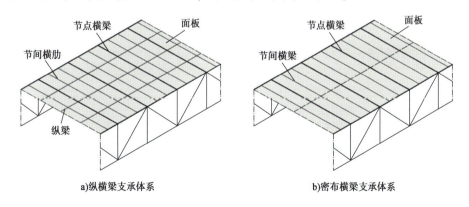

图 4.4-6 桥面系支承体系

对于公铁合建钢桁梁,铁路重载一般布置在下层且桁高较大,为应对铁路重载下横向框架效应,上层公路桥面处节点横梁一般比较强大,多采用桁架式。公路桥面系充分利用强大的节点横梁,采用纵横梁体系是相对合理的选择。而对于双层公路钢桁梁,桁高相对较小,人为设置较强节点横梁将带来桁高的增加,节点横梁和节间横梁高度相差不大的密布横梁支承体系更为有利。正交异性钢桥面板支承体系的选择还需结合桥面宽度、弦杆受力及构造综合考虑。当桥面宽度较大时,采用密布横梁体系将导致节间横梁计算跨径过大,单纯通过加大横梁尺寸来减小横梁应力和变形,并不一定是合理的选择,可能会造成材料上的浪费,可通过增加纵梁的方式对桥面荷载进行扩散和传递。而当桥面宽度较小时,桥面荷载横向传递路径效率最高,设置纵梁进行荷载纵向传递的合理性和有效性下降,可采用加强节间横梁的方式传递桥面荷载。

我国传统的铁路钢桥以明桥面为主,即在纵梁结构上放置枕木,荷载通过纵横梁传给弦杆等主要受力构件再传至支座。这种桥面形式具有施工设计简便、造价低廉等特点,但并不能满足高速铁路桥梁安全性、行车舒适性和噪声控制等要求。在这种情况下,正交异性整体钢桥面因其自重轻、刚度大、噪声小、行车舒适性好等优点,在铁路桥面应用越来越广泛。铁路正交异性整体钢桥面可采用密布横梁体系,列车活载大部分通过横梁和面板实现荷载横向传递,小部分通过纵梁、纵向加劲、面板实现荷载纵向传递。对于大跨径钢桁梁桥,为改善其主桁受力,提高铁路桥面系整体刚度,可在常规正交异性整体钢板桥面基础上增设底板,形成正交异性钢箱桥面的设计,如图 4.4-7 所示。正交异性钢箱桥面采用有顶、底板的结构,顶、底板之间通过密布横梁和纵向隔板进行连接,形成整体箱形结构。顶、底板均设置纵向加劲,分别与主桁弦杆上、下翼缘纵向连接。

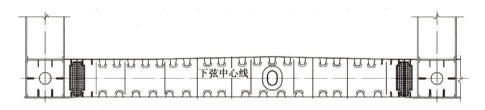

图 4.4-7 正交异性钢箱桥面系

4.4.2 结构构造

1)双主桁钢桁梁

(1)单层桥面交通(拉索锚固于桁架节点)

当采用单层桥面公路交通时,车辆常布置在上层,一般桥宽下钢桁梁典型截面形式如图 4.4-8a)所示,对应桁式可采用三角桁或 N 形桁。由于下层无车道净空要求,且从结构受力方面考虑,桁高并非控制因素。因此,从结构合理性及降低桥面高度方面考虑,常采用较小的桁高,一般在 8m 以内,相应节间距也不宜过大。为保证主梁抗扭需要,可在主桁节点上设置横向联结系,横联纵向间距可视受力决定,通常大于斜拉索间距。上层桥面系采用正交异性钢桥面板,支承在上弦杆与横梁上,与主桁共同参与总体受力。

当钢桁梁宽度较大时,图4.4-8a)横联形式已无法满足横梁受力需求,这时可在截面上下横梁之间采用桁架结构,如图4.4-8b)所示。横向桁架结构受力高效,不仅可以减小上下横梁的尺寸,还可以用作主桁的横向联结系。

当采用单层铁路交通时,为降低接线高程,减小引桥长度,车辆一般布置在下层,典型截面如图4.4-8c)所示。每个节点位置设置桁架式横联以增强横向框架整体刚度,对应桁式一般采用设有竖杆的N形桁或华伦桁。考虑到下层铁路通行净空需求及桁架式横联高度,桁高相对较大,一般为15m左右,对应节间距相应增大。

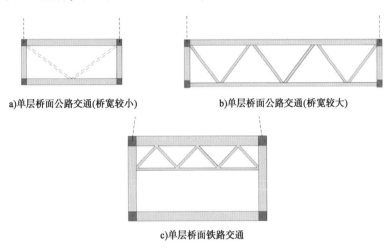

图4.4-8 单层桥面交通钢桁梁标准截面

对于单层桥面交通钢桁梁,由于下层或上层并无封闭桥面系与弦杆、横梁连接,因此需要设置平联以保证整体稳定性。平联通常采用对称构造,图4.4-9为常用的几种平联形式,图a)~图d)分别为米字形平联、X形平联、菱形平联和K形平联。平联中水平杆件的数量和位置需与主桁腹杆、下横梁和横撑相对应,以保证结构受力的合理性以及景观上的协调性。

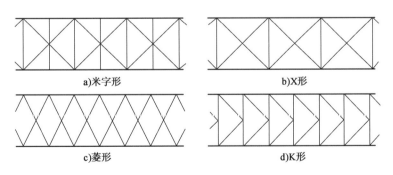

图4.4-9 平联结构形式

索梁锚固可采用钢锚箱方式,钢锚箱安装在主桁架上弦杆两块竖向整体节点板之间。单层桥面交通钢桁梁多用于山区运输困难等特殊条件,因此钢桁梁及桥面板的制造、运输和架设多采用化整为零的方式,对主桁桁片进行悬臂拼装后再安装横梁及桥面系。

(2)双层桥面交通(拉索锚固于桁架节点)

对于双层公路交通布置的钢桁梁,上、下层均需设置正交异性钢桥面板作为桥面系以满足车辆通行需求,正交异性钢桥面与主桁、横梁相结合共同参与总体受力,同时取代了平联的作用。由于无须设置桁架式横联,因此桁式的选择限制性较小,可采用三角桁或 N 形桁。考虑到下层也有车辆通行需求,因此梁高和节间距需结合下层交通净空要求以及钢横梁受力合理确定,梁高一般在 10m 左右。为减小偏载及横向荷载作用下结构扭转变形与受力,改善相关易损部位的抗疲劳性能,上下层桥面横梁之间可设置竖杆,如图 4.4-10a)所示。对于公铁合建分层布置的钢桁梁,桁式一般采用设有竖杆的 N 形桁或华伦桁,桁高通常较大,多为 15m 左右,为提高铁路重载工况下横向框架整体刚度,可在节点位置设置桁架式横联,如图 4.4-10b)所示。对于上层为六车道及以上公路交通,下层为双线铁路交通的钢桁梁,主桁宽度将达到 30m 左右,下层宽度远远超出双线铁路交通的需求。过大的横梁跨径,在双线列车重载下,即使对下横梁进行加强,也会不可避免出现主桁扭转、腹板面外受力等不利情况,因此需在下层铁路净空两侧、桁架结构以内设置加劲构件,以减小横梁跨径及提高横向刚度,如图 4.4-10c)所示。

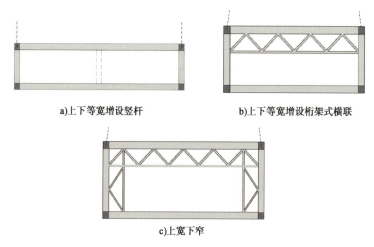

a)上下等宽增设竖杆   b)上下等宽增设桁架式横联

c)上宽下窄

图 4.4-10　双层桥面交通钢桁梁标准截面

钢桁梁施工常采用整节段吊装,将主桁、桥面系及联结系等结构在工厂焊接成整体节段后运输至工地进行吊装。

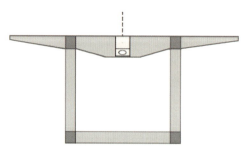

图 4.4-11　拉索锚于横梁的钢桁梁截面

(3)双层桥面交通(拉索锚固于横梁)

当桥宽较小时,钢桁梁可采用单索面的布置形式,配合加强横梁进行拉索锚固,如图 4.4-11 所示。以横梁受弯来承受斜拉索的竖向分力,单从横梁受力来看并不是合理的形式,但对于桥宽不大、下层仅为单线铁路时,可以减少桁宽使桁架受力更为合理,同时避免了设置副桁等措施带来复杂的连接构造,与引桥钢桁梁截面可以保持协调一致,具有其技术经济合理性和景观优势。

如图4.4-11所示钢桁梁截面,与传统梁式桥钢桁梁相比,除了对节点横梁进行加强外,通常还会在桥面中间增加一道箱形纵梁以方便斜拉索水平分力传递。为避免斜拉索索力过大导致锚固横梁构造难以处理,一般会控制斜拉索索距或采用部分斜拉桥的形式,充分利用钢桁梁结构自身刚度。桁式可采用三角桁或N形桁。

斜拉索锚固在上层桥面系中间。斜拉索水平分力由锚箱传递至桥面板,再传递至主桁;竖向分力由锚箱传递至锚索横梁,再传递至主桁。锚索横梁承受斜拉索竖向分力和水平分力作用,因此一般需采用较大刚度的箱形截面。

对于正交异性钢桥面板而言,由于弦杆横向间距相对较小,一般在节点横梁间补充设置节间横梁即可满足桥面板受力需求,无须再设置小纵梁,节间横梁的间距一般控制在3~4m。

2) 三主桁钢桁梁

三主桁钢桁梁用于上下层车道(线路)较多的桥梁,相对于常规双主桁增加一片桁架,形成横向布置的两个净空框格,将多线铁路分置于两个框格内,通常适用于上层为六车道至八车道的高速公路,下层为四线铁路,桥面宽度一般为30m以上,如图4.4-12所示。桁式一般采用设有竖杆的N形桁或华伦桁,桁高15m左右。采用三主桁后,相当于截面横向从简支梁变成了连续结构,受力更加合理,变形减小。对应将斜拉索也设计成三个索面。

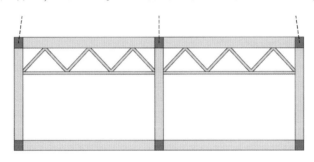

图4.4-12 三主桁钢桁梁标准截面

三主桁钢桁梁由3片主桁横向通过横梁、桥面系等构件连接而成,在每片主桁节点位置布置拉索锚固。三主桁斜拉桥横向三索面索力存在横向分配的问题,边索、中索索力随拉索刚度、主梁横向联结体系刚度、主桁刚度等因素变化。考虑到斜拉索索力恒载占比较大,活载占比较小,因此三个主桁弦杆通常采用相同的截面,斜拉桥成桥状态下可以调整三个索面的斜拉索索力达到基本一致。考虑板桁共同作用,主桁上、下弦杆常采用箱形截面,斜杆和竖杆采用箱形或H形截面。

3) 其他形式钢桁梁

图4.4-13所示钢桁梁,可以看作为在传统双主桁钢桁梁的基础上,增设专用于斜拉索锚固的副桁,适用于上层较宽、下层较窄的双层桥面交通,如上层八车道,下层四车道公路桥或上层六车道公路,下层双线铁路等。通过副桁的设置,在适应下层桥面交通需求情况下,可以减小主桁横向间距,使得下层车辆荷载尽快传递到主桁以降低下层桥面系横向受力。对于双层公路桥梁,桁高通常在10m左右,对于公铁两用桥梁,桁高通常在15m左右,合理的节间距一般在15m左右。

图 4.4-13　设置锚固副桁钢桁梁标准截面

副桁由边弦杆和拉杆组成,斜拉索竖向力由拉杆、主桁腹杆及节点横梁形成的横向框架来承担,斜拉索水平力则通过上层桥面系和边弦杆来传递,由于上层正交异性钢桥面系与副桁也进行结合,因此一般无须在副桁范围内设置纵向斜杆或平联。

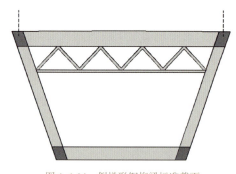

图 4.4-14　倒梯形钢桁梁标准截面

对于上层桥面宽度大于下层桥面宽度的双层桥面交通钢桁梁斜拉桥,除了设置副桁用于传递斜拉桥的索力配合矩形主桁这种截面形式外,还可将钢桁梁设计成倒梯形结构以适应上下层桥宽差异,斜拉索直接锚固在主桁节点上,如图 4.4-14 所示。斜主桁钢桁梁结构在受力上具有一定合理性,钢材用量也可部分节省,但为适应斜桁布置形式,主桁上、下弦杆均采用平行四边形截面,给加工制造带来难度,因此实际工程应用相对较少。

4.4.3　双主桁钢桁梁

1)单层桥面交通

从结构受力的角度而言,单层桥面交通钢桁梁斜拉桥并不具备优势,但钢桁梁主要构件为杆件,可将大节段化整为零,分散制作、运输和安装,更适合山区桥梁的架设和施工。对于山区单层桥面公路交通,车辆常布置在上层;对于平原地区单层桥面铁路交通,车辆一般布置在下层以减小引桥长度。

2016 年建成通车的北盘江大桥位于贵州省境内,跨越贵州和云南省交界的北盘江大峡谷,为主跨 720m 的双塔双索面钢桁梁斜拉桥(图 4.4-15)。大桥设有双向四车道高速公路,布置在钢桁梁上层,桥面标准宽度为 24.5m。

钢桁梁采用 N 形桁架双主桁,板桁结合,主桁中心间距为 27m,桁高 8m,如图 4.4-16 所示。主跨桁架节间长 12m,边跨桁架节间长 12m、8m,节间长度主要考虑山区桁梁杆件公路运输条件,以及桥面起重机对主跨钢桁片安装能力的限制。

主桁弦杆、竖腹杆均采用箱形截面;斜腹杆除在支座附近区域采用箱形截面外,其余均采用 H 形截面。主桁下横梁采用箱形截面,上横梁、横向桁架腹杆均采用工字形截面。下平联采用米字形结构,均采用工字型钢。正交异性钢桥面板厚 16mm,与上弦杆横梁顶面平齐,U形肋间距为 600mm,顶宽 300mm,底宽 280mm,高 280mm,板厚 8mm。节间横梁高度为 900～1117mm,下缘水平,顶面随桥面横坡变化。对应 12m 和 8m 节段,横梁间距分别为 3m 和

2.7m。节间横梁腹板厚12mm,底板厚20mm。为降低桥面系疲劳应力,在桥梁中心线处设置了工字形截面纵梁。

图4.4-15 贵州北盘江大桥

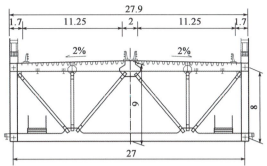

图4.4-16 北盘江大桥钢桁梁截面布置
(尺寸单位:m)

2016年通车的贵黔高速鸭池河大桥是贵阳至黔西高速公路上的一座控制性桥梁工程,采用主跨800m的双塔双索面混合梁斜拉桥(图4.4-17)。同北盘江大桥一样,该桥为单层桥面交通,布置双向四车道高速公路,标准宽度为24.5m。主跨采用钢桁梁,利用其杆件重量轻、运输方便、施工便捷的优点,以适应山区运输条件差、仅能小规模运输的特点。边跨主梁为预应力混凝土边箱梁,主、边跨采用钢箱过渡。

主跨钢桁梁采用N形桁架双主桁,板桁结合,主桁中心间距为27m,桁高7m,如图4.4-18所示。纵向每个节段长8m,节间处设置横联,由上横梁、腹杆及下横梁等组成。主桁上下弦杆、上下横梁均采用箱形截面,主桁腹杆、横联腹杆及下平联均采用工字形截面。横联间设置3道工字形横肋,间距为2.6m或2.7m。正交异性钢桥面板顶板厚16mm或20mm,下设U形肋间距600mm,高280mm,厚8mm;桥面板设置7道工字形钢纵梁。

图4.4-17 贵黔高速鸭池河大桥

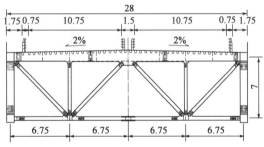

图4.4-18 贵黔高速鸭池河大桥钢桁梁截面布置
(尺寸单位:m)

钢桁梁整体节点结构形式,工地架设时除上弦杆顶板采用焊接外,上弦杆底板及腹板、下弦杆全截面均采用高强度螺栓拼接。

正在建设的浙江杭绍台椒江特大桥采用主跨480m双塔双索面钢桁梁斜拉桥(图4.4-19)。大桥设有四线高速铁路,线间距为5.3m+5m+5.3m,布置在钢桁梁下层。

钢桁梁采用N形桁架双主桁,主桁中心间距为24.3m,桁高14m。节间纵向长度一般为14m,桥塔两侧各4个节间长14.5m,在节点横梁间设置4道节间横梁,间距分别为2.8m与

2.9m。由于两片主桁横向中心距较大,在四线铁路荷载作用下,横梁横向弯矩较大,同时主桁腹杆存在面外弯矩,为此采用变高度桁架横联加以解决,如图4.4-20所示。

图4.4-19 浙江杭绍台椒江特大桥

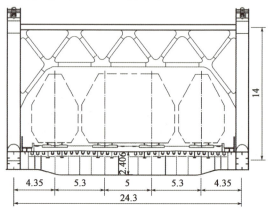

图4.4-20 杭绍台椒江特大桥钢桁梁截面布置
(尺寸单位:m)

主桁上弦杆、下弦杆、腹杆、上平纵联横撑均采用箱形截面;横联杆件和上平纵联斜杆采用工字形截面。桥面采用正交异性钢桥面板,并与主桁下弦杆结合,构成板桁结合钢桁梁。主桁杆件钢材一般采用Q370qE钢,桥塔两侧各1个节间的下弦杆采用Q420qE钢,上平纵联及横联采用Q345qD钢。

该桥施工采用大节段制造,利用通航条件浮运整体吊装,以减少现场拼接的工作量。全桥共分为41个大节段,节段之间的工地连接中,桥面板及U形肋、节段间平纵联、下弦杆上顶板、压重区底板等采用焊接,其余采用高强度螺栓拼接。

2)双层桥面交通

建成于1988年的柜石岛·岩黑岛桥为修建在属于本州四国联络线的儿岛坂出线上的两座公铁两用桥(图4.4-21)。两座桥均为上层公路、下层铁路的双塔斜拉桥,主跨420m,边跨为185m,全长790m,主梁采用双主桁钢桁梁。

图4.4-21 日本柜石岛·岩黑岛桥

钢桁梁采用有竖杆的华伦桁，主桁中心间距为 27.5m，桁高 13.9m，如图 4.4-22 所示。主桁节间距为 12.35m，与斜拉索索距一致。上、下弦杆均采用箱形截面，上弦杆高 1.5m，下弦杆高 1.0m，宽度均为 1.0m；腹杆采用 H 形截面，高 1.0m，宽 0.9m。

上层桥面采用板桁结合，以提高钢桁梁竖向及横向刚度，减小斜拉索应力幅，同时省去上平联设置，简化上层桥面系构造。节点横梁间距 12.35m，中间设置 2 道节间横梁。考虑到主桁横向间距达到 27.5m，在横梁中间位置设置 1 道纵梁，以提高桥面系横向刚度，减小挠曲变形，如图 4.4-23 所示。节点横梁高 1.5~1.736m，节间横梁高 1.0~1.236m，中间纵梁高 1.736m。钢桥面板厚 12mm，纵向加劲采用 U 形肋，U 形肋间距为 620mm，高 265mm，板厚 8mm。下层铁路桥面系采用分离布置，铁路纵梁采用四跨连续的形式，考虑到提高疲劳强度，支承铁路纵梁的下横梁与桥面横梁采用节点板以螺栓连接。

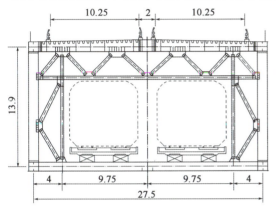 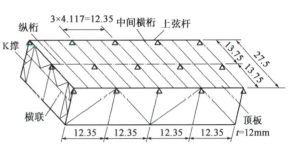

图 4.4-22　柜石岛·岩黑岛桥钢桁梁截面布置(尺寸单位：m)　　图 4.4-23　柜石岛·岩黑岛桥钢桁梁节段布置(尺寸单位：m)

重庆两江大桥是东水门大桥和千厮门大桥的总称，东水门大桥采用主跨 445m 的双塔部分斜拉桥，千厮门大桥采用主跨为 312m 的独塔部分斜拉桥，如图 4.4-24 所示。两江大桥均为双层桥面的公轨两用桥，上层桥面设置双向四车道和人行道，下层桥面通行双线轻轨，主梁采用钢桁梁。大桥采用单索面布置的双桁片主梁部分斜拉桥方案，利用钢桁梁自身的刚度，减少了斜拉索数量，增强了江面景观通透性。

主桁采用三角形桁式，上层桥面宽 24m，下层桥面宽 15m，标准桁高 11.74m，钢桁梁节段长 16m。主桁主要包括上弦杆、下弦杆、腹杆、钢桥面构件，采用整体节点，标准截面如图 4.4-25 所示。

钢桁梁采用双层正交异性钢桥面板与主桁结合，栓焊组合式构造。上层桥面板在上弦杆之间厚 24mm，上弦杆以外厚 16mm，桥面板纵肋采用板肋，横隔板上纵肋开孔采用苹果形孔和钥匙形孔两种形式。正交异性桥面板采用板肋用钢量虽有所增加，但可有效避免闭口纵肋与面板焊接区的疲劳裂纹问题，提高其抗疲劳性能。锚索横梁采用变高度的箱形截面，沿桥纵向每个节间设置 5 道小横梁，小横梁采用倒 T 形截面。在上层桥面两主桁中间全桥通长设置中纵梁以传递索力。中纵梁为焊接箱形截面，标准节段宽 820mm、高 1000mm，顶板厚 32mm，腹板和底板厚 30mm。中纵梁在与锚索横梁相交区域局部加高，顶板和腹板分别局部加厚至 50mm 和 40mm，锚索节段中纵梁构造如图 4.4-26 所示。拉索张拉端设置于梁端，采用钢锚箱锚固，设于中纵梁下方和锚索横梁外侧。下层钢桥面系设置 4 道纵梁与轨道钢轨对应，直接承受轻轨荷载，沿桥纵向每个节间设置 4 道横梁，间距为 4m，纵横梁与下弦杆高度相同。

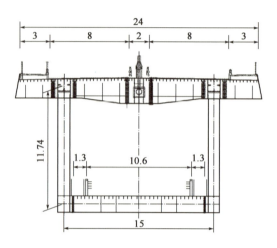

图 4.4-24 重庆两江大桥　　　　　图 4.4-25 两江大桥钢桁梁截面布置(尺寸单位:m)

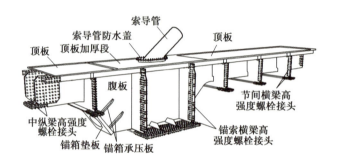

图 4.4-26 两江大桥索梁锚固结构示意图

4.4.4 三主桁钢桁梁

我国大跨铁路斜拉桥大建设时期，一批四线甚至六线铁路斜拉桥得以修建。对于四线以上大跨径钢桁斜拉桥而言，当采用常规的两片主桁布置时，横向跨度过大，结构受力不合理，在设计、制造和安装等方面均有困难，此时三桁结构成为合理的选择。

2016年全面通车的安徽铜陵公铁两用长江大桥主桥为主跨630m的五跨连续钢桁梁斜拉桥，三索面布置。该桥上层桥面布置六车道高速公路，下层桥面布置四线铁路，如图4.4-27所示。

钢桁梁采用3片主桁，N形桁架，桁高15.5m，节间长15m，如图4.4-28所示。上、下弦杆均采用箱形截面，弦杆内宽1.6m，边桁上弦杆高约1.32m，中桁上弦杆高1.608m，下弦杆高约1.62m。斜腹杆采用箱形、H形及王字形截面，杆件宽1.6m，杆件高0.8~1.3m；竖腹杆采用H形或王字形截面，杆件翼缘宽0.9~1.1m。每2个节间(约30m)范围内的上弦杆、下弦杆、腹杆及斜杆通过整体节点焊接在一起，形成稳定的桁片单元，桁片之间通过高强度螺栓连接。斜拉索锚管置于上弦节点内。

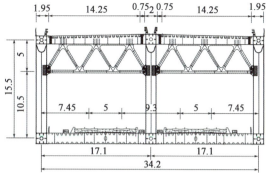

图 4.4-27　安徽铜陵公铁两用长江大桥　　图 4.4-28　铜陵公铁两用长江大桥钢桁梁截面布置
（尺寸单位：m）

上、下层桥面系均采用板桁结合，密布横梁体系。公路桥面系采用正交异性钢桥面板，桥面板厚 16mm，下设 U 形肋（肋高 300mm、板厚 8mm）。沿桥纵向每 15m 长节间内设 4 道横梁，横梁间距为 3m，横梁与主桁上弦杆高度相同。节点横梁下缘与桁架式横联相连，横梁下翼缘宽 640mm、厚 28mm，腹板厚 14mm。铁路桥面系采用正交异性整体钢桥面，每隔 3m 设置 1 道横梁。为减小主桁下弦杆截面尺寸，降低杆件制造安装难度，在桥塔根部及压重区等受力较大的区域，铁路桥面采用下缘封闭的正交异性钢箱桥面。钢箱顶板与下弦杆的上翼缘焊连，钢箱底板与下弦杆的下翼缘焊接，横梁腹板与主桁杆件栓接。钢箱顶板厚 16～24mm，底板厚 12～20mm。在主跨结构受力较小的范围内，取消钢箱底板及其加劲肋，仅在横梁处设置横梁下缘底板。每个竖杆处均设置三角形桁架式横联，以提高结构抗扭转能力，横联高约 5m。在边墩、辅助墩及桥塔处设置桥门架。

2020 年建成通车的沪通长江大桥主航道桥采用主跨 1092m 的双塔钢桁梁斜拉桥方案，全长 2296m，如图 4.4-29 所示。主梁采用三主桁结构，斜拉索采用三索面布置。

钢桁梁标准段边桁桁高 16.0m、中桁桁高 16.308m，节段长 14m，桁宽 2×17.5m，桁式采用 N 形，如图 4.4-30 所示。上、下弦杆件均采用箱形截面，上弦杆高 1.4m、宽 1.0m，下弦杆高 2.2m、宽 1.0m。腹杆采用箱形截面或 H 形截面，H 形截面杆件翼缘高 0.9～1.8m，腹板宽 1.0m；箱形截面高 0.8～1.4m，水平板宽 1.0，板件上均不设加劲肋。主桁节点为全焊接整体节点，腹杆与节点板的连接均采用焊接。主桁采用 Q370qE、Q420qE 与 Q500qE 共 3 种强度级别的钢材。在主桁钢梁的节点处均设有横联，横联采用三角形桁架结构，上端与节点横梁连接。索梁锚固结构采用设在上弦节点顶面的双拉板式钢锚箱，两侧拉板的水平间距与上弦节点板等宽。

公路桥面采用正交异性钢桥面板，钢板厚 16～20mm，采用 U 形肋和板肋加劲，U 形肋厚 8mm。每隔 2.8m 设置 1 道横梁，横梁腹板高 1.4m。铁路桥面采用整体钢箱结构，与弦杆相接处内高 2.2m，截面最高处内高 2.324m。顶、底板均采用 U 形肋和板肋加劲。在对应每道钢轨位置设置倒 T 形纵梁，梁高 600mm。铁路桥面钢箱每隔 2.8m 设置 1 道隔板。桥面顶、底板厚 16～24mm，U 形肋厚 8mm。

图 4.4-29　江苏沪通长江大桥

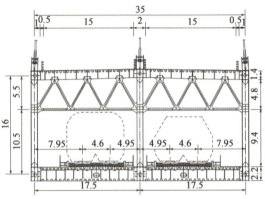

图 4.4-30　沪通长江大桥钢桁梁截面布置（尺寸单位：m）

从以上桥例可以看出，钢桁梁多采用板桁结合，钢桥面与弦杆结合共同受力，这样可有效提高钢桁梁整体刚度。对于钢桥面板，纵横梁和密布横梁两种支承体系均有应用，密横梁体系将桥面荷载传递到弦杆，追求传统桁架结构受力已无必要。大跨公铁两用钢桁梁对桁架节点横联进行加强，多采用桁架式以提高横向框架整体刚度，减小铁路重载工况下的扭转效应。

4.4.5　其他形式钢桁梁

上下层交通功能宽度相差较大时，如以较宽的需求确定桁宽，采用矩形横截面双主桁将会带来桥面空置、横向受力不利等问题，需要根据上下层实际宽度采用非典型桁架结构。

2010 年通车的闵浦大桥是上海市高速公路跨越黄浦江的重要桥梁，采用主跨跨径 708m 的双层桥面斜拉桥，上层桥面宽 43.6m，通行八车道高速公路；下层桥面宽 28m，通行六车道地方公路，如图 4.4-31 所示。主跨主梁为板桁结合钢桁梁；边跨为桁式腹杆组合梁，采用在钢桁梁上、下层桥面外包混凝土的结构形式。

图 4.4-31　上海闵浦大桥

主跨钢桁梁采用上宽下窄设有副桁的倒梯形截面，主桁采用 N 形结构，由主桁上下弦杆、副桁弦杆、竖腹杆、斜腹杆等组成。主桁中心距为 27m，副桁中心距为 41.5m，桁高 9m，节间长度为 15.1m，每节段质量约 450t，如图 4.4-32 所示。弦杆、竖腹杆均采用箱形截面，斜腹杆和斜撑为 H 形截面。主桁、副桁弦杆内宽 1.0m,外高 1.4m。竖腹杆长、宽均为 1.0m;斜腹杆及斜撑宽 0.8m,高 1.0m。

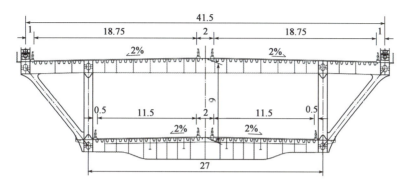

图 4.4-32　闵浦大桥钢桁梁截面布置(尺寸单位:m)

桥面系由桥面板、U 形肋、节点横梁、节间横梁和纵梁组成。其中桥面板在重车道板厚 16mm,其余位置板厚 14mm。U 形肋横向间距为 600mm,板厚 8mm。上下层节点横梁均为 1.0m 宽箱形截面,上层横梁高 1.4~1.67m,下层横梁高 1.4~2.5m。节点间设置 3 道副横梁,间距 3.525m,副横梁为倒 T 形截面,高 800mm,底板宽 240mm。上层桥面布置 8 道纵梁,下层桥面布置 6 道纵梁,纵梁为倒梯形截面,高 1.2m,底板宽 240mm。

索梁锚固采用钢锚箱形式,锚箱设在副桁边弦杆上,由边弦杆的腹板穿出桥面形成锚箱拉板。主跨钢桁梁采用整拼法施工,钢桁梁节段在工厂预制成整体、驳船运输至现场起吊安装。

2020 年通车的平潭海峡公铁两用大桥共有 4 座航道桥,元洪航道主桥采用主跨 532m 的钢桁梁斜拉桥,如图 4.4-33 所示。主梁为带副桁的板桁结合钢桁梁结构,双层桥面布置,上层为六车道高速公路,下层为双线铁路。

图 4.4-33　福建平潭海峡公铁两用大桥

主桁采用 N 形桁式,上宽下窄加副桁的倒梯形截面,桁高 13.5m,桁宽 15m,标准节间长度为 14m,副桁架上弦杆顶板中心线间距为 35.7m。公路桥面及铁路桥面采用密横梁支承正交异性整体钢桥面结构,边跨压重段公路桥面采用密横梁支承混凝土桥面结构,如图 4.4-34 所示。在铁路桥面系压重区设封闭钢箱,箱内采用素混凝土集中压重。考虑到桥面系采用密横梁布置,因此取消了桁架节点横联,仅在桥墩处主桁架的竖杆上设置板式桥门架。

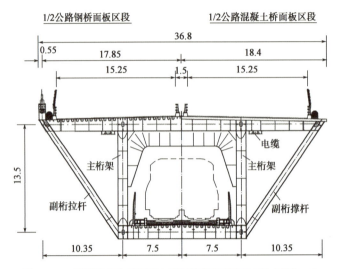

图 4.4-34　平潭海峡公铁两用大桥钢桁梁截面布置(尺寸单位:m)

主桁上、下弦杆均为箱形截面,内宽 1.2m,内高 1.6m。腹杆有箱形和 H 形 2 种截面形式,内宽均为 1.2m,箱形截面高为 1.25m、1.15m、0.9m,H 形截面翼缘板宽 0.9m。副桁上弦采用平行四边形截面,顶、底板内宽 0.9m,倾角 55.3232°,截面中心内高 1.393m。下弦节点板与副桁上弦节点间设拉(撑)杆,拉(撑)杆为 H 形截面,翼缘板宽 0.7m,腹板宽 0.75m。

铁路与公路钢桥面系均采用正交异性板结构,桥面板厚度为 16mm。公路桥面系在行车道区域采用 8mm 厚 U 形肋,非行车道区域采用板肋,顺桥向每隔 2.8m 设 1 道倒 T 形横梁。铁路桥面系加劲采用 8mm 厚 U 形肋,在每条线路的轨道之下设置高 0.6m 的倒 T 形纵梁,顺桥向每隔 3～3.5m 设 1 道倒 T 形横梁。

该桥梁端锚固采用锚拉板式结构,锚拉板与副桁架上弦节点腹板内侧对齐,焊接在副桁架上弦节点顶板上。主梁采用两节间大节段全焊制造,双悬臂对称整体吊装架设,最大吊重 1250t,如图 4.4-35 所示。

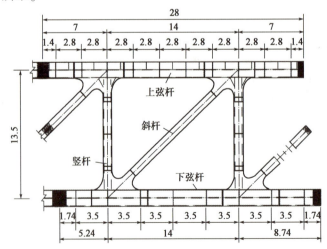

图 4.4-35　平潭海峡公铁两用大桥钢桁梁节段布置(尺寸单位:m)

第5章
组合梁

5.1 发展概况

5.1.1 概述

1955 年瑞典建成的斯特罗姆桑德桥(Strömsund Bridge)通常被称为第一座现代斜拉桥,主跨 182.6m,如图 5.1-1 所示。主梁由钢梁及其上的行车道板组成,桥面板仅为传力结构,并不与钢主梁形成整体共同承担荷载,如图 5.1-2 所示。

图 5.1-1　瑞典 Strömsund 桥

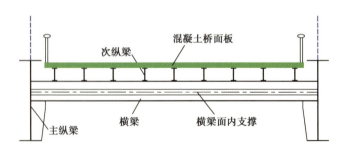

图 5.1-2　Strömsund 桥主梁截面

组合梁应用于斜拉桥,可以追溯到联邦德国的布鲁赫萨尔市内跨铁路线的Büchenau桥,如图5.1-3所示。这座几乎被桥梁工程师忽略的稀索体系斜拉桥,是德国第一座采用组合梁的现代斜拉桥,建成于1956年,尽管跨径只有59m,但作为组合梁用于斜拉桥的早期工程实例而具有重要意义,总体布置如图5.1-4所示。

图5.1-3　德国Büchenau桥

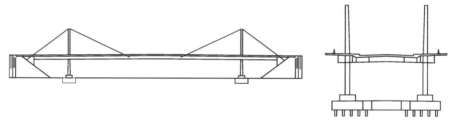

图5.1-4　Büchenau桥总体布置

组合梁斜拉桥的主梁通常由顶部混凝土板和下部钢梁组成,两者共同提供刚度与抗力以抵抗弯矩和轴向力,最常见的组合梁斜拉桥的主梁由两片纵向钢板梁以及纵横梁支撑的混凝土板共同组成。斜拉索锚于纵向钢板梁上,钢板梁和混凝土桥面板一起,抵抗斜拉索产生的轴向压力。

钢材的应用使得主梁轻质高强,能实现模块化制造,具有质量可控和精度较高的优点。钢梁安装后立刻可以承受荷载,有利于加快施工进度。混凝土桥面板的应用显著增加了主梁抵抗拉索轴力的能力,可以适应各种桥面系的布置。钢筋混凝土预制桥面板,具有强度大、精度高等优点,能有效提高主梁施工速度。钢-混组合梁施工简单快速,具有高质量和高耐久性等特点。

在Strömsund桥和Büchenauer桥建成后的20年里,只有少数采用组合梁的斜拉桥建成,跨径也不超过140m。直到20世纪70年代末,开始了大跨径组合梁斜拉桥的设计与建设,如印度主跨457m的Hooghly桥、加拿大温哥华的Annacis桥等。20世纪70年代末和80年代提出的组合梁采用了更简单的主梁形式。减小主梁斜拉索间距,更加纤细的主纵梁由密布的斜拉索直接支承。主纵梁间距更大,相应横梁的高度也需要更高,横梁间距也进行了加密。一方面为主纵梁提供横向约束,同时可以取消横撑系统;另一方面可以减小桥面板的尺寸以及重量,使得桥面板可以采用预制以加快施工速度。

印度的 Hooghly 河桥，对组合梁在大跨径密索体系斜拉桥的应用颇具影响，如图 5.1-5 所示。该桥为主跨457m 的组合梁斜拉桥，斜拉桥的边中跨比为 0.4，边跨长度为 183m。主梁需要提供 35m 宽的双向行车道，同时两侧各留 2.5m 宽的人行道。组合截面由混凝土桥面板以及钢梁梁格组成，其中钢梁由三根纵向钢主梁和纵向间隔 4.1m 的钢横梁组成。混凝土桥面板厚度为 23cm，横向挑臂厚度线性变化至最外端的 15cm。组合梁上斜拉索索距为12.3m，斜拉索采用直径7mm 的高强度平行钢丝索。

图 5.1-5　印度 Hooghly 河桥

Hooghly 河桥因加尔各答的特殊局势延长了工期，历时 20 余年建成（1969—1992 年）。1992 年通车时已经有多座著名的组合梁斜拉桥建成，但是方案的提出对于组合梁斜拉桥的发展起到了促进作用。Hooghly 河桥在进行基础、桥塔、主梁及斜拉索设计时，印度业主要求应尽可能地应用当地材料、当地制造和施工技术来设计和建造这种桥梁，其目的是利用当地人工和装备建造尽可能地减小桥梁造价。由于印度当地焊接装备缺失，钢梁无法采用焊接结构，所有钢梁连接只能采用铆接。因此，设计无法采用正交异性钢桥面板，最终决定采用组合梁结构，这是在大跨径斜拉桥中首次推出组合梁。

1982 年，美国佛罗里达州跨 Tampa 海湾的阳光高架公路桥在方案竞标时，提出了主跨366m 的组合梁斜拉桥方案，组合梁由开口截面的钢梁梁格体系和混凝土桥面板组成，如图 5.1-6 ~ 图 5.1-8 所示。其中，混凝土桥面板采用预制单元，通过现浇钢主梁和钢横梁上的湿接缝，使钢梁与混凝土桥面板结合。采用钻石型桥塔，减小基础规模以降低造价。虽然在与混凝土方案竞标时，以微小差距落败，但是这座斜拉桥采用的组合梁及桥塔方案的设计思路，在后来的几座斜拉桥中成功得到应用。

图 5.1-6　美国阳光高架公路桥方案

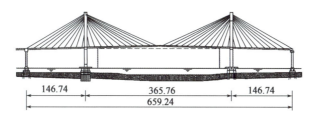

图 5.1-7　阳光高架公路桥立面布置(尺寸单位:m)

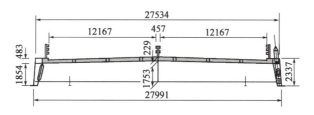

图 5.1-8　阳光高架公路桥主梁截面布置(尺寸单位:mm)

在随后斜拉桥的发展中,组合梁斜拉桥取得了辉煌的成就。1986 年建成的主跨 465m 的加拿大 Annacis 桥,如图 5.1-9 所示。该桥主梁为组合梁,其钢梁由两片工字形钢纵梁和沿纵向间断布置的工字形钢横梁组成梁格体系,钢梁之上通过焊钉连接件与混凝土桥面板结合。该桥的建成标志着组合梁斜拉桥建造技术走向成熟。这座斜拉桥的设计借鉴了美国 Sunshine Skyways 大桥的思路,在梁上斜拉索锚固上有所创新突破,斜拉索通过钢主梁腹板延伸板锚固在混凝土桥面板之上。

图 5.1-9　加拿大 Annacis 桥

1993 年建成的主跨 602m 的上海杨浦大桥(图 5.1-10),主梁采用组合梁,其钢梁由两片窄幅箱形钢纵梁和横梁组成梁格体系。将组合梁斜拉桥的跨径提升到超过 600m 的新水平,再一次创造了斜拉桥跨径的世界新纪录,首次实现了斜拉桥跨径超越拱桥、成为仅次于悬索桥的第二大跨越能力的桥型。

从上海杨浦大桥 1993 年成功实现组合梁斜拉桥超越 600m 跨径以来,组合梁斜拉桥的最大跨径虽然未获大的进展,但组合梁斜拉桥依然成为斜拉桥领域的重要成员。1998 年建成的主跨 490m 丹麦—瑞典的厄勒海峡桥是当时世界最大跨径的公铁两用斜拉桥,如图 5.1-11 所示。其主梁为组合钢桁梁结构,成为铁路桥梁和组合结构桥梁的里程碑。

图 5.1-10　上海杨浦大桥

图 5.1-11　丹麦厄勒海峡桥

上海东海大桥主航道桥桥面全宽 33m，采用单索面斜拉桥结构体系，如图 5.1-12 所示。跨径布置为 73m+132m+420m+132m+73m，采用组合箱梁主梁，两边跨各设辅助墩 1 座，以提高体系刚度，改善梁与塔的受力，是较早将组合箱梁用于大跨径斜拉桥的工程实例。其梁上索距为 8m，塔上索距约为 2.2m，主梁节段长度为 8m，主梁采用悬臂拼装法施工，箱梁全截面在预制厂制作完成，各节段除混凝土顶板两端各预留 0.5m 现浇混凝土接缝外，均在预制场全截面制作完成，工厂化程度高，质量易保证。

图 5.1-12　上海东海大桥

随后，台州椒江二桥通航孔桥为主跨480m的双索面斜拉桥，采用了半封闭组合箱梁主梁，如图5.1-13所示。主桥采用半封闭钢箱组合梁、钻石型索塔斜拉桥结构，跨径布置为70m + 140m + 480m + 140m + 70m，主桥全长900m，边跨各设1个辅助墩。组合梁含风嘴全宽42.5m、不含风嘴顶板宽39.6m，采用预制节段工艺，标准的预制梁段长度为9m，每个预制节段在预制场先浇筑8m长度的混凝土，两端各预留0.5m的湿接缝在现场浇筑。

图5.1-13　台州椒江二桥

安徽望东长江公路大桥(图5.1-14)为双塔组合梁斜拉桥，是继椒江二桥之后国内又一座采用双边箱组合梁的斜拉桥，越江主桥的跨径布置为78m + 228m + 638m + 228m + 78m，主桥全长1250m。主梁采用双边箱组合梁，全宽35.2m。桥塔为钻石形结构、塔高216m。边中跨之比为0.48，边跨各设有1座辅助墩。边跨长度及辅助墩的布置兼顾了通航、防洪、结构受力以及施工等。

图5.1-14　安徽望东长江公路大桥

望东长江公路大桥主桥跨径为638m，虽然对组合梁斜拉桥的最大跨径提高不多，但是还是成为当时世界上最大跨径的组合梁斜拉桥。时隔不久，2017年9月建成通车的英国昆斯费里大桥(Queensferry Crossing)，以650m的主跨跨径刷新了当时组合梁斜拉桥跨径纪录，如图5.1-15所示。桥梁按照高速公路的标准设计，双向四车道且设有应急车道。主桥采用中央双索面三塔斜拉桥，跨径布置为104m + 221m + 650m + 650m + 221m + 104m。

2021年9月25日正式通车的湖北赤壁长江公路大桥，如图5.1-16所示。主桥为主跨720m的组合梁斜拉桥，成为当前世界跨径最大的组合梁斜拉桥。2024年年底即将通车的加拿大-美国戈迪-豪国际大桥（Gordie Howe International Bridge）（图5.1-17），主跨853m，建成后将是北美最大跨径斜拉桥，同时也超越赤壁长江公路大桥成为世界上最大跨径组合梁斜拉桥。

图5.1-15　英国昆斯费里大桥

图5.1-16　湖北赤壁长江公路大桥

2020年12月底建成通车的南京江心洲长江大桥（也称南京长江第五大桥）首次将粗集料活性粉末混凝土在大跨径组合钢箱梁斜拉桥中做了实践探索，主桥采用2×600m钻石形桥塔中央双索面三塔组合梁斜拉桥。2022年开工建设的武汉至松滋高速公路观音寺长江大桥（图5.1-18）也做了类似探索，这座主跨1160m的斜拉桥针对主梁受力特点，因地制宜，充分发挥不同材料各自优势，采用了混合式主梁布置形式：边跨采用混凝土箱梁，长377m，中跨靠近塔根两侧401m采用钢-UHPC组合梁，中跨中间304m部分采用钢箱梁。从组合梁斜拉桥长远发展来看，采用轻质、高强混凝土材料，可有效降低混凝土桥面板厚度，实现主梁结构轻型化，是提升组合梁斜拉桥竞争跨径的方向之一。

图5.1-17　加拿大-美国戈迪-豪国际大桥

图5.1-18　武汉观音寺长江大桥建成效果

5.1.2　技术特点

斜拉桥采用组合梁，可以发挥混凝土材料的抗压性能优势、减少钢材用量，从而降低造价并改善桥面性能。钢材的应用使得主梁截面轻质高强，还能在施工现场实现模块化制造，具有质量可控和精度高的优点。此外，钢材的应用还使得主梁节段易于安装，且安装后立刻可以承受荷载，有利于加快施工进度。

斜拉桥中最为常用的组合钢板梁，其钢梁为纵横梁格体系，钢主梁（纵梁）与斜拉索的布置相互匹配，传力路径明确顺畅、构造简洁，不仅结构受力高效，而且便于因地制宜地选用多种施工方案，展现了优良的技术经济优势。随着斜拉桥跨径的增加，组合钢板梁已不能适应强风环境的抗风要求，需要采用具有良好抗扭性能的组合钢箱梁，以适应因跨径增加而带来的结构受力和抗风要求。对于公铁两用桥,较宽的上层公路面采用混凝土板与钢桁结合,形成组合钢桁梁,用于斜拉桥同样具有技术经济竞争力。

组合梁结构以其整体受力的经济性、发挥两种材料各自优势的合理性以及便于施工的突出优点,在斜拉桥中应用逐渐增多,典型组合梁斜拉桥的截面布置如图 5.1-19 所示。

图 5.1-19 典型组合梁截面布置

斜拉桥主梁为受压为主的构件,采用混凝土桥面板承压显然比钢材更为经济,同时混凝土桥面板造价比正交异性钢桥面板低廉,因此,与纯钢梁相比,组合梁的经济性更好;与混凝土主梁相比,采用组合梁可减小斜拉索用量和基础规模。这些特点提升了组合梁斜拉桥的技术经济竞争力,使其在很大的跨径范围内,与混凝土梁斜拉桥、钢梁斜拉桥相比展现了竞争优势。

组合梁斜拉桥中最为常用的是组合钢板梁(钢梁为纵横向梁格体系),由钢主梁、钢横梁和预制混凝土板组成(图 5.1-20),施工时可以采用小节段构件拼装架设,相应可以采用小型起重设备;也可以采用预制组合梁节段进行安装,需要采用桥面起重机或浮式起重机进行安装。

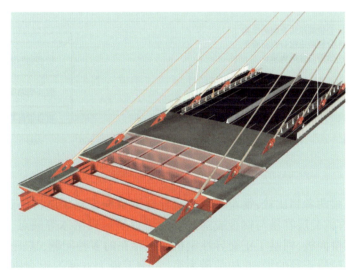

图 5.1-20 组合钢板梁构造示意

尽可能地避免混凝土桥面板承受拉力,是组合梁设计时的一个主要目标。沿组合梁顺桥向,斜拉索的水平分力在主梁上产生轴压力,但斜拉桥的跨中位置轴压力较小,活载作用下主梁某些位置将产生的较大负弯矩,这些位置应在恒载作用下储备一定的正弯矩,以保证混凝土桥面板受压作用。组合梁横桥向受力时,双索面的组合梁两侧受斜拉索的支承作用,组合梁沿横桥向近似于简支梁受力,混凝土桥面板处于主梁上缘承受压力作用。混凝土桥面板可采用预制安装施工,也可采用现浇施工。预制混凝土桥面板一般预先存放一段时间后进行安装,以减小混凝土收缩徐变的影响，进而减小混凝土板压应力向钢梁转移的应力重分布效应。

组合钢板梁结构简洁、受力高效，斜拉索对应锚固于钢主梁上，方便锚固并传递强大的水平和竖向分力，同时也方便主梁的安装施工。随着斜拉桥跨径的加大，可以采用组合钢箱梁解决大跨径斜拉桥的抗风问题，组合钢箱梁在总体静力性能上继承了组合钢板梁的优点，动力性能上提高了斜拉桥的抗风稳定性。组合钢箱梁在施工方面，宜采用钢梁与混凝土桥面板结合后的整体式节段进行安装，或者先进行整体式钢梁节段吊装再施工桥面板的方法，而钢梁节段不适宜进一步拆解后进行安装，在一定程度上限制了施工的灵活性。虽然目前组合梁斜拉桥的最大跨径将达到853m，但研究表明，组合钢箱梁斜拉桥在900m甚至更大跨径范围，经济上较钢箱梁斜拉桥仍有竞争优势。

组合钢桁梁由于其自身构造的特点，特别适合公铁两用桥梁，在大跨径公铁合建斜拉桥中得到发展应用。组合钢桁梁上层布置较宽的公路桥面，下层布置铁路线，组合钢桁梁使得构造所需的桁高和结构受力需求可以较好地协调，总体受力上可以发挥混凝土桥面板的承压优势，并可为铁路行车安全提供更大的体系刚度。组合钢桁梁的安装施工，既可以采用组合梁节段悬臂拼装，也可以采用先拼装钢桁架再安装桥面板的施工工序。目前，组合钢桁梁斜拉桥最大跨径为490m，在公铁合建桥梁中展现了技术经济优势。

葡萄牙Prdro、Reis等人对世界各地已建公路和铁路组合梁斜拉桥主要设计参数进行了统计研究，统计表明每平方米主梁用钢量一般在125kg/m²和300kg/m²之间，平均值为213kg/m²，如图5.1-21所示。

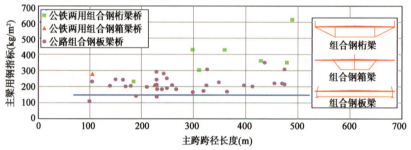

图5.1-21 组合梁斜拉桥主梁每平米用钢量对应主跨跨径

组合梁和钢箱梁两者相比较，钢箱梁的正交异性钢桥面板除了造价昂贵且存在疲劳开裂风险外，还有如沥青铺装层容易与钢板脱落及表面更容易形成结冰等缺点。组合梁用混凝土板取代正交异性钢桥面板，回避了正交异性钢桥面板存在的多种问题，这正是组合梁斜拉桥的优势所在。随着斜拉桥跨径的增加，构造最为简洁、施工最为方便的组合钢板梁，已难以满足斜拉桥的抗风需求，为此又发展了组合钢箱梁的结构形式，使得组合梁斜拉桥的应用得到进一步拓展。

5.1.3 应用前景

目前，组合结构已经广泛应用于各类现代索承式桥梁的主梁（桥面结构）上。早期大跨径桥梁的桥面结构，将混凝土行车道板支撑于钢梁之上，钢梁是结构的受力主体，混凝土板只是车辆荷载的支承和传递者，不与钢梁结合共同参与总体受力。这种结构形式整体性较差，从受力性能与耐久性能等方面都存在一定的缺陷,随着桥梁技术的发展进步,逐步被钢梁与混凝土板结合共同受力的组合结构(组合梁)所取代。从当前的工程应用看,斜拉桥的组合梁可以分为三种主要类型,组合钢板梁、组合钢箱梁和组合钢桁梁。

组合梁应用于斜拉桥后,根据不同桥型的受力特点和索的锚固要求,结构形式和构造上都有所发展变化,如图 5.1-22 ~ 图 5.1-24 所示。

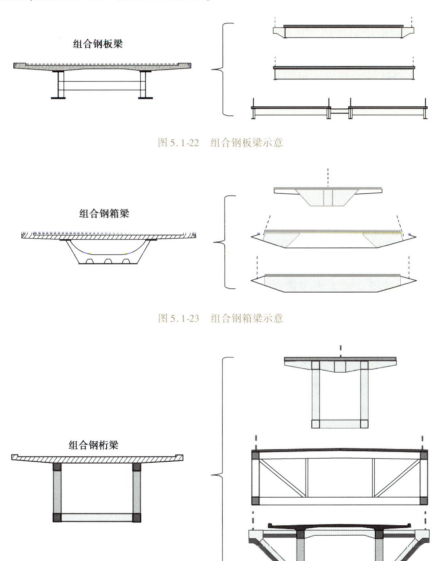

图 5.1-22　组合钢板梁示意

图 5.1-23　组合钢箱梁示意

图 5.1-24　组合钢桁梁示意

采用组合梁的理念可以从两个方面来看,和早期混凝土行车道板置于钢梁上的结构形式相比,增加了结构的整体性,提高了结构的受力性能,可以减少后期维护的工作量及提高结构的耐久性;和采用正交异性钢桥面板的钢梁相比,用混凝土桥面板代替钢梁上缘的钢正交异性板,可有效改善桥面抗疲劳性能和刚度,并降低主梁的工程造价。

从斜拉桥的应用来看,加拿大 Annacis 桥、上海南浦大桥、希腊 Rion-Antirion 桥,加劲梁均为组合钢板梁,其钢梁为纵横梁格体系,与桥面板结合后形成组合梁,这种结构形式是斜拉桥应用最多的组合梁形式。然而,组合钢板梁的抗风能力较弱,随着斜拉桥跨径的增加,需要采用组合钢箱梁来提高桥梁的抗风性能,东海大桥主航道桥和椒江二桥主桥采用了组合钢箱梁。对于公铁两用桥,双层结构的主梁常常是最为合适的选择,丹麦的厄勒海峡桥主桥采用了跨径为 490m 的组合钢桁梁斜拉桥。从目前的工程实践看,需要承受巨大压力的斜拉桥主梁最能发挥混凝土桥面板的抗压优势,因此组合梁在斜拉桥中应用最为广泛,面对不同的建设条件和功能要求,都有合适的主梁形式可以选用。

组合梁斜拉桥在 200~700m 的跨径范围有着大量的应用,也表明了其在这一范围的竞争优势。随着跨径的减小,组合梁斜拉桥的施工方法有着更加多样化的选择,比如可以在缺少临时墩,甚至无临时墩情况下,实现组合梁的钢梁顶推施工;根据具体工程情况,还可以采用部分斜拉桥,以充分发挥主梁的承载能力、减少塔和索的材料消耗。这些施工的多选择性以及结构自身的多样性,使得组合梁斜拉桥甚至可以在 150m 左右的跨径范围和预应力混凝土连续梁展开竞争。

对于斜拉桥,组合梁与钢梁等梁型竞争,各自的优势取决于桥址环境、施工条件、工程地质、交通状况等多种条件,而不仅仅限于力学性能和工程造价等方面。比如在山区桥梁中,因钢箱梁或采用正交异性板的钢桁梁,存在不便运输及安装困难的缺点,采用组合结构有可能成为一种很好的选择。或者出于避免疲劳损伤风险的目的,或者偏远地区为减少桥梁的养护工作,这些情况都有可能成为选择组合梁放弃采用正交异性钢桥面的结构的重要影响因素。

5.2　组合钢板梁

5.2.1　基本结构形式

组合钢板梁斜拉桥以其受力的合理性和经济性,得到了广泛应用。采用两片工字形钢纵梁的组合钢板梁是斜拉桥应用最多的主梁形式,基本的横截面形式如图 5.2-1 所示。

图 5.2-1　斜拉桥组合钢板梁横截面示意

组合钢板梁的钢梁为纵横梁体系,纵向两片钢主梁之间设有横梁相互联结,混凝土桥面板与钢主梁和钢横梁通过连接件结合共同受力,钢主梁和钢横梁通常采用工字形截面。组合钢板梁的截面布置如图 5.2-1 所示。

组合钢板梁具有简洁的结构构造,钢梁的纵横梁格体系不仅构造简单,而且受力也明确且高效。采用两片工字形钢梁的组合钢板梁,抗扭能力弱是其一项重要的力学特点,这直接关系到大跨径桥梁的颤振稳定性等抗风性能。对于大跨径斜拉桥和悬索桥,桥梁的抗风能力往往成为控制性因素。为了提高组合钢板梁斜拉桥和悬索桥的抗风性能,特别是颤振临界风速,常常需要采取气动措施和结构措施,以满足抗风要求(图5.2-2)。尽管如此,在沿海地区采用组合钢板梁的斜拉桥和悬索桥的跨径还是受到抗风问题的制约。

图5.2-2 组合钢板梁设置风嘴截面示意

组合钢板梁的混凝土桥面板与钢梁之间通过连接件使两者结合共同受力,连接件通常使用圆头焊钉,设置在钢梁上翼缘顶面,这些焊钉连接件用于承担桥面板与钢梁之间的剪力,控制钢梁与桥面板之间的滑移,确保组合结构的受力行为。

组合钢板梁斜拉桥的施工,既可以采用全截面预制节段安装施工,也可以先安装钢梁再安装桥面板。作为斜拉桥的主梁,需要发挥组合梁混凝土板的抗压承载能力,即使组合梁的钢梁与桥面板分开安装,一般也是在一个节段的钢梁与桥面板结合后再进行下一节段的安装施工。

目前,组合钢板梁斜拉桥跨径从200m左右到600m以上都有应用。具有简洁构造的组合钢板梁,在横截面上钢梁材料集中于两片钢主梁,斜拉索对应锚固于两片钢主梁上,这样不仅方便斜拉索锚固并传递强大的索力,也方便了主梁的安装施工。相对强大的钢主梁可以允许在主梁分节段安装施工时,先行安装钢梁并匹配安装斜拉索,再进行预制桥面板的安装。如此,一般不会因为安装施工进行钢梁加强。组合钢板梁适合于双索面斜拉桥,双索面布置的斜拉桥的桥塔可有多种选择,根据桥梁跨径、抗风需要以及基础地质等建设条件,可以选择H形、倒Y形、A形、菱形等。

组合钢板梁的抗扭能力较弱,当斜拉桥跨径较大时,为了提高其颤振临界风速,常采用在塔上内收的空间索面布置以及主梁采用气动措施。相关抗风研究表明,在沿海地区采用组合钢板梁的斜拉桥,所能适应的跨径在达到600m后很难再有大的提高。对于内陆非强风环境地区,尽管组合钢板梁斜拉桥的跨径还有进一步增加的余地,但随着跨径的增加,桥塔附近主梁需要更大的截面承受强大的轴力,组合钢板梁的构造决定了其钢梁需要使用超厚的钢板,这也在一定程度上限制了这种结构形式在更大跨径斜拉桥的应用。

传统的两片工字形钢主梁的组合钢板梁,根据不同的工程特点可以做出适当的变化,以适应更加广泛的需求。随着斜拉桥跨径的增加,钢主梁的翼缘板尺寸需要相应增加,不可避免地要使用厚钢板,焊接难度加大。作为解决问题的一种方式,可以将两片工字形钢纵梁做成窄幅箱梁的形式(图5.2-3)。这种结构形式可以解决上述问题,同时由于其抗扭能力的增强和抗侧弯能力的提高,在作为单根杆件安装施工时,将具有更好的适应能力。从整体的组合截面来看,钢梁采用两片窄幅箱梁以及沿桥纵向以一定间距设置的钢横梁,所构成的仍然是纵横向的梁格体系,与混凝土桥面板形成组合结构后,主梁总体的抗扭能力并没有得到有效提升,也就是说抗风问题依然是这种结构形式向更大跨径发展的制约因素。

图 5.2-3　窄幅边箱组合梁横截面示意

对于超宽的桥面结构,组合钢板梁还可以采用三片钢主梁的结构形式。印度的 Hooghly 河桥,主梁结构需要提供 35m 宽的双向行车道,同时两侧各留 2.5m 宽的人行道。组合梁截面和常用组合钢板梁不同,其中钢梁梁格采用了三根纵向钢主梁,横截面如图 5.2-4 所示。

图 5.2-4　双索面、三主梁横截面示意

这种双索面、三主梁结构形式,可以减小钢主梁的规模和重量,钢横梁一分为二,方便运输及起吊安装,但是主梁横向跨度并未改变,横梁受力和双主梁结构几乎没有变化,还增加了现场安装连接的工作量。

为了改善主梁横向受力条件,可以考虑采用三索面、三主梁的结构形式,如图 5.2-5 所示。这样可以大幅降低横向受力,从而减小横梁的尺寸和规模,不仅可以方便运输及起吊安装,也可以降低工程造价。

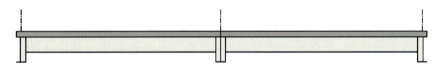

图 5.2-5　三索面、三主梁横截面示意

结合塔形的选择,还可以采用四索面、四主梁的结构形式(图 5.2-6),可以更好地适应超宽面桥梁的技术经济要求。中国香港汀九大桥采用独柱形桥塔,四索面、四主梁的组合钢板梁结构形式,有效减小了主梁横向受力。

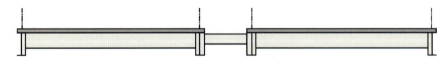

图 5.2-6　四索面、四主梁横截面示意图

5.2.2　主梁一般构造

组合钢板梁是斜拉桥应用最广泛的结构形式。组合钢板梁具有简洁的结构构造,两片钢主梁之间设有横梁相互连接,混凝土桥面板与钢主梁和钢横梁通过连接件结合共同受力,钢主梁和钢横梁通常采用"工"字形截面。斜拉索锚固于两片钢主梁上,方便传递强大的斜拉索水平和竖向分力,也方便了主梁的安装施工。

采用两片工字形钢梁的组合钢板梁,应用于大跨径斜拉桥时,为了提高其抗风性能,主要是颤振临界风速,需要在主梁两侧采取设置风嘴或导流板(图5.2-7)等气动措施,特别是在沿海强风地区更需如此。

图 5.2-7　组合钢板梁两侧气动措施示意

桥面板与钢梁通过钢梁上翼缘顶面的焊钉联结成整体,施工常用方法是在安装完钢梁(包括钢主梁和横梁)以后再安装预制桥面板;另一种施工方法是在预制场将钢梁与桥面板结合形成组合梁节段,再进行安装施工。无论哪种施工方法,桥面板都可采用预制板方案,以便存放一定时间减少成桥时收缩徐变影响。

组合钢板梁的工字形钢主梁,沿桥纵向翼缘板通常为等宽,翼缘板厚度以及腹板厚度根据截面所处纵向位置的受力需要而变化。

钢横梁一般采用工字形构造,并沿桥梁纵向等间距设置,间距大小与桥梁宽度、斜拉索间距、桥面板厚度等多种因素有关,一般为 4~6m,常用间距为 4.5m 左右。桥面板厚度与横梁间距有关,通常为 20~30cm,常用厚度为 25cm 左右。在梁端、辅助墩及塔梁交叉等处,由于设置约束支座以及压重等原因,钢横梁需要酌情加强,甚至采用箱形截面。

桥面板厚度在纵向通常保持不变,在横向可以根据受力情况进行一定的变化,如从跨中 25cm 变化至支点 40cm,在支点范围进行加厚。桥面板常用分块预制的施工方法,对应钢纵梁和钢横梁为桥面板现浇接缝的位置。预制桥面板在桥梁纵向的分块以横梁间距为模数,在横桥向两片钢纵梁之间的桥面板一般分块预制,根据桥梁宽度、运输吊装等条件,通常分为 2~4 块。对于钢梁而言,可在两片钢主梁之间设置小纵梁,以方便桥面板分块施工。小纵梁的间距和数量,要根据主梁宽度和桥面板的分块等情况确定,一般小纵梁的数量为 1~3 道。小纵梁通常采用工字形钢梁,为方便桥面板接缝混凝土的施工,小纵梁的上翼缘需要一定的宽度。如图 5.2-8 所示。

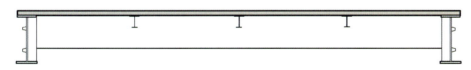

图 5.2-8　组合钢板梁小纵梁设置示意

由于斜拉桥主梁要受到强大的轴向压力作用,为防止发生局部屈曲,在钢纵梁的腹板需要设置纵向加劲,加劲肋可以是板肋、U 形肋,也可以采用 T 形肋。工字形钢主梁上通常对应钢横梁位置设置竖向加劲肋,在横梁之间可根据受力需要设置竖向加劲肋,如支点附近等剪力较大区域。当钢主梁腹板设有斜拉索锚箱结构时,需要在相应位置设置专门的加劲肋,以改善局部受力、防止局部屈曲。钢横梁通常设有水平向和竖向加劲肋,以满足局部屈曲稳定要求。当斜拉桥主梁节段先预制成组合梁段,再进行悬臂安装施工时,由于钢横梁从自重阶段就与桥面板结合共同受力,组合截面的中性轴接近混凝土板,钢横梁腹板几乎全高范围处于受拉区,可以适当增加腹板板厚而腹板可以不设加劲,这样做可以减少次要构件材料用量、加强腹板这一主体结构,不仅具有经济性,而且方便运营期的养护维修工作。

钢梁与混凝土桥面板的连接,通常使用圆头焊钉作为连接件,设置在钢梁上翼缘顶面,这些焊钉连接件用于承担桥面板与钢梁之间的剪力,控制钢梁与桥面板之间的滑移,确保组合结构的受力行为。

斜拉索在梁上的锚固有吊耳式、拉板式、锚箱式等多种结构形式。其中拉板式锚固构造如图5.2-9所示。

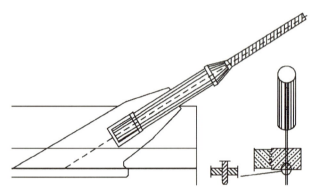

图5.2-9 斜拉索梁上拉板式锚固构造示意

通常斜拉索在梁上的锚固都是直接锚于工字形钢主梁上。斜拉索在提供主梁竖向支承的同时,还要对主梁产生水平分力作用,直接锚于工字形钢主梁上,有利于水平分力的传递。由于工字形钢梁的上翼缘是混凝土桥面板与钢梁的结合部位,这样主梁的宽度将包含斜拉索锚固部分。也有少数工程为减小主梁宽度,设置挑梁使斜拉索锚固置于主梁之外,这虽然减小了主梁宽度,但必须配有相应强大的挑梁,当索力较大时,比如桥面较宽、索距较大时,并不是理想和经济的选择,因此很少应用。

5.2.3 双主梁组合钢板梁

组合钢板梁斜拉桥有着大量的工程实例,通过这些工程实例,既可以了解一般规律,也可以发现适应具体条件的优化。

20世纪80年代初期,加拿大的Annacis桥开始设计建设,该主跨465m的大桥建成于1986年,一段时间内保持了组合梁斜拉桥最大跨径纪录,并对组合梁斜拉桥的发展产生了推动与示范作用。

Annacis桥(图5.2-10)的桥面设计为双向六车道+人行道或双向四车道+二车道的快速路,桥宽32m,组合钢板梁截面布置如图5.2-11所示。

组合钢板梁由两片工字形钢纵梁、纵向以一定间距设置的钢横梁以及混凝土桥面板组成,如图5.2-12所示,主梁梁高2.27m,相应的跨高比为205。其中,工字形钢主梁设在拉索平面内,相距24m,主梁腹板高2.0m,上、下翼缘宽0.8m,厚度为30~80mm,标准梁段长度为18m,为两个标准索距,工地装配接头采用高强度螺栓连接,提供了快速简单的连接;钢横梁采用工字梁,腹板高为1.6~1.8m,纵向间距为4.5m;混凝土桥面板采用分块预制,厚度为0.265m,为了减小预制板的装配长度,在桥中心处设置一小纵梁,通过现浇钢主梁和钢横梁上的湿接缝与钢梁组成完整的组合梁。混凝土板预制后安装在横梁上,避免了现场浇筑模板的昂贵费用,大大降低了混凝土时变效应影响。这座斜拉桥的设计在梁上斜拉索锚固采用锚拉板结构,直接锚于钢主梁腹板上,如图 5.2-13 所示。

图 5.2-10　加拿大 Annacis 桥

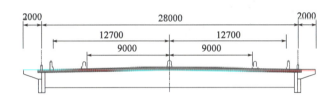

图 5.2-11　Annacis 桥截面布置(尺寸单位:mm)

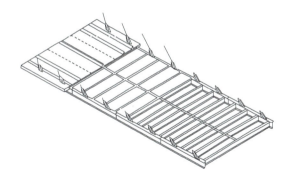

图 5.2-12　Annacis 桥主梁示意

图 5.2-13　Annacis 桥斜拉索锚固装置

组合钢板梁斜拉桥因具有施工便利和快速的特点,契合了上海越江通道快速建设的要求,上海南浦大桥采用了主跨423m的一跨过江的组合梁斜拉桥,如图5.2-14所示。桥面全宽30.35m,其中,机动车道为双向六车道,宽23.45m,两侧各2m宽的人行道。

图5.2-14　上海南浦大桥

主梁采用组合钢板梁,截面布置如图5.2-15所示。钢梁梁格由两片腹板高2.1m的工字形纵梁(横向中心距为24.55m)和纵向间距4.5m,腹板高约1.7m的工字形横梁组成,并设有纵向小纵梁及人行道挑梁。钢梁标准节段长度为18m,上下翼板宽均为800mm,上翼板厚35mm,下翼板厚50~80mm;横梁上翼板厚25mm,下翼板厚35~50mm,上下翼板宽均为600mm;各钢梁上翼板顶面上均设有 $\phi 22 \times 200$ 的焊钉连接件。

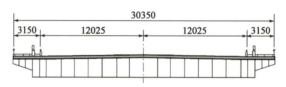

图5.2-15　南浦大桥截面布置(尺寸单位:mm)

混凝土桥面板全宽30.35m、厚26cm,采用C60混凝土。桥面板采用预制混凝土板,车行道范围的预制板在横向分为两块,纵向以间距4.5m的横梁为分割点,每块尺寸为11.775m×4.03m,质量约33t。人行道预制板为8.53m×2.6m。桥面板预制后需放置5~6个月,以尽量减少混凝土收缩、徐变的影响。主梁安装施工时,每18m长为一施工节段,先安装钢梁再安装预制桥面板,之后用C60无收缩混凝土现浇灌注各预制板间、钢梁顶面上的连接缝,使钢梁与混凝土桥面板结合为组合梁整体截面。

上海南浦大桥之后,中国陆续又建成了多座大跨径的组合梁斜拉桥。其中,2001年通车的福州青洲闽江大桥(图5.2-16)是其中的一座。大桥为主跨605m的双塔双索面斜拉桥,主梁的结构形式并无大的变化,但将采用工字形钢纵梁的组合梁斜拉桥的跨径推进到605m。同时相关研究也表明,这种形式的主梁斜拉桥受抗风能力的限制,在沿海强风环境跨径很难再有大的提高。

图 5.2-16　福州青洲闽江大桥

组合钢板梁的梁高为 2.7m（钢土梁中心处）、桥梁中心线处高为 2.97m。钢梁由工字形钢纵梁和钢横梁组成，横桥向两片纵梁中心距 27m，桥面板厚为 25cm，采用预制混凝土板。截面布置如图 5.2-17 所示。

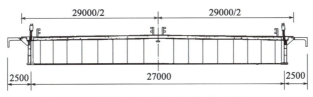

图 5.2-17　青洲闽江大桥截面布置（尺寸单位：mm）

两片工字形截面钢纵梁均在腹板外侧布置有 2 条纵向加劲肋，断面高度为 2.45m。纵梁截面板件分为 2 类，一类上缘板为 36mm×800mm、下缘板为 70mm×800mm、腹板厚为 16mm，对称布置在 605m 跨跨中 173.5m 范围；另一类上缘板为 50mm×800mm、下缘板为 8mm×800mm、腹板厚 28mm，布置在余下全长为 949.5m 的桥跨中；钢纵梁的 2 条纵向加劲肋均为 24mm×260mm。

主梁采用悬臂节段拼装的方法施工，标准节段长 13.5m，梁段间采用 M30 的高强度螺栓连接。横梁纵向间距为 4.5m，共有 2 种截面形式，一种为工字形截面的标准横梁，另一种为箱形截面的特殊横梁。工字形横梁梁高在两端均为 2.45m，横梁下缘板水平，上缘板从梁端向桥梁中心线设 2% 横坡。箱形截面横梁用以承受过渡孔 T 梁反力，桥梁中心线处高为 1.817m。在横梁中部设有全桥通长的小纵梁，小纵梁亦为混凝土桥面板现浇缝提供模板作用。桥面板横向分为两块，纵向以横梁为模数进行划分，标准预制板尺寸主要为 1300cm×400cm×25cm，钢纵梁、横梁及小纵梁上翼缘为现浇混凝土板，预制板纵向设锯齿形剪力键，桥面板的混凝土强度等级为 C60。为减少混凝土收缩徐变的影响，预制板在安装之前存放 6 个月以上的时间。

早期几座组合钢板梁斜拉桥的主纵梁及横梁采用等高对齐设置，这方便构造处理和加工制造，但从受力角度出发，组合钢板梁的主纵梁及横梁高度的设计控制因素是相互独立的。主纵梁高度一般与主梁跨径相关，Pedro 等学者（Pedro，2007；Pedro 和 Reis，2013）通过对世界各地已建公路和铁路组合梁斜拉桥主要设计参数的研究，得出了一些有意义的结论，如图5.2-18所示：对于一般公路斜拉桥，随着跨径的增加，主梁跨高比从75增加到225，但在跨径超过500m后跨高比基本保持不变；横梁高度则与桥梁宽度及支承条件密切相关，设计经验表明，当斜拉索锚固在两侧时，横梁的高度（包括桥面板厚度）一般为索梁锚固横向间距的1/10到1/12之间。当桥跨和桥宽等设计条件决定的纵横梁高度相差较大时，也有很多桥梁采用纵横梁不等高的布置形式，泰国曼谷普密蓬大桥便是这样的典型实例。

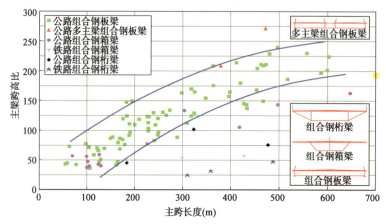

图5.2-18　组合梁斜拉桥主梁跨高比情况

泰国曼谷普密蓬大桥（Bhumibol Bridge）是两座跨越湄南河的大桥，分为南桥和北桥，两座组合梁斜拉桥的主跨分别为398m、326m，于2006年建成，如图5.2-19所示。

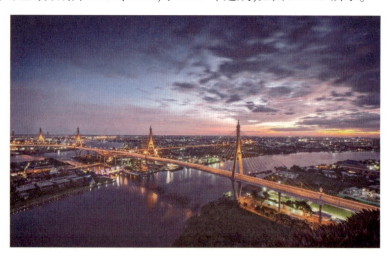

图5.2-19　泰国普密蓬大桥（Bhumibol Bridge）

南、北两桥均采用双塔组合梁斜拉桥，大桥提供双向六车道外加一侧履带车道，桥面宽度达35.9m。主梁截面布置如图5.2-20所示，主梁钢结构由2根边纵梁、2根内纵梁和间距4m的变高度横梁组成，悬臂安装的节段长度12m，与斜拉索梁上索距一致。混凝土桥面板标准厚度250mm，在桥塔附近增加为300mm厚；桥面板在工厂匹配预制，不设置纵向湿接缝，将现浇混凝土施工只限制在横向连续接缝内，该施工工法将收缩和徐变的影响降至最低。

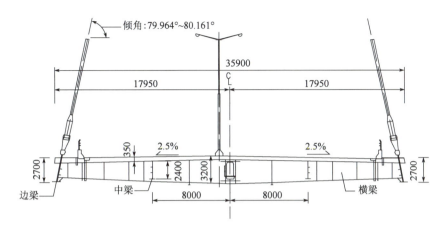

图 5.2-20　普密蓬大桥主梁截面布置(尺寸单位:mm)

两座斜拉桥较大的桥面宽度导致工字形横梁需要很大高度,在横梁跨中达到 3.2m 高以抵抗横向正弯矩,而从斜拉桥纵向总体受力需求而言,这两座 400m 左右斜拉桥的主纵梁梁高仅需 2.7m,两座桥选择采用变高度横梁。

对于大量的组合钢板梁斜拉桥,尽管主梁的基本结构形式大同小异,但是结合具体的工程条件,仍然有许多可以优化的空间。美国跨越 Ohio 河的新建 US Grant 大桥、安徽巢湖大桥等工程在主梁的优化方面做了有益的探索和实践。

美国的新建 US Grant 大桥为主跨 266.7m 的双塔三跨组合梁斜拉桥,如图 5.2-21 所示,该桥虽然跨径不大,但在主梁的结构与构造处理上颇有特色。

图 5.2-21　美国新建 US Grant 大桥

大桥的斜拉索在梁上的标准索距为 15.24m,组合梁的截面布置如图 5.2-22 所示,其钢梁部分由两侧纵梁、横梁和小纵梁组成(图 5.2-23)。预制混凝土桥面板通过纵梁、横梁和小纵梁上翼缘的现浇混凝土连成整体,与钢梁形成组合截面共同发挥作用。通过设置小纵梁用以在施工时支承预制混凝土桥面板,小纵梁本身并不参与最终的整体结构作用。

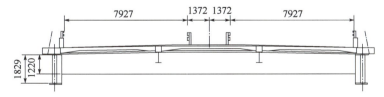

图 5.2-22　新建 US Grant 截面布置(尺寸单位:mm)

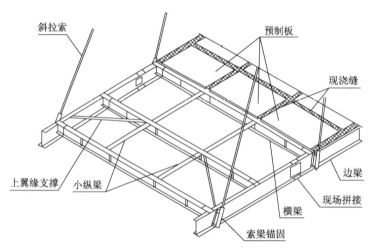

图 5.2-23 组合梁的结构组成示意

为了提高上部结构的效率,将小纵梁截面设计得更大一些,以尽可能发挥其结构受力作用,从而将预制混凝土桥面板设计为支撑在纵梁、横梁和小纵梁形成的梁格间的双向受力板。也使得横梁间距可以提高至 7.62m。

混凝土板支承在纵梁、横梁和小纵梁相互交叉形成的梁格上,通过现浇梁格上的湿接缝将桥面板与钢梁连接,如图 5.2-24 所示。

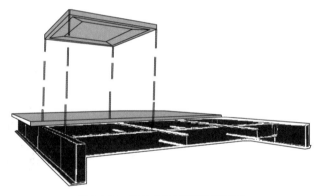

图 5.2-24 双向支承变厚预制桥面板

混凝土桥面板采用了变厚度预制桥面板,在满足受力要求的前提下,尽可能减小桥面板自重是有益的。由于桥面板采用双向支承,减小了活载作用效应;提高了桥面板负弯矩区的预应力筋应用效率,可减小大约 1/3 的预应力筋数量,并可更好地控制桥面板拉应力。

图 5.2-25 所示的是桥面板支承处的横截面布置,其中桥面板厚度从跨中处的 21.8cm 变化至支承处的 30.5cm,桥面板厚度的变化使得预应力筋产生 51mm 的偏心效果,从而对负弯矩区施加了反向弯矩,与等厚度桥面板相比,预应力筋的效率得到提高。

主梁的钢梁结构与桥面板构造的优化,引起几个方面的结果,包括:①由于上部结构材料以及其他构件的节省,上部结构总重将减小 10%;②减少混凝土桥面板现浇缝数量,缩短了 1/3 的施工周期;③上部结构用钢量减小至 175kg/m^2,与传统的纵横梁布置的梁格体系相比,减小量可达 50kg/m^2。

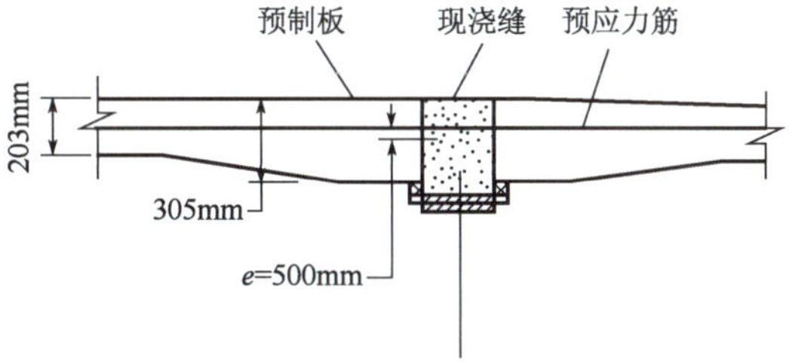

图 5.2-25 负弯矩区的预应力筋偏心

巢湖大桥(图 5.2-26)全长 1122m,主桥采用主跨 460m 的双塔组合梁斜拉桥,2019 年建成通车。组合梁的梁高 3.0m、桥宽为 34.5m,主梁横截面布置如图 5.2-27 所示。

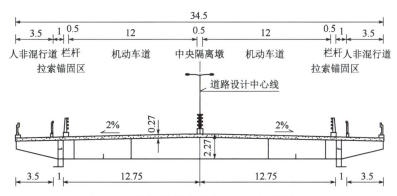

图 5.2-26 安徽巢湖大桥

图 5.2-27 巢湖大桥主梁横截面布置(尺寸单位:m)

主梁钢结构为钢纵梁、钢横梁、钢挑梁及小纵梁组成的钢梁格体系。有索区钢纵梁、标准钢横梁、钢挑梁及小纵梁均采用工字形截面。钢结构主要采用 Q345qD 钢材,部分采用 Q420qD 钢材。桥面板采用分块预制、板件采用湿接缝联结。横向分为 6 块预制板,共 5 道纵向湿接缝,两侧挑臂预制板顺桥向长 8.5m,中间 4 块预制板顺桥向长 4m。预制板厚 260mm,标准边板单块吊装质量约 21.1t,两种标准中板单块吊装质量分别约 17.8t、19.1t。

该桥设计针对组合梁斜拉桥受力特点,对钢结构横梁腹板加劲肋进行了优化,取消了腹板水平加劲肋,仅对应桥面板分块处设置 3 道竖向加劲。同时,对钢纵梁及剪力钉进行了优化设计,大幅减小钢纵梁顶板宽度及剪力钉数量,上翼缘板宽度为 600mm,下翼缘板宽度为

1000mm,上下翼缘板宽度比为0.6。安徽巢湖大桥主梁钢材指标220kg/m²。

组合钢板梁用于斜拉桥,在不同的施工条件下,虽然基本结构形式没有大的变化,但具体的构造细节和预制施工方法可以视具体情况而变化。

美国跨越休斯敦运河的贝敦桥(Baytown Bridge)是一座并列组合斜拉桥,是第一座带有两个上部结构的组合梁斜拉桥,如图5.2-28所示。该斜拉桥主跨381m,每片主梁宽约23.8m,主梁采用组合钢板梁,由两片边纵梁、横梁及混凝土桥面板组成,横截面如图5.2-29所示。该桥获得了美国1996年度三项"杰出土木工程奖"。

图5.2-28 美国贝敦桥

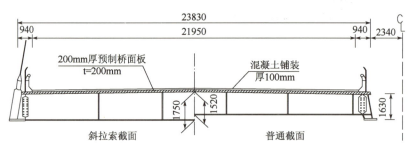

图5.2-29 贝敦桥主梁横截面半幅布置(尺寸单位:mm)

贝敦桥(图5.2-30)首次提出了与传统悬臂拼装不同的整体节段吊装施工方案,也即每个主梁节段待钢梁与混凝土桥面板结合后一起吊装,但吊装节段的尺寸和质量更大,最后经综合考虑还是采用了传统的悬臂拼装方案,混凝土桥面板采用标准预制板配合湿接缝联结。用钢量指标为141kg/m²。

图5.2-30 贝敦桥

希腊 Rion-Antirion 桥主桥采用四塔五跨组合梁斜拉桥(图 5.2-31)。斜拉桥的主梁在桥梁全长 2252m 范围内是连续的,由 8 组 23 对斜拉索悬吊在桥塔之上,梁上索距为 12m。在顺桥向,主梁可自由活动,适应温度、风荷载、活载和地震荷载作用下位移,伸缩缝在正常运营荷载下的设计位移为 2.5m,而在地震等偶然事件下的设计位移可达 5.0m。主梁采用钢-混组合梁,宽度为 27.2m,由钢纵梁、钢横梁及桥面板组成。其中,两片钢纵梁为梁高 2.2m 的工字形钢梁,间距为 22.1m;钢横梁为工字形钢梁,纵向间距 4m;混凝土桥面板厚度为 25～35cm,采用 C60 混凝土。斜拉索在梁上采用拉板式锚固结构,锚于钢纵梁对应腹板位置,在桥塔上锚固于钢锚箱上。组合梁结构构造如图 5.2-32 和图 5.2-33 所示。

图 5.2-31 希腊 Rion-Antirion 大桥

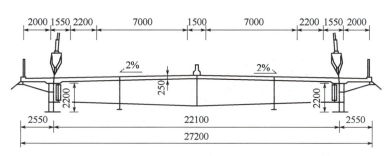

图 5.2-32 Rion-Antirion 大桥截面布置(尺寸单位:mm)

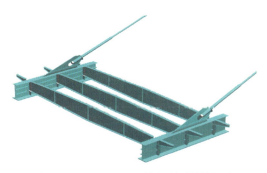

图 5.2-33 Rion-Antirion 桥主梁钢梁结构示意

该桥主梁从结构形式上看并无特殊之处,但其施工采用整体节段安装。节段制作时,先进行钢梁拼装,再在钢梁节段上安装预制桥面板,最后浇筑接缝混凝土形成整体节段。整体节段制作没有采用现浇混凝土板的方法,而是采用预制桥面板。不难发现,这是针对主梁超长的连续长度采取的措施,预制桥面板可以尽可能消除混凝土收缩徐变的影响。此外,主梁的钢横梁在构造细节上也有值得借鉴之处,腹板上除设有三道竖向加劲肋以满足预制桥面板分块安装需要外,没有设置其他形式的加劲构造。横梁与桥面板从自重阶段就结合共同受力,截面中性轴接近上缘混凝土板,钢梁腹板全部或大部分处于受拉状态,可以不设或少设加劲肋。如此,不仅可减少或取消次要构件,而且更有利于后期养护维修工作。

预制桥面板板块之间纵横向的联结是组合梁的一项重要内容,关系到桥面板自身的受力及施工的效率。预制桥面板纵向分块一般是以横梁间距为模数,横向分块有多种选择,分块较少,尺寸较大对预制精度要求则高;分块较多,尺寸较小对预制精度则低。分块大小不仅关系到预制精度要求及其安装时与钢梁的匹配问题,还与施工时的起吊运输能力以及现场连接工作量密切相关,预制板的吊装能力需求及联结工作量通常是需要权衡的更多的因素之一。

双主梁组合钢板梁也有很多的多塔斜拉桥工程实例,例如越南日新大桥、加拿大金耳大桥、中国香港汀九大桥、武汉二七长江大桥等。

越南日新大桥(Nhat Tan Bridge)是一座五塔六跨组合梁斜拉桥,跨径布置为150m + 4 × 300m + 150m,主桥全长1500m,是越南最大长度的斜拉桥,如图5.2-34所示。桥面全宽35.6m,主梁采用双主梁组合钢板梁,桥面设有23.75m的机动车道、3.75m的公交车道、3.3m的非机动车道及0.75m的人行道,如图5.2-35所示。

图5.2-34　越南日新大桥

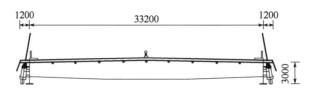

图5.2-35　日新大桥截面布置(尺寸单位:mm)

组合梁由钢纵梁、钢横梁及桥面板组成。钢纵梁为2片工字形钢梁,横向间距为33.2m;钢横梁也为工字形钢梁,纵向间距为4m;桥面板为设计标准强度40MPa的预制混凝土桥面板。组合梁的截面布置如图5.2-35所示。

为防止混凝土桥面板在端支点及跨中负弯矩区发生开裂,在顺桥向配置预应力钢筋。预制桥面板纵向以钢横梁间距为模数进行划分,横向则划分为较小的单元。预制桥面板单元的纵横向尺寸为3.65m×2.90m,桥面板厚度为26.0cm。预制桥面板安装在主梁、横梁及小纵梁的上翼缘上,通过现浇接缝混凝土形成整体,同时钢纵梁和钢横梁通过剪力钉与桥面板形成组合结构。鉴于预制桥面板分块较小,现场接缝较大,为了提高现场的施工效率,对应钢主梁之间的接缝设置了9个小纵梁,并且预制桥面板顺桥向、横桥向之间钢筋均采用环形接头连接,两项措施有效提高了现场工作效率。

武汉二七长江大桥(图5.2-36)主桥采用主跨2×616m三塔双索面组合梁斜拉桥,于2011年12月3日通车。

图5.2-36 武汉二七长江大桥

大桥主梁采用混合梁布置,90m的边跨采用预应力混凝土,其余梁段采用组合钢板梁,组合钢板梁标准节段长度为13.5m,截面布置如图5.2-37所示。主梁两片主纵梁采用工字形截面,横向间距为30.5m,梁高2.935m;主纵梁之间设置横梁,横梁与主纵梁顶板对齐设置,主纵梁处横梁刚度稍低于主纵梁,并在横梁中部设置小纵梁。混凝土桥面板采用C60预制结构,板厚26cm。

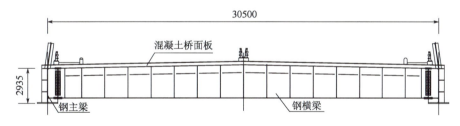

图5.2-37 二七长江大桥主梁截面布置(尺寸单位:mm)

大量的双主梁组合钢板梁斜拉桥工程实践表明,其主梁的基本结构形式大同小异,钢梁结构通常采用工字形纵横梁梁格体系,根据桥宽、混凝土桥面板吊装质量等,横梁间或设置小纵梁;混凝土桥面板多采用普通C50或C60混凝土,多数采用工厂预制、现场浇筑湿接缝的施工方法。但是,从细节设计上看,还是存在差异,比如钢横梁的加劲肋设置与否、钢纵梁的上下翼缘板构造等,总体而言,500m跨径以内的组合梁斜拉桥,主梁的钢材用量指标可以控制在250kg/m²以内,这对于提高组合梁斜拉桥的经济竞争力尤其重要。斜拉桥的组合钢板梁在上述常规结构形式与施工方法的基础上,一些桥梁结合具体的工程条件,在构造也做了一些新的尝试，如英国塞文二桥的横梁采用空腹式桁架替代了常规的钢板梁、墨西哥巴鲁阿特大桥桥的混凝土桥面板采用带肋截面，利用压型钢板作为模板现浇等。

英国南威尔士塞文二桥（Second Severn Crossing）主桥为主跨 456m 的双塔双索面组合梁斜拉桥，如图 5.2-38 所示，1996 年 6 月 5 日开通运营。

图 5.2-38　英国南威尔士塞文二桥

斜拉桥桥宽 34.6m，截面布置如图 5.2-39 所示，主梁由两道 2.5m 高的主纵梁、中心处高 3.6m 的空腹式横梁及混凝土桥面板组成，梁上索距为 7.3m、横梁间距为 3.65m，拉索锚固位置设置在主纵梁外侧。

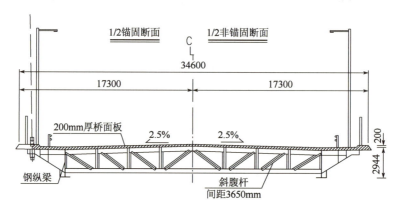

图 5.2-39　塞文二桥主梁截面布置（尺寸单位：mm）

主纵梁钢结构采用 BS4360-50D 或 DD 级钢，翼缘底板厚度较大，宽度及厚度规格一般在 750mm×50mm 至 1200mm×80mm 间变化，但在辅助墩处达到最大，达到 2328mm×97mm；腹板厚度从 20mm 到 25mm 不等，辅助墩和塔架附近的腹板厚度分别增加至 35mm 和 40mm，腹板采用轧制角钢进行加劲。空腹式桁架的斜杆布置一定程度上受单轨悬挂式列车提供矩形空间影响，构件通常由 T 形钢、工字钢和角钢组成的十字形截面。钢结构所有现场连接均使用高强度螺栓。

混凝土桥面板横桥向变厚设置，道路中心处混凝土板厚度 20cm，主纵梁处混凝土板厚度 35cm，两者之间采用线性渐变，在斜拉索锚固区域混凝土板厚为 47cm。桥面板采用 C70 混凝土预制板，设有 2m 宽的湿接缝现场浇筑。

桥址处的水文条件对施工非常不利，潮水落差达 14.5m，流速超过 4m/s，为此采用预制整体组合梁节段吊装。

墨西哥巴鲁阿特大桥(Baluarte Bridge)如图 5.2-40 所示。大桥桥面距谷底约 400m，主桥采用主跨 520m 的组合梁斜拉桥，2013 年通车。

图 5.2-40　墨西哥巴鲁阿特大桥

斜拉桥采用混合梁布置，其中主跨中部 432m 范围采用标准组合梁，全宽 20.5m，横截面布置如图 5.2-41 所示，主纵梁为两根焊接工字梁，高度为 3.0m，标准节段长度为 12.0m，横梁采用工字形截面，梁高 1.8m，纵向间距为 4.0m。

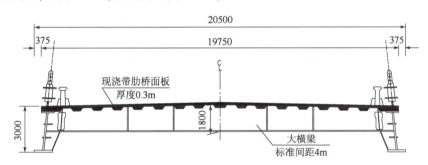

图 5.2-41　巴鲁阿特大桥组合梁标准截面布置(尺寸单位：mm)

在标准组合梁截面的基础上，巴鲁阿特大桥边跨及中跨靠近桥塔 34m 范围的主梁将钢纵梁替换为混凝土纵梁，但横梁仍采用钢结构，与混凝土桥面板结合后承受横向荷载，横截面布置如图 5.2-42 所示。这种设计思路一方面是边跨平衡中跨恒载的压重效率需要，另一方面是考虑到桥塔处主梁承受巨大轴压力，主纵梁采用混凝土的经济性更好。

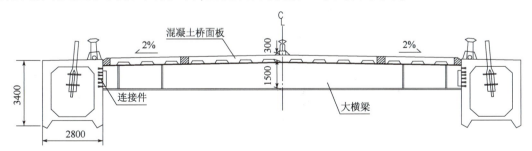

图 5.2-42　巴鲁阿特大桥边跨及桥塔处主梁截面布置(尺寸单位：mm)

主梁钢结构在工厂制作加工,运送到现场后进行吊装及组装,从两座塔架同时对称悬臂架设待主纵梁和横梁组装完毕后进行混凝土板现场浇筑,为了减轻梁重,首次提出混凝土桥面板采用带肋截面,最大厚度为0.3m,利用压型钢板作为模板现浇,大幅缩短施工周期。大跨径组合梁斜拉桥在对于远离主塔位置处主梁、横梁之间的桥面板采用肋板式也是一个很好的设计思路,可充分利用材料强度、减轻结构自重、提高跨越能力。

5.2.4 多主梁组合钢板梁

随着斜拉桥跨径、桥面宽度以及桥型方案等的变化,为了适应一些特殊的要求,出现了如三片和四片钢纵梁的结构形式,以窄幅箱梁替代工字形钢纵梁的结构形式以及桁架式钢横梁替代实腹式工字形钢横梁的结构形式。

印度的 Hooghly 二桥由于桥面较宽,采用了图 5.2-43 所示的三片钢纵梁的组合钢板梁,在两片有斜拉索锚固的钢纵梁之间,增加了一片钢纵梁,基本的结构构造和典型的两片工字形钢纵梁的组合钢板梁并无多少变化。

图 5.2-43 Hooghly 二桥组合梁拼装中的钢梁

Hooghly 二桥设计于 20 世纪 70 年代,为主跨 457m 的组合梁斜拉桥,主梁宽度为 35m,由混凝土桥面板以及钢梁梁格组成。其中,钢梁由三根纵向钢主梁和纵向间隔为 4.1m 的钢横梁组成。混凝土桥面板厚度为 23cm,横向挑臂厚度线性变化至最外端的 15cm。该桥组合梁的钢纵梁采用了三片工字形钢主梁,这在后续的工程并不常见。除此以外,主梁的结构形式与构造以及施工方法等,都与当前的做法类似。组合梁上斜拉索索距为 12.3m,斜拉索采用直径为 7mm 的高强度平行钢丝索。

该桥设计时,连接件采用销块式剪力键取代常用的圆柱头焊钉,主要原因在于印度劳动力相对便宜,采用销块式剪力键更为经济。销块式剪力键构件(block-dowels)如图 5.2-44 所示,主梁钢梁及锚拉板构造如图 5.2-45 所示。

图 5.2-44 焊接在主梁翼缘上的剪力键

图 5.2-45 Hooghly 二桥主梁锚拉板

这种结构形式相对复杂并且施工也同样更复杂一些,因此没有得到大量推广应用。

一些桥梁从景观考虑采用非常规结构的斜拉桥,例如印度新德里沃济拉巴德桥,采用不对称的独塔组合梁斜拉桥,边跨采用中央索面布置,中跨采用双索面布置,这类斜拉桥的边中跨主梁的轴力如何传递转换,需要从组合梁构造上解决,采用多主梁组合钢板梁是其中方案之一。

印度沃济拉巴德桥(Wazirabad Bridge)位于新德里瓦济拉巴德,采用单塔不对称组合梁斜拉桥,跨径布置为 72m + 251m + 144m + 109m,主桥全长为 675m,如图 5.2-46 所示。桥塔采用弓形倾斜钢塔,从而减少了背跨拉索的数量。主跨采用双索面布置,背跨采用单索面布置。大桥于 2018 年 11 月建成通车。

图 5.2-46 印度沃济拉巴德桥

大桥桥宽 35.2m,主梁采用三主梁组合钢板梁,横截面布置如图 5.2-47 所示,由两边主纵梁、中心主纵梁、钢横梁和混凝土桥面板组成。主纵梁和钢横梁均采用工字形截面,横梁间距为 4.5m。中央主纵梁可将活载沿纵向分配到更多横梁上,起到更好的传力作用,同时也是背跨拉索的直接传力结构。主纵梁、钢横梁等均采用 S355 级钢材,采用摩擦型高强度螺栓连接。桥面板采用 M50 混凝土预制板,节段长度为 4.5m,板厚 250~700mm,桥塔处及背索锚固处的桥面板均加厚至 700mm。

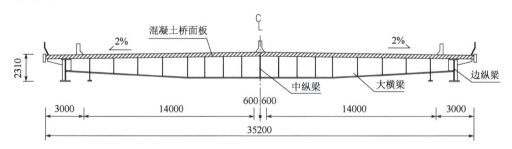

图 5.2-47 沃济拉巴德桥主梁截面布置(尺寸单位:mm)

由于施工时亚穆纳河还没有筑坝形成湖泊,且桥面距离地面高度不高,仅为 10~12m,因此主梁采用支架施工。该桥的桥塔和主梁钢结构都由中国制造,经加工、试装组装后并运往现场,如图 5.2-48 所示。

图 5.2-48　钢横梁吊装运输

组合钢板梁的应用不仅限于双索面斜拉桥,对于更大的桥梁宽度,可以采用适当的形式满足三索面或四索面斜拉桥的要求。前述印度 Hooghly 二桥的三片钢纵梁可对应三索面,从而在更大的桥梁宽度下,优化主梁横向受力,提高组合梁斜拉桥的经济性。四索面斜拉桥一般是对应独柱式桥塔的选择,宽桥面采用独柱式桥塔,尽管主梁采用分体式结构会增加材料消耗,但从斜拉桥整体看可能仍然是经济的选择。

1998 年竣工的中国香港汀九大桥(图 5.2-49)就是一座三塔四索面组合梁斜拉桥,跨径布置为 127m+448m+475m+127m,主桥全长 1177m。桥梁总宽度为 42.8m,单幅桥桥宽 18.77m(不包括风嘴宽度),梁上索距为 13.5m。

图 5.2-49　中国香港汀九大桥

组合梁截面布置如图 5.2-50 所示,四道钢主纵梁对应四个索面,梁高 1.78m,跨高比达到 1/271。主梁标准节段长 13.5m、宽 18.77m(半幅),标准节段钢梁包括 2 片纵梁和 3 根横梁,纵梁为 1.5m 高的近似 L 形钢梁,横梁为变高度工字形钢梁,横梁纵向间距为 4.5m。桥面板采用预制混凝土板,厚度为 23cm,每个节段有 12 块尺寸 4.4m×4.6m 的预制板,采用现浇混凝土与钢梁连接。主梁采用悬臂拼装施工,先安装钢梁再安装桥面板。其中,钢梁在工厂焊接,运输至现场后采用高强度螺栓进行拼装。

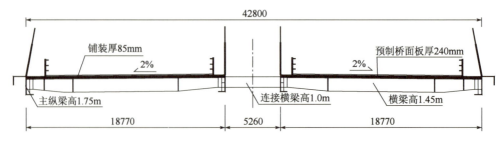

图 5.2-50　汀九大桥截面布置(尺寸单位:mm)

两幅桥之间采用高度 1.0m 的横梁连接,横梁在成桥状态下主要平衡斜拉索的横向水平分力,在运营阶段传递、协调两幅桥面之间的不平衡受力和变形。该横梁在主梁的钢梁安装时一并安装。

中国香港汀九大桥斜拉桥主梁除了适应四索面的构造特点外,另一个显著的特点是其钢纵梁的截面形式(图 5.2-50),这种构造使得斜拉索的锚固结构易于和钢腹板连接,且不会穿越混凝土板造成其钢筋中断。这不仅有利于斜拉索索力的传递,也有利于混凝土桥面板的抗裂。较小的上翼缘宽度相应只能布置较少的连接件,其依据在于斜拉桥组合梁的钢梁与桥面板之间,实际抗剪所需的剪力连接件数量,并不需要很宽的上翼缘来满足布置要求,在受力不受施工控制时,减小钢纵梁上翼缘尺寸,其相应减小的承载能力由混凝土板承担,将更具经济性。

加拿大温哥华市的新曼港大桥(New Port Mann Bridge)也是一座四索面组合梁斜拉桥,如图 5.2-51 所示。斜拉桥跨径布置为 190m + 470m + 190m,大桥于 2012 年建成。

图 5.2-51　加拿大新曼港桥(西侧)

桥面宽度为 67m,设置双向 10 车道。设计对双索面和四索面布置进行了比选,由于该桥主桥跨径和宽度均相对较大,采用双索面布置所需的主梁用钢量比四索面布置大约多了 35%,虽然四索面布置的斜拉索用量有所增加,但斜拉桥总造价降低。主梁为钢-混组合钢板梁,如图 5.2-52 所示,单幅主梁由两片工字形主纵梁和工字形横梁组成钢梁梁格,通过剪力钉与其上混凝土桥面板结合形成组合截面。

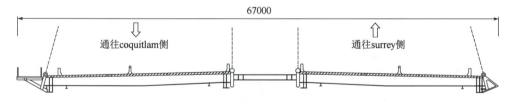

图 5.2-52　新曼港桥主梁截面布置(尺寸单位:mm)

5.2.5　窄箱主梁组合钢板梁

大跨径斜拉桥,以窄箱梁替代工字形梁作为钢纵梁,可以更好地满足纵梁的受力与构造需要,减小纵梁翼缘板厚度、方便斜拉索锚固。从结构构造处理及施工角度考虑,将两片工字形钢纵梁做成窄箱梁(图5.2-53),可以有效解决工字形钢纵梁受力过大及构造处理困难等问题,也可方便安装施工。从整体的组合截面来看,结构的布置与构造和典型的组合钢板梁并无根本性变化,仅仅是以窄箱梁替代工字形梁。两片窄箱梁与钢横梁所构成的仍然是纵横向的梁格体系,横梁的设置间距仍然可以为4~6m,常用4.5m左右,桥面板厚度通常为20~30cm,常用厚度为25cm左右。窄箱梁的宽度可以根据受力需要确定,同时要考虑预留养护维修通道最小宽度,高度除满足总体受力的合理性以外,还需要满足斜拉索张拉锚固及检修通道要求。箱内需要设置纵向加劲肋和横隔板,纵向加劲肋一般采用板式肋。采用窄箱梁作为钢纵梁之后,斜拉索的锚固一般采用锚箱式结构,置于窄箱梁内部,也有为减小主梁的桥面总宽,将斜拉索钢锚箱设于窄箱梁外侧腹板的做法。总之,纵梁采用窄箱梁后,主梁总体的抗扭能力并没有得到有效提升,也就是说抗风问题依然是这种结构形式向更大跨径发展的制约因素。

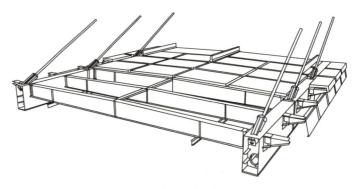

图5.2-53 采用窄箱梁的组合梁结构示意

创造当时斜拉桥世界纪录的上海杨浦大桥主梁就是采用这种结构形式。杨浦大桥1993年建成通车,斜拉桥主跨602m,为双塔双索面组合梁斜拉桥,大桥桥宽30.35m(不含风嘴),如图5.2-54所示。

图5.2-54 上海杨浦大桥夜景

组合梁为混凝土桥面板和钢梁梁格组合而成,钢梁由2.7m高、横向相距25m的两片钢纵梁和纵向间距4.5m的工字形钢横梁组成,如图5.2-55所示。钢纵梁采用窄幅箱形截面。

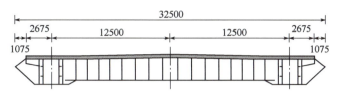

图 5.2-55　杨浦大桥截面布置(尺寸单位:mm)

桥面板采用混凝土预制板,并沿桥面板纵向和横向施加预应力,混凝土桥面板厚度为 26cm 和 40cm 两种规格。采用了一些措施防止施工过程混凝土桥面板开裂,例如钢横梁在与混凝土桥面板结合受力前,由反力架施加预拱、结合后回落,以此向桥面板施加横向预应力,此外现浇湿接缝采用自膨胀混凝土等。由于钢纵梁采用了箱形结构,对钢板厚度要求降低、也方便了斜拉索锚固,为大跨径组合梁斜拉桥提供了新选择。

钢纵梁采用窄箱梁的组合梁,并不限于大跨径斜拉桥的应用,在中小跨径的组合梁斜拉桥中也常有应用,加拿大金耳大桥主跨242m,也采用了这种结构形式。金耳大桥是一座四塔五跨组合梁斜拉桥,全长968m,采用塔梁墩固结体系,大桥于2009年建成通车,如图 5.2-56 所示。

图 5.2-56　加拿大金耳大桥

大桥跨径布置为 121m + 3 × 242m + 121m,桥面宽度为 32m,可提供双向六车道的机动车道及两侧2.0m的人行道。组合梁由钢梁梁格以及混凝土桥面板组成,截面布置如图 5.2-57 所示。钢梁梁格由钢纵梁和钢横梁组成,钢纵梁采用 2.7m 高的窄箱梁,两片钢纵梁相距 27.2m。钢箱内部设有纵向加劲肋和横向加劲板,上翼缘板截面尺寸 1200mm × 35mm,沿全桥范围内保持不变,下翼缘板宽度为 1200mm,厚度变化范围为 40~90mm,腹板高度为 2.7m,80% 跨径范围内保持不变,但在支点附近变高至 4.5m。钢横梁梁高 1.6m,纵向间距 5m,钢纵梁和钢横梁之间采用高强度螺栓连接。

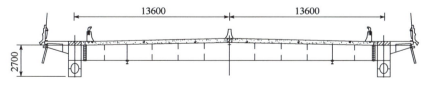

图 5.2-57　金耳大桥截面布置(单位:mm)

桥面板采用抗压强度55MPa的预制板混凝土,在钢梁梁格上翼缘顶面设有剪力钉,通过现浇混凝土湿接缝实现桥面板与钢梁的结合。行车道处的混凝土桥面板厚度为25cm,线性变化至人行道位置的20cm。预制混凝土板至少存放90天后再运至施工现场进行铺设安装,以减小混凝土收缩徐变的影响。

由于斜拉索水平分力的轴压作用,大部分桥面板并不出现拉应力。但是在边跨端部以及跨中部分,这些位置的桥面板轴压力比较小,在活载及风荷载作用下会出现拉应力,因而在桥面板均设置纵向预应力钢筋,防止桥面板拉应力出现。

1993年10月通车的杨浦大桥,首次将斜拉桥的跨径提升到600m以上,随后斜拉桥跨径不断突破,跨径早已超越1000m,但系列新纪录都是由钢箱梁斜拉桥创造,组合梁斜拉桥的跨径始终徘徊在600m上下。直到2021年9月湖北赤壁长江公路大桥(图5.2-58)建成通车,历经28年将组合梁斜拉桥的最大跨径推进到700m以上。该桥的建成展现了组合梁斜拉桥技术经济优势,拓展了组合梁斜拉桥的竞争范围。

图5.2-58 湖北赤壁长江公路大桥

湖北赤壁长江公路大桥主桥采用主跨720m的双塔双索面斜拉桥,桥面宽度为36.5m。梁上标准索距为12.0m,边跨加密至8.0m。设计团队首先对钢箱梁、钢桁梁、组合梁等三种主梁形式进行了综合比选,确定采用结构刚度大、桥面铺装及耐久性能较好的组合梁结构;进一步对双边工字钢板梁、双边窄箱钢板梁、PK箱组合钢箱梁、槽形钢梁组合钢箱梁等四种组合结构形式进行比选,确定采用双边窄箱组合钢板梁的截面形式,截面布置形式如图5.2-59所示。主梁道路中心线处高度为3.8m,标准段窄幅钢箱梁梁高3.181m。钢主梁底板采用既变宽又变厚的方式来适应不同梁段受力需要,下翼缘板宽及板厚分别在2450～3200mm、32～70mm范围内变化,从跨中处较小值逐级增加至塔根附近的较大值。钢梁节段采用栓焊混合连接方式,钢主梁顶板采用焊接连接,腹板及底板采用栓接。混凝土桥面板采用C60混凝土,标准厚度为26cm,距辅助墩22m处的次边跨开始,混凝土桥面板渐变至59cm,进行边跨压重。

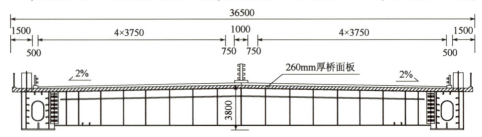

图5.2-59 赤壁长江公路大桥主梁截面布置(尺寸单位:mm)

赤壁长江公路大桥位于内陆地区,抗风问题并不突出,当斜拉桥跨径进一步增加,或者桥梁位于沿海地区强风环境时,需要采用抗扭能力更强的半封闭或全封闭组合钢箱梁结构。对于600m以下跨径的斜拉桥,组合钢板梁最具经济竞争力,组合钢箱梁由于构造原因,钢材用量指标会高于组合钢板梁。随着斜拉桥跨径增加,比如跨径达到800m以上,组合钢箱梁在满足抗风要求的情况下,所需承受的恒载与运营荷载作用都将随着跨径的增加而增加,结构尺寸主要由受力控制,几乎不会出现构造控制的情况,也就是可以充分发挥材料的承载能力。相关研究也表明,组合梁斜拉桥和钢箱梁斜拉桥的竞争跨径可以达到900m左右。

加拿大和美国合作建造的戈迪-豪国际大桥(Gordie Howe International Bridge),主跨853m,桥面设置六车道,大桥将于2024年年底建成通车,建成后将成为北美最大跨度斜拉桥,同时也超越中国湖北赤壁长江公路大桥、成为世界上最大跨度组合梁斜拉桥。

该桥设计为双塔斜拉桥,跨径布置为(354+853+352)m,全长1562m,如图5.2-60所示。大桥设计使用寿命为125年,主梁采用双边主梁钢-混组合梁,主纵梁、横梁和小纵梁均采用工字钢结构,桥面板采用混凝土桥面板,预制混凝土桥面板横桥向设置通长预应力束,在主跨跨中及边墩支点处设置顺桥向预应力,主梁横截面布置如图5.2-61所示。该桥桥址处桥面高度1小时内平均风速42m/s,3秒阵风风速达到了60m/s,传统开口截面斜拉桥的抗风性能受到了巨大挑战。为此,该桥除了在双边主梁底部转角处设水平导流板、侧面安装了风嘴外,还采用封闭底板将梁格底缘进行了封闭处理(图5.2-62)。封闭底板虽不参与结构总体纵向受力,但显著改善了结构气动外形,进行的1:230比例的全桥气弹模型试验(图5.2-63)也表明,该桥在施工期及运营期均能满足桥梁气动稳定性要求。此外,大桥梁底采用钢板封闭,主梁显得外观整洁、美观,同时也提供了过桥管线一个密闭的运营环境。2024年3月大桥即将合龙,如图5.2-64所示,计划在2024年年底建成通车。

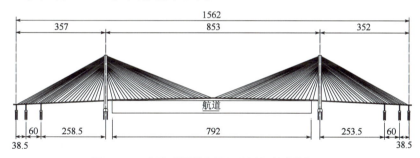

图5.2-60 戈迪-豪国际大桥立面布置(尺寸单位:m)

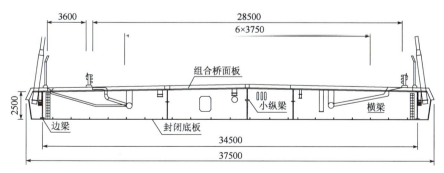

图5.2-61 戈迪-豪国际大桥横截面布置(尺寸单位:m)

图 5.2-62　梁底封闭板构造

图 5.2-63　全桥气弹模型试验

图 5.2-64　大桥即将合龙（截止到 2024 年 3 月）

5.3　组合钢箱梁

5.3.1　基本结构形式

斜拉桥是大跨径桥梁中应用最广泛的桥型，从百米级到千米级跨径都有大量工程实例。斜拉桥的主梁结构形式多样，仅就组合钢箱梁而言，为满足不同跨径、不同索面布置等情况，就有多种结构形式可供选择。综合组合钢箱梁在斜拉桥中的实际应用情况和可能的应用需求，三种基本的截面形式如图 5.3-1 ~ 图 5.3-3 所示。

图 5.3-1　中心箱组合梁截面示意

中心箱组合梁（图 5.3-1）适合于单索面布置的桥梁。和梁式桥相比，其受力上需要能够满足吊索的竖向分力作用，对于斜拉桥则需要同时满足斜拉索的竖直分力和水平分力作用。

由于仅适用于单索面布置的桥梁,因此所能适应的桥梁跨径在相应桥型中属于中等偏下的。如图 5.3-2 和图 5.3-3 所示分别为半封闭箱组合梁和全封闭箱组合梁,适合于双索面布置的桥梁,主要应用对象为有抗风要求的大跨径斜拉桥。相对而言,这两种组合箱梁中,半封闭箱组合梁适合于中等跨径斜拉桥,可以看作是在结构受力和抗风需求之间的一种折中;全封闭箱组合梁则更适合于大跨径斜拉桥。

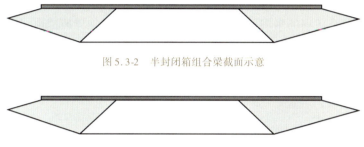

图 5.3-2　半封闭箱组合梁截面示意

图 5.3-3　全封闭箱组合梁截面示意

上述三种组合箱梁的基本形式——中心箱组合梁、半封闭箱组合梁和全封闭箱组合梁,可以根据不同的工程需求选择合适的形式。

中心钢梁具有材料相对集中、受力效率高的特点,较为适合于中小跨径的单索面斜拉桥。中心箱组合梁具有良好抗扭能力,根据箱梁尺度和风环境情况,可以满足 500m,甚至更大跨径的单索面斜拉桥的要求。用于独塔或矮塔斜拉桥,即使跨径低至 100m 也能够展现出竞争力。

中心箱组合梁用于单索面斜拉桥时,根据桥梁跨径、宽度等条件,具体结构形式可以细分为多种形式。两种截面形式具有代表性,一种是桥面板悬臂较小、外侧无斜撑;另一种是桥面板悬臂较大、外侧有斜撑,分别如图 5.3-4 和图 5.3-5 所示。根据承载力和抗扭等方面的需要,可以适当调节箱体高度和宽度。这种截面在满足单索面斜拉桥需要的同时,作为组合梁其桥面板横桥向受拉是一个缺点,通常需要在横向使用预应力予以解决。

图 5.3-4　外侧无斜撑中心箱组合梁截面示意

图 5.3-5　外侧有斜撑中心箱组合梁截面示意

当桥梁跨径大、桥面宽、抗风要求较高时,可以采用箱体较大的截面形式,以提高主梁的抗扭能力。东海大桥主航道斜拉桥处于重载和强风环境,使用了这种结构形式。当条件适当时,比如桥宽和运营荷载较小,可以考虑中间箱体较小的截面形式,以减少钢材消耗,提升桥梁的经济性。当斜拉桥的跨径较小、桥面宽度较大、抗风能力需求较低时,或这些情况部分出现时,可以采用中心箱外侧设置斜撑的截面形式,抗扭刚度较小的中心箱梁及外加劲支撑桥面板,实现主梁截面的高效利用。

当斜拉桥跨径较大、位处强风环境时，中心箱组合梁已经不再适用，需要采用双索面斜拉桥，可以采用半封闭箱组合梁或全封闭箱组合梁。半封闭箱组合梁(图5.3-6)为具有两个边箱的半封闭结构形式，这种箱梁形式的钢结构材料相对集中于两侧，可以根据结构受力需要选择合适的底板尺寸和板厚，避免全宽底板因为构造控制最小板厚而造成浪费。这种半封闭箱梁结构具有较好的面内外受力性能与抗扭性能，截面端部采用流线型布置、设置风嘴，并以双索面的空间布置、配合适当的索塔形式，可以有效提高其颤振临界风速值，甚至能够满足700m以上跨径斜拉桥的抗风性能要求。双边箱组合梁可以根据桥梁跨径、宽度等条件，确定梁高、边箱宽度等具体结构尺寸，以满足结构承载力和抗风等方面的需要。另外，和组合钢板梁相比，可以避免厚板，特别是超厚板的使用。

图5.3-6　半封闭箱组合箱梁横截面示意

随着斜拉桥跨径的加大，从正常运营受力及抗风考虑，全封闭箱组合梁将成为合理的选择。全封闭箱梁结构形式(图5.3-7)具有强大的抗扭能力，采用全封闭组合箱梁的斜拉桥，即使跨径达到千米级也可以满足抗风要求。从全封闭组合箱梁的结构与力学特点看，这种结构形式更适合大跨径斜拉桥，相关研究表明，即使在沿海强风环境下，当跨径增加到900m时，和钢箱梁斜拉桥相比仍然不失经济上的竞争力。

图5.3-7　全封闭箱组合梁横截面示意

全封闭组合钢箱梁适合于双索面斜拉桥，可以根据桥梁跨径、宽度等条件，确定梁高、横隔板形式及板厚等具体结构尺寸。随着斜拉桥跨径的增加，主梁的压屈稳定、静风荷载等都有可能成为控制因素，需要结合具体工程建设条件加以确定。

组合钢箱梁的安装施工一般采用节段拼装的方法，可以采用整体组合梁节段进行安装，也可以采用先钢梁节段、后桥面板分步安装。组合钢箱梁的钢梁为槽形结构，上翼缘在与桥面板结合前较为薄弱，先安装钢梁节段再安装桥面板，有可能钢梁受力由施工控制。因此，宜优先考虑主梁节段组合后再进行安装的施工方法，东海大桥主航道斜拉桥和椒江二桥主航道斜拉桥都是如此。

斜拉桥的组合钢箱梁在节段预制时，桥面板既可采用全部现浇，也可预制。组合梁节段的桥面板采用现浇施工时，先拼装好槽形钢梁节段，之后在钢梁上立模现浇桥面板，这样做施工更为方便，同时桥面板在一个节段内具有更好的整体性。但是桥面板混凝土在固化阶段不可避免地要受到钢梁的约束而产生收缩应力。而桥面板采用分块预制，待槽形钢梁节段拼装完成后,先安装预制桥面板,再现浇桥面板与钢梁上翼缘结合带混凝土,形成完整的组合箱梁预制节段,可以降低桥面板现浇的一些不利影响。预制桥面板储存一定的时间,可以有效降低后期收缩徐变的影响,尽管这样做会使施工更加繁复,但却是非常值得考虑的方案。

5.3.2 主梁一般构造

组合钢箱梁结构形式多样,在梁式桥领域的应用十分普遍,在斜拉桥上的应用较晚,并且跨径和结构形式均有待拓展。东海大桥主航道桥在主跨420m的单索面斜拉桥中采用了组合钢箱梁,是较早将组合箱梁用于大跨径斜拉桥的工程实例;随后的椒江二桥通航孔桥是主跨480m的双索面斜拉桥,采用了半封闭组合箱梁主梁。近期建设的英国福斯三桥为主跨2×650m的三塔斜拉桥,主梁采用了组合箱梁。

组合钢箱梁可以看作为钢箱梁取消正交异性钢桥面板,在竖腹板(包括锚腹板)的上缘设置翼缘板与混凝土桥面板结合。钢梁沿桥梁纵向以一定间距设有横隔板,横隔板可以是实腹式也可以是空腹式或混合式,横隔板上缘也设有翼缘板。组合钢箱梁通过在钢梁的纵腹板和横隔板上翼缘设置连接件,实现混凝土桥面板与钢梁结合共同受力,如图5.3-8所示。

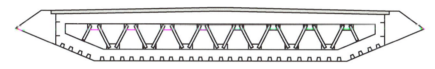

图5.3-8 组合钢箱梁典型截面示意

根据斜拉桥主梁的受力特点和工程需求,组合钢箱梁有多种结构形式可供选择,可以分为三种基本结构形式,如图5.3-9所示。

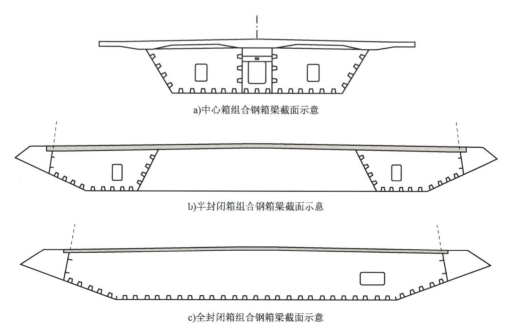

a)中心箱组合钢箱梁截面示意

b)半封闭组合钢箱梁截面示意

c)全封闭箱组合钢箱梁截面示意

图5.3-9 组合钢箱梁三种截面形式示意

图 5.3-9a)所示适合于单索面斜拉桥,根据跨径和风环境等情况,可以调节组合箱梁的高度、箱宽等尺寸,以满足结构各项受力需求,一般适合于 400m 以下跨径的单索面斜拉桥,甚至可以满足 500m 跨径的单索面斜拉桥的要求。

图 5.3-9b)所示适合于双索面斜拉桥,为具有两个边箱的半封闭结构形式,可以根据结构受力需要选择合适的底板尺寸和板厚,和全封闭组合钢箱梁相比,可以减少底板材料消耗。同时,应根据面内外受力性能与抗扭性能要求,选用空间索面等合理的结构布置,以满足结构受力与抗风要求。

图 5.3-9c)所示为全封闭箱梁结构形式适合于双索面斜拉桥,也有用于单索面斜拉桥的工程实例。全封闭组合箱梁更适合大跨径斜拉桥,特别是超过 600m 跨径的斜拉桥,达到千米级跨径也可以解决抗风问题。主梁的结构受力和抗风性能要求相互协调,可以充分发挥结构材料性能。

从已经建成的组合箱梁斜拉桥看,在节段预制时桥面板多采用整体现浇方式。节段梁预制时,先拼装好槽型钢梁节段,之后在钢梁上立模现浇桥面板,这样做施工更为方便、同时桥面板在一个节段内具有更好的整体性。但是桥面板混凝土固化阶段不可避免受到钢梁的约束而产生收缩应力。桥面板也可采用分块预制,待槽型钢梁节段拼装完成后,安装预制桥面板再现浇桥面板与钢梁上翼缘结合带混凝土,形成完整的组合箱梁预制节段,可以显著减小上述桥面板中的收缩应力。预制桥面板更方便地储存一段时间,可以有效降低后期收缩徐变的影响,尽管施工更加繁复但却是值得考虑的方案。

组合钢箱梁的横梁设置及桥面板厚度选择等,与组合钢板梁类似,钢横梁的间距通常为 4.5m 左右,相应桥面板的厚度通常为 25cm 左右,在纵向桥面板厚度通常保持不变,在横向需要根据结构形式而定。对于带有混凝土悬臂板的中心箱组合梁,悬臂板根部厚度可以局部加厚到 50cm 以上;对于无混凝土悬臂板的组合梁,可以采用等厚的桥面板,也可以根据受力情况进行一定的变化。例如,在中间大部分区域,桥面板采用 25cm 厚度,以满足桥面板受力要求;在截面两端现浇带,桥面板厚度可以适当增加,比如加大到 40cm,以更好地满足索锚区局部受力需求。

预制桥面板在桥梁纵向的分块同样以横梁间距为模数,例如节段长度和索距为 13.5m、横梁(横隔板)间距为 4.5m 时,桥面板在纵向分为 3 块。在横桥向桥面板可以分为 2~4 块,可以在对应桥面板接缝处设置小纵梁,以方便接缝混凝土施工;也可以不设小纵梁,接缝混凝土采用模板施工。

采用组合钢箱梁的斜拉桥,其斜拉索在梁上的锚固方式和钢箱梁斜拉桥并无本质的不同,一般采用锚箱式结构。双索面组合梁斜拉桥的斜拉索,一般直接锚固在箱梁两侧的边腹板(锚腹板)上;单索面组合梁斜拉桥的斜拉索,锚固方式根据梁内结构不同而有所不同,当箱梁内部中心设有两道距离较近的竖腹板时,锚箱上的力可以通过设置隔板传递到箱梁竖腹板上。

5.3.3 中心箱组合箱梁

中央索面斜拉桥视觉效果好,但对主梁抗扭刚度要求更高。中心箱形组合箱梁是与单索面斜拉桥相配套的结构形式,这种结构的钢梁为槽形截面。各腹板处上缘均设有翼缘板,翼缘板沿桥纵向通常为等宽,翼缘板厚度以及腹板厚度根据截面所处纵向位置的受力需要而变化。根据承载力和抗扭等方面的需要,可以适当调节箱体高度和宽度。这种截面的桥面板横向受拉,通常横向需要使用预应力。根据桥梁跨径、宽度等不同条件,具体构造可以有多种选择,如图 5.3-10 所示。

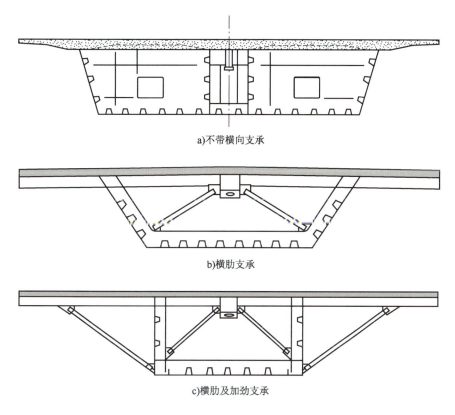

图 5.3-10 中心箱组合钢箱梁典型截面示意

图 5.3-10a) 所示截面形式的中心箱体具有较大的宽度,适合于跨径大、桥面宽、抗风要求较高的情况。截面上设有 4 道腹板,当中间 2 道腹板距离较近时,上翼缘板可以合二为一成为整体。中间 2 道腹板方便斜拉索的锚固传力,以及改善锚固区桥面板局部的不利受力,但并不是总体受力所必需的。钢梁在桥梁纵向以一定间距设置横隔板,横隔板间距与斜拉索间距及桥面板厚度相互协调匹配,比如横隔板间距采用 4.5m 时,梁上索距可以采用 9m 或 13.5m,桥面板的基本厚度在 25cm 左右。由于混凝土桥面板在截面横向有悬臂,在悬臂根部对应钢梁上翼缘板处桥面板厚度需要加大,一般在箱内钢翼缘上的混凝土板厚度也相应加大。横隔板的形式可以根据具体情况进行适当选择,主要有空腹式和实腹式两种。

鉴于单索面斜拉桥所适合的跨径不会很大,一般建设条件下,箱形截面过大的底板宽度大,即使由构造确定的最小板厚,在部分区段仍存在材料强度得不到充分发挥的情况。东海大桥主航道斜拉桥,由于强风环境及超重车辆荷载等多种作用耦合,经合受力需要采用了上述截面作用箱形截面承载得到了充分利用。

图 5.3-10b)所示截面适合主梁桥面较窄、抗扭需要较小的斜拉桥。当斜拉桥的跨径较小、桥面宽度较窄时,其抗风能力需求降低,可以考虑采用这种截面形式,在满足斜拉桥的各项受力需要的同时,主梁截面也能够得到高效利用。斜拉索锚于箱内设置的钢锚箱,锚箱纵向连续与桥面板结合平衡水平分力,在斜拉索索力作用下,锚固区范围将产生变形,需在上缘设置足够强的横肋和纵向(或为空间斜向)加劲杆件,将斜拉索锚固区桥面板适当加厚,必要时还可采用实腹横隔板,以有效减小上述变形及控制桥面板局部不利受力。因此,这种截面只有索力较小才可以考虑。

桥面板与钢梁腹板上翼缘通过连接件结合,中心钢锚箱设置连接件与混凝土桥面板结合。横隔板的间距、桥面板厚度及其与斜拉索索距的关系等处理方法与图 5.3-10a)所示截面类似,不再详述。

图 5.3-10c)所示截面适用于桥面较宽的主梁,通过在箱外设置斜撑可以减小箱体宽度,提高材料使用效率。斜拉索的锚固通过在箱内设置锚箱解决,在斜拉索索力作用下,必须在上缘设置足够强的横肋以及截面内和顺桥向(或为空间斜向)加劲杆件,以有效减小结构变形、控制桥面板局部不利受力。因此,这种截面当索力较大时,需要在截面对应锚索处设置竖腹板,或者箱内采用实腹式横隔板,以更好地满足各项受力要求。其横隔板的形式以及间距等与前两种截面形式类似。

组合钢箱梁在斜拉桥中的应用相对较少,但已经有了多种形式的工程实践,2005 年 12 月建成通车的上海东海大桥,主航道桥斜拉桥桥面全宽 33,采用主跨 420m 的双塔单索面组合钢箱梁斜拉桥,如图 5.3-11 所示。

图 5.3-11 上海东海大桥主航道桥

斜拉桥的组合钢箱梁采用单箱三室截面,梁高 4.0m,混凝土桥面板宽 33m,悬臂板长度为 4.5m,钢箱底板宽 24.0m。桥面板采用 C60 混凝土,一般厚度为 28cm,在钢腹板顶附近加厚至 55cm。钢梁采用 Q345qD 钢材,截面底板及斜腹板厚 16mm,竖腹板及腹板上翼缘厚 24mm,但在塔根及边墩、辅助墩顶附近主梁钢板局部加厚,底板及腹板采用 U 形肋,U 形肋板厚 8mm。钢箱的横隔梁采用桁式结构,横隔梁板厚 16mm,上翼缘板厚 24mm。主梁钢结构部分和混凝土面板之间通过设置剪力钉实现结合传力。剪力钉采用直径为 22mm 的圆头焊钉,其长度除上翼缘板两侧为 450mm 外,其余均为 200mm(图 5.3-12)。

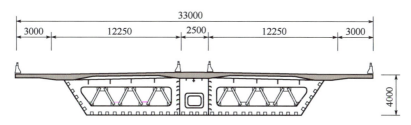

图 5.3-12　东海大桥主梁横截面布置(尺寸单位:mm)

从主梁的截面尺寸可以看出,该组合钢箱梁梁高和箱体宽度较大,因此具有强大的抗扭能力,可以满足单索面以及大跨径条件下斜拉桥的结构受力及抗风要求。东海大桥作为洋山港专用通道,采用特殊的车辆加载规则,六车道高速公路的荷载相对于一般高速公路桥梁的 3 倍,再加上单索面斜拉桥的抗风要求以及梁高与引桥匹配一致等原因,使得其主梁选择了更为强健的结构与尺寸。对于一般的公路或城市桥梁,特别是桥址所在为非强风环境,可以酌情优化使之更加经济。

与东海大桥类似,舟山富翅门大桥同样地处强风海洋环境,主通航孔桥为主跨 340m 的双塔组合梁斜拉桥(图 5.3-13、图 5.3-14),主梁也采用了中心箱组合箱梁截面形式,于 2019 年 9 月建成通车。

图 5.3-13　舟山富翅门大桥

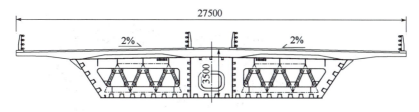

图 5.3-14　富翅门大桥主桥截面布置(尺寸单位:mm)

主梁采用单向三室箱形截面,由钢主梁和混凝土桥面板两部分组成。主梁顶板宽度为27.5m,底板宽度为16.24m,结构中心线处梁高3.5m,标准截面布置如图5.3-14所示。钢梁均采用Q345qD钢材,中心线处梁高2.95m,由斜腹板、纵隔板、底板、顶板翼缘组成槽形单箱三室结构。钢梁横隔板标准间距为4m,厚度为16mm,边室与中室分别采用空腹式和实腹式横隔板。桥面板采用C60混凝土,现浇接缝采用C60微膨胀混凝土。混凝土桥面板在横向为变厚板,悬臂板端部厚度为20cm,腹板顶部厚度为55cm,箱室间厚度为28cm,纵向在横隔板处厚度增加至55cm,以便和钢梁联结。

主梁采用节段预制、现场悬臂拼装的施工方法。在预制梁场先完成钢梁节段制作,再在钢梁上浇筑混凝土桥面板,并预留混凝土板的现场浇筑宽度。为减少混凝土收缩、徐变影响,结合梁整体节段至少存梁6个月后方可进行安装。

除了上述一些大型桥梁工程采用单索面组合钢箱梁斜拉桥外,在一些中小跨径的斜拉桥中,也有为了桥梁景观、适应曲线线路等要求采用组合钢箱梁的工程应用。如芬兰凯米河桥大桥(Kemijoki Bridge),采用单塔单索面不对称布置,主跨126m,如图5.3-15所示。主梁采用带撑杆的组合钢箱梁截面,梁高3.0m,桥梁宽度为25.5m,底宽8.8m,截面布置如图5.3-16所示。主梁由槽形钢梁及其横隔系、外撑斜杆及混凝土桥面板组成,横隔系采用空腹桁式布置,顺桥向间距为5.6m,混凝土桥面板横桥向采用变厚设置。钢梁采用支架拼装完成后,现场浇筑混凝土桥面板。

图5.3-15 芬兰凯米河大桥

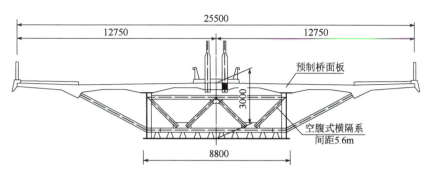

图 5.3-16 凯米河大桥主梁截面布置(尺寸单位:mm)

西班牙阿瑞纳高架桥(Arena Viaduct)为了适应道路平曲线,主梁也采用了中心箱组合箱梁,如图 5.3-17 所示。斜拉桥主跨 5×105m,主梁采用中心箱组合钢箱梁截面(图 5.3-18),主梁梁高 2.0m,桥梁宽度为 27.3m,为双向四车道,主梁两侧各有约 4.5m 挑梁段。混凝土桥面板厚度为 0.22m。高架桥主梁施工采用特殊工法,每跨主梁在地面制造,包括混凝土板的浇筑,然后逐跨通过墩顶 2600t 起重机提升 30m 就位,并与上一跨主梁连接。当所有主梁都安装就位以后,再施工钢塔,最后安装并张拉每侧 6 根中央索面斜拉索。

图 5.3-17 西班牙阿瑞纳高架桥

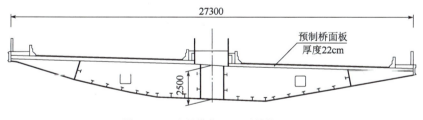

图 5.3-18 主梁横截面(尺寸单位:mm)

5.3.4 半封闭组合钢箱梁

当斜拉桥跨径较大或位处强风环境,需要采用双索面斜拉桥时,上述中心箱组合梁不再适用,可以采用半封闭箱组合梁。组合梁采用半封闭箱梁,一般将两侧钢边箱(一般为槽形钢梁)通过钢横梁联结,在钢横梁和钢边箱上翼缘上设置混凝土桥面板,通过剪力连接件形成组合截面,具有结构整体性好、抗扭性能好、抗风性能优的特点。

半封闭箱组合箱梁是与双索面斜拉桥相配套的结构形式,可以根据桥梁跨径、宽度等条件,确定梁高、边箱宽度等具体结构尺寸,如图 5.3-19 所示。这种结构的两个边箱钢梁为槽形截面,对应各腹板处上缘设有翼缘板,沿桥纵向翼缘板通常为等宽,翼缘板厚度以及腹板厚度根据截面所处纵向位置的受力需要而变化。两个边箱之间通过横梁联结,横梁采用工字形钢梁,横梁的设置和边箱内的横隔板一一对应。根据承载力和抗扭等方面的需要,可以适当调节箱体高度和宽度。这种截面在满足双索面斜拉桥需要的同时,作为组合梁其桥面板横桥向处于受压状态,因此横向通常不需要使用预应力。通常为了改善主梁的抗风性能,在主梁截面两端设置风嘴等气动措施,根据抗风需要,可以在全桥设置也可以仅在中跨设置。

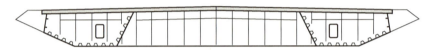

图 5.3-19　半封闭箱组合梁典型截面示意

双边箱组合梁为半封闭箱梁(图 5.3-20),一般采用实腹式钢横梁(横隔板),钢横梁在桥梁纵向以一定间距设置,一般等间距设置。间距与桥梁宽度、斜拉索间距、桥面板厚度等多种因素有关,一般为 3~5m,常用间距为 4.5m。桥面板厚度与横梁间距有关,通常为 20~30cm,常用厚度为 25cm 左右。在梁端、辅助墩及塔梁交叉等处,由于设置约束支座以及压重等原因,横隔板需要酌情加强。

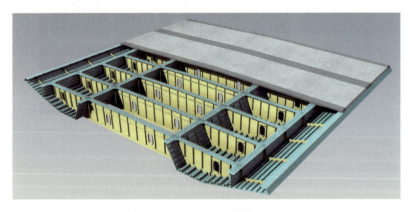

图 5.3-20　双边箱组合梁构造示意

关于双边箱组合箱梁两个边箱钢梁的加劲,一般在内侧竖向腹板及底板和斜底板的纵向设置 U 形肋,在外侧锚腹板的纵向一般设置板式加劲肋,在斜拉索锚固区间特别是采用钢锚箱锚于外侧时,需要根据受力情况增加竖向加劲肋、增强纵向加劲肋。

2014 年 8 月通车的浙江省台州市椒江二桥斜拉桥(图 5.3-21)选择了这种主梁形式。椒江二桥斜拉桥主跨 480m,处于台风多发环境,双边箱组合梁具有较好的面内外受力性能与抗扭性能,配以双索面的斜拉索布置,可以有效提高其颤振临界风速值,满足斜拉桥的抗风性能要求。

图 5.3-21　台州椒江二桥斜拉桥

组合梁含风嘴全宽 42.5m、不含风嘴顶板宽 39.6m，梁高 3.5m，单侧边箱的水平底板宽 4.26m，标准截面如图 5.3-22 所示。

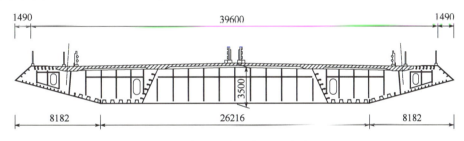

图 5.3-22　组合梁标准截面布置(尺寸单位:mm)

钢梁上翼缘板在顺桥向采用全桥相同的 24mm 板厚、宽度 800mm，水平及斜底板采用了 16mm、20mm、30mm 三种不同的钢板厚度，底板采用 U 形肋进行加劲，基本间距 800mm，加劲肋厚度 8mm，两外侧腹板厚度均为 30mm。内腹板厚度均为 16mm。横隔板标准间距为 4.5m，非吊点处横隔板厚 12mm，吊点处厚 16mm。混凝土桥面板标准厚度为 26cm，在截面两边外侧腹板处局部加厚到 40cm，在横梁上翼缘设 14cm 厚的承托。

组合梁标准预制梁段长度为 9m，在拼装完成钢梁节段后，先浇筑长度为 8m 的混凝土桥面板，两端各预留 0.5m 的湿接缝。

半封闭箱组合梁为具有两个边箱的半封闭结构形式，钢材相对集中于两侧，可以根据不同跨径斜拉桥受力需要，选择合适的底板尺寸和板厚，避免全封闭箱梁底板因控制最小板厚而造成浪费。对于桥面宽度较小的桥梁，比如四车道公路桥梁，采用这种双边箱的结构形式难以达到节省材料的目的。因为桥面较窄时，两道内侧竖腹板高度大致相当于梁底开口段底板的宽度，从结构梁受力角度来看，两道内侧竖腹板并不是抗剪所必需的。

2015 年 5 月建成的泉州湾跨海大桥(图 5.3-23)为双向八车道公路桥梁，主桥采用主跨 400m 的双塔组合梁斜拉桥，上部结构分为独立两幅，采用四索面布置，桥塔则采用三柱式门形桥塔，中央两索面均锚固在中间塔柱上。

图 5.3-23　福建泉州湾跨海大桥(图中右幅桥梁)

主桥主梁采用分幅布置的双边箱组合钢箱梁截面形式，单幅主梁截面布置如图 5.3-24 所示。道路中心线处梁高 3.5m。主梁由槽形钢梁与混凝土桥面板组成，标准节段长 10.5m；混凝土桥面板采用 C55 海工混凝土，标准厚度为 28cm，局部增厚至 40cm，桥面板横向分为 3 块预制。槽形钢箱梁腹板和横隔板上翼板宽度为 600~800mm。为缩短主梁架设工期、减小台风风险，主梁采用组合梁节段悬臂拼装架设。

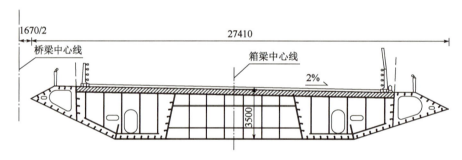

图 5.3-24　泉州湾跨海大桥单幅主梁截面布置(尺寸单位：mm)

安徽望东长江公路大桥主桥采用主跨 638m 的双索面双塔组合梁斜拉桥，如图 5.3-25 所示。

图 5.3-25　安徽望东长江公路大桥

斜拉桥主梁采用双边箱组合梁的截面形式,全宽35.2m,梁高3.5m,截面布置如图5.3-26所示。钢梁标准节段长10.8m,为两个开口钢箱结构,中间通过钢横梁连接,钢梁采用Q345D钢材。混凝土桥面板采用C55混凝土,标准厚度为28cm。桥面板全宽35.2m,横向4块预制,板宽分为7.98m、7.9m两种,纵向湿接缝分为Ⅰ、Ⅱ、Ⅲ三类,宽度分别为0.82m、0.6m、0.6m,横向湿接缝宽均为0.5m。主梁节段在工厂内完成钢结构制造,桥面板在预制场集中预制并存放6个月后,在钢梁胎架上与钢梁组合形成整体梁段,然后通过浮式起重机运至现场整体吊装。

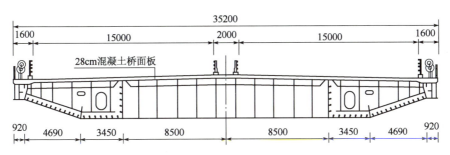

图5.3-26　望东长江公路大桥横截面布置(尺寸单位:mm)

湖北枝江百里洲长江大桥也是采用半封闭组合钢箱梁斜拉桥代表之一,区别在于采用了UHPC桥面板。该桥是当阳经枝江至松滋高速公路在湖北省枝江市境内跨越长江的通道,大桥采用主跨890m的双塔单侧混合梁斜拉桥方案,跨径布置为4×60m+68m+890m+300m+75m,桥梁全长1573m,立面布置如图5.3-27所示。其中北岸边跨采用混凝土箱梁并伸入中跨24m,主跨和南岸均采用PK箱形钢-UHPC组合梁,两者之间通过钢混结合段联结,混凝土主梁长度为332m,组合梁长度为1241m。桥宽全宽47.5m,截面为双向六车道+硬路肩,两侧设置人行道和非机动车道,截面布置如图5.3-28所示。主梁采用PK箱组合梁,由钢主梁、钢横梁、小纵梁和桥面板四部分组成。钢主梁分顶板、边箱底板、边腹板、中腹板和横隔板。钢主梁为分离式的倒梯形双箱,两箱通过中间的钢横梁连接,钢梁上铺设混凝土桥面板,钢梁和混凝土桥面板通过连接件联结形成组合截面。混凝土板采用UHPC材料,厚度为16cm,组合梁横隔板间距推荐采用3.75m。

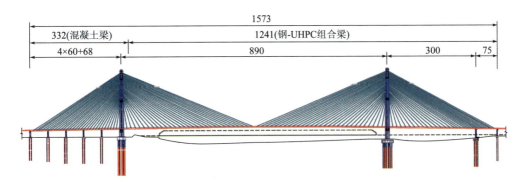

图5.3-27　湖北枝江百里洲大桥立面布置(尺寸单位:m)

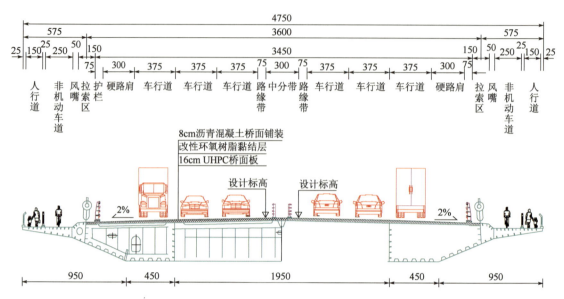

图 5.3-28 枝江百里洲大桥截面布置(尺寸单位:cm)

桥面板在工地现场分块预制,为减少混凝土的收缩、徐变效应,桥面板存放期不得少于 6 个月。UHPC 桥面板分为预制板、工厂湿接缝、工地横向湿接缝三部分制作。标准梁段长 15.0m,桥面板全宽 36m,单个梁段分为 8 块预制板,5 道纵向湿接缝,1 道工厂横向湿接缝和 1 道工地横向湿接缝。外侧预制板尺寸为 6.9m×7.2m(横桥向×纵桥向),内侧预制板尺寸 8.7m×7.2m(横桥向×纵桥向),外侧 2 道纵向湿接缝宽 0.825m,内侧 3 道纵向湿接缝宽 1.05m;工厂横向湿接缝宽 0.3m,工地横向湿接缝宽 0.3m,桥面板预制、现浇分块布置示意如图 5.3-29 所示。

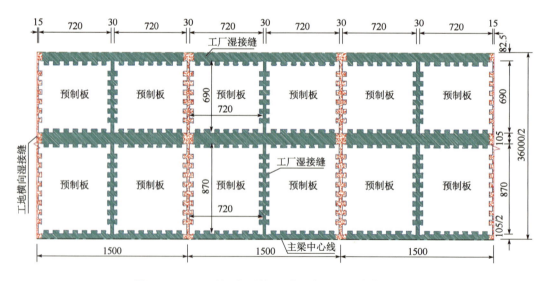

图 5.3-29 UHPC 桥面板预制及湿接缝分块图(尺寸单位:cm)

枝江百里洲长江大桥2022年3月开工,9月开始主墩桩基开钻,建成后(图5.3-30)将把组合梁斜拉桥跨径推进到900m大关。

图5.3-30 湖北枝江百里洲大桥建成效果

5.3.5 全封闭组合钢箱梁

斜拉桥的跨径和桥面宽度以及所处环境条件,都将对组合钢箱梁的结构形式选择产生影响。在钢箱梁内部普遍采用除湿系统的情况下,从养护维修角度看,全封闭组合钢箱梁更具优势。另外,随着斜拉桥跨径加大以及风环境的恶化,从受力性能及抗风性能角度看,采用全封闭组合钢箱梁将成为合理的选择。

全封闭组合钢箱梁最适合双索面斜拉桥,用于大跨径斜拉桥,为适应抗风需要一般在截面两端采用斜底板或直接采用弧形底板,使箱梁具有或接近流线型的外形,以获得优良的抗风性能。如图5.3-31所示,这种结构的钢梁为槽形截面,除两侧锚腹板外中间可以不再设置腹板,锚腹板处上缘设有翼缘板,以便布置连接件与桥面板结合。上翼缘板沿桥纵向通常为等宽,翼缘板厚度以及腹板厚度根据截面所处纵向位置的受力需要而变化。这种截面在满足双索面斜拉桥需要的同时,作为组合梁其桥面板横桥向处于受压状态,因此横向通常不需要使用预应力。

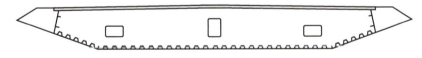

图5.3-31 全封闭组合钢箱梁典型截面示意

组合钢箱梁在桥梁纵向以一定间距设置横隔板,间距一般为4.5m左右,可以做适当变化;桥面板厚度与横梁间距有关,通常在25cm左右,根据横隔板间距大小适当匹配选用。在梁端、辅助墩及塔梁交叉等处,一般均采用实腹式横隔板,并酌情加强。必要时在箱室内部增设竖腹板,以满足结构受力要求。

横隔板一般有三种形式,实腹式、空腹式和两者组合的复合式,如图5.3-32所示。

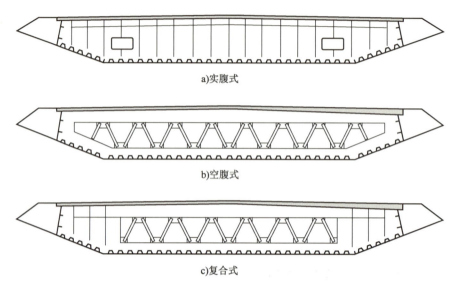

图 5.3-32　组合钢箱梁三种横隔板布置示意

实腹式横隔板[图 5.3-32a)]具有较大的刚度,承载能力强、加工制造简单,但材料用量相对较多,不便于箱内管线和除湿设备的安装以及箱梁内部的维护检查。空腹式横隔板[图 5.3-32b)]刚度相对较小,承载能力可以满足横向受力等各项要求,加工制造相对复杂,但材料用量相对较少,便于箱内管线和除湿设备的安装以及箱梁内部的维护检查。全封闭组合箱梁一般采用流线型的外形,箱梁两端的结构高度在锚腹板处达到最低,箱梁截面端部是斜拉索索力的扩散传递区域,在这一区域采用实腹式横隔板、其余部分采用空腹式横隔板,可以兼顾多种需求而成为一种选择[图 5.3-32c)]。

组合钢箱梁的钢梁底板和斜底板纵向一般设置 U 形肋,在外侧锚腹板的纵向一般设置板式加劲肋,在斜拉索锚固区间特别是采用钢锚箱锚于外侧时,需要根据受力情况增加竖向加劲肋、增强纵向加劲肋。

西班牙 La Pepa 桥斜拉桥主跨跨径 540m,如图 5.3-33 所示。斜拉桥采用了全封闭组合钢箱梁,从其跨径来看并不完全是从抗风角度做出的选择。

图 5.3-33　西班牙 La Pepa 桥

组合箱梁梁高 3.0m,扁平截面外形呈近似梯形,桥面宽度为 34.3m,设有双向车道和双线电车轨道。为了保证结构的抗风稳定性,选择了轻盈纤细的主梁,主梁最外边缘采用圆弧线形,如图 5.3-34 所示。由于主梁截面两端高度很小,因此,需在中间设置两道竖腹板以满足受力要求。主梁施工的标准节段长度为 20m,安装时先进行钢梁节段拼装,再进行桥面板混凝土的浇筑工作。

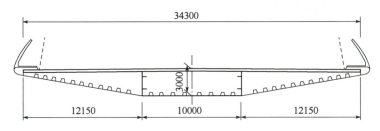

图 5.3-34　La Pepa 桥主桥截面布置(尺寸单位:mm)

La Pepa 桥主梁的设计选择了扁平箱梁结构形式,以合理的气动外形配合索面的布置,在满足抗风要求的同时,减少组合钢箱梁的材料用量,是全封闭组合钢箱梁具有参考价值的有益尝试。可以设想,随着斜拉桥跨径加大,从主梁的承载能力及抗扭性能出发,必然需要更加强大的组合钢箱梁。

全封闭组合钢箱梁一般适合于双索面斜拉桥,但也可以用于单索面斜拉桥,2011 年 6 月通车的马来西亚柔佛大桥(图 5.3-35)就是一个例子。

马来西亚柔佛大桥主桥为双塔单索面斜拉桥,斜拉桥主跨 500m,要采用单索面斜拉桥,主梁必须要有足够的抗扭能力,从这一点来看选择全封闭组合钢箱梁是合适的。组合钢箱梁由槽形钢梁和混凝土桥面板组成,全宽 23.16m,设 2.5% 的双向横坡,桥轴线处梁高 3.21m。槽形

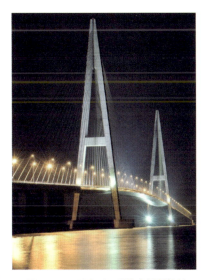

图 5.3-35　马来西亚柔佛大桥斜拉桥

钢梁采用单箱单室截面形式以及空腹式横隔板,桥面板采用预制混凝土板(图 5.3-36)。全桥除主塔处节段采用大型浮式起重机进行吊装外,其余标准段采用桥面起重机安装,组合梁标准节段长 12m,质量约为 240t。

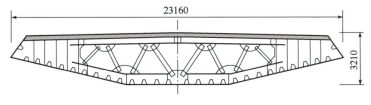

图 5.3-36　柔佛大桥截面布置(尺寸单位:mm)

同样采用中央单索面布置的封闭式组合钢箱梁的工程实例还有苏格兰昆斯费里大桥(Queensferry Crossing),如图 5.3-37 所示。

图 5.3-37　英国昆斯费里大桥

英国昆斯费里大桥于2017年9月建成通车。该桥主桥采用主跨 2×650m 三塔中央索面斜拉桥,这种斜拉索布置十分具有美学效果,但同时也对主梁受力带来挑战,设计优选确定采用封闭式组合钢箱梁,如图 5.3-38 所示。主梁标准节段长 12m,全宽 39.8m。钢梁宽 30.28m,高 4.5m,典型钢梁节段由底板、斜底板、腹板及横隔板等单元组成,其中底板、斜底板及腹板均采用 U 形肋进行加劲。混凝土桥面板在施工现场预制,采用横向预应力以防止桥面板开裂,形成整体截面后保证箱形截面的抗扭刚度。

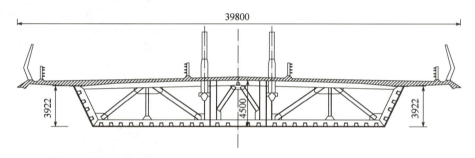

图 5.3-38　昆斯费里大桥主梁截面布置(尺寸单位:mm)

从以上组合钢箱梁的实际应用来看,无论结构形式与构造以及施工方法都已经形成了成熟技术。不同的组合钢箱梁结构形式,可以满足单索面、双索面斜拉桥的要求,也可以满足不同桥梁宽度和风环境下的结构静力和动力要求。针对不同建设条件和功能要求,通过合理的结构选型,可以充分展现组合梁斜拉桥的技术经济竞争力。

近年来,采用高强度轻集料混凝土(LWAC)、粗集料活性粉末混凝土等新材料替代常规混凝土在挪威格伦兰大桥、南京江心洲长江大桥等桥梁上进行了工程应用。

挪威格伦兰大桥(The Grenland Bridge)采用了 LWAC(高强度轻集料混凝土)桥面板,该桥位于挪威奥斯陆以南约 160 公里处,如图 5.3-39 所示,大桥于 1996 年建成完工。主桥采用主跨 305m 的部分地锚独塔不对称斜拉桥,桥梁宽 10.0m,为双向两车道。

上部结构的主梁采用钢-混组合箱梁。上缘为钢筋混凝土板,主梁截面高度仅为 2.6m,全桥包括连续梁均采用了相同的主梁截面。为了减轻主梁自重,采用了轻质混凝土。通过对该方案的成本测算表明,采用轻质混凝土仅仅降低总造价约 1%,造价的降低来源于主梁自重的减少带来的斜拉索用量和基础规模的降低,但由于轻质混凝土造价远高于常规混凝土,抵消了因自重减低而引起的造价降低效应。

图 5.3-39　挪威格伦兰大桥

南京江心洲长江大桥(图 5.3-40)主桥采用主跨 2×600m,纵向钻石形桥塔中央双索面三塔组合梁斜拉桥,桥塔采用钢壳-混凝土组合结构。主梁采用粗集料活性粉末混凝土为桥面板的流线型组合钢箱梁,是世界上首座采用粗集料活性粉末桥面板结构的组合梁斜拉桥。

图 5.3-40　南京江心洲长江大桥

流线型组合钢箱梁标准宽度为 35.6m,中心线处梁高 3.6m,如图 5.3-41 所示。采用单箱三室结构,中心箱室宽度为 5.6m,两边箱宽 12.05m,两侧挑臂宽度为 2.95m。含粗集料活性粉末混凝土桥面板标准厚度为 17cm,在中腹板及边腹板顶加厚至 20cm。此外,中间箱处及辅助跨梁段桥面板厚也为 20cm。该桥的粗集料活性粉末混凝土,具有高弹性模量、低总收缩、抗弯拉性能优越等特性,通过常规养护即可获得材料应有的结构性能,将其应用于钢-混组合梁桥面板,可有效降低桥面板板厚,实现主梁结构轻型化,其结构自重较同等规模的普通混凝土板组合梁减小近 30%。

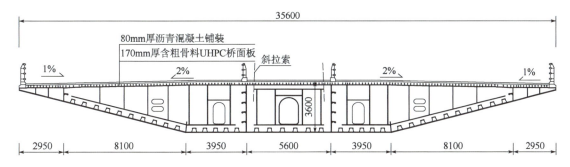

图 5.3-41　江心洲长江大桥主梁标准截面立面布置(尺寸单位:mm)

南京江心洲长江大桥跨越长江，通航及水深条件好，采用桥面起重机垂直起吊节段梁段架设主梁。钢-混组合梁采用在工厂内组合成整体，运至桥位整体安装，如图 5.3-42 所示，施工效率高，可有效缩短施工工期。

图 5.3-42　江心洲长江大桥主梁吊装施工

武汉至松滋高速公路观音寺长江大桥是采用钢-高性能混凝土组合梁斜拉桥的又一代表工程，并一举将组合梁斜拉桥跨径突破至 1100m 大关，已于 2022 年开工建设。武汉至松滋高速江陵至松滋段位于荆州市南部，在观音寺南面的江陵县马家寨窑头埠跨长江，跨长江大桥的跨径布置为 62m + 64m + 2×72m + 80m + 1160m + 96m + 72m + 2×64m + 54m，全长 1860m，采用双塔双索面纵向约束体系斜拉桥，立面布置如图 5.3-43 所示。

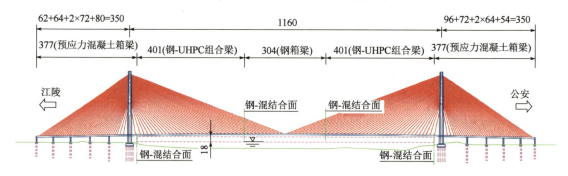

图 5.3-43　观音寺长江大桥立面布置(尺寸单位：m)

观音寺长江大桥一大设计特色为主梁采用混合式组合梁布置形式，其中中跨靠近桥塔两侧 401m 采用钢-UHPC 组合梁，中跨中间剩余 304m 长采用钢箱梁，而边跨 377m 则采用混凝土箱梁。这种中跨主梁混合布置方式能够很好适应主梁不同区域受力特点。在近塔侧区域主梁，由于斜拉索水平夹角大，主梁重量产生的水平分力较小，而该区域主梁承受轴力较大、弯矩较小，采用重量稍大的 UHPC 组合梁可充分利用承压能力强、效率高的特点；在近跨中区域主梁，由于斜拉索水平夹角小，恒载产生的水平分力较大，对主梁重量相对敏感，结合该区域主梁承受轴力较小、弯矩较大的受力特点，采用自重轻、抗弯能力强的钢箱梁更为合适。从而使斜拉桥主梁的力学性能与受力特点更具协调性，进而经济上更具合理性。

钢-UHPC 组合梁标准截面如图 5.3-44 所示。主梁中心线处梁高 4m,主梁全宽 41m。底板厚度在 12~20mm 范围变化,并采用 260mm 高、400mm 宽、6~8mm 厚的 U 形肋进行加劲;内腹板厚度在 14~24mm 范围变化,采用 14~20mm 厚的板肋进行加劲;外腹板厚度为 36mm,采用 28mm 厚板肋加劲。横隔板采用实腹式形式,间距为 3.5m,其中吊点处横隔板厚 16mm,非吊点处横隔板厚 14mm。检修道及风嘴与主梁同时加工、架设,但不参与主梁受力,仅承受自重及行人荷载。

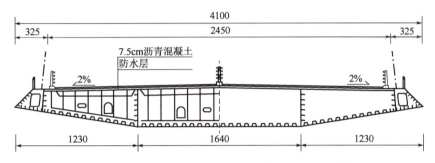

图 5.3-44 观音寺长江大桥钢-UHPC 组合梁截面布置(尺寸单位:cm)

钢-UHPC 组合梁桥面板布置如图 5.3-45 所示。桥面板分为预制板、工厂现浇板和工地现浇板三部分。桥面板与钢梁通过剪力钉连接,剪力钉规格为 $\phi 19 \times 100$mm,间距为 20cm。预制桥面板厚度分为 17cm、21cm、25cm 三种规格。钢-UHPC 组合梁与混凝土梁结合段处桥面板局部加厚至 60cm;钢-UHPC 组合梁与钢箱梁结合段处桥面板局部加厚至 35cm。

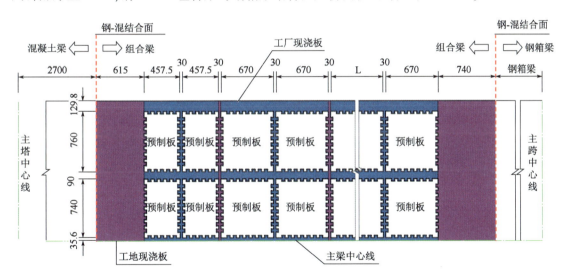

图 5.3-45 观音寺长江大桥钢-UHPC 桥面板布置示意(尺寸单位:cm)

上述全封闭组合钢箱梁斜拉桥工程实例,无论采用普通混凝土或高性能混凝土,主梁上翼缘均为混凝土桥面板,桥面板通过剪力钉及湿接缝与下部钢梁连接。近年来,随着新材料发展以及耐久性要求提高,在传统正交异性钢桥面板之上铺设一层高性能混凝土桥面板,钢顶板与混凝土桥面板之间采用短焊钉进行结合后参与结构第一和第二体系受力,这种组合桥面板在梁桥、悬索桥、拱桥等各种桥梁结构的应用方兴未艾。

正在建设中的丹江口水库特大桥是大跨径组合梁斜拉桥采用钢-UHPC 组合桥面板代替

常规混凝土桥面板的工程实践之一，大桥已于2021年12月完成主塔封顶，2022年8月完成主桥合龙，如图5.3-46所示。丹江口水库特大桥桥跨布置为45.8m(桥台)+106.2m+760m+106.2m+45.8m(桥台)，全桥长1076m，主跨一孔760m跨越水库水面。大桥采用双塔双索面部分地锚式轻型组合梁斜拉桥，索塔采用H形，从主梁截面形式上来讲，该桥采用"π"形开口截面，其中边跨采用预应力混凝土梁，主跨采用钢-UHPC组合桥面板轻型组合梁。斜拉桥采用"梁塔分离、梁台固结"的部分地锚式结构体系，主梁在主跨跨中设置"中央无轴力连接接头+伸缩缝"装置，该装置能传递主梁的弯矩和剪力，释放主梁轴力和纵向变形，伸缩缝位移量为1040mm，以满足斜拉桥主梁在主跨中央纵向活动的需要。

图5.3-46　建设中丹江口水库特大桥

在主跨700m以上的斜拉桥中，该桥采用钢-UHPC轻型组合梁，提出的钢-UHPC组合桥面板结构具有更轻质、更高强、更好的耐久性等诸多优点，作为主体结构的一部分参与总体受力，同时解决正交异性钢桥面板疲劳开裂和铺装易损问题。中跨720m采用的钢-UHPC轻型组合梁结构，由分离式双边箱钢梁+正交异性钢-UHPC组合桥面板组成，全桥共48节组合梁(含钢-混结合段)，标准梁段UHPC场内施工长15.2m，宽26.8m，如图5.3-47所示，形成组合结构后节段整体吊装，现场浇筑UHPC湿接缝，最大吊重梁段长16m，宽31.6m，高3.8m，质量达417.4t。

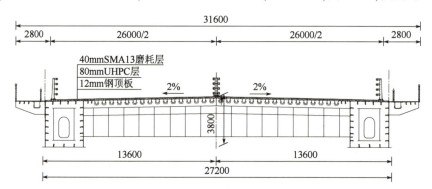

图5.3-47　丹江口水库大桥横截面(尺寸单位：mm)

5.4　组合钢桁梁

5.4.1　基本结构形式

组合钢桁梁应用于斜拉桥有利于提高结构的刚度，同时一般不容易发生气动问题，较之于公路桥面采用正交异性钢桥面板的钢桁梁，可以避免公路桥钢桥面的疲劳损伤问题。综合组合钢桁梁在斜拉桥中的实际应用情况和可能的应用需求，按照双层桥面和单层桥面可以划分两大类结构形式。

对于双层桥面的组合钢桁梁,基本的截面形式如图5.4-1和图5.4-2所示。

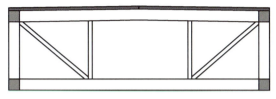

图5.4-1 公铁两用桥横截面示意

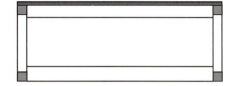

图5.4-2 双层公路桥横截面示意

两种截面形式均适合于双层桥面交通的需求,与双索面(吊索)的结构体系相匹配,分别对应公铁两用桥和双层公路桥。

斜拉桥的主梁需要承受较大的轴向压力作用和弯曲作用,主梁的受力大,相应组合钢桁梁需要较强的杆件,这有助于主梁在横桥向承受风载、车辆荷载等产生的结构扭转和杆件弯曲等作用。钢桁架上下层横梁除了满足桥面系和交通荷载作用的受力需要外,还需兼顾结构横向受力与变形控制要求。

对于双层交通的组合钢桁梁,从横向受力角度看,由于下层受车道空间所限,不能自由设置横向加劲,因此需要有相对强大的横梁。对于公铁两用桥,一般公路桥面较宽,铁路桥面较窄,而且铁路线路车辆荷载大,一般需要利用铁路线路两侧空间设置加劲才能满足要求,如图5.4-1所示。对于双层公路桥梁,下层空间全部为行车道,上下横梁的跨距较大时,需要加大横梁高度才能满足横向受力要求。此外,公铁两用组合梁一般只在上层公路桥面采用混凝土桥面板,下层铁路桥面无须采用混凝土桥面板;对于双层公路组合梁,如果上下两层均采用混凝土桥面板,对于大跨径斜拉桥,由于结构重量过大可能并不经济,如果下层桥面板仅通行轻型小客车,可以选择仅在上层采用混凝土桥面板,主梁横截面布置如图5.4-2所示。

对于单层桥面的组合钢桁梁,基本的截面形式如图5.4-3和图5.4-4所示,两种结构形式与双索面的结构体系相匹配,适合于上层单层公路交通的需求,下层如有需要也可适合布置非机动车道和人行道。当桥面较窄时,可以增加上横梁高度以满足受力要求。当桥面较宽时,可以在上下横梁之间设置斜撑,使上下横梁、主桁腹杆共同构成桁架结构,以高效的受力方式解决横向受力与抗扭问题,同时对上层桥面起到支撑作用,可以减少材料用量、提升主梁的经济性。钢桁架的上层由桥面结构替代或部分替代传统的平面联结系,下层则需要专门设置。

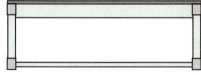

图5.4-3 单层公路组合钢桁梁截面示意

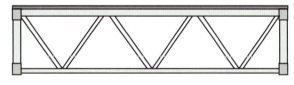

图5.4-4 单层公路组合钢桁梁截面示意

组合钢桁梁在斜拉桥中应用的比例虽然不算高,但却是斜拉桥系列中的重要组成之一。组合钢桁梁通常用于公路与铁路合建双层桥梁,在单层公路桥梁中可用于山区等施工运输条件受到限制等情况。

总之,组合钢桁梁和钢桁梁一样,应用于大跨径桥梁,主要适合于双层桥面的桥梁。斜拉桥中组合钢桁梁应用较少,主要原因在于公铁两用或双层公路桥梁数量较少。只有当建设条件适当以及需要修建大跨径双层桥梁时,双层桥面的钢桁梁或组合钢桁梁,才能展现出其技术经济竞争力。在一般的单层公路桥梁中,组合钢桁梁很少得到应用的关键在于经济性一般并不具有优势,而且后期养护维修工作量大,桥梁的景观也不尽如人意。但在一些特殊条件下,比如山区公路悬索桥或斜拉桥建设时,其大件运输困难,组合钢桁梁,或者钢桁梁加组合桥面板,可以有效解决施工运输问题,并回避正交异性钢桥面的疲劳问题,进而展现出其适用性和经济性。

为了满足不同的建设需要,斜拉桥中组合钢桁梁的结构形式也有多种。大跨径斜拉桥,特别是大跨径公铁两用斜拉桥,主梁的桁高一般都在 10m 以上,近塔区域承受巨大的轴力作用,而近跨中区域又承受巨大的弯曲作用,因此受力决定了其钢桁杆件较大,无论从受力合理性还是双层桥面需求考虑,宜选用 10m 以上的较大节间距,以使桁架的受力与构造更加合理,即使为单层桥面的桥梁,当斜拉桥跨径较大时,由于主梁受力较大,从减小杆件次弯曲角度,也不宜采用过小的桁高和节间距。

斜拉桥的组合钢桁梁结构形式,按照斜拉索索面布置情况可以分为单索面、双索面及三索面等。以下将结合斜拉桥主梁的受力特点和工程需求,分别进行分析。

图 5.4-5 所示组合钢桁梁,结构形式相对简单,可以根据下层交通净空要求以及横向受力的合理性,确定桁架高度和节间距、斜拉索的索距。这种结构形式可以适应较宽的桥面,比如六车道及以上公路交通需求,相应桁架宽度将达到 30m 以上。若下层为双线铁路交通,则下层的宽度远远超出了实际需要,下横梁由于跨距很大,再加上双线重载列车的作用,受力十分不利。在恒载、活荷载以及风荷载等作用下,结构将发生较大的面外变形和扭转等,需要设置强大的横梁或配合设置横向加劲措施,以改善桁架结构横向系统的受力,使结构更为经济合理。从这类桥梁钢桁架的构造特点看,钢桁的桁高、节间距都在 10m 以上,还需在上横梁设置钢纵梁支撑混凝土桥面板,以考虑桥面板的自身受力和在组合钢桁梁中参与总体受力的要求,使桥面板的厚度和受力合理化。

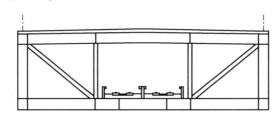

图 5.4-5 双层桥面组合钢桁梁结构形式

图 5.4-6 所示组合钢桁梁结构形式,可以看作在传统梁式桥组合钢桁梁的基础上,增设专用于斜拉索锚固的副桁,已经成功应用于主跨 490m 的公铁两用斜拉桥。这种组合钢桁梁的最大特点在于设有专用副桁,用于传递斜拉桥的索力到钢桁的上下节点,副桁不参与主梁的总体受力,仅起到对主梁的支撑和传递斜拉索索力的作用。通过调节副桁的横向尺寸,可以将钢桁梁两片主桁的间距减小到桥面功能所需的宽度,同时桥面板分布于主桁内外两侧,钢桁架受力更为合理,钢与混凝土之间具有更好的传力条件。

对于更宽桥面的桥梁,桥面板的厚度将因横向受力需要而大幅增加,超出主梁总体受力的合理需求,从而使组合钢桁梁失去结构经济上的竞争力。

图 5.4-6　设副桁的组合钢桁梁（混凝土板仅与主桁结合）

当桥面更宽或采用较薄的混凝土桥面板更为经济合理时,可以采用图 5.4-7 所示组合钢桁梁,通过在上横梁设置钢纵梁支撑混凝土桥面板,使桥面板的厚度和受力合理化。副桁除了用于传递斜拉桥的索力到主桁的上下节点外,横向水平杆件上面设有小纵梁,同时在节点横梁之上也设有小纵梁,以便支撑桥面板、满足较小厚度桥面板的受力需要。钢桁梁两片主桁的间距按照下层车道所需宽度确定,副桁的锚固节点置于桥面之外,方便斜拉索锚固张拉。在钢桁架上增设小纵梁后,可以在更大桥面宽度的情况下满足桥面板受力要求,适当控制桥面板的厚度,协调不同跨径斜拉桥的纵向和横向受力的合理需求。

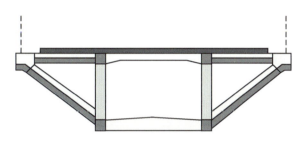

图 5.4-7　设副桁的组合钢桁梁（混凝土板与主桁及横梁结合）

当上层为不超过四车道公路、下层为单线铁路这种类似情况出现时,桁架宽度相对较小、节间距相对较大,设置小纵梁解决桥面板受力的合理性和有效性下降。在节点横梁之间增设横梁,使桥面板第二系统的受力为纵向单向板,将成为一种相对合理的选择。如图 5.4-8 所示。

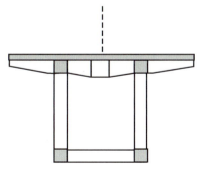

图 5.4-8　加强横梁的单索面组合钢桁梁

以横梁受弯来承受斜拉索的竖向分力,单从横梁受力来看并不合理,但对于宽度不大的桥梁,和前述传统两片桁架的截面形式相比,可以减少桥宽、使混凝土桥面板的分布更加合理;和有副桁截面形式相比,可以省去副桁也同时避免了复杂的连接构造。因此,采用横梁加强满足斜拉索锚固要求的方式,在特殊条件下有其技术经济合理性。

对于单层桥面交通的桥梁,一般情况下组合钢桁梁并不是合理的选择,如前所述只有在山区运输困难等特殊条件下,组合钢桁梁才能展现出技术经济合理性。为了减小材料用量,横向可以采用受力效率高的桁架结构,截面形式如图 5.4-9 所示。此外,通过在上横梁上设置小纵梁,可以满足桥面结构的受力要求,并综合考虑总体受力的需要合理确定桥面板厚度。

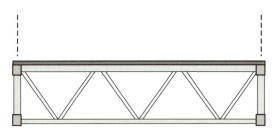

图 5.4-9　单层桥面组合钢桁梁

斜拉桥组合钢桁梁的安装施工,可以采用以桁架节间距为单位的小节段拼装方法,也可以采用长达百米以上的大节段安装方法。

小节段拼装的方法又可进一步划分为两类。一类是预制完成组合梁节段后逐节段吊装,节段吊装就位后,先完成钢梁焊接(或栓接)再浇筑桥面板接缝混凝土,之后完成斜拉索的挂设与张拉,至此完成一个节段的安装循环。另一类是先安装钢梁节段再安装桥面板的方法,钢梁可以拼装成整体节段进行吊装,也可以以单根杆件为单元进行吊装,钢梁拼装完成后进行预制桥面板吊装并完成现浇缝混凝土的浇筑,之后完成斜拉索的挂设与张拉,至此完成一个节段的安装循环。两类节段拼装的方法如果有必要,都可以在完成钢梁连接之后,先行挂设并适当张拉斜拉索,之后再进行桥面板接缝混凝土浇筑,或者再安装预制桥面板并进行接缝混凝土浇筑。

大节段拼装的方法也可划分为两类。一类是预制完成组合梁大节段后,吊装就位,接着完成钢梁连接及浇筑桥面板接缝混凝土,之后完成斜拉索的挂设与张拉,至此完成一个大节段的安装。另一类是桥面板与钢桁梁分开进行安装,预制完成钢桁梁大节段后,吊装就位,接着逐节段安装预制桥面板或现浇桥面板,对应进行斜拉索的挂设与张拉,至此完成一个大节段的全部安装工作。

5.4.2　主梁一般构造

组合钢桁梁斜拉桥虽然应用相对较少,但却是斜拉桥重要的组成部分。组合钢桁梁适合于双层桥梁,主要用于公铁两用桥。工程实践中已经出现了多种形式的组合钢桁梁斜拉桥,最为著名的就是丹麦厄勒海峡桥的主航道斜拉桥。组合钢桁梁自身刚度较大,通常是公路与铁路合建桥梁的首选,也可用于单层交通的桥梁。

根据斜拉桥主梁的受力特点和工程需求,斜拉桥的组合钢桁梁可以有三种基本结构形式,这三种形式的组合钢桁梁前两种适合于双索面斜拉桥,后一种适合于单索面斜拉桥,如图 5.4-10 所示。

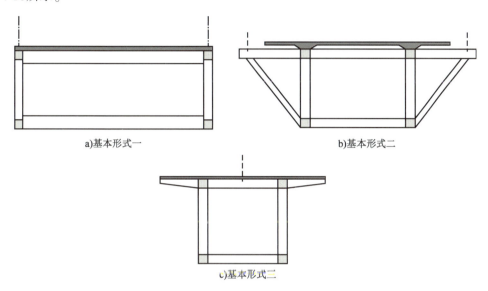

图 5.4-10　组合钢桁梁基本结构形式

图 5.4-10a)所示的组合钢桁梁形式,其钢梁由两片竖直面内桁架与上下横梁和平面联结系组成,平面联结系根据桥面系构造情况可以由上下层桥面系部分或全部取代。这种结构形式构造相对简单,可以根据下层交通净空要求以及钢横梁受力的合理性,确定梁高和节间距、索距。这种截面形式的主梁,按照单层桥面、双层桥面、双层全部为公路以及公铁两用等多种不同情况,可以采用在主桁架内设置桁架式横向联结系、闭合框架等措施,以改善结构受力。

图 5.4-10b)所示的组合钢桁梁结构形式已经成功应用于公铁两用斜拉桥,这种组合钢桁梁的最大特点在于设置专用副桁,用于传递斜拉桥的索力到主梁的钢桁的上下节点,副桁不参与主梁的总体受力,仅起到对主梁的支撑和传递斜拉索索力的作用。钢桁梁两片主桁的间距可以减小到桥面功能所需的宽度,同时较宽的桥面板分布于主桁内外两侧,具有更好的受力条件和钢与混凝土之间的传力条件。对于四车道公路与双线铁路桥梁,采用这种结构形式时,桥面板只需在钢梁上弦杆处通过焊钉与钢桁梁结合,桥面板横向配置横向预应力后可以满足受力要求。当桥面较宽时,比如上层为六车道公路桥梁时,桥面板仅由钢梁上弦杆处支撑已经超出了合理受力范围,可以采用设置小纵梁的方式,为桥面板提供支撑。

图 5.4-10c)所示的组合钢桁梁结构形式已成功应用于公铁两用单索面斜拉桥,斜拉索直接锚于加劲梁中心的钢横梁上,斜拉索的水平分力由钢锚箱传到桥面板、再到主桁弦杆及全截面,竖直分力由横梁及其与桥面板的组合结构平衡。这种加劲梁和梁式桥的组合钢桁梁截面类似,不同之处在于钢横梁为适应承受斜拉索的索力而加强,桥面板在索锚区范围也适当加厚并与钢横梁结合共同受力。可以满足四车道公路与单线铁路桥梁的受力要求。

组合钢桁梁的混凝土桥面板与主桁弦杆结合,除参与总体受力外,作为桥面结构直接承受桥面荷载作用,通常钢桁架的桁宽和节点间距要大于桥面板的最优受力跨径,所以仅由主桁架节点横梁支撑无法满足桥面板合理受力要求。要解决桥面板的合理受力问题,无外乎额外向桥面板提供纵向或横向支撑两种方法,分别如图 5.4-11 和图 5.4-12 所示。

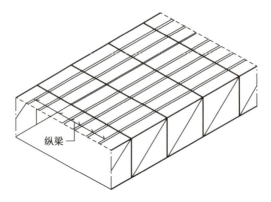

图 5.4-11　桥面板支撑体系(设置纵梁)

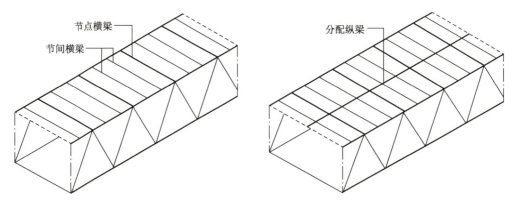

图 5.4-12　桥面板支撑体系(设置横梁)

图 5.4-11 中通过在节点横梁上增设小纵梁,使桥面板横向获得足够的支承。这种布置方式在早期桥面板与主桁独立受力的结构中被经常使用,现在仍然是采用混凝土桥面板与主桁上弦杆和横梁共同受力结构的一个较好选择。纵梁的数量根据桁宽和桥面板厚度情况决定,间距一般在 3~5m 的范围变化。这种桥面结构形式,桥面板第二系统的受力为横向受力的单向板,桥面板的自重及桥面荷载的主要传力路径为:桥面板→小纵梁→主桁节点横梁→主桁节点。这种传力方式在满足混凝土桥面板受力要求的同时,将大部分桥面荷载传递到主桁节点,可以有效减少主桁弦杆所分担的桥面荷载,从而减小弦杆的弯曲应力。

图 5.4-12 所示的这种桥面板支承体系,在主桁节点和节间均设有横梁,使桥面板在纵向有足够的支承。横梁设置在竖向桁架节间与上弦杆相连,上弦杆需要增大尺寸以考虑弯曲作用。在较宽的结构中还需要增设纵梁以更好地扩散桥面荷载作用,减小集中轮载下横梁的弯矩作用。

主桁节点之间横梁的数量根据主桁节间距和桥面板厚度情况决定,一般在 4~6m 的范围变化。桥面荷载的传力路径为:桥面板→横梁→弦杆和主桁节点,这种传力方式桥面板第二系统的受力为纵向受力的单向板,主桁弦杆需承受桥面荷载,将产生较大的弯矩作用,为减小弦杆的弯曲应力,应该尽可能合理安排桥面结构的施工,使钢弦杆与混凝土桥面板结合后以更为强健的组合结构来承受各种荷载作用。

上述两种桥面构造根据情况可以采用折中方案,使桥面板成为双向受力板。

5.4.3 设锚固副桁组合钢桁梁

图 5.4-13 所示组合钢桁梁,可以看作为在传统梁式桥组合钢桁梁的基础上,增设专用于斜拉索锚固的副桁。对于公铁两用桥梁,桁高通常在 10m 以上,合理的节间距一般为 10~20m。

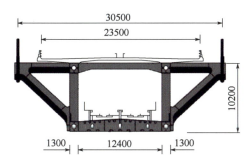

图 5.4-13　设有拉索锚固副桁的组合钢桁梁(尺寸单位:mm)

这种截面形式最大能够满足双线铁路、四车道公路标准的公铁两用桥,桥面板宽度在 20m 左右。桥面板仅在钢桁梁上弦杆顶面与钢梁结合,混凝土桥面板兼作桁架上层平面联结系,对应主桁节点设置有钢横梁。

这种桥面结构形式,主桁上弦杆与混凝土桥面板结合后,以组合截面抵抗承担上弦构件的弯曲作用。另外,当桥面板达到 20m 的较大宽度时,桥面板要有较大的厚度并采用横向预应力。

副桁的作用是将斜拉索索力传递到主桁节点,对于大部分斜拉索采用近似扇形索面布置的情况,副桁需要 3 根杆件连接到最近的 3 个主桁节点上,以满足纵横竖三个方向的传力需求,如图 5.4-14 所示。

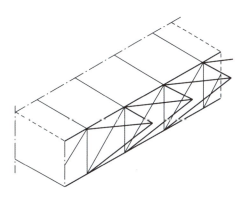

图 5.4-14　副桁布置示意(对应扇形索)

当斜拉索采用竖琴式平行布置,并且钢桁架的布置与斜拉索的斜率相互配合一致时,副桁的作用可以由两根杆件实现,如图 5.4-15 所示。

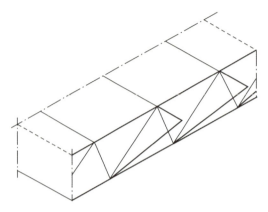

图 5.4-15　副桁布置示意(对应竖琴索)

这种截面形式的代表当属丹麦的厄勒海峡桥,该公铁两用桥包含双线铁路和四车道公路,主航道桥采用主跨490m的双塔竖琴式双索面斜拉桥,如图 5.4-16 所示。

图 5.4-16　厄勒海峡桥的主航道斜拉桥

为了说明主航道斜拉桥主梁的结构构思,需要先从引桥的组合钢桁梁开始。引桥上层为机动车道,桥面宽23.5m;下层为双线铁路,钢桁架采用等腰三角形桁架形式,两片钢桁架中心间距为13.7m,高10.2m。为使桁架简洁美观,桁架腹杆与弦杆角度为45°,所有对角腹杆长度均保持相同。从引桥的结构布置过渡到主航道桥时,为了方便斜拉索在梁上的锚固,需要对主跨区域钢桁架的几何线形进行调整,调整每个节点的对角腹杆,使其具有不同的长度和倾斜度,从而使较长腹杆与斜拉索保持平行,如图 5.4-17 所示。

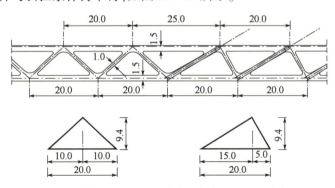

图 5.4-17　引桥至主桥过渡区域桁架几何线形调整(尺寸单位:m)

主桥由于斜拉索采用的竖琴式布置,同时主梁以上桥塔为单柱形,使得斜拉索索面横向间距为31.5m,这也决定了梁上吊点的横向位置(为保证斜拉索布置在铅垂面内),主桥斜拉索梁上吊点之间横向间距比行车道桥宽了7m,如图5.4-18所示。因此,在主桥桁架的较长对角腹杆平面内设置了三角架(锚固副桁),以便将主桁架处荷载传递至斜拉索系统,如图5.4-19所示。锚固副桁的悬臂端部设置了锚管以方便斜拉索进行锚固。

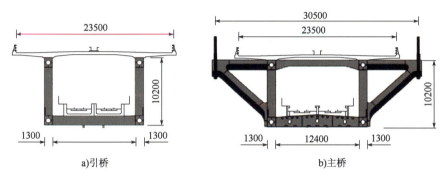

图5.4-18 横截面布置(尺寸单位:mm)

图5.4-19 带锚固副桁的钢桁梁拼装施工

三角形锚固副桁的设置和桁架几何线形的调整,使得主桥呈现出独特的外观,同时也使得传力途径更为清晰,主梁桁架上的荷载经由锚固副桁传递至斜拉索,再由斜拉索传递至桥塔,传力途径明确顺畅。主梁的铁路桥面采用钢箱结构并与下弦杆结合共同受力,满足斜拉桥跨中截面承受较大正弯矩要求,可以减小下弦杆件高度,同时降低铁路线高度。

从主梁的结构受力上看,尽管两侧锚固副桁只起到主梁与斜拉索之间的传力作用,但由于副桁的设置,使得组合钢桁梁的结构与构件布置更趋合理,进而表现出受力的高效性以及造价的经济性。

混凝土桥面板为横向受力板,在四车道公路标准情况下,桥面板厚度的取值可以兼顾桥面板受力与总体受力的合理性。组合钢桁梁采用大节段预制安装的方法施工,对于桥面板能够采用横向受力体系非常重要,在预制场进行主梁制造可以避免钢桁梁的上弦杆单独承受桥面板自重作用,而是可以在与桥面板结合后,以强大的组合截面共同承受各种荷载作用,因此不会导致钢桁梁的上弦杆产生较大的弯曲应力。

当上层为六车道公路或更宽的桥面时,满足桥面板横向受力所需的桥面板厚度,对于斜拉桥总体受力及经济性将超出合理范围。因此,对于上层更宽的桥面,需要考虑采用在钢横梁上设置纵梁等方式,以使桥面板的厚度与受力控制在合理的水平,可以采用如图 5.4-20 所示截面。

图 5.4-20　设置桥面板支撑纵梁的截面示意

这种截面形式从解决桥面板受力合理性出发,通过在横梁和副桁水平杆上设置小纵梁支撑桥面板,桥面板不仅与钢桁上弦杆结合,还与横梁和小纵梁结合。对于桥面宽度较大的主梁,设置小纵梁可以减少主桁弦杆所分担的桥面荷载,减小弦杆的弯曲应力。

上层桥面的混凝土桥面板,多采用分块预制的方法进行施工,钢桁梁上弦杆以及横梁和纵梁的顶面位置作为现浇带,通过焊钉连接件与钢梁结合。桥面板的厚度既要考虑到整体受力的合理性需求,也要考虑承受桥面荷载的受力要求,并与小纵梁布置相互匹配。混凝土桥面板的尺寸是一项重要的指标,需要考虑斜拉桥的跨径、桥梁宽度、钢桁梁的形式等多种因素,一般可在 20~30cm 之间选择。

芜湖长江大桥是继厄勒海峡桥主航道斜拉桥之后,国内建设的第一座组合钢桁梁斜拉桥,并且也是一座公铁两用桥,主跨跨径为 312m,包括双线铁路和四车道公路,如图 5.4-21 所示。公路面行车道净宽 18m,两侧各设 1.5m 宽的人行道,总宽 21m。斜拉桥为双塔双索面斜拉桥。

图 5.4-21　安徽芜湖长江大桥

组合梁的钢桁梁桁高 13.5m,两主桁中心距 12.5m,主桁两侧设副桁用于斜拉索锚固,截面布置如图 5.4-22 所示。

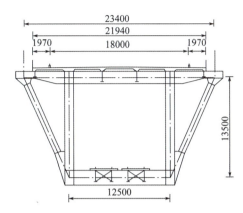

图 5.4-22　芜湖长江大桥钢桁梁横截面(尺寸单位：mm)

在两片主桁之间的横梁上设有 2 片小纵梁，在两侧副桁横撑上各设 1 片小纵梁，混凝土桥面板支承在钢梁上弦杆、横梁及小纵梁组成的梁格体系上，桥面板全宽 21.94m、厚 26cm，混凝土强度等级 C50。在主桁一个节间长 12m 范围内，桥面板横向分为 5 块，桥面板通过钢桁上弦杆的剪力钉与钢梁杆件结合，剪力钉为 ϕ22 圆头焊钉，预制桥面板要求至少存放半年后上桥安装。

尽管芜湖长江大桥的桥面宽度略小于厄勒海峡桥，混凝土桥面板还是选择了设置纵梁，由纵梁以及桁架上弦杆和横梁构成的梁格体系来支承桥面板。这种方式可以适应更小的桥面板厚度以及更大的桥面宽度。和厄勒海峡桥不同，芜湖长江大桥的组合钢桁梁采用分散构件现场拼装的施工方法，在钢桁架拼装完成后再安装预制桥面板。如果不设置纵梁，在预制桥面板安装时，将导致钢桁上弦杆承受较大的弯矩。

国外一些大型跨江海通道，虽然没有最终实施，但是也提出了一些具有参考价值的组合钢桁梁斜拉桥设计方案，例如连接丹麦与德国跨波罗的海(Baltic Sea)的费马恩大桥(Fehmarn Belt Bridge)、葡萄牙第三塔霍河大桥(Third Tagus River Crossing)。

费马恩大桥(Fehmarn Belt Bridge)效果图如图 5.4-23 所示。最早提出主跨 2×724m 的三塔双索面组合钢桁梁斜拉桥方案，如图 5.4-24 所示。组合钢桁梁截面如图 5.4-25 所示，下层桥面为双线铁路，上层桥面为双向四车道公路，主梁高 12.9m，主桁两侧设置副桁用于斜拉桥锚固。主梁上下层桥面均采用混凝土板与钢桁组合，上层桥面宽 28.7m，主桁之间设置分配纵梁，以便支撑桥面板、满足较小厚度桥面板的受力需要；下层底宽 14.2m，对于线路中心线设有两道小纵梁，支承桥面板。

图 5.4-23　费马恩大桥方案效果图

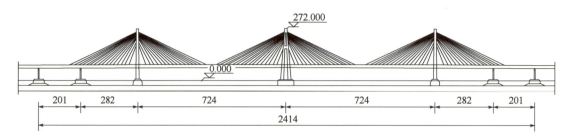

图 5.4-24　费马恩大桥方案跨径布置(尺寸单位:m)

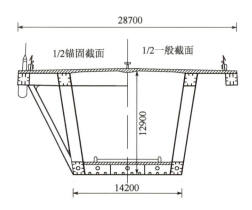

图 5.4-25　费马恩大桥方案主梁截面(尺寸单位:mm)

葡萄牙里斯本在修建第三座跨越塔霍河(Tagus River)过河通道时,也曾提议修建一条长约 7km 公铁合建桥梁,如图 5.4-26 所示,但该项目由于资金问题而暂停。该设计的主桥方案采用主跨 540m 的组合钢桁梁斜拉桥,桁架采用华伦式,桁高 11.4m,下层桥面布置双线高铁和双线普通铁路,上层桥梁布置双向六车道公路交通。主梁截面布置如图 5.4-27 所示。

图 5.4-26　葡萄牙里斯本塔霍河三桥方案效果图

主梁方案采用两片竖直的桁架,钢弦杆和斜撑都采用焊接箱形截面,采用 S460 N/NL 钢材。为在上层桥面锚固斜拉索,每 15m 间距设置副桁进行斜拉索锚固,斜拉索索力通过固定倾角斜杆传递至下弦杆节点。上、下层桥面分别设置了四道小纵梁与混凝土板结合，以便支撑桥面板并将荷载传递到钢桁的节点横梁，同时也可参与整体截面抗弯。这座桥梁虽然未能实施，但为四线铁路与公路交通合建桥梁提供了一个解决方案。

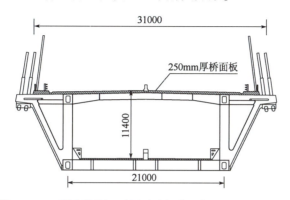

图 5.4-27　里斯本塔霍河三桥方案主梁截面布置(尺寸单位:mm)

5.4.4　设加强横梁组合钢桁梁

组合钢桁梁用于斜拉桥时，一般认为采用双索面的布置是自然而然的选择，但事实并非如此，在桥宽较小的情况下，组合钢桁梁采用单索面的布置方式，并不一定是出自建筑景观的考虑，通常它还具有经济上的优势。

图 5.4-28 所示组合钢桁梁，可以看作为在传统梁式桥组合钢桁梁的基础上，通过加强节点横梁用于斜拉索锚固的一种结构形式。桁架的节间距为 10m 左右，斜拉索索距一般和桁架节间长度一致，较大的索距将导致锚固横梁受力过大而难以处理。

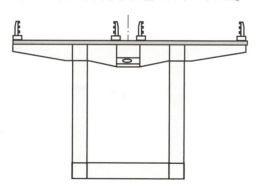

图 5.4-28　拉索锚于横梁的组合钢桁梁

对于桥面板而言，无论节点横梁的纵向距离，还是弦杆的横向间距，都将超出其合理的跨径范围，为此需要设置节间横梁，由节间横梁和节点横梁共同为桥面板提供支撑，使桥面板的厚度可以控制在合理的范围。根据节间长度大小和考虑总体受力的桥面板合理厚度，在常规桁架的节间距大小范围，一般可设置 1~2 道节间横梁。

在斜拉索锚固横梁处，还需设置钢锚箱并与混凝土板结合，以便斜拉索索力传递到桥面板以及全截面。

韩国 Geogeum 大桥，是双向两车道高速公路桥梁，主桥采用主跨 480m 的双塔单索面组合钢桁梁斜拉桥。主梁为梁高 6m 的双层桥面组合钢桁梁，桥梁宽度为 15.3m，上层混凝土桥面板供机动车通行，下层钢桥面板供行人和自行车通行，如图 5.4-29 所示。两片钢桁架中心间距为 7.5m，高 5.94m；上层混凝土板采用变厚度设置，中心处厚度为 56cm，钢桁上弦杆处厚度为 50cm。

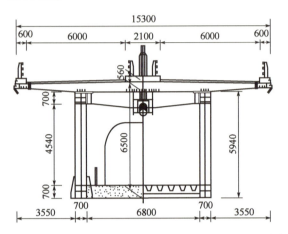

图 5.4-29 韩国 Geogeum 大桥横截面布置及模拟图（尺寸单位：mm）

在辅助墩附近桁架下层桥面浇筑厚度为 0.7m 的混凝土板，使组合钢桁梁形成双层组合截面，既加强了该区段主梁的承载能力，又起到了压重防止支座出现负反力的作用。

委内瑞拉 Puente Mercosur 桥是一座公铁两用桥，主桥采用主跨 360m 的双塔斜拉桥，也是一座单索面组合钢桁梁斜拉桥，如图 5.4-30 所示。

图 5.4-30 委内瑞拉 Puente Mercosur 大桥

组合钢桁梁的截面及桁式布置如图 5.4-31 所示，其中上层桥面宽度 19.9m，布置双向四车道公路交通，下层桥面则为单线铁路线路。桁架的节间距为 10m，斜拉索在梁上的索距也为 10m。斜拉桥采用中央单索面布置，可与引桥组合钢桁梁保持协调一致；桁架宽度可以根据下层铁路需求确定，使横向受力更加合理；上层公路桥面悬臂较大的混凝土板，通过外挑钢横梁支承。主梁在节点横梁之间设置了两道横梁，桥面板的支承横梁间距为 3.33m。在两侧横梁悬臂端部附近还设置了小纵梁，以便桥面荷载可以更好地扩散传递。

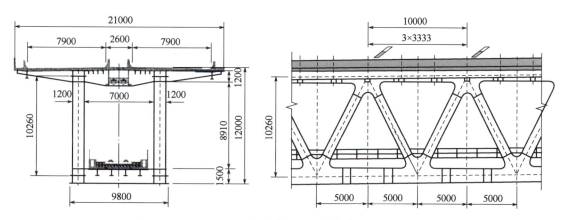

图 5.4-31 Puente Mercosur 桥加劲梁截面及桁架布置(尺寸单位:mm)

5.4.5 双主桁组合钢桁梁

仅上层有机动车道时,一般桥面宽度下桥梁典型截面形式如图 5.4-32 所示。由于下层无车道净空要求,桁高可以合理选择,从结构合理性及降低桥面高度考虑,可采用较小桁高,相应节间距也不宜过大,桥面板支撑在上弦杆及横梁上,并与上弦杆结合共同受力。为保证主梁抗扭需要,可在主桁节点上设置横向联结系,一般而言横向联结系(图 5.4-32 中虚线所示)无须在所有节点设置,可以视受力需要而定。

组合钢桁梁的钢桁架无论采用何种桁式,节间距一般都将超出桥面板的合理支撑跨距,同时桁宽也会超出桥面板的合理支撑跨距。因此,在钢桁架弦杆之间设置小纵梁为桥面板提供支撑是必要的,小纵梁由桁架节间横梁支撑,数量根据桁架宽度以及桥面板的合理厚度而定,通常桥面板的支撑间距以 3~5m 为宜。小纵梁可采用工字形截面,高度约为桁架节间距的 1/10,设置时应考虑与桁架的节点横梁相互适应。

当主梁宽度较大时,可以在截面上下横梁之间采用桁架结构(图 5.4-33)。横向桁架结构受力高效,不仅可以减小上下横梁的尺寸,还可以用作主桁的横向联结系。截面中上层桥面板纵向与主桁上弦杆结合、横向与横梁结合,同样还需要设置小纵梁为混凝土桥面板提供必要的支撑,小纵梁的设置以及结构形式等与上述原则相同。

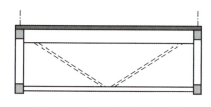 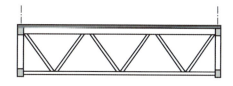

图 5.4-32 主梁的基本截面形式   图 5.4-33 单层交通宽桥面主梁横向联结系示意

对于双层交通的主梁,上层和下层都设有公路行车道时,上层可布置公路重载交通,采用混凝土桥面板与主桁结合;下层可布置城市轻载交通,采用正交异性钢桥面板与主桁结合,两层桥面结构分别参与上下弦受力并替代水平联结系,截面形式如图 5.4-34 所示。

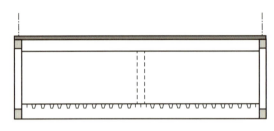

图 5.4-34　双层交通宽桥面主梁横截面示意

在双层桥面结构中，上层混凝土桥面板一般需要设置纵梁提供支承，下层正交异性钢桥面的 U 形肋沿纵向布置，一般需要设置横梁提供支撑。正交异性钢桥面在适当的横梁间距及 U 形肋布置下，可以满足受力要求，但当桥面较宽时，宜适当设置纵梁，更有利于桥面荷载的扩散和传递，特别是在非对称荷载作用下，可以有效降低一些易损部位的应力幅值，如 U 形肋与横梁（隔板）的焊缝等，可以提高钢桥面的抗疲劳性能。

上下层桥面横梁之间宜设置竖杆（图 5.4-34），当上下桥面结构一致时，在上下层对称荷载下，竖杆并不承担荷载，对于减小结构最不利荷载作用下的受力并无多大效果；在非对称荷载作用下，竖杆将发挥有益的作用，如在上层无车、下层有车辆通过时，相应结构的受力将有明显降低，在偏载及横向荷载作用下，也将有助于减小结构扭转变形与受力。显然，上下层桥面横梁之间设置竖杆，将可以显著降低非对称荷载作用下相关结构的应力幅值，改善相关易损部位的抗疲劳性能。

对于较宽的桥面，比如六车道及以上公路交通，桁架宽度将达到 30m 左右，此时若下层为双线铁路交通，则下层的宽度远远超出了需要。由于下横梁间距很大，再加上双线列车的重载作用，必须设有强大的横梁以满足受力要求，同时还面临腹杆的面外变形和受力、主桁的扭转等不利效应。上层可布置公路交通、采用混凝土桥面板与主桁结合，下层可在铁路净空两侧、桁架结构以内设置加劲构件，如图 5.4-35 所示。

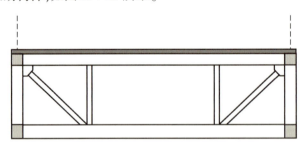

图 5.4-35　公铁双层桥面主梁横截面示意

对于组合钢桁梁斜拉桥，不仅适用于铁路桥梁以及双层交通的公路桥、公铁两用桥梁，也可用于特殊条件下仅需单层交通的公路桥梁，在桥梁所处环境运输受限的地区，采用组合钢桁梁更加容易解决桥梁构件运输问题，不仅钢桁架可以分为单根杆件运输，桥面板也可以分开预制后运输。

1993 年建成的尼泊尔卡那里河大桥（Karnali Bridge），是第一座采用组合钢桁梁的公路斜拉桥，如图 5.4-36 所示。大桥采用单塔不对称布置，主跨为 325m，采用桁高为 3m 的华伦式桁架,桥梁宽度为11.3m,主桁间设置2道小纵梁,混凝土桥面板厚度为22.9cm,与主桁、横梁及小纵梁结合为整体截面,如图5.4-37所示。

图 5.4-36　尼泊尔卡那里河大桥

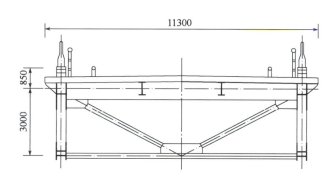

图 5.4-37　卡那里河大桥主梁横截面(尺寸单位:mm)

卡那里河桥位于尼泊尔西部偏远地区,需要克服当地崎岖地势、暴雨、罕见高温等困难,由于尼泊尔西部地区运输条件极为困难,桥梁施工费时6年。设计单位在设计时即力求保证预制构件小型化。开始架设桁梁前,先进行混凝土桥面板分块预制,养护到达28d强度后,送往一处长期场地进行存放1年。钢桁梁构件在泰国制造,船运至印度加尔各答港,然后通过牵引车经1400km陆路运往工地现场。边跨采用支架从桥塔处往桥台处架设,主跨桁梁采用悬臂架设方法。

5.4.6　其他形式组合钢桁梁

公铁两用双层桥面的组合钢桁梁,上层所需桥面较宽,下层所需桥面较窄,采用上宽下窄的倒梯形非常规桁架结构,也是一种可行的方法,如图5.4-38所示。倒梯形桁架的下弦杆横向间距可以根据实际需要确定,从而使结构受力更为合理,但需要采用异形弦杆,并使节点构造更为复杂。

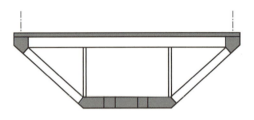

图 5.4-38　倒梯形组合钢桁梁截面示意

当桥梁布置双层交通,且宽度较大时,采用三索面、三片桁布置的组合钢桁梁形式也成为合理的选择,如图 5.4-39 所示的截面形式。其优点在于有效降低了横向系统的受力与变形控制难度,对于大跨径斜拉桥还可以将上下弦杆的尺度控制在合理的范围,提高材料的使用效率;缺点在于增加了结构的复杂性及安装与控制难度。

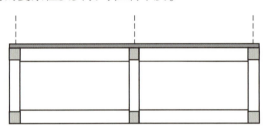

图 5.4-39　三主桁组合钢桁梁截面示意

结构形式的选择与构思并不一定受传统实例的约束,中国香港汲水门大桥即为代表性一例。汲水门大桥为主跨 431m 的双塔双索面斜拉桥,桥面宽 35.26m,1997 年通车,如图 5.4-40 所示。

图 5.4-40　中国香港汲水门大桥

主梁采用双层桥面结构,上层为双向六车道公路,下层为两条机场铁路线和两条供紧急时(例如台风吹袭时)使用的单线机动车道,主梁高 7.47m,如图 5.4-41 所示。其中主跨中部的 390m 长的主梁采用钢-混凝土组合梁,包括空腹钢框架、外侧斜腹板和混凝土顶底板组合的行车桥面;主跨其余部分和 4 个边跨的主梁,采用外形类似的预应力梯形箱梁。

钢-混组合梁空腹形横框架纵向间距为 4.35m,上下层混凝土板厚度均为 25cm,上层混凝土板在靠近两侧实腹板处厚度增大至 40cm 和 55cm。在机场铁路线范围顶底板均有较大透空,以保证遇到火警时满足通风需求。

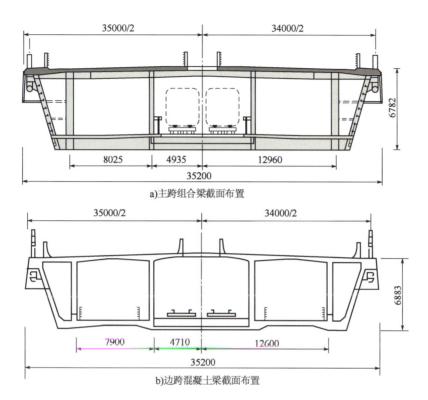

图 5.4-41 汲水门大桥截面布置(尺寸单位:mm)

预应力混凝土梁为单箱 3 室截面。顶板厚度为 35～60cm,底板厚度为 30～123.6cm,外侧斜腹板和内侧竖腹板的厚度为 55～90cm。由于在底板上要布置车辆,上部结构所需横向刚度全由框架作用来实现。即使在桥墩处也不可能设置内横隔板,因而需在桥梁下部设置横梁。恒载、活载的竖向荷载由全部腹板平均分担,而拉索竖向荷载基本由外腹板承受。

斜拉桥的钢桁梁常规采用竖向布置,也有些桥主梁采用空间桁架布置,如葡萄牙跨越蒙特戈河的 Europa 大桥,如图 5.4-42 所示。葡萄牙 Europa 大桥主跨为 186m,采用中央双索布置的单塔斜拉桥,这是第一次采用空间桁架布置的组合梁斜拉桥。主塔向边跨倾斜 8°,以起到对主跨的配重作用,并设置背索锚固在过渡墩基础上。主梁采用三维空间桁架,高 4.2m,宽 30m,节间距为 3.75m,桁架腹杆采用高强钢管,桥面板纵横向设置预应力,如图 5.4-43 所示。

图 5.4-42 葡萄牙 Europa 大桥

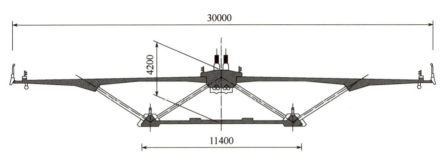

图 5.4-43　Europa 大桥截面布置(尺寸单位:mm)

Europa 大桥组合钢桁梁另外一个特点在于混凝土桥面板与腹杆连接节点的处理方式。在主桁上节点处,采用钢筋混凝土外包钢板,用来传递桥面板竖向力,同时承担斜腹杆之间的不平衡力,并将水平力传递到桥面板。在 3.75m 长主桁节段之间的下节点处,采用两块完全匹配的齿形板,来确保竖向内力和水平内力可以直接传递。主梁采用 3.75m 的节段进行安装,最大节段质量为 150t,节段先在左岸场地进行预制,然后采用驳船运输到桥位进行吊装。当主梁节段吊装就位并张拉纵向预应力后,再现浇悬臂桥面板,张拉横向预应力。

第6章
混凝土梁

6.1 发展概况

6.1.1 概述

1962年委内瑞拉建成了马拉开波桥（Maracaibo Bridge），这是世界上第一座混凝土梁斜拉桥（图6.1-1）。主桥一共5跨，跨径均为235m，采用A形塔、V形墩。从受力特点上来看，该桥更像是由V形墩及拉索支承的连续梁结构，为了抵抗弯矩耗费了大量材料，同时中跨的挂孔设计也给行车舒适性带来不利影响。无论如何，作为困难条件下的一种新尝试，这座在20世纪60年代初建成的斜拉桥，其设计和施工在当时是合适的。

随着密索体系开始在斜拉桥中流行，1972年联邦德国法兰克福Höchst Main河二桥（Second Main River Bridge），又称赫希斯特桥（图6.1-2），为主跨148.23m的独塔斜拉桥。斜拉索采用竖琴形布置，主跨上的拉索间距为6.3m，锚跨上为5.8m。主梁宽31m，采用混凝土结构，由于采用密索体系，共梁高仅为2.6m。美国河二号桥为混凝土梁斜拉桥的发展起到了良好的示范效应。

图6.1-1 委内瑞拉马拉开波桥

图6.1-2 德国Höchst Main河二桥

随后，混凝土梁凭借受力经济、结构刚度大、抗风稳定性好等优点很快填补和占据跨径400m以内的斜拉桥市场，至20世纪90年代初，欧美国家修建了大量的混凝土梁斜拉桥。

1977年法国建成布鲁东纳大桥（Brotonne Bridge），主跨为320m，采用单索面密索布置，如图6.1-3所示，其简洁、明快、协调的特点令人印象深刻。1978年美国建成帕斯科—肯尼威克大桥（Pasco-Kennewick Bridge），主跨为299m，采用双索面密索体系，门形桥塔，辐射形拉索布置，首次采用三角形双边箱主梁，采用预制节段悬臂拼装施工。1983年西班牙建成的卢纳桥（Luna Bridge）（图6.1-4），采用混凝土主梁，主跨达440m，曾一度保持着混凝土梁斜拉桥的世界跨径纪录，其最大特点为采用平衡重锚固桥台的方式来解决边跨与主跨比值太小的难题。1985年美国东亨廷顿桥（East Huntington Bridge）建成，如图6.1-5所示，跨径布置为(274+185)m，采用混凝土梁独塔斜拉桥-刚构协作体系，采用长线法预制节段并使用起重船吊装拼装，这座桥的建成意味着建造一座主跨450m的双塔混凝土梁斜拉桥已无技术瓶颈。1987年美国建成但点大桥（Dames Point Bridge），如图6.1-6所示，主跨为396m，桥梁宽32.2m，采用双塔双索面竖琴形拉索布置，主梁采用边主梁截面，斜拉索直接锚固在边梁上，利用永久索和已建梁段悬吊挂篮，两侧边主梁截面与上述施工工艺联合使用，是当时双索面混凝土梁斜拉桥的主流。1991年挪威建成斯堪桑德大桥（Skarnsundet Bridge），如图6.1-7所示，主跨为530m，一直保持混凝土梁斜拉桥跨径的世界纪录，主梁采用空气动力学上更有利的三角形箱形截面。

图6.1-3　法国布鲁纳大桥

图6.1-4　西班牙卢纳桥

图6.1-5　美国东亨廷顿桥

图6.1-6　美国但点大桥

20世纪90年代后，随着斜拉桥朝着主梁轻型化、跨径超大化发展，混凝土梁由于结构自重大、跨越能力有限，其应用数量和比例开始逐渐减少，但世界范围内仍有不少主跨超过400m的工程案例。例如，1991年挪威建成的主跨425m的海格兰德大桥（Helgelands Bridge）；1996

年建成的挪威格伦兰大桥（Grenland Bridge）和 2002 年建成的克罗地亚弗拉尼奥图季曼桥（Franjo Tudman Bridge），两桥均为独塔斜拉桥，主跨在 305m 左右，前者主梁采用了轻质高强混凝土，后者采用科技-刚构协作体系来提升混凝土梁跨越能力；2010 年美国建成的格林维尔桥（Greenville Bridge），跨径布置为（180＋420＋180）m，桥梁宽 30.82m；2019 年，巴拿马运河三桥（Third Panama Canal Bridge，图 6.1-8）建成通车，主桥采用主跨 530m 的双塔双索面混凝土梁斜拉桥，追平了挪威建成 Skarnsundet 桥保持了近 30 年的混凝土梁斜拉桥跨径纪录。

图 6.1-7　挪威斯堪桑德桥

图 6.1-8　巴拿马运河三桥

欧美国家建造的混凝土梁斜拉桥对中国产生了较大影响。20 世纪 80 年代，中国经济社会发展水平并不高，混凝土结构造价相对便宜，且国内当时的施工工艺及预应力技术比较匹配，因此混凝土梁斜拉桥在中国得到快速发展。1980 年广西建成了红水河铁路斜拉桥，跨径 96m，为双塔双索面竖琴形混凝土梁斜拉桥。1982 年上海建成泖港大桥，跨径 200m，同样为双塔双索面竖琴形混凝土梁斜拉桥，其主梁施工采用了预制悬臂拼装工艺。同年山东建成济南黄河大桥，跨径达到 220m，采用双塔双索面扇形布置，其混凝土主梁采用悬臂现浇施工。1988 年重庆建成石门大桥（图 6.1-9），采用独塔单索面混凝土梁斜拉桥结构，跨径布置为（230＋200）m，从理论上讲该桥的建成标志着当时中国已具备建设主跨 460m 斜拉桥的能力。

图 6.1-9　重庆石门大桥

到20世纪80年代末,中国已建成混凝土梁斜拉桥约30座,约占世界斜拉桥总数的1/10,但最大跨径未突破300m。进入20世纪90年代后,随着国内社会经济发展,混凝土梁斜拉桥无论是建设数目还是建设规模均迅速发展,跨径一举迈入400~500m级。1994年建成的湖北郧阳汉江大桥(图6.1-10),主跨为414m,是中国第一座地锚式大跨径预应力混凝土梁斜拉桥,中跨跨中设刚性铰,主梁采用预制节段拼装施工;1995年建成的武汉长江二桥和铜陵长江公路大桥,分别为主跨400m和432m的双塔双索面预应力混凝土梁斜拉桥;1997年建成的重庆李家沱长江大桥(图6.1-11),主桥采用跨径布置为(53+169+444+169+53)m的双塔双索面预应力混凝土梁斜拉桥,主桥跨径居当时国内桥梁首位。进入21世纪后,面对不同跨径需求,从工程经济考虑,国内仍然建设了一批跨径在500m以内的混凝土梁斜拉桥,跨径较大的有主跨480m的鄂黄长江公路大桥,主跨460m的奉节长江公路大桥、宜宾长江大桥、长寿长江公路大桥、忠县长江公路大桥,主跨450m的重庆大佛寺长江大桥、涪陵石板沟长江大桥等。2001年建成的宜昌夷陵长江大桥(图6.1-12),采用了单索面预应力三塔混凝土斜拉桥方案,跨径布置为(120+2×348+120)m,主梁预制拼装,其跨径当时在同类桥梁中为世界第一。2002年建成通车的荆州长江公路大桥北汊桥(图6.1-13),跨径布置为(200+500+200)m,采用双塔双索面预应力混凝土梁斜拉桥,是目前国内最大跨径的混凝土梁斜拉桥。

图6.1-10　湖北郧阳汉江大桥

图6.1-11　重庆李家沱长江大桥

图6.1-12　宜昌夷陵长江大桥

图6.1-13　荆州长江公路大桥北汊桥

混凝土梁在斜拉桥中的应用,除了上述各类单一混凝土材料主梁的斜拉桥外,还有一类重要的应用场景就是混合梁斜拉桥,从百米级到千米级跨径的混合梁斜拉桥都有混凝土梁的应用。其中不乏国际著名的斜拉桥,如法国的主跨856m诺曼底大桥、日本的主跨890m多多罗大桥、中国香港的主跨1018m昂船洲大桥(图6.1-14)以及湖北正在建设的主跨1160m湖北观音寺长江大桥(图6.1-15)。

图6.1-14　香港昂船洲大桥

图6.1-15　湖北观音寺长江大桥

6.1.2　技术特点

斜拉桥主塔、主梁等主要受力构件以承受轴压力为主,采用混凝土材料具有较好的经济性。与正交异性钢桥面钢主梁相比,混凝土主梁一般是钢梁造价的30%~50%;但是混凝土主梁自重较大,这会导致斜拉索、桥塔和基础费用增加,会一定程度上抵消采用混凝土主梁的整体经济性。一般来说,在500m跨径以内,采用混凝土主梁节省的造价大于因它较大自重而引起的额外费用,总体上具有一定的竞争优势。例如,美国佛罗里达州的但点大桥主跨为396m,当时承包商在竞标时分别提出了混凝土主梁和钢主梁两个方案,其中前者造价为6480万美元,而后者造价达到了8480万美元;美国西弗吉尼亚州东亨廷顿大桥主跨为274m,采用独塔布置,竞标时也出现了钢主梁和混凝土主梁两个方案,同样混凝土梁方案以2350万美元的造价优于钢主梁方案的3330万美元。

结构力学性能方面,相比于钢主梁斜拉桥,混凝土梁斜拉桥由于自重更大,需要采用规格更大的斜拉索,同时拉索的恒载应力占比要较钢主梁斜拉桥高很多,这对减少拉索垂度效应有较大效果。同时,拉索刚度的增加对控制结构变形更为有利,这对铁路桥梁尤其重要。此外,与钢梁斜拉桥不同的是,混凝土梁斜拉桥设计需考虑时变作用对结构力学性能和总体线形的影响。一般来说,混凝土收缩徐变作用在一定程度上使上部结构恒载弯矩发生改变,并影响结构的长期几何线形。这些在结构设计中应予以充分考虑,特别是铁路桥梁,几何线形的稳定性是一项重要的指标。

结构抗风性能方面,随着斜拉桥跨径逐渐增加,其抗风性能逐步劣化并开始控制设计。结构质量和体系刚度是影响结构动力性能,进而影响抗风性能的关键因素。混凝土较大的自重可显著提高大桥的抗风性能,这比采用气动措施或增加质量阻尼器等提高空气动力稳定的方法更为有效。总体而言,鉴于混凝土梁斜拉桥实际应用跨径多在500m以下,成桥抗风问题一般不会成为主要控制因素。

在结构耐久性方面,根据当地的环境条件,钢主梁(使用耐候钢材除外)每隔10~20年需重涂防腐涂装油漆,而混凝土主梁则一般无需涂装。采用较厚的混凝土保护层,特殊环境下采用涂层环氧树脂钢筋或不锈钢钢筋,关键部分施加预应力等措施可提升混凝土结构的耐久性。但是,混凝土结构会发生不可逆转的碳化。尽管通常不会直接导致混凝土性能劣化,但会对钢筋混凝土结构产生不利影响。当碳化作用达到一定程度后可能会破坏混凝土对钢筋的保护作用,使钢筋出现锈蚀现象。混凝土因发生开裂或碳化而造成内部钢筋锈蚀时,其修复费用将远超钢结构的涂装费用。

施工性能方面,施工便利性是斜拉桥设计的主要考虑因素之一。钢主梁可在工厂制造加工,尺寸精确,在现场无论焊接或栓接均比较方便,有助于控制桥梁线形,加快施工速度。混凝土梁斜拉桥一般分为预制悬臂拼装和现场浇筑两种工法。预制混凝土构件同样可保证线形和方便施工,但现场预制节段需要进行后张预应力施加,且在未施加预应力前无法承受自重。因此无论施工装备要求、施工进度还是施工复杂性方面,预制混凝土梁均不及钢主梁。现浇混凝土梁就更为不同,新浇筑节段在未达到强度之前不能承重,这意味着要等待一段养护时间才能继续向前施工,因此施工进度较慢。此外,混凝土主梁采用现浇施工需要额外关注荷载及收缩徐变对结构线形的影响。

自1962年委内瑞拉马拉开波桥建成以来,世界范围内混凝土梁斜拉桥得到了越来越多的应用,结构体系从当初稀索体系逐渐发展到密索体系,其经济跨径上限也在不断被刷新。例如早期利比亚瓦迪库夫大桥(Wadi Kuf Bridge),主跨为282m,全桥仅由两对拉索支承,主梁高度最高达到了5.90m,而采用密索体系的挪威海格兰德大桥,主跨为425m,主梁高度仅为1.20m,高跨比仅有1/354。斜拉桥主梁向扁平化、轻型化发展。

早期密索体系斜拉桥中,以法国布鲁东纳桥、美国日照海湾大桥为代表,两桥均采用了单索面布置。在这种布置下整个体系的抗扭性能依赖于主梁自身的结构抗扭刚度,为此主梁均采用了中心箱截面,以保证结构体系所需的抗弯及抗扭刚度。这个时期混凝土梁斜拉桥的跨高比一般在80~120,主梁高度较稀索体系已经有了显著减低,主梁发展趋于扁平化。随着斜拉桥发展,在跨径500m范围内,密索体系混凝土梁斜拉桥即便采用高度较小的扁平箱形截面,在与组合梁斜拉桥竞标中常常不能取胜。例如加拿大安纳西斯桥在方案竞标时,与混凝土梁斜拉桥方案相比,主跨465m的组合梁方案以标价便宜18%而取胜。这个跨径区间斜拉桥竞标中,减轻主梁重量进而节省下部工程费用,采用简易吊装缩短工期成为关键竞争优势。

混凝土梁斜拉桥为求更大竞争力,开始采用扁平截面主梁。一种是以美国帕斯科-肯尼威克大桥为代表的半封闭双边箱截面,一种是以美国但点大桥为代表的边主梁截面,两桥方案一经提出,很快在工程界得到了推广应用,类似主梁截面也分别被称为PK截面、DP截面。随着计算条件的成熟,工程界对密索体系斜拉桥力学性能的理解逐渐深入,密索体系受力特点类似于弹性地基梁,随其斜拉桥主梁高度增大,竖向刚度的增加反而导致活载下主梁弯矩增大,同时主梁横向风荷载也会增加。因此在满足强度与稳定的前提下,减小主梁梁高可能对结构受力更为有利。在这一时期,洛桑联邦理工R. Walther教授开始研究实体板梁、空心板截面主梁斜拉桥,并做了大量的静动力试验。数据分析证明这类采用密索布置的纤细板梁斜拉桥在静力作用、主梁屈曲、风致稳定等方面均有足够的安全度,随后也在瑞士迪波尔德绍大桥中做了试验性应用。这种主梁形式虽然受限于横向受力等只能在双索面窄桥中应用,但为斜拉桥扩展其经济跨径做出了贡献。总体而言,斜拉桥混凝土主梁发展至今出现了很多截面形式,从主梁横截面形式来看,一般包括板式截面、实体边主梁截面、双边箱截面、中心箱截面及整体箱截面等。

板梁是混凝土梁斜拉桥最简单的主梁截面形式，具有构造简单、建筑高度小等特点，仅适用于双索面密索体系的窄桥，由于横向呈简支受力，一般采用变厚实体板。美国但点大桥为开端的边主梁截面（DP 截面），结构构造简洁，具有配束方便、模板耗用少、施工简单、工程经济等优点。挪威海格兰德大桥，中国重庆长江二桥、铜陵长江大桥、荆州长江大桥也采用了这种截面。美国帕斯科-肯尼威克大桥最早采用的双边箱截面（PK 截面），主梁截面两侧采用梯形或三角形封闭箱，边箱之间采用整体桥面板，端部进行加厚以便斜拉索锚固，这种截面具有较好的纵横向承载力性能，其流线型截面有利于减少侧向风载。整体箱形截面具有较大的抗弯和抗扭刚度，能适应稀索、密索、单索面、双索面等不同的布置情况，用于单索面斜拉桥时箱梁两侧常设置悬臂板。当桥梁宽度不大时，配合单索面布置，可采用单箱单室布置的中心箱截面，当桥宽进一步增加后，可采用单箱多室截面。

　　现代密索体系斜拉桥，主梁高跨比很小，梁体相对纤细，尤其是采用抗拉能力相对较弱的混凝土结构时，应充分利用斜拉桥结构特点，在施工阶段充分发挥斜拉索作用，使得施工阶段受力尽可能趋于成桥状态，避免过多额外措施引起工程造价增加。斜拉桥施工工法与主梁结构形式、材料、预制或现浇节段长度、施工机具设备、桥梁实际建设条件等因素相关。已建斜拉桥所采用的施工方法，大体可分为顶推法、平转法、支架法、悬臂法和滑动模架法。对于混凝土梁斜拉桥来说，应用最为广泛的还是悬臂法。

　　悬臂施工分为悬臂浇筑和悬臂拼装。悬臂浇筑法是在塔柱两侧采用挂篮对称逐段浇筑混凝土主梁，施工期间不需要大量的施工支架、不影响桥下交通、不受季节和河道影响，适用范围广，因而成为绝大数混凝土梁斜拉桥的主要选择。挂篮形式有普通挂篮、劲性骨架挂篮和前支点挂篮等。

　　普通挂篮是通过锚固系统固定在已浇筑主梁上，浇筑前对挂篮施加一定预拱度，然后利用挂篮作为施工平台进行新节段混凝土梁体浇筑，当新浇筑节段混凝土到达一定强度后进行挂索并张拉，施工荷载由挂篮转移到新浇筑梁端。普通挂篮较重，施工期间主梁悬臂端会产生较大负弯矩，需要额外配置临时预应力以消除施工期间主梁上缘拉应力，经济性较差。此外，为减少施工期间挂篮及节段重量，浇筑节段一般划分较小，影响施工速度。

　　为减轻悬臂浇筑时挂篮重量，早期一些斜拉桥尝试采用劲性骨架挂篮。在主梁中设置劲性骨架，一端与已浇筑主梁节段通过预埋件进行对接，另一端则采用斜拉索进行吊拉。劲性骨架用钢量随着跨径增加而增大，经济性不如普通挂篮，常需要分次浇筑、多次调索，工序也相对繁琐，因此劲性骨架挂篮没有得到大规模的推广应用。

　　采用最多的还是前支点挂篮，也称为牵索式挂篮。施工时一般将挂篮后端锚固在已浇筑梁段，并将待浇筑梁段的斜拉索锚固在挂篮前端，这样可以充分发挥永久斜拉索的作用，由斜拉索和已浇筑梁段共同承受待浇筑梁段的重力，从而减小对挂篮设备的要求。待浇筑混凝土达到设计强度后拆除斜拉索与挂篮的连接，将节段重力转化到斜拉索上，再前移挂篮进行下一节段施工。前支点挂篮将普通挂篮的悬臂梁受力变为简支梁受力，使得节段悬浇长度及挂篮承载能力均大幅提高，加快了施工进度，其不足之处在于浇筑阶段需要分阶段调索，工艺相对复杂，另外挂篮与斜拉索之间的套管定位难度也较大。法国布鲁东纳桥、中国广州海印大桥、重庆石门大桥、武汉长江二桥等均采用了前支点挂篮悬臂浇筑法施工。图 6.1-16 所示为几种不同截面形式混凝土梁斜拉桥的前支点挂篮构造示意。

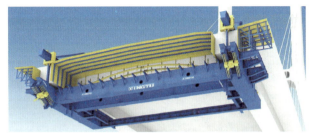

a) DP截面主梁斜拉桥牵索挂篮示意

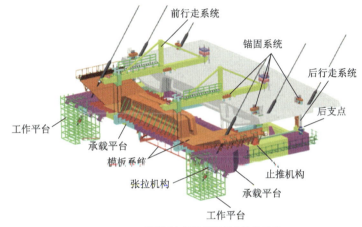

b) PK箱截面主梁斜拉桥牵索挂篮示意

c) 中心箱单索面斜拉桥牵索挂篮示意

图 6.1-16 几种前支点挂篮构造示意

悬臂拼装法(图 6.1-17)利用合适的起吊设备从塔柱两侧依次对称拼装梁体节段,该工法需要配置一定的吊装和运输设备,并须采用适当的预制长度和合适的运输方式,对安装的精度要求也较高。国外混凝土梁斜拉桥施工采用预制拼装法的较多,如美国的帕斯科-肯尼威克大桥、东亨廷顿桥等。中国的珠海淇澳大桥、宜昌夷陵长江大桥等也采用了预制节段悬臂拼装法。

图 6.1-17　悬臂拼装施工

对于采用悬臂拼装施工的混凝土梁斜拉桥,由于一般无纵向钢筋贯通接缝,主梁需要设置较高的预应力度。如采用预制拼装的淇澳大桥主梁按照全预应力构件进行设计。而采用悬臂浇筑施工的桥梁,由于其主梁接缝处有纵向钢筋连接,这不仅提高了极限状态下的结构安全度,也有助于克服意外工况下出现的裂缝,因此预应力度可适当降低。

上述混凝土梁结构与构造特点、受力性能以及施工方法等,主要是针对单一混凝土主梁斜拉桥,对于混合梁斜拉桥中的混凝土梁,则既有共同点也有不同之处。从混合梁斜拉桥的总体布置看,既有部分边跨采用混凝土梁的情况,也有全部边跨,甚至部分边跨伸入主跨采用混凝土梁的情况;斜拉桥边跨混凝土梁的支承情况,按照辅助墩数量不同,既有整个边跨形成跨径较小的多跨连续梁的情况,也有整个边跨仅在靠近边墩范围设置1~2个小跨的情况。

混凝土梁的截面形式主要为了顺接主跨钢主梁,双边箱梁、整体箱梁是最常见的混凝土梁结构形式,分体箱梁和边主梁也有应用。此外,为了与钢桁梁衔接,还有一些非常规混凝土箱梁的工程实例。混凝土梁布置在斜拉桥边跨,在靠近梁端、辅助墩范围处要承受正负弯矩作用,受力上呈现轴力小、弯矩大的特点,需要在混凝土梁截面上下缘配置预应力;即使在靠近桥塔范围,尽管在成桥后具有较大的轴向压力作用,但在斜拉索安装前及混凝土梁自身施工过程,主要承受弯矩作用,难免也要配置预应力。

混凝土梁施工时常要因地制宜地选择方案,现浇和预制拼装都有广泛应用,以现浇施工为多。既有在支架上现浇,也有采用连续梁常用的悬臂法现浇。因此,混合梁斜拉桥的边跨混凝土梁,在施工时的受力和成桥后的受力状态,往往存在较大差距。

总之,在考虑与中跨主梁匹配协调的基础上,边跨混凝土主梁合理的截面布置与构造、预应力的配置以及施工方法的选择等,都需要充分考虑斜拉桥总体受力、混凝土梁自身受力、桥址自然环境条件以及施工作业条件等方面,经过综合比较后作出合理选择。

6.1.3　应用前景

自从1956年瑞典Strömsund桥这一现代斜拉桥标志性工程建成以来,特别是20世纪60年代末斜拉桥开启密索体系以来,斜拉桥的应用范围不断被拓展,其建造数量不断增加。时至今日,混凝土梁、组合梁、钢梁等不同材料主梁的斜拉桥都有大量工程实例。在大约500m跨径范围内,混凝土梁斜拉桥有可能具有更低的造价;而在200m左右的跨径范围,混凝土梁斜拉桥和梁式桥相比常常能够展现其技术经济竞争力。

自1951年德国采用悬臂施工法建成了跨径62m预应力混凝土刚构桥——兰河(Lahn)桥以

来,预应力混凝土刚构桥在后续十几年内几乎占领了100~200m跨径范围内大部分桥梁市场。随后发展的预应力混凝土连续梁桥,由于它取消了刚构桥的铰和挂孔梁构造,增强了结构整体性,因此它得到快速推广应用。随着桥梁技术进一步发展,连续钢箱梁、连续组合梁等结构形式也成为200m左右跨径桥梁的竞争桥型之一。然而,连续梁桥为了克服较大弯矩,梁高一般较高,为了不影响桥下净空需求,必然需要抬高桥面,这将增加接线引桥的长度和规模。现代混凝土梁斜拉桥采用密索体系,主梁受力类似弹性支承连续梁,主梁弯矩和梁高均大幅减小,主梁的高跨比可以做到1/250~1/300,甚至更低。一些对梁高有严格限制的情况,主梁还可以做成下承式槽形梁截面,把行车桥面与边纵梁的下缘对齐,进一步减小建筑高度。中小跨径混凝土梁斜拉桥,与预应力混凝土梁桥相比,斜拉桥的主要优势在于主梁高度小,可减少引桥和接线工程的规模,从而降低工程投资;与钢箱梁、组合梁等斜拉桥相比,虽然混凝土梁的重量较大会引起桥塔和基础等造价的增加,但混凝土梁的综合造价较低,优势明显。此外,在施工方面,中小跨径斜拉桥的梁长和塔高相对适中,与大跨径斜拉桥相比,施工费用显著降低。当桥梁处于山区及复杂环境下,其交通运输及吊装受限时,混凝土梁可以化整为零,降低施工装备和起吊要求,满足特殊条件下的桥梁建设需求。总体而言,由于混凝土主梁重量大、施工周期长、工程质量控制要求高以及随跨径增加经济性下降等原因,可以预见混凝土梁斜拉桥的跨径在挪威斯卡恩桑德大桥(Skarnsundet Bridge)主跨530m的基础上不会再有大的发展,其经济跨径将止步于500m左右。但在建设条件合适时,混凝土梁斜拉桥仍然是值得选择的桥型。

如前所述,混凝土梁在斜拉桥中应用的另一类重要场景就是混合梁斜拉桥,在斜拉桥大家族中混合梁斜拉桥工程实例时有所见,可以预见从中小跨到超大跨的斜拉桥;在条件合适时,都会有混合梁采用混凝土梁的需求。混合梁斜拉桥中混凝土梁在具备条件的情况下可以采用工厂预制、现场少支架架设的施工工法。以提高工程质量、加快施工进度。此外,从结构形式上也值得进一步研究,比如已经有工程应用的混凝土梁采用钢横梁的结构形式,这样一方面可以方便混凝土梁的施工,无论是采用现场浇筑还是预制拼装的方法,都可以显著降低施工难度;另一方面,钢横梁的使用可以降低全混凝土梁的自重,解决边跨混凝土主梁与中跨钢梁匹配时可能出现相对过重的问题,使得边跨主梁和中跨主梁的重量匹配更为恰当,这对于边跨范围不宜采用较小跨径布置时尤其重要,可以显著减小边跨混凝土梁在较大跨径布置情况下的恒载弯矩。因此,针对斜拉桥的总体受力以及边跨梁的受力需求,边跨混凝土梁合理的钢与混凝土组合结构形式,甚至包括高性能混凝土梁、高性能混凝土与普通混凝土的组合梁,都是值得进一步研究发展的方向。

6.2 混凝土板梁/边主梁

6.2.1 基本结构与构造

图6.2-1所示为典型混凝土板梁截面,该截面必须配合采用双索面布置,整个体系抗扭刚度由双索面提供。板式截面主梁根据横向受力需要,可采用等厚布置,也可采用两侧薄、中间

厚的变厚度布置,板厚一般在50cm左右,适用于桥宽不超过15m的双索面窄桥。按照索距、承受活载、施工工法不同,根据总体受力需要,两侧直接锚固拉索部分的截面可以适当增加高度和尺寸。板梁截面构造十分简洁,制作时无须内模,这给悬臂现浇施工带来了很大便利;斜拉索在主梁两侧锚固,锚固构造非常简单;其结构高度小,截面空气阻力小,是一种空气动力学的有利外形。相关试验证实这种实体截面辅以密索体系的布置,对集中荷载具有很好的分配传递性能,板梁受力从受压弯为主蜕化为受轴压力为主,在结构力学特性上有显著变化。因此板梁斜拉桥的纵向高跨比常常仅有1/200左右,甚至更低。第一座板梁截面斜拉桥是瑞士René Walther教授设计的迪波尔德绍大桥(Diepoldsau Bridge),该桥主跨为97m,主梁为厚0.55m的实体板,高跨比达176。该截面形式应用于双索面窄斜拉桥具有很好的经济性,例如加拿大温哥华在1990建成的跨越弗雷泽河桥的ALRT轻轨铁路桥,主跨为339.85m,桥梁宽12.55m,主梁高度仅1.12m,高跨比达340,造价仅2800万美元。

当桥梁宽度需求增加,采用板梁截面无法合理满足横向受力时,可通过在控制桥面板厚度的情况下设置横隔板形成肋板式结构,以满足主梁横向刚度及承载力要求,这种肋板式主梁截面布置如图6.2-2所示,也称为边主梁,其双边纵梁为实体截面,该截面形式首次由美国但点大桥(Dames Point Bridge)采用,因此后来又常被称为DP截面。由于它构造简单、施工方便,随后很快得到推广应用,重庆长江二桥、重庆李家沱长江大桥均采用了这种截面形式。

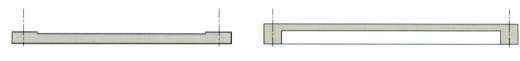

图6.2-1　细薄板梁截面示意　　　　　　　　图6.2-2　边主梁截面示意

边主梁截面形式可适应更宽的桥面需求,两侧实体纵梁通过桥面板和横隔板进行连接。为减轻结构自重,也有采用混凝土桥面板与钢横梁叠合形成组合结构的方案。边纵梁一般根据施工及成桥的纵向受力确定其高度和宽度,但当全桥采用相同截面尺寸时,对施工相对友好。当边跨压重需要或者纵向受力需要时,也可对边纵梁进行变高或变宽处理。如铜陵长江公路大桥边纵梁标准高度2.0m,但在紧邻刚构体系协作跨的两处有索区桥墩附近增加至3.5m,而荆州长江公路桥为解决边跨部分配重对边纵梁进行了加宽。边纵梁尺寸变化需对悬臂浇筑的模板系统进行调整,也有工程实例在维持边纵梁尺寸总体不变情况下,根据实际需要在边纵梁内侧增加翼缘底板,以方便施工。边纵梁截面的横隔板间距一般与索距相配,或与索距相同,或索距是隔板间距的模数,一般在5~8m。横隔板高度一般根据横向受力或刚度控制确定,可与边纵梁高度对齐,也可根据受力略低于边纵梁高度。

边主梁截面的传力途径为荷载通过桥面板及横梁传递至两侧边纵梁,再由边纵梁传递至拉索直至桥塔及基础。这类截面在受力上有两个特点,一是斜拉索拉力通过两侧纵梁传至主梁截面,造成桥面板横截面沿桥轴方向非均匀变形,这必然引起桥面板剪力滞后;二是荷载作用下桥面板和横梁将产生横向弯曲变形,进而引起边纵梁发生扭转,如图6.2-3所示。通过后者受力特点可知施工工法选择对结构成桥内力及应力状态影响极大。采用边主梁截面的斜拉桥,除两边实体纵梁外,当桥面板与横隔板采用预制构件时,现场采用浇筑湿接缝连接,由于横隔板预应力已提前施加,对边实体主梁扭转影响相对较小。当主梁采用全截面现浇时,在进行脱模体系转换和横隔板预应力张拉时,势必会对边纵梁产生较强的扭转作用,这种扭转应力与纵向受力叠加,这些施工过程中的变形和受力有可能导致混凝土开裂,部分还将作为最终状态用于结构永久受力,这使得边纵梁的应力状态十分复杂不利。这类桥梁在后续运营过程中有些也出现了大量开裂的情况,虽然受温度、收缩徐变时变作用及活载影响较大,但施工工法造成的应力复杂状态进一步加剧了开裂风险。

图 6.2-3 板梁截面变形特点

对于板梁及边主梁截面主梁,一般在梁底设置锚固块进行梁上拉索锚固,这是最简单的锚固形式,如图 6.2-4 所示。在梁中设置与拉索倾角相同的管道,拉索穿过管道后锚固于梁底,在梁底设置锚固块以避免削弱原先比较纤细的板梁截面,同时又不干扰原梁板内的钢筋及钢束布置。考虑到梁底凸出来的锚固块影响美观,也可以采用不外露锚头的构造形式,但是为了补强主梁锚固区的截面削弱,在标准梁段可采用钢锚箱或增强钢筋的方式,在近塔柱位置附近,还会局部增加边梁厚度。钢锚箱制作应确保尺寸准确,安装完毕后管道中心线与拉索轴线一致,锚板截面应与拉索轴线相垂直。与板梁一样,边主梁截面适用于双索面体系,拉索可直接锚在两侧实体纵梁上,当主梁截面高度较小时,可采用图 6.2-4 所示的在梁底设置锚固块的锚固构造;截面高度较大时,可采用预埋在实体纵梁内的钢锚箱构造。对于空间索面布置斜拉桥,需注意保证空间位置的准确。

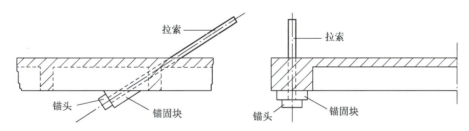

图 6.2-4 板梁及边主梁截面梁上锚固构造

6.2.2 板梁

对于密索体系斜拉桥,由于拉索的密集弹性支承,对主梁结构刚度和受力的要求均显著减小,这也为细薄板梁实体截面在斜拉桥的应用创造了条件。细薄板梁截面使用的桥梁宽度不宜太大,否则主梁横向受力会控制结构尺寸。欧美国家一些两车道公路或是双线轨道桥,桥梁宽度一般在 15m 以内,有不少板梁截面的应用案例。

瑞士迪波尔德绍大桥(Diepoldsau Bridge),如图 6.2-5 所示,于 1985 年建成,是世界上第一座采用细薄板梁截面预应力混凝土主梁的斜拉桥。桥梁全长 250m,跨径布置为(15 + 18 + 19.5 + 40.5 + 97 + 40.5 + 19.5)m。主梁宽 14.5m,采用细薄板梁截面,全桥没有额外的纵横向加劲,采用横向变厚布置,两侧拉索处梁高 46cm,横向跨中处梁高 55cm,如图 6.2-6 所示。该桥主跨为 97m,主梁梁高仅 0.55m,高跨比仅为 1/179。为了研究这种细薄实体板梁截面的动静力性能,瑞士洛桑联邦理工学院 René Walther 教授制作了 20m 长,1∶20 大比例尺的模型进行试验,结果表明,在密索体系布置下,这种非常细薄的实体板梁的主梁屈曲并不控制设计。

图 6.2-5　瑞士迪波尔德绍大桥

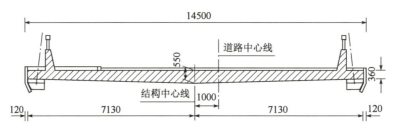

图 6.2-6　迪波尔德绍大桥横截面布置(尺寸单位:mm)

随后,1993 年建成的希腊埃夫里波斯大桥(Evripos Bridge)进一步发展了细薄板梁在斜拉桥中的应用,如图 6.2-7 所示。该桥是希腊第一座公路斜拉桥,主跨为 215m,采用扇形拉索布置,纵向索距为 5.9m。该桥横向索距为 13.5m,板梁截面(图 6.2-8)采用等厚度布置,厚度为 0.45m,即便从横向受力来看,高跨比也达到了 1/30,这已经是相当经济的尺寸。从纵向高跨比来看,该桥达到了惊人的 0.45/215 = 1/478,也创造了斜拉桥高跨比的世界纪录。采用密索弹性支承体系的斜拉桥,作用在细薄桥面上的集中荷载可以在很长的一段区域进行传递分配,这点也被该桥进行的相关试验所证实。

图 6.2-7　希腊埃夫里波斯大桥

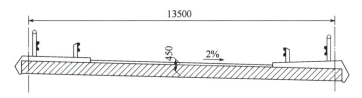

图 6.2-8 埃夫里波斯大桥横截面布置(尺寸单位:mm)

1990 年建成的加拿大 ALRT 轨道桥,跨越弗雷泽河,跨径布置为(138 + 339.85 + 138)m,如图 6.2-9 所示。主梁横截面布置如图 6.2-10 所示,主梁由两个高度为 1.12m 的矩形边梁以及连接边梁的实体板构成,总宽 12.5m。边梁由间距为 10.79m 的拉索进行支承。采用预制节段,节段长 5.49m,重 97t,采用后张工艺,横向布置 12 根直径为 15mm 的钢绞线预应力筋,纵向为 24 根直径为 35mm 的钢丝束。这种后张工艺有助于将节段间的环氧树脂接头进行压紧,确保密实度和耐久性。跨中及边跨区域由于承受拉索轴压力较小,额外增加了预应力配置。

图 6.2-9 加拿大 ALRT 轨道桥

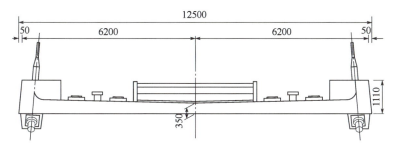

图 6.2-10 ALRT 轨道桥主梁横截面布置(尺寸单位:mm)

混凝土板梁截面是混凝土梁斜拉桥中梁体最为纤细的一种,在 20 世纪 80~90 年代也曾经成为一种发展新动态。但是受限于桥宽及截面承载能力,无论应用比例还是应用数量均很小,主要用于跨径 150m 以内、桥宽 15m 内的桥梁。

6.2.3 边主梁

美国但点大桥位于美国佛罗里达州杰克逊维尔市,跨越圣约翰河,跨径布置为(198 + 396 + 198)m,如图 6.2-11 所示。斜拉索采用竖琴形布置,主梁采用双边实体梁截面形式,与桥塔进行固结,并在跨中设伸缩缝。主梁全宽 32.23m,两侧边纵梁宽 2.4m,跨中梁高 1.5m,桥塔处梁高 1.85m,如图 6.2-12 所示。混凝土横梁采用预制结构,间距为 3.56m,梁上斜拉索间距为 10.68m,每个索间距内有 3 道横梁。

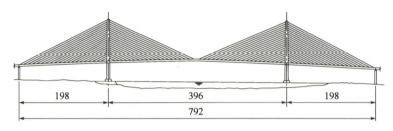

图 6.2-11　美国但点大桥立面布置(尺寸单位:m)

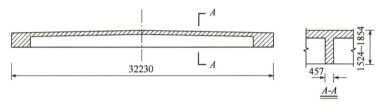

图 6.2-12　但点大桥横截面布置(尺寸单位:mm)

美国 East Huntington 桥位于美国西弗吉尼亚州,跨越俄亥俄河,主跨为 274m,采用单塔布置,边跨与 T 形刚构桥进行协作受力,立面布置如图 6.2-13 所示。这是一项创纪录的跨径,等效于双塔桥梁的主跨约为 450m,直到 1991 年斯卡恩松德特桥的出现才被超越。该桥最初是按照钢主梁结构进行设计的,并且已经完成了两个主桥墩的建设,随后才委托改为混凝土主梁设计方案。因此,如何设计合适的轻型结构混凝土替代方案成为工程师需要解决的问题。大桥主梁采用双边实体纵梁截面(图 6.2-14),边纵梁高 1.52m、宽 1.22m,截面构造相比空心边箱大大简化;桥面宽 12.2m,为减轻结构自重,横梁采用桥面板与钢横梁叠合而成的组合梁方案,采用预制梁构件。混凝土等级采用 B56 高强度混凝土,而当时美国桥梁普遍采用的是 B35 级混凝土。预制横梁质量达 270t,采用浮式起重机安装,从塔根向两侧自由悬臂施工。这个混凝土替代方案的投标价格比带正交异性钢桥面的钢结构方案便宜近 30%。

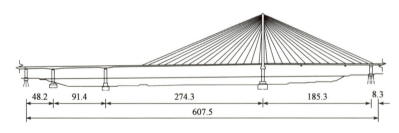

图 6.2-13　美国 East Huntington 桥总体布置(尺寸单位:m)

挪威海格兰德大桥位于挪威西海岸,是一座主跨 425m 的双塔混凝土边主梁斜拉桥,主桥跨径布置为 (177.5 + 425 + 177.5)m,如图 6.2-15 所示。主梁全宽约 12m、梁高 1.2m,设置 2 条机动车道和 1 条人行道。为保证主梁耐久性,在梁体内纵横向均张拉了预应力。在每个边纵梁通长设置了 4 根纵向预应力钢束,在梁端和跨中设置额外的纵向补强束。横梁间距为

12.9m,与拉索索距匹配,所有的横向预应力均布置在横梁中。桥面板厚400mm,纵向跨径为12.4m,横向跨径为7.5m(图6.2-16)。

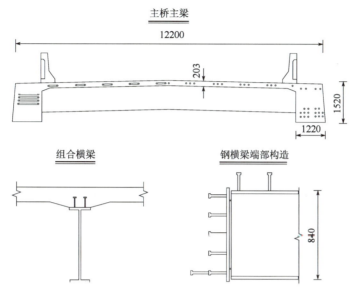

图6.2-14 East Hungtington 桥横截面布置(尺寸单位:mm)

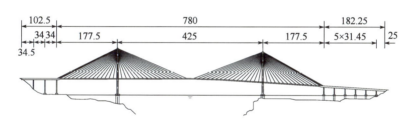

图6.2-15 挪威海格兰德大桥立面布置(尺寸单位:m)

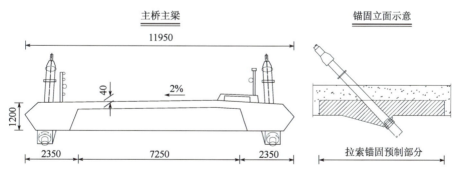

图6.2-16 海格兰德大桥主梁横截面布置及锚固示意(尺寸单位:mm)

美国但点大桥创新的挂篮施工值得关注,其主要构思是利用斜拉索和已浇筑梁段共同承受待浇节段混凝土的质量,挂篮后端锚固在已浇筑梁段,前端则通过工具拉杆与待浇段的斜拉索进行连接,如此可形成用钢量少、承载能力大的挂篮装备。挂篮中设置模板、千斤顶等设备,待混凝土浇筑完毕、养护达一定强度后,再拆除拉杆,让节段重力转移到斜拉索上,前移挂篮,周而复始。国内后来修建的铜陵长江大桥等采用边主梁截面的斜拉桥,均采用了这种构思的施工挂篮。

安徽铜陵长江公路大桥为主跨 432m 的双塔双索面混凝土主梁斜拉桥,桥跨布置(80 + 90 + 190 + 432 + 190 + 90 + 80)m,总长 1152m,如图 6.2-17 所示。全桥共计 108 对拉索,标准索距为 8m。主梁采用边主梁形式,边纵梁梁高 2m、顶宽 1.5m、底宽 1.7m,全宽 23m,混凝土桥面板厚 320mm,如图 6.2-18 所示。主梁横梁间距为 8m,与梁上索距匹配。斜拉桥主梁采用悬臂浇筑法施工。

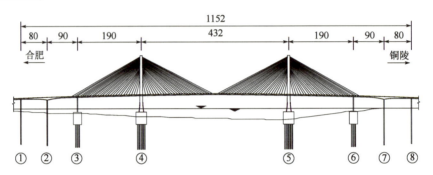

图 6.2-17　铜陵长江公路大桥立面布置(尺寸单位:m)

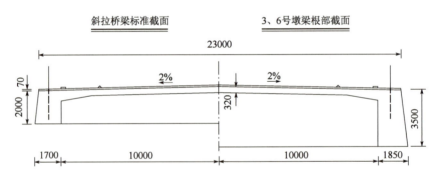

图 6.2-18　铜陵长江公路大桥主梁横截面布置(尺寸单位:mm)

重庆李家沱长江大桥主桥采用双塔双索面预应力混凝土梁斜拉桥,跨径布置为(53 + 169 + 444 + 169 + 53)m,桥面宽 24m,双向 4 车道,如图 6.2-19 所示。主梁截面如图 6.2-20 所示,梁高 3.5m,边纵梁标准宽 1.7m,塔处加宽至 2.5m。该桥设计时对比了实体边主梁截面、空心边箱截面与全封闭箱形截面,结果表明实心边主梁截面混凝土用量仅比空心边箱截面高一些,且不需要复杂内模板,悬浇时可纵向滑模,施工快速。

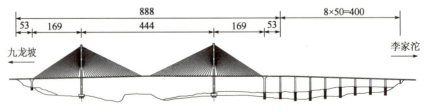

图 6.2-19　重庆李家沱长江大桥立面布置(尺寸单位:m)

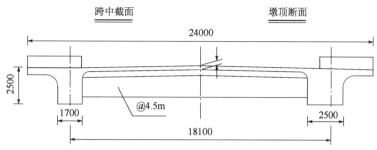

图 6.2-20 李家沱长江大桥主梁横截面布置(尺寸单位:mm)

主梁采用悬臂浇筑施工方法,施工时采用前支点挂篮,挂篮设在主梁下部,用斜拉索作为挂篮工具索,与挂篮前端弧形梁连接。

鄂黄长江公路大桥是一座双塔双索面预应力混凝土梁斜拉桥,主跨跨径布置为(55 + 200 + 480 + 200 + 55)m,如图 6.2-21 所示。主梁横截面布置如图 6.2-22 所示,标准梁段高 2.4m,在边跨辅助墩两侧一定范围内采用变高度的边主梁截面,55m 跨主梁高度由 2.6m 变化到 4.9m,200m 跨靠近辅助墩一侧一定范围内主梁高度由 2.4m 变化到 4.9m,在变高度范围内,主梁梁底设置了开口底板。主梁梁顶宽 27.7m,桥面板厚 32cm。横梁标准间距为 8m,与斜拉索索距相对应。主梁采用挂篮悬臂浇筑施工,分为前支点挂篮施工和后支点挂篮施工两部分。前支点挂篮用于主塔两侧标准梁段的悬臂浇筑;后支点挂篮用于辅助墩两侧变高度梁段主梁的悬臂浇筑。

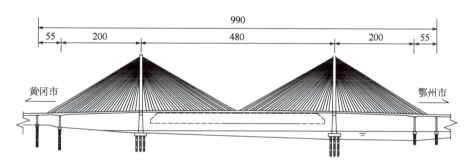

图 6.2-21 鄂黄长江公路大桥立面布置(尺寸单位:m)

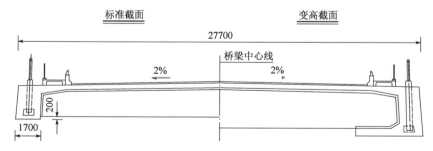

图 6.2-22 鄂黄长江公路大桥横截面布置(尺寸单位:mm)

荆州长江公路大桥北汊桥主通航孔桥,采用双塔双索面混凝土梁斜拉桥,跨径布置(200 + 500 + 200)m,如图 6.2-23 所示,其跨径居国内同类型桥梁之首。全桥共计 126 对拉索,梁上标准索距 8m,边跨密索区索距 4m。主梁截面布置如图 6.2-24 所示,主梁高 2.4m,梁高与主跨比为 1/208,桥面宽 26.5m。边跨部分范围主梁采用加大边纵梁宽度的方法配重。横梁间距为 8m,与拉索索距匹配,横梁厚度 300mm。主梁采用牵索式挂篮悬臂现浇施工,共分为128 个现浇梁段。

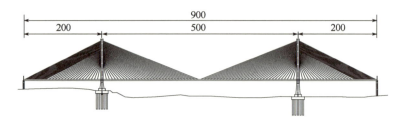

图 6.2-23 荆州长江公路大桥北汊桥立面布置(尺寸单位:m)

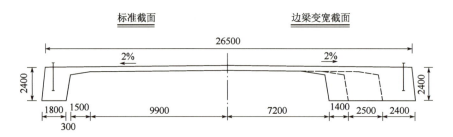

图 6.2-24 荆州长江公路大桥北汊桥主梁横截面布置(尺寸单位:mm)

混凝土边主梁也用于混合梁斜拉桥,如武汉二七长江大桥主桥,大桥为三塔双索面混合梁斜拉桥,跨径布置为(90 + 160 + 2 × 616 + 160 + 90)m,中跨采用组合钢板梁,边跨 90m 采用 C60 混凝土边主梁结构,采用支架现浇施工。边跨混凝土主梁截面布置如图 6.2-25 所示,主梁顶宽 32.3m,底宽 32.7m,梁高 3.5m,标准宽度为 2.5m、高 3.177m 的纵梁,纵梁距结构中心线距离为 15.1m;顺桥向每个 4.0m 设置 1 道横隔梁,宽 0.35m、高 2.8m。纵梁及横隔梁内均设置预应力。

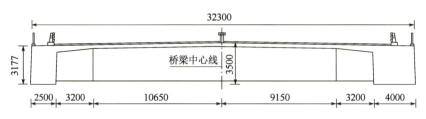

图 6.2-25 武汉二七长江大桥混凝土边主梁横截面布置(尺寸单位:mm)

香溪河大桥主桥为双塔双索面混合梁斜拉桥,跨径布置为(2 × 48 + 78 + 470 + 78 + 2 × 48)m,桥梁全长 818m,边跨总跨径为 174m,每个边跨设置 2 个辅助墩,边中跨比为 0.37。边跨两端各 100.35m 采用混凝土边主梁,其余梁段为组合钢板梁,组合梁段长共 616.5m。边跨混凝土梁采用 C55 混凝土,标准截面如图 6.2-26 所示。梁高 3.31m,顺桥向标准索距为 8m,标准梁段顶板厚 32cm,边肋宽 2.2m,采用支架现浇施工。

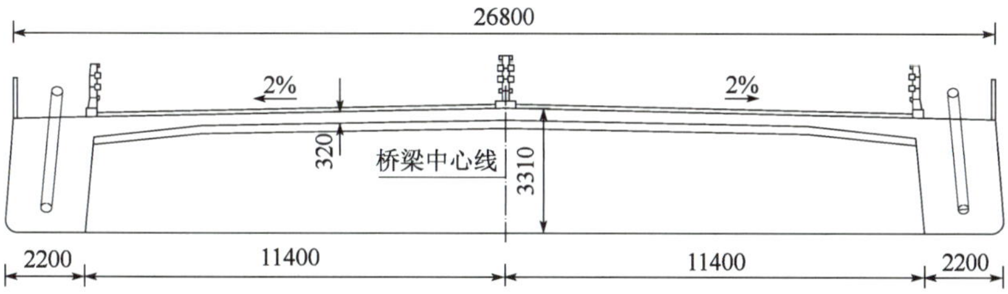

图 6.2-26　香溪河大桥边跨混凝土梁截面布置(尺寸单位:mm)

6.3　混凝土箱梁

6.3.1　基本结构与构造

图 6.3-1 所示为典型中心箱截面主梁构造,由于其抗扭刚度较大,是单索面混凝土梁斜拉桥的标准主梁形式之一。中心箱截面布置一般较为紧凑,箱室外侧采用悬臂板形式,满足桥梁宽度需要。对于单索面中心箱截面主梁,为了防止混凝土开裂,一般采用全预应力结构,桥面板设横向预应力,悬挑长度最长可控制在 5~6m,斜腹板一般也设置预应力以提高抗裂性。

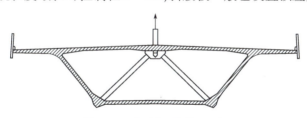

图 6.3-1　典型中心箱截面示意

一般而言,中心箱梁截面布置除了考虑结构总体受力需要外,还需考虑斜拉索锚固以及桥面板局部受力的合理性,当桥面宽度较大时,需要通过设置横隔板使桥面板由横向受力板转化为纵向受力板或纵横向双向受力板。

图 6.3-2 所示为单箱多室箱形截面,抗弯及抗扭刚度大,抗风性能好,可适用于单索面体系。为了提高工程经济性,一般箱室尺寸根据纵向受力确定,结合桥梁功能宽度需要,箱室外可采用悬臂板构造。悬挑长度较大时,可以采用倒 T 形截面进行加劲,如广州海印大桥、重庆涪陵乌江二桥。

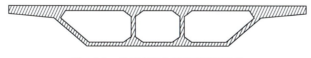

图 6.3-2　单箱多室主梁截面截面示意

单索面中心箱一般在顶板设置锚固块进行拉索锚固。锚固块以箱梁顶板为基础,向上下两个方向延伸加厚,斜拉索直接锚固在箱梁顶板所设置的锚固块上,其水平分力通过锚固块传递至箱梁顶板后再扩散至主梁全截面。为平衡斜拉索竖向分力,在箱梁内设置一对斜拉杆交叉锚固,并在锚固块内设置一对交叉布置且通过加劲斜杆轴线的预应力筋。法国 Brotonne 桥(图6.3-3)、美国日照海湾大桥等单索面斜拉桥均采用这种锚固构造。

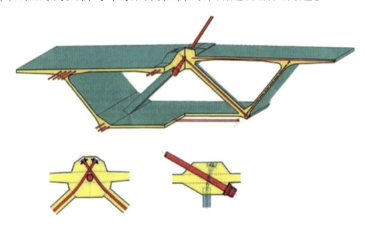

图 6.3-3　Brotonne 桥锚固构造

对于采用单箱多室截面主梁的单索面混凝土梁斜拉桥,一般在主梁中间箱室进行拉索锚固,多采用在箱内设置锚固块或倾斜隔板的锚固构造,例如广州海印大桥、珠海淇澳大桥采用在箱内设置锚固块的方式,涪陵乌江二桥则通过设置横隔板和翼板支撑三角板进行拉索锚固,如图6.3-4 所示。

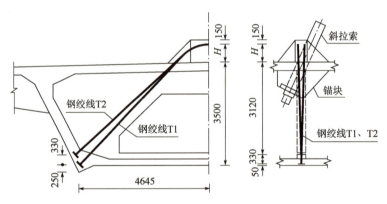

图 6.3-4　乌江二桥主梁锚固构造(尺寸单位:mm)

密索体系的流行使得斜拉桥主梁梁高可进一步减小,同时为提升技术竞争力,主梁截面形式由传统闭口箱形截面向扁平边主梁截面过渡。边主梁的截面效率较低,当纵向受力需要时,将两侧实体纵梁做成空心箱截面形成双边箱截面形式,可显著提升结构承载力,以取得合适的承载力、抗弯及抗扭刚度。

图6.3-5 所示为几种典型的双边箱截面布置示意,其中两侧边箱可以是三角形、倒梯形或是矩形,拉索一般锚固在两侧箱梁腹板、箱梁外缘或箱内,多适用于双索面斜拉桥。图 6.3-5a)所示为分离式矩形窄箱截面,采用矩形截面较为规则,对于施工相对友好,两侧矩形箱梁用于结构承重时,截面效率也最高,两箱通过桥面板和横梁连接。其特点在于可以降低

对施工装备的要求,两边箱可分开单独悬臂拼装,可显著减轻挂篮自重,横隔板可采用预制结构,采用湿接缝连接成整体。虽然500m以下混凝土梁斜拉桥的抗风设计并不控制,但较钝的截面形状引起的横向风荷载相对较大。这种截面形式多为国内早期混凝土生产、运送以及起吊等施工设备受到制约时所采用,如上海泖港大桥、青岛大沽河桥等。随着混凝土梁斜拉桥技术的发展,尤其是先进设计理念的推广,这种受施工制约而采用的结构形式,不仅其工程质量受到挑战,而且其工程经济、工期等也难有竞争力。

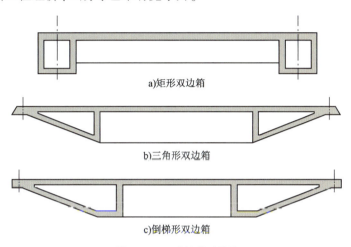

图 6.3-5 双边箱截面示意

由于密索体系斜拉桥对主梁竖向抗弯刚度及承重力的需求并不高,随着斜拉桥跨径增长,为减少风载,提高桥梁抗风性能以及节省材料提升竞争力,两侧边箱外侧采用斜腹板,内侧采用竖腹板的三角形截面更为合适。如图6.3-5b)所示,在三角形箱外侧设置加厚段用于拉索锚固,这种截面形式从横向受力角度来看也更为合理。美国主跨299m的Pasco-kennewick桥最早采用了这种半封闭式的三角形双边箱截面,起到了很好的示范作用,后来又被称PK截面。当纵向受力需要时,还可将三角形箱的内侧竖直腹板往内侧拉大,形成图6.3-5c)所示的倒梯形截面。还有不少工程的边箱采用鱼腹形、波浪形等异形截面,这主要还是出于景观考虑,其结构截面效率一般会受到部分影响,且会带来模板支设、钢筋布置上的困难。

对于分离式矩形窄箱截面,一般可在箱内设置锚固构造进行拉索锚固,通常有箱内设置锚固块和箱内设置斜隔板两种方式,如图6.3-6所示。图6.3-6a)所示的箱内设置锚固块的构造形式,锚固构造位于箱内顶板下,两腹板之间,并与顶板和腹板固结在一起,斜拉索索力水平分力通过锚固块传递至顶板再传递扩散至箱梁全截面,而竖向分力则通过锚固块传递至两侧腹板,因此腹板一般需要设置竖向预应力束进行加强。双索面布置的上海泖港大桥、单索面布置的广州海印大桥均采用了这种锚固构造。图6.3-6b)所示的锚固构造通过在箱梁内部设置斜向隔板实现。隔板的倾斜角度与拉索保持一致,拉索通过斜隔板后可以锚固于箱梁底板外侧,出于美观也可考虑把锚头设置在箱梁底板内,还可以在斜隔板上进行挖槽锚固。这种锚固构造通过斜向隔板将拉索水平索力逐步传递至箱梁全截面,同样通过腹板剪力传递拉索竖向分力,因此腹板也需要布置竖向预应力束进行加强,加强范围至少覆盖斜隔板的水平投影长度。

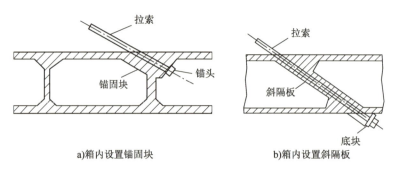

图 6.3-6　分离式窄箱梁斜拉索上锚固构造示意

双边箱截面一般对应于双索面拉索布置,在梁体两侧设置锚固块,这是一种非常普遍的锚固构造,如图 6.3-7 所示。锚固块一般设置在主梁梁体横向两侧的风嘴形实体块下面,如图 6.3-7a)所示,或者直接对应于倾斜外腹板的中心线设置,如图 6.3-7b)所示。拉索的水平分力通过风嘴形实体锚固块或者较厚的边斜腹板逐步传递至主梁全截面,而竖向分力一般通过在斜腹板内布置一定的预应力束来抵抗。以 PK 截面为例,拉索在三角形箱边缘进行锚固时,一般在梁中预埋钢管,拉索穿过钢管后锚固在梁底面,拉索索力通过梁底承压面及预埋钢管传递至主梁,三角形斜向腹板设置短预应力束来平衡拉索的竖向分力,如图 6.3-8 所示。

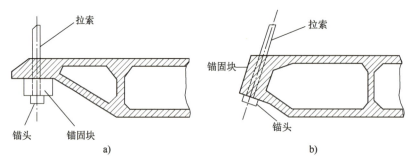

图 6.3-7　双边箱梁斜拉索锚固示意

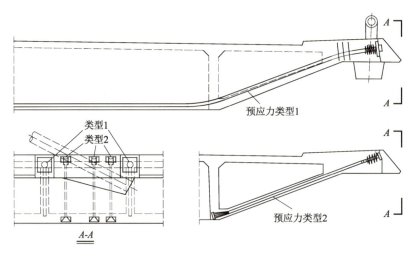

图 6.3-8　斜腹板预应力布置示意

整体箱形截面(图6.3-9)具有较大的抗弯及抗扭刚度,箱形截面布置的顶板和底板可以有效地抵抗正负弯矩,同时可更好地适应如悬臂施工、顶推施工等现代化施工方法。根据主梁纵横向受力特点,可以采用不同的横截面形式,甚至在横向采用流线型布置,梁高既与横向受力匹配又可降低风阻。图6.3-9a)将外侧两室采用三角形截面,以减小风荷载,提高结构抗风性能,可适用于更大跨径斜拉桥。结构宽度较小时或纵向受力不控制时,可进一步将单箱三室截面缩减为三角形单箱双室截面,如图6.3-9b)所示,结构更为紧凑,1991年挪威建成的Skarnsundet桥首次采用了这种截面形式。

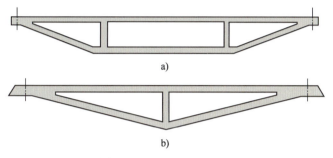

图6.3-9 单箱多室截面示意

对于双索面布置的箱形截面混凝土梁斜拉桥,则一般采用在梁体两侧设置锚固块的方式进行拉索锚固。西班牙Luna桥、挪威Skarnsundet桥、湖北郧阳汉江大桥均采用了这种锚固方式。

6.3.2 中心箱梁

混凝土中心箱梁按照横隔板形式不同,可以进一步划分为空腹式横隔板和实腹式横隔板两类箱梁,两者不仅结构构造、结构受力有所不同,材料指标及施工方法也有差异。

世界上第一座双塔单索面混凝土梁斜拉桥是法国工程师J. Mueller设计的Brotnne大桥,1977年在法国建成。主桥跨径布置为(58.5+143.5+320+143.5+70)m,如图6.3-10所示。主梁采用两侧倾斜的薄壁箱形梁,等高布置,如图6.3-11所示。桥面顶宽19.2m,底宽8m,主梁高度为3.8m。标准截面的顶板、腹板厚20cm,底板厚18cm。主梁所有构件均施加了三个方向的预应力,顶板施加横向预应力,腹板施加竖向预应力,框架式斜撑也施加预应力。为了锚固单索面拉索,在顶板设置锚固块进行拉索锚固。拉索采用单索面形式,拉索的竖向分力通过两个斜撑传递到腹板。主梁施工时采用悬臂浇筑施工,其中主梁腹板为预制构件,其余部分在预制腹板周围现浇。

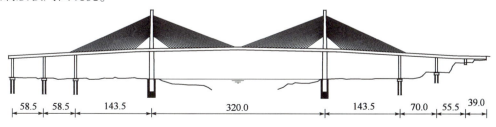

图6.3-10 Brotnne大桥立面布置(尺寸单位:m)

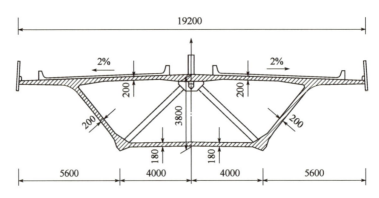

图 6.3-11　Brotonne 大桥主梁横截面布置(尺寸单位:mm)

在 Brotonne 大桥的基础上,1987 年美国建成的阳光高架公路桥(图 6.3-12)同样也采用了双塔单索面混凝土梁斜拉桥结构,跨径布置为(164.6+365.8+164.6)m,桥宽 29.0m。

图 6.3-12　美国阳光高架公路桥

法国伊鲁瓦斯大桥(Iroise Bridge)是一座公路斜拉桥,主桥为双塔单索面混凝土梁斜拉桥,主跨 400m。主梁采用中心箱截面,单箱三室,主梁高度 3.47m,桥面顶板宽度 23.1m,底板宽度 10.18m,外腹板采用倾斜布置。标准截面顶板厚度 0.2m,直腹板厚度 0.4m。该桥建成时是当时世界上最大跨径单索面混凝土梁斜拉桥,其拉索锚固在顶板中央处设置的 π 形梁上,主梁室内设置了 2 根直径 15cm 的钢拉杆用以传递斜拉索索力,如图 6.3-13 所示。

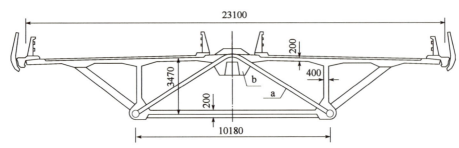

图 6.3-13　伊鲁瓦斯大桥主梁横截面布置(尺寸单位:mm)
a-φ150mm 的钢拉杆;b-π 形梁

巴拿马运河二桥(图6.3-14)采用独柱双塔单索面斜拉桥布置,跨径布置为(200 + 420 + 200)m,如图6.3-15所示。单索面扇形布置,梁上索距为6m。主跨主梁采用现浇混凝土单室箱梁,梁高4.5m,宽34.1m,两侧挑臂长9m,双向6车道布置,如图6.3-16所示。拉索锚固于间距6m的横梁上,横梁梁高1.55m。拉索支承处的反力由箱梁内部2个钢结构斜撑和由耐候钢预制的顶部锚块进行传递。

图6.3-14 巴拿马运河二桥

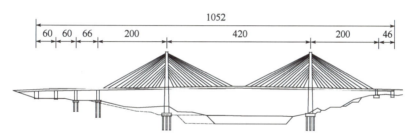

图6.3-15 巴拿巴运河二桥立面布置(尺寸单位:m)

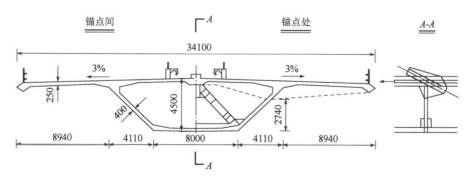

图6.3-16 巴拿马运河二桥横截面布置(尺寸单位:mm)

双塔单索面斜拉桥在中国发展得比较晚,直到20世纪80年代末才开始出现。1988年广州建成的海印大桥,跨径布置(120.5 + 175 + 120.5)m,是国内第一座双塔单索面混凝土梁斜拉桥,如图6.3-17所示。桥塔立于桥面横截面中央分隔带,分离上下行机动车,同时中央分隔带也是斜拉索锚固区域。主梁采用单箱三室截面,主梁梁高3.0m,顶板宽度为35m,中间部分为三室薄壁钢筋混凝土箱,两侧为悬臂 T 形梁。拉索锚固截面设置横隔板,通过楔形齿块与两个中腹板连接。设置横隔板可以有效地将拉索索力平顺地传递至主梁上下翼缘板及两侧腹板,改善了主梁受力性能,且锚固十分方便,如图 6.3-18 所示。

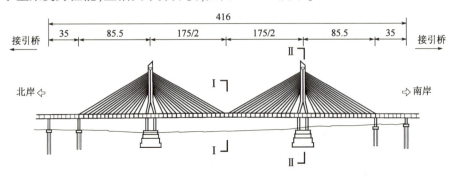

图 6.3-17　海印大桥立面布置(尺寸单位:m)

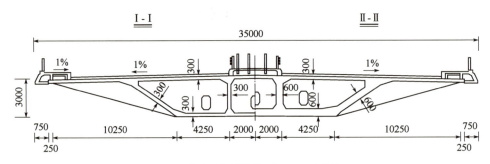

图 6.3-18　海印大桥主梁横截面布置(尺寸单位:mm)

2009 年建成的重庆涪陵乌江二桥,采用双塔三跨式不对称单索面混凝土梁斜拉桥,跨径布置为(100 + 340 + 150)m,高低塔的设置是为了适应当地地形的需要,如图 6.3-19 所示。拉索采用扇形布置,中跨拉索标准索距为 6m,边跨索距加密到 4.4m 和 4.2m。主梁采用单箱单室大挑臂截面,倾斜腹板,顶板宽 25.5m,底板宽 9.29m,中跨主梁顶底板厚依受力变化,主梁高 3.5m,如图 6.3-20 所示。该桥拉索通过设置横隔板和翼板支撑三角板进行锚固,横隔板内布置横向预应力钢束,提高主梁横向刚度及抗扭刚度,从而有利于索力传递至斜腹板、进而均匀传递至上下翼板。

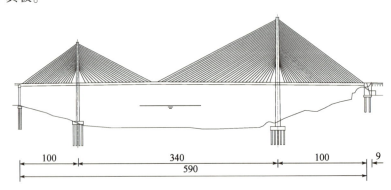

图 6.3-19　涪陵乌江二桥立面布置(尺寸单位:m)

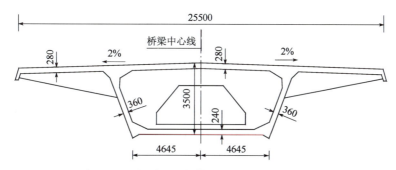

图 6.3-20 涪陵乌江二桥横截面布置(尺寸单位:mm)

珠海淇澳大桥是继广州海印大桥之后又一座独塔单索面预应力混凝土梁斜拉桥,大桥跨径布置为(40.5+136+320+136+40.5)m,如图 6.3-21 所示。主梁采用三角形中心箱截面,中间是拉索支承吊点,结构在横向成双悬臂受力。单箱三室截面,中间采用方箱,两侧采用三角形箱,最外侧则采用变厚度悬臂板,整个截面呈现流线型,如图 6.3-22 所示。主梁不仅自重轻,同时还兼具闭口箱的抗扭刚度大、抗风性能好、景观美观等优点。主梁顶宽 32.84m,底宽 4m,梁高 3.6m。设计原计划采用悬臂挂篮现浇施工。为加快施工进度、同时减轻结构吊装重量,最终大桥采用主梁截面两次成形方案,先预制中间箱室部分,并进行悬臂拼装,两侧悬臂部分采用现浇施工,并且滞后预制部分四个拉索间距的长度。预制部分梁宽 24.4m,长 3.05m(半个索距),质量 145t;主梁两侧悬臂板采用轻型斜拉式挂篮施工,悬臂长 4.22m,宽度为 6.1m,一次浇筑混凝土 7.9m³ 重约 20t。

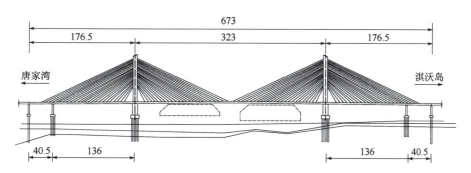

图 6.3-21 淇澳大桥立面布置(尺寸单位:m)

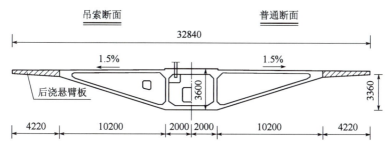

图 6.3-22 淇澳大桥横截面布置(尺寸单位:mm)

宜昌夷陵长江大桥主桥采用单索面三塔混凝土梁斜拉桥方案，大桥跨径布置为(38＋38.5＋43.5＋2×348＋43.5＋38.5＋38)m，桥梁全长936m，如图6.3-23所示。桥梁宽度23.0m，桥面中央索区宽3.5m，设置双向4车道，外加两侧各2.0m宽人行道。

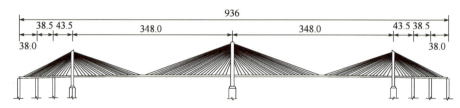

图6.3-23 宜昌夷陵长江大桥立面布置(尺寸单位：m)

主梁采用单箱三室截面，采用三向预应力混凝土结构，梁高3.0m，顶板宽23.0m，底板宽5.0m，两侧悬臂板悬挑长度3.5m，如图6.3-24所示。除主梁边跨及边中塔0号块采用现浇施工外，剩余两主跨主梁采用预制悬臂拼装施工。主梁标准预制节段长4.0m，重160t，主梁预制悬拼段间隔50m左右设置一道0.5m宽湿接缝，以便及时调整因施工误差引起的线形变化，其余节段间均采用干接缝，主跨共设置7个宽湿接缝。

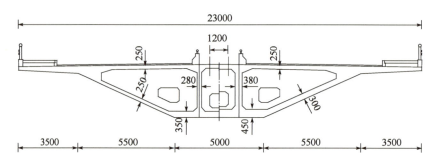

图6.3-24 夷陵长江大桥横截面布置示意(尺寸单位：mm)

墨西哥坦皮科大桥(Tampico Bridge)是混凝土中心箱用于混合梁斜拉桥的典型案例。该桥为双塔单索面混合梁斜拉桥，主跨跨径360m，采用中心箱钢箱梁，边跨跨径70m，采用中心箱混凝土箱梁，截面布置如图6.3-25所示。引桥和斜拉桥边跨均采用预制预应力混凝土箱梁构件，施工分段安装。斜拉桥边跨主梁截面形式在无索区和引桥相同，为单箱单室带两侧悬臂板的截面形式；在斜拉索锚固处设置斜撑，与箱梁顶、底、腹板构成三角形结构，承受斜拉索锚固荷载作用。

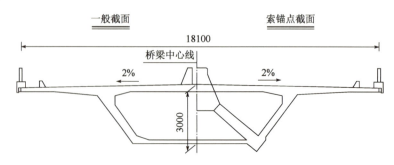

图6.3-25 墨西哥坦皮科大桥边跨混凝土梁截面布置(尺寸单位：mm)

6.3.3 双边箱梁

美国 Pasco-kennewick 桥是一座混凝土梁斜拉桥,大桥跨径布置为(38.4 + 123.9 + 299 + 123.9 + 3 × 45.11 + 37.8)m,如图 6.3-26 所示。拉索采用扇形布置,梁上索距为 8.23m,全桥共计 72 对拉索。主梁首次采用三角形双边箱梁,如图 6.3-27 所示,由两侧的三角形箱以及支撑在横梁上的桥面板组成,梁高 2.13m,采用预制节段施工,标准节段长 8.23m,与梁上索距相同。两侧引桥主梁的截面外形与有索区相同,但增加了底板和额外两道内腹板。为了减小引桥区下部结构立柱的横向间距,将支座与两道内腹板对齐设置。引桥仅在跨中和支点位置处设置横梁,因此桥面处于横向悬挑受力状态。边支点处有 9.45m 长的实心段主梁,用以平衡三根背索的集中上拔力。

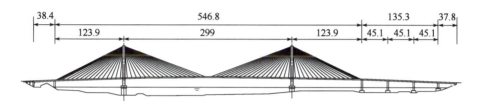

图 6.3-26 Pasco-kennewick 桥总体布置(尺寸单位:m)

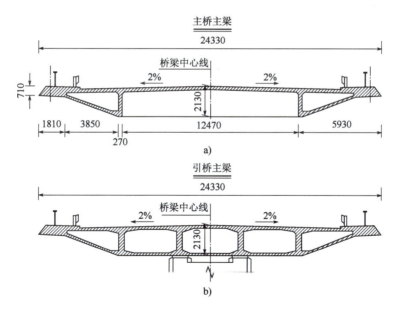

图 6.3-27 Pasco-kennewick 主桥和引桥横截面布置(尺寸单位:mm)

巴拿马运河三桥是一座双塔双索面混凝土梁斜拉桥,跨径布置为(79 + 181 + 530 + 181 + 79)m,如图 6.3-28 所示。主梁采用双边箱截面,梁高 2.6m,桥面宽 23.6m。横隔板间距为 7 ~ 8m,横隔板厚 220 ~ 300mm,如图 6.3-29 所示。主梁采用悬臂浇筑施工,全桥共计 33 个节段。

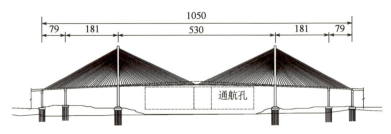

图6.3-28 巴拿马运河三桥立面布置(尺寸单位:m)

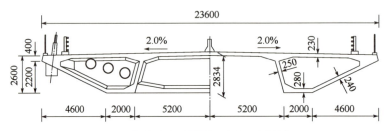

图6.3-29 巴拿马运河三桥横截面布置(尺寸单位:mm)

美国 Pasco-kennewick 桥的双边箱梁一经提出,很快在工程界得到推广应用。面对大跨径斜拉桥的建设需要,国内包括武汉长江二桥在内的不少桥梁也采用了这种 PK 截面主梁,但受限于当时国内预应力混凝土施工技术与设备,与国外混凝土梁斜拉桥采用预制装配施工不同,国内大多数斜拉桥采用悬臂浇筑施工。

武汉长江二桥主航道桥是一座双塔双索面混凝土主梁斜拉桥,如图6.3-30所示。拉索为双索面扇形布置,标准索距为8m。主梁采用混凝土双边箱梁,梁高3m,宽29.4m,横梁间距为4m,如图6.3-31所示。主梁在边支点外有5m的悬臂端,相邻的刚构桥支撑在其上作为压重。主梁采用挂篮悬臂浇筑施工,边支点部分梁段采用支架现浇施工。

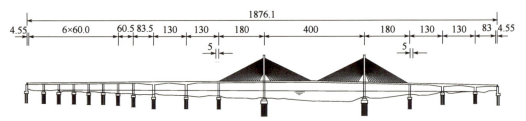

图6.3-30 武汉长江二桥立面布置(尺寸单位:m)

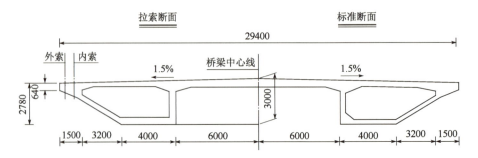

图6.3-31 武汉长江二桥横截面布置(尺寸单位:mm)

宜宾长江大桥主桥也是双塔双索面混凝土梁斜拉桥,主桥跨径布置为(184+460+184)m,在南北两岸各设2个辅助墩,如图6.3-32所示。全桥共计152对拉索,扇形布置,梁上标准索距为6m,边跨密索区索距为3m。主跨主梁采用混凝土双边箱梁,边跨索距加密段主梁采用混凝土整幅箱梁,主梁梁高3.3m,宽25m,如图6.3-33所示。每隔6m设置一道横梁,边跨横梁间距为3m,与拉索索距匹配。边跨距边支点6~63m范围在箱梁内部采用C20素混凝土压重,并用2cm厚的毛毡将压重混凝土与梁体隔开,使其不参与结构受力,压重集度为450kN/m。主梁顶底板设纵向预应力束,顶板和横梁设横向预应力束。塔处0号段主梁采用托架现浇,边跨密索区主梁采用支架现浇,一般段主梁采用挂篮分段悬臂现浇施工,标准段长度6m。

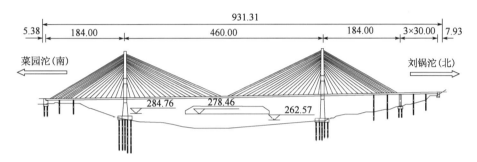

图6.3-32 宜宾长江大桥立面布置(尺寸单位:m)

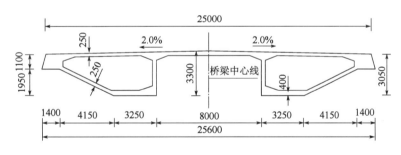

图6.3-33 宜宾长江大桥主梁横截面布置(尺寸单位:mm)

混凝土双边箱梁是混合梁斜拉桥中常用的结构形式,如湖北荆岳长江公路大桥主桥,为主跨816m的双塔双索面不对称混合梁斜拉桥,其中中跨和北边跨采用扁平双边箱钢箱梁,南边跨采用双边箱预应力混凝土梁。边跨混凝土梁横截面布置如图6.3-34所示,主梁桥宽35.0m,结构中心线处梁高3.823m,设置双向横坡。标准截面顶板厚35cm,底板厚40cm,斜底板厚35cm,内腹板厚50cm,根据受力需要,混凝土箱梁在桥塔及墩顶附近部位进行板厚加厚。横隔板标准间距为3.75m。南边跨混凝土梁采用落地支架施工,采用分段预制、匹配制造、逐段拼装,以提高混凝土施工质量、减少收缩徐变影响。考虑到索距及施工工艺,共分为32个预制阶段,标准节段长7.5m,质量约810t。

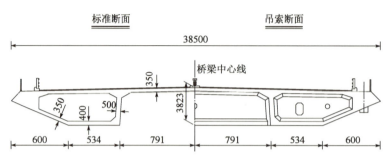

图 6.3-34 荆岳长江公路大桥横截面布置(尺寸单位:mm)

6.3.4 整体箱梁

西班牙 Luna 桥(Barrios de Luna Bridge)跨越里昂的一座大坝,主跨为 440m,曾在 1983 年到 1991 年之间保持斜拉桥的跨径纪录,跨径布置为(99+440+99)m。采用框架式桥塔,塔高 90m,双索面布置,总体布置如图 6.3-35 所示。

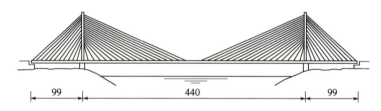

图 6.3-35 Luna 桥总体布置(尺寸单位:m)

本桥最大特点为采用平衡重锚固桥台,并以部分地锚的方式来解决边跨与主跨比值太小的难题。由于边中跨比仅为 0.23,两侧边支点处各设置一个 35m 长的混凝土桥台作为压重,并且主梁在此处与桥台固结。同时在主跨跨中位置设置剪力铰来适应温度等效应导致的主梁变形。主梁采用全封闭箱梁截面,单箱三室截面,主梁宽 22.5m,如图 6.3-36 所示。

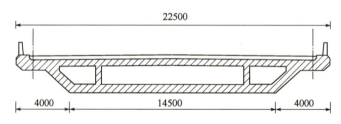

图 6.3-36 Luna 桥横截面布置(尺寸单位:mm)

西班牙 Talavera de la Reina 桥为一座独塔双索面混凝土梁斜拉桥,主跨为 318m,塔高 164m。其拉索系统采用空间布置,主跨主梁由双索面布置的拉索支承,桥塔另一侧的平衡拉索锚固于混凝土锚碇上,如图 6.3-37 所示。主梁采用预应力混凝土流线型整幅箱梁,单箱四室,梁高 2.8m,宽 36m,如图 6.3-38 所示。

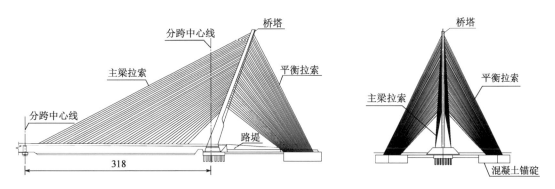

图 6.3-37 Talavera de la Reina 桥总体布置(尺寸单位:m)

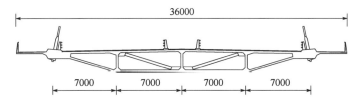

图 6.3-38 Talavera de la Reina 桥主梁横截面布置(尺寸单位:mm)

挪威 Skarnsundet 桥(Skarnsundet Bridge)主跨达 530m,1991 年建成时为世界上跨径最大的斜拉桥,立面布置如图 6.3-39 所示。主梁采用了流线型的三角形混凝土箱梁,梁高 2.15m,宽 13m,如图 6.3-40 所示。由于边中跨比仅 0.36,边跨混凝土主梁采用实心截面作为压重。主梁采用悬臂现浇施工,悬臂节段长度为 10m,与梁上标准索距相同。

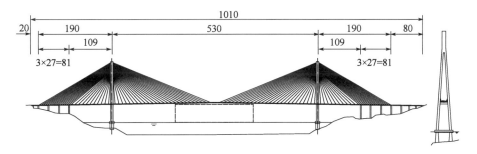

图 6.3-39 Skarnsundet 桥总体布置(尺寸单位:m)

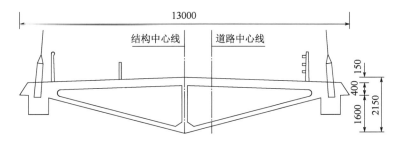

图 6.3-40 Skarnsundet 桥横截面布置(尺寸单位:mm)

湖北省郧阳汉江大桥是一座主跨414m的地锚式预应力混凝土梁斜拉桥。该桥跨径布置为(86+414+86)m，桥梁全长586m，边中跨比仅0.208，边跨设43m的平衡重锚固桥台，主梁与锚固桥台刚接，全桥只在主跨中设置一道伸缩缝，总体布置如图6.3-41所示。全桥共100对拉索，梁上标准索距为8m，锚固桥台上索距为2m。主梁采用全封闭整幅箱梁（见图6.3-42），单箱三室，梁高2m，宽15.6m，一般段主梁顶底板厚200mm，与锚固桥台连接处局部加厚至500mm，竖直腹板厚240mm，斜腹板厚160mm，拉索锚固处厚700mm。横梁标准间距为8m，横梁厚200mm。主梁采用支架现浇和预制悬臂拼装施工。边跨主梁采用现浇施工，现浇段长158.8m。浇筑时以桥塔处0号块为起点，向岸侧和河侧浇筑，0号块浇筑完成后与桥塔临时固结，待主梁与锚固桥台合拢后解除桥塔临时固结。悬拼段主梁共长341.2m，分88个节段，有拉索标准节段长3.7m，无拉索标准节段长4.3m。

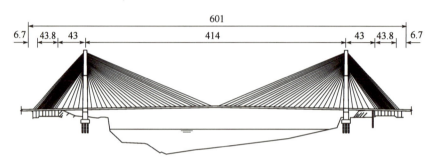

图6.3-41　郧阳汉江大桥立面布置(尺寸单位：m)

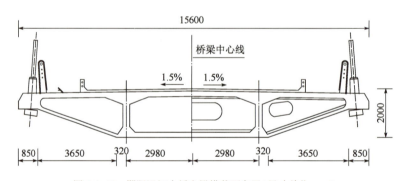

图6.3-42　郧阳汉江大桥主梁横截面布置(尺寸单位：mm)

整体混凝土箱梁用于混合梁斜拉桥最著名的有法国诺曼底大桥和日本多多罗桥。法国诺曼底大桥一举将斜拉桥跨径从600m推进至近900m，无疑是斜拉桥发展史上里程碑式桥梁，采用混合梁布置形式是其重要特点。大桥跨径布置为(27.75+32.5+9×43.5+96+856+96+14×43.5+32.5+27.75)m，两岸引桥采用预应力混凝土箱梁结构，一直延伸至主跨内并悬伸116m，并与混凝土桥塔刚性连接。除了与桥塔相邻孔采用跨径96m外，两岸引桥及斜拉桥边跨索区范围均采用43.5m跨径。诺曼底大桥地处塞纳河河口，风力较大，为此选择采用流线型箱形截面，综合边跨预应力混凝土桥跨限制，最终确定主梁梁高在3.0m左右。混凝土箱梁标准截面如图6.3-43所示。除外轮廓与钢箱梁一致外，箱内设置两道腹板与钢箱梁相对应，这样既能保持与钢箱梁的协调匹配，也可适应混凝土梁自身成桥与施工期间的受力要求，方便顶推施工。值得注意的是，诺曼底大桥引桥采用顶推法，从两侧桥塔开始逐步顶推混凝土箱梁，直至桥塔前最后一个桥墩后6m，留下至桥塔90m的空隙。混凝土箱梁分阶段施工，每段长7.25m，在桥台不远处场地预制浇筑、张拉预应力筋，每次顶推7.25m。边跨引桥每孔共分为6个节段，包含1个墩顶段、2个渐变段和3个标准中间段。剩余混凝土箱梁部分采用悬臂现浇施工，在移动挂篮内对称浇筑主跨和边跨混凝土节段，直至边跨在最末边墩6m处与顶推施工混凝土梁段合龙，此时主孔混凝土梁段向前延伸了116m，随后再进行主跨钢节段悬臂法施工，直至最终合龙。

诺曼底大桥建成后四年，日本多多罗桥以主跨890m刷新了斜拉桥跨径纪录。大桥跨径布置为(50+50+170+890+270+50)m，受限于建设条件，两侧边跨较短，分别为320m、270m，为更好平衡主跨890m的自重，多多罗大桥也用了混合梁布置形式。两侧边跨分别采用了105.5m、62.5m长的混凝土箱梁，这些区域跨越陆地和浅滩，在落地支架上现浇施工。多多罗大桥同样采用了流线型箱梁结构，主梁梁高2.7m，混凝土箱梁采用流线型单箱三室截面，标准截面布置如图6.3-44所示，外形及箱内腹板均与钢箱梁相互匹配。

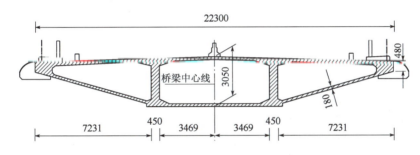

图6.3-43　诺曼底大桥边跨混凝土箱梁横截面布置(尺寸单位：mm)

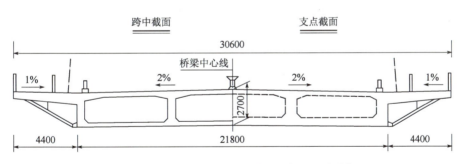

图6.3-44　多多罗桥边跨混凝土箱梁横截面布置(尺寸单位：mm)

6.3.5　其他箱梁

除了上述常规混凝土箱形截面外，一些混合梁斜拉桥为匹配主跨主梁形式，还出现了分体混凝土箱梁、整体式梯形混凝土箱梁等混凝土梁结构形式。中国香港昂船洲大桥主跨为1018m，其中289m边跨范围布置了3个辅助墩，从主跨向边跨的跨径布置均为(79.75+70+70+69.25)m。大桥采用混合梁布置形式，主跨采用分体钢箱梁，边跨则对应为分体箱预应力混凝土箱梁，采用流线弧形大横梁将两侧预应力混凝土梁连接，如图6.3-45所示。边跨斜拉索间距为10m,分体混凝土箱梁连接两边箱梁的混凝土横梁间距为20m。为满足桥面板受力、主梁施工及成桥受力,使混凝土箱梁与钢箱梁外形相协调,内部增设了3道纵腹板,以适应主梁纵向受力需求,使桥面板成为跨距适中的横向受力板。

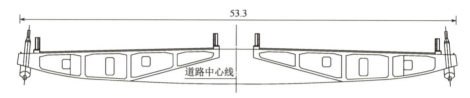

图6.3-45 边跨分体箱预应力混凝土梁横截面布置(尺寸单位:m)

主梁钢-混交界处布置在边跨距离桥塔50m处,边跨预应力混凝土箱梁240m。两侧边墩及辅助墩与混凝土主梁采用固结连接。采用临时支架进行边跨混凝土梁现浇施工(图6.3-46)。

图6.3-46 边跨混凝土梁支架现浇

中国香港汲水门大桥是采用混合梁布置的组合钢桁梁结构,在国际上也颇具影响力。该桥跨径布置为(70+80+80+430+80+80)m,桥梁全长820m。主跨中部390m长采用双层组合的组合钢桁梁结构,主梁梁高7.47m,主跨剩余部分及边跨采用与主跨主梁外形类似的预应力混凝土梯形箱梁,如图6.3-47所示。混凝土梯形箱梁连接钢框架及其上部叠合的混凝土板,是汲水门大桥的最显著设计特点之一。

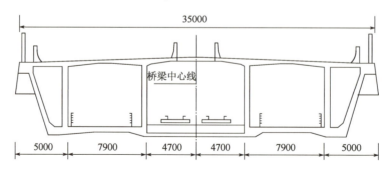

图6.3-47 中国香港汲水门大桥边跨混凝土梁截面布置(尺寸单位:mm)

梯形箱梁的顶板厚度为35～60cm,底板厚度为30～123.6cm,外侧斜腹板和内侧竖腹板的厚度为55～90cm。由于在底板上要布置车辆,上部结构所需横向刚度全由框架作用来实现,即使在桥墩处也不可能设置内横隔板,因而需在桥梁下部设置横梁。恒载、活载的竖向荷载全部由腹板平均分担,而拉索竖向荷载基本由外腹板承受。边跨预应力混凝土主梁采用分段顶推法施工,在已架梁段末端拼建长约18m的预应力混凝土箱形节段,再将整组箱梁向索塔方向推进,重复进行工序直至首段箱梁及顶推导梁超越索塔达到指定设计位置。

贵州贵黔高速鸭池河大桥同样采用钢桁梁-混凝土箱梁混合梁布置形式,跨径布置为(72+72+76+800+76+72+72)m。该桥主跨采用正交异性钢桥面钢桁梁,边跨采用预应力混凝土箱梁,和香港汲水门大桥不同,鸭池河大桥为单层交通桥梁,仅上层桥面通行公路交通。边跨主梁在满足与中跨钢桁梁衔接传力要求的情况下,主要考虑混凝土箱梁自身受力与施工便利等,尽可能简化结构,最终采用等截面预应力混凝土双箱结构(图6.3-48),双箱桥面板横向连续,在辅助墩、边墩处采用全高横梁连接,在其余位置采用标准间距8m的半高横梁连接,所有横梁均采用预应力混凝土结构。混凝土箱梁标准宽27.7m,设置双向横坡。边箱外腹板边缘高7.924m,边箱底宽7.4m,顶板厚0.3m,底板厚0.3m,靠近路边缘侧腹板厚0.7m,道路中心线侧腹板0.6m,如图6.3-49所示。

图6.3-48 贵黔高速鸭池河大桥边跨混凝土梁实景

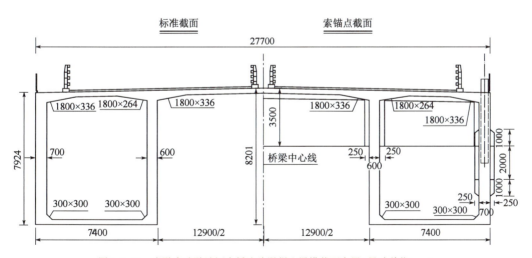

图6.3-49 贵黔高速鸭池河大桥边跨混凝土梁横截面布置(尺寸单位:mm)

第7章
桥塔

7.1 发展概况

桥塔是斜拉桥的重要组成部分,在很大程度上决定斜拉桥的整体造型。桥塔必须能够适应斜拉桥的受力要求,还要满足斜拉索的布置要求,经济合理地传递斜拉索索力。为适应受力及施工的需要,桥塔可单独采用钢或混凝土材料,也可在同一桥塔内部采用两种材料的组合,以充分发挥材料的性能。无论混凝土塔还是钢塔,桥塔造型和相应的受力条件都必须满足正常运营要求,同时力求造型优美,使斜拉桥与周围环境更加协调。

随着斜拉桥技术的发展,对主塔材质、结构构造、施工技术、锚固形式等提出了新的要求,也推动了桥塔技术的不断发展。美国是钢桥塔发展早期的代表,自 1903 年建设的 Williamsburg 桥第一次采用钢桥塔,此后建设的悬索桥大都采用钢塔。早期的钢塔的塔柱截面大多采用多格室铆接,通过外侧格室尺寸变化或者格室的增减实现塔柱截面的变化。斜拉桥的发展晚于悬索桥,第一座现代斜拉桥为瑞典的 Stromsund 桥,于 1956 年建成通车。该桥主跨 183m,桥塔为钢结构门形塔(图 7.1-1)。此后,相当长一段时间欧美斜拉桥桥塔以钢材为主建造。日本是地震频发地区,20 世纪 70 年代从欧美引入斜拉桥技术后,多采用钢桥塔。日本出于本国国情并得益于焊接和栓接技术的发展,钢塔柱多采用带加劲肋的大型钢板焊接成的大格室截面形式。在钢塔架设方面,也逐步形成浮式起重机、塔式起重机吊装等方法,并能实现架设精度管控、减震的目标与要求。

20 世纪 60 年代以后,随着高耸结构物的混凝土浇筑技术,特别是模板技术的发展,混凝土桥塔逐步在世界各国的大跨径索结构桥梁中得到应用。随着跨径的增大,为减轻自重,主梁大多采用钢结构,但桥塔大多采用钢筋混凝土结构。混凝土桥塔的优势主要体现在材料经济性方面,尽管自重相当大,但研究表明甚至超过 300 m 高的

图 7.1-1 瑞典 Strömsund 桥主塔

混凝土塔仍然具有竞争力。桥塔施工技术的进步体现在混凝土泵送工艺、桥塔滑模或爬模法施工。苏通长江大桥主跨1088m，斜拉桥混凝土桥塔高300.4m，采用自动液压爬模系统进行施工，创造了最高桥塔的世界纪录。俄罗斯岛大桥主跨1104m，A形钢筋混凝土桥塔高为321m（图7.1-2），同样采用爬模法施工，创造了桥塔高度世界新纪录。

图7.1-2　俄罗斯岛大桥主塔

桥塔是斜拉桥的关键受力结构，承担着将强大索力传递至桥梁基础的重要功能，承受巨大的轴力和弯矩作用，桥塔的承载力及效率事关全桥的安全与经济性，对斜拉桥的重要性不言而喻。

桥塔常用形式有钢塔和混凝土塔两种。钢结构塔具有工厂化制造、模块化架设的优点，工厂制造、现场架设并行作业，施工工期短、工厂化程度高、质量可靠、环保管控集中，在欧美及日本多有采用。大跨径索承式桥梁的钢塔高度也已接近300m，如日本明石海峡大桥为主跨1991m悬索桥，钢塔高为268.7m，多多罗桥为主跨890m的斜拉桥，钢塔高220m（图7.1-3），均采用自动升降式塔式起重机逐段架设。我国钢桥塔的设计建造起于南京长江第三大桥，其钢塔仅4个月就架设完成（图7.1-4）。

图7.1-3　日本多多罗桥主塔　　　图7.1-4　南京长江三桥主塔

混凝土塔结构刚度大、稳定性好，建设成本较钢结构塔低，但其施工方式以现场浇筑为主。需经历劲性骨架安装、钢筋绑扎、模板安装与调整、混凝土浇筑等复杂的工序，工厂化程度低、施工组织复杂，现场作业强度大、施工工期长，是典型的现场施工型结构。

此外，斜拉桥采用混合结构桥塔由来已久，钢塔柱与混凝土塔柱混合的结构形式最为常见，在中小跨径斜拉桥和大跨径斜拉桥中都有应用，利用两种材料和结构形式满足桥塔不同部位的受力、结构构造以及防撞等需求，常常能够取得技术与经济上的优势，近年来在超大跨径斜拉桥也得到了发展应用。

本世纪之前，受国情和制造、架设水平等因素的限制，中国在大跨径缆索承重桥梁中一直采用混凝土桥塔。众所周知，钢结构具有较高的承载力和结构延性，但在相同截面外形尺寸条件下，其结构刚度较混凝土结构小，钢桥塔用钢量高、制造难度大，建设成本亦较高。因此，钢桥塔在我国的应用大大少于混凝土桥塔。我国绝大部分的悬索桥和斜拉桥的桥塔采用混凝土结构，如苏通长江大桥（图7.1-5）、西堠门跨海大桥（图7.1-6）等。进入21世纪以来，随着中国经济的飞速发展，钢桥塔逐步受到桥梁建设者的青睐。2005年建成的南京长江三桥斜拉桥首次采用钢塔，此后建成的泰州长江公路大桥、马鞍山长江公路大桥两座悬索桥的中塔采用了钢塔，港珠澳大桥的九州航道斜拉桥等采用了钢桥塔。

图7.1-5　江苏苏通长江大桥主塔

图7.1-6　浙江西堠门跨海大桥主塔

近年来，随着我国交通事业的发展，千米级斜拉桥和两千米级悬索桥的建设需求不断出现，桥塔高度随着桥梁跨径的增加不断攀升，混凝土桥塔巨大的结构自重成为制约其技术经济竞争力的重要因素。此外，修建于强风环境的大跨径和超大跨径斜拉桥，还需要承担极限静风荷载产生的巨大弯矩，甚至超过运营荷载的最不利组合作用。对于多塔斜拉桥，中间桥塔在承受巨大轴向荷载作用的同时，还需要承担较双塔斜拉桥更大的弯矩作用。面对斜拉桥建设的多种挑战，迫切需要发展新的桥塔结构形式，既要减轻桥塔结构自重，又要使桥塔具备强大的抗压弯承载能力，又能够提高工厂化制造水平并加快工期，毫无疑问组合结构将成为最具潜力的结构形式。组合桥塔可以充分发挥钢结构桥塔工厂化制造、模块化安装以及混凝土桥塔结构刚度大、造价较低的优点,规避钢桥塔刚度小、用钢量高、建设成本高以及混凝土桥塔自重大、现场作业量大、工期长等缺点。

从桥梁技术发展趋势看,提升桥梁建造的工业化水平,确保桥梁设施快速、优质、高效和安全建造,是世界桥梁技术的发展趋势。因此,开发力学性能优异、工厂化程度高、施工快速、质量可靠的组合桥塔结构,成为斜拉桥和悬索桥建造技术发展的重要任务。南京江心洲长江大桥首创了钢壳-混凝土组合桥塔结构形式,在钢壳中填充混凝土形成组合桥塔结构,工厂制造的钢壳既作为桥塔受力结构的一部分,同时也是施工模板,钢壳与混凝土协同受力,承担桥梁荷载作用。钢壳制造与现场安装、混凝土浇筑并行作业,大幅提高了工厂化水平,提升现场施工速度。张靖皋大桥首创了钢箱-钢管约束混凝土组合桥塔结构形式,钢箱内置钢管,可有效利用钢管混凝土套箍效应,充分发挥混凝土承压作用,可以调整钢管布置以适应桥塔刚度和受力要求,满足超高桥塔轻型化、高延性以及高承压和抗弯承载要求。

7.2 基本形式与特点

7.2.1 独柱塔

7.2.1.1 支承中心索面

对于具有中心索面的斜拉桥,采用独立柱式桥塔并使桥塔的轴线位于索面之内,可以使斜拉索的竖向分力在塔的截面上只产生轴力,如图 7.2-1 所示。桥塔既可以与主梁固接[图 7.2-1a)],又可穿过主梁固结于墩顶[图 7.2-1b)],还可以采用塔梁墩固结[图 7.2-1c)]。

在方案(a)中,主梁内设置横梁与桥塔形成刚性固结,并在主梁下设置竖向支座,支承在塔墩上。为保证塔的横向稳定性,在横梁的两端需要设置支座,以抵抗主梁的扭矩和作用在桥塔上横向荷载产生的弯矩。

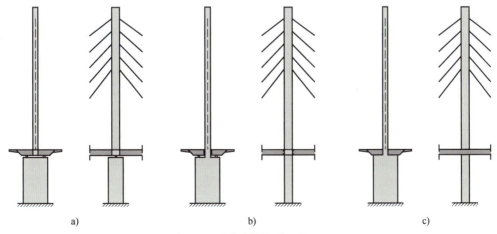

图 7.2-1　独柱式桥塔(中心索面)

方案 a)这种塔梁固结、塔墩分开的结构形式，主要应用于中小跨径的斜拉桥中。如2005年10月通车的塞尔维亚自由桥，在诺维萨德跨越多瑙河，为主跨351m的双塔斜拉桥，钢主梁宽27.5m，钢主梁与钢塔固结，支承在混凝土桥墩上，如图7.2-2所示。2007年通车的波兰团结桥，为主跨375m的双塔斜拉桥，钢主梁与钢塔固结，支承在混凝土桥墩上，如图7.2-3所示。

图7.2-2　塞尔维亚自由桥主塔

图7.2-3　波兰团结桥主塔

另外该体系在矮塔斜拉桥有较多应用，如我国2001年建成的漳州战备大桥，采用塔梁固结、塔墩分离的结构体系，如图7.2-4所示。

图7.2-4　漳州战备大桥

在图7.2-1的方案b)中，塔墩之间的固结直接保证了桥塔的侧向稳定性，所以两个边支座仅传递主梁产生的力和扭矩。采用该体系的桥梁如温州七都北汊桥，如图7.2-5所示。

图 7.2-5　温州七都北汉桥

图 7.2-1 方案 c)的塔梁墩固结结构形式,主要应用于桥面以下塔墩较高的斜拉桥中,鉴于混凝土结构固结方案较容易实施,因此应用较多。如 1977 年通车的法国 Brotonne 大桥,跨越塞纳河,为主跨 320m 的双塔单索面 PC 主梁斜拉桥,如图 7.2-6 所示。当桥墩较矮或者跨径较大,导致桥塔所受温度荷载力较大时,通常桥面以下塔柱采用双薄壁墩结构。这种结构形式的典型应用,如 1987 年建成美国阳光高架公路桥,如图 7.2-7 所示。

图 7.2-6　法国 Brotonne 大桥

图 7.2-7　美国阳光高架公路桥

7.2.1.2　支承空间索面

独柱式桥塔可以应用于空间双索面或四索面的斜拉桥,如图 7.2-8 所示。与中心索面的斜拉桥类似，上塔柱可以穿过主梁的预留孔固结于塔墩上 a)，还可以采用桥面上下匀顺连续的结构形式 b)。空间索面布置的斜拉索在恒载作用下，斜拉索竖向分力在塔的截面上同样只产生轴力，对独柱式桥塔的横向稳定具有有利作用。

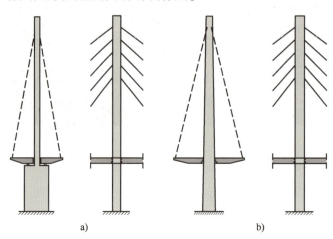

图 7.2-8　独柱式桥塔（空间索面）

方案 a)在桥面与塔墩之间设置竖向支座，支撑主梁塔处节段的自重及运营荷载反力。竖向支座一般在横桥向设置在梁底两侧，以传递主梁的扭矩、保证结构的横向稳定性。方案 b)多用于大跨径和超大跨径斜拉桥，主梁一般采用分体式结构，独柱式桥塔空间索面斜拉桥还可以进一步划分为空间双索面和空间四索面两类。其典型实例为著名的昂船洲大桥，桥塔高 300m，空间双索面布置，独柱式设计给人一种一柱擎天的感觉（图 7.2-9）。空间四索面布置的如加拿大主跨 470m 的新曼港大桥（图 7.2-10）、香港主跨 475m 的汀九大桥（图 7.2-11）。

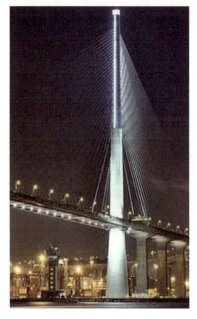

图 7.2-9　中国香港昂船洲大桥主塔

图 7.2-10　加拿大新曼港桥　　　　　　　　图 7.2-11　中国香港汀九大桥

此外，为突出桥梁的独特性和地域特点，从桥梁美学角度出发，一些斜拉桥对典型独柱式桥塔进行一些变化。如上海长江大桥主跨 730m 的斜拉桥，采用"天人合一"人字形主塔造型（图 7.2-12），芜湖长江二桥主跨 806m 的斜拉桥，采用分肢柱式桥塔（图 7.2-13）。

图 7.2-12　上海长江大桥主塔　　　　　　　图 7.2-13　芜湖长江二桥主塔

7.2.2　双独立柱塔和门式塔

由两个独立柱构成的桥塔，从塔柱受力来看，和独柱式桥塔类似，适合于使斜拉索的竖向分力在塔的截面上只产生轴力。因此，主要用于双竖向索面的斜拉桥，可以使桥塔的轴线位于索面之内，如图 7.2-14 所示。在图 7.2-14 中，如图 a) 所示为塔梁固结、塔墩分离的形式，而图 b) 为桥面上下塔柱一体的形式，图 c) 则为塔梁墩固结的形式。应当强调，为了避免塔柱中不必要的弯矩，需要保持桥塔轴线与索面重合，这要求斜拉索锚固位于主梁之外的锚梁上。

图 7.2-14a) 所示的体系曾应用于德国杜塞尔多夫的西奥特-霍伊斯桥（图 7.2-15）。这种结构形式，梁面与塔墩之间的支座一般设置在对应塔柱的位置，以便承受塔柱传来的竖向集中荷载。当主梁为纵横梁体系时，塔柱一般对应主纵梁设置。当桥面设有机动车道以及非机动车道和人行道时，机动车道布置在两个塔柱之间，非机动车道和人行道布置两个塔柱

之外。

图 7.2-14b) 所示的体系较早应用的有德国杜塞尔多夫克尼桥,该桥的钢塔高 114m (图 7.2-16)。克尼桥中的塔柱在桥面上下是连续的,直接坐落在承台上,而斜拉索锚固于主梁横梁所对应的外伸托梁上。

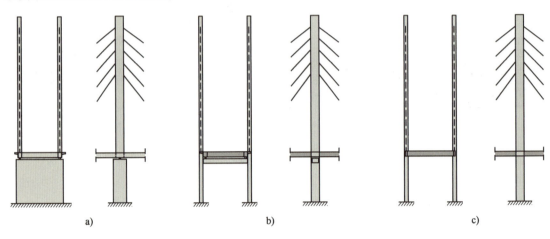

图 7.2-14　双独柱桥塔

图 7.2-15　德国西奥特-霍伊斯桥主塔

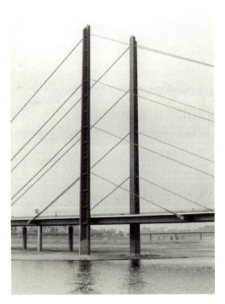

图 7.2-16　德国克尼桥主塔

类似桥梁还有英国伊丽莎白女王二世桥,主跨 450m 的斜拉桥采用混合塔,其中混凝土下塔柱高 53m,钢塔柱高 84m,如图 7.2-17 所示。

在丹麦厄勒海峡桥中,203.5m 高的混凝土桥塔在主梁以上由两个独立柱组成(图 7.2-18)。双层桁架以下的两个塔柱在主梁下设横梁连接,上部独立塔柱高约 150m。这一高度的混凝土结构,重要的是避免塔柱所有恒载竖向力的偏心,采用竖向索面与塔柱的形心重合作为解决方案。

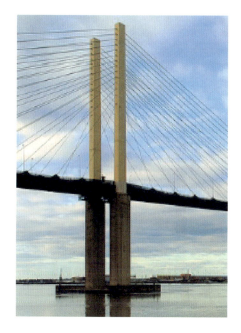
图 7.2-17　英国伊丽莎白女王二世桥主塔

图 7.2-18　丹麦厄勒海峡桥主塔

在设计厄勒海峡桥时，曾对两塔柱之间是否设置横向联系进行了研究，发现塔柱减少的材料数量被横梁增加的材料数量所抵消，而且由于在高塔顶浇筑横梁需要重型临时支架，也增加了施工的复杂性。

图 7.2-14c）所示的体系如加拿大 Golden Ears 桥，该桥为主跨 242m 的四塔五跨双索面组合梁斜拉桥（图 7.2-19），斜拉桥采用塔梁墩固结体系，桥面以上采用双独立塔柱，为减小纵向刚度，下塔柱采用双薄壁截面形式。该桥斜拉索采用双竖向索面，在上端与塔柱形心重合，将下端锚固点布置在桥面行车道和人行道之间，锚固于组合梁的钢纵梁上。

图 7.2-19　加拿大 Golden Ears 桥

当双塔柱较高且难以避免塔柱偏心受力时，一般在梁面以上两个塔柱增加一道横梁，称为门式塔,如图7.2-20所示。美国帕斯科-肯纳威克桥,采用了纯扇形拉索体系和门形混凝土桥塔,如图7.2-21所示。

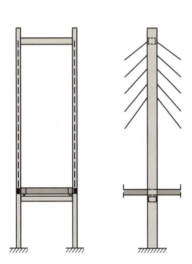

图7.2-20　门形桥塔　　　　　　　　图7.2-21　美国Pasco-kennewick桥主塔

桥塔横梁的设置将对桥塔造型带来明显的影响,当桥面以上桥塔高度较小,比如小于塔内侧桥面净宽时,通常不宜设置上横梁。当桥面以上塔高度大于塔内侧桥面净宽时,可根据受力需要设置上横梁。浙江义乌商博大桥为75m+100m跨径的独塔斜拉桥,桥面以上塔高55m,塔内侧行车道宽24.5m,采用桁架式轻型横梁,取得了较好的景观效果,如图7.2-22所示。

阿根廷巴那拉河桥采用扇形拉索体系,X形轻型横梁,一改常规门形桥塔横梁的厚重感,详见图7.2-23。

图7.2-22　义乌商博大桥主塔　　　　　图7.2-23　阿根廷巴那拉河桥主塔

与常规直立或内倾塔形不同,俄罗斯金角湾跨海大桥为主跨 737m 的斜拉桥,桥塔高 226m,采用双柱外倾塔形,具有较强的视觉冲击力,如图 7.2-24 所示。

图 7.2-24 俄罗斯金角湾跨海大桥主塔

7.2.3 H形桥塔

斜拉桥的索面布置形式中,纯扇形布置在早期稀索体系中应用较多,在密索体系斜拉桥中已经较少应用。目前,最常用的是修正扇形布置,其次为竖琴式布置。当斜拉桥采用双竖向索面布置时,作为斜拉索锚固区的上塔柱,可以采用竖直布置,而且横梁设置于锚固区以下,横梁以下的中塔柱可以倾斜,以便主梁穿过桥塔,这种造型桥塔第一次应用在日本神户的六甲桥上(图7.2-25)。

图 7.2-25 日本六甲桥主塔

当桥面较高时,横梁通常不仅在桥面以上设置,根据需要也在桥面下方设置。对修正扇形体系且桥面甚高的斜拉桥,桥塔的上部可以采用如图 7.2-25 所示的结构形式,而桥面以下的塔柱可以采用如图 7.2-26 所示的不同造型。

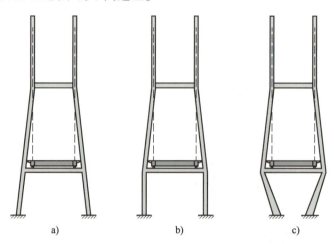

图 7.2-26　上部锚区具有竖向塔柱和下部具有不同造型的桥塔

葡萄牙瓦斯科·达伽马大桥位于里斯本,跨越塔霍河,主跨 420m,主塔采用了图 7.2-26a)的形式,如图 7.2-27 所示。

韩国首尔西海大桥也采用了类似塔形,如图 7.2-28 所示。塔柱在基础顶面以上高达 180m,由两个箱形截面柱组成。塔柱的上部是竖直的,索面为竖向平行双索面,塔柱间距与索面间距一致。桥塔桥面以上选用两根横梁是出于美学考虑。

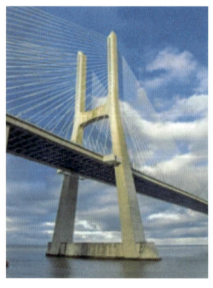 

图 7.2-27　葡萄牙瓦斯科·达伽马大桥主塔　　图 7.2-28　韩国首尔西海大桥主塔

加拿大安纳西斯桥采用了图 7.2-26b)的体系,如图 7.2-29 所示。从纯结构的观点来看,这种桥塔的外形是合理的,但塔柱两次改变方向,景观效果相对一般。

新疆果子沟大桥也采用图 7.2-26b)的体系,如图 7.2-30 所示。两个桥塔均为阶梯形钢筋混凝土框架,塔柱采用单箱单室截面,共分上、中、下三大节段,其中上下塔柱竖直,中塔柱倾斜布置。

图 7.2-29　加拿大安纳西斯桥主塔　　　　图 7.2-30　新疆果子沟大桥主塔

上海南浦大桥、日本濑户内海大桥采用了图 7.2-26c)的体系,如图 7.2-31、图 7.2-32 所示,下塔柱内收,桥塔各部分的比例较为协调,均取得了良好的景观效果。

图 7.2-31　上海南浦大桥主塔　　　　图 7.2-32　日本濑户内海大桥主塔

除了上述双竖向索面与双竖直上塔柱保持严格匹配的 H 形桥塔布置外,还有一些斜拉桥为了桥塔具有更为美观的外形,塔柱的斜度从顶到底保持不变。如日本横滨海湾大桥的桥塔(图 7.2-33),该桥的桥塔具有简洁的几何形状,但也意味着斜拉索锚固区上塔柱是倾斜的,这将导致塔柱偏心弯矩。但该弯矩较小,且其对中下部塔柱的影响可被横梁所克服。类似桥塔还可见于埃及苏伊士运河斜拉桥,桥塔高度为 154m 的准 H 形钢筋混凝土结构(图 7.2-34)。

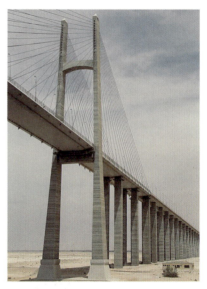

图 7.2-33　日本横滨海湾大桥主塔　　　　图 7.2-34　埃及苏伊士运河桥主塔

对于采用竖琴索体系的斜拉桥,塔柱竖直布置更有利于景观效果,并且最好与索面吻合。东神户大桥采用竖琴体系,但为使桁架主梁能在两塔柱内穿过,塔柱并非严格竖向布置,此时塔柱必须承受一定偏心弯矩。东神户大桥主塔明显的特征为横梁的形状以及上横梁以上较长独立塔柱的设计,如图 7.2-35 所示。

图 7.2-35　日本东神户大桥主塔

此外,也有一些斜拉桥为了主塔更为简洁,塔柱从顶到底保持竖直布置,但对斜拉索采用准竖向索面布置,如英国赛文二桥,该桥斜拉索从梁面锚固点到上塔柱锚固点向外略微倾斜,相应塔柱因为斜拉索的横向水平分力作用而产生横向弯矩(图 7.2-36)。

闵浦大桥采用直柱式钢筋混凝土 H 形塔,塔高 210m。根据结构受力及考虑建筑造型,塔柱采用上小下大的矩形截面,纵向塔顶宽8m、塔底宽14.5m,横向塔顶宽7.0m、塔底宽9.0m,塔柱设上、下两道横梁,详见图7.2-37。

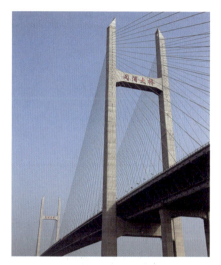

图7.2-36　英国赛文二桥主塔　　　　　　图7.2-37　上海闵浦大桥主塔

7.2.4　A形桥塔

7.2.4.1　支承单索面

A形桥塔可用来支承中心索面,如图7.2-38所示。相对于独柱式桥塔,A形塔对竖向力的传递较为间接,因此必然导致桥塔造价增大。考虑到采用A形塔后,在一定程度上会减小主梁的总宽度。因此,A形桥塔所增大的造价有可能因主梁造价的减少而抵消。中心索面和A形桥塔的结合曾使用在德国施派尔莱茵河桥上。该桥塔柱通过支座支承于桥墩上,桥塔结构纵桥向为铰接约束(图7.2-39)。

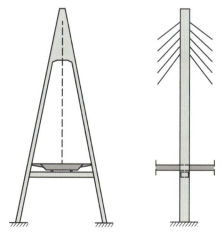

图7.2-38　A形塔(中心扇形体系)　　　　图7.2-39　德国施派尔莱茵河桥主塔

马来西亚士乃—迪沙鲁高速公路柔佛大桥,为主跨 500m 的双塔单索面斜拉桥。该桥 A 形塔横梁设置于桥面以上一定高度,桥面以下未设置横梁,创新性地采用设置于两侧的塔梁液压系统来对主梁提供扭转约束如图 7.2-40 所示。

图 7.2-40　马来西亚柔佛大桥主塔

图 7.2-38 形式的桥塔曾用于支承单索面修正扇形体系的丹麦法吕桥上。由于桥塔坐落在顶部直径较小的沉箱基础上,因此下塔柱内收,塔柱横向尺寸也逐步加大(图 7.2-41)。

图 7.2-41　丹麦法吕桥(Farφ Bridge)主塔

7.2.4.2　支承双索面

A 形桥塔更广泛地应用于采用空间双索面的斜拉桥中。如图 7.2-42 所示的 A 形塔,主梁从两个塔柱之间穿过,使桥面车道布置有较大的自由度。A 形桥塔第一次应用在德国西佛林桥上,其塔柱延伸到基础顶面(图 7.2-43)。

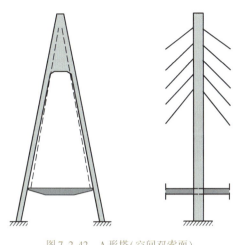
图 7.2-42 A 形塔(空间双索面)

图 7.2-43 德国西佛林桥(Severins Bridge)主塔

斜拉桥采用 A 形桥塔支撑空间索面,与斜拉桥采用两独立塔柱支撑平行索面相比,往往具有更大的抗扭刚度,通常对空气动力稳定性有利,在斜拉桥中应用广泛,设置下横梁的 A 形塔如图 7.2-44 所示。

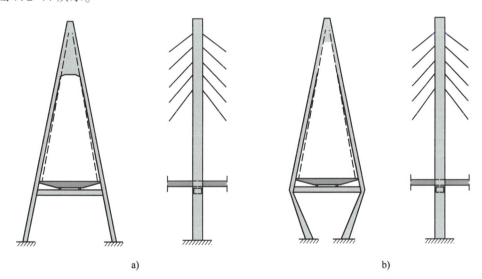

a)   b)

图 7.2-44 空间双索面 A 形塔(设置下横梁)

图 7.2-44a)为纯 A 形塔,斜塔柱延伸到承台,在主梁的下方设置横梁。如 2008 年 5 月通车的杭州湾大桥南航道桥,主跨 318m 的独塔双索面钢箱梁斜拉桥,采用 A 形桥塔,高 194.3m (图 7.2-45)。该桥的斜拉索锚固在两个斜塔柱的交会段中心位置,尽管斜拉索与塔柱中心不重合,但锚固段两塔柱已经合为整体,斜拉索索力基本不在塔柱内产生横向弯矩作用。这种形式桥塔的另一种典型应用为日本名港西大桥,塔高为 122m(图 7.2-46),斜拉索锚固在塔柱上,但两个倾斜的索面与倾斜的塔柱截面重心并不重合,斜拉索在垂直塔柱方向产生分力,为避免在塔柱上产生较大的弯矩,在索锚区设有横梁。

图7.2-45 杭州湾大桥南航道桥主塔

图7.2-46 日本名港西大桥主塔

当塔柱倾斜角度较大且桥面较高时,A 形塔的塔柱如图 7.2-44a)所示那样横桥向叉开,可能对下部结构规模不利。桥面越宽、桥面以下高度越大,则塔底两分肢的横向距离越大。在这种情况下,采用图 7.2-44b)所示的钻石形桥塔,可以适当缩小塔柱距离,控制基础规模。

图 7.2-47 和图 7.2-48 均为典型钻石形塔,桥面以上塔柱不设横梁,仅在主梁的下方设置横梁。1991 年 12 月通车的日本生口桥,为主跨 490m 双塔混合梁斜拉桥,钻石形结构钢桥塔相对纤细,自索锚区二分之一位置向上两塔柱连接为整体,以加强横向抗弯能力。2005 年 7 月通车的美国小阿瑟罗芙奥桥(Small Arthur rove Bridge),为主跨 471m 的双塔组合梁斜拉桥,通航净高 57m,采用钻石形混凝土桥塔。

图7.2-47 日本生口桥主塔

图7.2-48 美国小阿瑟罗芙奥桥主塔

对于传递上部横向力而言,下塔柱内收则要求增大其横向弯曲刚度,补偿下塔柱内收带来的不利影响。福州青洲闽江大桥,为主跨603m的双塔组合梁斜拉桥,主塔高175.5m,其中桥面以上塔高约130m。下塔柱横桥向截面尺寸由4.5m逐步增大为塔底的8m。由于大桥位于沿海地区,塔柱承受自身横向风荷载作用,还有斜拉索和主梁传递而来的横向风荷载,因此除桥面下设有横梁外,桥面以上也设置了横梁,如图7.2-49所示。日本名港东大桥为主跨410m的双塔斜拉桥,钢塔高125m。塔柱斜拉索锚固区下设置上横梁、梁面下设置下横梁,为了减小下部结构的尺寸,两根塔柱向内收缩成V形,如图7.2-50所示。

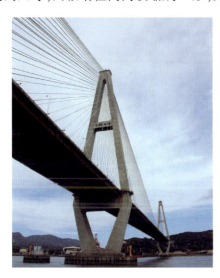
图7.2-49　福州青州闽江大桥主塔

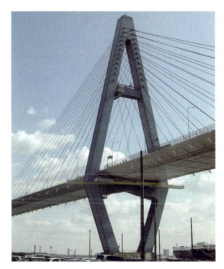
图7.2-50　日本名港东大桥主塔

从改善钻石形桥塔受力及刚度等角度看,并不限于增加下塔柱的截面尺度,可通过在桥塔下部加三角形构件的方法来改善钻石形塔的侧向刚度,日本的治安川桥就应用了这一原理,钢塔的下部布置了双层K形撑,使侧向刚度显著增加,如图7.2-51所示。

图7.2-51　日本治安川桥主塔

7.2.5 倒 Y 形桥塔

倒 Y 形桥塔可以适应单索面、双索面及三索面等不同索面布置的斜拉桥。

7.2.5.1 支承单索面

对于中央索面斜拉桥而言,独柱塔既能支承扇形体系又能支承竖琴体系,而 A 形塔只能用于扇形体系,即所有的斜拉索皆从塔顶放射布置。但图 7.2-52 所示的倒 Y 形桥塔,两斜塔柱顶上设竖向塔柱,这样就能应用于修正扇形单索面拉索体系。

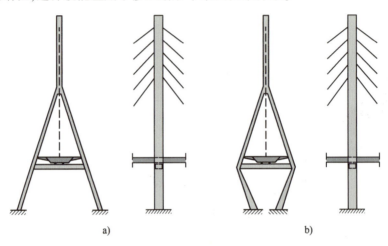

图 7.2-52 支承修正扇形单索面体系的倒 Y 形桥塔

德国 Flehe 桥及台湾高屏溪大桥均为采用图 7.2-52a)体系的实例。联邦德国 Flehe 桥,在联邦德国杜塞尔多夫跨越莱茵河,采用独塔单索面稀索体系,主跨 368m,钢主梁宽 41.7m,混凝土塔高 146m,1979 年通车,如图 7.2-53 所示。台湾南二高速跨越高屏溪的桥梁,为主跨 330m 的独塔单索面混合梁斜拉桥,桥宽 34.4m,塔高 183.5m,1999 年 12 月通车,如图 7.2-54 所示。

图 7.2-53 德国 Flehe 桥

图 7.2-54　台湾高屏溪大桥

当塔柱倾斜角度较大且桥面较高时，和 A 形塔的塔柱类似，需要将桥面以下塔柱采用内收的布置形式，相应的下塔柱也需要增加截面尺寸，以承受内收导致弯矩增加，如图 7.2-52b) 所示。也有一些工程下塔柱采用整体式结构，在结构受力和景观等方面也取得了较好的效果。如日本的鹤见航道桥，主跨 510m 的单索面斜拉桥，倒 Y 形桥塔的上部为钢结构，通过桥面下的大钢横梁与混凝土塔墩固结（图 7.2-55）。我国东海大桥主航道桥，为主跨 420m 的双塔单索面斜拉桥，采用混凝土桥塔，上部倒 Y 形塔柱与下部倒梯形塔墩相接（图 7.2-56）。

 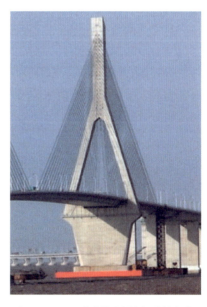

图 7.2-55　日本鹤见航道桥主塔　　　　图 7.2-56　上海东海大桥主航道桥主塔

委内瑞拉奥里诺科河第三大桥为倒 Y 形桥塔与单索面配合的另一实例，不同的是主梁采用钢桁梁。该桥为委内瑞拉跨越奥里诺科河的公铁两用大桥，主跨 360m，如图 7.2-57 所示。

图 7.2-57　委内瑞拉奥里诺科河第三大桥

7.2.5.2　支承双索面

倒 Y 形桥塔可以支承双索面拉索体系,如图 7.2-58 所示。

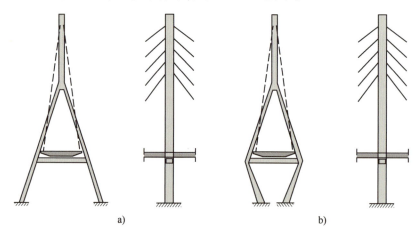

图 7.2-58　支承双索面的倒 Y 形桥塔

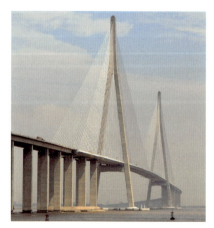

图 7.2-59　江苏苏通长江大桥主塔

采用图 7.2-58a)体系的斜拉桥有苏通长江大桥、法国诺曼底大桥、挪威 Skarnsundet 桥。苏通长江大桥主通航孔桥主跨 1088m,桥塔为倒 Y 形,高 300.4m,如图 7.2-59 所示。倒 Y 形桥塔不仅横向具有稳固的三角形结构,增加了全桥整体抗扭刚度、具有较好的抗风稳定性和抗震性能,而且外形简洁、挺拔、像汉字"人"字,很具中国文化特色,中塔柱交会于黄金分割点附近,比例协调。主塔截面则兼顾了减小风阻、方便施工、景观效果三方面的要求。

法国诺曼底大桥主跨 856m,混凝土塔高 202.7m(图 7.2-60)。倒 Y 形塔为横向三角形稳定体系,其中一个倒 Y 形主塔下横梁与主梁固结,从而有效抵抗来自拉索和主梁的风荷载,并提高了主梁的抗扭刚度。

图 7.2-60　法国诺曼底大桥主塔

挪威 Skarnsundet 桥为主跨 530m 的双塔双索面 PC 主梁斜拉桥,建成时曾是世界上主跨最长的斜拉桥。倒 Y 形混凝土塔高 149m,相对其他倒 Y 形桥塔,该桥具有较矮的上塔柱高度,从外观看介于倒 Y 形桥塔与 A 形桥塔之间,如图 7.2-61 所示。

图 7.2-61　挪威 Skarnsundet 桥主塔

采用图 7.2-58b)体系的斜拉桥有韩国仁川大桥、上海杨浦大桥。韩国仁川大桥为主跨 800m 的钢箱梁斜拉桥,桥塔高 238m,如图 7.2-62 所示。上海杨浦大桥为主跨 602m 的组合梁斜拉桥,桥塔高 216m,如图 7.2-63 所示。两座大桥均采用倒 Y 形塔来提高桥面扭转自振频率,下塔柱均向内收缩以适应较小的基础尺寸。

图 7.2-62　韩国仁川大桥主塔

图 7.2-63　上海杨浦大桥主塔

7.2.5.3 支承三索面

倒 Y 形桥塔可以支撑三索面拉索体系,如图 7.2-64,其中 a) 为标准倒 Y 形塔,b) 为下塔柱内收的倒 Y 形塔。

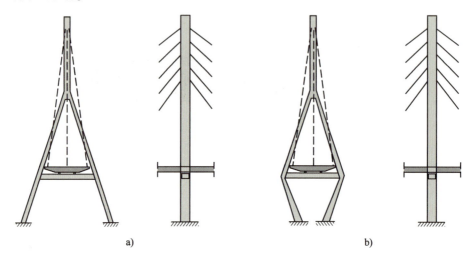

图 7.2-64　支承三索面的倒 Y 形桥塔

湖北天兴洲大桥为主跨 504m 的斜拉桥,沪通长江大桥为主跨 1092m 的斜拉桥,均为三索面三主桁公铁两用斜拉桥,塔高分别为 188.5m 及 325m,详见图 7.2-65、图 7.2-66。两桥均选择了倒 Y 形塔,为适应基础平面尺寸,桥塔下塔柱向内收缩。

图 7.2-65　湖北天兴洲大桥主塔

图 7.2-66　江苏沪通长江大桥主塔

7.2.5.4 支承混合索面

鉴于美学的考虑,一些斜拉桥边、中跨采用了不同的索面布置形式。倒 Y 形桥塔可以很好地适应边、中跨混合索面的布置需求。美国列尼·扎金彭加山大桥跨越查尔斯河,是从美国北部进入波士顿的重要节点。主跨为 227m,桥宽 56.4m,布置 10 个车道,中跨为双索面,边跨为中央索面。主梁采用钢箱梁,主塔为倒 Y 形混凝土塔,如图 7.2-67 所示。

图7.2-67　美国列尼·扎金彭加山大桥

泰国拉玛八世大桥位于泰国曼谷王宫附近,为主跨300m的倒Y形独塔斜拉桥,如图7.2-68所示。主跨侧采用钢混凝土结合梁,双索面布置,边跨侧采用PC箱梁,单索面布置。桥塔高160m,塔柱的顶部、塔柱中间以及塔柱底部的建筑处理使得桥塔表现出明显的泰国风格。塔顶15m高玻璃观测台,形似一朵待开的睡莲(泰国国花),塔柱底部则形似大象的脚。曼谷拉玛八世大桥主塔的特点是上部独柱高度超过常规比例,约占160m混凝土桥塔高度的一半。

图7.2-68　泰国拉玛八世大桥

7.2.6　准A(倒Y)形桥塔

由于桥塔造型对斜拉桥景观具有重要作用,常有一些斜拉桥的桥塔在兼顾受力合理性的条件下,对经典桥塔的造型进行变化,使之更符合标志性要求。俄罗斯岛大桥、中国南京长江三桥、日本多多罗桥、韩国釜山—巨济岛联络线桥、韩国居金大桥、中国重庆两江大桥等均为突破经典塔形的成功案例。

俄罗斯岛大桥为俄罗斯符拉迪沃斯托克(海参崴)跨越东博斯普鲁斯海峡连接大陆和Russky岛的桥梁,主跨为1104m,梁宽29.5m,混凝土塔高321m(图7.2-69)。主塔以A形塔为基础,在上中塔柱交界处弯折,并设置长度为187.58m的弧线,塔柱倾斜度2°~5°,上塔柱经过调整倾斜角度后,使空间双索面各自保持在同一平面内,并与上塔柱截面形心重合。为了增加主塔的刚度及稳定性,塔间分别设置三道横梁。

南京长江三桥采用"人"字形钢塔,高 215m(图 7.2-70)。在常规直线元素组成的倒 Y 形和 A 形桥塔基础上演变,塔柱采用了曲线元素,外侧圆曲线部分半径为 720m。设四道横梁来平衡塔柱横桥向弯矩,其中下塔柱及下横梁为钢筋混凝土结构,其他部分为钢结构。

图 7.2-69　俄罗斯岛大桥　　　　　图 7.2-70　南京长江三桥主塔

日本多多罗桥为主跨 890m 的斜拉桥,其钢塔总高 220m,初步设计为 A 形塔,经试验 A 形塔抗风性能较差、且不美观,后期优化为下塔柱内收的准倒 Y 形桥塔(图 7.2-71)。上塔柱横向分离,用两道短横梁联系,使桥塔具有鲜明的特征。

图 7.2-71　日本多多罗桥主塔

韩国釜山—巨济岛联络线桥连接釜山广域市和巨济岛,全长 8.2km。包括一座主跨 475m 的双塔双索面斜拉桥和一座主跨 230m 的三塔双索面斜拉桥,主梁均为组合梁。两座斜拉桥的混凝土桥塔均为包含曲线元素的准钻石形(图 7.2-72),选用这一设计是因它比常规的"H"形桥塔在风振性能上有所改善,并且内缩的桥塔底座可使基础尺寸缩小。

图 7.2-72　韩国釜山—巨济岛联络线桥主塔

韩国巨加大桥斜拉桥主跨为480m,主梁为组合钢桁架,斜拉索采用3组×7根集束单索面布置。混凝土桥塔高167.5m,上部两塔柱逐步内收,并以三道斜拉索钢锚箱连接(图7.2-73)。该桥索面布置及桥塔造型彰显了大桥的独特性。

图7.2-73　韩国巨加大桥主塔

重庆两江大桥即东水门大桥、千厮门大桥,分别为主跨445m的双塔斜拉桥和主跨312m的独塔斜拉桥,均采用单索面布置,主梁为钢桁梁。两桥桥塔同形,均为天梭形空间曲面桥塔,建成后成为当地亮丽的城市名片(图7.2-74)。

图7.2-74　重庆东水门大桥主塔

7.2.7　空间桥塔

纵桥向独柱形桥塔的特征是塔顶在纵向有相对较大的柔度,主要用于塔顶的纵向位移受到拉索体系较好约束的斜拉桥中。对多塔斜拉桥、部分独塔斜拉桥及竖琴式拉索布置的斜拉桥,有时拉索体系无法对桥塔提供高效的纵向约束,这种情况下就要求桥塔在纵向有很大的刚度,在纵向采用三角形结构的桥塔是一种有效的方法。对于自锚体系斜拉桥,可仅在桥塔结构的主梁以上部分做成三角形,塔柱在梁面与主梁固结,以传递很大的水平力。典型实例为德国跨越莱茵河的新维德双跨斜拉桥,如图7.2-75所示。对于这类中心索面的斜拉桥,三角形桥塔设置在中间分隔带上,为了把竖向力传递给下部结构,在每一塔柱正下方必须设置拉压支座。

新维德莱茵河桥采用的塔梁固结、梁墩分离的结构体系,适合于中小跨径斜拉桥。随着斜拉桥技术发展,空间桥塔在一些大跨径和大型斜拉桥中得到应用,尤其在多塔斜拉桥中更受青睐。代表性工程有南京江心洲长江大桥、希腊 Rion-Antirion 大桥、法国米洛高架桥等。

南京江心洲长江大桥是修建在内陆大江上的桥梁,主桥为中央双索面三塔组合梁斜拉桥,桥跨布置为 80m + 218m + 600m + 600m + 218m + 80m。纵向钻石形桥塔(图 7.2-76)采用钢壳-混凝土组合结构。为提高三塔斜拉桥体系刚度,采用了纵向空间桥塔,并使桥塔承受的纵向弯矩较大程度上转换为塔柱分肢的轴力。

图 7.2-75　德国新维德莱茵河桥

图 7.2-76　南京江心洲长江大桥主塔

法国米劳大桥位于山谷中,为 7 塔 8 跨单索面斜拉桥,跨径布置为 204m + 6 × 342m + 204m,桥塔为纵向空间结构,梁面以上倒 V 形桥塔为钢结构,而下方的 V 形和 Y 形墩身为混凝土结构,高度达 245m,如图 7.2-77 所示。塔柱纵向空间布置提升了桥塔抗弯能力和效率,同时分叉的墩身又适应温度作用下塔墩受力的合理性要求。

图 7.2-77　法国米劳大桥主塔

上述两座斜拉桥均为单索面布置的多塔斜拉桥,对于双索面布置的多塔斜拉桥,则桥塔可以采用纵横双向空间桥塔。

Rion-Antirion 大桥采用五跨连续结构斜拉桥,跨径布置为 286m + 3×560m + 286m。在海平面以上的桥墩呈八边形,桥墩顶部是倒金字塔状结构;再往上则是 4 根高强混凝土塔柱,尺寸均为 4m×4m×0.7m,4 根塔柱倾斜至上塔柱底处合并为整体,以保证承受不均匀活载和地震荷载所必需的刚度;塔柱顶部为 35m 高的上塔柱,由钢锚箱与两侧厚 2.5m 的竖向混凝土壁组成(图 7.2-78)。

图 7.2-78　希腊 Rion-Antirion 大桥主塔

7.3　结构受力

7.3.1　概述

桥塔横桥向形式丰富多样,简单的有独柱式、双柱式、门式框架、H 形、A 形、倒 Y 形等。桥塔分肢的倾斜方式和横梁的布置形式不同,桥塔受力性能也不同,因此常作为桥塔形式区分的依据。单独一根塔柱和两根塔柱的桥塔,一般称为独柱塔和双柱塔;用横梁将两根独立的竖塔柱连接在一起,可以形成横向框架体系,当横梁在塔顶部时,形成了门式桥塔;当横梁在桥面以上桥塔的中部时,便形成了 H 形桥塔;当两根或多根横梁存在时,形成了多层框架桥塔;如果将桥塔的塔柱向内倾斜至相交,就形成了 A 形桥塔;当 A 形桥塔顶上设一段竖直塔柱,又形成倒 Y 形桥塔;当桥面较宽时,为了不使基础尺寸过大可将 A 形桥塔在桥面以下分肢适当收缩,即为钻石形桥塔。不同桥塔形式如图 7.3-1 所示。

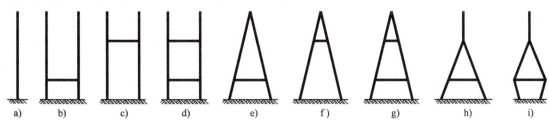

图 7.3-1　不同桥塔形式示意

在斜拉桥结构体系中,索、梁、塔三者相互依存,共同承担荷载作用,桥塔的选型不仅关系到与斜拉索布置及主梁形式的协调匹配问题,也关系到桥塔自身受力的需求,还关系到斜拉桥总体的经济性等方面。桥塔需要承受自重荷载、斜拉索传递的荷载、风荷载等不同荷载作用,这些荷载的分布状况、作用位置和方向各不相同,桥塔设计需要考虑各种不利荷载的组合作用。桥塔形式不同受力性能不同,承受不同荷载作用时的力学行为也不相同,了解和把握不同形式桥塔承受不同荷载作用下的力学性能和受力特点,对于优化桥塔结构与构造,甚至桥塔选型至关重要。

为了便于对比不同形式桥塔的受力及稳定性能,针对图 7.3-1 所示不同桥塔形式,建立计算分析模型开展不同荷载下的受力分析。具体作如下假定:所有塔高 $h=120\mathrm{m}$,桥塔分肢如果相交或设置横梁,下交点或上横梁位于 $h/5$ 处,上交点或上横梁位于 $2h/3$ 处;主梁位于下横梁即塔高 $h/5$ 处,主塔两分肢横向中心间距 $w=40\mathrm{m}$;桥塔顺桥向宽为 7.5m,分肢塔柱横桥向宽为 4m,独柱塔及分肢塔柱合并段横桥向宽为 6m,塔身及横梁空心截面壁厚 0.8 m,横梁高 6m。考虑桥塔承受荷载包括:①拉索向桥塔传递的竖向作用力 P_z;②主梁向桥塔传递的水平作用力(地震、横风)P_h;③拉索向桥塔传递的水平作用力(横风)u_1;④桥塔自身所受横向荷载(地震、横风)u_2。计算模式如图 7.3-2 所示。

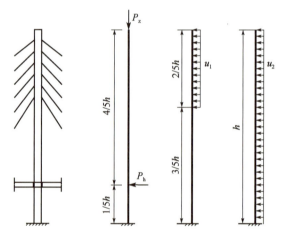

图 7.3-2　横向受力分析加载模式

为了便于对比,计算结果对弯矩和变形进行无量纲化处理。

弯矩无量纲化:M/M_0,其中,M 为荷载作用下不同塔形的塔身最大弯矩;M_0 为不同塔形塔身最大弯矩的最小值。

位移无量纲化:δ/δ_0,其中,δ 为荷载作用下不同塔形的塔身(主梁或塔顶)最大变形;δ_0 为不同塔形塔身最大变形的最小值。

桥塔作为斜拉桥的主要承重结构,多种荷载都将对塔柱产生轴向力、水平力、弯矩作用,桥塔呈现偏心受压构件特征。特别是大跨径斜拉桥主塔的长细比较大,几何非线性不可忽视,需要考虑其二阶效应,二阶效应的影响大小及相关计算方法也是桥塔设计中必须考虑的问题。为此,将针对不同计算方法结合算例进行讨论。

7.3.2 受力性能

7.3.2.1 稳定性能

不考虑拉索对桥塔的弹性支撑作用,假定拉索对桥塔的作用力集中在塔顶处,拉索合力均为 P_z,不计结构自重。图 7.3-3、图 7.3-4 分别给出了竖向荷载作用下不同塔形的一阶屈曲模态及稳定系数。

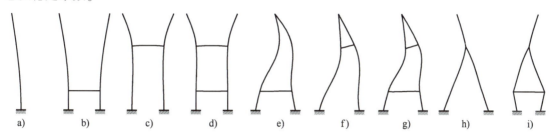

图 7.3-3 桥塔一阶横向屈曲模态

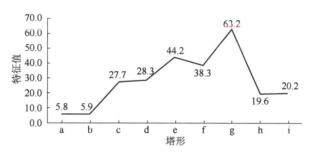

图 7.3-4 竖向力 P_z 作用下的桥塔一阶横向整体失稳系数

从图 7.3-3、图 7.3-4 可以得到如下结论:

(1) 从 a、b 独柱塔和双柱塔的面外失稳可以看出,直立自由柱的两种塔的整体稳定性能最低,因此自由柱式桥一般多在中小跨径斜拉桥中采用,或者采取相应措施(增加横向宽度、增加风缆等)提高其横向刚度。

(2) 从 c、d 两种 H 形塔的面外失稳可以看出,桥塔失稳首先发生在横梁以上的自由塔柱区段,由于上横梁的设置,桥塔稳定性明显增强。并可见下横梁对提高 H 形塔最小稳定系数的贡献相对较小。

(3) 从 e~g 三种 A 形塔的面外失稳可以看出,A 形塔的横向稳定性能在所有类型桥塔中最高。仅设下横梁之 e 塔较仅设上横梁之 f 塔具有更强的稳定性能。上、下横梁均设置之 g 塔横向稳定性能最高。

(4) 从 h、i 倒 Y 形塔的面外失稳可以看出,由于其中下部为框架式,故其失稳主要发生在上端自由塔柱部分,二者具有相当的横向稳定性能。

总体来看,对于混凝土桥塔,按照结构受力确定的桥塔塔柱结构一般不会由稳定控制设计。对于独柱塔的斜拉桥方案,当主梁采用自重较大的混凝土主梁,并且希望减小塔柱横桥向尺寸以降低主梁宽度时,仍然需要关注其稳定问题。

7.3.2.2 传力性能

1) P_z 作用下桥塔内力和变形

竖向力 P_z 作用下的 e-i 桥塔内力和变形详见图 7.3-5、图 7.3-6，不同塔形弯矩比和竖向位移比详见图 7.3-7。

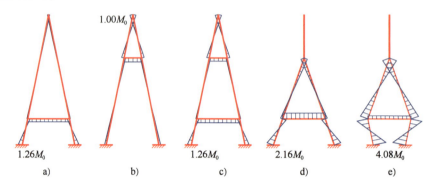

图 7.3-5　竖向力 P_z 作用下的 e-i 塔形的桥塔内力

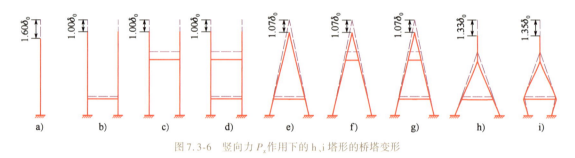

图 7.3-6　竖向力 P_z 作用下的 h、i 塔形的桥塔变形

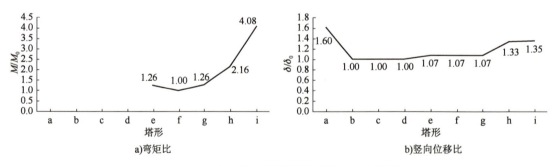

图 7.3-7　竖向力 P_z 作用下不同塔形弯矩比和竖向位移比

由图 7.3-5 ~ 图 7.3-7 可见，在塔顶竖向荷载作用下，a ~ d 桥塔均为竖直塔柱，仅产生竖向位移，不产生弯矩；e ~ g 桥塔均为倾斜直塔柱，因为设有横梁约束了塔柱水平向变形而产生弯矩；h 桥塔和 e ~ g 桥塔相比，因为上段有直立塔柱，倾斜直塔柱长度变短、水平向刚度增加，因此受横梁约束水平位移影响产生更大弯矩；i 桥塔与 h 桥塔区别为下塔柱内收与否，由于 i 塔下塔柱内倾引起传力路线的改变，竖直力也将在下塔柱内产生弯矩，相对于 h 塔形，塔根弯矩增大约 1 倍。

2)P_h 作用下桥塔内力和变形

主梁风荷载 P_h 作用下不同桥塔弯矩和变形详见图 7.3-8、图 7.3-9，不同塔形弯矩比和水平位移比详见图 7.3-10。

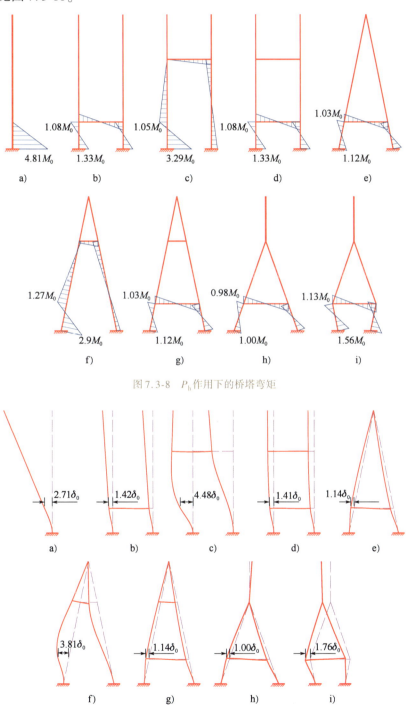

图 7.3-8　P_h 作用下的桥塔弯矩

图 7.3-9　P_h 作用下的桥塔变形

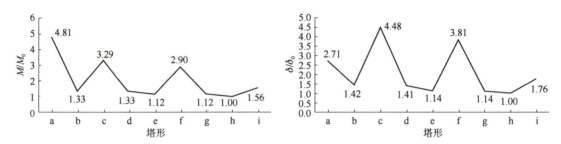

图 7.3-10 集中力 P_h 作用下不同塔形弯矩比和水平位移比

从图 7.3-8~图 7.3-10 可以看出：a 塔为悬臂柱，故塔根弯矩大。由 b~d、e~g 塔分别可以看出，在桥面处横向水平荷载作用下，下横梁的设置将起到明显的作用，一方面下横梁使两个塔分肢均分水平力，另一方面桥塔形成横向框架，具有更强的承受水平荷载的能力，该工况上横梁的作用相对有限。由 b、e 塔，c、f 塔，d、g 塔两两对比可见 A 形塔比 H 形塔整体上具有更好的横向刚度及受力性能。对比 h、i 两类倒 Y 形塔可见，下塔柱内收将使塔分肢底部弯矩增大 0.5 倍，桥面处横向水平位移增大约 0.8 倍。除 a 塔外，c、f 塔与其他塔形对比可见，无下横梁桥塔的塔底弯矩显著高于有下横梁桥塔的塔底弯矩。

3）u_1 作用下桥塔内力

拉索风荷载 u_1 作用下不同桥塔弯矩和变形详见图 7.3-11、图 7.3-12，不同塔形弯矩比和水平位移比如图 7.3-13 所示。

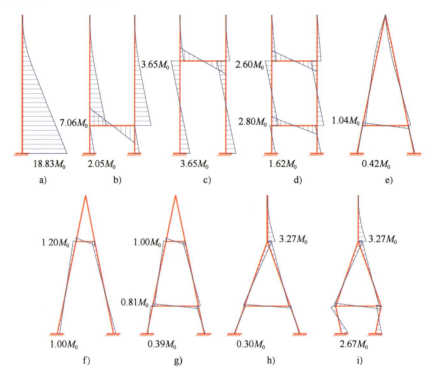

图 7.3-11 u_1 作用下的桥塔内力

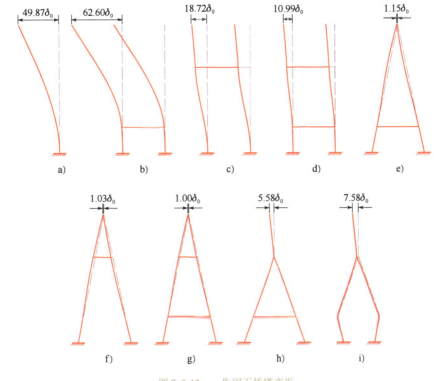

图 7.3-12 u_1 作用下桥塔变形

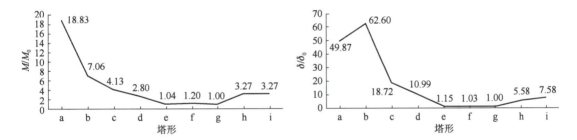

图 7.3-13 u_1 作用下不同塔形弯矩比和水平位移比

从图 7.3-11~图 7.3-13 可以看出：a 塔为悬臂柱，故塔根弯矩大。由 b~d、e~g 塔分别可以看出，在桥塔索锚区横向水平荷载作用下，上横梁的设置将起到明显的作用，在索锚区桥塔形成横向框架，具有更强的承受该处水平荷载的能力，该工况下横梁的作用相对有限。由 b、e 塔，c、f 塔，d、g 塔两两对比可见 A 形塔比 H 形塔整体上具有更好的横向刚度及受力性能。由 h、i 两类倒 Y 形塔可见，上塔柱处于自由悬臂状态，因此上塔柱横向弯矩较大，下塔柱内收将使塔分肢底部弯矩及索锚区横向水平位移明显增大。

4）均布力 u_2 作用下桥塔内力

桥塔自身风荷载 u_2 作用下不同桥塔弯矩和变形详见图 7.3-14、图 7.3-15，不同塔形弯矩比和水平位移比详见图 7.3-16。

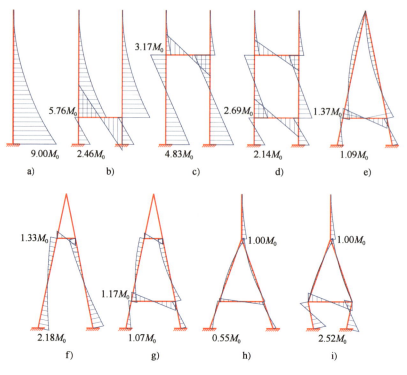

图 7.3-14　u_2 作用下的桥塔内力

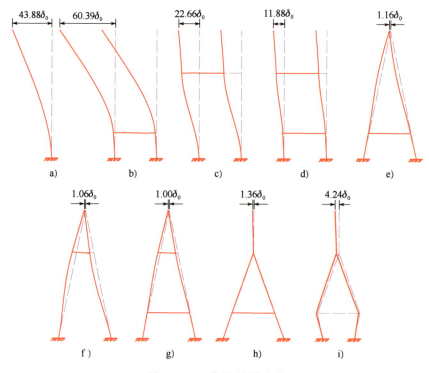

图 7.3-15　u_2 作用下桥塔变形

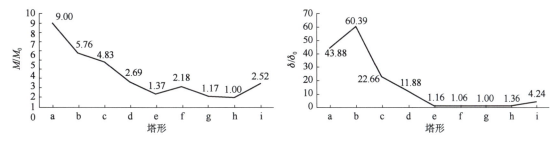

图 7.3-16 u_2 作用下不同塔形弯矩比和水平位移比

从图 7.3-14 ~ 图 7.3-16 可以看出：a 塔类似于悬臂柱，故塔根弯矩大；由 b ~ d、e ~ g 塔分别可以看出，在桥塔自身横向风荷载作用下，上、下横梁的设置将起到较为明显的作用，但相较而言 H 形塔上横梁作用更为明显，A 形塔则下横梁作用更为明显；由 b、e 塔，c、f 塔，d、g 塔两两对比可见 A 形塔比 H 形塔整体上具有更好的横向刚度及受力性能；由 h、i 两类倒 Y 形塔可见，上塔柱处于自由悬臂状态，因此上塔柱横向弯矩较大，下塔柱内收将使塔分肢底部弯矩及索锚区横向水平位移明显增大。

通过以上在竖向荷载、不同横向荷载作用下，不同桥塔所受弯矩和变形的分析与比较，可以得到如下主要结论：

(1) 独柱式桥塔，特别是用于单索面斜拉桥的独柱塔，一般为了减小主梁宽度，希望减小桥面以上柱塔的横桥向尺寸，因此横向受力性能相对较弱，多用于中小跨径斜拉桥，并且考虑到承受主梁传递的横向风荷载（含斜拉索传递到主梁的风荷载）及其地震等荷载作用，多对主梁以下塔柱横向尺寸予以加大。在大跨斜拉桥中，也有不少独柱塔与分体钢箱梁配合使用的工程实例，塔柱在梁面处和塔根处是受力的控制截面，多采用自上而下尺寸逐步加大的塔柱形式，由于承受主梁传递的横向风荷载作用，下塔柱从梁面至塔根的尺寸变化更为显著。

(2) H 形桥塔，与 A 形及倒 Y 形塔相比，由于塔柱呈现直立状态或接近直立状态，并且上塔柱或上下塔柱和拉索在同一平面内，拉索对塔柱横桥向弹性约束作用较小，其横向受力性能相对较弱。H 形桥塔从中小跨斜拉桥到大跨径斜拉桥都有应用，在内陆风荷载较小地区，通过选择合适的塔柱尺寸和设置横梁加强横向刚度，能够适应的斜拉桥跨径可以达到 800m 以上；在沿海强风环境，即使 500 ~ 600m 跨径的斜拉桥，H 形桥塔不再是最佳选择；从工程实际应用看，H 形桥塔在中小跨径斜拉桥中最为多见。

(3) A 形桥塔，由于其横向三角构形，特别是配合空间拉索布置时，具有最优的横向受力性能，是强风环境大中跨径斜拉桥的首选塔形，在内陆地区也常见应用。但 A 形桥塔当主梁从塔柱内穿过、拉索索面与塔柱中性轴不重合时，将导致塔柱产生横向弯矩，此时有可能需要在索锚区下设置横梁，以满足塔柱受力的合理性要求，但会对桥塔施工及景观等产生影响。

(4) 倒 Y 形桥塔，其受力性能介于 A 形塔和独柱塔之间，与 A 形塔相比，倒 Y 形塔上端独柱部分布置拉索空间充分，对于需要布置三索面、四索面空间的桥塔都能够适应。尽管桥塔上段为独立自由柱，但由于高度有限，塔柱受力一般不会成为主要控制因素。倒 Y 形桥塔以其承受竖向和横向荷载的合理性成为斜拉桥最为常见的桥塔形式之一。

7.3.3 非线性影响

7.3.3.1 计算方法概述

桥塔是斜拉桥的主要承重结构,活载、温度变化、支座沉降、混凝土收缩徐变、风荷载、地震力等都将对塔柱产生轴向力、水平力、弯矩,桥塔纵、横向都呈现出典型的偏心受压特征。大跨径斜拉桥主塔为长细比较大的细长构件,几何非线性不可忽视,在进行承载力验算时应考虑其二阶效应。常用的二阶效应的计算方法有考虑二阶效应的弹性有限元法和偏心距增大系数法。

考虑二阶效应的弹性有限元法基于弹性假定,不受材料非弹性本构模型选择的影响,但考虑结构的几何非线性,也就是考虑二阶效应的影响。但是设计规范混凝土构件强度验算采用承载能力极限状态法,验算公式中作用效应对应于荷载基本组合,抗力对应于截面开裂的状态。因此,采用有限元法计算非线性效应即弯矩增大系数时,应施加基本组合下的荷载,考虑混凝土开裂,在结构分析中对构件的弹性抗弯刚度适当折减。

现行《公路钢筋混凝土及预应力混凝土桥涵设计规范》(JTG 3362—2018)通过偏心距增大系数 η 考虑偏心受压构件的二阶效应。对长细比 $l_0/i > 17.5$ 的构件,应考虑偏心受压构件的轴向力偏心距增大系数 η,计算公式:

$$\eta = 1 + \frac{1}{1300 e_0/h_0} \left(\frac{l_0}{h}\right)^2 \zeta_1 \zeta_2 \tag{7.3-1}$$

$$\zeta_1 = 0.2 + 2.7 \frac{e_0}{h_0} \leqslant 1.0 \tag{7.3-2}$$

$$\zeta_2 = 1.15 - 0.01 \frac{l_0}{h} \leqslant 1.0 \tag{7.3-3}$$

式中,l_0 为构件的计算长度;e_0 为轴向力对截面重心轴的偏心距;h_0 为截面有效高度;h 为截面高度;ζ_1 为荷载偏心率对截面曲率的影响系数;ζ_2 为构件长细比对截面曲率的影响系数。规范方法的关键在于计算长度 l_0 的取值,塔柱计算长度可根据如下三种方法确定。

1)规范公式法

可按现行《公路钢筋混凝土及预应力混凝土桥涵设计规范》有关公式进行计算。斜拉桥主塔边界条件复杂,因斜拉索对主塔变形有约束作用,主塔可认为是一端固定、一端有转动和水平弹性约束的构件。

$$k = 0.5 \exp\left[\frac{0.35}{1 + 0.6 k_\theta} + \frac{0.7}{1 + 0.01 k_F} + \frac{0.35}{(1 + 0.75 k_\theta)(1 + 1.15 k_F)}\right] \tag{7.3-4}$$

$$k_\theta = K_\theta \frac{l}{EI} \quad K_\theta = \frac{M}{\theta} \tag{7.3-5}$$

$$k_F = K_F \frac{l^3}{EI} \quad K_F = \frac{F}{\Delta} \tag{7.3-6}$$

式中，$k_θ$ 为构件转动和水平弹性约束端的相对转动约束刚度系数；$K_θ$ 为构件转动和水平弹性约束端的转动约束刚度；k_F 为构件转动和水平弹性约束端的相对水平约束刚度系数；K_F 为构件转动和水平弹性约束端的水平约束刚度；l 为构件支点间长度；EI 为构件截面抗弯刚度。

2）经验系数法

当主塔梁端约束较为简单时，可直接得到其计算长度系数。如构件两端固定时，计算长度系数 k 可取 0.5；当一端固定一端为不移动的铰时，k 可取 0.7；当两端均为不移动的铰时，k 可取 1.0；当一端固定一端自由时，k 可取 2.0。更多情况下，桥塔受力较为复杂，边界条件不易确定。塔柱计算长度系数需结合斜拉桥的总体布置，根据经验考虑斜拉索对主塔的约束，下面对主塔横桥向、顺桥向进行简单讨论。

(1) 横桥向

主塔横向受力以独塔单索面的简单情况来说明。图 7.3-17 中仅有两根从塔顶伸向主梁两侧的斜拉索，索力 T_A 和 T_C 的水平分力是平衡的，作用于桥塔上的轴力 R 为这两个力的合力。

索面由塔顶 D 和主梁的两个索锚点 A 和 C 所决定，作用在塔顶的力 R 位于该平面内。考虑仅在竖向荷载作用下桥塔的屈曲时，塔顶力 R 将继续指向塔轴和梁轴交点 B 上（图 7.3-18），这意味着桥塔的有效柱长在 $0.7h$。当然如考虑主梁横向变形，斜拉索合力可能无法完全指向塔根。因此，主塔的有效柱长应为 $0.7 \sim 2h$。主塔的有效柱长与斜拉索能提供的横向约束刚度有关，约束刚度越大，有效柱长越接近于 $0.7h$，反之，约束刚度越小，有效柱长越接近于 $2h$。显然，空间索面布置相比平行索面布置可提供更大的拉索横向约束刚度，确定计算长度系数时，可取小值。

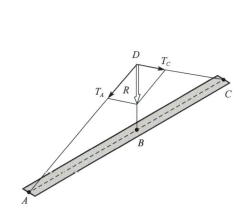

图 7.3-17 作用在塔顶的索力 T_A、T_C 及合力 R

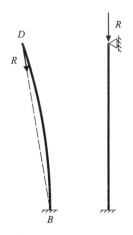

图 7.3-18 塔顶侧向位移时指向塔底 B 合力 R

(2) 纵桥向

在桥的纵向，主塔本身以及整个结构的支承条件对塔的设计有很大的影响。最简单的情况是主塔与基础铰接，而斜拉索支承在塔顶。在这种情况下，索力在塔柱内以轴向传力为主。具有铰接基座的主塔，其有效柱长等于其自身高度 h（图 7.3-19），其典型实例为瑞典

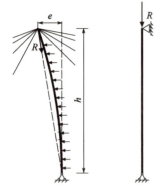

图 7.3-19　基座铰接的桥塔

Strömsund 桥。

当代斜拉桥一般采用塔底固结的形式,主梁与主塔、桥墩的约束情况也更为复杂,图 7.3-20 所示为四种代表性斜拉桥结构体系,图 a)纵向飘浮体系:桥塔与承台固结并支承自锚拉索体系,所有主梁的支座纵向都能自由移动;图 b)纵向固定体系:桥塔与承台固结并支承自锚拉索体系,通过一个端支座将主梁在纵向固定;图 c)塔梁固结体系:桥塔与承台固结并支承自锚拉索体系,主梁与主塔固结,边墩所有支座在纵向都能自由移动;图 d)塔梁间阻尼约束体系:桥塔与承台设置阻尼器并支承自锚拉索体系,边墩所有支座在纵向都能自由移动,主梁与主塔之间允许受控的纵向移动。

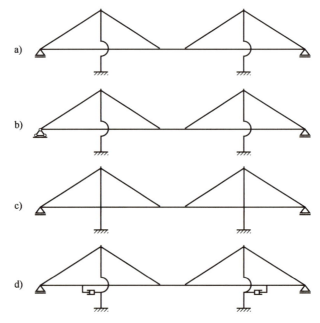

图 7.3-20　桥塔在基础上固结的四种结构体系

在情况如图 7.3-20a)中,临界挠曲的特征是两塔顶的纵向位移方向相同,如图 7.3-21 所示。在发生这种位移时,为与梁自重平衡,主要索力保持竖向。因此,纵向挠曲桥塔的有效柱长是塔高的两倍($l_c=2h$)。此外,桥上所有纵向力(如制动力和纵向风力)都将作用在塔顶,显然这些工况要求桥塔有较大的纵向弯曲刚度。

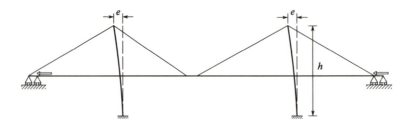

图 7.3-21　纵向飘浮自锚体系,两塔同时屈曲的情况

在情况图7.3-20b)中,作用于主梁上所有纵向力通过梁端固定支座传递,并同时通过锚索使桥塔塔顶获得纵向约束。这两个特点大大降低了对桥塔弯曲刚度的要求,因而可以采用更纤细的桥塔。由于荷载或温度变化引起锚索的伸长,所以塔顶将发生有限纵向位移。锚索所提供的水平约束意味着斜拉索体系的作用力 R 不再保持竖向而转为倾斜,如图7.3-22所示。当研究桥塔的屈曲时,通常可以假设锚索构成纵向固定支承。此时,有效柱长是塔高的 0.7倍($l_c = 0.7h$),几乎是情况图7.3-20a)有效柱长的三分之一。

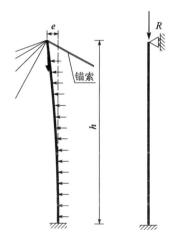

图 7.3-22 纵向固定自锚体系,两塔同时屈曲的情况

在情况图7.3-20c)中,由于主塔与主梁固结,桥塔受到主梁的约束,屈曲模态变得复杂,尽管没有边墩处的纵向约束,但斜拉桥具有较高的体系刚度,桥塔通常具有较高的屈曲性能。在情况图7.3-20d)中,主塔和主梁之间的连接性能因桥而异,如其中一种设置阻尼器约束方式是主梁在温度作用下允许纵向自由伸缩、在车辆等荷载作用下锁定,难以用简单方式确定其屈曲荷载。

3)欧拉公式法

可借助有限元软件,对应于主塔失稳模态,根据主塔轴力及稳定系数计算主塔欧拉临界力 P_{cr},然后通过如下欧拉公式计算塔柱计算长度 l_0。

$$P_{cr} = \frac{\pi^2 EI}{l_0^2} \tag{7.3-7}$$

总之,现代斜拉桥结构约束体系更为复杂,较为准确的桥塔的屈曲性能一般需要采用有限元方法进行计算。从既有大量研究成果和实际工程实践看,绝大部分桥塔结构几何非线性引起的二阶效应有限,同时屈曲稳定一般不会直接控制设计,尤其混凝土桥塔更是如此。

7.3.3.2 计算方法比较

下面通过算例,对上述两种设计计算方法进行说明。曹妃甸工业区1号桥主桥采用跨径为138m+138m的独塔单索面中心箱组合梁斜拉桥,全长276m,塔梁分离体系,扇形竖直索面布置,桥塔两侧各16对索。桥塔为独柱形塔,承台顶以上塔高120.5m。塔柱截面连续变化,横桥向宽度5~12m,顺桥向宽度6.25~10m。横桥向塔壁壁厚1.75~3m,顺桥向塔壁壁厚1~2.3m,总体布置如图7.3-23所示。

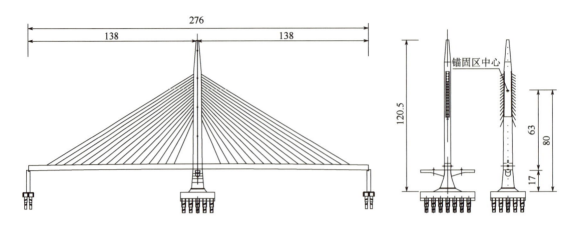

图 7.3-23　河北曹妃甸工业区 1 号桥总体布置(尺寸单位：m)

1)考虑二阶效应的弹性有限元法

(1)主塔开裂对弯矩增大系数的影响。

利用 Midas 有限元软件建模,主塔单元编号由下至上依次为 1～55。活载取纵向最不利工况,以恒、活、风基本组合进行加载。参考现行《混凝土结构设计规范》规定,对塔柱弹性抗弯刚度乘以 0.6 的折减系数。因此,下文按照桥塔抗弯刚度不折减和折减两种情况分别进行纵、横向线性及非线性计算,利用非线性计算弯矩除以线性计算的弯矩,分别获得弯矩增大系数。

图 7.3-24 为顺桥向线性及非线性计算均不考虑抗弯刚度折减的计算结果。可以看出,除反弯点附近位置弯矩增大系数变异性较大,其他位置考虑二阶效应后的弯矩增大系数均大于 1,总体水平为 1.02～1.03。图 7.3-25 为顺桥向线性及非线性计算时,抗弯刚度均按 0.6 的系数进行折减的计算结果。可以看出,除反弯点附近位置弯矩增大系数变异性较大及塔顶无索区弯矩增大系数小于 1,其他位置考虑二阶效应后的弯矩增大系数均大于 1,总体水平为 1.02～1.05。

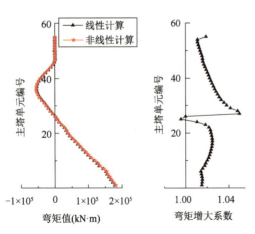

图 7.3-24　抗弯刚度未折减-顺桥向弯矩及弯矩增大系数

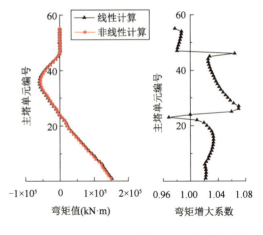

图 7.3-25　抗弯刚度折减-顺桥向弯矩及弯矩增大系数

图 7.3-26 为横桥向线性及非线性计算均不考虑抗弯刚度折减的计算结果。可以看出,梁面以下弯矩增大系数约为 1.01,其他位置总体水平为 1.07~1.15。图 7.3-27 为横桥向线性及非线性计算时,抗弯刚度均按 0.6 的系数进行折减的计算结果。可以看出,梁面以下弯矩增大系数约为 1.02,其他位置总体水平为 1.11~1.25。

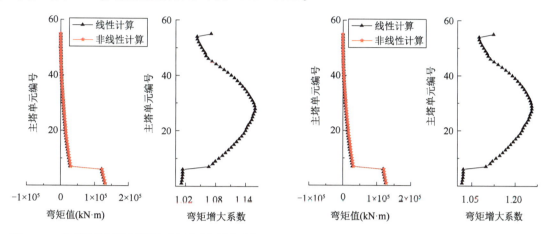

图 7.3-26 抗弯刚度未折减-横桥向弯矩及弯矩增大系数　　图 7.3-27 抗弯刚度折减-横桥向弯矩及弯矩增大系数

由如上顺桥向、横桥向计算可以看出,抗弯刚度折减后,弯矩增大系数总体水平有所提高,但总体上由于主塔刚度减小,主塔弯矩值会有一定的降低,设计时应引起注意。

(2) 不同荷载组合对弯矩增大系数的影响。

图 7.3-28 对横桥向及顺桥向弯矩在基本组合及标准组合下的弯矩增大系数进行了对比。从图可知,基本组合下弯矩增大系数要大于标准组合计算结果。在进行主塔截面承载能力极限状态验算时,为保持荷载与抗力状态的一致性,应对应作用的基本组合计算弯矩增大系数。

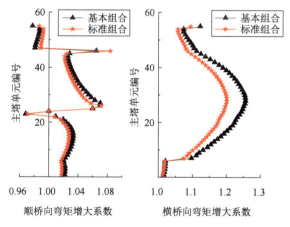

图 7.3-28 基本组合与标准组合下弯矩增大系数对比

(3) 拉索非保向力效应对弯矩增大系数的影响。

在进行横向非线性分析时,由于拉索上、下节点横向位移的偏差,导致拉索对主塔产生与变形方向相反的横向力,即存在斜拉索非保向力效应。下面就拉索非保向力对横向弯矩增大系数的影响进行说明，横向计算按作用基本组合，抗弯刚度按 0.6 倍系数折减。图 7.3-29 可以看出，不考虑拉索的非保向力效应时，横向弯矩增大系数明显变大。因此，对单个塔柱分别支撑单个索面的情况，由于斜拉索非保向力效应，塔柱的设计可不必过于保守。对独立柱式桥塔，通常要求在梁的高度处桥塔的宽度尽可能小，此时桥塔的屈曲可能成为决定性因素，因此采用考虑几何非线性的分析方法是很重要的。

2) 偏心距增大系数法

计算主塔有效长度系数时，近似认为上端约束位置位于拉索锚固范围中心，计算下塔柱底截面时塔高 l 取 80m，计算中塔柱底截面时，认为下塔柱足以刚性约束中塔柱，中塔柱底部近似固结，塔高 l 取 63m。主塔简化计算示意详见图 7.3-30。下面分别采用规范公式法、欧拉公式法、经验系数法计算主塔有效长度系数。因主塔为变截面构件，故需对主塔的抗弯刚度进行等效，可按各截面的分布长度进行加权平均，作为主塔的等效刚度。三种方法计算结果详见表 7.3-1。

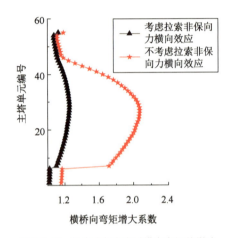

图 7.3-29 拉索非保向力对横向弯矩的影响

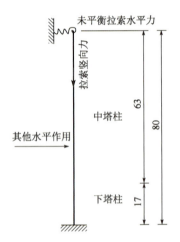

图 7.3-30 主塔简化计算图示(尺寸单位:m)

塔柱计算长度系数计算　　　　表 7.3-1

方向及计算方法		下塔柱 $l=80$m			中塔柱 $l=63$m		
		计算长度系数 k	计算长度 l_0	差值	计算长度系数 k	计算长度 l_0	差值
顺桥向	规范公式法	0.85	67.9	6.6%	0.88	55.39	7.8%
	欧拉公式法	0.91	72.67	0.0%	0.95	60.08	0.0%
	经验系数法	0.70	56.00	22.9%	0.70	44.10	26.6%
横桥向	规范公式法	1.12	89.92	5.6%	1.11	69.97	8.6%
	欧拉公式法	1.19	95.25	0.0%	1.21	76.54	0.0%
	经验系数法	0.70	56.00	41.2%	0.70	44.10	42.4%

对比三个方法的计算结果，以欧拉公式法计算结果为基准，规范公式法纵、横向计算长度差距均在 10% 以内，经验系数法顺桥向计算差别在 25% 左右、横桥向计算差别在 40% 左右。顺桥向计算结果比横桥向差距更小一些，体现出拉索锚固约束的作用更强。

3) 两种方法计算结果汇总

根据上述塔柱计算长度的三种计算结果,对下塔柱及中塔柱底截面弯矩增大系数进行计算并与有限元计算结果进行对比,结果见表 7.3-2。

弯矩增大系数对比　　　　表 7.3-2

方向及计算方法			下塔柱	中塔柱
			下塔柱底(1 号单元)	中塔柱底(7 号单元)
顺桥向	考虑二阶效应的弹性有限元法		1.02	1.02
	偏心距增大系数法	规范公式法	1.21	1.21
		欧拉公式法	1.24	1.25
		经验系数法	1.14	1.13
横桥向	考虑二阶效应的弹性有限元法		1.02	1.02
	偏心距增大系数法	规范公式法	1.45	2.55
		欧拉公式法	1.50	2.84
		经验系数法	1.17	1.61

可以看出,偏心距增大系数法计算的弯矩增大系数均大于考虑二阶效应的弹性有限元法,而且相差较大。

7.3.3.3 两种方法讨论

下面以图 7.3-31 所示竖向荷载作用下,两端铰支且偏心距 e_0 相等的标准受压构件为例,说明上述两种弯矩增大系数计算方法的差异。构件长度 20m,两端铰支,截面尺寸为 2m×2m,偏心距 1m,为模拟偏心距,通过刚臂连接构件上下两个端点,刚臂长度即为偏心距大小,采用 C50 混凝土,不考虑截面刚度折减,轴向力取 10000kN。

采用规范偏心距增大系数法时,偏心距增大系数可以表达为:

$$\eta = \frac{e_0 + f_{max}}{e_0} = 1 + \frac{f_{max}}{e_0} = 1 + \frac{1}{e_0}\left[\frac{1.1(\phi\varepsilon_{cu} + \varepsilon_y)}{h} \cdot \frac{l_0^2}{\beta}\right]\zeta_1\zeta_2$$

(7.3-8)

图 7.3-31 两端铰接偏心受压构件计算图示

式中,f_{max} 为中点最大挠度;β 为与构件曲率分布有关的参数,规范近似取 10;ε_{cu} 为受压区边缘混凝土极限压应变,取 0.0033;ε_y 为受拉钢筋达到屈服强度时的应变,取与 HRB400 级钢筋抗拉强度标准值对应的应变,取 0.002;ϕ 为荷载长期作用下混凝土徐变引起的应变增大系数,取 1.25;其他参数意义同前文所述。

采用考虑二阶效应的弹性有限元法时,偏心距增大系数可近似利用标准偏压构件线弹性计算的中点变形进行表达:

$$\eta_e = \frac{e_0 + \omega_{max}}{e_0} = 1 + \frac{\omega_{max}}{e_0} = 1 + \frac{1}{e_0} \cdot \frac{M}{EI} \cdot \frac{l_0^2}{8} = 1 + \frac{1}{e_0} \cdot \frac{1}{\rho} \cdot \frac{l_0^2}{8} = 1 + \frac{1}{e_0}\left(\frac{\varepsilon_- + \varepsilon_+}{h} \cdot \frac{l_0^2}{8}\right)$$

(7.3-9)

式中，l_0 为标准构件计算长度；h 为标准构件截面高度；M 为轴向力偏心引起的弯矩；EI 为标准构件抗弯刚度；$\frac{1}{\rho}$ 为构件截面曲率；ε_-、ε_+ 为截面边缘压应变及拉应变。

对上述标准偏压构件，通过有限元考虑几何非线性计算结果，结合变形解析公式可得到弯矩增大系数，与规范偏心距增大系数法进行对比，详见表7.3-3。

标准偏压构件偏心距增大系数计算对比　　　表7.3-3

截面偏心距 e_0(m)	1.0		
计算类型	线性	非线性	η_e、η
弹模 E(MPa)	34500.00		
截面 h(m)	2.00		
有效长度 l_0(m)	20.00		
有限元压应力 σ_-(MPa)	−10.00	−10.08	—
有限元拉应力 σ_+(MPa)	5.00	5.08	—
有限元压应变 ε_-	−0.00029	−0.00029	—
有限元拉应变 ε_+	0.00014	0.00015	—
规范压应变 $\phi\varepsilon_{cu}$	—	0.00413	—
规范拉应变 ε_y	—	0.00200	—
变形解析解 ω_{max}(mm)	10.87	10.99	1.011
规范公式计算变形 f_{max}(mm)	—	134.75	1.135

通过解析公式计算的偏心距增大系数为1.011，规范偏心距增大系数法计算值为1.135，两种方法计算的弯矩增大系数差异较大。规范偏心距增大系数法计算的是结构破坏临界，混凝土出现纵向裂缝、结构即将压溃状态的极限应变值，而考虑二阶效应的弹性有限元法计算的是结构基本处于弹性阶段，实际受力状态下的应变远没有达到极限应变，应变值的不同是导致两种方法结果差异较大的主要原因。

综上所述，主塔弯矩增大系数计算可采用偏心距增大系数法及考虑二阶效应的弹性有限元法。采用考虑二阶效应的弹性有限元法计算弯矩增大系数时，应采用抗弯刚度折减的方式考虑混凝土开裂的影响，并采用荷载的基本组合，其计算结果相较标准组合更为不利。斜拉桥当采用独柱塔单索面布置时，应计入拉索非保向力的有利影响，使主塔设计更为经济合理。考虑二阶效应的弹性有限元法，可得到变截面塔不同截面的弯矩增大系数，计算简便，可得到相对准确的结果。采用偏心距增大系数法确定计算长度时，可根据情况选用规范公式法、欧拉公式法、经验系数法。该方法有较多的限制条件，是一种简化、近似的计算方法。大跨径斜拉桥主塔运营期往往处于弹性状态，由于该方法计算公式取用结构即将压溃状态的极限应变，故采用该方法计算主塔的二阶效应时，往往会得到过于不利的计算结果。因此，对于斜拉桥主塔等较为复杂的构件，建议采用考虑二阶效应的弹性有限元法来考虑非线性的影响。

7.4 混凝土桥塔

7.4.1 技术特点

混凝土桥塔一般为钢筋混凝土构件,仅在横梁和斜拉索锚固区当拉应力过大时配置预应力。因此,通常控制桥塔在常规工况下均承受压应力,在某些特定的不利工况桥塔可承受拉应力,但应控制拉应力水平在一定的范围之内。在施工阶段,桥塔为自立状态,自重产生的轴向压力较小,水平风载使塔柱产生弯矩;另外,在安装主梁节段时,不可避免的不平衡力也会使塔柱产生弯矩。因此,主梁安装施工阶段常成为混凝土桥塔设计的控制因素。

从桥塔受力看,由于增加桥塔截面一般会增加桥塔所受弯矩,所以有时单纯增加桥塔截面尺寸并非解决其受力的有效方式。较大尺寸薄壁截面可增大桥塔刚度及抗弯能力,降低桥塔的自重;较小尺寸厚壁截面可减小桥塔截面刚度,从而降低桥塔所受弯矩。因此,设计时应根据结构体系及桥塔受力拟定桥塔整体尺寸及壁厚。一般而言,不同大小的弯矩可通过调整截面整体尺寸来实现,而更大的轴力可维持外轮廓尺寸,仅调整混凝土箱室的壁厚即可。

在大多数情况下,混凝土桥塔的塔柱采用空心截面,且较多为单个箱室(图7.4-1)。矩形截面是混凝土桥塔常用的基本截面形式,大跨径斜拉桥往往采用多边形或弧线形截面以减小风阻,或在四个角设内倒角以消除涡振。当然,也可以通过设置凹槽、倒角等增加桥塔的景观效果。部分桥塔尺寸较小,或为斜拉索锚固的需要,采用实心截面。与钢结构桥塔不同,混凝土塔柱一般不需要设置横隔板,仅需在横梁等对应部位进行箱内加强。

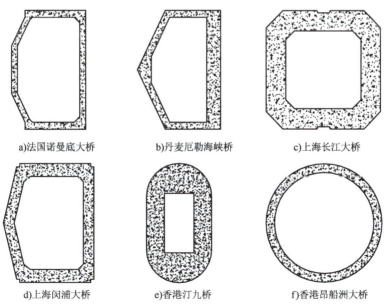

图 7.4-1 混凝土塔柱典型截面布置

斜拉桥桥塔纵向一般为独柱形,纵向截面尺寸可根据受力及斜拉索锚固的需要进行设计,如图7.4-2所示。塔柱全高纵向尺寸不变的实例如东海大桥主航道桥、望东长江大桥,仅下塔柱渐变的实例如韩国首尔西海大桥、韩国仁川大桥,仅中下塔柱渐变的实例如宜昌香溪河大桥、贵州北盘江大桥,全高渐变的实例如苏通长江大桥、诺曼底大桥,其他形式则较少采用。

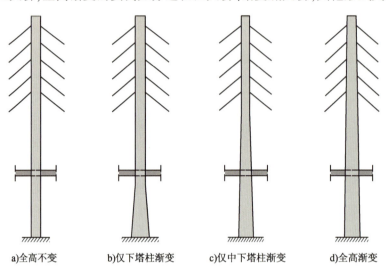

图7.4-2　桥塔纵向尺寸常用变化形式

混凝土材质的桥塔多在现场就地浇筑。桥塔的线型越简单,施工就越方便,工期就越短,工程造价就越低。有时可通过钢结构与混凝土结构结合,简化混凝土结构的构造。如汀九桥塔柱(图7.4-3),从塔墩顶面算起,中央主塔高157.35m,两边塔各高129.35m和120.35m。塔柱均为等截面,中塔塔柱为10m×5m(纵向×横向),两边塔塔柱均为8m×5m(纵向×横向)。在主梁底面,塔柱设横向钢结构横梁,并用横向拉索形成三角形支架提高塔柱横向刚度。另外,斜拉索锚固采用在混凝土塔身外设置钢锚箱的方案,使塔柱保持等截面的同时,省去了在塔身上预留孔道和浇筑锚块。以上措施均大大简化了混凝土塔柱构造,方便了施工。

主塔常采用C50混凝土,但部分桥塔为减轻自重,采用高标号混凝土。沪通长江大桥主跨1092m,325m高桥塔自重在塔底截面最大轴力中占比较大,约为54.4%。相较C60混凝土,塔柱采用C50混凝土时混凝土方量增大22%。因此桥塔采用了C60高强高性能混凝土。除此之外,希腊Rion-Antirion大桥桥塔也采用了C60~C70等高强度混凝土。

为保证下塔柱自身能够抵抗船舶局部撞击力,桥塔底部可采用设置实心区段或填芯,设置竖向隔板,增加外侧壁板厚度等方式加强。杭州湾大桥南北航道桥塔底均设置8m实心段;苏通长江大桥塔柱底部设10m实心段,并在其上14m高范围内横向塔壁设2道1m厚的竖向隔板予以加强;宜昌香溪河大桥塔底横向外侧壁加厚至2m。

塔柱应采取合理结构构造,保证其耐久性能。在海洋环境等不利条件下,可采用混凝土表面防腐涂装,使用不锈钢钢筋、环氧涂层钢筋等防护措施。桥塔构造应能适应运营期管养的要求。

国内外部分斜拉桥桥塔构造尺寸详见表7.4-1。

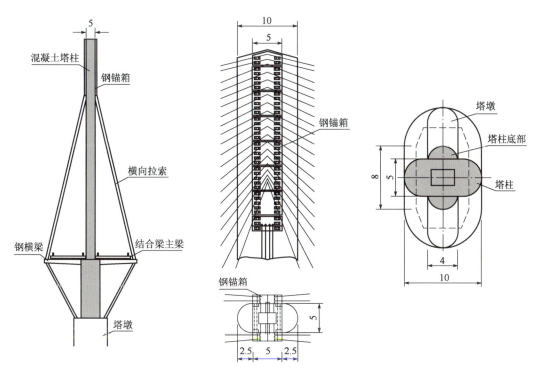

图7.4-3 中国香港汀九大桥主塔构造(尺寸单位:m)

国内外部分斜拉桥桥塔统计 表7.4-1

桥名	跨径(m)	塔形	塔高(m)	纵向尺寸	横向尺寸	壁厚
江苏常泰长江大桥	1176	A形	352	上塔柱13~16m;中塔柱8~11m;下塔柱11~13m	上塔柱13~16m;中塔柱8~11m;下塔柱11~13m	上塔柱核心混凝土3.4m;中塔柱1.55~1.9m;下塔柱1.9~2.2m
江苏沪通长江大桥	1092	倒Y形	325	上塔柱14~16m;中塔柱16.6~19.9m;下塔柱19.9~21m	上塔柱14~15m;中塔柱8.7~15.2m;下塔柱15.2~16.7m	上塔柱侧壁1.2~1.67m,端壁1.5~2.5m;中塔柱侧壁1.5m,端壁1.8m;下塔柱侧壁1.6m,端壁1.8m
江苏苏通大桥	1088	倒Y形	300.4	9~15m	上塔柱8~17.4m;中下塔柱6.5~8m	上塔柱端壁1,侧壁厚1.2;中塔柱1.2;下塔柱1.5
香港昂船洲大桥	1018	独柱形	298	18~10.9m	24~10.9m	175m以上组合段1m;77.5~175m段1.4~2m;0~77.5m段2m
湖北鄂东长江公路大桥	926	倒Y形	242.5/236.5	8.5~13.0m	上塔柱8~17m;中塔柱6.5~7.5m;下塔柱7.706~8.5m	上塔柱端壁1m,侧壁1.2m;中塔柱1.2m;下塔柱1.8m

续上表

桥名	跨径(m)	塔形	塔高(m)	纵向尺寸	横向尺寸	壁厚
法国诺曼底大桥	856	倒Y形	202.7	7.997~9.991m	5.473m	端壁0.4~0.6m,侧壁0.5m
湖北荆岳长江公路大桥	816	H形	224.5/265.5	上塔柱8.8m;中下塔柱8.8~13m	上塔柱5.8m;中塔柱5.8~7.1m;下塔柱7.1~12m	上中塔柱端壁1.0m,侧壁1.2m
上海长江大桥	730	人形	209	上中塔柱7.4~10.5m;下塔柱11.2~12m	上中塔柱7.4~9m;下塔柱5.7~14m	上塔柱1.0m;中塔柱1.4m;下塔柱端壁1.6m,侧壁1.0m
贵州北盘江大桥	720	H形	269/248	上塔柱7.5m;中下塔柱7.5~12m	中上塔柱6m;下塔柱6~10m	中上塔柱端壁1.0m,侧壁1.2m;下塔柱端壁1.2m,侧壁板1.5m
上海闵浦大桥	708	H形	210	8~14.5m	7~9m	侧壁1.0~1.1m,端壁1.2~1.3m
上海杨浦大桥	602	A形	216	上塔柱、中塔柱8m;下塔柱8~12m	上塔柱6.5m;中塔柱4.5m;下塔柱4.5~8.5m	上塔柱1.0~1.5m;中、下塔柱0.8~1.0m
杭州湾大桥北航道桥	448	A形	178.8	6~9.7m	上塔柱6.5~15.32m;中下塔柱4.472~7.5m	上塔柱侧壁1.4m,端壁0.8m;中塔柱0.8m;下塔柱1.0m
上海东海大桥主航道桥	420	倒Y形	150	8m	上塔柱7m;中塔柱4.2m;下塔柱37~28m	上塔柱端壁1.8m,侧壁1.1m;中塔柱端壁1.8m,侧壁1.2m;下塔柱端壁1.0m,侧壁2.0m
杭州湾大桥南航道桥	318	A形	194.3	6.5~10.5m	上塔柱6.5~17.55m;中下塔柱5~7m	上塔柱侧壁1.4m,端壁0.8m;中塔柱0.8m;下塔柱1.0m
山东胶州湾沧口航道桥	260	H形	105	4.5~6m	上塔柱等截面;下塔柱3~4.5m	标准壁厚1m,其余均为实心截面

7.4.2 典型结构与构造

桥塔无论独柱塔、H形塔、A形塔等结构形式,通常塔柱自上而下分为上塔柱、中塔柱、下塔柱,除独柱塔、倒Y形塔以外,一般在上中塔柱、中下塔柱交接处设有横梁,四种代表性桥塔结构如图7.4-4所示。为避免刚度突变并实现力的合理传递,在横梁处、人孔及塔柱交会处等区段适当采取构造措施,在主塔底部基础顶部可设置塔座。实际工程根据具体情况,可以对横梁设置进行取舍,比如受力条件允许的情况下,为桥塔造型考虑,取消A形塔和H形塔的上横梁；梁面距离承台距离较小时，取消塔柱下横梁；甚至为了桥塔造型需要，H形塔设置两道上横梁等。

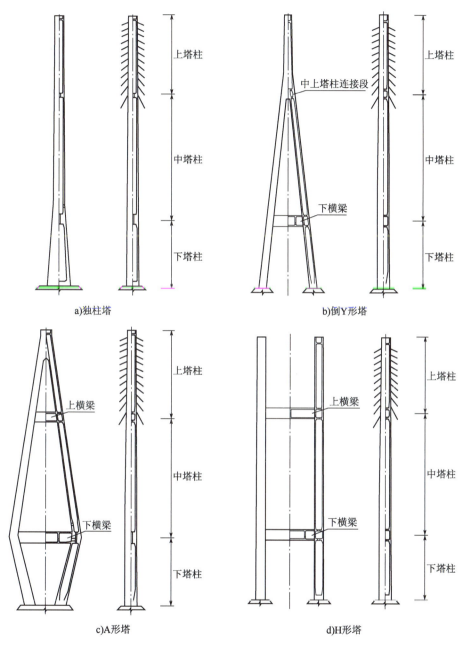

图 7.4-4 各种桥塔典型结构示意

独柱桥塔位于桥面中央分隔带内，为减小桥面总面积从而降低总体造价，可通过适当加大塔柱顺桥向尺寸、增大塔壁厚度等措施，尽量缩小塔柱横桥向尺寸。如石门大桥桥面以上塔柱总高113.66m，塔柱为矩形截面，顺桥向长9.5m，其中根部13.25m为实心段，中部88.21m为空心段，在桥面以上6m高范围内横桥向缩窄为4m，6m以上塔柱横桥向宽4.5m。

倒 Y 形塔上塔柱为斜拉索锚固区,中、下塔柱横向倾斜布置,下横梁用于加强两个塔柱的横向联系,也可在其上设置支座来支撑主梁。部分塔柱相对较矮,下横梁可取消。倒 Y 形桥塔上塔柱荷载通过上、中塔柱连接段由单塔柱传到两个塔柱,该处受力比较复杂,可通过设置多道横隔板及竖隔板,或采用实心混凝土节点形式来实现内力转换,必要时连接段也可根据需要布置预应力钢筋进行加强,部分斜拉桥中上塔柱连接段构造如图 7.4-5 所示。

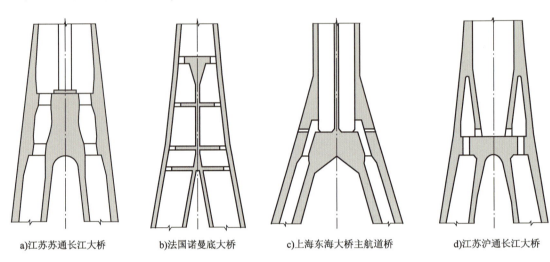

a)江苏苏通长江大桥　　b)法国诺曼底大桥　　c)上海东海大桥主航道桥　　d)江苏沪通长江大桥

图 7.4-5　典型上中塔柱连接段构造

横梁是分离式塔柱之间相互联系的纽带,在一定程度上决定了桥塔的整体刚度,对桥塔的抗风、抗震有着重要的贡献。上下横梁通常设于主梁上下方,横梁的受力主筋均锚固于塔柱内,为使塔柱与下横梁钢筋错开排列布置,横梁截面上、下缘宽度均比塔柱截面顺桥向宽度小一定尺寸。横梁采用单箱单室或单箱双室截面,一般为预应力混凝土结构。

对 H 形塔、倒 Y 形塔、A 形塔,塔柱与横梁连接处,较多采用与横梁顶底板对应在塔内设两道横隔板的构造,如图 7.4-6 所示,部分桥塔则采用实心节点来连接塔柱及横梁。

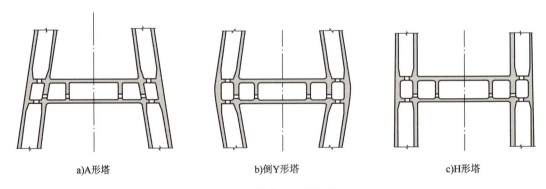

a)A形塔　　　　　　b)倒Y形塔　　　　　　c)H形塔

图 7.4-6　桥塔典型下横梁处构造

当塔柱倾斜布置时,塔柱施工过程为单悬臂偏心受压状态;另外,下塔柱较短时,横梁与下塔柱的框架效应较明显,横梁预应力张拉也将使塔柱内产生弯矩。为改善塔柱受力,可在横梁施工形成整体框架之前,通过主动横撑的设置来调节塔柱的受力状态。

7.4.3 施工方法

桥塔施工主要应解决高塔的混凝土施工质量、塔身的施工精度问题,另外必须同时保持较高的施工速度。施工内容主要分为塔柱、横梁及索塔锚固区三个部分。

斜拉桥施工技术的进步首先体现在混凝土泵送工艺。随着经济和社会发展,泵送高度超过300m的建筑工程越来越多,超高泵送混凝土技术得到了快速的发展。2010年上海中心大厦工程施工时,主楼核心筒C60混凝土泵送到580m高度。由此可见,在斜拉桥可行的跨径范围内,混凝土桥塔施工所需的混凝土输送浇筑技术具有可靠保证。

混凝土桥塔一般采用爬模法施工。爬升模板是依附在建筑结构上,随着结构施工而逐层上升的一种模板系统,当结构混凝土达到拆模强度而脱模后,模板不落地,依靠机械设备和支承体将模板和爬模装置向上爬升一层,定位紧固,反复循环施工。采用爬模浇筑的混凝土实体及外观质量较好,适用于钢筋混凝土竖直或倾斜结构。

主塔钢筋密集、结构复杂,为便于钢筋的绑扎定位,在塔柱内通常设置劲性骨架。劲性骨架主要作为钢筋骨架成型结构,同时兼有增强模板体系刚度的作用。劲性骨架可满足塔柱高空、倾斜状况下施工中钢筋定位的需要,同时也方便测量放线。

倾斜塔柱施工为平衡塔柱沿高度方向倾斜所产生的应力及变形,随塔柱施工进程,逐步设置水平支承,并用千斤顶对支承主动施顶。苏通长江大桥的桥塔采用自动液压爬模系统逐段连续施工,每段高4.5m,下塔柱和中塔柱施工时共设10道水平撑,施加主动顶撑力(图7.4-7)。希腊Rion-Antirion墩身、塔座均采用立模浇筑混凝土施工,桥塔4肢及上端钢索锚区采用滑模施工,桥面以上斜塔柱施工时设置了多道水平支承(图7.4-8)。

图7.4-7 江苏苏通长江大桥主塔施工

图7.4-8 Rion-Antirion桥塔施工

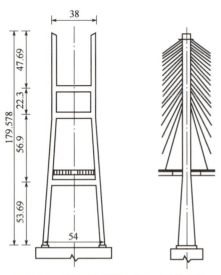

图 7.4-9　韩国首尔西海大桥主塔总体布置
（尺寸单位：m）

混凝土横梁的施工一般可采用落地支架法、预制拼装法、劲性骨架法等。落地支架法往往在横梁高度不高时采用，预制拼装法及劲性骨架法则可用于横梁高度较高，搭设支架不便时采用。

韩国首尔西海大桥的塔柱（图 7.4-9）在基础顶面以上高达 180m，下横梁在现场预制后由塔底提升到预定位置。下横梁两端的钢筋与塔柱预留钢筋连接，现浇接缝混凝土同塔柱连接成整体。两个上横梁中的下边一道中横梁，在下横梁上立模浇筑，然后提升就位，并用相同工序与塔柱连接成整体。中横梁施工完后，在其上设模板支架浇筑完成上横梁。

上海闵浦大桥浦东侧主塔上、下横梁及浦西侧下横梁的施工均采用落地支架法，浦西侧的上横梁则采用劲性骨架法施工（图 7.4-10）。劲性骨架分内部和外部劲性骨架两种，内部劲性骨架法优点既保证施工安全，又增加结构刚度，缺点是劲性骨架不可回收利用，施工投入较多。外部劲性骨架法优点是劲性骨架可回收利用，缺点是骨架受力较大，架设难度较高。为降低对支撑系统的要求，无论是落地支架施工还是劲性骨架施工时，上、下横梁混凝土均可分批浇筑、预应力分批张拉。泉州湾跨海大桥主桥为主跨 400m 的双塔斜拉桥，主塔采用三柱式门形桥塔，在索塔锚固区设置一道上横梁。为了缩短施工周期，节省钢材用量，采用了牛腿支架法进行上横梁施工（图 7.4-11）。

图 7.4-10　上海闵浦大桥浦西侧上横梁施工

图 7.4-11　福建泉州湾跨海大桥上横梁施工

桥塔锚固区施工方面，不同的锚固形式有不同的施工工艺要求。混凝土塔壁锚固系统全部在现场完成，由于在高空作业，锚垫板的角度及位置控制较难，另外，需要多次张拉预应力，以减小预应力损失。钢锚梁锚固方式中钢锚梁工厂完成制作，现场施工对牛腿位置需精确定位。钢锚梁的安装在对应塔柱施工完成后，对塔柱内部空间有要求。钢锚箱锚固方式中钢锚箱在工厂预制完成，容易控制锚固点的位置和角度，现场仅需控制塔柱整体精度。钢锚箱一般分节安装,对吊装能力有一定要求,钢锚箱在浇筑对应塔柱混凝土前拼装,施工较为方便。希腊 Rion-Antirion 桥塔钢锚箱每节约 30t,采用了大型浮式起重机安装,7 节钢锚箱在岸上拼成一体,一次起吊完成,加快了施工速度。

7.5 钢桥塔

7.5.1 技术特点

钢桥塔造型丰富,体积轻巧且自重较轻,可以减少下部基础的规模,由于钢构件均在工厂生产,现场安装周期较短。但钢结构桥塔用钢量大,成桥后对维护保养要求高,而且施工过程中对起重设备能力及施工精度要求较高,因此钢桥塔往往造价昂贵。对大跨径斜拉桥而言,采用钢桥塔能够节约下部基础工程量以及显著缩短施工工期,可以不同程度弥补钢桥塔的高造价和高维护成本。

相比于混凝土塔,钢塔具有如下特点:①自重较轻,抗震性能好;②工厂化加工,质量精度易于保证;③装配式施工,现场施工速度快;④钢塔造价相对较高,但基础费用相对较低;⑤结构阻尼小、重量轻,需注意涡激振动和驰振;⑥存在局部失稳问题;⑦后期维护工作量较大,维护费用较高。

表 7.5-1 为国内外主跨 400m 以上的钢塔斜拉桥统计。尽管钢塔在大跨斜拉桥得到了一定的应用,但在斜拉桥中所占比例仍然很小。在已建主跨超过 400m 的钢塔斜拉桥中,日本占有相当大的比重。

国内外主跨400m以上钢塔斜拉桥 表 7.5-1

序号	桥名	建成时间	主跨(m)	塔高	塔形
1	日本多多罗桥	1999	890	220	倒 Y 形
2	南京长江三桥	2005	648	215	人字形
3	日本名港中央大桥	1997	590	190	菱形
4	日本鹤见航道桥	1994	510	180	倒 Y 形
5	日本生口桥	1991	490	123	菱形
6	日本东神户大桥	1993	485	146.5	H 形
7	日本横滨海湾大桥	1989	460	172	H 形
8	印度 Hooghly 二桥	1992	457	122	梯形框架
9	泰国湄南河桥	1987	450	85.8	单柱形
10	日本名港东桥	1997	410	125	A 形
11	法国圣纳泽尔桥	1975	404	68	倒 V 形

钢桥塔的截面形式有多种类型,直到20世纪60年代,国外修建的桥梁钢塔,由于运输和安装的各种限制,常采用多室结构。如美国韦列扎诺海峡大桥192m高的桥塔,每个塔柱由68个箱室构成(图7.5-1)。

在桥塔同时承受轴力和弯矩时,多室结构并非最优截面,因为大量材料太紧靠重心。之后随着桥梁技术不断发展,逐渐出现了由4块壁板组成的单箱室截面的塔柱形式,每一块壁板采用焊接加劲板的形式。为提高截面承载效率,中等规模的钢桥塔通常做成矩形截面,典型截面如图7.5-2所示。通常为使截面尺寸做得小些,往往采用25~100mm相对厚的壁板。由于桥塔承受很大的压应力,需要有效的加劲来抵抗面板发生屈曲。但考虑到纵向加劲肋自身也可以承受轴向压应力,因此纵向加劲肋基本不会引起材料的浪费。另外,为了支承纵向肋,在箱内需要设置横隔板。

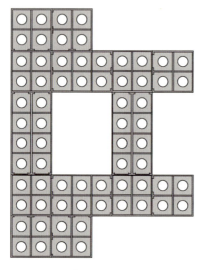

图 7.5-1 美国韦拉扎诺海峡大桥塔柱截面布置

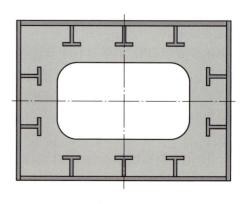

图 7.5-2 中等尺度焊接塔柱截面布置

随着钢结构加工制造技术进步以及起吊安装装备能力提升,钢桥塔结构形式的选择可以更加聚焦于受力的合理性。目前,钢塔柱一般采用大箱室截面,箱室较大且数量较少。世界上部分钢塔塔柱构造尺寸如表7.5-2所示。

世界上部分钢塔桥梁一览表　　　　表7.5-2

桥名	主跨(m)	塔高(m)	截面形状	纵向尺寸(m)	横向尺寸(m)	钢板厚(mm)
法国圣纳泽尔桥	404	68	矩形	2.5	2.0	
日本名港西大桥	405	122	矩形	4.0~4.5	2.7	22~34
日本柜石岛·岩黑岛桥	420	152.3	T形	4.0~6.0	4	32~40
泰国湄南河桥	450	85.8(122.5)	矩形	3.5~5.5	2.5~7.0	
日本横滨海湾大桥	460	172	矩形	5.0~9.0	4.0~5.8	
日本东神户大桥	485	146.5	十字形	5.3~7.3	3.5	
日本鹤见航道桥	510	180	T形	4.5~6.5	5.0	

续上表

桥名	主跨（m）	塔高（m）	截面形状	纵向尺寸（m）	横向尺寸（m）	钢板厚（mm）
日本名港中央大桥	590	190	八边形	5.2~6.07	8.0	
日本多多罗桥	890	220	矩形	6~8.5	6~12	
美国东海湾大桥	385	160	五边形	5.82~2.92	6.23~3.69	45~100
南京长江三桥	648	187.2(215.0)	矩形	6.8	5	30~48

在沿海等风速较大地区的斜拉桥，钢桥塔质量和阻尼均较小，易发生涡激共振，部分高塔尚有发生驰振的可能性，一般需进行相关抗风性能研究，以确定桥塔形式及截面。日本名港东大桥曾经研究过倒 Y 形及倒 V 形塔，结果表明纵向风会引起面内的发散振动，故增加了上横梁成为 A 形塔（图 7.5-3），可以抑止发散振动。

中央大桥与东大桥的塔高分别为 190m、125m。中央大桥为防止桥轴方向的风荷载引起面内的发散振动，塔柱采用八角形截面[图 7.5-4a)]。而东大桥由于塔高较矮，则采用矩形截面[图 7.5-4b)]。南京长江三桥塔高 215m，根据气动外形比选结果，最终选择 0.8m×0.7m 作为矩形截面的切角尺寸[图 7.5-4c)]。

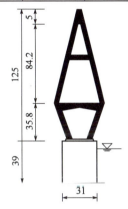

图 7.5-3 日本名港东大桥主塔立面布置（尺寸单位:m）

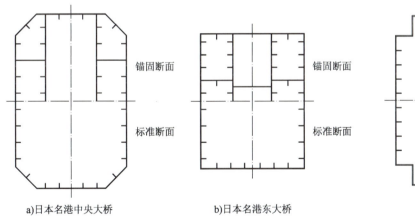

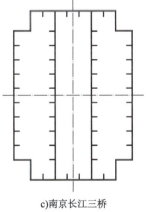

a) 日本名港中央大桥　　b) 日本名港东大桥　　c) 南京长江三桥

图 7.5-4 钢塔柱典型截面布置

钢桥塔与混凝土桥塔相比，在满足相同承载力的情况下，截面可以更为轻巧。因此，钢桥塔的长细比较混凝土桥塔大，更容易发生整体失稳。混凝土桥塔塔壁比较厚实，一般不会出现局部稳定破坏，钢桥塔则不同，钢桥塔的塔壁钢板厚度相对于混凝土塔壁而言比较薄，在巨大的压力作用下，可能发生局部失稳，这是钢桥塔区别于混凝土桥塔的一个重要方面。

钢桥塔的局部稳定和整体稳定具有同等重要的意义。钢桥塔的整体失稳可以通过增大塔柱截面、增加构造措施等方法，提高桥塔的稳定安全系数而加以防止。局部失稳也可通过增加构造措施，减小板件的宽厚比，使其后于桥塔的整体失稳发生或者不发生。通常的做法是在塔壁钢板内部布置若干纵向加劲肋,箱室上、下相隔一定距离设置水平横隔板,在横隔板之间布置横向加劲肋。若箱室较大,必要时可在塔柱顺桥向和横桥向设置竖隔板,将塔柱截面分为多室。

在设计塔柱截面时,将塔柱按同时承受弯矩与轴力的构件进行验算,并对强轴与弱轴分别验算。日本名港中央大桥的塔柱,由于抗风要求的关系,将其截面切角后形成八角形[图7.5-4a)]。在确定中央大桥塔柱各加劲板的局部压屈长度以及计算挠曲时的有效宽度时,经过了压屈试验与有限元法等详细的研究计算。研究结果表明将塔柱截面切角后,局部压曲计算图式与加劲板壁的端部支承条件等都能满足要求,即局部稳定及有效宽度基本上不受切角的影响。

7.5.2 结构与构造

钢塔柱采用矩形单箱单室截面通常最能发挥钢材的使用效率,但由于抗风等需求影响,有时可能需要对矩形截面采取切角等措施,也可能采用单箱三室等截面形式,甚至为了景观而采用非矩形截面形式。在确定了钢塔的截面形状和整体尺寸之后,可根据桥塔在施工中与成桥后的受力状况,确定截面高度方向上的壁板厚度的变化,也可以在桥塔不同区段采用不同等级的钢材。钢桥塔的构造对于防止板件的失稳有着重要的作用,如横隔板的间距、厚度,加劲肋的间距、尺寸等的合理取值,对保证钢桥塔的稳定会起到决定性的作用。钢桥塔中沿竖向每隔一段距离布置横隔板,这样做可在桥塔壁板和横隔板相接处为塔壁板提供了弹性约束,也可提高壁板的承载能力。由于在塔柱自由长度范围内,作用在塔柱截面上的扭矩很小,在确定横隔板的间距和数量时通常只需考虑面板的屈曲。钢桥塔中的纵向加劲肋可以减小壁板的宽厚比,增加壁板的抗面外失稳能力。加劲肋的规格尺寸与间距确定,根据截面受力需要和横隔板的约束情况以壁板与腹板不发生局部屈曲为原则,以尽可能使截面各个部分均不产生应力折减为宜。在钢桥塔的设计中,横隔板的间距可参考选为4m,横隔板厚度与壁板厚度的比值可参考选为0.8,加劲肋的间距可参考为壁板厚的30~40倍,加劲肋厚度等于或者略小于壁板厚度为宜,加劲肋宽度一般需满足一定的宽厚比要求,板式加劲肋宽厚比取值约为15~20。

以下通过几座不同跨径斜拉桥实例介绍钢桥塔的结构与构造以及设计时需要考虑的主要问题。

1) 日本多多罗桥

多多罗桥位于日本本州四国联络桥的尾道——今治线的中央部位,是一座连接生口岛和大三岛的四车道公路跨海大桥。主桥为主跨890m的混合梁斜拉桥。

桥塔采用倒Y形钢塔,塔高220m,如图7.5-5所示。双塔柱中心间距顶部为8m、底部为17m,塔柱上下分为23个节段,节段之间用高强度螺栓连接。单箱单室截面,为利于抗风,塔柱的截面形式为矩形切除四个角隅。塔底部截面尺寸为$12m \times 8.5m$,为当时最大截面尺寸的钢桥塔。塔下部采用34mm厚SM490Y钢材,塔柱弯折部位采用44mm厚SM570Y钢材,塔顶部采用22mm厚SS400钢材。

出于景观考虑,塔柱弯折的位置与下横梁的位置上下错开布置,塔柱折角位置构造详如图7.5-6所示。由于采用了带切角的塔柱截面,存在腹板在切角位置错开的问题,因此通过增加竖直隔板构造来对该处受力进行加强。

第7章 桥塔

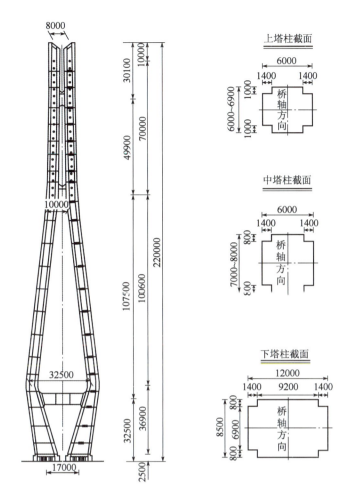

图 7.5-5　日本多多罗桥钢塔构造（单位：mm）

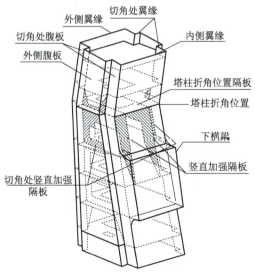

图 7.5-6　塔柱折角位置构造

拉索锚固构造,如图 7.5-7 所示,通过螺栓在两根竖向梁之间安装铸钢锚块,桥塔横隔与锚固构造对齐。拉索的垂直分力由塔柱和竖向梁共同分担,拉索的水平分力由塔柱隔板和水平梁共同分担。

为了确保塔柱截面加工精度,在构件端部截面设置一道临时性隔板,如图 7.5-8 所示。通对该临时隔板四周进行机械加工,将构件端部的尺寸误差降低到规定值 ±1mm 以内。上部塔柱板厚较薄,金属连接精度会因机械切割时的振动而受到影响,因此采用 H 型钢加固了构件的端面,防止振动。腹板和翼缘实现了 98% 的金属接触率,纵肋实现了 97% 的金属接触率。

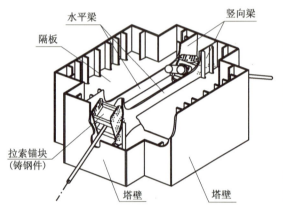

图 7.5-7 桥塔拉索锚固构造　　　　图 7.5-8 塔柱工厂加工

2) 日本柜石岛·岩黑岛桥

柜石岛·岩黑岛桥属于本州四国联络线,是连接岩黑岛和羽佐岛的公铁两用斜拉桥,跨径布置为 185m+420m+185m,如图 7.5-9 所示。桥塔为框架式钢桥塔,两侧塔高分别为 148.1m、152.3m,塔柱中心间距为 27.5~38.0m,共划分为 25 个节段,桥塔构造详如图 7.5-10 所示。塔柱底板厚 150mm,塔基处理方法为压浆填充。斜拉索在塔上的索距为 3m,11 层斜拉索布置在塔顶 30m 长度内。

图 7.5-9 日本柜石岛·岩黑岛桥

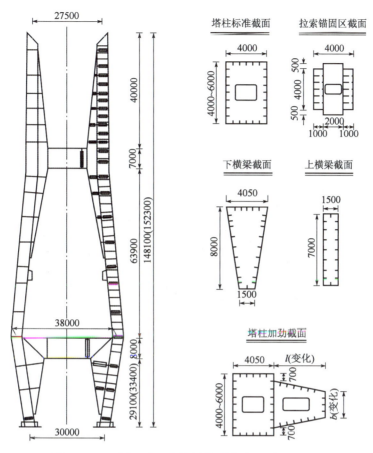

图 7.5-10 日本柜石岛·岩黑岛桥钢塔构造(尺寸单位:mm)

塔柱一般为单箱截面,横桥向宽度为 4m,纵桥向宽度为 4~6m;塔顶拉索锚固区横桥向划分为三室截面,宽度仍为 4m,外侧箱室纵桥向宽 4m,内侧箱室纵桥向宽 5m。

拉索锚固区以上塔柱钢板厚 16mm,采用 SM41 钢,加劲肋尺寸为 200mm×16mm。拉索锚固区部分板厚 28~36mm,采用 SM41、SM50Y、SM58 三种钢材,加劲肋采用 280mm×22mm、280mm×42mm 两种规格。拉索锚固区以下到下横梁以上部分塔柱板厚 32~36mm,采用 SM50Y、SM58 钢材,加劲肋尺寸为 320mm×30mm、320mm×34mm 两种规格。下横梁以下部分塔柱板厚 36~40mm,采用 SM58 钢材,加劲肋尺寸为 320mm×34mm。

下横梁为倒梯形截面,梁高 8m。上翼缘宽 4.05m,板厚 30(42)mm,加劲肋尺寸 320mm×30mm;下翼缘宽 1.5m,板厚 30(34)mm,加劲肋尺寸 320mm×30mm;腹板厚 22mm,加劲肋尺寸 230mm×22mm。上横梁为矩形截面,梁高 7m。上、下翼缘宽均为 1.5m,板厚 28(32)mm,加劲肋尺寸 230mm×22mm;腹板厚 22(25)mm,加劲肋尺寸 230mm×22mm。

横梁与塔柱连接的位置设有过渡倒角。上横梁与塔柱之间倒角板厚 25~30mm,采用 SM41、SM50Y 两种钢材,加劲肋尺寸为 190mm×19mm、230mm×22mm。下横梁和塔柱之间倒角板厚 22~40mm,采用 SM50Y、SM58 两种钢材,加劲肋尺寸为 300mm×34mm、300mm×28mm。

3）日本东神户大桥

日本东神户大桥位于日本神户市,为竖琴形双索面钢桁梁斜拉桥,跨径布置200m+485m+200m,双层桥面每层单向三车道,桥宽17m,1993年通车,如图7.5-11所示。

图7.5-11 日本东神户大桥

斜拉桥方案综合考虑了力学特性、结构性能、经济性以及景观性等方面,根据景观要求桥塔结构尽可能简单和轻便,因此,选择了H形塔及竖琴形斜拉索布置方案(图7.5-12),并且两道横梁均采用弧形修饰,桥面以上横梁位置较低。桥塔设计主要由风荷载和地震荷载控制。斜风作用下桥塔水平位移,竖琴形斜拉索布置较修正扇形布置降低1/3左右。桥塔弹性屈曲荷载,竖琴形斜拉索布置约为修正扇形斜拉索布置的3倍。桥塔为H形钢桥塔,塔高146.5m,桥塔的两个塔柱直立布置,塔柱中心间距为24.0m,桥面上下各设一道横梁,桥塔布置如图7.5-13所示。

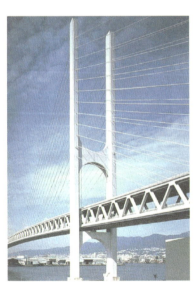

图7.5-12 日本东神户大桥主塔

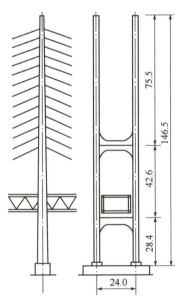

图7.5-13 日本东神户大桥主塔总体布置(尺寸单位:m)

桥塔的塔柱横向保持3.3m等宽度、纵向从塔顶5.0m均匀变化到塔底6.6m,梁面以上塔柱为单箱单室截面、梁面以下塔柱为单箱三室截面。塔柱截面布置如图7.5-14所示,图中a)、b)、c)分别为梁面以上截面、梁面处截面和塔底截面。梁面以上塔柱钢板厚34mm,采用SM58钢,加劲肋尺寸为340mm×34mm;梁面处塔柱钢板厚36mm,采用SM50Y钢,加劲肋尺寸为360mm×36mm;塔底塔柱钢板厚36mm,采用HT80钢,加劲肋尺寸为360mm×36mm。

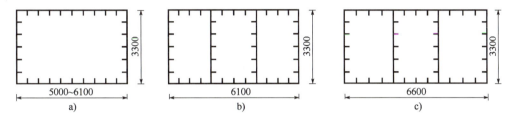

图7.5-14 塔柱截面布置(尺寸单位:mm)

7.5.3 现场连接

斜拉桥一般尺度的钢桥塔,经常将塔柱划分为节段制造安装,每一节段包含塔柱全截面,节段安装时只有横向缝必须在现场完成。对于很大截面尺寸的塔柱节段,为增加节段长度、减少横向拼接缝,可采用竖向分块方案,在现场拼装成完整的竖向节段后再进行横向拼接缝施工。早期钢塔柱节段间的连接,是在刨光顶紧条件下用铆钉拼接。随着栓焊技术的发展,钢塔柱的节段采用在工厂焊接,在工地安装时采用栓接、焊接或栓焊结合形式连接。国内外桥梁钢塔柱节段的现场连接形式主要有如下三种。

1) 全焊接接头

全焊接接头其构造及传力途径如图7.5-15所示。焊接接头的优点是:塔柱压力经焊缝传递,传力直接;没有拼接板,材料利用率高;有利于涂装施工和维修;塔外无拼接板,景观较优;可微量调整主塔架设垂直度等。但由于现场高空焊接作业,受气候条件影响较大,施工周期较长。焊接变形对主塔,特别是高度较高、厚板较大的钢塔,整体架设精度影响很大。因此,适用于较矮的塔柱。

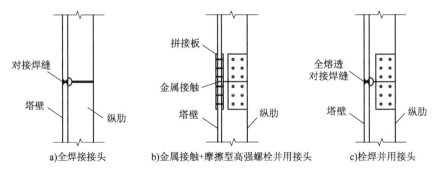

图7.5-15 钢塔常用现场连接形式

日本名港中央大桥钢塔高190m,塔的下部先用浮式起重机做大件整体装吊架设,后再用主梁上的起重机将塔的上部的较小节段逐一架设。中央大桥桥塔的上部共分为29个节段。

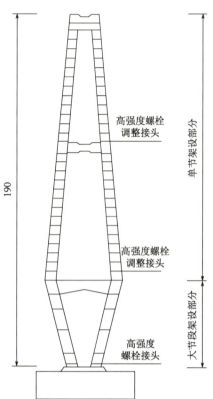

图 7.5-16　日本名港中央大桥钢塔现场连接形式(尺寸单位:m)

为了保证架设精度,各块件之间的接头除了在上下横梁的上侧设有 2 个高强度螺栓调整接头之外,其余均为现场焊接,如图 7.5-16 所示。

2)端面金属接触 + 摩擦型高强度螺栓并用接头

目前,各国采用该接头形式的实桥事例较多,其构造如图 7.5-15b)所示。塔壁压力由两节段端面金属接触与摩擦型高强度螺栓共同传递。拼接板不仅可以传递压力,而且有抑制塔壁面外变形的效果。当端部接触面有间隙时,拼接板会产生弹性变形,当弹性变形量克服间隙量时,才能使塔壁端面传递接触压力。所以,端面接触率是保证传力的基本点。为此,该接头要求较高的主塔垂直度、端面平面度和接触率,并且端面接触传力与摩擦传力比例分配随着塔壁和纵向肋接触率不同而变化。该接头形式近视景观效果稍差,并且因有拼接板和高强度螺栓,加大了涂装施工及维修作业,拼接板未覆接缝处的防腐需特殊处理,容易出现涂装过早裂化的情况。我国钢桥塔多采用高强度螺栓连接的形式,如南京长江三桥、泰州长江公路大桥中塔、马鞍山长江公路大桥中塔等等。

南京长江三桥主塔较高,不宜采用焊接模式,最终选用端面金属接触 + 摩擦型高强度螺栓并用接头。节段间的金属接触不能传递全部内力,同时金属接触只能传递压力不能传递拉力,因此必须考虑另一部分的结构内力通过高强度螺栓联结传递。南京长江三桥节段间的金属接触率要求为:壁板≥50%,腹板≥40%,加劲肋≥25%。对同一截面不同位置的板要求不一样的原因是:壁板作为传递内力的主要部分,腹板位于靠近截面中性轴的位置受力较壁板为小,而加劲肋主要因为机加工时约束不够,易产生震动变形不能要求太高。为克服节段加工累计误差和现场架设误差的单方向持续发展,钢塔柱的节段连接在设计过程中设置了 3 个全螺栓调节段。从受力上可以不依靠金属接触传递轴向力,为累计误差现场调节提供了可能。

3)栓接 + 焊接接头

其构造如图 7.5-15c)所示,塔壁采用对接焊连接,纵向肋采用摩擦型高强度螺栓连接。相对端面金属接触 + 摩擦型高强度螺栓结合方式,该方式塔壁内力经焊缝传递,传力直接,既可承受压力也可承受拉力;焊缝用量相对较少,省掉大规模高强度螺栓以及拼接板数量;从制造工艺上,可以省略掉"全端面机加工"环节;桥塔安装的线形调整,通过焊缝间隙方便调整,降低了施工控制难度;外壁板采用焊接,接头密闭不容易锈蚀,利于养护管理;表面光滑也有利于桥塔的景观。相对于全焊接方式,本方式可以减少焊接工作量,加快工程进度;加劲肋上预留螺栓孔可配合吊耳作为临时吊点用;在桥塔节段安装过程中,加劲肋高强度螺栓可用来连接定位,并承受节段自身重量,便于四周壁板的焊接作业。日本白鸟大桥、安芸滩大桥、鹤见航道桥、东神户大桥、东京湾彩虹桥以及我国之江大桥钢桥塔采用该连接形式。

除上述现场连接形式外,近年来新开发了如下两种连接形式,并得到了一定的应用。

4)端面金属接触+张拉型高强度螺栓并用接头

这是近年来新开发的连接形式,其构造如图7.5-17a)所示。外载压力和张拉型长螺栓压力由塔壁、纵肋和补强肋承受,拉力由张拉型长螺栓承受,水平剪力和扭转由端板间的摩擦力承受。端板与塔壁端面需一起进行机械切削加工,确保金属接触率和平面度。该接头形式由于塔外无拼接板,景观较优,施工涂装和维修涂装作业较容易,并且由于张拉型高强度螺栓在塔壁内侧施工,塔外脚手架少。但由于需要布置支承板、端板、补强肋,且为避免造成较大的预应力损失,张拉型高强度螺栓应有一定长度,一般而言这种接头形式用钢量稍有增加。

5)焊接(塔壁外侧部分熔透焊)+端面金属接触并用接头

为减少塔壁采用现场全熔透焊缝时焊接变形对架设精度的影响,如图7.5-17b)所示的焊接+端面金属接触并用接头也得到了一定的应用。接头外侧部分熔透焊缝主要起封闭塔柱的作用,塔壁应力主要通过两节段端面金属接触传递,因此要求有较高的端面金属接触率,对于端面机加工的精度要求很高。

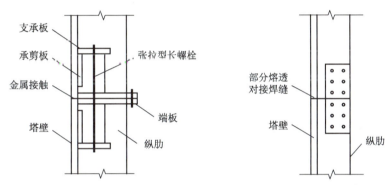

a)断面金属接触+张拉型高强度螺栓并用接头　　b)焊接(塔壁外侧部分熔透焊)+端面金属接触并用接头

图 7.5-17　钢塔新型现场连接形式

总之,钢桥塔节段间现场连接形式的选择首先需要保证节段间应力的合理传递,同时还要兼顾加工制造及架设的可行性、经济性和景观性等。目前而言,高桥塔一般采用端面金属接触+摩擦型高强度螺栓并用接头,较低的景观桥塔则一般采用焊接连接。

7.5.4　施工方法

钢塔普遍采用工厂预制、现场架设的施工工艺。高钢塔施工技术,包括架设方法和吊装设备、架设精度管理和减振对策等,已成为大跨径索承桥梁建设的关键技术之一。钢塔架设方法的确定需考虑以下因素:钢塔的规模,如塔形、塔高、塔柱节段尺寸、质量和连接方式;架设地点的现场条件,如地形、地域、气候等。

钢桥塔主要有分节段拼装和大节段安装两种方式,或两种方式组合的施工方法。根据实际结构及施工条件,大节段安装是将桥塔拼装成整体或2~3个大节段,利用大型浮式起重机进行安装;分节段拼装是将塔柱分成较小的节段,利用塔式起重机进行逐段拼装;此外还有一些桥梁采用提升转体等方法进行桥塔架设。

此外,由于钢塔阻尼较小、高度较大,易产生风致振动,所以,大型钢塔应根据风洞试验优选截面外形并采取相应的减振措施,以满足运营时抗风性能要求。另外,在施工阶段钢塔是柔细的直立状悬臂结构,相关空气动力学分析和风洞试验表明,钢塔架设中常常在低风速(10～40m/s)时发生较大的桥塔面外晃动。因此,钢桥塔必须考虑在安装过程中的振动问题,采取必要的减振措施。

1)大节段安装法

大节段安装主要是利用大型浮式起重机从水上起吊安装,如图 7.5-18 所示。钢桥塔整体制造吊装技术将制造工厂化、高空作业地面化,有利于钢结构制造拼装质量控制,缩短现场作业时间。但由于浮式起重机起吊高度有限,且受桥位地理环境影响较大,一般适用于高度较小的桥塔。塔高 100m 左右时架设实绩较多,如日本的末广大桥(1975 年建成)、生口大桥(1991 年建成)以及名港东大桥(1997 年建成)。部分钢塔采用浮式起重机施工桥塔下塔柱,如泰州长江公路大桥下塔柱及下横梁采用浮式起重机大节段吊装完成,最大节段质量为 496t,选用 1000t 浮式起重机。

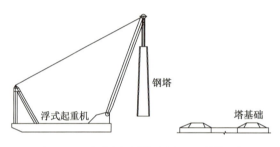

图 7.5-18 大节段钢桥塔浮式起重机吊装示意

国内港珠澳大桥江海直达船航道桥 3 座风帆形钢塔均采用浮式起重机整体安装(图 7.5-19),该桥塔高 106m,单个桥塔整体吊装总质量约 3100t,采用两台大吨位浮式起重机配合安装。整体段在工厂由各小节段焊接组拼而成,采用俯卧姿态浮运至现场,利用 3200t 双臂架变幅式浮式起重机与 2200t 浮式起重机抬吊实现塔身竖转吊装。

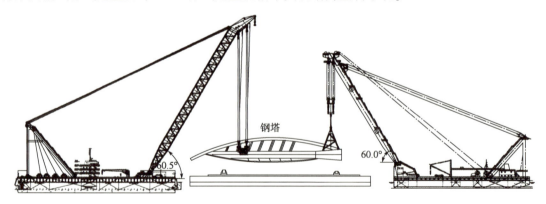

图 7.5-19 港珠澳大桥江海直达船航道桥钢塔浮式起重机整体安装

日本名港东大桥的桥塔高为 125m,利用 4100t 的浮式起重机,将桥塔分为底节、下部与上部三个块件,如图 7.5-20,由浮式起重机分别整体架设。由于东大桥的桥位处于狭小的航道上,考虑到附近船舶通过的影响,东西两座桥塔的下部块件(高48m、重1490t)及上部大块件(高72m、重1650t)连续利用4个星期天架设。桥塔上下部采用焊接进行现场连接。

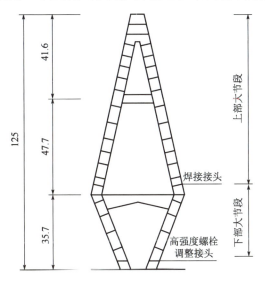

图7.5-20 日本名港东大桥主塔分段(尺寸单位:m)

2) 分节段拼装法

分节段拼装施工根据具体情况,起重机可以采用塔式起重机、爬升式起重机、自立式起重机、履带起重机等。

塔式起重机安装是在桥塔旁预先安装大型塔式起重机,塔柱节段通过起重机进行起吊安装。起重机根据吊装能力和工期进行选择和布设,可单台布设,也可双台布设。日本明石海峡大桥塔高286.7m,多多罗大桥塔高220m,名港中央大桥塔高190m,其钢塔柱均采用自动升降塔式起重机逐段安装架设。明石海峡大桥钢塔塔式起重机安装示意如图7.5-21所示。

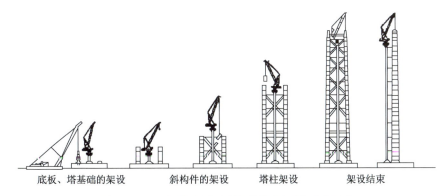

图7.5-21 日本明石海峡大桥钢塔塔式起重机安装示意

多多罗大桥施工时桥面以下塔柱最大节段质量约为1500t,如图7.5-22a)所示,利用3600t的浮式起重机安装。然后,利用这个大梁段作为工作平台,在上面布置一台160t的塔式起重机,逐段安装桥塔的上部节段,如图7.5-22b)所示。钢塔架设的特殊性在于现场几乎不可能调整塔柱的垂直度,因此要求工厂制造时必须进行严格的制造精度管理。现场架设时,也要求进行严格的施工精度管理，确保钢塔的安装精度。多多罗桥桥塔的安装倾斜精度高达 1/7000。

a)桥塔下部大节段

b)桥塔上部节段吊装

图 7.5-22　日本多多罗桥主塔现场施工

名港中央大桥钢桥塔的下部先用浮式起重机进行大件整体吊装架设，再用主梁上的起重机进行塔柱的上部分的小节段拼装架设。中央大桥主塔的上部共分为 29 个节段，每件质量约为 60~100t，其中 P3 桥塔各节段采用 110t 的塔式起重机架设。

我国泰州长江公路大桥和马鞍山长江公路大桥、南京长江三桥均采用塔式起重机逐段安装架设。其中泰州长江公路大桥中塔上塔柱，采用 D3600 塔式起重机完成节段吊装，最大吊装质量为 160t，起吊高度 220m。南京长江三桥钢塔柱分为 21 个节段，节段长 7.7~11.42m，1 个节段的最大吊装质量不超过 160t。

爬升式起重机依附于塔柱侧壁，可以自动爬升，逐段架设塔柱节段，该方法虽然不受塔高限制，但是由于起重机自重使塔柱受力偏心，增加了塔柱垂直度等安装精度控制的难度，同时塔柱需做局部加强，吊装重量不宜过大。日本南备赞濑户大桥的 5P 塔采用该法架设，施工顺序如图 7.5-23 所示。

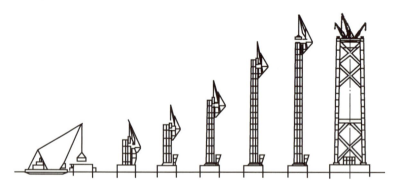

图 7.5-23　日本南备赞濑户大桥 5P 钢塔架设顺序

自立式起重机逐段架设法是在承台基础上安装起重机，逐段吊装塔柱。适用于 A 形塔、倒 Y 形塔等的安装。日本南备赞濑户大桥 6P 钢塔高 179.55m，施工顺序如图 7.5-24 所示。在承台上安装 300t 走行起重机，组装起重机台架和台架顶部旋转式起重机，塔柱第 3 节段以上各段均用自立式起重机安装。

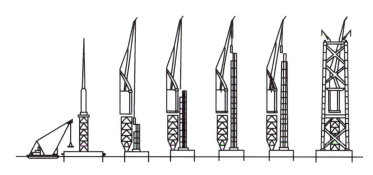

图 7.5-24　日本南备赞濑户大桥 6P 塔柱施工顺序

履带起重机架设时，起重机可布设于地面平台或主梁桥面。名港中央大桥的主塔高达 190m，塔的下部先用浮式起重机作大件整体装吊架设，后再用主梁上的起重机将塔的上部较小节段逐一架设。中央大桥 P_2 桥塔的上部也分为 29 个节段，每件约 60~100t，P2 桥塔各节段采用 750t 的履带起重机架设。

3）提升转体施工

钢塔提升转体施工一般需安装转体塔架、平台、转体液压系统等，具体转体方案与塔型、建设条件等有关。典型应用如法国米洛高架桥、港珠澳大桥九州航道桥等。

法国米洛高架桥塔在工厂制作，桥台后组装，然后分别运输至桥面，通过提升竖转就位，如图 7.5-25 所示。

港珠澳大桥九州航道桥主塔采用钢-混混合结构，塔高 114.7m。钢塔柱桥面以下部分分节段安装，桥面以上部分采用整体提升转体施工（图 7.5-26）。上塔柱、曲臂及索导管在工厂组拼成整体后，船运至墩位处，采用浮式起重机水平起吊至梁面，利用 T3 节段顶口及梁面滑移轨道进行临时支撑；在梁面上安装钢管吊架，进行上塔柱提升、滑移、竖转作业，在安装精度满足要求后临时固结，进行塔柱焊接。

图 7.5-25　法国米洛高架桥主塔竖转施工

图 7.5-26　港珠澳大桥九州航道桥主塔转体施工

4) 减振措施

每座桥梁结构形式、施工方法及所处风环境不同,风致振动也会有所不同,应该通过风洞试验探明可能发生的振动类型,考虑适宜的减振对策。减振措施除了设计阶段寻求合适的塔柱截面形状外,施工阶段主要有采用附加约束和增设附加减振器等。

南备赞濑户大桥钢塔架设时采用索与钢塔连接的减振体系,如图 7.5-27 所示。这种方法是过去钢塔架设最常用的减振措施,缆吊系统安装后再拆除。

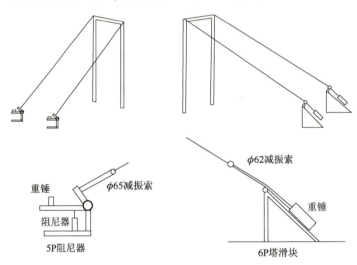

图 7.5-27　日本南备赞濑户大桥钢塔架设时的减振对策

明石海峡大桥钢塔很高,若设减振索角度很小,即使在下方设减振器也不会有良好的效果。经过各种减振方法的研究比较,采用 TMD(Tuned Mass Damper,调谐质量阻尼器)减振器,钢塔架设后还可在成桥时减振。TMD 的位置通常设在振动模态最大的位置,图 7.5-28 为钢塔架设时的 TMD 示意图。随着塔柱的接高,结构振动体系不断变化,可调整 TMD 的振动频率,以便发挥最佳减振效果。

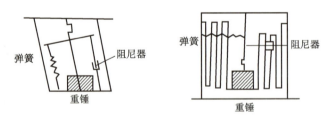

图 7.5-28　日本明石海峡大桥钢塔架设时的阻尼器

多多罗大桥初步设计时为 A 形塔,但抗风分析表明,钢塔无论在架设中或成桥后都会产生有害的桥塔面外振动。经过钢塔振动特性和振动原因分析,并考虑整体景观效果,后选择了倒 Y 形塔,塔柱截面改为抗风性能较优的十字形带切角的锥体状单室钢箱,截面尺寸由塔根 12.0m×8.5m 渐变到塔顶 5.6m×5.9m。经抗风动力分析和风洞试验证明,架设中保留外侧接头处施工脚手架,即可发挥减振阻尼作用。另外,成桥后不需设置特别的减振措施,均有良好的抗风稳定性能。

南京长江三桥钢塔架设安装中,为确保钢塔结构和施工机具的安全性和施工的舒适性,结合制振对象振型的频率特点和施工安装条件,形成了 TMD、TLD 相结合的被动制振方案。现场测试工况的结果表明,该方案能满足制振目标要求。

7.6 组合桥塔

7.6.1 技术特点

如前所述,混凝土桥塔结构刚度大、稳定性好、建设成本低,但也存在重量较重,现场施工速度慢的缺点。钢结构桥塔重量较轻,具有较高的承载能力和结构延性,可实现工厂化制造及现场快速施工,但也存在刚度较小、稳定性差、建设成本高的缺点。桥塔是缆索支承桥梁中重要的受力构件,有时斜拉桥对桥塔的刚度、承载力等力学性能有严格的要求。钢-混凝土组合桥塔指在同一截面上有钢和混凝土两种材料,且能共同受力的桥塔。组合桥塔结构能够充分发挥钢和混凝土两种材料的优点,是一种具有应用前景的结构形式。组合结构桥塔丰富了桥塔结构形式,对于解决超大跨斜拉桥超高桥塔、多塔斜拉桥中塔刚度不足等关键技术问题具有重要意义。

组合桥塔有如下特点:

1) 力学性能

组合桥塔承载能力高,塑性和韧性好。钢与混凝土协同承载,具有良好的抗压、抗弯、承载力以及抗震、抗风性能。

2) 施工性能

组合桥塔工厂化程度高、施工快速、质量可靠。与混凝土桥塔相比,简化了桥塔的现场施工;与钢结构桥塔相比,减少了现场钢结构连接;现场钢结构安装与混凝土浇筑快捷。

3) 耐久性能

组合桥塔钢结构对内部混凝土或钢筋混凝土提供保护,形成与大气环境可靠隔离,运营期间做好钢板的表面涂装维护,即可保证结构的耐久性。

4) 经济性

现场作业和人工投入减少。对于大跨径和超大跨径斜拉桥的高桥塔,组合桥塔具有技术经济竞争力。

相比于钢结构桥塔,组合桥塔具有更大的截面刚度,用钢量大幅下降。与混凝土桥塔相比,组合桥塔继承了混凝土塔刚度大的优点,同时钢结构工厂化制造,混凝土浇筑无须模板支架,施工便利高效。总之,组合桥塔在具备优良的结构性能的同时,在施工便利性、耐久性、工程质量可靠性等方面具有优势,对于超大跨径斜拉桥具有经济竞争力。

7.6.2 钢壳-混凝土组合桥塔

南京江心洲长江大桥(图7.6-1)为主跨2×600m的三塔斜拉桥,首次提出并应用了钢壳-混凝土组合桥塔形式。钢壳-混凝土组合桥塔由内外钢壳、附着于钢壳的钢筋及钢壳间混凝土构成。在钢壳内外壁板上设置纵横向加劲肋,提高钢壳壁板刚度,满足其作为施工期模板功能的要求;在纵横加劲肋上开孔,与附筋形成薄钢板纵横双向钢筋混凝土榫剪力连接件群,使钢壳与混凝土形成具有优异协同工作性能的钢-混组合截面,附筋既是钢筋混凝土榫的芯棒钢筋,也是塔柱受力的主筋;在钢壳结构内部设置水平桁架与竖向桁架,连接内外钢壳,增大钢壳节段整体刚度。组合桥塔将混凝土桥塔的受力钢筋转变为钢壳附筋,在工厂内安装,并随钢壳整体吊装装配,现场仅需连接节段间钢筋、环缝焊接和浇筑混凝土,节段间钢筋通过工厂预拼装确保对接精度,有效减少现场作业强度及难度。

图7.6-1 南京江心洲长江大桥

南京江心洲长江大桥的桥塔为纵向钻石形、横向独柱形结构,采用钢壳-混凝土组合结构,钢结构采用Q345C板材和Q235B型材,混凝土采用C50补偿收缩混凝土。南、北边塔高167.7m,共36个节段,中塔高175.4m、共37个节段,标准节段高4.8m。桥塔布置如图7.6-2所示。

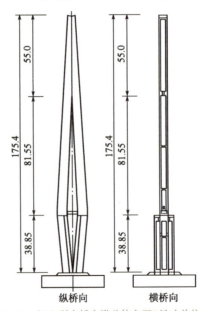

图7.6-2 江心洲大桥主塔总体布置(尺寸单位:m)

下塔柱为纵向双肢,每肢为单箱三室的外侧带凹槽的六边形截面,横向13.8m,纵向7m(边塔6m),壁厚1.2~1.4m,底部合并后纵向14m(边塔12m),向上逐步分离,至顶部纵向21m(边塔17.6m),如图7.6-3所示;中塔柱为纵向双肢,每肢为单箱单室的外侧带凹槽的四边形截面,横向5.8m,纵向7~5.686m(边塔6~5.024m),壁厚1.2~1.4m,如图7.6-4所示;上塔柱合并为单箱单室,横向5.8m,纵向11.630~5m(边塔10.298~5.26m),如图7.6-5所示。下横梁为钢结构,高2.0m,宽4.6m,设置顺桥向预应力;上塔柱设置钢牛腿和钢锚梁,用于斜拉索锚固。

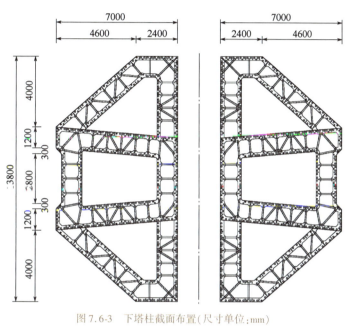

图7.6-3 下塔柱截面布置(尺寸单位:mm)

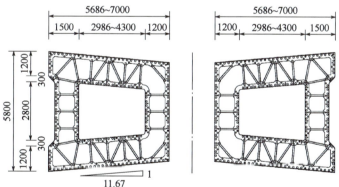

图7.6-4 中塔柱截面布置(尺寸单位:mm)

钢壳的外侧和内侧的钢壁板标准厚分别为14mm和6mm,在中塔柱底部塔柱和两塔柱联系梁范围加厚为20mm。钢壳壁板纵向和横向钢加劲肋的截面尺寸分别为128mm×10mm和200mm×10mm,间距400mm。内外侧板通过横撑连接,水平横撑采用L型角钢,桁架杆尺寸为75mm×8mm;内外竖向加劲通过缀板连接,缀板采用80mm×10mm扁钢,竖向间距120cm。板材选择Q355D,型材选择Q235B。

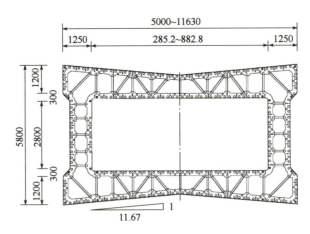

图 7.6-5 上塔柱截面布置(尺寸单位:mm)

中塔最大吊装质量为180t,边塔最大吊装质量为150.6t,其余节段质量均在100t以下,其中上塔柱带钢锚梁节段质量在70t~80t。

钢壁板厚度根据强度、刚度等设计条件确定。一般而言,钢外壁板厚度对桥塔性能影响较大,应根据受力需要取值,充分发挥组合结构优势。钢内壁板厚度根据施工期钢板应力、变形等控制条件确定,对结构整体受力性能影响较小,应根据施工需要尽量取小值。钢壁板连接应充分考虑外观、密封性、耐久性及施工的便利性,钢壁板宜采用全熔透焊接。为了降低混凝土收缩的不利影响,并保证混凝土的密实性,混凝土一般采用自密实补偿收缩混凝土。

钢与混凝土组合结构桥塔需要保证钢、混凝土之间的协同受力,才能充分发挥出两种材料各自的性能,受压侧钢板一般要求在屈服前不会因屈曲、滑移而降低其承载能力,连接件的合理设置是钢板混凝土协同工作的关键。钢壳在混凝土施工过程中会受到侧压力作用,变形也是设计控制的重点,需要设置加劲肋来提高钢板的面外刚度。采用开孔板连接件可以将钢板内侧的加劲肋和连接件结合在一起,同时满足界面连接和钢板加劲的需求,保证钢混之间的可靠联结。桥塔钢壳构造(含附筋)如图 7.6-6 所示。

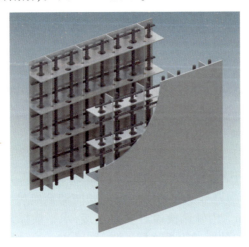

图 7.6-6 桥塔钢壳构造示意

南京江心洲长江大桥成功之后,钢壳-混凝土组合桥塔在广东狮子洋大桥主跨2180m的悬索桥和武汉观音寺长江大桥主跨1160m的双塔斜拉桥中得到推广应用。其中,观音寺长江大桥采用混合塔,仅在116m高的上塔柱采用钢壳混凝土结构;狮子洋大桥采用钢壳-混凝土组合桥塔,初步设计推荐的塔柱截面布置和三维效果如图7.6-7和图7.6-8所示。

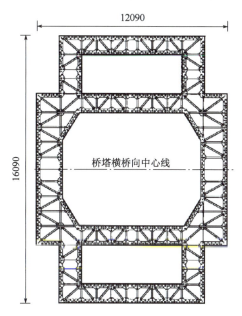

图7.6-7 广东狮子洋大桥主塔塔底塔柱截面布置(初步设计方案)(尺寸单位:mm)

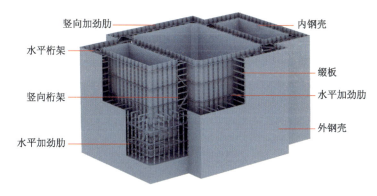

图7.6-8 广东狮子洋大桥主塔塔柱三维效果图(初步设计方案)

狮子洋大桥尽管塔柱截面形式和南京江心洲长江大桥不同,但设计理念和结构基本构造是一致的。钢混组合结构塔柱的钢壳构造如下:

外壁钢板厚18mm,内壁钢板厚10mm。外壁板竖向采用130mm×18mm板加劲、间距为0.4m,横向采用200mm×12mm板加肋、间距1.2m;内壁板竖向采用130mm×10mm板加劲、间距为0.4m,横向采用200mm×10mm板加肋、间距1.2m。内外侧板通过横撑连接,水平横撑采用L型角钢,桁架杆尺寸为75mm×8mm;内外竖向加劲通过缀板连接,缀板采用80mm×10mm扁钢,竖向间距120cm。板材选择Q355D,型材选择Q235B。钢壳内采用

C80 混凝土。

钢壳-混凝土组合桥塔的截面形式,可以根据结构受力以及造型等需要来确定。武汉观音寺大桥的斜拉桥上桥塔的截面形式,为桥塔美学需要采用了六边形截面形式。当斜拉桥对桥塔造型无特殊要求时,也可以如混凝土桥塔一样,采用矩形或切角矩形的空心截面,以提高桥塔的承载效率。塔柱截面的壁厚(内外壁钢板间距)也可以根据受力需要加以选择,但考虑到钢壳节段拼装时需要进行钢筋连接等作业,内外壁板的加劲板也需占据一定的空间,因此桥塔截面的最小壁厚(内外壁钢板间距)受到限制。

7.6.3 钢箱-钢管约束混凝土组合桥塔

钢箱-钢管约束混凝土组合桥塔由钢箱、钢管及其填充混凝土构成。钢箱和常规钢塔结构基本一致,内置钢管通过纵横向内腹板与钢箱壁板等连接一体,外壁板、内腹板设置板式肋加劲,并分层设置横隔板,满足结构受力要求。钢管内设置 T 形加劲,并设置对拉板及剪力钉,以满足混凝土灌注时钢管与混凝土协同受力要求。钢箱-钢管约束混凝土组合桥塔适应了超高桥塔轻型化、高延性以及高承压和抗弯承载要求。根据桥塔刚度和受力要求,可以灵活调整钢管布置,利用钢管混凝土套箍效应,充分发挥混凝土承压作用。从钢箱-钢管约束混凝土组合桥塔的塔柱截面看,即使在轴力与弯矩共同作用下塔柱截面边缘出现拉应力时,虽然钢管混凝土居于截面内部,仍然可以保持受压状态。通常双塔斜拉桥的主塔以受压为主,在沿海强风环境极限风荷载作用下,或其他不利条件下,塔底截面和塔梁交叉处截面有可能发生塔柱截面边缘受拉状况。此外,多塔斜拉桥的中塔,常在塔底等塔柱截面出现边缘受拉状况。采用钢箱-钢管约束混凝土组合桥塔,可以充分利用内置钢管位置的可调形,使钢管混凝土处于截面内部受压区而钢箱外壁处于外部受拉区,从而充分发挥混凝土和钢两种材料的力学性能优势。

张靖皋长江大桥(图 7.6-9)南航道桥为主跨 2300m 的悬索桥,首次提出并应用了钢箱-钢管约束混凝土组合桥塔,大桥采用门形结构,塔高约 350m。

图 7.6-9 江苏张靖皋长江大桥南航道桥效果图

针对世界最大跨径桥梁的超高桥塔,大桥设计从轻型化、高承压性能和工业化建造理念出发,提出了组合桥塔结构形式,并与混凝土桥塔和钢桥塔进行了比较,其中轴向荷载对比如表 7.6-1 和图 7.6-10 所示,桥塔及基础建安费对比如图 7.6-11 所示。

桥塔轴向荷载对比表 表 7.6-1

项目	塔顶荷载 (t)	塔身自重 (t)	塔底合计 (t)	承台合计 (t)
混凝土塔		215975	324789	567148
钢塔	108814	42861	151675	234980
组合塔		103279	212092	314725

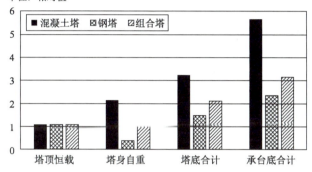

图 7.6-10 桥塔轴向荷载对比图

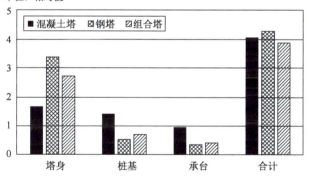

图 7.6-11 桥塔建安费对比图

从桥塔自重看,组合塔为混凝土塔的 0.48、钢塔的 2.40 倍;从承台底轴向荷载看,组合塔为混凝土塔的 0.55、钢塔的 1.34 倍。从工程建安费看,组合塔自身造价约为混凝土塔的 1.6 倍、钢塔的 0.8,考虑计入承台与基础的总费用后,组合桥塔约为混凝土塔的 0.95、钢塔的 0.9。从桥塔费用在总费用中的占比看,混凝土桥塔、组合桥塔、钢桥塔分别为 0.41、0.79 和 0.71。以上结果表明,混凝土桥塔即使达到 300m 以上高度,仍然是最经济的桥塔形式,但在考虑承台和基础费用后,情况将有所不同,对于软土地基条件,组合桥塔方案更具经济性。因此,对于大跨径和超大跨径斜拉桥,组合桥塔将是值得发展的重要结构形式。张靖皋长江大桥南航道桥的钢箱-钢管约束混凝土组合桥塔的塔柱节段如图 7.6-12 所示。

桥塔塔底截面 16.5m×12m,设有 1.4m 切角,如图 7.6-13 所示。钢箱、钢管提供纵横向实腹板及竖向间距 2.7m 的横隔板连接,钢板板厚分别为 20mm、24mm、30mm,钢材采用

Q420D 和 Q355D。4 根钢管直径 3.6m,壁厚为 30mm 和 36mm,钢管内设 4 道 T 形加劲、对拉板,钢管内壁设有剪力钉,灌注 C60 补偿收缩混凝土。

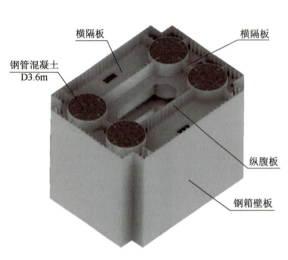

图 7.6-12　钢箱-钢管约束混凝土组合塔塔柱节段模拟图　　图 7.6-13　塔底塔柱截面布置(尺寸单位:mm)

如前所述,钢箱-钢管约束混凝土组合塔的特点在于,可以根据桥塔受力要求,灵活调整钢管布置。张靖皋长江大桥南航道桥为超大跨径悬索桥,需要承受超大的轴力与弯矩作用,采用了四管的钢箱-钢管约束混凝土塔柱形式。对于不同跨径、结构体系及环境条件的斜拉桥,桥塔所受轴力与弯矩组合以及大小各不相同,可以根据桥塔实际受力需要进行塔柱截面布置,如采用双钢管与钢箱的组合方案。此外,钢箱内采用圆形钢管的目的在于利用钢管混凝土套箍效应,充分发挥混凝土承压作用。因此,尽管有时从截面布置上采用方钢管等非圆形钢管,更容易实现对混凝土与钢两种材料承受压应力和拉应力的调配,但也意味着不再追求发挥钢管混凝土套箍效应。总之,为了在更大范围发挥组合结构桥塔的优势,可以充分借鉴张靖皋长江大桥南航道桥组合塔的设计理念,结合具体工程条件寻求最佳解决方案。

7.7　混合桥塔

7.7.1　技术特点

斜拉桥采用混合结构桥塔已经有很长的历史,最常见的混合桥塔为钢塔柱与混凝土塔柱混合的结构形式,如南京长江三桥、日本的鹤见航道桥,其梁面以下塔柱采用混凝土结构、梁面以上塔柱采用钢结构。除此而外,也有塔柱采用混凝土结构,横梁或剪刀撑采用钢结构。随着斜拉桥技术的不断发展,面对各种建设环境和建设需求,近年来混合塔在大跨径斜拉桥中也时有所见,并且塔柱结构形式及混合类别也有新的发展。

桥塔通常被分为下塔柱、中塔柱和上塔柱三个区域，双柱式桥塔一般在上中塔柱之间、中下塔柱之间设置横梁。不同区域塔柱受力特点如下：

（1）上塔柱居于塔柱最上部，为斜拉索锚固区，除了与中塔柱保持结构连续满足传力要求外，还需要设置斜拉索锚固结构。上塔柱所受轴力和弯矩相对最小，轴向力主要为斜拉索传递的主梁荷载及自重作用，弯矩主要为运营荷载及风荷载作用。除了总体上的受力外，上塔柱还要承受斜拉索锚固力的作用，锚固方式不同，对桥塔结构的受力影响也不同。

（2）中塔柱居于桥塔中部，两端分别连接上下塔柱，自上而下所受轴向力和弯矩总体上逐步增加，在塔梁交叉处的塔柱截面常成为受力控制截面。中塔柱所受轴力和弯矩较大，轴向力包括了斜拉索传递的主梁荷载以及大部分桥塔的自重荷载（中上塔柱自重），弯矩主要为运营荷载及风荷载，还有桥塔横向框架效应产生的弯矩。由于塔梁之间设置多向约束，特别是梁上传递的纵向和横向风荷载作用，在塔梁交叉处塔柱产生较大的纵横向弯矩。因此，中塔柱下部常成为设计控制截面。

（3）下塔柱处于桥塔最下部，是桥塔受力最大的区域，所受轴向力包括了斜拉索传递的主梁荷载以及全部桥塔自重荷载。在运营荷载及极限静风荷载作用下，塔底弯矩也是最大的区域。当由于基础尺度原因下塔柱需要倾斜内收时，恒载还将产生较大的横向弯矩作用。同样由于塔梁之间设置多向约束，受主梁传递的纵横向荷载作用，使得下塔柱从塔梁交叉处到塔底的弯矩呈现更大的速率增加。因此，塔底截面所受轴力和弯矩均是整个桥塔最大。

根据上述塔柱不同区域的受力特点以及结构与构造方面的特点，面对不同的建设条件和建设需求，一些情况下采用混合桥塔将具有技术经济合理性。显然混合桥塔的应用及不同结构形式的组合搭配，并非单纯根据不同区域塔柱的受力需求确定，需要综合考虑桥塔的受力性能、桥塔基础及地质条件、斜拉桥的跨径（桥塔高度）与体系性能、抗风抗震要求以及施工方法等方面。

图 7.7-1 列举了 4 类塔柱混合类型，第 1、2 两类是最常用的形式，第 3 类目前已经用于正在建设的超大跨斜拉桥中，第 4 类还没有实际工程应用。

总之，桥塔沿高度方向分段采用不同类型的结构，涉及结构受力、施工条件以及经济性等多方面因素，需要结合具体工程的实际条件，合理确定塔柱的混合方式。

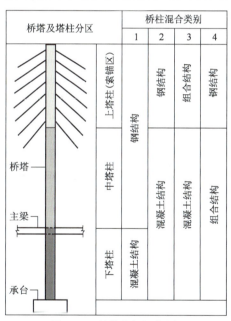

图 7.7-1　桥塔混合类别示意

7.7.2　混凝土结构与钢结构混合塔

对于塔柱采用混合结构的桥塔，钢塔柱与混凝土塔柱分界位置多数选择在中下塔柱交接处以及中上塔柱交接处，但也有一些不同的处理方式。对于全钢桥塔，钢塔通常在承台顶面与混凝土结合，当水位变化较大，考虑钢结构耐久性及船舶撞击等因素，部分桥梁将钢混结合段

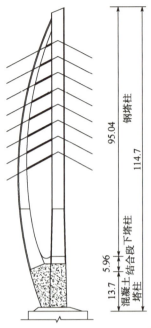

图7.7-2 港珠澳大桥九州航道桥主塔立面布置(尺寸单位:m)

设置在承台以上、桥面以下的位置,如港珠澳大桥九州航道桥(图7.7-2)。

下塔柱采用混凝土结构、中上塔柱采用钢结构的斜拉桥工程实践相对较多,如法国的圣纳泽尔大桥(图7.7-3)和英国的伊丽莎白女王二世桥(图7.7-4)。圣纳泽尔大桥为主跨404m的双塔双索面钢斜拉桥,是第一座跨径突破400m的斜拉桥,桥塔在梁面上下分别为A形钢结构和混凝土结构,1975年通车。伊丽莎白女王二世桥,为主跨450m的双塔双索面斜拉桥,桥塔在梁面上下分别为钢结构和混凝土结构,1991年通车。此外,单索面斜拉桥独柱塔采用混合塔也有不少工程实例,如泰国拉玛九世桥(图7.7-5)和塞尔维亚自由桥(图7.7-6)。拉玛九世桥为主跨450m的单索面斜拉桥,1987年12月通车;塞尔维亚自由桥为主跨351m的单索面稀索斜拉桥,2005年10月通车。桥面以上采用钢塔柱,相对于混凝土塔柱可以减小桥面宽度;桥面以下采用较宽的混凝土墩柱,便于为主梁提供竖向和抗扭支撑,也有利于防止船舶撞击。

图7.7-3 法国圣纳泽尔大桥

图7.7-4 英国伊丽莎白女王二世桥

图7.7-5 泰国拉玛九世桥

图7.7-6 塞尔维亚自由桥

中国斜拉桥钢桥塔应用较少,南京长江三桥首次在国内桥梁建设中应用钢塔,填补了国内的空白。南京长江三桥为主跨648m的双塔斜拉桥,桥塔高215m,塔柱外侧圆曲线部分半径为720m,其下塔柱及下横梁为钢筋混凝土结构,其他部分为钢结构,如图7.7-7所示。下塔柱高35.2m,塔柱截面横桥向宽度为6.2~8.4m,顺桥向宽度为8~12m。钢塔柱高179.8m,截面尺寸上下相等,横桥向宽5.0m,顺桥向宽6.8m,如图7.7-8所示。根据风洞试验,在其四角均有0.7m×0.8m的切角。截面上除四周有壁板外,在纵桥向还设置有两道腹板,整个截面为单箱三室结构。除钢混结合段外,一个钢塔柱共分为21个节段,节段长7.7~11.42m,一个节段的最大吊重不超过160t,钢塔总质量约12000t。

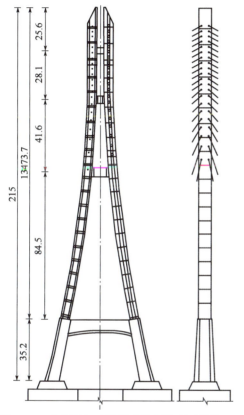

图 7.7-7　南京长江三桥钢塔总体布置(尺寸单位:m)

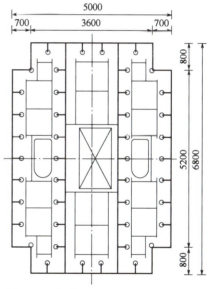

图 7.7-8　钢塔柱截面布置(尺寸单位:mm)

钢塔柱主体结构采用Q370qD钢,壁板的厚度沿塔柱高度方向从下至上按三种规格变化,分别为:T1、T2段,横向板为48mm、顺向板为46mm,加劲肋规格为24mm×240mm;T3~T12段,横向板为42mm,纵向板为36mm,加劲肋规格为22mm×220mm;T13~21段,横向板为36mm,纵向板为30mm,加劲肋规格为22mm×220mm。腹板沿高度方向维持32mm的厚度不变,腹板的加劲肋规格均为22mm×220mm。

每个钢塔柱节段设置4~6道横隔板或横肋板,间距为1.20~2.25m。横隔板及横肋板厚均为14mm,其加劲肋厚10mm。钢塔柱节段拼接均用M24高强度螺栓及拼接板连接。斜拉索在钢桥塔的锚固采用钢锚箱,设置在两道腹板之间。

中下塔柱采用混凝土结构、上塔柱采用钢结构也有工程应用。之所以选用这种混合的桥塔形式，主要由于混凝土桥塔较为经济，而上塔柱斜拉索锚固区，或因为混凝土塔柱裂缝控制难度大，或因为混凝土塔柱结构与构造处理困难等情况，选用钢结构更加合理。

宁波大榭二桥主桥采用主跨392m的双塔单索面钢箱梁斜拉桥，主塔纵桥向由双肢塔柱组成，外形似"帆"形。塔柱间设置横梁及拉杆，以平衡中跨及边跨斜拉索水平分力，承受顺桥向不平衡荷载。桥塔从上而下可分成上塔柱（锚索区）、中塔柱及下塔柱。特殊的桥塔造型使得上塔柱受力与构造复杂，从结构可靠性、耐久性及经济性等角度出发，桥塔采用了混合塔，锚索区上塔柱为钢结构，中塔柱及下塔柱为混凝土结构，采用C50高性能混凝土，桥塔总体布置如图7.7-9所示。上塔柱高55.1m、中塔柱高46.1m、下塔柱高37.1m，总高138.3m。中塔柱纵桥向尺寸为5.3～6.0m，混凝土壁厚0.8～1.0m，中塔柱和上塔柱截面布置如图7.7-10所示。

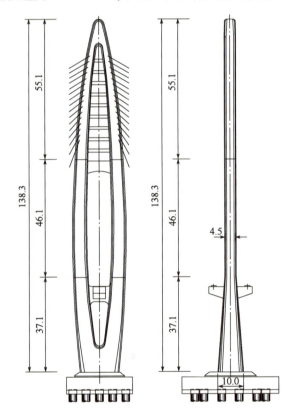

图7.7-9　宁波大榭二桥主塔总体布置（尺寸单位：m）

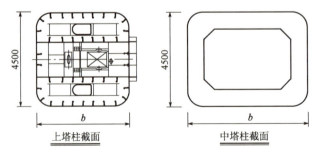

图7.7-10　中塔柱与上塔柱截面布置（尺寸单位：mm）

7.7.3 混凝土结构与组合结构混合塔

中下塔柱采用混凝土结构、上塔柱采用组合结构,这种混凝土结构与组合结构混合的桥塔形式,虽然没有混凝土结构与钢结构混合的桥塔形式多见,但已经在超大跨斜拉桥中得到了应用。

对于大跨径和超大跨径斜拉桥,中下塔柱采用混凝土桥塔主要是从经济性考虑,上塔柱采用组合结构多从结构总体与局部受力以及结构耐久性等方面考虑。从结构总体受力上看,与混凝土结构相比,组合结构可以显著减轻桥塔自重;与钢结构相比,组合结构可以规避风致振动风险。从上塔柱作为斜拉索锚固区的局部受力看,与钢结构相比,组合结构可以简化结构构造、减少钢材用量;与混凝土结构相比,组合结构可以降低锚固区混凝土开裂风险。在超大跨斜拉桥中,香港昂船洲大桥、武汉观音寺长江大桥就是具有代表性的实例。

中国香港昂船洲大桥通过方案竞赛选定了主跨 1018m 的双独柱塔斜拉桥方案,桥塔高度达 298m,塔顶部以下约 120m 为钢结构,其余部分为混凝土结构,如图 7.7-11 所示。

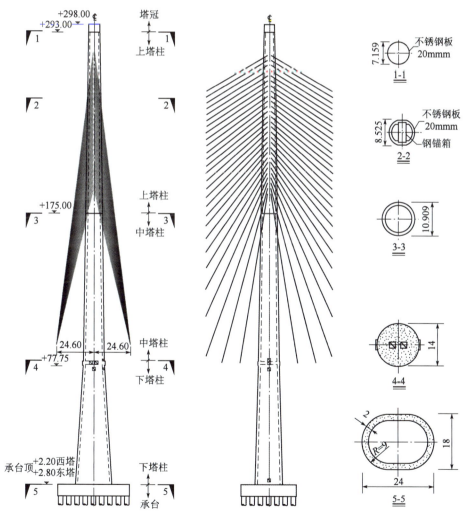

图 7.7-11 中国香港昂船洲大桥主塔总体布置(尺寸单位:m;高程单位:m)

桥塔顶部118m为圆柱形的钢结构，桥塔美观且富现代感，但圆柱钢结构桥塔自重轻，又为独柱悬臂状态，需要关注其气动性能。一方面，塔柱发生涡振时的振幅比较大，而且一阶自振频率为0.272Hz，有很大风险和长拉索产生大幅度的线性共振。影响桥塔涡振的主要参数为其质量和阻尼，影响桥塔和拉索发生线性共振的主要参数则是桥塔的自振频率和拉索的自振频率，而增加桥塔或拉索阻尼只能降低拉索线性共振的幅度，却不能完全避免振动发生。另一方面，增加桥塔的质量能有效改变桥塔的自振频率，因而可避免桥塔和拉索发生线性共振。最长拉索的第一阶自振频率为0.22Hz，如桥塔的第一阶自振频率低于0.22Hz，便能有效避免与拉索发生线性共振。为此，针对不同桥塔的气动特性、涡振响应及与拉索发生线性共振的问题开展了研究，分析结果及风洞试验结果表明，重型组合方案及全混凝土方案均可以达到避免和拉索发生线性共振的目的，但由于全混凝土桥塔的外形与竞赛选定方案有很大的差异，因此最终决定采纳重型组合方案作为桥塔详细设计的基础。所谓重型组合方案即外壳为20mm钢板+800mm混凝土壁的塔柱截面形式，最终桥塔高298m，顶部118m塔柱采用不锈钢外壳和混凝土组合的截面，如图7.7-12所示。

常泰公铁两用长江大桥，主桥采用主跨为1176m的双塔斜拉桥，主塔为空间结构，总高352m，分为上塔柱、中塔柱和下塔柱三个区段，中、下塔柱采用四柱式混凝土结构，上塔柱为独柱式组合结构。上塔柱总高120.9m（其中塔冠高17m）、中塔柱高182.6m、下塔柱高48.5m，如图7.7-13所示。

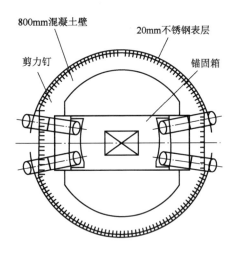
图7.7-12　香港昂船洲大桥上塔柱截面布置

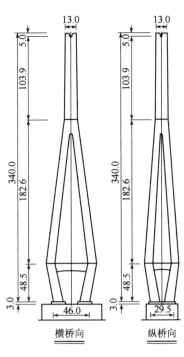
图7.7-13　江苏常泰长江大桥主塔总体布置（尺寸单位：m）

常泰长江大桥斜拉桥桥塔承受的斜拉索竖向荷载巨大，上塔柱采用钢箱与核心混凝土组成的组合结构，将混凝土布置在截面纵向中性轴位置，一方面用于承受上塔柱的轴向压力，另一方面用于解决斜拉索的锚固问题，充分发挥了钢和混凝土材料的力学性能优势。斜拉索锚固如图 7.7-14 所示。

上塔柱为八边形钢箱与核心混凝土锚固结构组成,外轮廓尺寸为 13m×13m~16m×16m,核心混凝土厚度 3.4m,截面布置如图 7.7-15 所示。

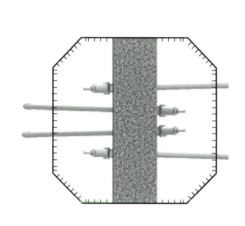

图 7.7-14 上塔柱斜拉索锚固布置示意　　　图 7.7-15 上塔柱截面布置(尺寸单位:mm)

中、上塔柱交接位置设置结合段,钢混结合面设置承压板,通过外壁板竖肋将竖向力传递给混凝土,钢壁向下延伸 2.5m,壁板及承压板上均设置剪力钉,将钢-混凝土连接成整体,为提高混凝土承压强度,在结合面以下设置 55cm 厚高性能混凝土。

中塔柱总高 182.6m,中塔柱顶分为四塔肢结构,单塔肢为正八边形截面,外轮廓尺寸由上至下为 8m×8m~11m×11m,壁厚为 1.55~1.9m。下塔柱总高 48.5m,单塔肢为正八边形截面,外轮廓尺寸由上至下为 11m×11m~13m×13m,壁厚为 1.9~2.3m。中、下塔柱典型截面布置如图 7.7-16 所示。

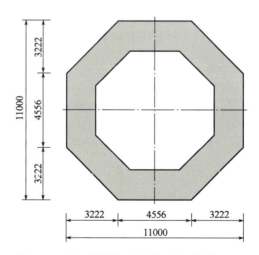

图 7.7-16 中、下塔柱典型截面布置(尺寸单位:mm)

武汉观音寺长江大桥主桥为主跨 1160m 的双塔斜拉桥方案(图 7.7-17),桥塔高度 262m,塔顶部以下约 116m 为组合结构,其余部分为混凝土结构。桥塔采用 A 形(图 7.7-18),大桥处于内陆风荷载较小环境,尽管桥塔较高,从桥塔整体受力角度看,使用常规混凝土桥塔完全可以满足结构纵向刚度和承载力要求。但对于超大跨斜拉桥,随着斜拉索的数量和索力增加,上塔柱斜拉索锚固区域,采用常规混凝土结构存在产生开裂的风险,需要重点关注上塔柱的结构承载力和耐久性问题。钢桥塔固然可以避免混凝土开裂问题,但考虑到上塔柱占桥塔总高达44%,且斜拉索锚固区没有设置横梁,从桥塔刚度和受力连续性考虑,采用钢壳组合桥塔无疑是较好的选择。

图 7.7-17　武汉观音寺长江大桥建成效果

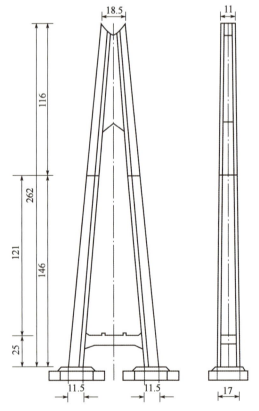

图 7.7-18　武汉观音寺长江大桥主塔总体布置(尺寸单位:m)

桥塔锚固区采用钢壳混凝土组合结构后,不考虑塔壁施加环向预应力时,钢锚箱组合锚固体系中混凝土塔壁平均拉应力减小到 0.9MPa,降低了锚固区混凝土开裂风险。

主塔布置如图 7.7-18 所示,主塔全高 262m,其中上塔柱高 116m,中塔柱高 121m,下塔柱高 25m。中、下塔柱为混凝土结构,上塔柱为钢壳混凝土结构,塔柱截面布置如图 7.7-19 所示,上塔柱钢壳截面布置如图 7.7-20 所示。

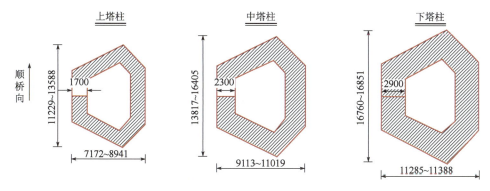

图 7.7-19 塔柱截面布置(尺寸单位:mm)

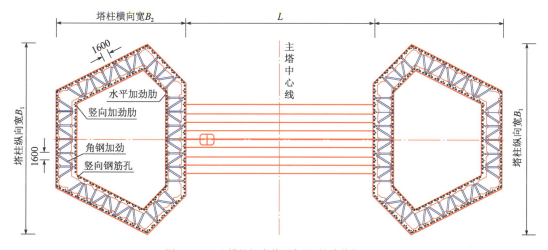

图 7.7-20 上塔柱钢壳截面布置(尺寸单位:mm)

上塔柱钢壳标准节段高 3.6m,塔柱外壁板厚 14mm、内壁板厚 10mm、32mm。外壁板竖向加劲采用 128mm×10mm 扁钢、间距为 400mm,内壁板竖向加劲采用 128mm×10mm 扁钢,间距均为 400mm;外壁板横向加劲采用 200mm×10mm 扁钢,内壁板横向加劲采用 200mm×10mm 扁钢,间距均为 450mm。水平向加劲桁架采用 L75mm×8mm 型钢,竖向采用 450mm 和 900mm 两种间距。壁板间浇筑采用 C55 自密实补偿收缩混凝土。钢壳板材选择 Q355C,型材选择 Q235B。

斜拉索锚固采用钢锚箱方案。

7.7.4 组合结构与钢结构混合塔

随着桥梁建设技术发展,对桥梁品质、韧性、耐久性等方面的要求越来越高,组合桥塔建造技术日益成熟组合桥塔的应用将会越来越多。特别是强风环境超大跨径斜拉桥的超高桥塔,不仅承受巨大轴力,还同时承受巨大的弯矩。一方面从经济性角度组合桥塔将展现竞争力,另一方面也存在合理减小结构自重与尺度的需要。如此,在桥塔选用组合结构的同时,上塔柱采用钢结构有时会是一种合理选择。中下塔柱采用组合桥塔主要是从结构受力与经济性考虑,上塔柱采用钢结构不仅在于减小桥塔所受轴向荷载,还可以简化锚固段结构构造以及方便施工、加快工期等。

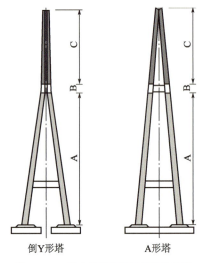

图 7.7-21　混合桥塔塔柱结构分类示意

对于大跨径斜拉桥,常用的桥塔形式有倒 Y 形桥塔和 A 形桥塔等结构形式,如图 7.7-21 所示。图中桥塔的塔柱划分为 A、B、C 三个区域,A 区域为下塔柱和中塔柱,C 区域为上塔柱,B 区域为中、上塔柱的过渡段。A 区域采用组合结构,C 区域采用组合结构,B 区域作为由组合结构转变成钢结构的过渡段,倒 Y 形桥塔布置在双柱合并处一定高度范围,A 形塔布置在上横梁所在位置。在桥塔的上横梁处或塔柱合并处,即使上塔柱和中塔柱采用同一种结构形式,也同样需要进行构造上的衔接与处理。因此,钢结构和组合结构两种塔柱结构形式在上横梁处或塔柱合并处过渡最为合适。

组合结构塔柱无论采用钢壳混凝土结构,还是钢箱-钢管混凝土结构等结构形式,都是由钢与混凝土共同受力的结构形式,并且混凝土的受力占有很高比例,过渡到全钢结构塔柱不仅要考虑总体受力,还要考虑局部传力的特点。通常组合结构塔柱和钢结构塔柱各自材料在截面上的分布差异较大,并且组合塔柱钢外壁板的厚度相对较薄,而钢塔柱外壁板的厚度相对较厚,需要采取合理的构造措施确保受力合理性与可靠性。

对于倒 Y 形桥塔,塔柱变化过渡段上下侧分别为独柱和双柱布置,钢壳混凝土组合塔和钢箱-钢管约束混凝土组合塔的截面布置分别如图 7.7-22 和图 7.7-23 所示。从结构与传力的衔接看,总体需要实现单柱向双柱的转变,局部需要满足钢板受力向钢与混凝土组合结构受力的转变。相对而言,钢壳混凝土组合塔柱为空心截面,过渡到钢结构独柱更为便利顺畅;钢箱-钢管约束混凝土组合塔柱截面由外部钢箱和内部钢管约束混凝土组成,过渡到钢结构独柱更为复杂,因此过渡段将需要更多的材料消耗。

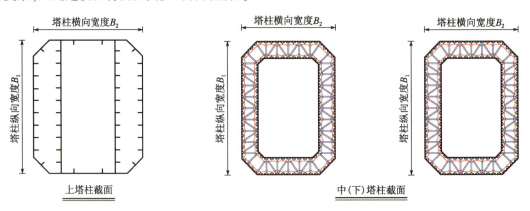

图 7.7-22　钢壳混凝土组合塔截面布置示意(一)

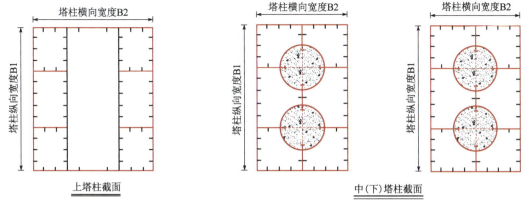

图 7.7-23 钢箱-钢管混凝土组合塔截面布置示意(一)

对于 A 形桥塔,塔柱变化过渡段上下侧均为双柱布置,钢壳混凝土组合塔和钢箱-钢管约束混凝土组合塔的截面布置分别如图 7.7-24 和图 7.7-25 所示。从结构与传力的衔接看,主要解决钢板受力向钢与混凝土组合结构受力的转变。同样道理,钢壳混凝土组合塔柱过渡到钢结构塔柱更为顺畅,钢箱-钢管约束混凝土组合塔柱过渡到钢结构塔柱更为复杂。

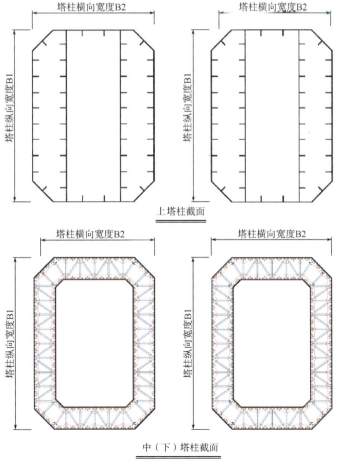

图 7.7-24 钢壳混凝土组合塔截面布置示意(二)

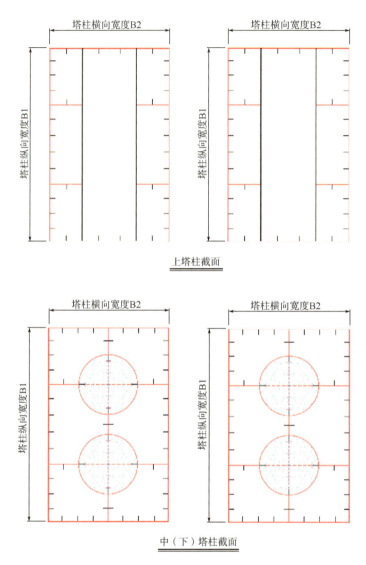

图 7.7-25 钢箱-钢管混凝土组合塔截面布置示意(二)

对比两种组合结构桥塔可知,钢壳混凝土组合塔柱的截面为空心结构形式,上塔柱采用该结构形式可以附加钢锚箱等满足斜拉索锚固要求;钢箱-钢管约束混凝土组合塔柱的截面中心为钢管混凝土结构,如用于上塔柱难以满足斜拉索锚固要求,需要对结构形式进行改变,因此与钢结构上塔柱混合使用是较为合理的选择。

总体来看,上塔柱所受荷载较中下塔柱大幅减小,和塔根相比,轴向力可能减少到1/2,弯矩甚至减少更多。因此,尽管组合塔柱和钢塔柱构造上差异较大,但从传力、构造处理等方面看,仍然能够通过过渡段得到合理解决,一般不会存在难以实施的困难。此外,上塔柱采用钢结构,有可能存在风致振动问题。A形塔的钢塔柱在塔顶相交,刚度相对较大,发生风致振动的风险较小;倒Y形塔的钢塔柱为自由独柱,刚度相对较小,自立状态如存在发生涡振等风致振动,需要采取工程措施。

7.7.5 连接方式

对于混合桥塔,由于钢-混结合部上下刚度相差较大、构造复杂,材料特性与结构特性的突变容易形成结构的薄弱点,因此结合部是混合塔的关键的环节。目前,国内外关于混合塔结合部尚无完善的设计理论和方法,结合段的受力和传力机理主要通过模型试验和有限元分析来验证。

目前,钢塔柱与混凝土塔柱或桥塔基础的连接方式主要有埋入式连接、端承压板式连接、有格室承压板式连接三种。

1)埋入式连接

埋入式连接是将塔柱底节的一部分埋入混凝土塔柱或基础中。采用埋入式连接时,如何使塔柱的壁板和混凝土充分结合在一起,并且能够使荷载均匀传递,是设计和施工主要解决的问题。常用的方法有在壁板上设置剪力钉或者采用 PBL 开孔剪力键。另外在埋入塔柱节段时,需要事先安装定位底座,然后将塔杆固定在定位底座上。由于底座的安装精度对于垂直度影响很大,安装时必须予以充分注意。埋入式方法的传力机理是通过混凝土与剪力钉或者混凝土与钢板孔之间的附着,将塔柱的轴力以混凝土的剪力形式传递给下部塔柱或基础。混合桥塔采用该连接方式的有南京长江三桥、日本鹤见航道桥。

南京长江三桥钢混结合段钢结构部分由锚固箱、底座和底座定位件组成,总高度12.332m,其中锚固箱高 8.775m,伸出混凝土外 1.77m,与钢塔柱节段连接(图 7.7-26)。底座及底座定位件用于精确定位锚固箱,锚固箱底板与底座顶板间设有法兰盘,通过高强度螺栓连接,为保证二者之间的密贴,锚固箱底板与底座顶板在焊接完成后要求进行机加工处理。锚固箱的壁板及腹板上开有 60mm 圆孔,在圆孔中心穿有 25mm 螺纹钢筋,与进入该圆孔的混凝土一起形成 PBL 剪力键。为保证锚固箱内外混凝土的整体性,在锚固箱下半段的壁板及腹板上开有宽 200~370mm、高度不等的长方孔以便混凝土能内外流动。为保证 PBL 剪力键的浇筑成型质量,要求该部分混凝土粗集料粒级为 5~20mm 连续级配,并要求每次混凝土浇筑高度不大于 2m。

2)端承压板式连接

端承压板式连接是将钢结构根部通过承压板和预埋在混凝土中的大型锚固螺栓或预应力钢绞线连接在一起。在这种连接方式中,钢结构根部的压力是通过承压板传递到混凝土,而弯矩和剪力则是通过锚固螺栓传递,大多数钢索塔同基础承台连接采用这种形式构造。由于刚度和强度上的要求,承压板通常采用很厚的钢板。为了能够均匀传递塔柱根部的压力,承压板与混凝土承台之间必须保持密切接触。另外由于塔柱底面的架设精度将会影响到整个桥塔的精度,因此承压板的安装精度要求很高。端承压板式连接的传力机理明确,易于施工。斜拉桥混合桥塔采用该连接方式的如港珠澳大桥江海直达航道桥、杭州之江大桥,悬索桥混合桥塔采用该连接方式的有如泰州长江公路大桥中塔、马鞍山长江公路大桥中塔等。

港珠澳大桥江海直达航道桥桥塔塔底锚固采用承压板和锚固螺杆相结合的方式:塔底设置厚度为 150mm 的承压钢板,钢板与塔柱根部焊接,以使塔柱截面的压应力通过承压钢板均匀传递到混凝土支撑面(承压板与混凝土承台顶面间设置有压浆层);塔柱截面四周设置大直径高强螺杆,通过施加预拉应力以保持塔柱截面与支承面之间紧密接触,高强度螺杆上端锚固在 Z0 节段,底端锚固在预埋于混凝土承台内部的锚梁上。Z0 节段与整体段通过 M24 高强度螺栓进行连接。钢混结合部构造如图 7.7-27 所示。

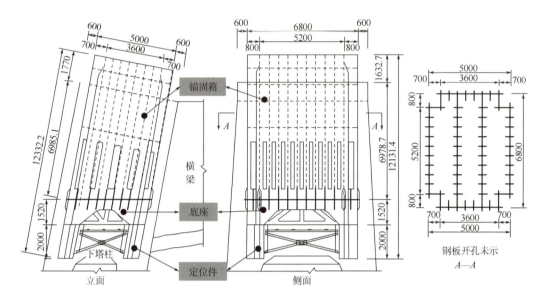

图 7.7-26 南京长江三桥钢混结合部构造(尺寸单位:mm)

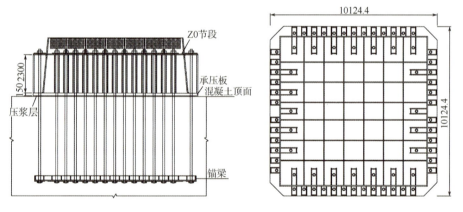

图 7.7-27 港珠澳大桥江海直达航道桥混合塔钢混结合部构造(尺寸单位:mm)

港珠澳大桥九州航道桥桥塔采用钢-混混合结构,承压板下为外包钢板混凝土截面,其余钢塔柱为带倒角的封闭箱形截面。钢混结合段与混凝土塔柱间通过预应力锚杆连接成整体,结合部构造如图 7.7-28 所示。

埋入式连接和端承压板式连接在力学性能上各具优势:埋入式连接中剪力连接件与基础内混凝土作为整体构造共同传力,整体刚度大,竖向抗压承载力强;预应力锚固式连接中高强度螺栓或钢绞线提供了预压应力,可分担混凝土基础中产生的拉应力,在钢桥塔水平向荷载不平衡状态下,塔基有较强的抗弯抗拔能力。同时,两种连接方式也都存在一些不足:埋入式连接中,拉应力是通过剪力连接件沿基础高度范围内传递给混凝土,当存在受拉荷载时,基础上部混凝土中可能产生拉应力;预应力锚固式连接中,钢桥塔产生的竖向压应力仅依靠桥塔底部的厚钢底板传递给基础,极限抗压承载力相对较小。依据预应力锚固式连接和埋入式连接各自的特点,在设计时可考虑预应力锚固式连接和埋入式连接的混合式连接,即钢桥塔根部的压应力,通过埋入在混凝土中的桥塔节段沿整个埋设高度范围内,以剪力形式传递到混凝土中,而拉应力则通过预应力传递到基础中。混合连接方式既可避免单纯采用埋入式连接时可能产生拉应力这一不足,又可以使塔基有富余的承载力,但是施工复杂,造价较高。

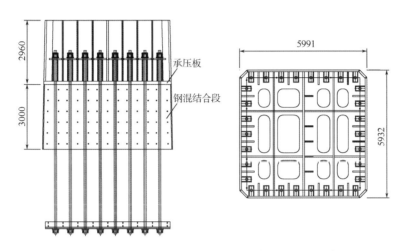

图 7.7-28　港珠澳大桥九州航道桥混合塔钢混结合部构造(尺寸单位:mm)

3) 有格室承压板式连接

有格室承压板式是利用钢塔腹板、壁板和加劲板形成钢格室,在格室中浇筑混凝土,并在格室四周的板件内侧布置焊钉连接件,在格室端部布置承压板。混合塔结合部由钢塔加劲过渡段和钢-混结合段组成。结合部将钢塔所受的轴力、剪力、弯矩通过钢塔加劲过渡段加以分散,再通过结合部钢格室的承压板、抗剪连接件的过渡段作用传递给格室填充混凝土,进而传递给混凝土塔。根据承压板位置的不同,具体可分为有格室前承压板式、有格室后承压板式,分别如宁波大榭二桥、南京青奥跨江景观桥。

宁波大榭二桥从结构可靠性、耐久性及经济性等角度出发,桥塔采用混合塔结构,锚索区上塔柱及拉杆采用钢结构,中塔柱及下塔柱为混凝土结构。主塔钢-混凝土结合部设在中塔柱上横梁顶。该处塔柱纵向弯矩较小,以轴压力为主。钢-混结合部按有格室前承压板方式布置,从上而下由钢结构加强传递段、填充混凝土传递段及承压板接触传递段组成,如图 7.7-29 所示。钢结构加强传递段长 3.1m,通过在钢塔外围板及腹板间增加隔舱,以扩散及降低钢板应力。填充混凝土传递段长 3.05m,沿塔高方向布置有 14 排 22mm 焊钉连接件。填充混凝土传递段通过焊钉连接件逐步将荷载由钢板传至混凝土。端板接触传递段设置了 50mm 厚端板及其下垫梁等构造,在对应力进一步扩散的同时,避免了钢板厚度方向锋利截面与混凝土的直接接触。垫梁下设置定位支架,供钢塔 0 号段安放及准确定位用,并预留出一段塔柱混凝土与钢塔内填充混凝土一起浇筑。为方便端板下混凝土浇筑,确保混凝土浇捣密实,端板设置了人孔兼下料孔、振捣孔及冒浆孔。从景观角度出发,端板下混凝土塔柱与钢塔柱采用了相同的截面尺寸,两者平顺连接。为确保在横向风等不利荷载下钢-

混结合部始终处于受压状态,在结合部填充混凝土及混凝土塔柱间共布置 24 根 $\phi15.20-15$mm 竖向预应力束。

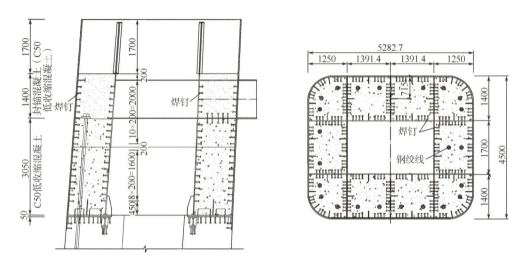

图 7.7-29　宁波大榭二桥混合塔钢混结合部构造(尺寸单位:mm)

南京青奥跨江景观桥,钢混结合段采用有格室后承压板式构造(图 7.7-30)。钢塔柱与混凝土塔柱之间通过焊钉、开孔板、承压板及预应力筋连接,满足刚度过渡、应力传递等受力要求,同时获得了最佳景观效果。

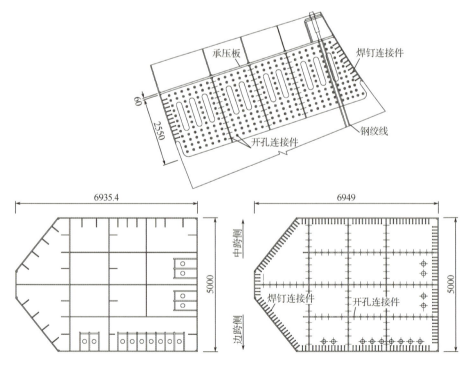

图 7.7-30　南京青奥跨江景观桥混合塔钢混结合部构造(尺寸单位:mm)

总体而言，埋入式结合段混凝土浇筑质量容易保证，其作用力全通过连接件传递，需要较长的结合段，连接件受力较大。端承压板式结合段构造简单，应力传递直接，截面的刚度变化比较大，由于刚度和强度上的要求，需设置较厚的承压板，为了能够均匀地传递压力，承压板与混凝土承台之间必须保持密切接触。有格室承压板式相对于埋入式及端承压板式结合段刚度过渡均匀，应力扩散好，塔柱横向尺寸连续、景观效果占优，但构造相对复杂。混合桥塔设计时，应根据结合部受力特点及景观需求合理选择钢混凝土之间的连接方式。

7.8 索锚固区

7.8.1 概述

桥塔斜拉索锚固区是斜拉桥中的关键部位，斜拉索的集中力将通过锚固结构传递到塔柱中，与斜拉桥整体技术进步相协调，索塔锚固技术上也在不断发展和进步。桥塔锚固构造与桥塔的形式、斜拉索的布置、索力的大小等多种因素有关，合理的锚固区构造需从设计、施工、养护维修及拉索的更换等各个方面综合考虑确定，应该满足传力可靠、安全耐久、造型美观、易于维护的基本要求。

早期斜拉桥采用扇形索面布置形式，斜拉索与桥塔的连接类似于悬索桥中主缆与桥塔的连接，中跨斜拉索通过设置于桥塔的索鞍转向后锚固于边跨，即在塔顶采用索鞍式锚固。此后，为适应修正扇形及竖琴形斜拉索布置，边跨和中跨分别设置斜拉索，逐步形成多种锚固形式。

20 世纪 60 年代以后，随着混凝土塔的发展，很自然地在混凝土塔壁上设置齿块，通过齿块将斜拉索索力传递给塔身，混凝土塔壁锚固技术得到了发展和应用。

在 20 世纪 80 年代，加拿大安纳西斯桥首次采用钢锚梁锚固形式，具有传力直接的优点，但该锚固方式仅适用于平行索面拉索体系。以后一些工程根据需要，进一步改进钢锚梁形式，使钢锚梁可适用于锚固 4 根斜拉索的空间索面体系。

早期的钢锚箱结构较为简单，桥塔塔壁为混凝土，锚固区采用钢结构。斜拉索锚于顺桥向两块竖直钢板之间，穿过一对焊在竖直钢板上与斜拉索平行的横向斜板，钢锚箱外部钢箱通过连接件与混凝土塔柱结合在一起。该结构形式可见于比利时的邦纳安（BenAhin）桥和旺德尔（Wandre）桥、希腊的埃夫里波斯（Evri-pos）桥和法国的沙隆（Chalon）桥。20 世纪 90 年代以来，日本、欧洲、中国等地相继建成许多大跨径斜拉桥。钢锚箱这种结构形式由于受力明确、锚固点定位准确、施工方便等优点在更多大跨径斜拉桥中得到应用。

近年来，国内开发并应用了同向回转锚固体系，将拉索的拉力转换为压力作用在塔柱上，应用于芜湖长江二桥大跨径斜拉桥中，亦为斜拉索锚固方式的又一创新。

斜拉桥常见的桥塔拉索锚固形式大体可分为混凝土塔壁锚固、钢锚箱锚固、钢锚梁锚固、鞍座式锚固、回转式锚固五类。表 7.8-1 列举了部分国内外著名斜拉桥索塔锚固形式。

国内外著名斜拉桥桥塔锚固形式一览表　　　表 7.8-1

序号	桥名	主跨(m)	建成时间	锚固类型	具体形式
1	上海杨浦大桥	602	1993	塔壁锚固	
2	南京长江二桥	628	2001	塔壁锚固	
3	广州珠江黄埔大桥	383	2008	塔壁锚固	
4	丹麦厄勒海峡桥	490	2000	钢锚箱	内置式
5	江苏苏通大桥	1088	2008	钢锚箱	内置式
6	香港昂船洲大桥	1018	2009	钢锚箱	内置式
7	上海长江大桥	730	2009	钢锚箱	内置式
8	湖北鄂东长江公路大桥	926	2010	钢锚箱	内置式、预应力
9	法国诺曼底大桥	856	1995	钢锚箱	外露式
10	中国香港汀九大桥	475	1998	钢锚箱	外露式
11	杭州湾大桥北航道桥	448	2008	钢锚箱	外露式
12	重庆东水门大桥	445	2014	钢锚箱	外露式
13	南京长江三桥	648	2005	钢锚箱	钢塔
14	加拿大安纳西斯桥	465	1986	钢锚梁	
15	上海南浦大桥	423	1991	钢锚梁	混凝土牛腿、滑动连接
16	上海东海大桥主航道桥	420	2005	钢锚梁	混凝土牛腿、固定连接
17	浙江金塘大桥	620	2009	钢锚梁	空间索、钢牛腿、滑动连接
18	湖北荆岳长江公路大桥	816	2010	钢锚梁	钢牛腿、先滑动后固定
19	上海闵浦大桥	708	2010	钢锚梁	混凝土牛腿、滑动连接
20	日本名港中央大桥	590	1997	钢锚梁	钢塔
21	漳州战备大桥	132	2001	鞍座式锚固	双套管式
22	上虞曹娥江大桥	110	2007	鞍座式锚固	单套管式
23	蚌埠怀洪新河特大桥	130	2011	鞍座式锚固	分丝管式
24	美国 Glass City Skyway 桥	187	2007	鞍座式锚固	分丝管式、常规塔高斜拉桥
25	芜湖长江二桥	806	2017	回转式锚固	

　　鞍座式锚固主要应用于矮塔斜拉桥,回转式锚固目前实例较少。斜拉索塔端锚固方式主要有混凝土塔壁锚固、钢锚箱锚固、钢锚梁锚固,三种方式各有其优缺点。混凝土塔壁锚固方案构造简单、造价便宜,往往通过设置预应力以提高混凝土的抗拉能力;缺点在于施工相对复杂,高空作业施工精度和质量控制难度相对较大。钢锚箱锚固方案力学性能有保证,定位简单、施工方便;但构造复杂、用钢多、造价贵。钢锚梁锚固方案受力明确,但现场施工对每组牛腿位置均需精确定位,施工较为不便。三种主要锚固方式的特点详见表 7.8-2。

三种主要锚固方式特点　　　表 7.8-2

项目	混凝土塔壁锚固	钢锚梁	钢锚箱
受力机理	上塔柱锚固区段参与主塔整体受力,将拉索锚固集中力传递至单侧塔壁,为防止开裂,平衡塔壁的拉应力,在其周边施加平面预应力	锚固钢横梁本身是独立的构件,支撑于塔柱内侧牛腿上,平衡两侧拉索的大部分水平分力,拉索的竖直分力传递至塔柱内侧牛腿	两侧拉索的水平分力主要通过钢锚箱来平衡,部分水平分力由混凝土塔壁承受,竖直分力通过锚箱竖板的剪力键传递到塔柱混凝土中

续上表

	混凝土塔壁锚固	钢锚梁	钢锚箱
安装精度	锚固系统全部在现场完成,由于在高空作业,锚垫板的角度及位置控制较难	工厂完成钢锚梁制作,现场施工对每组牛腿位置均需精确定位	钢锚箱在工厂预制完成,容易控制锚固点的位置和角度,现场仅需控制塔柱整体精度
施工要求	需要多次张拉预应力	钢锚梁的安装在对应塔柱施工完成后,对塔柱内部空间有要求,安装不很方便	对吊装能力有一定要求,钢锚箱在浇筑对应塔柱混凝土前拼装,施工较为方便
后期养护	仅锚头需养护	比钢锚箱方案小	后期养护工作量较大
费用	较低	较高	较高

7.8.2 混凝土塔壁锚固

斜拉索在混凝土塔壁上锚固按照塔柱截面形式可以分为两种情况,一种锚固在实心混凝土塔柱上,一种是锚固在空心混凝土塔壁上。

斜拉索锚固在实心塔柱上,除锚下应力外,基本不会因为锚固产生拉应力。当塔身截面较小,可以采用拉索交叉锚固形式,如图7.8-1所示。

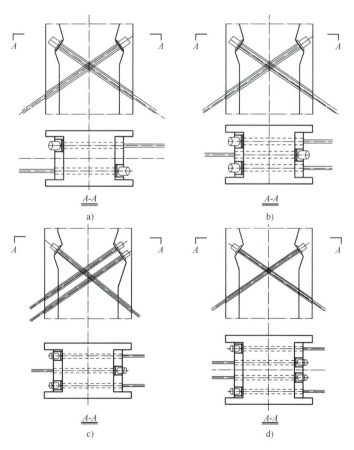

图7.8-1 实心塔柱拉索锚固示意

图 7.8-1a)布置形式的缺点是偏心荷载将在主塔截面中产生扭矩,必要时需要调整拉索布置来避免索力的偏心。对于中央索面斜拉桥,独柱塔锚固区可以采用图 7.8-1b)所示锚固方式,边中跨的一侧采用双索水平并列布置,另一侧采用单索布置;或者如图 7.8-1c)一侧采用双索水平并列布置,另一侧采用双索竖向并列布置。对于空间双索面斜拉桥,独柱塔或倒 Y 形塔的锚固区还可以采用图 7.8-1d)所示锚固方式,边中跨一侧双索布置在中间,另一侧双索布置在两边。

斜拉索锚固在空心塔柱的塔壁上,塔壁框架结构会产生弯矩,塔壁截面出现拉应力,需要配置预应力。锚固系统一般在塔身内侧设有混凝土齿块,通过齿块将斜拉索索力传递给塔身部分,如图 7.8-2 所示。

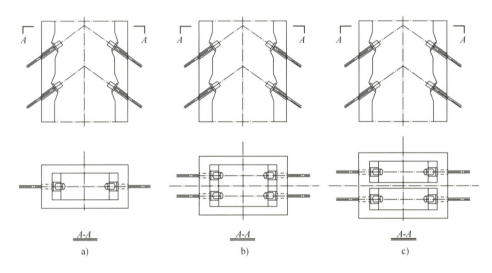

图 7.8-2 空心塔壁拉索锚固示意

在单个空心塔柱截面上只有边中跨各一根斜拉索锚固时,可以采用图 7.8-2a)所示方式;在单个空心塔柱边中跨各有一对斜拉索锚固时,当索力较小、塔壁拉应力可以通过配置预应力有效控制的情况下,可以采用图 7.8-2b)所示方式;当塔柱的塔壁拉应力很大,导致预应力配置困难时,可以在塔柱尺寸允许的条件下,采用图 7.8-2c)所示锚固方式,通过在塔柱截面中间增加一道腹板,显著减小塔壁拉应力,并使得结构容易配置预应力控制塔柱拉应力。

工程设计时,可根据实际情况灵活采用混凝土塔壁锚固方式,使力学性能最优。泰国曼谷的拉玛八世桥即为典型实例之一。

泰国拉玛八世桥是一座不对称独塔斜拉桥,主跨长 300m,塔高 160m,呈倒 Y 形,采用主跨双索面及边跨单索面的布置形式,布置在上下部的斜拉索采用了不同的锚固方式。靠桥塔下部的 14 对索水平分力相对较小,按照传统的锚固方式,边、中跨的斜拉索分别锚固在箱形塔柱的边、中跨侧塔壁上。对塔柱上部的斜拉索,由于索力大、水平分力也大,将塔柱箱形截面边跨侧塔壁显著加大,为斜拉索交叉锚固提供条件。主跨侧两排斜拉索穿过主跨侧塔壁后锚固于箱内;边跨一排斜拉索穿过边跨侧和主跨侧两道塔壁,锚固于主跨侧塔壁的箱外。也即边中跨斜拉索均锚固在加厚的主跨侧塔壁上,锚固塔壁会产生一定的弯矩,通过施加数量相对较小的横向预应力抵消。拉玛八世桥立面及桥塔锚固区上部斜拉索锚固布置见图7.8-3。

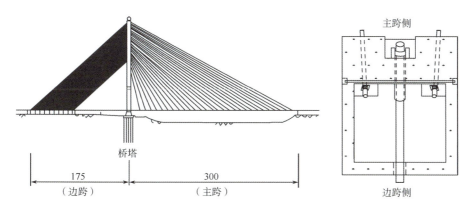

图7.8-3　泰国拉玛八世桥立面及桥塔锚固区上部斜拉索锚固布置(尺寸单位：m)

斜拉索在塔上锚固布置需要考虑一些细节。当边中跨拉索倾角一致时，边中跨拉索在桥塔的索锚点高程一致，且交点位于主塔中心线上。然而，大多情况下边中跨拉索斜率不同。此时，如需要拉索交点位于主塔中心线处，索锚点将位于不同高程；反之，索锚点高程相同则拉索交点将与主塔中心线有一定的偏心(图7.8-4)。主塔设计时，为简化锚固细节，往往采用后一方案，当然计算分析需要考虑偏心的影响。

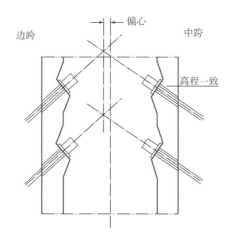

图7.8-4　拉索交点与主塔中心线偏心示意

7.8.3　钢锚梁锚固

钢锚梁式锚固体系主要由钢锚梁、牛腿和限位装置构成。钢锚梁本身是一个独立稳定的构件，钢锚梁与塔壁牛腿之间可采用滑动连接、固定连接或先滑动后固定的方式。图7.8-5所示为采用钢牛腿的钢锚梁，其中混凝土塔壁上的预埋件仅为示意。

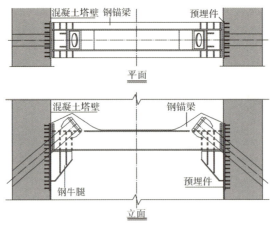

图 7.8-5 钢锚梁布置示意

对于采用钢锚梁与塔壁牛腿滑动连接方式的斜拉桥,其恒载索力的水平分量一般由钢梁自身承担,塔壁承担的水平分量很小,能有效地提高桥塔锚固区的抗裂性能。但在运营期间当斜拉索换索时及可能出现的断索情况下,相应位置主塔结构将会承担较大的不平衡水平分力。也有部分斜拉桥采用了钢锚梁与塔壁固定的连接方式,即钢锚梁安装后与牛腿预埋件焊接,共同承担拉索水平力。此时钢锚梁能够更好地与塔壁共同受力,但混凝土塔壁受到的水平力比前种方式较高。还有一种先滑动后固结的连接方式,即张拉前钢锚梁一端固定一端滑动,张拉后改为两端固定;这样恒载作用下的水平索力主要由钢锚梁自身承担,活载的水平分力由钢锚梁和混凝土塔壁共同承担,能够有效地减小混凝土开裂的风险。

大跨径斜拉桥多采用空间索面布置,斜拉索在横桥向存在偏角,并且边中跨斜拉索的偏角常常并不相同,钢锚梁采用与塔壁固定式连接方式更方便结构处理与斜拉索安装张拉施工,将导致塔壁承受较大水平拉力,必要时需要适当配置预应力。图 7.8-6 为空间索面斜拉索锚固示意。

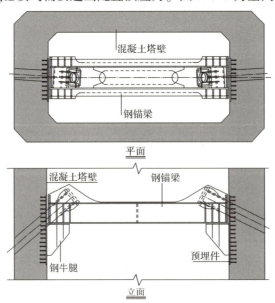

图 7.8-6 空间索面斜拉索钢锚梁锚固示意

斜拉桥近塔处斜拉索倾角大,采用钢锚梁构造处理可能存在不便,但斜拉索的水平分力较小,因此常有工程将近塔处斜拉索直接锚于混凝土塔壁,全桥大部分斜拉索采用钢锚梁锚固,少部分斜拉索采用塔壁锚固,如图7.8-7所示。

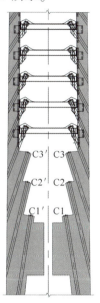

图7.8-7 斜拉索混合锚固示意

支承钢锚梁的牛腿一般可分为钢筋混凝土牛腿和钢牛腿两类(图7.8-8)。混凝土牛腿直接与塔壁浇筑在一起,钢牛腿需要通过连接件与混凝土塔壁可靠连接。

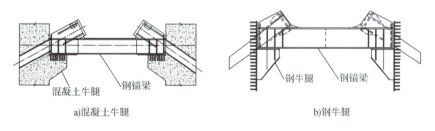

图7.8-8 钢锚梁两种牛腿构造示意

荆岳长江公路大桥除桥塔附近几对大倾角拉索直接锚固在混凝土塔壁齿块上外,其余均采用钢锚梁+钢牛腿支承的锚固形式。为降低塔壁混凝土分配的拉力,斜拉索张拉过程中钢锚梁与塔壁钢牛腿一端固结、一端滑动;拉索锚固后,钢锚梁与塔壁钢牛腿两端固结;考虑运营期在换索、拉索失效等工况下混凝土塔壁的受力安全,在锚固区混凝土塔壁设置少量的预应力钢筋。

浙江金塘大桥主通航孔桥为满足大跨径跨海斜拉桥对结构耐久性的要求,改进了钢锚梁的结构,将锚固箱焊在锚拉梁两侧,一根锚拉梁连接4根斜拉索,斜拉索顺桥向的平衡水平分力由锚拉梁承担,面外水平力也可由钢锚梁自身平衡。针对钢锚梁功效低、吊装复杂的缺点,采用钢牛腿代替混凝土牛腿,钢壁板沿上塔柱通长设置,连接钢牛腿和混凝土塔柱,同时可以作为混凝土施工的模板,因此内壁亦能方便地利用滑模施工。施工时,钢锚梁和钢牛腿采用高强螺栓临时连接,与钢壁板一起整体吊装;吊装到设计位置后精确定位,然后安装下一节钢锚梁与牛腿;钢锚梁吊装至一定高度后,可以开始浇注下部塔柱混凝土。

也有部分钢塔采用钢锚梁方式锚固拉索。日本名港中央大桥由于塔柱截面较大,斜拉索锚固部分的构造从经济角度考虑采用锚固梁的形式,该锚梁是用钢板构成。但名港东大桥的塔杆截面比较狭小,锚固构造细节的空间受到限制,不能采用锚固梁的方式,因而采用尺寸较小的整体浇铸的钢锚固块的构造形式。

7.8.4 钢锚箱锚固

典型的钢锚箱结构是由侧板、端板、横隔板、锚垫板、承压板、支承板等焊接而成的箱形结构。每个节段侧板之间设置1道横隔板,对侧板及端板加劲,兼做斜拉索施工时的工作平台。通过可靠的连接方式将钢锚箱与桥塔固结,使钢锚箱和混凝土塔壁共同受力。钢锚箱的锚板直接承受斜拉索传来的巨大荷载,并将荷载扩散至钢锚箱。斜拉索的水平分力由钢锚箱和混凝土共同承担,竖向分量通过连接键传递给桥塔承担,这种结构形式的特点非常适用于拉索吨位大、空间双索面布置的大跨径斜拉桥,具有优秀的承载能力。

混凝土桥塔中的钢锚箱,主要有内置式和外露式两种形式,分别以苏通长江大桥和法国诺曼底大桥为代表。对于钢桥塔,钢锚箱与钢塔成整体化以南京长江三桥和多多罗桥为代表。

钢锚箱由钢箱和锚固结构构成,锚固结构内嵌在钢箱内,如图7.8-9所示。锚固结构直接承受斜拉索索力,并传递到钢箱上;钢箱与混凝土塔柱结合,并将所受荷载传递到混凝土塔柱。

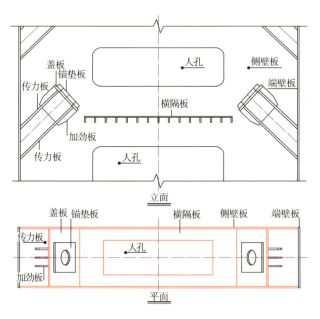

图 7.8-9　钢锚箱结构布置示意

锚固结构由锚垫板、盖板、传力板和局部加劲板构成。锚垫板和盖板所受斜拉索索力,通过传力板传递到箱体的侧壁板上。钢箱由端壁板、侧壁板及横隔板等构成。侧壁板承受斜拉索的索力,并平衡边中跨斜拉索的反向水平分力,边中跨的不平衡索力将由塔柱承担;侧壁板所受荷载除在自身传递外,还将传递到端壁板上;钢锚箱的钢箱所受荷载将进一步传递到混凝土塔柱,并与塔柱共同承担荷载作用。为方便施工及维护,通常钢锚箱的侧壁板开设人孔,人孔位置竖向设置在上下两层斜拉索之间,纵向设置在边中跨斜拉索锚固结构之间,锚固结构范围高度方向连续。这样既保证了结构各方向的受力,又方便了施工与维护。

钢锚箱用于混凝土桥塔时,按照钢锚箱是否出露于混凝土塔柱,可以分为内置式和外露式,如图7.8-10所示。当为内置式钢锚箱时,连接件布置在端壁板,钢锚箱所受斜拉索竖向分力通过端壁板传递到混凝土塔壁上;当为外露式钢锚箱时,连接件布置在侧壁板,钢锚箱所受斜拉索竖向分力通过侧壁板传递到混凝土塔壁上。

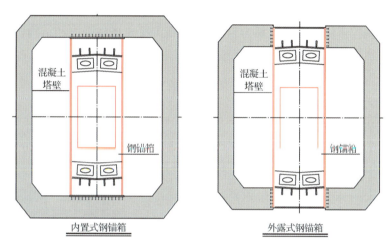

图7.8-10 混凝土塔柱钢锚箱布置示意

钢锚箱用于钢桥塔时,省缺端壁板,侧壁板直接焊接到钢塔柱的壁板上;当纵向锚固张拉空间不足时,可以保持塔柱尺寸不变,仅加大钢锚箱纵向尺寸,此时塔柱端壁板断开并焊接到钢锚箱的侧壁板上,如图7.8-11所示。

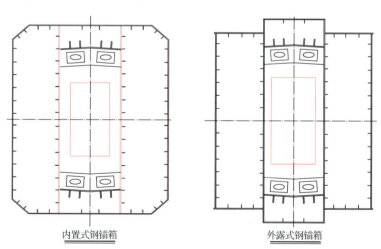

图7.8-11 钢塔柱钢锚箱布置示意

对于混凝土塔柱采用内置式钢锚箱的情况,钢锚箱侧壁板承担大部分斜拉索拉力在顺桥方向的分力,克服了混凝土塔壁锚固形式导致的混凝土拉应力过大问题。由于钢锚箱并非刚体结构,斜拉索水平分力也将有部分作用到混凝土塔柱截面上,并且在边中跨斜拉索存在非对称力及断索等情况下,混凝土塔柱截面也将受到荷载作用,必要时需在混凝土塔壁内适当布置预应力束。上海长江大桥、苏通长江大桥都采用了内置式钢锚箱结构,钢锚箱通过端板上设置的连接件与混凝土塔柱连接,上海长江大桥钢锚箱如图7.8-12所示。

内置式钢锚箱与混凝土塔柱的连接构造,可以根据塔柱尺寸具体情况进行布置,塞尔维亚SAVA桥由于跨径较小,混凝土塔柱尺寸较小,斜拉索锚固采用内置式钢锚箱形式,钢锚箱的侧壁板和端壁板均与混凝土塔柱通过连接件结合,并且侧壁板成为与混凝土结合传力的主体,如图7.8-13所示。总之,钢锚箱用于混凝土塔柱的锚固时,以减小混凝土塔柱拉应力、提升其抗裂性能并确保斜拉索锚固安全可靠为目标,可以视混凝土塔柱受力和结构特点情况,因地制宜合理确定混凝土塔柱、钢锚箱及连接方式。

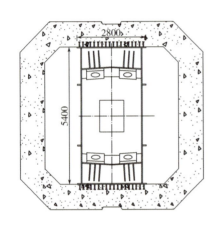

图7.8-12 上海长江大桥塔柱锚固区截面布置
(尺寸单位:mm)

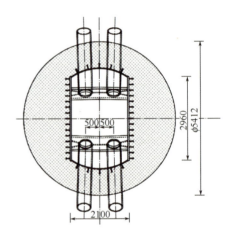

图7.8-13 塞尔维亚SAVA桥塔柱锚固区截面布置
(尺寸单位:mm)

对于混凝土塔柱采用外露式钢锚箱的情况,混凝土桥塔被钢锚箱分成两部分,两者通过连接件结合成整体。外露式钢锚箱与内置式钢锚箱的总体受力特性相似,但其连接件既要传递桥塔和钢锚箱之间沿桥塔高度方向的剪力,又要承担桥塔和钢锚箱之间的连接作用,受力相对内置式钢锚箱结构更为复杂,但混凝土塔壁所承受的斜拉索索力相对稍小。为确保钢锚箱与混凝土塔壁间连接可靠,外露式钢锚箱常用水平环向预应力筋向结合面混凝土塔壁施加预应力。法国诺曼底大桥、杭州湾跨海大桥、重庆两江大桥均采用外露式钢锚箱形式,法国诺曼底大桥、杭州湾跨海大桥钢锚箱形式如图7.8-14和图7.8-15所示。

诺曼底大桥的外露式钢锚箱,通过钢箱的侧壁板与被一分为二的混凝土塔壁在交界处结合在一起。为了连接可靠并减小混凝土塔壁的拉应力,通过预应力筋在混凝土和钢之间施加压力。预应力筋为U形,穿过钢锚箱,锚固在桥塔截面的混凝土侧墙上。在上塔柱62.52m范围内,内部钢锚箱分为21个节段,每节高2.7m。钢箱在工厂加工组装以保证精确的几何尺寸,特别是每根斜拉索锚块的空间角度的精度。钢锚箱用20t起重机逐段吊装就位并焊接连接。

为了减轻钢锚箱重量和工地焊接的工作量,也便于从侧室进入锚箱,钢锚箱的侧壁板开有人孔,人孔位置竖向设置在两对斜拉索之间,纵向设置在斜拉索锚固结构之间。钢锚箱安装完毕后,逐节浇筑混凝土塔柱混凝土,并再张拉完成环向预应力。

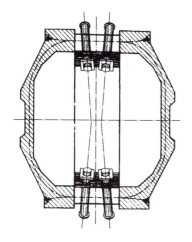
图 7.8-14　法国诺曼底大桥塔柱锚固区截面布置

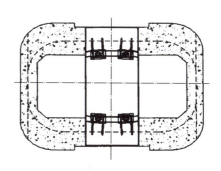
图 7.8-15　杭州湾跨海大桥塔柱锚固区截面布置

类似于内置式钢锚箱,外露式钢锚箱也可以根据塔柱尺寸具体情况进行布置,曹妃甸工业区 1 号桥由于跨径较小,桥塔尺寸较小,斜拉索锚固区的外露式钢锚箱通过钢箱的侧壁板与两侧混凝土塔壁结合,并配置了纵横双向预应力。如图 7.8-16 所示。

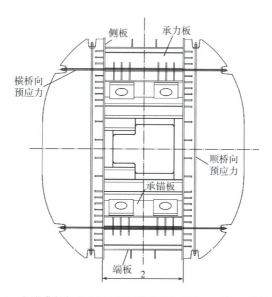
图 7.8-16　河北曹妃甸工业区 1 号桥塔柱锚固区截面布置(尺寸单位:m)

当代斜拉桥在满足功能要求的前提下,更加注重景观,特别是中小跨径斜拉桥,这也就限制了索塔锚固区的截面尺寸。外露式钢锚箱锚固结构由于其钢锚箱伸出塔壁外,能有效地增大锚固空间,更好地适应小尺寸桥塔。德国韦塞尔下莱茵大桥、香港汀九大桥即为典型实例,分别如图 7.8-17、图 7.8-18 所示。

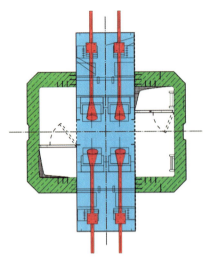

图 7.8-17　德国韦塞尔下莱茵大桥塔柱锚固区截面布置

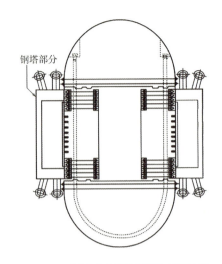

图 7.8-18　香港汀九大桥塔柱锚固区截面布置

韦塞尔下莱茵大桥是在顺桥向加大钢锚箱尺寸,以满足斜拉索锚固要求;汀九桥则是将钢锚箱设置在混凝土塔柱外侧,解决混凝土塔柱尺寸空间较小的问题。

香港汀九大桥三个桥塔都采用混凝土独柱式结构,塔高分别为 170m、194m 和 158m。塔身采用混凝土椭圆形空心截面。顺桥向长 10m,横桥向在桥面以上宽为 5.5m。因为汀九桥是用单柱塔、四个索面,因而使拉索在塔锚固处十分拥挤。设计者利用特别制造的矩形钢锚箱锚固斜拉索,主塔顶的两边钢锚箱每件高 31m,质量为 190t。全部拉索的张拉端锚具均位于塔头钢锚箱内,而钢锚箱利用高拉力杆连接到桥塔。钢锚箱设置在桥塔两旁,可节省桥塔的施工费用和时间,从而降低全桥的造价。由于钢锚箱将巨大的索力转至混凝土桥塔,混凝土塔顶中需要设置预应力钢筋及水平环形钢束加固。

钢塔柱的截面多为矩形空心箱,箱室四周各主壁板上均有竖向加劲肋,箱室内上、下相隔一定距离设有水平横隔板,箱内设置钢锚箱与钢塔柱结合容易使锚固区满足受力要求。南京长江三桥、宁波大榭二桥、杭州之江大桥等钢桥塔锚固区均采用钢锚箱结构形式。

南京长江三桥斜拉索锚固于焊接在两道腹板的锚箱上。锚箱结构的构造比较复杂,由于板厚比较大,产生的局部应力也比较大,一般构造如图 7.8-19 所示。

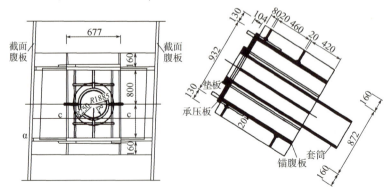

图 7.8-19　南京长江三桥钢锚箱(尺寸单位:mm)

宁波大榭二桥上塔柱锚固区钢塔柱横桥向尺寸为4.5m,横向分成3个舱室,中间舱室宽1.7m,为斜拉索布索区(图7.8-20)。根据受力情况,上塔柱钢箱截面外围及内腹板壁厚为30mm。钢桥塔斜拉索索距为2.2m,锚固横梁的顶板及腹板直接焊连在钢塔柱中舱腹板上。

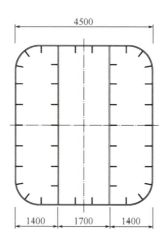

图7.8-20 宁波大榭二桥钢塔柱锚固区截面布置(尺寸单位:mm)

综上所述,混凝土塔柱常用的内置式和外露式钢锚箱,两者结构形式类似,都是以钢箱结构为主来平衡边中跨斜拉索的对拉力,并将所受荷载传递到混凝土塔柱的结构形式。只是与混凝土塔壁相对位置不同,而造成两者的结构受力与分配不同而已。总体上看,钢锚箱与混凝土塔柱结合后成为组合塔柱,在一定程度上利用了钢和混凝土各自的材料特性,提高了桥塔的整体安全性能。外露式钢锚箱可以拓展张拉空间,能够适应小尺寸塔柱,但混凝土塔壁水平应力较高,为保证钢锚箱侧壁与混凝土塔壁的抗剪效果及抵抗混凝土塔壁的拉应力,需要在塔壁施加预应力。而内置式锚固可设置普通钢筋控制强度及其裂缝,或施加预应力限制裂缝。钢桥塔采用钢锚箱结构形式,相当于在钢塔柱内增加了锚固及其传力结构,总体上传力顺畅、受力合理,适用范围广泛。钢锚箱的具体结构构造形式,可以根据实际情况进行适宜的设计。

7.8.5 鞍座式锚固

鞍座式锚固主要应用于矮塔斜拉桥,在常规斜拉桥中的应用较少。鞍座式锚固的构造与悬索桥塔顶鞍座的构造类似。按照锚固区斜拉索钢绞线布置形式的不同,可以分为套管式和分丝管式两种类型。套管式是将钢套管埋置于混凝土桥塔中,钢绞线整捆穿过钢套管锚固;分丝管式则是将分丝管预埋于桥塔中,钢绞线每根都分别穿过对应的分丝管锚固。

套管式又可以分为单套管式和双套管式两种。单套式只有一层钢套管预埋于混凝土桥塔中,钢绞线整捆穿过钢套管,在张拉结束后对套管灌注环氧砂浆。在鞍座两端设置锚固板和锚固套筒,并在一定的范围内灌注环氧砂浆进行锚固。钢绞线主要通过套管内环氧砂浆和两端的锚固装置进行锚固。这种锚固方式锚固构造简单,占用空间较小,弯曲形状相似,因而可以将塔上索距设置得很小,最大限度地提高拉索使用效率,但是其最大的缺点是极难进行斜拉索的更换,其使用量极少。

双套管式鞍座是由两层套管组成，外层套管预埋于混凝土桥塔中，内层套管放置于外层套管之中，一般外套管的直径略大于内套管直径，在内外层套管之间存在一定的间隙使得在换索时内套管可以被抽出。在鞍座两侧出口位置设置一定的锚固装置，如抗滑锚板、锚固套筒等。斜拉索张拉完成后向内层套管灌注环氧砂浆，使得内套管和钢绞线形成一体，既能对钢绞线起到防腐保护的作用，也能和两端的锚固装置一起锚固斜拉索，防止拉索在不平衡索力作用下出现滑移。双管式鞍座在早期的矮塔斜拉桥中得到了较多的应用。但这种构造同单管式一样存在一定的缺陷，如内外层套管之间产生应力集中，套管中钢绞线相互叠压受力不均匀，换索工艺复杂、工作量大等。其优点是锚固构造简单，占用空间较小，弯曲形状相似，因而可以将塔上索距设置得很小，最大限度地提高拉索使用效率。我国的漳州战备大桥、常州运河桥（图 7.8-21）以及日本冲原大桥等都采用了双套管式鞍座结构。

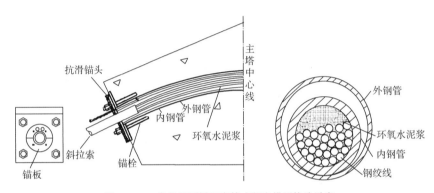

图 7.8-21　常州运河桥双套管式鞍座锚固构造示意

为了克服套管式鞍座锚固系统的缺陷，后续又发明了分丝管式鞍座，并得到了较多的应用。这种鞍座内部由多根相互平行的分丝管组成，分丝管之间焊接成束或采用限位板连接。通过分丝管内的环氧树脂砂浆与钢绞线充分胶结、握裹及两侧抗滑锚头对钢绞线进行锚固，同时环氧树脂砂浆也会对钢绞线起到防腐的作用。分丝管一般采用圆形截面 [图 7.8-22a)]，也有部分工程采用了其他截面形式，如怀洪新河特大桥采用了雨滴形分丝管 [图 7.8-22b)]；分丝管的材质一般为钢管，也有用其他材料代替钢管的，如开封黄河大桥采用了 HDPE 分丝管。

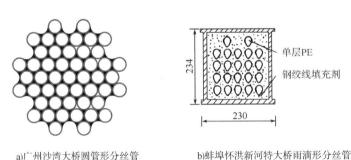

a) 广州沙湾大桥圆管形分丝管　　b) 蚌埠怀洪新河特大桥雨滴形分丝管

图 7.8-22　分丝管式鞍座锚固构造示意（尺寸单位：mm）

在分丝管式鞍座锚固区里,每一根钢绞线穿过对应的分丝管,形成分离式布置,钢绞线之间互不干涉,近年来在部分斜拉桥中采用较多。例如我国的兰州小西湖大桥、柳州静兰大桥、韩国 Kumga 大桥等都是采用了分丝管式鞍座结构。同时当各钢绞线相互分离后,在发生小半径弯曲时能有效地降低弯曲应力,因而成功解决了大直径斜拉索不能小半径弯曲的问题,使得鞍座式锚固方式可以用在常规斜拉桥中。例如美国 Glass City Skyway 桥(图 7.8-23)、我国的广州沙湾大桥等。

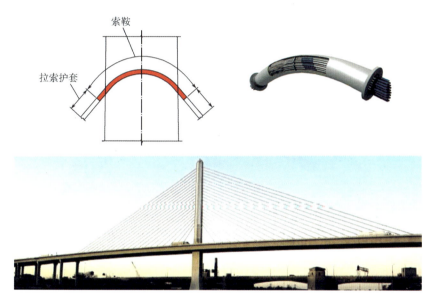

图 7.8-23　美国 Glass City Skyway 桥及其分丝管构造示意

7.8.6　回转式锚固

由于拉索采用回转方式在相同方向锚固的特点,因此将这种新型的拉索锚固方式称为回转式锚固,同向回转拉索体系详见图 7.8-24。

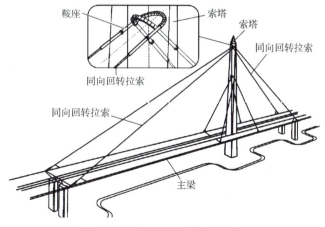

图 7.8-24　同向回转拉索体系示意图

同向回转拉索鞍座为分丝夹持型鞍座,由锚体、导管、过渡管和延伸管组成(图7.8-25)。锚体位于圆弧段,由外壳、分丝管、限位板、灌浆料组成;在限位板上开孔,分丝管穿过限位板对应孔位被固定,限位板与锚体外壳相连,在锚体内分丝管间隙灌注微膨胀混凝土填充料。锚体两端通过法兰盘与导管相连,锚体内的分丝管两端与导管内的PVC线管对应相连。导管两端同过渡管相接,过渡管是将斜拉索钢绞线从整捆状扩散成分散状的重要区段。钢绞线经过渡管扩散后穿过导管内对应的PVC线管,最后穿入每根PVC线管对应的分丝管,在分丝管内通过钢绞线与分丝管的夹持力进行锚固。在鞍座锚固区内各分丝管和PVC线管相互平行,确保了鞍座内所有钢绞线平行并互不干扰,故对近年发展的拉索单股安装和张拉系统具有充分的兼容性。有效消除了对拉索规格的限制,同时也降低了对张拉空间的要求。

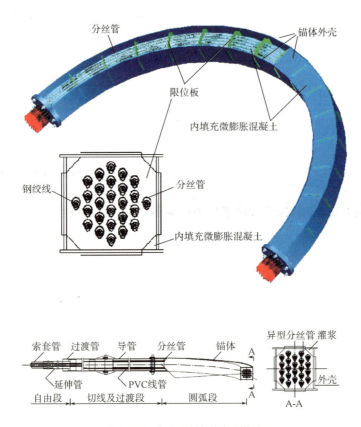

图7.8-25　同向回转拉索鞍座构造

同向回转拉索体系有如下显著特点:①从根本上消除了拉索对桥塔的拉应力。斜拉索由主梁纵向某一断面的一侧出发,绕过桥塔回到主梁同一纵断面的另一侧锚固在主梁上。使得拉索环绕桥塔形成径向压力,通过两对同向回转拉索形成对桥塔全截面的抱箍力,从而从根本上解决传统锚固形式下混凝土桥塔拉应力的问题。②巧妙地避免了不平衡索力难题。通过同向回转的方式,单根拉索的索力差大大降低(仅为活载产生的横向不平衡索力),因此避开了大索力差对鞍座使用的限制。

芜湖长江二桥主桥主跨806m,为分肢柱式塔四索面全飘浮体系斜拉桥,桥塔采用分肢柱式塔,塔高共259.48m,上端索塔锚固区为独柱式,高108m(图7.8-26)。斜拉索塔上采用同向回转鞍座锚固,斜拉索采用同向回转拉索系统,这在大跨径斜拉桥中尚属首次。

图7.8-26　芜湖长江二桥主塔

第8章
斜拉索

8.1 分类与特点

8.1.1 发展概况

斜拉索是斜拉桥的关键组成部件,将主梁承受的恒活载传递至桥塔及基础,因此必须具备足够的抗拉强度、抗疲劳性能和耐腐蚀性,以确保桥梁结构的安全性。斜拉索的发展经历了四百余年历史。早在1617年,意大利人Fraustus Verantius设计了一座悬索斜拉混合结构,其拉索采用眼杆铁链制成。早期斜拉桥拉索一般多采用铁链、铁连杆、木材等材料,这些拉索在现代索承式桥梁中均已淘汰。现代斜拉桥的拉索大多由优质的高强度钢材、钢丝和钢绞线组成,而不再采用传统轧制粗钢筋。通过国内外中大量斜拉桥的实践、改进和更新,当代拉索的特点已经发生显著改善,变得更轻、更坚固、更可靠。尤其是近年来随着冶金材料、制作工艺的不断进步,斜拉索钢材材质日趋高强化,防护手段逐步精细化,斜拉索总体呈产品化发展趋势。

斜拉索与斜拉桥的发展相伴而行,斜拉索发展史一定程度上映射了现代斜拉桥发展史。1955年瑞典建成的世界第一座现代斜拉桥斯特姆松德大桥(Strömsund Bridge)采用了封闭式旋扭钢缆拉索;1966年英国建成的瓦伊桥(Wye Bridge)采用了螺旋形钢缆拉索,同年建成的意大利波尔塞弗拉大桥(Polcevera Bridge)则采用了平行钢绞线拉索;1970年日本建成的大阪丰里桥采用了平行钢丝索股拉索,随后1972年联邦德国建成的库尔特舒马赫大桥(Kurt Schumacher Bridge)第一次采用了平行钢丝索拉索,由295根φ7mm平行钢丝组成;1978年西班牙朗特桥(Rande Bridge)采用了多根钢绞线放入黑色PE管中,并压注水泥浆制成平行钢绞线拉索;1978年美国的帕斯科肯纳威克(Pasco-Kennewick)桥也采用了平行钢丝索,并在防护手段上做了创新,其将平行布置的光面钢丝束套上大直径的高密度聚乙烯管,在聚乙烯管里灌入混凝土,并在高密度聚乙烯管外面缠绕PVC带;1983年日本名港西大桥采用了PE护套成品平行钢丝索。随后,1986年加拿大安娜西斯桥、1991年日本生口大桥、1999年日本多多罗桥均采用了平行钢丝索拉索,1994年法国诺曼底大桥、2012年俄罗斯岛大桥(Russky Bridge)则采用平行钢绞线拉索。总体而言,受制造、运输和安装条件限制,近年来欧美国家的斜拉桥多采用平行钢绞线拉索,而日本则多采用了平行钢丝索。

中国大跨径桥梁建造总体相对滞后,而斜拉索发展同样起步较晚。1975 年四川省云阳县汤溪河桥采用了与英国早期瓦伊桥类似的螺旋形钢缆拉索;1980 年建成的广西红水河铁路斜拉桥采用了钢绞线外包环氧树脂玻璃丝布的平行钢绞线拉索。作为国内早期大跨径桥梁的建设代表,上海泖港大桥、山东济南黄河大桥、天津永和斜拉桥、重庆石门长江大桥均采用了平行钢丝索拉索。随后,1991 年国内第一座主跨超过 400m 的上海南浦大桥首次采用工厂制造的成品平行钢丝索,而 1994 年广西柳州柳江四桥则是国内首次采用成熟技术制作的平行钢绞线拉索。随着 20 世纪 90 年代末开始国内掀起的大跨径斜拉桥建设热潮,总体而言平行钢丝索和平行钢绞线拉索均有采用,但以平行钢丝索居多,如江苏南京长江二桥(2000 年)及南京长江三桥(2005 年)、苏通大桥(2008 年)、湖北鄂东长江公路大桥(2010 年)、湖北荆岳长江公路大桥(2010 年)、湖北黄冈公铁两用长江大桥(2015 年)、商合杭高铁芜湖长江公铁大桥(2020 年)、福建平潭海峡公铁大桥(2020 年)均采用平行钢丝索(Parallel Wire Cable),而安徽铜陵长江大桥(1995 年)、福建青州闽江大桥(2002 年)、湖北武汉二七长江大桥(2011 年)、贵州鸭池河特大桥(2016 年)等则采用平行钢绞线拉索。

随着冶金技术发展,面对大跨径索承式桥梁跨径不断增加的需求,钢丝应用在桥梁缆索上 200 多年以来,不断地朝着轻质与高强的方向发展。1816 年美国建成的蜘蛛悬索桥(Spider Suspension Bridge),跨越斯库尔基尔(Schuylkills)河,首次将铁丝应用于桥梁缆索;1882 年美国建成的布罗克林(Brooklyn)悬索桥,其主缆最早采用了拉拔与镀锌钢丝,但材料强度仅有约 1100MPa;1909 年美国建成的曼哈顿(Manhattan)桥采用直径 5mm 镀锌钢丝制成的主缆,抗拉强度提高到了 1370MPa,而到 1932 年时,美国乔治-华盛顿桥(Washington Bridge)主缆钢丝抗拉强度提高到了 1520MPa,随后钢丝抗拉强度一直维持在这个水平,直至上世纪末,国际上缆索用钢丝的抗拉强度普遍在 1670MPa。到 20 世纪末日本建成主跨 1991m 明石海峡大桥,主缆采用了直径 5mm 热浸镀锌钢丝,首次提升钢丝抗拉强度达 1770MPa。受冶炼技术限制,上世纪早期中国生产的高强钢丝强度达不到国际水平,大跨径桥梁钢丝长时间依赖进口。1991 年中国首座超 400m 跨径的现代斜拉桥上海南浦大桥,斜拉索采用了 5mm 直径钢丝,其抗拉强度为 1570MPa,为国内自主生产。1999 年建成的江阴长江大桥的主缆部分采用了国产的 1600MPa 镀锌钢丝,但是盘条原材料仍为进口。随着国内冶金行业的发展,国产斜拉索用钢丝的直径从 5mm 提高到了 7mm,斜拉索的强度从早期的 1400MPa 逐步提高到了 1670MPa。2001 年建成的南京长江第二大桥斜拉索用钢丝强度为 1670MPa。进入 21 世纪后,中国桥梁建设进入高潮期,桥梁跨径屡创世界纪录,桥梁缆索用高强钢丝的强度也引领着世界潮流。2008 年建成的苏通长江大桥、2009 年建成的香港昂船洲大桥和 2010 年建成的荆岳长江公路大桥,其斜拉索钢丝强度发展到了 1770MPa。2018 年建成的港珠澳大桥,斜拉索的钢丝直径为 7mm,其抗拉强度首次达到了 1860MPa。2020 年建成的沪苏通长江大桥和商合杭高铁芜湖长江公铁大桥斜拉索抗拉强度达到了 2000MPa。目前正在建设中的常泰长江大桥,斜拉索采用了直径为 7mm 高强钢丝,上游侧钢丝抗拉强度为 2100MPa。国内斜拉桥拉索用钢丝的强度增长趋势如图 8.1-1 所示。为了减轻结构自重,增强桥梁跨越能力,提高强度是桥梁缆索用钢丝的必然发展趋势。

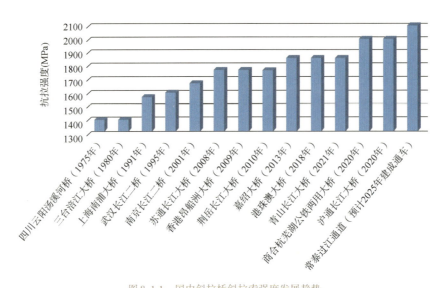

图 8.1-1　国内斜拉桥斜拉索强度发展趋势

钢绞线作为斜拉索材料的使用历史已有半个多世纪，在国内也超过了四十年，不断的工程实践使其技术得到了长足发展。1966 年意大利波尔塞弗拉桥采用了公称直径 12.7mm 的七丝钢绞线，1978 年西班牙朗特桥采用了公称直径 15.7mm 的七丝钢绞线，1994 年法国诺曼底大桥同样采用了钢绞线拉索。1980 年，国内广西红水河铁路斜拉桥开始采用钢绞线，随后 1998 年汕头礐石大桥等大跨径斜拉桥也陆续采用钢绞线拉索。早期钢绞线的抗拉强度通常在 1500~1600MPa 之间，但随着钢铁冶金材料和加工工艺技术的进步，它们的抗拉强度不断提高，最终可以达到 1770MPa、1960MPa 甚至更高的水平。近年来，国内已经开始研发生产出抗拉强度为 2000MPa 的钢绞线，日本则已生产出了抗拉强度为 2300MPa 的超高强度填充型环氧涂层钢绞线，并均在工程中应用。除了抗拉强度外，疲劳强度也是拉索用材高度关注的问题。普通钢绞线的疲劳强度一般为 200MPa，国内汕头礐石大桥首次采用了疲劳强度为 250MPa 的拉索，而目前疲劳强度为 280MPa 拉索也已研发。

除了钢材材质外，拉索防护手段发展也是斜拉索发展的重要特征之一。由于钢材会在空气、酸、碱和水等介质作用下发生腐蚀作用，因此斜拉索必须采用防护技术，一般包括外层护套防护和钢材直接防护两部分。平行钢丝索外层护套防护技术经历了四个发展阶段：①捆扎钢丝束先涂黄油，缠包玻璃丝布后再缠绕环氧树脂玻璃丝布；②捆扎钢丝束采用现场铝皮套管或 PE 管压注水泥浆；③采用硫化橡胶做护套和现场热挤 PE 护层等；④镀锌钢丝外面热挤高密度聚乙烯（HDPE）护套。其中，热挤高密度聚乙烯护套防护方案工业化生产水平高，从 20 世纪 80 年代起逐渐成为斜拉索防腐体系的主流方案，并延续至今。目前，为了提高拉索的耐久性、延长拉索使用寿命，HDPE 的配方和加工工艺一直在持续地改进之中。在钢材直接防护技术方面，桥梁缆索用钢丝的传统的防腐采用镀锌层，随着科学技术和现代工业的发展，提出了耐蚀性更强的锌铝合金和锌铝镁合金镀层防腐技术。平行钢绞线拉索的防腐技术也经历了类似的发展历史，其防护效果、施工便捷度、使用寿命等也都逐步在提高中。

8.1.2 基本类型

在全球范围内,斜拉索的种类繁多,其中最常见的有封闭式旋扭钢缆、螺旋钢缆、平行钢丝索股拉索、钢绞线拉索以及其他各种类型的拉索。

1) 封闭式旋扭钢缆(Locked Coil Rope)

封闭式旋扭钢缆从内到外由三部分组成,钢缆内芯由多层圆形钢丝构成,外层则由若干层梯形钢丝层和Z形钢丝层紧密结合,形成一个完整的拉索截面,并采用热铸锚具。封闭式旋扭钢缆在工厂绞线机上生产,钢丝采用镀锌防腐保护,钢丝内部之间填充防腐油脂,每层之间压紧,施工时盘绕后运到现场。典型封闭式钢缆拉索构造如图8.1-2所示。这种拉索截面紧密,孔隙率最小,截面孔隙率一般为0.1~0.14,水分不易侵入,表面光滑,易于涂漆防护。由于其特殊的扭绞结构,封闭式钢缆拉索的抗拉强度和弹性模量明显低于平行钢丝索。德国早期许多斜拉桥拉索采用封闭式钢缆。

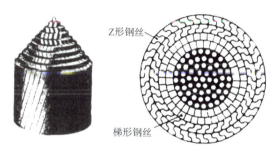

图 8.1-2 封闭式旋钮钢缆

2) 螺旋形钢缆(Sprial Rope)

螺旋形钢缆是在工厂绞合机上由多层镀锌圆形钢丝绕心丝扭转而成,每相夹一层,钢丝扭转方向相反,用以抵消张拉时的扭矩。拉索最外层采用涂漆防护。图8.1-3为螺旋形钢缆拉索实例的典型构造。这种拉索在工厂制作,配以热铸锚,容易盘旋运输。这种拉索在全世界中并非主流,但在英国特别受欢迎。

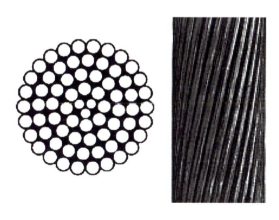

图 8.1-3 螺旋形钢缆

3）平行钢丝索股索（Parallel Wire Strand）

通过将一定数量的镀锌钢丝紧密捆绑在一起，使其呈现出平行的状态，每股钢丝的截面呈现出六边形，且不会出现任何扭曲。每股截面都是六边形。由于没有扭绞，平行钢丝索的股索弹性模量与钢丝相同。大型平行钢丝索股索有时也可单独用作斜拉索，但大多数情况还是由多股平行钢丝索股索组成斜拉索，图8.1-4为平行钢丝索股的截面构造示意。

截面型号	PWS-19	PWS-37	PWS-61	PWS-91	PWS-127
截面			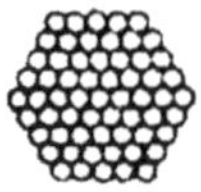	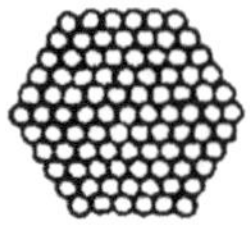	
钢丝根数	19	37	61	91	127

图8.1-4　平行钢丝索股索截面布置

平行钢丝索股索具有良好的抗拉强度和弹性模量，而且它们的耐磨损性和耐腐蚀性都很强，然而，由于刚度很高使得很难弯曲，因此在安装时会遇到一定的挑战，而且还会产生二次应力，使得整个安装过程变得更加复杂。由于索股截面为正六边形，因此每股钢丝数一般为19、37、61、91、127，以此类推。截面孔隙率一般为0.16~0.22。

4）平行钢丝索（Parallel Wire Cable）

早期的平行钢丝索多由直径7mm镀锌圆钢丝组成，现场组装。圆形镀锌钢丝束平行布置捆扎后涂黄油，然后缠包环氧树脂玻璃丝布，或者对平行钢丝束套以铝皮套管或聚乙烯管（PE管），然后压注水泥浆或蜡进行防护，或者对钢丝束采用现场热挤PE护层防腐。拉索通常采用墩头锚具，这种拉索的耐久性较差。

采用先进的工艺制造的新型平行钢丝索，经过圆形镀锌钢丝定形和轻度扭绞，再经过精密的包带扎紧，最外层则采用高密度PE（HDPE）材料进行保护，如图8.1-5所示。拉索一般采用冷铸锚，各根钢丝进行镦头处理，锚筒内灌注环氧化合物，可增强拉索耐疲劳性。这种拉索轻度扭绞方便卷绕，是现代斜拉桥流行的拉索型式之一。

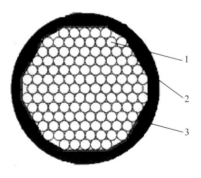

图8.1-5　新型平行钢丝索截面布置
1-钢丝；2-绕包层；3-高密度聚乙烯护套

5) 螺旋形钢绞线拉索(Sprial Strand Cable)

典型的螺旋形钢绞线拉索截面如图 8.1-6 所示,一般采用七根钢绞线在工厂扭绞而成,其中一根作为芯线,钢绞线和单根钢丝的扭绞方向相反。

a)7丝钢绞线　　b)19丝钢绞线　　c)37丝钢绞线

图 8.1-6　螺旋形钢绞线索

6) 钢绞线拉索(Parellel or Semi-Parellel Strand Cable)

钢绞线拉索为目前流行的拉索形式之一。拉索索体中多股钢绞线可以平行排列,也可以集中后再轻度扭绞形成半平行排列,分别构成平行钢绞线拉索和半平行(亦称挤压型或紧密型)钢绞线拉索。索股公称直径多为 15.2mm 或 15.7mm 两种,传统钢绞线的强度为 1860MPa,目前强度已普遍提高至 1960MPa,钢绞线也已经镀锌或涂环氧防腐处理。

平行钢绞线拉索(Parrel Strand Cable)为由若干根直径相同、平行排列的单根 PE 防护钢绞线穿入大的护套管中,逐根架设,逐根张拉,再整索张拉至规定索力,然后将索套管连成整体,并在其中注入柔性防护材料。拉索锚具采用夹片式群锚。早期尚有索体在现场制作的情况,现在索体及零部件均在工厂制作,运至现场后安装张拉,换索时可以单根更换。拉索截面布置如图 8.1-7 所示。

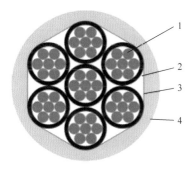

图 8.1-7　平行钢绞线索(Parrel Strand Cable)截面
1-无黏结钢绞线;2-内层 HDPE 护套;3-高强聚酯带;4-外层 HDPE 护套

半平行钢绞线拉索(Semi-Parellel Strand Cable)为按照预定长度及规格要求,将一定数量经防护处理的公称直径为 15.2mm 钢绞线紧密排列,集束后同心向左方向进行扭绞,在钢绞线外表缠包纤维增强聚酯带,最后再热挤高密度聚乙烯护套形成钢束。拉索采用挤压的冷铸锚,也可采用镦头冷铸锚。半平行钢绞线拉索一般在工厂制作,运到工地后安装。这种拉索构造与平行钢丝斜拉索相类似。拉索构造如图 8.1-8 所示。

目前斜拉桥常用拉索主要有平行钢丝索和平行钢绞线拉索,两种拉索各有不同特点。平行钢丝索的特点有:①尺寸较小,承受的风荷载较低;②整根拉索安装简单快捷;③索体必须在工厂进行盘绕,运输要求极为严格;④整根拉索的安装,必须使用更大的起重机械、千斤顶以及张拉空间;⑤制造时长度控制精度要求高。平行钢绞线拉索的特点有:①拉索的直径较大,承受的风荷载较大;②可将拉索化整为零,运输方便;③可单根钢绞线索股张拉、单根更换,挂索张拉设备轻便,张拉空间小;④拉索长度容易调节,不用预先精确下料;⑤拉索多重防腐,防腐性能好;⑥拉索结构阻尼大,对抵抗风振有利。

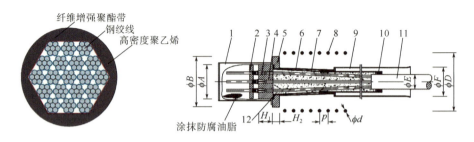

图 8.1-8　半平行钢绞线索截面

1-保护罩;2-防松装置;3-夹片;4-锚板;5-锚垫板;6-喇叭管;7-隔离套;8-螺旋筋;9-预埋管;10-密封装置;11-钢绞线;12-环氧砂浆

8.1.3　技术特点

在斜拉索的设计过程中,应特别注意以下几个方面:①斜拉索暴露在大气中,应当采取有效的防护措施;②为了避免腐蚀失效,设计应当考虑更换索具;③为了减小静风荷载,应当尽量减小拉索的直径;④应当考虑斜拉索的风振问题,包括涡振、风雨激振以及参数共振等;⑤斜拉索不仅要承受轴向荷载,还承受侧向风力等作用,斜拉索不仅要承受轴向荷载,还会受侧向分力等横向荷载,进而会在锚头等位置产生局部弯矩,设计时应采取有效措施来缓解或消除这些影响,以确保耐久性。斜拉索设计时需要考虑诸多因素,其中承载能力、非线性行为和锚固处弯曲应力等不容忽视,需对斜拉索的形式、用材和构造等认真分析,取得最合理的应用。

1) 承载能力

拉索承载能力要根据拉索恒载松弛应变情况确定。研究表明,当拉索恒载拉力超过其断裂荷载 50% 时,产生的不可逆松弛应变会迅速增加。因此,美国后张拉预应力研究所(Post-Tensioning Institute,简称 PTI)建议正常荷载组合下拉索最大拉力不应超过拉索断裂荷载的 45%,而偶然组合下最大拉力不超过 50%。法国预应力技术委员会颁布的《斜拉索系统的设计、鉴定和实施建议》(Cable Stays Recommendations of French Interministerial Commission on Prestressing,以下简法国 CIP 规范)则建议,正常使用极限状态下,拉索最大索力控制为其破坏荷载的 50%,在承载力极限状态下,最大索力不超过 70%,同时这些荷载还应遵循限制锚固偏心、避免额外弯曲效应、限制拉索振动幅度等要求。

斜拉索承载能力也受到循环荷载下拉索疲劳性能的控制。拉索疲劳性能受活载与恒载比例影响较大,公路桥梁中一般只有最长几根拉索会受到疲劳性能控制,但对于活荷载占比大的铁路桥梁,拉索对疲劳敏感性则比较高。构件疲劳强度一般通过 S-N 曲线得到,该曲线表示中值疲劳寿命(N)与外加常幅预应力($\Delta\sigma$)之间的关系。当 S-N 曲线以对数刻度表示时,可由一系列直线表达。PTI 建议将拉索疲劳设计与其主要受力构件(如索股、钢棒或钢丝)的测试标准联系起来。平行钢丝索和平行钢绞线索的疲劳强度建议如图8.1-9所示。安装后的拉索疲劳强度不仅受到轴向拉力影响,同时还受到拉索附加弯曲效应影响,包括鞍座处拉索弯曲,风致或结构受力引起的拉索振动对锚固构造疲劳性能的影响等。拉索整体疲劳性能还受拉索制作工艺、锚固构造等因素影响。PTI建议对于工程斜拉索至少选择三个代表性样品进行疲劳测试,通常进行200万次以上循环荷载加载,拉索应力测试范围取决于斜拉索的实际受力情况,但应力上限值始终不超过断裂荷载的45%。在疲劳试验结束之后进行拉伸试验,应确保拉索索力至少达到了95%的断裂荷载,并根据断丝情况确定承载能力。

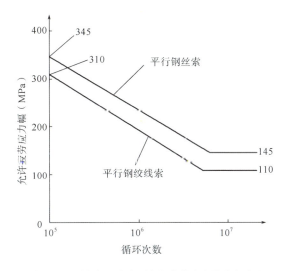

图8.1-9 平行钢丝索和平行钢绞线索疲劳强度对比

目前,国内对平行钢丝斜拉索疲劳性能的测试一般采用轴向施加疲劳荷载,经200万次循环加载,并控制拉索的断丝率在一定比例内。《斜拉桥用热挤聚乙烯高强钢丝拉索》(GB/T 18365—2018)规定:拉索轴向疲劳性能试验采用脉冲荷载进行加载,钢丝应力上限达$0.4\sigma_b$(破断强度)、下限达$0.28\sigma_b$,在200万次脉冲加载后,拉索钢丝断丝数不大于总数5%即为合格。《斜拉桥钢绞线拉索技术条件》(GB/T 30826—2014)则规定:钢绞线拉索疲劳性能应满足上限应力为$0.45f_{ptk}$(抗拉强度标准值)、应力幅300MPa,循环次数为200万次的疲劳试验不出现断丝,并在疲劳试验后对钢绞线作静强度拉伸试验,最小张拉应力应不低于$92\%f_{pm}$(实测极限抗拉强度平均值)或$95\%f_{ptk}$的两者较大值。

2)非线性行为

斜拉桥整体分析前应明确荷载作用下拉索的力学行为。斜拉索受拉状态下弹性模量是其重要特征参数,随拉索长度和轴向力变化呈非线性变化。对比各种形式的斜拉索,其中平行钢绞线拉索弹性模量最高可达1.95×10^5MPa,几乎等同于钢丝本身弹性模量,而平行钢丝索弹性模量一般约为1.9×10^5MPa。

考虑受荷拉索垂度效应,拉索非线性效应一般可采用等效模量表征。拉索等效弹性模量(E_{eq})随应力及索长的变化规律如图8.1-10中所示,并由下式表达:

$$E_{eq} = \frac{E}{1 + (\gamma^2 \times L^2 \times E/12 \times \sigma^3)} \tag{8.1-1}$$

式中，E 为直索弹性模量；L 为拉索水平长度；γ 为拉索重度；σ 为拉索应力。

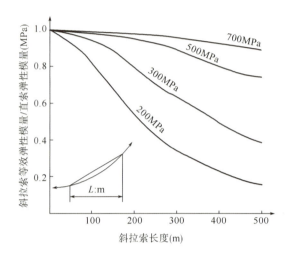

图 8.1-10　拉索等效弹性模量随应力及索长变化关系

在进行主梁架设时，需考虑拉索在恒载索力下伸长率。一般预制拉索通过加工制作时刻意减少一定拉索长度来补偿这部分伸长量，而对于现场制作拉索，拉索伸长量一般在锚固结构内适应。此外，拉索长度也会随温度变化而变化，施工时应测量拉索和主梁实时温度，对拉索实际承受荷载进行校正。

3）锚点弯曲效应

拉索通过插销或 U 形夹装置，在锚固端可适应一定程度的旋转，这有助于拉索安装对齐。当拉索使用过程中偏转角度达到拉索锚固端最大容许转角后，无论采用何种构造形式，锚固端则应视为固定端。锚固处旋转偏差可能是由以下几种效应累积引起：①锚固构造安装误差；②风等因素引起的拉索振动，导致锚固处发生了旋转；③结构位移导致锚固构造相对于拉索发生了旋转；④结构荷载变化引起拉索索力变化，由于垂度效应，拉索在锚固处发生了旋转。

如果没有安装导向装置来限制拉索旋转，拉索锚固处将产生最大弯矩，并在一定特征长度范围内呈指数级衰减，这个长度大小一般取决于拉索弯曲刚度。因此，拉索的锚固处弯曲应力一般很高，通常与活载应力的量级相当，也是最容易损坏的部位之一。不管是平行钢丝索还是钢绞线拉索，弯曲应力衰减的特性都是相似的，而整体式拉索的弯曲应力衰减特性更为明显，因此，在设计导向系统时，应当充分考虑这一点。

为减小拉索受力不利的弯曲应力，应在距锚固端一定距离处设置限位套。限位套通常位于锚管末端，简单支撑拉索，而锚管一般是桥塔或主梁组成部分，确保拉索在限位套内承受连续弯曲。如果限位套为刚性结构，只要与锚固点保持足够距离，则限位套处弯矩将减少为锚固件处弯矩一半。但导向装置通常由弹性材料（通常为聚丁二烯）制成，一般针对每根拉索设计其最优刚度，可将拉索弯曲应力进一步减小至锚固点处弯矩力矩的三分之一左右，图 8.1-11 很好地解释了这种效果。

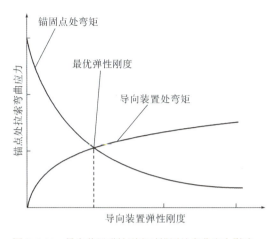

图 8.1-11 导向装置弹性刚度对锚固处弯曲应力影响

8.2 平行钢丝索

8.2.1 构造特点

平行钢丝索(Parallel Wire Cable,简称 PWC)是按照预定长度和规格要求将平行高强度镀锌等涂层钢丝呈六边形或缺角六边形进行平行紧密排列,经大捻距同心左旋 2°~4°扭角,再用高强度聚氨酯纤维绕包带进行右旋缠裹扎紧,最后外挤高密度聚乙烯(HDPE)护套作为外层防护的钢丝索股。平行钢丝索 20 世纪 70 年代在欧洲和日本开始使用,凭借其承载能力大、疲劳强度大和防腐蚀性能强等优点近年来在国内采用广泛。平行钢丝索一般在工厂制造,盘绕后通过陆运或者水运至桥位进行安装。

目前,平行钢丝索的钢丝直径主要分为 5mm 和 7mm 两种,早期标准抗拉强度 1570MPa 的平行钢丝索目前已基本淘汰,取而代之的是更高的抗拉强度,如 1670MPa、1770MPa、1860MPa、1960MPa、2000MPa 和 2060MPa(钢丝直径 5mm 时为 2100MPa)等规格。拉索截面内的钢丝根数可自由选定,常用拉索最大型号规格为 649 丝。

8.2.2 拉索结构

1)基本构造

成品平行钢丝斜拉索由索体、锚具、附属件等组成,基本结构如图 8.2-1 所示。索体为镀有防腐层的钢丝束外挤高密度聚乙烯(HDPE)护套形成,护套分为黑色单层或黑色内层彩色外层等形式。为了提高拉索抗风雨激振,索体表面宜缠绕螺旋线或压痕凹坑等措施,典型拉索截面布置如图 8.2-2 所示。锚固构造方面,通常先将钢丝束穿入锚杯中,钢丝尾部镦头后锚定在后锚板上,再在锚固段浇铸冷铸填料。填料的作用使锚体与钢丝束之间的刚度匀顺变化,避免在索体和锚具的交界处刚度突变。由于环氧混合料的固化温度不超过180℃,一般称为冷铸锚,这主要是相对于450℃高温下浇注的热铸锚而言的。拉索附属件为对成品拉索防护起辅助作用的构件。平行钢丝斜拉索应满足现行国标《斜拉桥用热挤聚乙烯高强钢丝拉索》的相关规定。

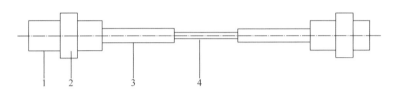

图 8.2-1　成品拉索结构图
1-锚杯;2-锚圈;3-连接筒;4-索体

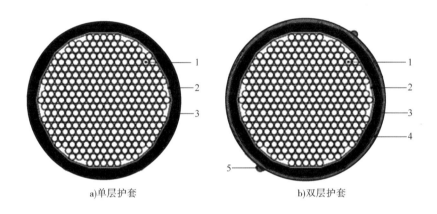

a)单层护套　　　　　　　　b)双层护套

图 8.2-2　平行钢丝索截面布置
1-高强钢丝;2-高强聚酯纤维带;3-黑色高密度聚乙烯护套;4-彩色高密度聚乙烯护套;5-抗风雨振螺旋线

2)索体

索体护套的质量必须符合要求,外观完好,厚薄一致,厚度误差范围一般应控制为-1.0~2.0mm,且双层护套的螺纹处理要求精细,且不得暴露出其中的任何一层。拉索应能弯曲盘绕,最小盘绕直径应不小于20倍斜拉索外径,盘绕弯曲后,外形不应有明显变形。

所有成品拉索都应进行超张拉检验,超张力取1.2~1.4倍设计索力。当设计索力不大于3000kN时取1.4倍;当设计索力大于3000kN且小于6000kN时,取1.3倍;当设计索力大于或等于6000kN时,取1.2倍。超张拉力允许取整,并分成五级加载。超张拉结束后,锚具分丝板内缩值不大于6mm,锚圈与锚杯的旋合应不受影响。经过超张拉检验后的拉索,卸载或加载至20%超张拉力时,测量拉索长度,然后再换算成拉索无应力长度。换算时,斜拉索的线膨胀系数取$0.000012℃^{-1}$。斜拉索应可靠标记,索长允许误差的绝对值ΔL应符合:索长小于或等于100m时,误差不应大于0.02m;索长大于100m时,误差不应大于索长的1/5000。

每个项目至少应抽取一根拉索进行弹性模量测量,拉索的弹性模量E应不小于

1.90×10^5 MPa。另外，斜拉索应根据设计要求进行静载试验和疲劳试验（包括轴向疲劳试验和弯曲疲劳试验），试验用拉索长度不应小于 3.5m。允许以较小规格的拉索进行疲劳试验，但试验中拉索钢束根数应不小于成品拉索钢丝根数的 20%。经过静载试验后，拉索性能指标应符合表 8.2-1 中的相关规定。经过 2.0×10^6 次循环脉冲加载疲劳试验后，再进行拉伸试验，拉索护套不应有损伤，锚具应无明显损坏，锚杯与螺母旋合正常，钢丝破断数应不大于总钢丝数的 2%，如试验拉索型号小于 151 根钢丝，允许断丝不大于 3 根，疲劳性能要求见表 8.2-2 和表 8.2-3。经疲劳试验后拉索轴向破断荷载 P 应不小于拉索标称破断荷载 P_b 的 95%，破断延伸率 δ 应不小于 2%。斜拉索还应根据设计要求进行水密试验，包括静态水密试验和动态水密试验。试验后索体、索体与锚具连接部位、锚具及其密封结构均不应进水。

静载性能要求　　　　　　　　　　　　　　表 8.2-1

项目	弹性模量(MPa)	斜拉索效率系数 η	极限延伸率(%)	断丝率(%)
指标	$\geq 1.90\times10^5$	≥ 0.95	≥ 2	≤ 2

注：η = 实测最大索力/公称破断索力。

轴向疲劳性能要求　　　　　　　　　　　　表 8.2-2

项目	应力上限(MPa)	应力下限(MPa)	循环次数(次)	断丝率(%)
指标	$0.4\sigma_b$	$0.28\sigma_b$	2×10^6	≤ 2

注：如试验索规格为 151 以下，则允许断丝不大于三根。

弯曲疲劳性能要求　　　　　　　　　　　　表 8.2-3

项目	应力上限(MPa)	应力下限(MPa)	弯曲角度(mrad)	循环次数(次)	断丝率(%)
指标	$0.4\sigma_b$	$0.28\sigma_b$	0 或 5 ± 5（同步循环）	2×10^6	≤ 2

注：如试验索规格为 151 以下，则允许断丝不大于三根。

3）锚具

锚具是保持成品拉索索力并将其传递到桥梁结构上的装置，分为张拉端锚具和固定端锚具两种，张拉端锚具的锚杯长度大于锚固端。如图 8.2-3 所示，斜拉索冷铸镦头锚由锚杯、分丝板、连接筒、锚圈及封板等组成。成品锚具外表面应进行镀层或涂层防护处理（电镀锌、热镀锌、富锌环氧漆），且不得有可视损伤，螺纹不得有任何碰伤，螺纹副应可自由旋合。

冷铸锚的锚固力由锚杯的圆锥体内腔和锚杯内填料的横向挤压力承受，正常情况下镦头不受力而只作为安全储备。锚具应符合以下要求：①锚具结构应采用合金结构钢锚杯、锚圈材质可采用 35CrMo、42CrMo 或 40Cr；②根据拉索钢丝抗拉强度等级，锚杯和锚圈应采用相应标准抗拉强度等级的钢材，强度等级如表 8.2-4 所示；③锚杯与锚圈的胚件应为锻钢件；④锚杯与锚圈均为梯形螺纹，在镀锌前应逐个进行超声波检测和磁粉检测，表面应进行冷镀锌或热浸锌（或其他形式防腐）处理，镀层平均厚度一般为 90~120μm。

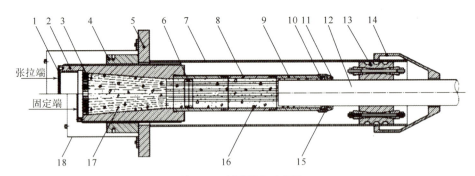

图 8.2-3 锚具结构示意图

1-封板;2-锚杯;3-分丝板;4-锚圈;5-锚垫板;6-下定位环;7-预埋管;8-下连接筒;9-上连接筒;10-上定位环;11-端盖;12-索体;13-内置减振器;14-防护罩;15-密封橡胶;16-环氧填料;17-环氧铁砂填料;18-锚具保护罩

拉索钢丝抗拉强度等级及相应锚杯、锚圈所用材质　　　　　　表 8.2-4

拉索钢丝抗拉强度标准值 f_{ptk} (MPa)	锚杯材质	锚圈材质
1670	40Cr	35CrMo
1770	40Cr	35CrMo
1860	40Cr 或 42CrMo	40Cr
1960/2060	42CrMo	40Cr

冷铸锚固填料一般由钢丸、环氧树脂、固化剂、增韧剂、稀释剂和填充料等组成。每批冷铸填料必须进行配方试验,试件在 20℃±2℃ 环境条件下,抗压强度不应小于 147MPa。

4) 拉索附属件

拉索附属件包括内置减振器、防水罩、锚具保护罩、斜拉索防护罩、定位约束圈等。内置减振器多采用楔块式减振器,由阻尼圈、金属圈、锲块和螺杆组成,阻尼圈多采用橡胶阻尼。防水罩通常采用不锈钢制作,端部采用橡胶圈和硅胶多层防护,尾端采用密封胶防护。锚具保护罩主要为了防止外露锚具长期受雨水及空气湿气影响发生锈蚀,进而影响锚具使用以及日后索力调整及换索工作,一般在拉索张拉施工完成后安装。为了方便检查锚具的锈蚀情况,锚具保护罩应设置窥视孔或其他有相似功能的构造。锚具保护罩可采用优质不锈钢、碳素结构钢制作。为了防止外力刮伤斜拉索护套和增强拉索美观作用,可设置斜拉索防护罩,宜采用不锈钢板卷制而成。安装时将其卷扣在拉索索体表面。定位约束圈采用硅橡胶或氯丁橡胶,橡胶硬度宜为 50~60 邵氏硬度。

8.2.3 钢丝性能

平行钢丝索一般采用高强度镀锌或镀锌铝合金钢丝,近年也研发了对耐蚀性和强度更有利的镀锌镁铝合金钢丝。

通过采用先进的技术,如热轧和冷拉技术,能够制造出具有更好力学特性的高强度钢丝。通过拉拔处理,能够使钢丝的抗拉强度和韧性指标得到显著改善,从而达到更好的使用效果。

冷拔后的钢丝再进行防腐镀层处理,但在镀防腐层过程中,钢丝的强度一般会下降。为了进一步提升镀锌钢丝的强度,可以采取以下措施:①优化钢筋的原料,以达到索氏体化的强度;②控制钢筋的冷拔变形,以达到最佳的强度;③优化钢筋的热处理性能,以达到最佳的强度;④减少镀锌过程中的强度损失。

拉索用钢丝分为直径 5mm 和 7mm 两种,钢丝尺寸及允许偏差应符合表 8.2-5 中要求,钢丝物理力学性能应符合表 8.2-6 中要求,同时拉索用钢丝还应符合相关国标要求。

钢丝尺寸、质量及允许偏差　　　　　　　　　　　　　表 8.2-5

钢丝公称直径(mm)	直径允许偏差(mm)	不圆度(mm)	公称截面积(mm²)	理论质量(g/m)
5.00	±0.06	≤0.06	19.6	153
7.00	±0.07	≤0.07	38.5	301

钢丝物理力学性能　　　　　　　　　　　　　表 8.2-6

序号	项目		单位	技术指标							
1	公称直径		mm	5.00				7.00			
2	标准抗拉强度		MPa	1670	1770	1860	1960	1670	1770	1860	1960
3	破断力		kN	32.8	34.8	36.5	38.5	64.3	68.1	71.5	75.4
4	非比例延伸强度（Ⅱ级松弛要求）		MPa	1490	1580	1660	1750	1490	1580	1660	1750
5	伸长率		%	≥4.0				≥4.0			
6	应力松弛率	公称荷载	%	70				70			
		1000h 后应力松弛率（Ⅱ级松弛）	%	≤2.5				≤2.5			
7	弹性模量		MPa	$(2.0 \pm 0.1) \times 10^5$							
8	反复弯曲			≥4 次,不断裂				≥5 次,不断裂			
9	缠绕			8 圈,不断裂							
10	扭转性能			>8 次,不断裂							
11	疲劳性能			200 万次,不断裂							
12	伸直性能	最大自然矢高		取弦长 1m 的钢丝,弦与弧矢高≤30mm							
		自由翘头高度		5m 长钢丝,≤150mm							
13	镀层单位质量	镀锌高强钢丝	g/m²	≥300							
		锌铝合金高强钢丝		≥290							

续上表

序号	项目		单位	技术指标
14	镀层均匀性	镀锌高强钢丝		硫酸铜试验(≥4次,每次60s),不挂钢
		锌铝合金高强钢丝		硫酸铜试验(≥4次,每次45s),不挂钢
15	镀层附着力			8圈,不起层,不剥离
16	锌铝合金高强钢丝镀层铝含量		%	≥4.2

注:1. 破断力按钢丝公称截面积确定其荷载值,公称截面积包括镀层厚度在内。
　　2. 标准抗拉强度为实际允许抗拉强度的最小值。

制造钢丝用盘条硫、磷含量均不得超过0.025%,铜含量不得超过0.20%,应采用经索氏体化处理的盘条。钢丝盘条先进行拉拔,后进行热镀锌或镀锌铝合金等处理,以保证钢丝性能达到使用要求。使用前进行每批5%的抽样率进行检测,检测抗拉强度、屈服强度和伸长率等项目。钢丝不得有电接头或其他任何形式的接头。钢丝的外包装材料宜采用阻燃的或经防火处理的材料。钢丝在运输、储存和加工期间应防止镀锌层受损。

8.2.4 防腐保护

斜拉索暴露在风雨和潮湿空气等环境中,容易遭受金属腐蚀、应力腐蚀和疲劳腐蚀等多重耦合作用。早期斜拉索缺乏有效的防腐措施,使得它们在建成几年或十几年后就需要更换,这不仅带来了巨大的经济损失,也严重影响了交通的畅通。因此,斜拉索耐久性设计必须引起高度重视。斜拉索防腐保护是一个综合性问题,包含钢丝镀层、缠包带、外层高密度聚乙烯护套及连接部位的防护等问题。

1) 钢丝镀层

光面钢丝表面采用熔融热镀金属防腐层的方法作为耐久性热挤聚乙烯拉索最基本防腐措施,可以热镀的防腐层包括锌、锌铝合金或锌铝镁合金。热镀处理是将被保护金属制品浸入低熔点、耐腐蚀的活性金属液中,在被保护金属外表面形成覆盖层。热镀法的基本特征是在基体金属与镀层金属之间形成合金层,保证镀层与基体结合牢固可靠。热镀锌是一种常用的防护技术,其发展已经有200多年的历史,利用锌镀层的电极电位比钢丝的电位低,在钢丝表面形成屏蔽层以保护钢基体,同时还可牺牲阳极来保护钢基体。热镀锌钢丝就是将光面钢丝浸入温度达450℃左右或者更高温度的熔化锌中进行处理的过程,通过钢基体与熔锌反应,形成铁-锌合金层覆盖在整个钢丝表面。值得注意的是,热镀锌工艺的工作温度已经达到钢丝的回火温度,经过热镀锌后,钢丝强度将有所降低。

金属防腐层具有出色的韧性,能够抵抗高强度的摩擦和冲击,并且能够与基体形成牢固的结合。镀金属防腐层钢丝在使用前,要通过严格的镀层质量检测,包括硫酸铜试验、缠绕试验及单位面积锌层附着重量试验等。钢丝的镀层应连续、光滑、均匀、致密,其单位面积镀锌质量应不小于$300g/m^2$。钢丝镀层的要求详见表8.2-7。

钢丝镀层要求　　　　　　　　　　　表8.2-7

序号	项目		单位	指标
1	铝含量	镀锌钢丝	%	—
		锌-铝合金镀层钢丝		≥4.2
		锌-铝-镁合金镀层钢丝		≥4.2
2	镁含量	镀锌钢丝	%	—
		锌-铝合金镀层钢丝		—
		锌-铝-镁合金镀层钢丝		0.8~2.5
3	镀层单位质量	镀锌钢丝	g/m²	≥300
		锌-铝合金镀层钢丝		≥290
4	硫酸铜试验	镀锌钢丝		≥4,每次60s
		锌-铝合金镀层钢丝		≥4,每次45s
5	镀层附着性			5d×8

2）缠包带

耐久性热挤聚乙烯拉索第二道防腐措施是高强聚酯纤维缠包带,常见缠包带包括纤维增强的聚酯压敏胶带或双层聚酯带内夹纤维丝的增强复合带,带宽一般在30~50mm,抗拉力不应低于250N/cm。绕包带单层重叠宽度应小于带宽的1/3,应齐整致密、无破损。绕包层数通常由生产厂家依具体产品确定,但重叠层数不应超过4层。高强聚酯纤维缠包带主要性能要求见表8.2-8。

高强聚酯纤维带技术要求　　　　　　　　　　　表8.2-8

项目	宽度(mm)	厚度(mm)	抗拉力(N)	延伸率(%)
技术指标	30~50	≥0.10	≥250(10mm带宽)	≥3

3）拉索护套

HDPE外护套是耐久性热挤聚乙烯拉索第三道防腐措施。护套外观光滑平整、包覆紧密,在正常的生产、运输、吊装过程中不松脱。单护层拉索比双护层标称厚度少2~3mm。抗风雨激振螺旋线与索体外层高密度聚乙烯材料相同,与护层共同挤塑而成。护套用料是以HDPE为基料,含2.5%炭黑和适量抗氧剂。高密度聚乙烯护套主要优点包括:①耐腐蚀性好,HDPE作为一种惰性材料,可耐多种化学介质的侵蚀,无电化学腐蚀,不需要另外的防腐层;②密实性好,可以连续成型,在索体表面形成密实的连续防护层;③韧性高,断裂伸长率一般超过600%;④抗挠性好,可承受索体垂度和一定程度的弯曲,可在一定直径下成盘和成圈;⑤耐刮痕能力好;⑥抵抗快速裂纹传递能力良好;⑦使用寿命长,质量优良的热挤HDPE护套使用寿命可达50年以上。高密度聚乙烯护套料主要性能如表8.2-9所示。

高密度聚乙烯护套料主要性能　　　　表8.2-9

序号	项目		单位	指标	
				黑色	彩色
1	密度		g/cm³	0.94~0.955	
2	熔体流动速率		g/10min	≤0.45	
3	拉伸断裂应力		MPa	≥25	
4	拉伸屈服应力		MPa	≥15	
5	断裂标称应变		%	≥400	
6	邵氏硬度		HA	≥50	
7	拉伸弹性模量		MPa	<1000	
8	弯曲弹性模量		MPa	<1000	
9	冲击强度		kJ/m²	≥50	
10	耐环境应力开裂		h	≥5000	
11	脆化温度		℃	<-76	
12	耐热应力开裂		h	≥96	
13	200℃氧化诱导期		min	≥60	
14	耐荧光紫外老化3000h	拉伸断裂应力变化率	%	±25	
		断裂标称应变变化率	%	±25	
15	耐光色牢度		级	—	≥7
16	炭黑分散		级	≤3	
17	炭黑含量		%	2.5±0.3	—

　　斜拉索架设时容易划伤热挤HDPE护套,因此一般在斜拉索架设完毕后需要根据实际情况进行修复。对于小面积、深度在3mm以下的划伤,一般可采用专用焊枪将相同HDPE原料焊接覆盖在损坏处,再采用电磨机进行表面处理,恢复表面平整;对于修复面积大于10cm²或深度在3mm以上的划伤,宜采用加热套管进行恢复。在斜拉索护套修补过程中,应注意加热温度,既不能因温度不足而产生夹生现象,也不能因温度过高而使材料发生碳化,修复表面不允许出现气泡。加热修补存在局部应力集中问题,也可采用专用密封胶修补。

　　HDPE护套在使用过程中较易发生应力开裂和老化等现象,严重时还会在短期内出现环向开裂,因此应采取预防措施。斜拉索护套破坏原因主要有:①斜拉索长期在高应力疲劳荷载下工作,索体应力及构造对HDPE外护套的影响;②HDPE原材料的选料及质量把关不当、以次充好、在基料中自加色母料方式自制黑色或彩色HDPE护套料,容易造成护套开裂;③自然环境中温度的冷热变化、紫外线的照射、雨水的冲淋及有害气体的腐蚀等,均会导致HDPE外护套的开裂及老化;④施工过程中对索体护套的保护措施不够,容易造成索体护套的损伤,若采用补焊的方式修补,对HDPE二次加热使得其性能大大下降,开裂几率增大;⑤拉索截面形状为非圆形往往会造成HDPE护套的壁厚厚薄不均,是造成护套纵向开裂的主要原因;⑥HDPE与锚固端的连接方式不合理或者材料缺陷导致的熔融结合瑕疵造成斜拉索护套破坏。

预防HDPE护套开裂问题可采取的措施包括:①增大缆索成盘成圈半径,避免应力集中;②改进配方和工艺,增加热挤HDPE护套表面的平滑性;③避免附着具有侵蚀性的油类、清洁剂及其他化学溶剂。

4) 连接部位防护

(1) 索体与锚具连接处密封措施

索体与锚具结合部位是整个防腐体系的薄弱环节,一旦密封失效,水就会沿着索体渗入侵蚀索体和锚具,严重影响拉索使用寿命。将HDPE护套埋入延长筒100~150mm,并在延长筒内灌注密封填料,固化后形成足够的黏结长度,对HDPE护套形成有效约束,防止拉索在安装和使用过程中因受力拉伸导致钢丝束裸露。同时选取高性能嵌缝密封胶进行嵌缝密封,密封后外包热收缩套管进一步加强防护。

(2) 斜拉索梁端防水密封技术

国内许多桥梁由于防雨罩、预埋钢管与拉索索体结合处密封失效,造成雨水进入预埋钢管内,导致拉索锚环式锚具受力螺纹失效,以及钢丝严重腐蚀。斜拉索护套采用的高密度聚乙烯为非极性材料,与其他材料均不能够黏结,即使HDPE之间非一次挤塑完成,一段时间后也会分离,因此需在预埋钢管出口处或防雨罩上端与索体结合处采取特殊防护措施。安装高强度铝合金气囊压力密封装置是有效解决这一问题的措施之一。利用充满压力气体的高强度铝合金气囊对索体与预埋钢管内壁或不锈钢密封桶壁施加压力,形成阻断隔离层,变刚性连接为柔性连接,由接触密封或黏结密封改为压力密封,防止雨水及空气腐蚀梁端拉索锚具及钢丝,起到完全密封的作用,可提高斜拉索寿命。梁端密封示意如图8.2-4所示。

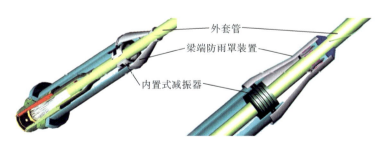

图8.2-4 梁端密封结构示意图

8.3 钢绞线索

钢绞线拉索包括由多束钢绞线束平行排列组成的传统形式的平行钢绞线拉索和整束挤压的半平行拉索两种。整束挤压钢绞线拉索是为了减小拉索直径降低风荷载,在传统钢绞线拉索的基础上发展起来的直径较小的新型钢绞线拉索。该形式拉索构造与平行钢丝斜拉索相似,不做详细介绍,本节主要介绍传统形式的平行钢绞线拉索。

8.3.1 构造特点

平行钢绞线拉索(Parrel Strand Cable,简称PSC)为由若干根直径相同、平行排列的单根PE防护钢绞线集束,通过两端锚具组件固定于斜拉桥结构上,承受结构静动荷载的受拉构件。索股由公称直径为15.2mm或15.7mm、强度为1860MPa或1960MPa的高强防腐钢绞线组成,钢绞线经防腐处理后,外层再用HDPE热挤压包裹成型,拉索锚具采用夹片式群锚。钢绞线斜拉索索体及零部件均在工厂制作,运至现场后采用逐根架设、逐根张拉、逐根锚固,属于轻量化施工。

平行钢绞线斜拉索因其具有多层防护,运输安装架设轻便,维护检测方便、高效且可实现单根钢绞线换索等优点,在国内外斜拉桥中获得广泛应用。目前在欧美国家的斜拉桥工程建设中,绝大多数都采用了平行钢绞线斜拉索体系。国内也有许多工程采用了平行钢绞线斜拉索。

8.3.2 拉索结构

(1) 基本结构

拉索由几个主要组成部分组成,即张拉端锚固段、固定端锚固段、过渡段、索体自由段以及鞍座段。拉索结构布置如图8.3-1和图8.3-2所示。锚固段为拉索和锚具的连接段,作用是将索力传递给桥梁结构;过渡段为导管入口到锚固段之间的拉索部分;索体自由段是拉索两过渡段或过渡段与鞍座之间的部分,由PE防护的钢绞线集束而成,外加圆管式外护套管或哈弗式外护套管作整体防护。鞍座位于索塔上,为支承拉索、改变索体方向穿过索塔,并将拉索的径向及不平衡荷载传递给索塔的构件。拉索体系由索体、锚具组件、减振器、鞍座(如有)及附件等组成。平行钢绞线斜拉索应满足现行国标《斜拉桥钢绞线拉索技术条件》的相关规定。

(2) 索体

索体位于自由段,包括PE防护钢绞线束及外护套管(自由段)。PE防护钢绞线束采用高密度聚乙烯护套,其表面覆盖有防腐保护涂层,可以有效抵御外界环境的侵蚀,而且外护套管也可以安装在拉索的自由段,以确保钢绞线束的完整性和耐久性。自由段索体截面布置如图8.3-3所示。

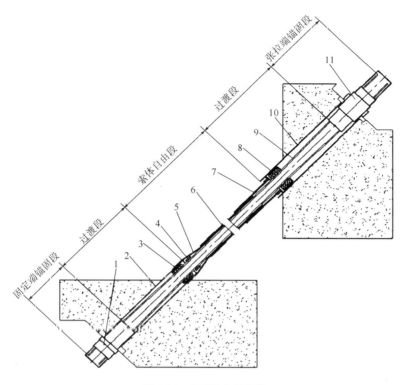

图 8.3-1 拉索结构示意图

1-固定端锚具组件;2-导管(梁端);3-减振器(梁端);4-索箍;5-外护套管连接装置;6-外护套管;7-外护套管伸缩补偿装置;8-减振器(塔端);9-PE 防护钢绞线;10-导管(塔端);11-张拉端锚具组件

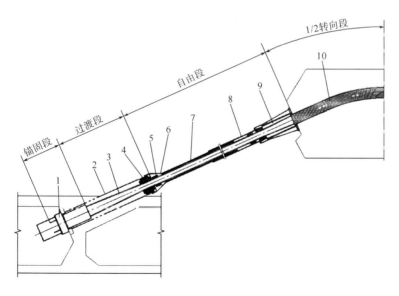

图 8.3-2 带鞍座拉索结构示意图

1-锚具组件;2-导管;3-PE 防护钢绞线;4-减振器;5-索箍;6-外护套管连接装置;7-外护套管;8-外护套管伸缩补偿装置;9-抗滑装置;10-鞍座

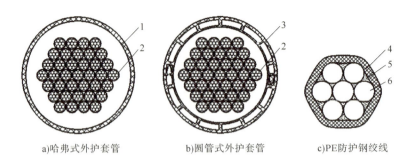

图 8.3-3　拉索自由段及单根 PE 防护钢绞线截面布置

1-HDPE 外护套筒(圆管式);2-PE 防护钢绞线;3-HDPE 外护套筒(哈弗式);4-HDPE 护套;5-防腐润滑脂或蜡;6-钢绞线

（3）锚固段及过渡段

张拉端（带支承筒）锚固段及过渡段由保护罩、夹片、锚板、支承筒、锚垫板螺母、密封筒、密封装置、防腐材料、减振器及其他部件组成,如图 8.3-4 所示。张拉端（不带支承筒）锚固段则无支承筒,其余组件与张拉端（带支承筒）锚固段相同,如图 8.3-5 所示。固定端锚固段及过渡段由保护罩、夹片、锚板、垫板、密封筒、锚垫板密封装置、防腐材料、减振器及其他部件组成,如图 8.3-6 所示。常规斜拉桥拉索中,一般在张拉端采用有支承筒可调锚具,在固定端采用固定锚具;也可两端均采用有支承筒可调锚具。矮塔斜拉桥拉索中,一般其两端均采用无支承筒可调锚具。

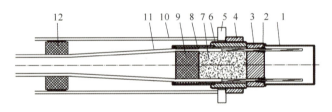

图 8.3-4　张拉端（带支承筒）锚固段及过渡段结构示意图

1-保护罩;2-夹片;3-锚板;4-螺母;5-锚垫板;6-支承筒;7-防腐材料;8-密封筒;9-密封装置;10-导管;11-PE 防护钢绞线;12-减振器

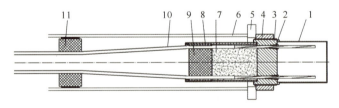

图 8.3-5　张拉端（不带支承筒）锚固段及过渡段结构示意图

1-保护罩;2-夹片;3-锚板;4-螺母;5-锚垫板;6-导管;7-防腐材料;8-密封筒;9-密封装置;10-PE 防护钢绞线;11-减振器

锚具组件是用以保持拉索拉力并将其传递到桥梁结构的锚固装置。锚具组件通常由多个零(部)件组成,可分为张拉端锚具和固定端锚具两类。导管为位于桥面或桥塔上的预埋管道,便于拉索的安装与更换,也称为预埋管。减振装置为控制和减缓拉索振动的装置。通常在梁端和塔端索导管出口部位,需设置内置减振器,用于将拉索与结构固定,以抑制拉索振动。

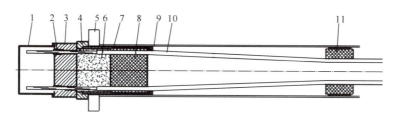

图 8.3-6　固定端锚固段及过渡段结构示意图
1-保护罩;2-夹片;3-锚板;4-垫板;5-锚垫板;6-防腐材料;7-密封筒;8-密封装置;9-导管;10-PE 防护钢绞线;11-减振器

锚具组件应满足静载锚固性能、抗疲劳性能及低应力状态下的锚固性能、防腐性能的要求,同时应满足安全实施钢绞线单根安装、单根张拉及拉索更换等作业要求。过渡段内 PE 防护钢绞线从锚固区到索体收紧部位的偏转角度不大于 1.4°。钢绞线与锚具组件的静载锚固性能中的锚具效率系数 $\eta_a \geq 0.95$,钢绞线的总应变 $\varepsilon_{apu} \geq 2.0\%$,此外还需要满足相关的疲劳性能要求。拉索在施工各阶段及正常使用状态下,夹片齿须咬入钢绞线母体,并且在使用应力低至钢绞线抗拉强度标准值 f_{ptk} 5% 时,不出现滑丝。钢绞线与锚具组件的水密性能应符合相关的技术要求。锚具主要受力构件,应选用合金结构钢或优质碳素结构钢。锚板、螺母、支承筒等零件毛坯件宜为锻件,锚板、螺母、支承筒等主要受力件应进行超声波探伤。成品表面应进行磁粉探伤。锚板、螺母、支承筒、夹片应进行硬度测试。

(4) 鞍座(转向段)

鞍座位于索塔上,拉索索体贯穿其中并锚固在塔的两侧梁上。鞍座结构通常有分散导管式和双导管式两种类型,结构示意如图 8.3-7 和图 8.3-8 所示。

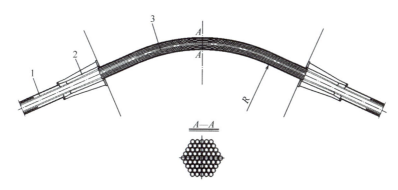

图 8.3-7　分散导管式鞍座示意图
1-PE 防护钢绞线;2-抗滑装置;3-分散导管

(5) 拉索附件

拉索附件是一种重要的组成部分,它可以帮助拉索的安装和防护。它由索箍、外护套管连接器、伸缩补偿器和保护罩组成。索箍将拉索收紧成紧密排列,应注意避免过大弯曲应力,保证其夹紧部位不会对索体产生损伤。外护套管连接器可有效地将拉索外护套管与导管相连,从而阻止外界的雨水渗入导管内部。为了更好地实现伸缩补偿,建议采用大管套小管的方式,并且将伸缩补偿管的一端与结构相连,以达到更好的效果,另一端与外护套管自由搭接。在外界温度变化时,该装置应能使外护套在大管内自由伸缩、对外护套管起到伸缩补偿作用。保护罩安装在两端锚具组件的锚板上,对锚具外露钢绞线及夹片等起保护和防腐作用。

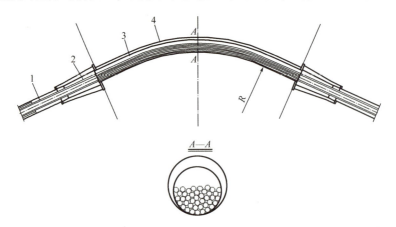

图 8.3-8 双导管式鞍座示意图
1-PE 防护钢绞线;2-抗滑装置;3-鞍座内导管;4-鞍座外导管

8.3.3 钢绞线性能

自 20 世纪 90 年代中期起,钢绞线斜拉索已经被广泛应用于中国,其原有的无黏结光面钢绞线已经经过改进,包括镀锌钢绞线、镀锌铝合金钢绞线以及更加先进的单丝涂覆和填充型环氧涂层钢绞线,使其具有更高的性能和更强的耐久性。钢绞线强度级别一般为 1860MPa,随着钢铁冶金材料和加工工艺技术的发展,桥梁拉索用的钢绞线材料强度已经提高到 1960MPa。日本已经生产出 2300MPa 超高强度填充型环氧涂层钢绞线,并已应用于东京 Akihabara Pedestrian 桥和 Uratakao 桥。国内已生产出 2000MPa 强度钢绞线,应用到了东洲湘江大桥等工程。

拉索用钢绞线经过长期发展和应用,从光面钢绞线,到热镀锌钢绞线、环氧涂覆钢绞线、填充型环氧涂层钢绞线,都有国家和行业标准。

钢绞线除应符合有关标准的要求外,还需符合以下要求:①钢绞线及其盘条应无焊接接头;②制造装运前钢绞线不应有肉眼可见的腐蚀,长度为 5m 钢绞线试样拆股后,包括中心丝在内的钢丝不应有任何腐蚀迹象;③最小极限抗拉强度应不低于相应钢绞线的抗拉强度标准值 f_{ptk}(抗拉强度标准值);④规定非比例延伸力不小于整根钢绞线公称最大力的 90%;⑤弹性模量应控制在 $(1.95 \pm 0.1) \times 10^5$ MPa 范围内;⑥偏斜拉伸性能:偏斜拉伸系数不大于 20%;⑦疲劳性能应满足在上限应力为 $0.45 f_{ptk}$、应力幅 300MPa,循环次数为 200 万次的疲劳试验中,不出现断丝,疲劳试验后对钢绞线做静强度拉伸试验,最小张拉应力应不低于 92% f_{pm}(实测极限抗拉强度平均值)或 95% f_{ptk} 的较大值。公称直径为 15.2mm 的拉索用钢绞线技术参数见表 8.3-1。

拉索用钢绞线性能参数   表 8.3-1

序号	项目	技术指标
1	公称直径(mm)	15.20
2	公称面积(mm²)	140

续上表

序号	项目	技术指标
3	抗拉强度(MPa)	≥1860
4	屈服强度(MPa)	≥1510
5	延伸率(%)	≥4.50
6	弹性模量(MPa)	$1.95 \times 10^5 \pm 0.1 \times 10^5$
7	反复弯曲	>4 次($R=15\text{mm}, 180°$)
8	卷绕	3 倍钢丝直径紧密卷绕 8 圈不断裂
9	松弛(%)	≤2.5(0.7 G.U.T.S, 1000h, 20℃)
10	疲劳应力(MPa)	200MPa(上限应力 $0.45\sigma_b$, $N=2\times 10^6$ 次)
11	锌层单位质量(g/m²)	≥300
12	锌层附着性	5 倍钢丝直径紧密卷绕 8 圈,锌层不起层、不剥离
13	硫酸铜试验(m)	≥4 次/60s
14	自由卷绕直径(m)	≥4
15	伸直性(mm)	≤30($L=1000\text{mm}$)

与单丝涂覆环氧涂层钢绞线相比,填充型环氧涂层钢绞线 7 根钢丝间隙内填充环氧树脂以防止腐蚀介质通过毛细作用渗入,填充的环氧树脂消除了钢绞线各根钢丝间的微动摩擦疲劳,并可在钢绞线的弯曲部位形成缓冲。

斜拉索用钢绞线正朝着超高强度发展。超高强度钢绞线价格增加不多,但可以有效减小拉索直径,减少材料用量。超高强度拉索具有以下几点优势:①疲劳性能更为优异,可延长使用寿命;②破断力提高,同规格斜拉索将具有更高的安全系数;③可减小斜拉索规格,基本不增加桥梁的整体造价;④可降低斜拉索直径,减小拉索风荷载。

超高强度钢绞线应用于桥梁拉索中需解决锚固的匹配性和可靠性问题。随着钢绞线强度增加,其硬度也应会提高,超高强度钢绞线的锚固夹片材料和硬度应进行匹配设计。钢绞线强度提高后对锚固性能要求也更高,其锚固产品要经过疲劳试验、静载试验等。

8.3.4 防腐保护

索体防腐保护包括标准索体防护、锚具防护及连接处密封处理三个方面。在正常的施工、保养、检查和维护的情况下拉索的使用寿命应该超过 30 年,这是根据设计和产品安装要求进行的。

(1)标准索体防护

钢绞线拉索标准索体具有四层防腐保护体系:钢绞线表面的涂覆层、防腐油脂或蜡、单根钢绞线的 PE 护套以及整个钢绞线束的 HDPE 外护套管。防腐油脂要充分填满钢绞线和 PE 护套之间以及钢丝间的空隙。钢绞线表面的涂覆层包括:镀锌、镀锌铝合金、环氧涂覆(包括单丝涂覆和填充型环氧涂层)。

PE 防护钢绞线可采用防腐润滑脂或蜡进行防腐,钢绞线防腐润滑脂或蜡涂敷与护套的制作应一次完成,并通过挤压工艺成型,防腐润滑脂或蜡沿钢绞线全长均匀涂敷。每米防腐润滑脂的量应在控制在 15~30g,每米蜡的量应控制在 10~30g,并保证将钢绞线外表面及周围缝隙均填满,以防止气体及流体沿钢绞线内部缝隙流动。防腐润滑脂的性能应符合表 8.3-2 的技术要求。蜡的技术性能应符合表 8.3-3 要求。

防腐油脂技术性能指标　　　　　　　　　　表 8.3-2

项目	质量指标	试验方法
工作针入度(1/10mm)	220~320	《润滑脂和石油脂锥入度测定器》(GB/T 269—2023)
滴点(℃)	≥160	《润滑脂滴点测定法》(GB/T 4929—1985)
水分(%)	≤0.1	《润滑脂水分测定法》(GB/T 512—1965)
钢网分油量(100℃,50h)(%)	≤4	《润滑脂分油的测定 锥网法》(NB/SH/T 0324—2010)
腐蚀试验(45 号钢片,100℃,24h)	合格	《润滑脂腐蚀试验法》(SH/T 0331—1992)
低温性能(-40℃,30min)	合格	《钢丝绳用润滑脂》(NB/SH/T 0387—2014)附录 B
湿热试验(45 号钢片,30d)(级)	≤B	《钢质模锻件 通用技术条件》(GB/T 2361—2016)《防锈油脂湿热试验法》(GB/T 2361—1992)
盐雾试验(45 号钢片,30d)(级)	≤B	《防锈油脂盐雾试验法》(SH/T 0081—1991)
氧化安定性(99℃,100h) A 氧化后压力降(MPa) B 氧化后酸值(以 KOH 计)(mg/g)	≤0.06 ≤1	《润滑脂氧化安定性测定法》(SH/T 0325—1992)《石油产品酸值测定法》(GB/T 264—1983)
对套管的兼容性(65℃,40d) A 吸油率(%) B 拉伸强度变化率(%)	≤10 ≤30	《塑料拉伸性能的测定 第 2 部分:模塑和挤塑塑料的试验条件》(GB/T 1040.2—2022)

蜡的技术性能指标　　　　　　　　　　表 8.3-3

项目	质量指标	试验方法
工作温度(℃)	-40~80	
密度(20℃)(g/cm³)	0.85~0.92	
石蜡针入度(25℃,1/10mm)	110~170	《石油蜡针入度测定法》(GB/T 4985—2021)
释油率(7d,40℃)(%)	≤0.5	《润滑脂 分油的测定 锥网法》(NB/SH/T 0324—2010)

续上表

项目	质量指标	试验方法
滴点(℃)	≥70	《润滑脂滴点测定法》(GB/T 4929—1985)
氧化安定性(99℃,100h)(MPa)	≤0.03	《润滑脂氧化安定性测定法》(SH/T 0325—1992)
腐蚀试验(45号钢片,100℃,24h)	合格	《润滑脂腐蚀试验法》(SH/T 0331—1992)
盐雾试验(45号钢片,30d)(级)	≤B	《防锈油脂盐雾试验法》(SH/T 0081—1991)

单束钢绞线外的 PE 护套材料应采用高密度聚乙烯(HDPE)。护套应厚薄均匀,最小厚度不小于 1.5mm。HDPE 护套应光滑无裂缝、无气孔、无明显褶皱和机械损伤。

整个钢绞线束的外护套是斜拉索的最外侧防护层,由于直接暴露在自然环境,除需经受高温和严寒外,还承受紫外线辐射及空气中各种有害气体的侵蚀,这对护套在耐候性、耐腐蚀性和耐光氧老化性能等方面提出了较高要求。此外,护套还应具有化学稳定性,不与钢丝、涂层或其他结构材料发生化学反应,具有不脆裂或软化、耐氯离子渗透、能承受一定的冲击及耐磨等特性。护套内应力对其寿命影响较大,应采取措施减小其应力。

外护套管一般选用 HDPE,也可选用钢质或其他合适的金属材料。HDPE 外护套管可制成单层或双层,外层可制成不同的颜色。外护套主要形式有外圆光面护套、外表带螺旋线的护套(抗风雨激振型)、整圆式护套、哈弗式护套。护套可双腔共挤内黑(或白或灰)外彩双层,内层黑色(或白或灰)护套防紫外线辐射能力强,外层可有多种颜色选择,以与周围环境相协调。HDPE 护套性能指标如表 8.3-4 所示。在 HDPE 护套外喷涂 2mm 厚聚脲涂层,可以有效提高护套管的耐老化、抗冲击及防火等性能。聚脲材料耐温度老化和环境应力开裂能力优越,具有优异的抗冲击性和耐磨性,相比于 HDPE 易燃的特点,聚脲材料拥有 B2 级以上的阻燃性。缠绕螺旋线的 HDPE 护套图见图 8.3-9,缠绕螺旋线的聚脲护套管见图 8.3-10。

HDPE 护套性能指标 表 8.3-4

项目	单位	指标
密度	g/cm³	0.942~0.965
熔体流动速率	g/10min	≤0.45
拉伸断裂应力	MPa	≥25
断裂标称应变	%	≥400
弯曲弹性模量	MPa	≥550
耐环境应力开裂	h	≥5000
耐热应力开裂	h	≥96

图 8.3-9　缠绕螺旋线的 HDPE 双层套管　　　　　图 8.3-10　缠绕螺旋线的聚脲护套管

为了确保安全,外壳必须具备良好的强度,并具备适当的厚度。这样才能承受来自外部的冲击,避免产生裂缝、断层或严重的变形。圆管式外护套管的壁厚应满足 SDR 值不大于 32mm,且不应小于 6mm。哈弗式外护套管,外层与内层壁厚之和不小于 6mm,且内外层单层厚度不小于 3mm。外护套管表面应良好完整,划痕深度不得超过 2mm,或不得超过管壁厚度的 20%。单根外护套管的供货长度不小于 6m。外护套管由通过焊接或管套连接方式接长,连接处的强度应不低于整根外护套的屈服强度。

(2) 锚具防护

锚具表面采用热喷锌、热浸锌技术进行防腐,内部采用灌注油性蜡,提高钢绞线拉索锚固区域的防腐耐久性。拉索下端锚固区应有排水措施,保证施工过程中的水顺利排出。拉索锚具应具有良好的密封性能,保证锚具内部钢绞线不受外部有害物质的侵入。在拉索安装张拉结束后,锚具内应灌注防腐材料对剥除 PE 护套的钢绞线进行防腐,拉索端部裸露钢绞线应作防腐处理,并安装保护罩防护。拉索施工完成后,拉索结构外露金属件,应作与桥梁外露件同等防腐等级的防护处理。

(3) 连接处密封处理

拉索发生腐蚀的主要部位为连接处,导致拉索腐蚀的重要原因是进水,因此防腐保护要重视防水装置和连接部位的处理。拉索在设计、施工和使用过程中,应特别关注拉索外护套管与桥梁结构接合部位的密封防护处理,确保外部水不进入拉索内部。接合部位密封包括护套连接头、防水罩、保护罩等,必须要合理设置,保证拉索体系的水密性能。平行钢绞线斜拉索由于采用先安装 HDPE 护套管,再穿钢绞线的施工顺序,所以与之连接的梁端防水罩可以设计成整体式。其连接方式存在两大难点:一是由于防水罩一般为钢制材料,而护套管为 HDPE 塑料,两者膨胀系数就相差 10 倍;二是如何保证连接处的密封防水的问题,阻止雨水进入护套管。选定反扣螺纹连接方式可防止雨水的进入,护套管为内螺纹,防水罩为外螺纹。根据两者材料膨胀系数相差悬殊的特点,防止两者在加工后由于温度差异造成尺寸变化,使螺纹旋合困难,为此,在加工完后立即将两者组装成一整体,避免了到现场后由于温度变化而使两者不能旋合的弊端。

8.4 静力特性

8.4.1 静力解析解

斜拉索为具有一定的重量和刚度的柔性构件,无应力状态下重量沿着拉索长度方向均匀布置,受力状态下横向刚度包括两部分:一是物理的抗弯刚度 EI,一是由张力产生的几何刚度。斜拉索在张力作用下会弹性伸长,索的截面相应减小,单位体积内拉索重量保持不变,研究表明:因该弹性变形带来的重量集度变化,对斜拉桥拉索的影响可忽略不计,因此求拉索静力解时忽略弹性变形影响。对于处于正常受力状态的斜拉索,几何刚度远大于物理刚度,因此物理刚度也可忽略不计。

斜拉索的计算简图及所采用的坐标系如图 8.4-1 所示,X 为从梁端锚固点指向塔端锚固点水平方向,Y 轴竖直向上。图中 L 和 f 为拉索两锚固点的水平投影长度和高差,L_c 为拉索两锚固点间的距离,S 为拉索的弧线长度,α 为拉索轴线和水平面间夹角,w 为拉索沿长度方向的线重量。T_0 和 T_1 分别为拉索塔端和梁端的张力,V_0 和 V_1 分别为拉索塔端和梁端张力的竖直分量,T_0 和 T_1 分别为拉索塔段和梁端张力的水平分量。

斜拉索微元体受力如图 8.4-2 所示,微元体的弧线长度为 ds,沿 X 和 Y 轴分量分别为 dx 和 dy,拉索微元与水平面的夹角为 θ,则 $\sin\theta = \dfrac{dy}{ds}$,$\cos\theta = \dfrac{dx}{ds}$。两端受到沿拉索切向的张力 T 和 $T+dT$,形心处受到重力 wds,张力 T 的竖直分量为 $T\sin\theta = T\dfrac{dy}{ds}$,水平分量为 $T\sin\theta = T\dfrac{dx}{ds} = H$。

由 X 向力的平衡条件可得:$T\dfrac{dx}{ds} = (T+dT)\dfrac{dx}{ds}$,故 $dT\dfrac{dx}{ds} = dH = 0$,因此拉索张力 T 的水平分量 H 为常量。

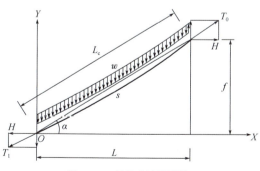

图 8.4-1 斜拉索计算简图

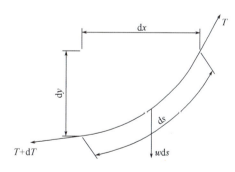

图 8.4-2 斜拉索微元体受力图

由 Y 向力的平衡条件可得:$T\dfrac{dy}{ds} = (T+dT)\dfrac{dy}{ds} + wds$,故 $dT\dfrac{dy}{ds} + wds = 0$,又 $dT\dfrac{dy}{ds} = dT\dfrac{dy}{dx}\cdot\dfrac{dx}{dx} = dT\dfrac{dx}{ds}\dfrac{dy}{dx} = d\left(T\dfrac{dx}{ds}\right)\dfrac{dy}{dx} = dH\dfrac{dy}{dx} = H\dfrac{dy}{dx}$,$ds = \sqrt{dx^2 + dy^2} = dx\sqrt{1+\left(\dfrac{dy}{dx}\right)^2}$,故 $H\dfrac{dy}{ds} + wdx$

$\sqrt{1 + \left(\dfrac{dy}{dx}\right)^2} = 0$，从而有：

$$H\frac{d^2y}{dx^2} + w\sqrt{1 + \left(\frac{dy}{dx}\right)^2} = 0 \tag{8.4-1}$$

上式两次积分，并代入边界条件 $x=0, y=0$ 和 $x=1, y=f$，可以得到，斜拉索在均匀自重荷载和张力作用下，支撑在两个不同高程点上的拉索线形为部分悬链线，其挠曲线方程为：

$$y = \frac{\text{ch}(L_0 + cx) - \text{ch}(cL_0)}{c} \tag{8.4-2}$$

式中，$c = \dfrac{w}{H}$，L_0 为待定值。把 $x=L, y=f$ 代入式(7.4-2)得：

$$f = \frac{2\text{sh}(cL_0 + cL/2)\text{sh}(cL/2)}{c} \tag{8.4-3}$$

式中，$\lim\limits_{H\to\infty, c\to 0}[\text{sh}(cL_0+cL/2)] = f/L$；$\lim\limits_{H\to\infty, c\to 0}[\text{ch}(cL_0+cL/2)] = L_c/L$

$$L_0 = \frac{1}{c}\ln\left[\frac{cf + \sqrt{c^2f^2 + 4\text{sh}^2(cL/2)}}{2\text{sh}(cL/2)[\text{sh}(cL/2) + \text{ch}(cL/2)]}\right] \tag{8.4-4}$$

由式(8.4-2)~(8.4-4)可以看出，L_0 是与拉索张力水平分量以及拉索弦线的斜率有关的量，其物理意义为部分悬链线底点延伸至全悬链线最低点的水平距离。

斜拉索定位的重点是准确计算在斜拉索垂度面内两锚固点处拉索倾角。由方程(8.4-2)求导可得拉索挠曲线上任一点倾角，代入 $x=0, x=L$，可以求得拉索梁端和塔端的倾角如下：

$$\tan\beta = \frac{dy}{dx} = \text{sh}(cL_0 + cx) \tag{8.4-5}$$

$$\beta_{x=0} = \arctan[\text{sh}(cL_0)] \tag{8.4-6}$$

$$\beta_{x=L} = \arctan[\text{sh}(cL_0 + cL)] \tag{8.4-7}$$

可以求得水平分力和拉索倾角关系为：

$$H = T\cos\beta \tag{8.4-8}$$

在实际设计中，拉索张力的水平分量 H 往往是未知的，通常是梁端或塔端的张力已知，可以根据已知张力迭代求出拉索的水平分力 H。

8.4.2 索长计算

把式(8.4-2)代入 $s = \int_0^s ds = \int_0^s \sqrt{1 + \left(\dfrac{dy}{dx}\right)^2}\,dx$ 可得拉索两锚点间含垂度修正的曲线段有应力长度计算式为：

$$s = \frac{2\text{ch}(cL_0 + cL/2)\text{sh}(cL/2)}{c} \tag{8.4-9}$$

$$s = f\frac{\operatorname{ch}(cL_0 + cL/2)}{\operatorname{sh}(cL_0 + cL/2)} \tag{8.4-10}$$

利用前极限求值结果，对式(8.4-10)进行极限求值，可得：$\lim\limits_{H\to\infty, c\to 0} s = f\dfrac{L_c/L}{f/L} = L_c$

拉索微段 ds 的伸长量为：$\Delta\mathrm{d}s = T\mathrm{d}s/EA$，对 $\Delta\mathrm{d}s$ 积分并代入边界条件，令 $\beta = \dfrac{wL}{2H}$，可以得到：

$$\Delta S = \frac{HL}{2EA} + \frac{H^2}{4EAq}[\operatorname{sh}(4\beta - 2\alpha) + \operatorname{sh}2\alpha] \tag{8.4-11}$$

$$\alpha = \operatorname{sh}^{-1}(\tan\theta \cdot \beta/\operatorname{sh}\beta) + \beta \tag{8.4-12}$$

故拉索的无应力长度为：

$$S_0 = \frac{2H}{q} \cdot \operatorname{sh}\beta - \frac{HL}{2EA} - \frac{H^2}{4EAq} \cdot \operatorname{sh}2\beta \tag{8.4-13}$$

8.4.3 修正弹性模量

在斜拉桥结构线性分析中，安装阶段的斜拉索以"力"的形式进行模拟，安装完成及成桥状态的斜拉索以"二力杆"来模拟。受垂度效应影响，拉索"二力杆"的工作性能表现出非线性特征，尤其是在结构跨径大、拉索张力小的情况下，表现为强烈的非线性特征。从一般条件出发，推导对斜拉索二力杆模型的刚度修正方法，将式(8.4-3)与式(8.4-9)联立并进行微分，得出下组等式，拉索微段变形示意如图8.4-3所示：

$$\sqrt{s^2 - f^2} = \frac{2\operatorname{sh}\left(\dfrac{cL}{2}\right)}{c} \tag{8.4-14}$$

$$\frac{s\mathrm{d}s - f\mathrm{d}f}{\sqrt{s^2 - f^2}} = \operatorname{ch}(cL/2)\mathrm{d}L - \frac{(cL/2)\operatorname{ch}(cL/2) - 2\operatorname{sh}(cL/2)}{w}\mathrm{d}H \tag{8.4-15}$$

$$\operatorname{ch}\left(cL_0 + \frac{cL}{2}\right)\frac{\mathrm{d}s}{\mathrm{d}H} - \left[\operatorname{sh}\left(cL_0 + \frac{cL}{2}\right)\tan\alpha + \operatorname{ch}\left(\frac{cL}{2}\right)\right]\frac{\mathrm{d}L}{\mathrm{d}H} = \frac{(cL/2)\operatorname{ch}(cL/2) - 2\operatorname{sh}(cL/2)}{w} \tag{8.4-16}$$

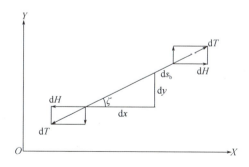

图 8.4-3　拉索微段变形示意图

由 $T = H/\cos\alpha, \gamma = w/A_c, \sigma = T/A_c, \overline{A} \approx A_c$ 可将式进一步演化为式(8.4-17)形式,即斜拉索刚度修正一般采用的公式。

$$\overline{E} = \frac{E_c}{1 + \dfrac{\gamma^2 L^2 E_c}{12 \sigma^3}} \tag{8.4-17}$$

式中,$\overline{E}$ 为拉索等代弹性模量;γ 为拉索换算比重;σ 为拉索应力。

8.4.4 静气动力系数

斜拉桥的塔高随着跨径的增大而增高,斜拉索的受风面积增长与跨径平方成比例,当斜拉桥跨径增大时,斜拉索上风荷载占全桥风荷载的比例急剧增长,因此准确确定斜拉索的风阻系数对大跨斜拉桥设计具有重要意义。本节采用风洞试验方法测量螺旋线和压痕凹坑拉索的横桥向和顺桥向风阻系数,并给出拉索风阻系数的设计控制值。对于一般斜拉桥而言,拉索风阻系数可直接采用控制值,超大跨斜拉桥,可结合设计风速、拉索直径及气动措施类型,根据本节的试验结果进行插值计算。

(1)横桥向风阻系数

分别选择光面、压痕凹坑、九种不同螺距及螺旋线直径等三种表面处理措施拉索,在风洞中采用测力天平测量均匀流场下直立拉索的风阻系数。为了消除雷诺数效应的影响,拉索模型直径与实索相同,均为139mm,试验风速为15~55m/s。试验中风阻系数 C_d 的计算公式如下:

$$C_d(\theta) = \frac{F_x}{\dfrac{1}{2}\rho U^2 DL} \tag{8.4-18}$$

式中,F_x 为天平测得的 X 方向上(来流方向)的气动力;ρ 和 U 分别为空气密度和来流速度;L 和 D 分别为模型的长度和直径,试验装置如图8.4-4所示。螺旋线拉索参数见表8.4-1,压痕凹坑拉索模型照片如图8.4-5所示,设计参数为:①凹坑为椭圆,椭圆的短轴和长轴分别为4.2mm和5.4mm,坑深3mm;②凹坑的覆盖率(单位长度拉索的凹坑面积与总表面积的比值)为4.98%;③凹坑四个一组,交错排列。

图 8.4-4 拉索横桥向风阻系数风洞测试装置

螺旋线参数表 表8.4-1

编号	螺旋线直径(mm)	螺距(mm)	螺线绕法	螺线绕向
1	2	1112mm(8D)	双螺旋线	顺时针
2	3	1112mm(8D)	双螺旋线	顺时针
3	4	1112mm(8D)	双螺旋线	顺时针
4	2	834mm(6D)	双螺旋线	顺时针
5	3	834mm(6D)	双螺旋线	顺时针
6	4	834mm(6D)	双螺旋线	顺时针
7	2	1390mm(10D)	双螺旋线	顺时针
8	3	1390mm(10D)	双螺旋线	顺时针
9	4	1390mm(10D)	双螺旋线	顺时针

注：表中 D 为拉索直径。

图8.4-5 压痕凹坑拉索模型照片

试验结果见图8.4-6～图8.4-9。表8.4-2为55m/s风速下几种拉索阻力系数的比较。结果表明：压痕凹坑拉索和各种螺旋线拉索在 $V \geq 40$m/s 时，阻力系数 C_d 已基本不随风速变化，可判断其已进入圆柱形截面的高超临界Re数区，C_d 基本为一常数。由图表可知，对于各种参数双螺旋线拉索，在 $V=55$m/s 风速下，其拉索阻力系数均小于0.8，在设计风速 $V=25$m/s 时，各种直径拉索的风阻系数均小于1.0。而压痕凹坑拉索在各种风速下的风阻系数均小于0.65。故而可以得到如下结论：

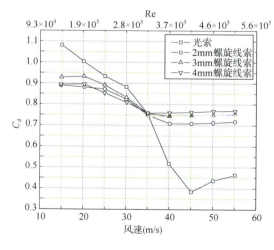

图8.4-6 螺距834mm螺旋线拉索及光索阻力系数

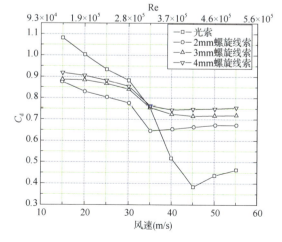

图8.4-7 螺距1112mm螺旋线拉索及光索阻力系数

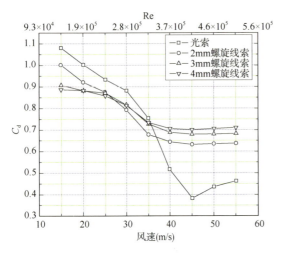

图 8.4-8 螺距 1390mm 螺旋线拉索及光索阻力系数

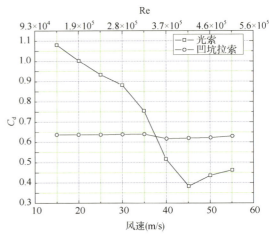

图 8.4-9 表面凹坑拉索及光索阻力系数

55m/s 风速下几种拉索阻力系数的比较　　　　表 8.4-2

拉索直径	旋转角度	光索	压痕凹坑索	螺旋线索								
				$t=834$			$t=1112$			$t=1390$		
				$d=2$	$d=3$	$d=4$	$d=2$	$d=3$	$d=4$	$d=2$	$d=3$	$d=4$
139	0°	0.463	0.642	0.718	0.742	0.757	0.672	0.725	0.760	0.607	0.669	0.681
	90°		0.620	0.708	0.746	0.759	0.663	0.716	0.750	0.679	0.708	0.744
	180°		0.628	0.718	0.759	0.779	0.677	0.716	0.766	0.614	0.652	0.689
	-90°			0.724	0.761	0.777	0.680	0.720	0.744	0.646	0.701	0.729
平均值		0.463	0.630	0.717	0.752	0.768	0.673	0.719	0.755	0.637	0.683	0.711

注:表中 t 为单根螺线的螺距;d 为螺线直径,单位均为 mm。

①当桥面风速为规范规定的计算风荷载的 25m/s 时,拉索横桥向风阻系数按照 1.0 控制,百年一遇设计风速下按照 0.8 控制;

②以 35～40m/s 风速为界,小于该界限时,气动措施后拉索阻力系数小于光索,大于该界限时,气动措施拉索阻力系数大于光索;

③螺旋线拉索的螺距越大其阻力系数越小,螺旋线直径越大其阻力系数越大;

④一般情况下,压痕凹坑拉索风阻系数小于螺旋线拉索阻力系数。

(2) 顺桥向风阻系数

在横桥向风阻系数试验结果的基础上,进一步选择三种表面拉索在风洞中采用测力天平测量均匀流场下斜置拉索的风阻系数,包括一种光面、一种压痕凹坑、二种不同螺旋线直径。试验模拟了来流指向拉索上升方向和来流指向拉索下降方向(图 8.4-10)两种情况,并根据各个倾角下的试验值拟合出拉索的风阻系数随倾角变化的函数关系式。为了消除雷诺数效应的影响,选取与实索直径比例为 1∶1 的拉索模型,直径为 139mm,试验风速为 15～55m/s。其中规定,来流指向拉索上升方向,倾角为负;来流指向拉索下降方向,倾角为正。试验装置见图 8.4-11。2 种螺旋线拉索参数见表 8.4-3。压痕凹坑拉索的设计参数与前相同。

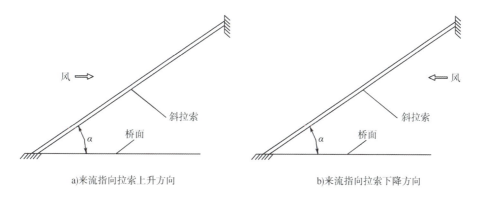

a) 来流指向拉索上升方向　　　　　　　　b) 来流指向拉索下降方向

图 8.4-10　顺桥向风作用在斜拉索上方向示意

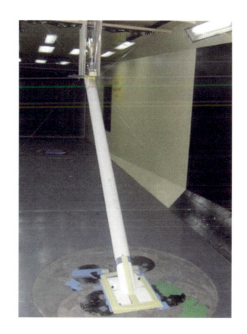

图 8.4-11　顺桥向风阻系数测量试验装置

螺旋线参数表　　　　　　　　　　　　　　　表 8.4-3

编号	螺旋线直径(mm)	螺距(mm)	螺线绕法	螺线绕向
1	2	1112mm(8D)	双螺旋线	顺时针
2	4	1112mm(8D)	双螺旋线	顺时针

各个倾角的试验结果见图 8.4-12～图 8.4-17。表 8.4-4 为 55m/s 风速下，不同拉索在不同倾角下阻力系数的比较。可以看出，不同倾角下的阻力系数值相差较大，对于相同倾角、风速、螺距的不同线径螺旋线拉索，阻力系数随着线径的增加而增大。通过顺桥向风作用下的测力试验，可得出以下主要结论：

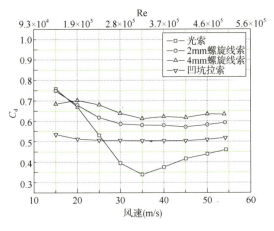

图 8.4-12 倾角 60°时拉索阻力系数

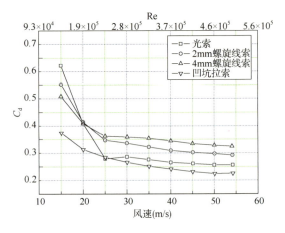

图 8.4-13 倾角 40°时拉索阻力系数

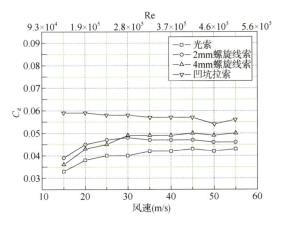

图 8.4-14 倾角 20°时拉索阻力系数

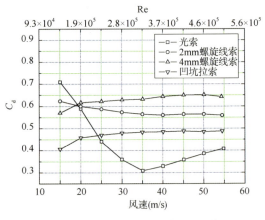

图 8.4-15 倾角 -60°时拉索阻力系数

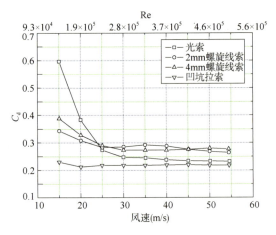

图 8.4-16 倾角 -40°时拉索阻力系数

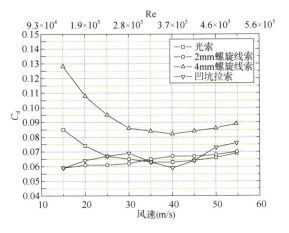

图 8.4-17 倾角 -20°时拉索阻力系数

5m/s 风速下几种拉索在不同倾角下阻力系数的比较 表 8.4-4

模型	倾角					
	-20°	-40°	-60°	20°	40°	60°
光索	0.069	0.232	0.408	0.043	0.256	0.460
2mm 螺旋线索	0.070	0.264	0.559	0.046	0.292	0.593
4mm 螺旋线索	0.089	0.277	0.643	0.050	0.324	0.634
凹坑拉索	0.076	0.218	0.488	0.056	0.225	0.518

①多数情况下,气动措施拉索的阻力系数大于光索的阻力系数;
②阻力系数随拉索倾角(绝对值)的增大而增大,具有单调性;
③倾角越小,阻力系数随 Re 数的变化越趋于平缓;
④螺旋线索与凹坑索相比较,除 4mm 线径螺旋线索阻力系数稍大外,2mm 螺旋线索与凹坑索的阻力系数大体相同,不同倾角时互有大小,但相差仅在 10% 以内。

假设 $\alpha = 0°$ 时,$C_d \approx 0$,根据 $\alpha = \pm 20°$、$\pm 40°$、$\pm 60°$ 以及 $90°$ 的试验结果,可以进行阻力系数随倾角变化的近似拟合,以便推算各种倾角下的阻力系数,取拟合公式:

$$C_d = A \sin^2(\alpha) \qquad (8.4\text{-}19)$$

其中,A 为拉索的表面参数,其取值为:光索 $A = 0.6$;2mm 螺旋线索(8D 螺距)$A = 0.7$;4mm 螺旋线索(8D 螺距)$A = 0.8$;凹坑索 $A = 0.65$;α 为拉索倾角。

在尚未确定拉索的具体表面形式情况下,可以取拉索表面参数为 0.8 作为设计控制值,于是各种倾角拉索的设计阻力系数可按下式取用:

$$C_d = 0.8 \sin^2(\alpha) \qquad (8.4\text{-}20)$$

将各种拉索在不同倾角下的阻力系数和拟合曲线绘于同一张图中,如图 8.4-18 所示。

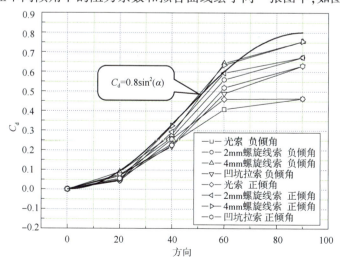

图 8.4-18 拉索风阻系数包络图

8.5 振动与减振

8.5.1 背景情况

随着越江跨海工程建设的需要,大跨径斜拉桥不断涌现。斜拉桥跨径的不断增大导致了结构刚度的持续下降,抗风问题成为了桥梁设计师高度关注的问题之一。大跨径斜拉桥采用了流线型主梁截面和空间索面后,主梁的颤振问题基本可以解决,而拉索的风致振动问题仍然危害严重,至今尚未彻底解决。风致振动现象的频繁发生,导致了拉索防腐和减振系统的损坏,甚至造成了拉索的疲劳断裂。例如,委内瑞拉1957年建成的马拉开波湖大桥(Lake Maracaibo Bridge)在1978年时发现有500根以上钢丝疲劳损坏,联邦德国1974年建成的科尔布兰特大桥(Kohlbrand Bridge)通车后两年内就有部分钢丝疲劳损坏,2000年完工的南京长江二桥,尚未通车就发生了最大振幅超过50cm的强烈风雨激振,造成斜拉索的油阻尼减振器破坏。对于大跨径斜拉桥而言,拉索风振控制是设计中亟待解决的重要问题之一。斜拉索的振动类型多种多样,而风雨共同作用下的风雨激振的振动最激烈,制振难度及造成危害也最大。

斜拉索风振问题研究已有数十年历史,目前振动机理尚未彻底搞清。为了满足工程建设的需要,工程技术人员不得不尝试着使用一些制振措施。例如,法国诺曼底大桥采用了螺旋线气动措施、油阻尼减振器和辅助索三种措施,日本多多罗桥采用了压痕凹坑气动措施和油阻尼减振器两种措施,中国岳阳洞庭湖大桥采用了磁流变阻尼器减振措施,南京长江二桥采用了螺旋线气动措施和油阻尼减振器两种措施。迄今为止,已有多座斜拉桥拉索的控制措施取得成功,设计中可以直接借鉴。对于特殊条件和特殊结构的斜拉桥,在控制措施的选用上,可以继续借助风洞试验手段。

由于仍有许多问题需要解决,因此斜拉索振动及控制目前仍是国内外学术领域和工程界关注的热点问题之一。对于超大跨径斜拉桥,如法国诺曼底大桥、中国香港昂船洲大桥、湛江海湾大桥、苏通大桥和上海长江大桥等,都开展了相关的研究工作。斜拉索振动及控制研究,具有着重要的理论意义和工程应用价值。

8.5.2 振动现象

拉索振动的类型多种多样,其中主要为涡激共振、驰振、风雨激振、抖振和参数共振五种,前四种振动的激振力均为气流,而最后一种振动则由桥塔或者桥面的振动激发,系支座激振类型振动。桥塔振动主要原因是气流,但桥面振动可能源于气流或车辆振动。

1) 涡激共振

当气流经过结构时,会形成一个绕流,产生一系列的旋涡脱落,这些旋涡脱落的频率受结构的Strouhal数影响,与风速和结构特征长度有关。旋涡脱落会产生一种周期性的涡激力,致使结构发生了一种频率随着旋涡脱落频率变化而变化的振动,称作涡激振动。当涡激振动频率与结构自振频率相一致时,就会形成涡激共振,共振的结构反过来又改变了涡激力,从而让结构的振动频率能够"锁定"在一个风速段内,称作涡激共振的"风速锁定"现象。涡激共振具有一定的自激特性,它虽不会导致拉索突然断裂,但能引起拉索锚头的疲劳损伤。

涡激共振是一种限幅强迫振动,最大振幅受结构阻尼影响很大。研究表明,通过设置阻尼器把拉索阻尼的对数衰减率 δ 增大至 $0.01\sim0.015$ 左右,就可以有效地抑制斜拉索的涡激共振。涡激共振的响应还与斜拉索截面形状密切相关,通过设置合适的气动措施,可以把涡激共振振幅控制在容许的范围内。按照激励原因的不同,拉索的涡激共振可分成以下三类:

(1) Karman 涡激共振

当气流经过斜拉索截面时,交替脱落的旋涡将在尾流中出现,这就是著名的卡门(Karman)涡街。旋涡可以产生作用于拉索上的周期性荷载,当斜拉索尾流的涡脱频率与斜拉索的某阶自振频率相接近时,拉索和来流之间将会产生相互作用,从而激起了斜拉索本阶频率的横风向振动,称之为卡门涡激共振。研究表明,卡门涡激振动的旋涡脱落频率可表示为:

$$f_v = \frac{S_t U}{D} \tag{8.5-1}$$

式中,U 为来流风速;D 为斜拉索直径;S_t 为无量纲参数,叫作斯特罗哈数,它伴随着斜拉索截面形状及雷诺数 Re 的变化而改变,圆形截面的 Re 处于亚临界区时,约为 0.2。为了避免这种现象,法国 CIP 规范要求拉索的固有频率不应与该涡脱频率相同。该类振动的特点为:

① 拉索的振动以基频或低频出现;
② 涡振是一种有限振幅振动,发生在较低风速区(0.5~2m/s);
③ 在某一风速区域发生,即存在着锁定区;
④ 紊流可以减小涡激振动响应。

(2) 塔后拉索的涡激共振

当风流经桥塔时,桥塔后将会形成旋涡脱落,当涡脱频率与某几根斜拉索的固有频率相等时,斜拉索将发生横风向涡振,称之为塔后拉索的涡激共振。

(3) 轴向流作用的涡激振动

日本学者 Matsumoto 经过现场实测与风洞试验研究,观测到即使在没有降雨的天气下,斜拉索在折减风速(V/fD)等于 20、40、60 和 80 等情况时也会振动。式中,V 为来流风速,f 为拉索固有振动频率,D 为斜拉索的直径。特别引起注意的是,此时的风速远高于卡门涡街引起的涡激共振的风速,因此这个振动并非传统意义的涡激共振,而是一种高风速下的涡激振动。Matsumoto 把这种振动归结为一种新类型,并通过系列的风洞试验来研究振动机理。他曾用沿着拉索周向产生的轴向涡和卡门涡街之间的相互作用去解释这种振动现象。试验中的流迹显示证明了轴向流的存在,以及轴向流与卡门涡街的相互作用。

可以采取增加阻尼或气动措施的方法控制拉索的涡激共振。国内抗风规范与法国 CIP 规范均规定,当结构的涡激共振振幅超过容许范围时,可采用改变气动外形、增设气动措施或增加阻尼等措施去加以控制。

2) 驰振

和颤振相类似,驰振也是一种不稳定的自激发散振动现象,也发生在横风向。但和颤振的不同之处在于,驰振只发生在单自由度的弯曲振动体系中,一般发生在矩形截面的结构中,这种截面为方形或接近方形,并且具有明显的棱角。对于宽高比不大于 1 的矩形截面而言,其升力系数曲线具有明显的负斜率区段,在准定常气动力理论框架下,把弯曲振动速度换算为相对攻角后,发现气动升力导数包含在了弯曲振动速度的系数项中,因此空气升力引起了负阻尼的作用,从而造成了弯曲振动的发散。

(1) 裹冰拉索驰振

在寒冷地区的冬天里,拉索表面会发生结冰现象,这将会改变了圆形剖面的对称外形,从而形成不稳定气动外形,导致拉索驰振,把这种振动称作裹冰索驰振。拉索驰振多为横风向振动,发生结冰拉索驰振的振动频率大多小于 1Hz,振动多为面内竖向振动,该类振动为发散性振动,危害较大,实际工程中必须杜绝该类振动现象的发生。美国学者 Hartog 于 1940 年观察到大风中的结冰电缆的大振幅的弯曲振动现象,远远看去就像骏马的奔驰一样,于是把这个不稳定的振动现象的名称定为驰振。该振动与结冰电缆的驰振机理相同,可以由驰振理论进行分析,更深入研究该类振动则需要获取不同气候条件下各种外形结冰拉索的静气动力系数。研究表明,这类振动可以通过增大拉索系统机械阻尼的方式去有效抑制。

(2) 尾流驰振

来流流经前后排列的两根索(twin cable)时,将会有一个驰振不稳定区在前根拉索的尾流区域形成,如果后根拉索位于这个不稳定区,其振幅将会不断增大,最后达到大振幅的稳态振动,振动轨迹构成一个极限环,把这类由前根拉索尾流激发引起的后根拉索的振动称作尾流驰振。尾流驰振只能发生在后根拉索的响应频率比自身的来流旋涡脱落频率及前根拉索的响应频率都低的情况下。尾流驰振的频率一般都为拉索的基频,所以拉索发生尾流驰振时,拉索中部的振幅最大,导致驰振的自激振动能量也是主要从拉索中部输入。尾流驰振的气动力框架是基于准定常架设条件的,是由描述平均气动力的参数来表达的。抑制尾流驰振的措施是改变前后两根拉索间的距离或在两根拉索间设置索扣。国内抗风规范规定当尾流驰振稳定性不满足要求时,可通过增设横向连接器装置进行控制,避免单根拉索发生频率较低的振动。

(3) 干索驰振

干索驰振是指斜拉索在有风但无雨的情况下发生的发散型振动现象,而在经典的风振理论体系中圆形截面是不会发生驰振现象的,干索驰振似乎与经典理论相违背。

针对这种发散型振动现象的解释有两种观点,一种认为水平来流和倾斜的圆形斜拉索截面相切,构成了椭圆形的驰振截面,从而导致振动发散,另一种认为倾斜拉索上会产生轴向流,造成斜拉索所受的气动升力系数产生负斜率,从而导致斜拉索振动发散。日本著名风工程专家 Saito 采用了一系列公式来预测干索驰振的发生。根据这个判据,许多斜拉桥拉索都会在设计风速下发生干索驰振现象,而事实上这类振动现象只在风洞试验室中出现过,而实际桥梁中尚无发生此类振动现象的报道。关于这类风振的产生机理及发生条件还在继续研究之中。

干索驰振的危害性较大,无论单根拉索还是多组拉索都要进行驰振分析,从而采取措施加以避免。美国后张预应力协会出版的《斜拉桥拉索的设计、试验及安装推荐性规范》(Recommendation for stay cable design, testing, and installation,以下简称为美国 PTI 规范)采用下式来计算驰振临界风速:

$$U_{\text{crit}} = cND\sqrt{\frac{m\zeta}{\rho D^2}} \tag{8.5-2}$$

式中，m 为拉索每延米质量；ζ 为阻尼比；ρ 为空气密度；D 为拉索外径；N 为拉索自振频率，对于圆形拉索，$c=40$(PTI) 或 35(CIP)。

法国 CIP 规范对上述公式的有效性提出怀疑，但也没有给出其他建议。显然，随着风速的增加，拉索发生驰振的可能性增大，但是随着风速的增加通常紊流度也会增强，而增加紊流度对驰振会产生抑制作用。

3) 风雨激振

风雨激振是在风和雨的共同作用下，在拉索的顶底部之间形成上、下水线，斜拉桥拉索（或拱桥吊杆）发生的一种激烈的大幅振动，截面示意见图 8.5-1。日本学者 Hikami 在名港西大桥首次发现风雨激振现象，当风力增大至每秒 14m 时，直径 140mm 的斜拉索会发生 275mm 的大幅震荡。日本南部的 Arastu 大桥也曾出现过类似的情况，最大的振幅高达 300mm，大概相当于 160mm 和 180mm 拉索直径的两倍。1998 年，丹麦举行的第 10 届全球风系统工程专业大会上，拉索风雨激振被视为大桥抗风的关键问题。通过研究，得到拉索风雨激振的一些结论。

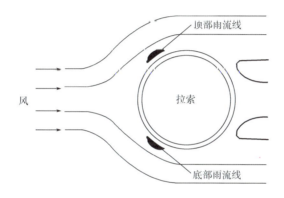

图 8.5-1 拉索风雨激振截面示意图

(1) 风雨激振发生条件

风：风雨激振通常出现在流速较低的风环境中，一般多发生在 6~18m/s 风速下，更小或更大的风速都不容易激起大幅度振动。风雨激振多发生在 $6\times10^4 \sim 2\times10^5$ 的雷诺数范围内。当风向与拉索平面夹角位于 30°~50°范围时，容易发生风雨激振现象。

雨：降雨是拉索风雨激振发生的必要条件，雨的存在导致了风雨激振现象的发生。降雨使拉索表面形成了一层水膜，当雨的强度达到一定程度后，斜拉索表面就会出现上、下水线。风雨激振振幅的变化，雨的强度影响了水膜或水线的状况，从而决定了风雨激振的振幅大小。

水线：风洞试验表明，只有下水线时，不会发生风雨激振，而上水线或水膜的存在是风雨激振现象发生的必要条件。风雨激振发生时，上下水线在拉索表面绕着索轴在圆周方向振荡，水线振荡的频率与索竖向振动频率相同。

拉索空间姿态与风向关系：只有当来流指向向下倾斜的拉索才会发生风雨激振现象。

风雨激振多发生在被 PE 包裹的斜拉索上，发生振动的拉索直径一般多在 80~200mm 范围内，拉索表层材质、灰尘等对风雨激振都有重要的影响，表面附着灰尘的斜拉索更易遭受风雨激振现象的危害。长索发生风雨激振现象的可能性更大,靠近桥塔的短斜拉索发生风雨激振现象的可能性较小;顺着来流方向,位于桥塔下游的拉索比上游拉索更容易发生风雨激振,但有时桥塔上、下游拉索也会同时振动。

(2)风雨激振的振动特征

振幅:振幅可高达 50~100cm,是直径的 3~4 倍,是一个非常显著的振幅。振幅远大于拉索涡激共振的振幅。

频率:拉索的风雨激振具有多种不同的频率,从 0.6~3Hz 不等,其中频率成分多样,大多数情况下,拉索的振动主频与自振频率一致,而涡激振动频率则明显高于拉索风雨激振的振动频率。

振型:风雨激振多为单振型振动,第一到第四阶振型均可出现。

阻尼:风雨激振多在较小的模态阻尼下发生,发生风雨激振的斜拉索阻尼对数衰减率一般小于 0.015。

风雨激振常以"拍"的形式出现。

拉索的风雨激振是一种复杂的现象,它受多种因素的影响,包括拉索的倾斜度、风的方向、风速、水线的位置、降雨量、拉索的阻力和振动频率等。通过实桥现场观测只能获得一些感性认识,进一步研究相关参数对风雨激振的定量影响,以便了解风雨激振机理,进而对风雨激振进行有效控制,必须进行大量的模型风洞实验。

(3)振动机理

学术界对于风雨激振的机理进行了大量的研究,根据影响风雨激振发生的主要因素的差异,将其归纳为三类:

单自由度驰振理论:这个理论认为风雨激振起振机理与裹冰电线的驰振类似,是一类典型的单自由度的气动失稳现象,发生在具有气动升力系数负斜率的横截面的细长结构物上,可以由 Den Hartog 驰振理论进行分析。

拉索与水线耦合的气动失稳理论:这个理论考虑了拉索与水线的相互耦合作用,即带有水线的大柱体(拉索)和围绕大柱体中心轴振荡的小柱体(上水线),在气动力与运动两个方面的耦合。根据对拉索结构模型简化上的差异,以及对水线运动方程处理方式的不同,该理论又分成三种理论模型:已知水线运动的刚体斜拉索气动失稳理论模型、水线与刚体斜拉索运动耦合的气动失稳理论模型、三维的连续弹性体斜拉索气动失稳理论模型。各模型的气动力均是基于准定常的假设条件建立的。近年来,国内外学者把水线视作水膜,考虑雷诺数效应影响,也取得了一些新的研究成果。

Matsumoto 轴向流理论:日本科学家 Matsumoto 综合了现场实测资料与斜拉索风雨激振风洞试验结果,归纳出斜拉索有两个风雨激振发生的激励因素:轴向流与上水线。斜拉索在风雨激振中的响应可分成三类:限速响应类型振动、驰振发散类型振动和前两者的混合类型振动。该理论主要内容为对风雨激振的定性解释,尚无理论分析模型。

(4)制振建议

研究表明,风雨激振的发生与否与拉索的 Scruton 数密切相关。为了避免风雨振发生,美国 PTI 规范建议拉索的 Scruton 数(Sc)应不小于 10,如下式所示:

$$\frac{m\zeta}{\rho D^2} \geqslant 10 \tag{8.5-3}$$

式中,m 为斜拉索每延米的质量;ζ 为斜拉索阻尼比(通常在 0.5% ~ 1.5% 范围内);ρ 为空气密度;D 为拉索外径。

如果阻尼比满足上述公式,则发生风雨激振可能性较小。在斜拉索护套具有有效气动措施的情况下,建议可以放宽上述要求,满足 Sc≥5 即可。国内抗风规范规定对于光圆表面斜拉索要求 Sc>10;对于设置气动措施的拉索要求 Sc>5。

4)拉索抖振

根据大气边界层的近地风特征,研究中将自然风分解为平均风分量和脉动风分量,两者主要区别在于平均时距不同,平均风为平均时距在 10 分钟的长周期成分,而脉动风为平均时距为 1~3 秒的短周期成分。数理统计表明,脉动风为均值为零的平稳随机过程,和桥塔与主梁一样,斜拉索在脉动风的随机荷载作用下,会发生随机振动,称作拉索抖振。抖振是一种有限振幅的顺风向强迫振动,随着风速增大而加剧。和尾流驰振及风雨激振不同,抖振不具有自激特性,振动幅度不会太大,但是诱发抖振的风速低,抖振发生的频度高,容易使斜拉索锚具发生疲劳破坏。可以通过增加阻尼的方式有效抑制抖振现象。

5)参数振动

桥面或塔柱在车辆或风荷载激励下会发生振动,从而引起了斜拉索锚固端的微小振动。当该振动与斜拉索基频或其任意倍数(谐波)相匹配时,将会引起斜拉索大幅振动。当桥面或塔柱振动频率等于斜拉索横向的振动频率两倍时,斜拉索将受到周期性的轴向动荷载激励而发生横向动力失稳现象,称为参数共振。另外,当桥面或塔柱的振动频率与斜拉索的某阶自振频率相等时,与拉索轴线垂直方向的振动将激起斜拉索横向共振现象,称为线性内部共振。实际斜拉桥拉索并非受到一个单纯的周期性变化的支承激励,斜拉索的振动和作为支撑的桥面或塔柱的振动,是互相牵制的,如果桥面或塔柱不发散,斜拉索的横向振动也不会发散,而是一种限幅振动。

可以通过设置措施对桥面或塔柱的振动进行控制,或者改变桥面或塔柱的频率,确保其与斜拉索频率相偏离,以限制或消除斜拉索的参数振动。国内抗风规范规定,当拉索索端激励频率为拉索固有频率 2 倍时,应进行拉索参数共振响应检验。参数振动也可通过设置阻尼器和辅助索的措施进行控制。

8.5.3 减振措施

从拉索振动的动力方程角度出发,拉索减振措施可分成两类:一类是从改变引起拉索振动的气动力方面入手,通过改变斜拉索气动外形进而改变斜拉索所受气动力的措施,称作空气动力学措施;另一类是从结构参数入手,通过改变结构阻尼或刚度的措施,称为结构措施,如被动阻尼器、半主动和主动控制措施和辅助索等。目前,在风洞试验的基础上,已可对这些减振措施进行计算分析。

1) 空气动力学措施

空气动力学措施(也简称气动措施或气动减振措施)是通过改变拉索的剖面外形,从而破坏拉索上水线的形成,或者改变斜拉索气动外形,以达到对涡激共振和风雨激振等的减振作用。好的空气动力学措施不但减振效果好,而且风阻系数小,并且采用了减振措施后,不会引起拉索其他形式的不稳定振动。

斜拉索空气动力学减振措施的研究和应用是从 20 世纪 90 年代开始的,应用的工程实例有:日本的弓削大桥的 U 形护套(亦称表面开设凹槽)、日本的东神户大桥的纵向肋条、法国的诺曼底大桥的螺旋线、日本的多多罗大桥的表面凹坑、中国的南京长江二桥的螺旋线等,如图 8.5-2 ~ 图 8.5-6 所示。国内外许多学者对各种气动减振措施进行了风洞试验研究。由于早期对气动减振措施及参数的研究缺乏系统性,每座桥梁上采用的气动措施及设计参数各异。工程实践证明,压痕凹坑、螺旋线和纵向肋条对抑制风雨激振都有效,但 Matsumoto 在文献中报道,实桥上的纵向肋条,在高风速下及在没有人降雨的条件,拉索振动幅值仍增大到 25cm,因此工程中选用纵向肋条气动措施时要慎重考虑。根据早期研究,空气动力学减振措施可以归纳为以下几种。

图 8.5-2 日本弓削大桥的 U 形护套

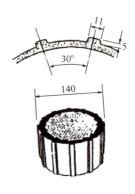

图 8.5-3 日本东神户大桥的纵向肋条(尺寸单位:mm)

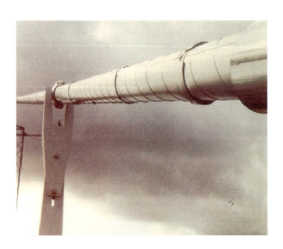

图 8.5-4 法国诺曼底大桥的螺旋线

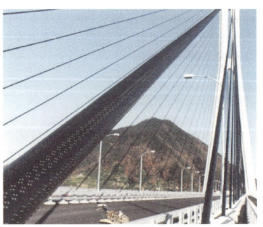

图 8.5-5 日本多多罗桥的压痕凹坑

图 8.5-6　南京长江二桥的螺旋线

(1) 螺旋线措施。

即在拉索表面绕轴向螺旋缠绕上带状物,这是一种建筑物传统的抵抗风振的措施。该措施能破坏或者减小脱落的旋涡的相关性,以前主要用在减小涡激共振方面。研究发现,螺旋线也可以破坏轴向流和水线的形成,减弱轴向流激振和抑制拉索风雨激振。

(2) 压痕凹坑措施。

即在拉索表面设置一定形状与大小的凹坑,满足一定的覆盖率和排列方式要求,这些参数主要通过风洞试验获得。合理设置的压痕凹坑能破坏轴向流与水线的形成,能够有效抑制轴向流激振和风雨激振的发生。如图 8.5-7a)所示。

(3) 纵向肋条措施(也称表面开设凹槽措施)。

即在斜拉索表面顺着轴向设置凹槽。这种形式拉索能使雨水在凹槽中顺着轴向流动,雨水不会积聚形成水线,因此可避免风雨激振现象发生。这种措施拉索设计要注意三点:一是美观问题;二是凹槽拐角处应力集中问题,要避免缩短拉索保护层的使用寿命;三是要防止出现其他形式的气动不稳定现象,以及阻力系数增大现象。如图 8.5-7b)所示。

(4) 椭圆环措施。

即在斜拉索表面按一定间隔套上椭圆环,椭圆换参数及布置间距需要通过试验获得,椭圆环的平面与来流方向平行。如图 8.5-7c)所示。

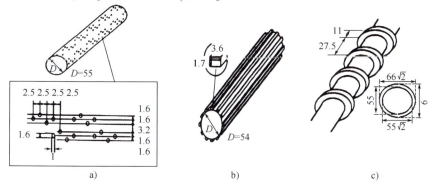

图 8.5-7　斜拉索的椭圆环、纵向肋条和表面凹坑三种气动措施(尺寸单位:mm)

(5)多边形剖面拉索措施。

即把斜拉索的横截面设计为多边形,多边形剖面能够控制水线在拉索表面的相对位置,从而防止水线在能引起拉索气动不稳定现象的位置形成,因此可有效防止斜拉索风雨激振现象发生。该类型气动减振措施只在研究中出现过,尚未发现实际工程案例。

(6)在斜拉索表面安装鳍措施。

该措施能破坏索表面的轴向流形成和旋涡脱落的相关性,从而抑制拉索气动不稳定现象,但是该措施影响拉索美观。日本的桥梁最早采用纵向鳍措施,但是这种类型拉索的阻力系数急剧增加到1.35。

(7)平行细杆措施。

即在拉索表面间隔一定角度后安装一根平行于拉索轴向的细杆,该措施可使水线在拉索表面多个确定的位置形成,避免拉索形成气动不稳定截面,且限制了上水线沿拉索周向振荡,从而可有效控制风雨激振现象发生。该措施与轴向开设凹槽措施的减振机理相类似,但增大了拉索阻力系数,不适于超大跨径斜拉桥。

(8)改变拉索表面状况的措施。

可采取一定措施提高斜拉索的表面粗糙度,风洞试验表明,该措施可防止水线形成,抑制斜拉索发生风雨激振现象。另有日本学者提出在斜拉索表面设置一层斥水性材料的设想,用以阻止斜拉索上水线形成,进而抑制斜拉索风雨激振现象发生,该措施尚未有工程实例。

近年来,国内外学者结合工程实例对气动措施进行了系统的研究,研究对象主要集中在螺旋线和压痕凹坑两种措施(图8.5-8),在工程上取得了的成功,积累了不少经验。

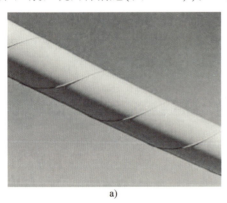

a)　　　　　　　　　　　　　　　　b)

图8.5-8　螺旋线和压痕凹坑两种气动措施

2)被动阻尼器

拉索阻尼为结构固有阻尼和结构外加阻尼的总和,固有阻尼随拉索的类型不同而不同,结构外加阻尼可以人为设置。斜拉索的固有阻尼很低,典型范围为0.1%~0.3%(对数递减率为0.6%~1.8%)。如果拉索总的阻尼超过0.5%(对数递减率为3.0%),则可以避免风雨激振,因此有必要采用阻尼器来增加斜拉索的总阻尼。阻尼器对各种斜拉索振动都有减振效果,因此是一种广谱的减振措施,也是国内外最常用的拉索减振措施。

阻尼器包括内置式和外置式两类。内置式阻尼器是环形的,安装在拉索套管内部,位于拉索外表和套管内壁之间,内置式阻尼器原理是利用耗散材料的变形(特殊配制的氯丁橡胶)或黏性摩擦或干摩擦。外置式阻尼器是相对于内置式阻尼器而言的,安装在拉索套管以外的合适部位(为便于安装通常位于拉索锚固端的附近)。外置式有油阻尼器、黏性剪切型阻尼器和磁流变阻尼器等形式,可向拉索施加横向阻尼力,提高斜拉索模态阻尼,用以耗散斜拉索的振动的能量,从而达到减振目的。这两类阻尼器的阻尼通常保持不变,不随拉索的振动情况而变化,因此又统称为被动阻尼器。按照被动阻尼器采用阻尼介质不同可归纳如下。

(1)高阻尼橡胶阻尼器(Dampers on stay cables with high-damping rubber)

这是一种内置式阻尼器,通过橡胶剪切变形的滞变阻尼耗能来减振。橡胶是一种黏弹性材料,既有弹性固体的性质,又有黏性流体的特性。弹性固体材料在外力的作用下将发生弹性变形,会产生势能而不会耗散能量,而黏性流体材料在外力的作用下将发生不可的逆黏性流动,通过产生热能从而耗散能量。因为黏弹性材料兼具弹性固体和黏性流体二者特性,所以能在工程中得到广泛的应用。高橡胶阻尼器的橡胶圈(橡胶垫层)安装在拉索套管内,不为桥上行人所见,因而不会影响桥梁的外观效果。该类阻尼器结构简单,便于安装,但是仅可提供有限的阻尼,因而减振效果有限。由于该类阻尼器同时可以缓解斜拉索锚固端的二次力,因此对于较长的拉索,即使已安装了其他的外置式阻尼器,仍然也会设置内置式高阻尼橡胶阻尼器,如图8.5-9所示。

(2)油阻尼器(Oil Damper)

该类阻尼器从汽车采用的油阻尼器演化而来,能提供的阻尼比内置式高阻尼橡胶阻尼器要大。该类阻尼器在活塞上开孔,通过控制孔洞的大小来调节通过活塞的油量,从而改变阻尼器的阻尼力,满足减振要求。该类阻尼器仅能提供轴向阻尼力,因此若要同时控制斜拉索面内与面外振动的话,需要在两个方向同时安装油阻尼器。该类阻尼器存在的主要问题是机械构造复杂,因此安装和调节都比较麻烦,另外该类阻尼器对微小的振动反应不敏感。由于该类阻尼器的阻尼介质是液体,因此容易发生漏油与渗油现象,后期维修成本相对较高。该类阻尼器刚度很小,计算中可以不予考虑,设计方法可参照黏性剪切型阻尼器,油阻尼器如图8.5-10所示。

图8.5-9 高阻尼橡胶阻尼器

图8.5-10 高阻尼橡胶阻尼器与油阻尼器

(3）黏性剪切型阻尼器（Viscous-Shear Damper）

该类阻尼器通过阻尼器内切片运动使得黏性体产生剪切变形，把振动的能量传递给了黏性体，从而起到减振作用。这种黏性体没有方向性，因而只需一个阻尼器就可以同时控制斜拉索的面内与面外振动。该类阻尼器对微小的振动比较敏感，并且相对比较容易安装和调节。该类阻尼器的主要问题是所提供的阻尼对环境温度和结构振动频率严重依赖，因而适用条件有所限制。工程应用中常常把该类阻尼器与空气动力学减振措施联合使用。国内的武汉长江二桥、铜陵长江大桥和武汉军山大桥等已安装了该类型阻尼器。该类阻尼器的体型较大，应用中需要充分考虑对桥梁的美观效果的影响。

（4）磁流变阻尼器（Magnetorheological damper）

1948年美国的Rabinow率先发现了磁流变液，一种将微米级的磁性材料悬浮于无磁性液体（如矿物油、硅油等）形成的悬浮液，它是一种智能磁性材料，在有无外磁场的作用情况下，可实现流固状态转变，其原理如图8.5-11。这种材料的特点是响应快、耗能低、阻尼连续。液体黏度的大小和磁通量有对应关系。最早的磁流变液是一种绝缘母液，其中均匀散布着电解质。在磁场的作用下，磁流变液可迅速由牛顿液体转变成屈服应力较高的黏塑性半固体或固体，只需5~10ms时间。目前的磁流变液是一种多相体系，它由分散质（分散颗粒）、添加剂（稳定剂）和分散介质组成，分散质包括磁性和非磁性两种，添加剂包括防沉剂和分散剂，分散介质包括油、水等液体，上述混合液可达到分散、融合和稳定等效果。

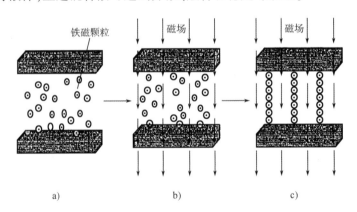

图8.5-11　磁流变效应原理示意图

磁流变阻尼器简称MR阻尼器，是利用磁流变液作为阻尼介质制成的一种智能阻尼装置，该类介质可在磁场作用下迅速改变黏度和流固状态，因而可以通过调节磁场强度来实现不同大小的阻尼力。磁流变阻尼器的活塞在阻尼介质中运动可分成流动模式、挤压模式和剪切模式三种基本模式，进一步可演化成不同的组合模式。针对不同的运动模式，可以制造出不同类型的磁流变阻尼器。这类阻尼器可提供连续可调的阻尼力，因而便于针对不同拉索优化出合适的模态阻尼比，从而使每根拉索都能实现最佳减振效果。湖南岳阳的洞庭湖大桥拉索采用了磁流变阻尼器，有效地抑制了斜拉索的风雨振和其他振动，截至目前阻尼器仍然有效并可靠。

以往城市桥梁的磁流变阻尼器多采用低压供电系统，其线路容易遭受人为破坏。针对该问题，研究者近年来提出了永磁式磁流变阻尼器（图8.5-12），即将永磁体应用于磁流变阻尼器。该类磁流变阻尼器不需供电,能有效解决电控式磁流变阻尼器必需的供电系统所引发的问题,同时这类磁流变阻尼器也更加简单、可靠和美观。

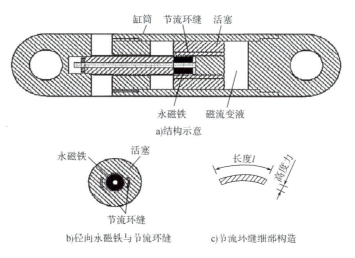

图 8.5-12 永磁式磁流变阻尼器

被动阻尼器除了以上四种类型外,另外还有磁力阻尼器、VSL 摩擦型阻尼器等。

3) 辅助索

辅助索是连接在斜拉索之间的高强度钢绳等索体,也称作二次索。辅助索可减小拉索有效长度并提高拉索固有频率,可使拉索间产生耦合作用,从而形成有干扰效应的索网。如果采用高阻尼材料制作辅助索的话,可以提高索网系统阻尼。辅助索可以有效抑制拉索参数共振和风雨激振等振动。德国的莱昂哈特教授在横跨墨西拿海峡(Messina Strait)的斜拉桥方案中首次提出了辅助索构思,初衷是提高斜拉索体系刚度,而不是减小风致振动,但这个构思并未付诸实践。辅助索最早的工程案例是丹麦的法罗大桥(Faro Bridge),工程师们发现斜拉索有较大幅度的振动,并且发生了风雨激振,设置了简单的辅助索后,斜拉索的风雨激振振幅明显减小了,于是按照丹麦 Cowi 公司专家的建议,又设置了更加专业的辅助索。该桥实践证明,设置辅助索对控制风雨激振是行之有效的。带有辅助索的索网结构的设计比较复杂,拉索和辅助索之间的连接扣受力也较大,容易造成疲劳损坏,另外设置辅助索也有碍美观。虽然辅助索已在日本的名港西大桥、法国的诺曼底大桥等桥梁上投入使用,但其分析方法仍待完善,目前辅助索措施在桥梁上的应用并不广泛。辅助索的布置要合理,给斜拉索带来的集中应力、温度应力和疲劳应力等各种附加应力要尽量减小,同时辅助索自身也要有一定的可靠性和耐久性。辅助索措施参见图 8.5-13。

辅助索中必须施加足够的预张力,以使其在结构极端荷载下不会松弛。早期设计的辅助索发生过张力失效情况,由于预张力不足,导致辅助索在卸载后遭受反复冲击。辅助索会造成拉索线形改变,会导致拉索的锚固处弯曲,因而需要对拉索在桥塔和主梁上的锚管布置进行修正,使其适应拉索变化后的几何形状。因此,在拉索出现振动现象时,不能轻易把辅助索用作补救措施,因为辅助索不能设置太大的预张力,否则会造成拉索线形变化过大而导致锚固处拉索弯曲超标。

图 8.5-13 辅助索

4）主动控制与半主动控制方法

被动阻尼器措施的阻尼力不随结构响应变化而改变，不需要外部能源，方便实施，但其控制效果存在着受环境因素影响较大、功效也难以有效确定等缺点。就本质而言，这些问题是被动控制方法难以克服的，于是各国研究者和工程技术人员开始探索和研究主动控制、半主动控制方法。

主动控制是依据结构响应及激励信息，按照优化控制算法计算最优控制力，然后施加到结构上对振动进行控制的方法，该项措施需要外部能源输入。主动控制有模态控制与波控制两种方法。国外学者对模态控制法进行了理论分析与试验研究，结果表明用主动刚度控制法可有效控制拉索振动，此时施力器的频率等于拉索横向振动频率两倍。该方法在拉索端部安装施力器，改变拉索张紧程度，主动控制拉索张力，从而改变了斜拉索的振形、固有频率和横向阻尼，其控制率可以通过能量法计算得到。研究表明这种控制方法有着较好的效果，但存在设备复杂、昂贵和不可靠等问题，缺乏实际应用价值。模态控制方法存在着因模态截断而导致信号溢出的问题，波控制方法则可有效避免这个问题。但是波控制方法要在拉索上作用横向控制力，力的作用点处将会产生局部的弯曲应力，会带来疲劳问题，如果要有效解决这个问题，则只能在拉索支撑处安装主动控制装置。

半主动控制方法主要是改变阻尼器的阻尼特性，依据结构响应及激励信息按照优化控制算法计算阻尼力，然后给阻尼器发指令，其控制效果介于主动控制和半主动控制之间。该类型阻尼器包括形状记忆合金阻尼器（SMA）、变活塞孔油阻尼器、可控流体阻尼器和可控摩擦型阻尼器等。半主动控制研究较多的是可控流体阻尼器，即所谓的智能阻尼器，包括磁流变阻尼器（MR）和电流变阻尼器（ER）。智能阻尼器具有连续性、频响时间短、可逆性和能耗小等特点。磁流变阻尼器优点是受外界环境干扰小，缺点是体积较大；电流变阻尼器的优点是体积小、反应速度快，缺点是如果环境中杂质（如水分）侵入的话阻尼介质会变得不稳定，另外需要外加电场的强度也较大。美国 B. F. Spencer 教授的研究表明，安装在斜拉索锚固端部的半主动控制阻尼器对于超长拉索振动也能有效控制，虽然此时阻尼力会变得很大，但仍处于阻尼器有效的阻尼范围。湖南大学陈政清院士在湖南岳阳洞庭湖大桥实桥上做了磁流变阻尼器试验，得到了磁流变阻尼器可有效控制斜拉索风雨激振的结论。

5)减振设计

(1)一般原则

①设计中斜拉索的风致振动研究要考虑涡激共振、风雨激振及参数共振,严寒地区尚应考虑结冰拉索驰振;但主要考虑的风振为风雨激振;

②工程中拉索风振控制常用气动措施、被动阻尼器、辅助索三种单独或联合使用;

③风雨激振目前尚无可靠分析方法,多采用风洞试验方法,减振措施主要依靠空气动力学措施,气动措施设计参数可通过风洞试验获取,亦可参考有关风洞试验结果和已建斜拉桥的情况选用;一般认为,设置了适当的气动措施后,通过增加阻尼,控制 Scruton 数在 5 至 10 之间可避免风雨激振;

④应通过研究斜拉索和结构的结构模态,在设计阶段对参数振动进行评估,当斜拉索和结构频率接近(彼此不超过20%)时,先考虑使用阻尼器,必要时用辅助索;

⑤涡激共振减振措施为空气动力学措施和被动阻尼器,一般不做专门研究,制振措施也和风雨激振或参数共振共用;

⑥特别严寒地区应对结冰拉索驰振进行专门研究;另应关注安装拉索照明灯具后引起的拉索涡激振动和驰振,必要时需进行风洞试验;

⑦气动措施在实际工程中应用最多的是螺旋线与压痕凹坑,两措施对风雨激振均有效,螺旋线措施减振效果优于压痕凹坑,螺旋线措施拉索设计风速下的风阻系数大于压痕凹坑拉索;压痕凹坑的减振效果与凹坑的覆盖率密切相关,试验室中已有因凹坑覆盖率不足而发生风雨激振的情况,采用压痕凹坑减振措施时应慎重;气动措施的减振效果目前还是依赖于试验研究;螺旋线措施对涡激共振也有效;

⑧阻尼器作为一种广谱的拉索减振措施,对各种振动都有较好的减振效果。建议在所有斜拉索的塔端与梁端都安装内置式阻尼器,是否安装外置式被动阻尼器要进行专题研究;外置式被动阻尼器的选用和安装位置,通过对单根斜拉索减振分析模型计算得到,以提供合适的模态阻尼比为目标;

⑨为了避免用户的视觉顾虑,拉索的振动幅度也应加以限制,建议拉索振幅与拉索长度(L)的比值范围是 $L/1600 \sim L/1000$;

⑩目前工程中常用的减振方案为内置式被动橡胶阻尼器 + 空气动力学措施(螺旋线或压痕凹坑)、内置式被动橡胶阻尼器 + 外置式被动阻尼器 + 空气动力学措施(螺旋线或压痕凹坑)两种组合。

(2)研究手段

斜拉索振动现象涉及固(拉索)、液(雨)和气(风)三态的耦合作用,影响因素众多,情况比较复杂。目前斜拉索振动研究主要包括观察振动现象特征、探索有效的控制措施和振动机理研究三项内容。拉索振动研究主要包括现场实测、风洞试验、计算流体动力学(Computational Fluid Dynamics,简称 CFD)和理论分析四种手段。现场实测能获得斜拉索振动的真实的特征,但是涉及的因素较多,实施困难比较大,而且无法调整试验参数,因此难以分辨各参数的影响,不宜直接应用于振动机理研究中。世界各地的许多斜拉桥曾发生风雨激振现象,学者们做了大量现场实测,获得了斜拉索的风雨激振的特征,为风洞试验和理论研究提供了宝贵的资料。计算流体动力学是一门近三十年才广泛应用在桥梁风工程的新兴学科,也称作数值模拟

或数值风洞,是一种可能会替代风洞试验的研究手段。相较于风洞试验,数值模拟有容易变化试验参数和便于获取试验中难以测量的物理量等优点。风洞试验是一种传统的研究手段,能在风洞内再现斜拉索风振现象,常用在风振的现象特征观测、减振措施的有效性验证和风振机理探索等研究中。理论分析是在某些的假设条件的基础上,建立斜拉索风振的动力方程,然后采用数值方法求解,分析研究风振的发生机理,其气动力参数来自于数值风洞或风洞试验。

第9章
桥面板

9.1 正交异性钢桥面板

9.1.1 概述

早在20世纪30年代，美国钢结构学会就提出一种钢桥面系统，被称为加强钢桥面板（battledeck floor），以减轻高架桥梁的结构自重，一般用于活动桥梁或者旧桥的桥面更换。这种钢桥面板的主要功能是传递局部车轮荷载，不参与主纵梁受力。同一时期，德国工程师进行了一种密格式轻型钢桥面板研发，如图9.1-1所示，钢面板在纵、横向采用密集钢板加劲，加劲间距在0.3~0.6m，钢面板与加劲板作为整体桥面系统。这种桥面板构造焊接量较大，且只能采用人工焊接，后续设计加大了加劲板的间距，同时加大底板尺寸。尽管桥面板的强度仍是足够的，但在车轮荷载下会产生较大局部变形，进而使得桥面沥青铺装发生开裂。

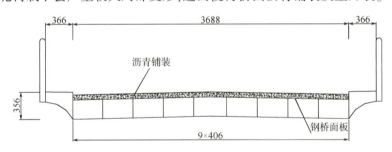

图9.1-1 Jungingen 高架桥截面布置（尺寸单位：cm）

德国工程界很快意识到，这类钢桥面板的巨大经济价值在于应用于更大跨径桥梁以及参与桥梁结构总体受力，随后在第二次世界大战后桥梁重建工程得以应用。第一座采用正交异性钢桥面板并作为主纵梁结构翼缘参与整体受力的桥梁，是联邦德国曼海姆跨越 Neckar 河 Kurpfalz桥，跨径布置为56.0m+74.9m+56.0m，大桥于1950年建成通车。大桥跨中处梁高仅1.52m，平均钢材用量指标为391kg/m²，约为旧桥的2/3，材料指标大幅降低。

1951年建成的联邦德国跨莱茵河 Cologne-Muelheim 大桥（图9.1-2），是正交异性钢桥面板发展历史中一个重要里程碑。该桥证明了正交异性钢桥面板在悬索桥中应用的巨大技术与经济优势，随后一些重要桥梁也采用正交异性钢桥面板，其中几座桥梁还打破当时的跨径纪录，正交异性钢桥面板快速取得成功。

与此同时，随着计算理论的发展与突破，钢桥面板的设计方法更为适用、方便，相关试验研究不断深化，工程师对正交异性钢桥面板的认识、技术的发展与进步持续不断。

1954年，最早采用抗扭刚度较高的闭口肋正交异性钢桥面板的桥梁建成，分别为联邦德国Weser大桥和Duisberg-Homberg大桥，主梁截面布置分别如图9.1-3所示。Weser大桥为跨径布置63.6m+77.6m+105.9m的连续梁桥，Duisberg-Homberg大桥为主跨285.3m的悬索桥。

图9.1-2　德国跨莱茵河Cologne-Muelheim大桥

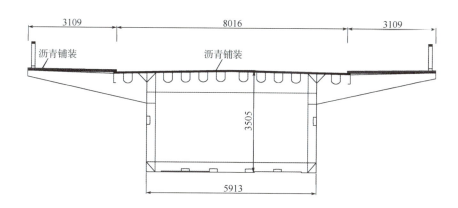

图9.1-3　德国Weser大桥主梁截面布置(尺寸单位:mm)

1956年，南斯拉夫贝尔格莱德建成Save河桥(图9.1-4)，跨径布置为74.9m+260.6m+74.9m，创造了世界上最大跨径正交异性钢桥面板连续梁桥纪录。

至1960年，联邦德国至少建成了40余座采用正交异性钢桥面板的钢结构桥梁，世界上其他国家也建有几座。

1960年春天，加拿大温哥华曼港大桥开始施工，该桥为主跨365.4m的系杆拱桥，采用正交异性钢桥面板，作为主梁受力构件一部分，这也是大西洋西岸第一座采用正交异性钢桥面板的钢桥。随后不久美国桥梁工程也开始采用正交异性钢桥面板。

图 9.1-4　南斯拉夫贝尔格莱德 Save 河桥

正交异性钢桥面板始于与钢板梁结合使用，但实际上钢桥面板在钢桁桥梁中应用同样可行，也有不少工程实例。德国贝格斯豪森 Fulda 河桥是采用正交异性钢桥面板的桁架桥梁，大桥采用七跨布置，最大跨径为 143m，正交异性钢桥面板及其纵向加劲肋参与分担主桁上弦杆受力。

德国的成功使得钢桥面板很快被世界各国引进，日本于 1954 年在东京建成了第一座下承式钢板梁桥，随后建成了各种形式的桥梁。英国于 1966 年建成了 Severn 桥（悬索桥，主跨988m），首次用扁平钢箱梁作为悬索桥的主梁。美国从 20 世纪 70 年代开始，在早期建设的大跨径悬索桥改造中，用钢桥面板更换已损坏的混凝土桥面板。法国于 1995 年建成了诺曼底大桥，为主跨 856m 的钢箱梁斜拉桥，创造了斜拉桥跨径世界纪录；日本于 1999 年建成了多多罗大桥，为主跨 890m 的钢箱梁斜拉桥，刷新了斜拉桥跨径的世界纪录。

我国于 20 世纪 70 年代初，开始引进钢桥面板技术，第一座钢桥面板桥是潼关黄河铁路桥，跨径 32m 的简支箱梁桥。1976 年建成了汉江斜腿钢构桥，为铁路钢箱梁，全长 226m。1982 年建成了北江公路桥，为 14×64m 的简支钢桁梁桥。1987 年我国建成了胜利黄河公路桥，为主跨 288m 的钢箱梁斜拉桥，开启了我国大跨径钢斜拉桥建设的新篇章。2008 年建成通车的江苏苏通大桥为主跨 1088m 的双塔双索面钢箱梁斜拉桥，是世界首座跨径超千米的斜拉桥，主梁采用全封闭钢箱梁。部分公路斜拉桥采用正交异性钢桥面板与钢桁梁的结合钢桁梁，2009 年建成的上海闵浦大桥上、下层桥面均采用正交异性钢桥面板与钢桁梁的结合。近 10 年来，随着铁路桥梁的大举兴建，多座公铁合建板桁结合钢桁梁斜拉桥建成通车，其公路面采用正交异性钢桥面板与钢桁梁结合。2020 年建成的沪通长江大桥，主航道桥为主跨 1092m 的双塔双索面钢桁梁斜拉桥，上层公路桥面采用正交异性整体钢桥面板，下层铁路桥面采用箱形整体钢桥面，公路桥面、铁路桥面参与主桁共同受力。

9.1.2　技术特点

钢正交异性板在均布荷载作用下有很大的极限承载力，在集中荷载作用下会产生稍大的局部变形，而且任一部件的竖向挠曲变形都将引起与之相邻部件的面外挠曲变形，在焊缝约束处产生次应力。由于影响线长度很短，一个汽车轮载或相邻两个轮载（轴距约小于 2.0m 时）

就产生一次应力变化,在桥梁设计寿命内,轮载作用次数往往达到 $10^7 \sim 10^8$ 次以上,这是正交异性板易产生多发性疲劳裂缝的主要原因之一。另外,钢正交异性板的构造复杂,焊缝数量多,施焊难度大,工厂制造、现场组装精度及焊接质量要求较高,一些焊缝一旦发生熔深、咬边和焊接缺陷,都可能成为潜在的疲劳裂缝源。因此,钢桥面板的疲劳一直是备受关注的问题。

从钢桥面板疲劳裂纹的成因出发,可以将正交异性钢桥面板疲劳裂纹分为主应力(正应力)引发的裂纹及面外变形产生次应力引起的裂纹。

主应力引起的裂纹主要是由疲劳强度较低的连接细节和残留的焊接缺陷导致,典型的例子是纵向 U 形肋嵌补段的现场焊接接头。

正交异性钢桥面板面外变形引起的疲劳裂纹主要集中在两横肋之间面板与纵肋的连接焊缝位置、纵肋与横肋的交叉部位(弧形缺口处)以及横肋腹板在纵肋与面板纵向焊接处设置过焊孔处。正交异性钢桥面板在移动轮载作用下,互相垂直的面板、纵肋和横肋任一部件产生竖向变形,将导致与之垂直的另一部件产生面外变形,当该面外变形受到约束,将产生较大的次弯曲应力而引发裂纹。由于轮载的作用次数很大,设计或制造不当就可能发生裂纹,甚至运营 3~5 年就会出现较严重的疲劳损伤问题。面外变形引起次应力而产生的裂纹,目前各国桥梁疲劳设计规范中尚无明确的疲劳检算方法,需要通过合理的构造细节设计,有效减少或避免面外变形引起疲劳裂纹。

根据世界各国钢桥面板结构形式及其使用过程发生疲劳损伤问题的统计归纳,裂纹类别及发生部位如图 9.1-5 所示。

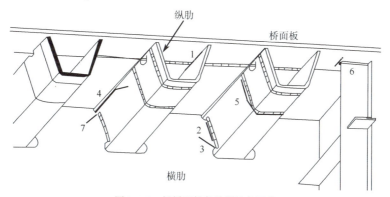

图 9.1-5　钢桥面板各种裂纹的汇总

1-顶板的裂缝;2-纵向加劲肋的连接焊缝的裂缝;3-纵向加劲肋与横隔板焊缝的裂缝;4-腹板加劲肋与顶板焊缝处的裂缝;
5-下过焊孔处横隔板的裂缝;6-上过焊孔处横隔板的裂缝;7-纵向加劲肋与桥面板连接焊缝的裂缝

正交异性钢桥面板的疲劳开裂问题国内外都有发生,国际上早期建成的钢桥面板桥梁也都在运营后发现不同形式的疲劳裂纹。

联邦德国 1954 年建成的 Weser 大桥,为三跨连续钢箱梁桥,桥面板纵向肋为半圆形闭口截面,横肋为倒 T 形截面,横肋腹板贯通,纵肋、横肋连接采用钢衬垫板全熔透焊接。尽管该设计细节进行了模型疲劳试验,认为疲劳性能是安全的,但运营后出现多发性裂纹表明,这种方式的疲劳试验并不反映实际焊接施工和受力状态。

建于 1966 年的英国的 Severn 桥,为主跨 988m 的钢箱梁悬索桥,钢桥面板中面板厚 11.4mm,U 形肋尺寸为 305mm×229mm×6.4mm,横肋贯通,U 形肋与横肋腹板采用熔透角焊缝。运营后不久钢桥面处产生大量的裂缝,在 1981—1983 年进行了加固。

我国 1997 年建成的虎门大桥,为主跨 888m 的钢箱梁悬索桥。桥面板的面板厚 12mm,U形肋尺寸为 300mm×260mm×8mm、间距 620mm,横隔板 4m 一道、板厚 8mm。建成 3 年后桥面板出现纵向裂缝。

武汉军山长江大桥于 2001 年建成通车,主桥为主跨 460m 的钢箱梁斜拉桥,钢箱梁全宽 38.8m、梁高 3m,桥面板的面板厚 12mm,U 形肋尺寸为 300mm×260mm×6mm、间距为 600mm。横隔板厚 8~16mm、间距为 3m。由于大桥重载交通量大,钢桥面疲劳开裂,其中以钢面板-U 形肋焊缝处疲劳裂纹数量最多。

国内外研究表明,顶板与 U 形肋焊接疲劳细节的疲劳开裂占正交异性钢桥面板疲劳病害的比重最大,该疲劳细节的疲劳裂纹主要以焊根和焊趾为裂纹起点,向顶板、U 形肋腹板扩展。对于顶板与 U 形肋焊接疲劳细节的研究表明,造成顶板与 U 形肋焊接细节疲劳开裂的根本原因,是焊接连接造成的结构刚度突变以及焊接过程中的初始制造缺陷。在轮载等局部荷载作用下,顶板和 U 形肋之间会产生较大的面外变形,导致顶板与 U 形肋焊缝处存在较高的局部弯曲应力,而初始缺陷进一步放大了应力集中效应,使得顶板与 U 形肋焊接构造细节产生疲劳裂纹。提高顶板与 U 形肋焊接细节疲劳性能的主要途径有改善焊缝构型、增大焊缝局部刚度、控制焊接初始缺陷等。

9.1.3 结构与构造

1)结构基本形式

正交异性钢桥面板凭借其突出结构力学性能和自重轻的优点,问世不久,迅速得到工程界认可,成为现代钢桥的重要桥面板构造形式之一。

正交异性钢桥面板由较薄的面板、纵向肋和横向肋组成,三者互为垂直,焊接成一体而共同工作。钢正交异性板作为承受汽车轮载的局部受力构件时,面板可视为四周边弹性支承在纵横肋上,纵肋连续弹性支承在横肋上,横肋弹性支承在主梁上。

正交异性钢桥面板一般有两类纵向加劲肋形式,一种为开口肋,如矩形板截面、球扁钢截面、L 形板截面、倒 T 形截面,如图 9.1-6a)所示;另一种为闭口肋,如 U 形肋、倒梯形肋等,如图 9.1-6b)所示。开口肋和闭口肋正交异性钢桥面板主要区别在于其抵抗扭转的能力,闭口肋桥面板的抗扭刚度较大,相比之下,开口肋桥面板抗扭刚度则低得多。

2)构造与刚度要求

钢桥面板在汽车荷载作用下产生的应力,受轮载的离散性、轮载行走位置的分布、桥面铺装的刚度影响很大,仅仅依靠设计计算的应力幅和细节的疲劳强度难以准确评定桥面板的疲劳性能。从正交异性钢桥面板的功能需求看,钢桥面板应具有足够的局部和整体刚度,避免桥面铺装层产生裂纹。

为了使钢桥面板具有必要的强度和刚度,降低面外变形引起的次应力,并便于组装和焊接,确保其疲劳耐久性和合理的经济性,面板的厚度、U 形肋的截面尺寸和刚度、横肋间距之间应有合理的匹配性。各国学者和工程师针对钢桥面板各种类型的疲劳裂纹,进行了持续的研究和构造细节改进,并通过实桥应用加以检验,不断使钢桥面板的疲劳耐久性得以改善。相关的研究成果动态反映在相关规范标准中,如欧洲和日本的情况见表 9.1-1 及图 9.1-7。

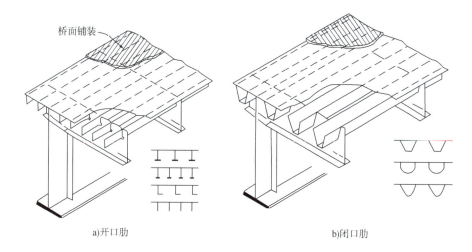

a) 开口肋 b) 闭口肋

图 9.1-6 钢桥面板构造形式示意

面板、纵肋、横肋间的匹配性　　　　　　　表 9.1-1

部件	欧洲规范	《日本道路桥示方书》(2002 年) 《日本公路钢桥疲劳设计方针》(2002 年)
面板厚度 t_d(mm)	重车道： 当沥青混凝土铺装层厚度： ≥70mm　t_d≥14 ≥40mm　t_d≥16 纵肋腹板间距 e 与 t_d 之比：e/t_d≤25，建议e≤300 （平面曲线桥，e 可增加 5%） 人行道和维修车道： t_d≥10，e/t_d≤40，e≤600	12mm≤t_d≤16mm
纵肋截面（mm）	常用截面：U-300×280×8	过去常用截面：U-320×240×6 U-320×260×6 近期常用截面：U-320×240×8 U-320×260×8
横肋	横肋间距：2.5m≤L≤3.5m 横肋间距与纵肋弯曲刚度关系见图 9.1-13 横肋腹板厚度≥10mm 纵肋高度/横肋高度≤0.4	横肋间距：L≤2.5m

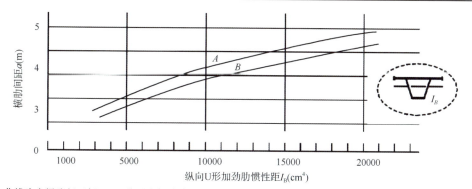

说明：A 曲线为主梁腹板两侧 1.2m 范围内加劲肋惯性矩要求；B 曲线为其他范围加劲肋惯性矩要求。

图 9.1-7 纵向 U 形肋与横肋的关系

3)构造优化

随着正交异性钢桥面系的大量应用,其刚度较低、疲劳性能较差的特点逐渐在工程中显现出来。而对正交异性钢桥面系刚度及疲劳性能影响最大的就是桥面板厚度、加劲肋形式及尺寸、加劲肋与顶板焊缝形式及加劲肋现场连接形式等。其中,U形肋及其相关构造是最重要和受关注的问题。早期正交异性钢桥面板纵肋在遇到横肋时断开,并焊接在横肋上。这样的连接方式,在荷载的反复作用下很容易产生疲劳开裂,因此逐渐改为横肋开孔,纵肋连续通过横肋的形式连接。

目前,正交异性钢桥面板大多采用倒梯形孔和苹果形孔的形式,如图9.1-8所示。

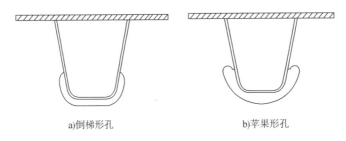

a)倒梯形孔   b)苹果形孔

图9.1-8 U形肋过焊孔形式

采用正交异性钢桥面板的钢板梁、钢箱梁或钢桁梁通常在工厂分段制造和预拼装,运抵现场后采用焊接或栓接将相邻节段连接成整体。钢桥面板现场连接的疲劳性能也是非常重要的问题,连接方式主要分为3种:

①全栓接:面板和纵肋全部采用高强度螺栓连接;

②全焊接:面板采用陶瓷衬垫单面焊双面成型工艺对接熔透焊,纵肋采用带钢衬垫板的对接熔透焊;

③栓焊结合:面板采用单面焊双面成型工艺对接熔透焊,纵肋采用高强度螺栓连接(图9.1-9)。

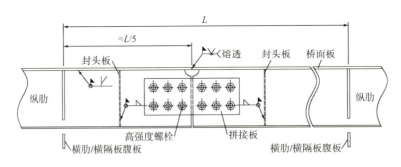

图9.1-9 钢桥面板现场栓焊连接示意

早期修建的部分钢桥正交异性钢桥面板的工地连接全部采用高强度螺栓连接,由于面板之上的拼接板和高强度螺栓严重影响铺装层,因此后续基本上不采用这种连接方式,而是改为全焊连接,即面板采用单面焊双面成型工艺全熔透对接焊接、U形肋采用带钢衬垫的对接焊接,由于在现场焊接U形肋嵌补段时必须采取仰姿焊接,焊接质量难以得到保证,因此这种工地连接形式出现了很多疲劳裂纹。此后,日本在修建本四联络桥期间,将钢桥面板工地连接形式改为了栓焊连接,即面板采用单面焊双面成型工艺全熔透对接焊接、U 形肋采用高强度螺栓连接,这种连接形式至今没有发现疲劳裂纹,但局部截面及刚度会有所降低。

正交异性钢桥面板的纵肋与顶板连接细节是疲劳裂纹多发区,从改变局部构造细节,改善应力集中程度,提高纵肋与顶板连接细节疲劳性能的目的出发,国内外进行了一些探索和尝试,如大纵肋钢桥面板、镦边 U 形肋、大焊脚焊缝等。

大纵肋钢桥面板是通过加大顶板厚度、加宽纵肋间距、增加纵肋下缘厚度和高度,同时增加横梁之间的距离,从而减少纵肋和横梁的数量。通过以上措施能够显著提高纵肋刚度,使得焊缝数量得到减少。其中,有研究推荐的大纵肋如图 9.1-10 所示,横隔板间距为 4.5~5m。

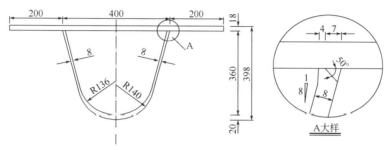

图 9.1-10　热轧大纵肋构造示意(尺寸单位:mm)

镦边 U 形肋的构造细节是将常规 U 形肋侧壁上缘厚度加厚再进行焊接,以达到增大焊缝尺寸,提高局部刚度的目的。所得到的焊缝形状与常规焊缝相似,并且同样采用和常规焊缝相同的两道焊,如图 9.1-11 所示,通过增加镦边 U 形肋局部厚度,使焊缝焊脚长度增加,从而使得该连接细节局部刚度有所提高,同时能够减小该连接细节的局部应力集中程度,提升疲劳性能。

大焊脚焊缝(图 9.1-12)从焊接工艺出发,通过自动化多道焊增大焊缝尺寸和构造细节的局部刚度,降低重要疲劳裂纹源部位的应力集中程度;通过自动化焊接技术减少焊接初始缺陷数量,从而控制潜在疲劳裂纹源数量。

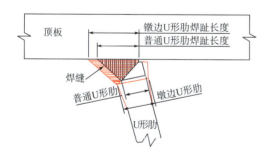

图 9.1-11　新型镦边 U 形肋构造示意

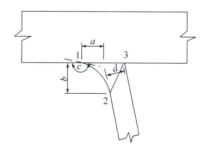

图 9.1-12　大焊脚焊缝构造示意

采用以上新型构造细节虽然使得纵肋与顶板连接焊缝疲劳性能在一定程度上得到改善,但这两种构造细节焊根位置依然作为疲劳开裂控制部位,不能有效提高焊根位置的疲劳性能。基于以上现状,随着焊接技术的不断发展,纵肋与顶板新型双面焊连接细节得以实现,如图 9.1-13 所示。通过智能化机器人在纵肋内外部同时施焊从而实现纵肋与顶板双面焊连接。通过智能化机器人纵肋内部施焊,希望消除纵肋与顶板常规单面连接焊缝最易出现疲劳开裂的焊根处"类裂纹"构造，使纵肋坡口未熔透部分形成封闭的刚性区域，达到提高该连接焊缝疲劳性能的目的。同时随着焊接技术的发展，焊缝质量相较以往有了较大幅度的提升，有效控制了焊接缺陷的问题，结合双面焊技术有望提高纵肋与顶板连接细节的疲劳性能。

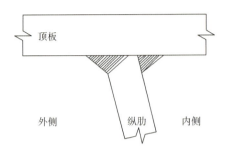

图 9.1-13　纵肋与顶板双面焊构造示意

U 形肋双面焊接技术可在一定程度上降低顶板与纵肋焊缝的疲劳开裂，但由于 U 形肋内部空间较小，焊缝探伤无法操作，若焊缝存在缺陷，无法进行修复，反而有可能导致焊缝、U 形肋及顶板的开裂。另外，若 U 形肋采用现场焊接接头，U 形肋与顶板的焊缝及 U 形肋的对接缝无法采用双面焊接技术解决，因此，全焊接正交异性桥面系无法通过双面焊接技术从根本上解决 U 形肋之间及顶板与 U 形肋之间的疲劳开裂问题。

4) 开口肋钢桥面板

正交异性钢桥面自 20 世纪 30 年代由德国工程师提出以来，疲劳问题一直困扰工程技术人员，成为钢结构桥梁的设计重点。随着对疲劳问题认识加深，工程界提出了一系列技术措施，尝试提高钢桥面的疲劳性能，如增加钢顶板厚度，将 U 形肋与顶板连接处镦边，U 形肋焊接采用单面焊双面成型工艺、双面焊工艺，铺设刚性铺装层或者通过剪力键结合混凝土层形成组合桥面等。

张靖皋长江大桥南航道桥采用主跨 2300m 的悬索桥，为减少结构自重，正交异性钢桥面钢主梁几乎是唯一选择。考虑到当前针对闭口肋钢桥面疲劳损伤问题难以彻底解决，闭口肋内部焊缝难以检修等现状，提出采用开口 L 形肋正交异性桥面的新结构。

开展开口纵肋钢桥面的结构选型及与闭口肋桥面板对比研究，研究的桥面构造包括闭口 U 形肋、L 形肋-半开口型、L 形肋-钥匙孔、L 形肋-苹果孔等四种形式，如图 9.1-14 所示。从提高桥面疲劳性能角度出发，对开口肋形式、开口肋尺寸、横肋板厚、高度及间距进行了合理参数研究。重点关注的疲劳细节包括顶板与纵肋焊缝内侧焊趾、隔板与纵肋连接处和隔板弧形切口。结果表明，不同桥面构造中，间距为 300mm、尺寸为 300mm×9mm 的 L 形肋桥面构造较为合理，且隔板开孔以苹果孔最优，其次为钥匙孔，半开口形孔与 U 形肋较为接近。

 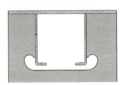 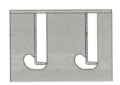 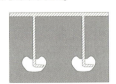

图 9.1-14　钢桥面构造

对优选的开口L形肋正交异性桥面的桥面刚度(第二体系、第三体系)进行分析研究,并探索了横肋布置、纵肋高度的影响,结果如图9.1-15所示,可以看出:就第二体系刚度而言,优选的开口L形肋正交异性桥面刚度比常规闭口U形肋(300mm×280mm×8mm)钢桥面略大,挠曲变形均满足规范要求,增加1道横肋后,可显著提高桥面板第二体系刚度,但继续增加横梁道数或增加横肋高度对桥面刚度提高影响不大;无横肋的开口L形肋正交异性桥面第三体系桥面整体下挠大于常规U形肋钢桥面,但也均满足规范要求,布置一道横肋后,L形肋桥面变形显著减小,明显优于U形肋钢桥面。

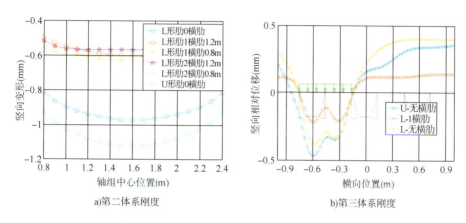

图9.1-15　纵肋高度及横梁布置对桥面刚度的影响

采用翼缘宽度65mm的300mm×9mm的L形肋、隔板间设置一道横肋,无论L形肋本身、各关键截面的弹性稳定均满足要求。

进一步,通过试验对开口L形肋正交异性桥面的疲劳性能进行验证,对应于双面焊U形肋、大槽口L形肋、钥匙孔L形肋、苹果孔L形肋等四种数值分析工况,分别加工了四组试件模型,其中U形肋采用双面焊工艺,四组试件模型由同一家单位按照焊接工艺评定技术要求严格执行。试验结果发现,试件Ⅰ和试件Ⅱ在不到100万次加载过程均在顶板焊趾处出现了开裂,其中,试件Ⅰ的1号裂纹在加载45万次出现,长120mm、宽0.35mm,2号裂纹在加载75万次出现,长100mm、宽0.2mm;试件Ⅱ的1号裂纹在加载90万次出现,长82mm、宽0.15mm;试件Ⅲ和试件Ⅳ在1000万次加载过程中,试件均未发生开裂,直至加载至1085万次,试件Ⅲ在4号纵肋顶板焊缝出现1号裂缝,长度30mm、宽度0.1mm;对于试件Ⅳ,共加载了1400万次,未产生疲劳裂缝,最终进行了破坏性试验。

对不同构造形式的半开口正交异性钢桥面板的疲劳性能对比试验可知:U形肋和大切口L形肋构造桥面板的疲劳易损部位为顶板与纵肋连接细节的顶板处,疲劳强度分别为53.6MPa、56.9MPa,大切口L形肋构造略高;钥匙孔L形肋构造桥面板的易损部位为横隔板与顶板连接细节的横隔板端部,其次为顶板与纵肋连接细节的顶板处,疲劳强度分别为77.9MPa、82.5MPa;苹果孔L形肋构造桥面板的疲劳易损部位为横隔板弧形切口部位,疲劳强度大于234MPa。疲劳试验结果与数值计算结果匹配性较好,疲劳性能最优形式为苹果孔+开口L形肋。

通过数值分析和试验研究,结果表明:①钢桥面采用开口肋,焊接质量更易得到保证,且便于后续检查,疲劳分析和试验均表现出更好的疲劳性能,其中开口L形肋搭配隔板苹果孔切口的钢桥面板具有更高的应用前景;②通过在横隔板之间增设横梁,可有效改善开口肋桥面板的刚度,使得活载作用下桥面板横向应力分布更均匀;③开口肋自身稳定性虽然较闭口肋差,可通过选择合理的构造尺寸满足使用要求。

张靖皋长江大桥关于开口纵肋钢桥面板与闭口纵肋(U形肋)钢桥面板的对比研究表明,合理构造始终是提高结构疲劳性能的有效方法。正交异性钢桥面板起步于开口肋钢桥面板,因为桥面刚度和承载性能不及闭口肋钢桥面板,在闭口肋桥面板兴起后很快被取而代之。在正交异性钢桥面板疲劳问题成为最重要的控制性问题时,开口纵肋钢桥面板也是值得研究和应用的结构形式,尽管为解决其桥面刚度问题所需要的材料略高于U形肋正交异性钢桥面板。

9.1.4 应用与前景

随着钢材性能、焊接技术、装备工艺水平的提高以及结构设计理论与手段的日趋完善,使得钢结构的材料利用和承载效率更为合理高效。对于大跨径斜拉桥,特别是超大跨径斜拉桥,如需保持技术经济性,上部结构恒载自重必须尽可能减小。随着国家交通事业的发展,我国桥梁的建设规模和数量巨大,国内今后一段时期仍然面临大量的桥梁建设任务,特别是跨江越海桥梁,其中不乏大跨径桥梁,在经济合理的情况下,仍然需要采用正交异性钢桥面板结构,因此,需要针对正交异性钢桥面板的疲劳问题,开展结构与构造细节研究与完善,持续提高制造与施工质量。目前我国已建成许多采用钢桥面板的桥梁,已发生大量的疲劳裂纹病害。从裂纹的普遍性来看,需要全面地认识正交异性钢桥面板的结构特点及其受力性能,系统地总结国外国内的经验和教训。从结构与构造方面看,不应该仅仅简单调整面板厚度、横肋腹板厚度或弧形切口尺寸等,需要充分考虑面板、纵肋刚度、横肋间距之间的匹配性,考虑桥面铺装层与钢桥面板的匹配性和协调性。从制造与安装施工看,钢桥面板的制造和现场安装是非常细致又要求很高的作业,必须系统性地提升制造、安装精度和质量。焊接坡口加工精度及组装精度是确保焊接质量的前提条件,如不满足设定的精度标准,不仅可能造成焊接缺陷,还会增大焊接变形的离散性。深化制造合理化的研究,提升制造质量的稳定性,采用信息化管理手段推动钢桥制造技术升级等都是非常重要的。

由于闭口U形肋内部焊接作业条件受限,顶板与U形肋采用外侧单面角焊缝,这种焊接方法会在焊根处形成空隙,焊根存在较大的残余拉应力。为了解决这些问题,工程界从结构构造及焊接工艺等角度进行了多方面的探索,如大纵肋钢桥面板方案、镦边U形肋方案、大焊脚焊缝工艺以及U形肋双面焊工艺等。其中,U形肋双面焊工艺结合机器人焊接技术的发展,在顶板与U形肋双面焊接角焊缝得以提出与应用,使顶板与纵肋焊接细节处主要疲劳失效模式由焊根开裂改为疲劳抗力更高的焊趾开裂,提高该细节的疲劳抗力。国内在日本等国之后于2017年研发了正交异性钢箱梁U形肋内焊设备。目前U形肋内焊技术已用于广东江西特大桥、石首长江大桥、武汉青山长江大桥等工程建设中。从目前的工程实际经验看,在没有找到更好的方法前,很多工程均采用加大面板的厚度、减小横隔板间距以提高正交异性桥面板的疲劳安全性。总体而言,任何构造和焊接工艺的改变,不能只从自身单一因素考虑问题,而是应该从结构与焊接两个方面寻求最佳结合点。

针对闭口肋钢桥面大部分改进措施难以彻底有效解决疲劳问题,工程界开始重新审视正交异性钢桥面板的结构形式问题。正交异性钢桥面板最早为开口肋加劲,由于抗扭能力和抗屈曲能力弱,桥面刚度较差导致铺装易损。闭口肋抗扭性能好,可以有效提高钢桥面的刚度,材料使用效率高,一经提出应用很快成为主流,但当初并没有意识到疲劳问题的严重性。目前,考虑到钢桥面早已由疲劳设计主导,开口肋可提高焊接质量、方便检修,可以显著提高桥面板的抗疲劳性能,充分利用开口肋的优势,再反过来通过构造措施解决桥面板刚度问题,成为一种新的解决正交异性桥面板的思路。张靖皋大桥为主跨2300m的悬索桥,采用该桥了开口纵肋搭配苹果孔切口、支撑隔板间增设横肋的新型开口肋正交异性钢桥面构造,解决了开口肋钢桥面的整体桥面刚度、自身稳定性能等问题,与采用U形肋的桥面板对比试验表明,新型开口肋正交异性钢桥面具有优异的抗疲劳性能和应用价值。

从正交异性钢桥面板的疲劳损伤情况看,其病害的发生不仅与自身的结构和制造质量有关,还与钢桥面板之上的铺装层有关,铺装层的材料与厚度(涉及弹性模量、刚度、线胀系数等)以及铺装层的施工工艺和方法等对桥梁病害发生影响较大。比如,由沥青铺装热浇筑施工引起的巨大压力造成的损伤,不成功的铺装损坏导致钢桥面板受力恶化引起的损伤。研究发现,铺装层的弹性模量及厚度与正交异性钢桥面板关键部位疲劳应力幅的大小有很大关系。如增大桥面铺装层的厚度或者增大其弹性模量,正交异性钢桥面板关键部位的疲劳应力幅将减小。近年来关于提高钢桥面疲劳问题的对策就是采用钢纤维混凝土铺装层、UHPC铺装层、环氧树脂改性沥青混凝土等新型铺装材料,其核心问题在于如何控制铺装质量,保持钢桥面轻型、高强的优点。

因此,开展正交异性钢桥面板相应的铺装结构以及其相互影响研究,提升铺装结构的可靠性、耐久性也是一个重要的研究方向。研发新型材料、优化桥面铺装体系也是正交异性钢桥面应用发展的重要方面。此外,从斜拉桥主梁结构与构造出发,采用正交异性组合桥面板,或者采用混合桥面板,都是值得探讨的方向。

9.2 混凝土桥面板

9.2.1 概述

组合梁混凝土桥面板是伴随着组合梁的发展而发展的。20世纪30年代是欧美各国桥梁技术和设计理论的一个重要发展时期。其中焊接技术的发明为组合结构的发展创造了更为有利的条件,即在钢筋混凝土板与钢梁之间的连接件可以采用焊接代替最初的铆接方式。20世纪60年代是欧美各国和日本桥梁建设的黄金时期,组合结构以其整体受力的合理性、经济性,以及便于施工的突出优点而得到广泛应用。

1956年,联邦德国建成了Büchenau桥,是第一座采用组合梁的稀索体系斜拉桥,开启了组合梁斜拉桥建设的序幕。1986年建成的加拿大安纳西斯桥是主跨为465m的组合梁斜拉桥,主梁采用组合钢板梁(图9.2-1),主梁全宽32m,钢板梁高2.1m。桥面板为等厚预制板,板厚26.5cm,分块预制存放60d以上。组合梁钢结构构件厂内加工,运至现场进行拼装,拼装两个节段(18m),再安装桥面板,浇筑湿接缝。

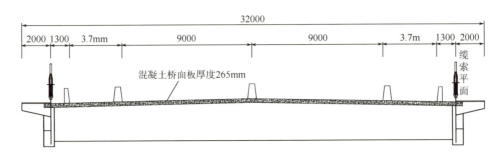

图 9.2-1　安纳西斯桥主梁截面布置(尺寸单位:mm)

加拿大安纳西斯桥对后续组合梁斜拉桥的发展影响很大,包括我国修建的上海南浦大桥、上海杨浦大桥、武汉二七路长江大桥以及最新建成湖北赤壁长江公路大桥,都采用了类似结构形式和施工方法。自 20 世纪 80 年代初开始,随着我国经济建设的发展,钢-混组合梁斜拉桥得到了应用。

1991 年建成的南浦大桥是我国第一座组合梁斜拉桥,大桥主跨 423m,主梁采用组合钢板梁(图 9.2-2),全宽 30.35m,梁高 2.5m。桥面板为等厚预制板,板厚 26cm,预制存放 5 个月以上。为了解决桥面板开裂的问题,在跨中和边跨端部一定范围内桥面板中配置了纵、横向预应力。组合梁钢构件现场拼装,节段完成后安装预制桥面板,浇筑湿接缝形成组合截面。

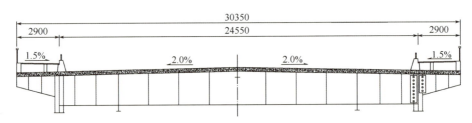

图 9.2-2　上海南浦大桥主梁截面布置(尺寸单位:mm)

1993 年建成的上海杨浦大桥是当时世界上跨径最大的组合梁斜拉桥,主跨 602m。主梁采用双边箱组合梁(图 9.2-3),全宽 30.35m,梁高 3.4m。桥面板采用等厚预制板,跨中段板厚 26cm,桥塔处板厚 40cm,结合前预制板存放 4～6 个月。组合梁钢构件现场散拼,钢梁节段完成后安装预制桥面板,浇筑湿接缝形成组合截面。

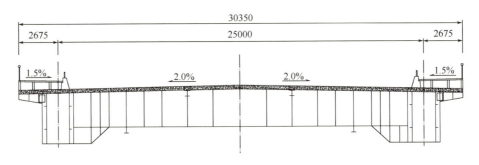

图 9.2-3　上海杨浦大桥主梁截面布置(尺寸单位:mm)

2011年建成的武汉二七长江大桥为主跨2×616m三塔斜拉桥,主梁采用混合梁,90m边跨采用混凝土梁,其余梁段为组合钢板梁(图9.2-4),全宽32.3m,梁高3.5m。桥面板采用等厚预制板,板厚26cm,结合前存放6个月以上。组合梁钢结构厂内组装成节段,运至现场吊装连接,安装预制桥面板,浇筑湿接缝形成组合截面。

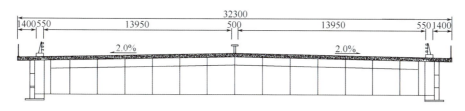

图9.2-4 武汉二七长江大桥主梁截面布置(尺寸单位:mm)

2021年建成的赤壁长江公路大桥,主跨720m。主梁采用双边箱组合梁(图9.2-5),全宽36.5m,梁高3.8m。桥面板采用等厚预制板,标准段板厚26cm,辅助墩近塔侧22m至边墩段桥面板板厚59cm。钢结构厂内组装成节段,运至现场吊装连接,安装预制桥面板,浇筑湿接缝形成组合截面。

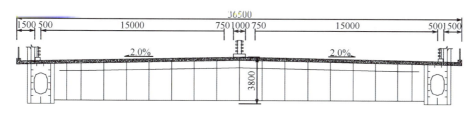

图9.2-5 湖北赤壁长江公路大桥主梁截面布置(尺寸单位:mm)

这些桥梁共同的特点是采用等厚度预制桥面板,构造简单、方便施工,现场安装钢梁节段后再安装预制桥面板,并浇筑接缝混凝土,完成一个节段组合梁的施工。美国新建US Grant大桥从减轻桥面板重量出发,尝试了变厚桥面板的组合梁结构形式。泰国拉玛八世桥则尝试了带肋预制桥面板组合梁形式。

2002年建成的美国US Grant大桥为主跨266.7m的双塔组合梁斜拉桥。主梁采用组合钢板梁(图9.2-6),钢纵梁高1.829m。桥面板采用双向变厚度预制桥面板,厚度为21.8~30.5cm。钢结构厂内加工,运至现场吊装拼接,安装预制桥面板,浇筑湿接缝形成组合梁。

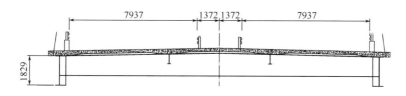

图9.2-6 美国US Grant大桥主梁截面布置(尺寸单位:mm)

2002年建成的泰国拉玛八世桥为主跨300m的组合梁斜拉桥。主梁采用组合钢板梁(图9.2-7),全宽29.2m,梁高2.4m。桥面板采用等厚预制桥面板,板厚分别为25cm、30cm和32.5cm,高度分别为30cm和32.5cm(板厚17.5cm)为纵向带肋预制混凝土板,25cm板厚为普通预制混凝土板。组合梁先在厂内钢梁节段加工,再运至现场进行拼装,然后安装预制桥面板,浇筑湿接缝形成组合梁。

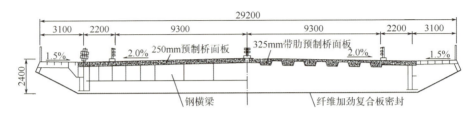

图 9.2-7　泰国拉玛八世桥主梁截面布置(尺寸单位:mm)

组合钢桁梁也有采用组合钢板梁同样方法,分节段先安装钢桁梁,再安装预制桥面板的施工方法。2000 年建成的芜湖长江大桥通航孔为主跨 312m 的斜拉桥,主梁采用组合钢桁梁,桁高 13.5m,桁宽 12.5m,节间长 12m。桥面板采用横向变厚预制板,标准板厚 26cm,在与主桁及小纵梁结合位置加厚,如图 9.2-8 所示。组合梁钢桁梁厂内加工拼装,整节段运至现场吊装,安装预制桥面板,浇筑湿接缝形成组合梁截面。

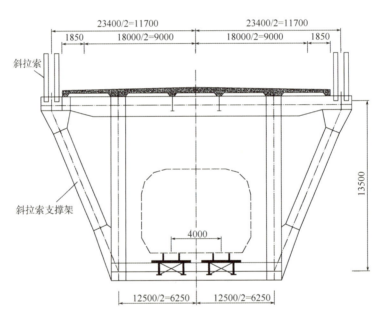

图 9.2-8　安徽芜湖长江大桥通航孔桥主梁截面布置(尺寸单位:mm)

这种先安装钢梁再安装预制桥面板的施工方法,不仅降低了对起吊设备的要求,当斜拉桥主跨航运繁忙时,主梁的钢梁节段和预制板构件可以从桥塔处提升上桥进行安装,避免了对航运干扰。当起吊设备及航道等条件合适时,采用整体组合梁节段进行安装,可以减少现场工作量、提高工效,加快工程进度。

1999 年建成的希腊 Rion-Antirion 桥主桥为主跨 3×560m 的四塔五跨组合梁斜拉桥。主梁采用组合钢板梁(图 9.2-9),梁宽 27m,钢纵梁高 2.2m。桥面板采用等厚预制桥面板,板厚 25cm。钢梁在厂内节段加工,完成后在钢梁节段上安装预制桥面板,最后浇筑湿接缝混凝土形成整体节段,运至现场进行吊装。

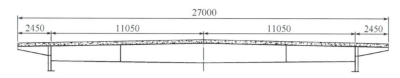

图 9.2-9　希腊 Rion-Antirion 桥主梁截面布置(尺寸单位:mm)

随着交通事业不断发展,对组合梁斜拉桥技术也不断提出新的要求,组合钢箱梁和组合钢桁梁得以发展应用。从组合梁的结构特点看,组合钢板梁的钢梁为纵横梁体系,便于拆分为以纵梁和横梁为单元的构件进行安装,并且非常适合于预制桥面板安装过程的受力需要。组合钢箱梁的钢梁宜制造成整体节段进行安装,并且先安装钢梁节段再安装预制桥面板,钢梁上翼缘有可能成为受力控制因素。因此,组合钢箱梁采用预制组合梁节段安装施工,常常是最为合理的选择。

2005 年建成的东海大桥主航道桥为主跨 420m 的单索面斜拉桥。主梁采用单箱三室组合钢箱梁,宽 33m,梁高 4.0m。桥面板采用横向变厚现浇混凝土板,板厚 28~55cm,如图 9.2-10 所示。组合梁开口钢箱梁节段加工完成后,浇筑混凝土桥面板,形成钢混组合梁节段,再运至现场拼装。

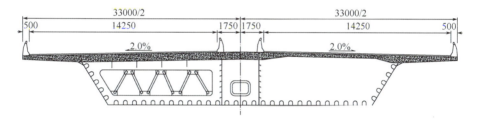

图 9.2-10　上海东海大桥主航道桥主梁截面布置(尺寸单位:mm)

2001 年建成的台州市椒江二桥为双索面组合梁斜拉桥,主跨 480m。主梁采用 PK 箱形组合梁(图 9.2-11),全宽(含风嘴)42.58m,梁高 3.5m。桥面板采用双向变厚现浇混凝土,板厚 26~40cm。组合梁 PK 形钢箱节段厂内加工,浇筑混凝土桥面板,形成钢混组合梁节段,再运至现场拼装。

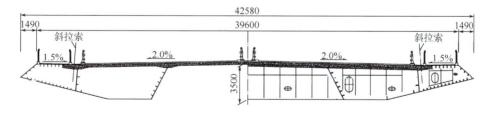

图 9.2-11　台州椒江二桥主梁截面布置(尺寸单位:mm)

东海大桥主航道桥和椒江二桥两桥的组合钢箱梁,桥面板均为在工厂化条件下,在拼装好的钢梁节段上现浇混凝土,完成组合梁节段制造。尽管可以利用较好的养护条件,最大程度降低混凝土早期收缩影响,但由于场地、防腐等原因,难以在节段安装前预留很长的存梁时间。而预制桥面板便于存储,常常存放 6 个月才与钢梁结合,可显著减小收缩徐变影响。

2016年建成的安徽望东长江公路大桥为双索面组合梁斜拉桥,主跨638m。主梁采用PK箱形组合梁(图9.2-12),全宽(含导流板)38.0m,梁高3.5m。桥面板采用预制板,辅助墩及塔处采用40cm板厚,其他位置采用横向变厚板,板厚26~40cm,结合前预制桥面板存放6个月。组合梁钢梁厂内加工拼装,安装预制桥面板,浇筑湿接缝形成组合截面,整节段组合梁运至现场整体吊装。

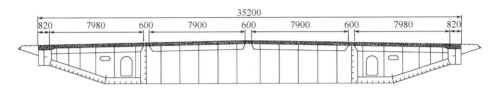

图9.2-12 安徽望东长江公路大桥主梁截面布置(尺寸单位:mm)

望东长江大桥不仅采用预制桥面板,而且取消了节段内的横向接缝,减少了接缝数量。为此,横隔板的上部约50cm以及上翼缘板和剪力钉与桥面板共同预制。

组合钢桁梁斜拉桥相对较少,由于结构特点,多采用大节段预制安装施工方法。先拼装完成钢桁梁,再浇筑混凝土桥面板。

2000年建成的厄勒海峡桥为世界上跨径最大的公铁两用斜拉桥,上层为公路,下层为铁路,主跨490m,采用组合钢桁梁,两索面横向间距为30.5m,桁高10.2m。上层公路桥面采用混凝土桥面板,宽23.5m,横向变厚设计,与主桁上弦杆结合。主梁截面布置如图9.2-13所示。钢桁梁厂内加工拼装成大节段,节段长120m与140m,在钢桁大节段上浇筑混凝土桥面板,运至现场进行整体吊装连接。

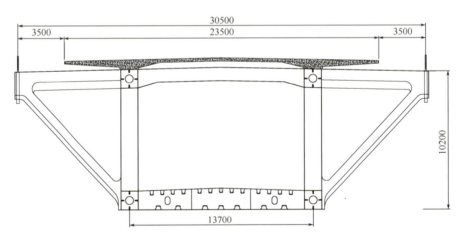

图9.2-13 丹麦厄勒海峡桥主梁截面布置(尺寸单位:mm)

2010年建成的韩国巨加大桥为主跨480m的组合梁斜拉桥。主梁采用组合钢桁梁,全宽15.3m,桁高5.94m,如图9.2-14所示。上层桥面板采用厂内现浇混凝土板,桥面板横向变厚,最厚为50cm;下层桥面板标准段采用钢桥面板,仅桥塔附近节段采用现浇混凝土桥面板。组合钢桁梁划分为72m长大节段,钢桁节段在工厂预制拼装,然后进行大节段桥面板浇筑,形成组合钢桁梁截面,运至现场进行整体吊装。考虑浮式起重机起重能力,桥塔附近组合梁节段混凝土桥面板仅浇筑一部分,待吊装就位后再浇筑剩余部分混凝土。

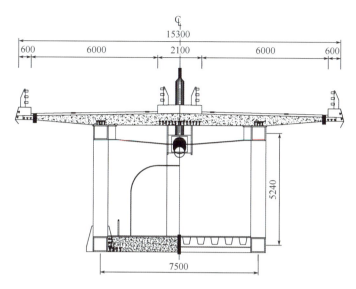

图 9.2-14　韩国巨加大桥主梁截面布置(尺寸单位：mm)

结合具体的建设条件,也有采用现场浇筑混凝土桥面板的实例,包括组合钢板梁和组合钢箱梁都有应用。2015 年建成的西班牙 La Pepa 桥为主跨 540m 的组合梁斜拉桥。主梁采用组合钢箱梁,全宽 34.3m,梁高 3.0m。钢梁标准节段长度为 20m,在厂内加工拼装,运至现场通过桥面吊机安装连接,桥面板采用现场浇筑施工,如图 9.2-15 所示。

图 9.2-15　西班牙 La Pepa 桥

9.2.2　技术特点

桥面板的作用是多方面的。在组合梁中,它首先是钢梁的合作者,通过设在钢梁上翼缘板的连接件与钢梁结合,共同承担多种荷载作用;其次是直接承受桥面铺装重量及交通荷载作用,并将荷载传递到组合梁。由于桥面板处于结构顶层的位置,容易遭受气温变化和盐害侵蚀,因此,提高桥面板的耐久性能一直是追求的目标之一。

混凝土桥面板需要统筹考虑多方面的受力性能，包括：直接承受自重与桥面荷载作用的受力、参与主梁的横向受力、参与主梁的纵向受力、斜拉索锚固处桥面板受力以及混凝土桥面板收缩徐变影响等。

(1) 桥面板受力

桥面板按照支承条件不同，可以分为单向受力板和双向受力板。组合梁的桥面板常用的是纵向受力的单向板，其次是纵横双向受力的双向板，此外还有横向受力的单向板，设计需要根据组合梁的具体情况加以确定。

对于组合钢板梁，支承桥面板的钢梁一般由两片钢纵梁和纵向密布的钢横梁组成，桥面板为纵向受力的单向板，支承跨度即为钢横梁间距。对于横截面设有小纵梁的组合梁，通常小纵梁的横桥向间距较大、刚度也较弱，主要为保证施工期钢横梁的侧向稳定及方便预制桥面板接缝施工，桥面板受力一般也为纵向单向板。

对于组合钢箱梁，虽然结构形式与组合钢板梁有所不同，但钢梁的纵腹板、横隔板对桥面板支承作用基本相同，桥面板一般也为纵向受力的单向板。但组合钢箱梁也可能出现纵腹板横向间距较小的情况，如分体组合钢箱梁，当内外钢腹板间距介于钢横隔板间距1~2倍时，相应位置的桥面板呈现纵横双向受力状态。

对于组合钢桁梁，一般情况下由于桁架节间距较大，多数在10m以上，采用纵向单向受力桥面板，厚度远超出合理范围，通常设置纵梁支承桥面板使之成为横向受力的单向板。当桁架的桁宽合适时，也可不设桥面板支承纵梁，直接由主桁上弦杆支承桥面板，比如厄勒海峡桥，桥面板按照横向受力板设计为变厚度板。

(2) 主梁横桥向受力

在主梁的横桥向受力体系中，由钢与混凝土组合结构提供抗弯、抗剪承载能力。以组合钢板梁为例，混凝土桥面板与工字形钢横梁通过连接件形成整体，混凝土桥面板作为组合梁的一部分，共同承受荷载作用。

对于双索面斜拉桥，斜拉索支承在主梁横向两端，结构自重及运营荷载在横桥向产生正弯矩作用，混凝土桥面板主要承受压应力。对于单索面斜拉桥，斜拉索支承在主梁横向中间，结构自重及运营荷载在横桥向产生负弯矩作用，混凝土桥面板主要承受拉应力，一般需要配置预应力。

桥面板横桥向受力大小还与施工方法有关。当主梁安装采用先安装钢梁、再安装预制桥面板的方法时，钢梁单独承受桥面板自重荷载，桥面板与钢梁组合后参与承担二期恒载及车辆等荷载作用；当桥面板与钢梁在工厂制造成组合梁节段，再进行现场安装时，桥面板作为重要的组成部分参与组合梁承受全部结构自重、二期恒载及车辆等荷载作用。

(3) 主梁总体受力

斜拉桥主梁主要承受轴向压力和弯矩作用。在恒载作用下，主梁主要承受轴向压力作用，恒载轴力分布如图9.2-16所示，由塔下最大到跨中和梁端为零或接近于零；主梁恒载弯矩和剪力很小，几乎可以忽略不计。在运营荷载作用下，主梁主要产生弯矩作用，运营荷载弯矩包络图如图9.2-17所示，弯矩峰值出现在近跨中段和边跨近边墩段。当边跨设有辅助墩时，在辅助墩处也会出现弯矩峰值。桥塔附近的主梁，当无索区较长以及设置支座时，会出现相对中边跨较小的弯矩峰值；当无索区较短，并且设置零号索等措施时，可以显著降低弯矩峰值。

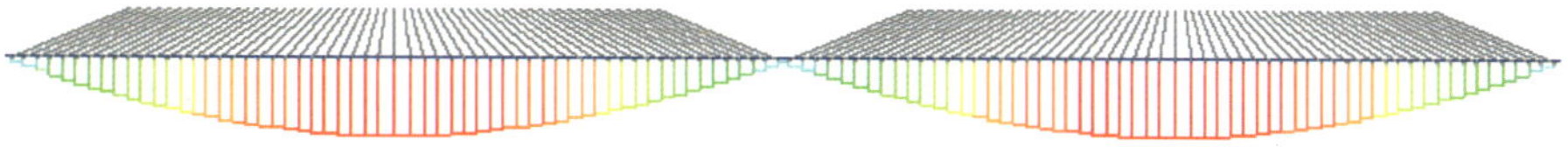

图 9.2-16 主梁恒载轴力示意图

图 9.2-17 主梁活载弯矩示意图

从主梁所受轴力和弯矩看,在弯矩较大、轴力较小的跨中和边跨各有一定范围出现上缘受拉的梁段。通常在这些上缘桥面板受拉区域配置预应力,以消除桥面板拉应力;也有通过调整斜拉索索力的方法,向上翼缘受拉区域储备压应力。总之,通过配置预应力、索力调整单一或并用的方法,向主梁上缘施加压应力,防止桥面板开裂。

从纵向受力看,桥面板一方面作为组合梁的一部分承受纵向荷载作用,另一方面还要承受自重及其上铺装层及车辆等荷载直接作用。因为桥面板一般为纵向受力的单向板,所以桥面板需要承受纵向总体受力与局部受力的叠加作用。如前所述,组合梁总体设计中,在上缘出现受拉的区域,一般通过配置预应力消除桥面板拉应力,因此桥面板在纵向的受力特征表现为压弯构件和受弯构件。在主梁压力较大的近塔下区域为压弯构件,在跨中轴力较小区域接近纯弯构件。当总体受力设计允许桥面板出现拉应力时,该区域桥面板则为拉弯构件。

(4) 斜拉索锚固处桥面板受力

组合梁在有斜拉索锚固区域,由于斜拉索的集中荷载作用,集中索力在向主梁传递扩散过程中,将对锚点附近的桥面板产生影响,影响程度与组合梁及其桥面板的施工方法有关。

主梁的安装施工主要分为整体式组合梁节段安装和钢梁与桥面板分步安装两种方法。对于钢梁与桥面板分步式安装的施工方法,先完成钢梁节段安装,挂拉斜拉索,之后安装桥面板。其中钢梁可以组装成整体节段进行安装,也可以分为纵横梁单元进行安装;桥面板可以采用分块预制板安装、现浇接缝,也可以采用模板现浇。这种先安装钢梁、挂拉斜拉索,再安装桥面板的方法,在桥面板参与受力前,斜拉索相应于成桥状态的大部分索力作用在钢梁上,桥面板与钢梁结合后参与总体受力,主要承受二期恒载及运营荷载斜拉索的索力作用,因此桥面板受斜拉索集中荷载作用的影响较小。对于整体式组合梁节段安装的施工方法,桥面板与钢梁结合成整体,然后吊装组合梁节段,再挂拉斜拉索,此时桥面板已经与钢梁结合成整体,需要参与承受斜拉索的几乎全部索力作用,如桥面板配筋或安装索力控制不当,可能引起桥面板开裂等。

(5) 收缩徐变影响

混凝土桥面板是组合梁的重要组成部分。混凝土桥面板的收缩徐变既与桥面板自身特性、施工方法有关,也与组合梁的受力状态、施工方法密切有关。总体而言,混凝土的收缩徐变值越大,桥面板在钢与混凝土组合梁中分担荷载的比例越小,尤其是以承受压力为主的斜拉桥主梁,采用组合梁的优势之一就是发挥混凝土的抗压能力。因此,减小混凝土桥面板收缩徐变的不利影响,是组合梁设计需要考虑的重要问题。

现浇混凝土桥面板,由于钢梁的约束和混凝土的收缩将在混凝土中产生拉应力,在混凝土桥中不成问题的早期收缩,而在组合梁桥中必须注意。对具有纵横梁体系的组合梁桥,由于温度变化(硬化时)及干燥收缩产生的影响更大。即钢梁构件不但在顺桥向,而且在横桥向均成为现浇混凝土的约束。为了解决现浇混凝土桥面板所存在问题,还常采取选用干燥收缩效应小的混凝土、适当养护措施以及增加配筋等方法。因此,组合梁架设先安装钢梁、再现浇混凝土桥面板的施工方法,工程应用相对较少。

预制混凝土桥面板,在经济性、施工性、工期、减少桥面板拉应力诸方面均有一定的优势。从现浇混凝土板的损坏过程可以认识到,非荷载作用引起的早期裂缝往往是最终破坏的起因。预制混凝土桥面板从浇筑到架设,具有更好的养护条件。因此,水化热引起的温度应变以及干燥收缩变形都未受外界约束影响,预制板内产生的应力很小。同时,由于通常储放一段时间才与钢梁结合,大部分收缩在早期完成,对于减小成桥阶段收缩徐变的影响也非常有利。

预制桥面板不仅用于先安装钢梁、后安装预制板的主梁施工方法,即使采用整体式组合梁节段安装的主梁施工方法,也经常采用预制桥面板。桥面板先分块预制并储存一定时间,钢梁节段制造组拼完成后,预制桥面板安放在钢梁上,再浇筑接缝混凝土形成组合梁节段。如此,可以显著降低混凝土桥面板收缩徐变的影响。

(6)桥面板厚度

从斜拉桥组合梁的设计看,桥面板的厚度是一项重要的指标,不同桥面板厚度不仅影响组合梁的受力性能,也会对斜拉桥的受力产生影响,进一步将对斜拉桥的经济性产生影响。

从混凝土桥面板的结构与构造方面看,需要考虑对斜拉桥主梁受力的影响,以及与纵横梁间距之间的匹配性和协调性,以便充分发挥钢与混凝土两种材料的力学性能,实现高效利用材料的目的。从组合梁纵向受力、横向受力及承受桥面荷载等不同受力情况看,混凝土桥面板的厚度、横梁间距等并不是简单的协调关系,不应该仅仅考虑单一的受力需要,而是需要综合考虑多方面的因素加以确定。

以最为常用的组合钢板梁(图9.2-18)为例进行阐述。组合钢板梁横截面由桥面板和两片钢纵梁组成,在桥梁纵向以一定间距设置钢横梁,钢纵梁、钢横梁及混凝土桥面板通过连接件形成整体共同承受荷载作用。

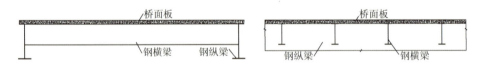

图9.2-18 组合钢板梁布置示意

从桥面板自身受力看,纵向由钢横梁提供支承,在满足桥面板受力及裂缝宽度等要求的情况下,桥面板厚度与钢横梁间距密切相关,比如厚度25cm左右的桥面板与间距4.5m左右的横梁相互匹配。桥面板厚度的增加或减少需要钢横梁间距相应的增加与减少,但两者之间并不是线性变化关系。桥面板的受力还与施工方法有关,当为现浇混凝土板时,桥面板纵向受力呈现连续梁的受力状态,钢横梁为其支承点;当为预制桥面板时,桥面板纵向受力呈现先简支后连续的受力状态,桥面板安装到钢横梁上其自重作用下为简支梁受力状态,浇筑接缝混凝土后在二期恒载和活载作用下为连续梁受力状态。对于25cm厚度的桥面板增加或减少5cm,对桥面板自身受力已经有很显著的变化;虽然混凝土数量随桥面板厚度相应变化,但配筋量并不会像混凝土数量一样随厚度相应变化,甚至基本不变或在桥面板厚度减小时不减反增,具体要看钢横梁的间距变化情况。此外,桥面板厚度的变化并不是仅仅影响桥面板自身受力,引起的自重变化及不同组合梁不同材料间的分担荷载比例还会影响主梁横向受力和纵向受力,进一步会影响钢纵梁和钢横梁的材料用量。

从主梁横向受力看,目前工程中常用的组合梁及其桥面板厚度,在满足总体受力和桥面板自身受力的情况下,桥面板的受力一般并不控制设计。如前所述,25cm厚度的桥面板增加或减少5cm,对桥面板自身受力已经有很显著的变化,但在桥面二期恒载以及活荷载共同作用下,主梁横桥向所受总的弯矩和剪力变化并不显著。随着桥面板厚度增加或减少,钢横梁间距反过来相应减少或增加,同时,与钢横梁结合后的结构抗弯能力相应增加或减少。主梁横向受力与施工方法有关,先安装钢梁再结合桥面板的施工方法桥面板受力较小、钢横梁受力较大,桥面板承载能力没有充分发挥,钢横梁则由受力控制设计;而钢梁与桥面板结合后再整体安装的施工方法,桥面板受力增加、钢横梁受力减小,可以减少钢横梁材料用量。总体上从主梁横向受力看,除非遇到超宽主梁且梁高受到限制的情况,桥面板厚度一般不会成为横桥向受力的控制因素。

从主梁纵向受力看,桥面板厚度(截面面积)越大,在组合梁中分担荷载比例越高,反之亦然。对于受压为主的结构,用混凝土材料替代钢材,通常具有经济性。混凝土板厚的增加,一方面提高了主梁的承载能力,另一方面会引起主梁自重增加,而且不仅是引起主梁本身受力增加,也会引起斜拉桥斜拉索、主塔及其基础受力增加。根据已经建造的组合梁斜拉桥,主梁的桥面板厚度多在25cm左右,配合约4.5m左右的横梁间距,能够较好地协调主梁纵向总体受力、横桥向受力以及桥面板本身的受力要求。组合梁的混凝土和钢材用量的增减,可以看作为介于纯混凝土主梁和纯钢梁两个极端之间变化,需要取得合理平衡。从对主梁纵向影响看,随着桥面板厚度增加或减小,主梁所受轴力相应增加或减少,但主梁承压面积及抗弯惯性矩也相应增加或减小。以巢湖大桥为例,在实际主梁截面基础上,保持梁高不变,桥面板增加和减少5cm后,主梁包括桥面铺装栏杆等自重分别增加10.6%和减少10.6%;截面面积A(混凝土换算为钢,主跨最大和最小截面)分别增加15.5%~16.3%和减少15.5%~16.3%;截面惯性矩I(混凝土换算为钢,主跨最大和最小截面)分别增加4.1%~4.9%和减少2.1%~3.0%;截面抗弯模量W(混凝土换算为钢,主跨最大和最小截面)分别增加1.2%~1.9%和减少2.3%~3.4%。可以看出,桥面板厚度减小,主梁在轴力和弯矩作用下的截面压应力不减反增,但总的来看变化并不显著;桥面板厚度增加主梁在轴力和弯矩作用下的截面压应力变化也不显著。

桥面板厚度变化,主梁自重和截面特性随之相应变化,横隔板间距也随之变化,对结构受力与材料消耗等方面的影响比较复杂。从斜拉桥总体影响看,随着桥面板厚度增加或减少,主梁恒载随之增加和减小,斜拉索、主塔及其基础受力随之变化,相应的工程造价将会有所影响。此外,桥面板厚度对斜拉桥整体的经济性影响程度还与跨径有关,随着斜拉桥跨径的进一步增加,其替代钢材承受压力的优势和自重相对较大的劣势之间的相对关系将会发生改变。研究表明,当斜拉桥跨径超过900m时,和钢箱梁相比,混凝土桥面板组合梁的经济竞争力丧失。

9.2.3 结构形式

斜拉桥的组合梁是由钢与混凝土两种材料结合共同受力的结构形式,混凝土桥面板作为组合梁的重要组成部分,主要采用等厚或变厚的实体板,不仅构造简单,而且施工也方便。带肋板虽然从高效利用混凝土材料上有其合理性,但由于其桥面板厚度较小,若采用华夫板这类结构,由于构造相对复杂、加工制造难度大,在斜拉桥的组合梁中鲜有应用,虽然有实例为采用压型钢板作为底模板现浇的桥面板,但并不多见。

斜拉桥组合梁的混凝土桥面板尽管结构形式并不复杂,但其厚度、配筋等构造设计需要兼顾主梁总体与局部受力、混凝土与钢结构的匹配和连接以及安装施工方法等多方面的需要。

混凝土桥面板按照厚度变化主要分为等厚板、变厚板两类,按照施工方法不同又可分为现浇板和预制板。

等厚板多用于纵向单向受力板,如图9.2-19所示。在组合钢板梁、组合钢箱梁中,无论是否设置小纵梁,常采用等厚桥面板。等厚板具有构造及配筋简单的特点,在组合梁斜拉桥中占据了多数。目前较为常用的桥面板厚度为25cm左右,相应的横梁间距为4.5m左右,这一桥面板厚度和横梁间距的组合,桥面板受力、横桥向受力及总体受力协调性较好。安徽巢湖大桥为主跨460m的组合钢板梁斜拉桥,主梁标准截面布置如图9.2-20所示。钢横梁间距为4.5m、桥面板厚度为26cm。桥面板横向分6块,标准预制板横向尺寸分别为3.35m、6.45m和6.0m,4块中板顺桥向尺寸为4.0m,2块边板顺桥向尺寸为8.5m。

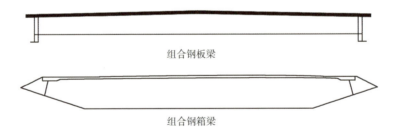

图9.2-19 等厚度桥面板组合梁横截面示意

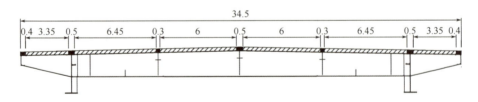

图9.2-20 安徽巢湖大桥主梁标准截面布置(尺寸单位:m)

在组合梁的斜拉索锚固区域或纵腹板上缘区域,从钢与混凝土结合与传力以及钢筋布置等方面考虑,桥面板按照总体受力和自身受力确定的板厚不足时,可以采用局部加厚的措施,如图9.2-21所示。虽然在组合梁横截面上桥面板厚度有所变化,但直接承受车辆作用范围的桥面板仍然为等厚。

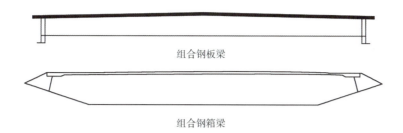

图 9.2-21　局部加厚桥面板组合梁截面布置示意

安徽望东长江大桥为主跨 638m 的组合钢箱梁斜拉桥,主梁横截面布置如图 9.2-22 所示,钢横梁间距为 3.6m、标准段桥面板标准厚度为 28cm,边腹板附近区域加厚至 40cm。横向 4 块预制板尺寸分别为 7.98m、7.9m、7.9m 和 7.98m,标准板顺桥向尺寸为 4.6m。

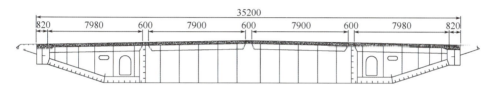

图 9.2-22　安徽望东长江大桥斜拉桥主梁截面布置(尺寸单位:mm)

变厚板可分为双向变厚板和单向变厚板,双向变厚多用于组合钢板梁和组合钢箱梁,单向变厚板多用于组合钢桁梁。

双向变厚板多为双向受力板,图 9.2-23 所示为采用双向变厚板的组合钢板梁和组合钢箱梁。在组合钢板梁的横桥向,桥面板在钢主梁及小纵梁(通常刚度较大)处加厚;在组合钢箱梁的横桥向,桥面板在钢梁的内外腹板处加厚;在桥梁的纵向,桥面板均在横隔板处加厚。采用变厚板通常为了减小桥面板平均厚度,或优化减少钢筋配置。

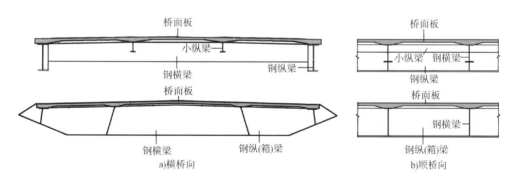

图 9.2-23　双向变厚度桥面板组合梁横截面示意

对于组合钢板梁和组合钢箱梁,全截面的桥面板多数设计为纵向单向受力板、少数设计为纵横双向受力板或单向受力板与双向受力板的混合形式。通常钢横梁的纵向间距在 3~5、桥面板厚度在 20~35cm,常用钢横梁间距为 4.5m、桥面板厚度为 25cm 左右。

单向变厚板多用于组合钢桁梁。图 9.2-24a) 所示为采用仅由钢桁梁上弦杆支撑的横向单向变厚板,由于桥面板横桥向的支承间距较大,桥面板采用变厚度布置以适应横向弯矩分布,同时为了控制桥面板厚度不至过大,还需要在桥面板内设置横向预应力。当组合钢桁梁的宽度较大时,需要设置纵梁支撑桥面板,横向受力的桥面板通过在支撑处变厚,可以减小桥面板的平均厚度如图9.2-24b)所示。如丹麦的厄勒海峡桥斜拉桥组合钢桁梁,桥面板采用了横向单向变厚板全宽23.5m,设横向预应力,通过连接件与主桁上弦杆连接。

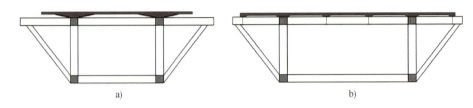

图9.2-24 单向变厚板组合钢桁梁截面布置示意

混凝土桥面板按照施工工艺,可以分为现浇混凝土桥面板和预制混凝土桥面板两种。从斜拉桥组合梁的安装工艺看,可以分为先安装钢梁节段、再施工混凝土桥面板以及先制造完成组合梁节段、再安装整体节段两种方法。

对于第一种先安装钢梁再施工桥面板的施工方法,工程应用较多的是预制板方案,现浇板方案相对较少。

现浇混凝土桥面板施工时需要现场设置模板,然后在模板上现场浇筑混凝土。全现浇混凝土桥面板的整体性好,容易满足各种桥面板尺寸和形状要求,但模板工程量和现场作业量大,工作效率低,施工速度较慢。西班牙 La Pepa 桥,为了克服桥面板现场浇筑工期较长的问题,斜拉桥组合梁标准节段采用20m的较大长度,钢梁节段组装完成后,浮运至现场进行焊接,随后安装并张拉斜拉索,然后进行钢筋绑扎和浇筑混凝土桥面板工作,最后张拉斜拉索完成一个标准节段的施工循环。

预制桥面板将桥面板划分为若干预制单元,在工厂制作完成后,运输到现场架设安装、互相连接、形成整体桥面板。具有现场施工快速、质量可控、全寿命费用低和环保等优点。先安装钢梁再安装预制桥面板的施工方法工程应用较多,如上海南浦大桥、上海杨浦大桥及安徽芜湖长江大桥等。为了加快工程进度,可以一次安装两个节段的钢梁,安装并张拉斜拉索,再进行预制桥面板安装,这样两个节段的现场湿接缝混凝土一次浇筑、一个养护周期即可完成。

对于第二种组合梁整体节段安装的施工方法,组合梁节段在工厂化条件下制造,桥面板施工方法又可进一步分为现浇和预制两类,都是较为常见的施工方法。在工厂化环境进行组合梁节段的桥面板现浇施工,具有较好的施工条件,尽管混凝土收缩受到钢梁的约束,但可以通过合适的养护将不利影响降到最低。另一种是采用预制板的方法,预制板安装到钢梁上面之后,浇筑接缝混凝土完成组合梁节段制造,需要考虑预制板连接等问题。该方法桥面板预制完成后,可以存放一段时间,最大程度降低混凝土收缩徐变影响。

东海大桥主航道斜拉桥采用组合钢箱梁,标准节段长9m,钢梁节段制造完成后进行桥面板浇筑,形成组合梁节段后再浮运安装。为了最大程度降低混凝土收缩徐变影响、确保桥面板质量,一些斜拉桥的组合梁节段也采用预制桥面板方案,如希腊的 Rion-Antirion 桥,组合梁的标准节段长12m,在工厂进行钢梁节段组装、预制板安装以及现浇预制板接缝浇筑,形成组合梁节段后采用浮式起重机进行架设,节段间的桥面板采用现浇混凝土连接。

9.2.4 预制板及其接缝构造

斜拉桥组合梁的混凝土桥面板,当采用预制桥面板方案时,必然涉及预制板之间以及桥面板与钢梁之间的连接问题,通常采用现浇接缝混凝土实现结合。因此,预制桥面板方案的连接问题,从结构与构造上需要考虑钢筋的布置与连接、钢梁剪力钉的布置以及预制板与钢梁上翼缘的搭接等。从结构受力上看,不仅要考虑现浇接缝混凝土的性能要求,还需要考虑预制桥面板接缝处的力学性能以及桥面板参与组合梁受力的性能。从施工角度看,需要考虑预制板和钢梁钢翼缘的预制精度及其匹配关系、预制板分块与运输吊装设备需求等。

对于采用预制桥面板方案的组合梁,桥面板在桥梁的纵横向进行分块预制,再通过预制板之间的现浇混凝土进行连接,并使混凝土桥面板与钢梁结合成整体。预制桥面板的单元划分,需要考虑纵横两个方向的结构特点。在桥梁的纵向,通常以钢横梁的间距为模数进行划分,对应钢横梁设置横桥向的现浇带;在桥梁的横向,应结合施工条件进行划分,通常分为2~4块。横桥向现浇接缝的宽度,一般以钢横梁的上翼缘宽度为基准,预留两边缘预制桥面板的搭接长度后确定,但同时需要考虑接缝内不同钢筋连接方式的构造需求。顺桥向现浇接缝分为两类,一类为钢主梁(或钢梁纵腹板)上预制板连接的现浇接缝,现浇带宽度为钢主梁上翼缘宽度预留预制板搭接长度;另一类为预制板相互间的现浇接缝,宽度主要考虑钢筋连接需要确定,当接缝下设有小纵梁时,还需结合小纵梁上翼缘宽度综合确定。图9.2-25所示为双索面斜拉桥组合钢板梁预制桥面板方案的布置,桥面板单元横桥向分为4块,原则上宽度保持一致,方便预制安装标准化。在两侧钢主梁之间现浇接缝带,通常设置小纵梁。

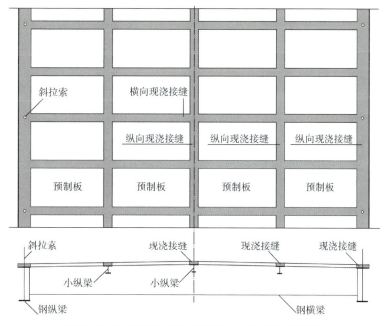

图9.2-25 组合钢板梁预制桥面板单元划分示意(双索面)

图9.2-26所示为双索面斜拉桥组合钢箱梁(双边箱)预制桥面板方案的布置,和组合钢板梁相比,预制桥面板单元划分的原则一致,不同之处在于纵向现浇带的宽度。此外,横桥向桥面板

单元虽然同样划分为 4 块,现浇接缝位置需要考虑与内腹板相对应,不再以预制板等宽为原则。

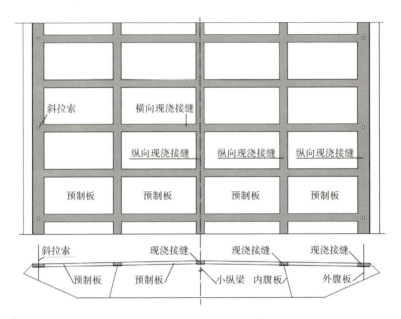

图 9.2-26　组合钢箱梁预制桥面板单元划分示意(双索面)

图 9.2-27 所示为单索面斜拉桥组合钢箱梁预制桥面板方案的布置,和双索面斜拉桥组合钢箱梁相比,预制桥面板单元划分的原则一致,现浇接缝对应腹板设置,腹板间距较大时在其间设置现浇带,将桥面板进一步划分为更小的单元。因为斜拉桥为单索面布置,桥面板横桥向受负弯矩作用受拉,通常需要配置预应力,桥面板各纵向现浇接缝的构造与双索面支承的主梁也有所不同。

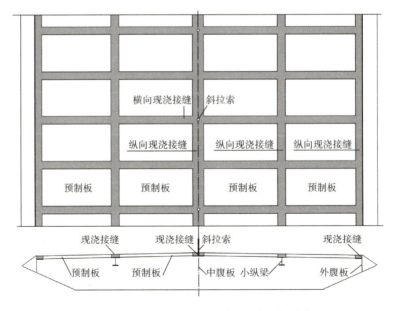

图 9.2-27　组合钢箱梁预制桥面板单元划分示意(单索面)

预制桥面板及其接缝处的构造设计需要考虑受力情况,主要包括桥面板在接缝面的受力特点和接缝处桥面板钢筋的受力特点。

桥面板横桥向接缝设置于钢横梁上翼缘处,首先要满足桥面板自重、车辆等荷载作用产生的纵向负弯矩作用,同时还要承受参与组合梁总体受力所分担的纵向压力或拉力作用。因此,接缝处桥面板内的钢筋,按照在主梁中的位置不同,将呈现上下层全部受拉、上下层全部受压、上层受拉下层受压等不同状况。鉴于斜拉桥组合梁总体设计一般通过配置预应力避免桥面板出现拉应力,桥面板横向接缝处的纵向钢筋主要表现为上下层全部受压或上层受拉下层受压的情况。钢筋受力性质不同,对连接方式要求不同,将影响预制板接缝的构造设计。

图 9.2-28 所示为常用的预制桥面板横向接缝处构造形式,现浇接缝的宽度即为横梁上翼缘宽度扣除预制板与钢横梁上翼缘搭接长度(一般不小于 5cm),预制板接缝面不设剪力键槽,构造简单、预制方便。

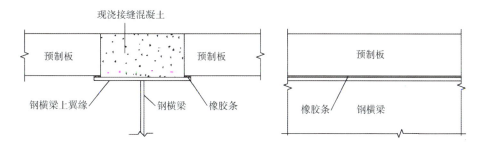

图 9.2-28　桥面板横向接缝构造示意一

当由横梁上翼缘宽度决定的接缝宽度不能满足钢筋连接要求,加大钢横梁上翼缘宽度又不经济时,可以采用图 9.2-29 所示的构造形式。通过加大现浇接缝上开口的尺寸,满足钢筋采用搭接的构造要求,从而达到方便施工的目的。

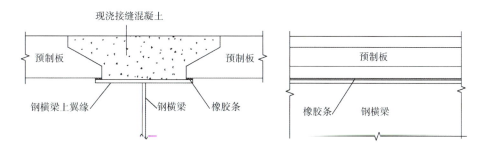

图 9.2-29　桥面板横向接缝构造示意二

桥面板作为直接承受车辆等荷载作用的结构,接缝面将受到竖向剪力作用;作为组合梁横桥向受力的组成部分,接缝面将受到横向剪力作用,靠近斜拉索支点处剪力相对较大。为此可以采用图 9.2-30 所示的构造形式,通过设置内嵌式剪力键,加强接缝面的竖向和横桥向的抗剪能力。当主要为加强接缝面横桥向抗剪能力时,也可以采用图 9.2-31 所示的半开形剪力键的构造形式。

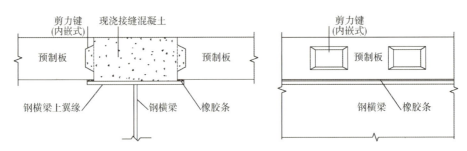

图 9.2-30　桥面板横向接缝剪力键示意一

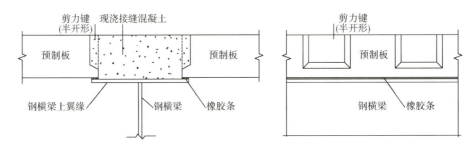

图 9.2-31　桥面板横向接缝剪力键示意二

桥面板纵向接缝分为两类，一类为预制板与钢主梁（钢腹板）结合处的接缝；另一类为预制板相互间的接缝。两类接缝及其所在主梁位置不同以及斜拉索的索面布置不同，结构及钢筋受力也会不同。

以双索面布置的组合钢板梁斜拉桥为例，桥面板与钢主梁纵向接缝设置于钢主梁上翼缘处，在桥梁纵向主要承受组合梁总体受力所产生的压力或拉力作用，由于该接缝在纵向是连续且现场浇筑的，其构造与钢筋连接容易处理。钢纵梁上翼缘处桥面板构造如图 9.2-32 所示。

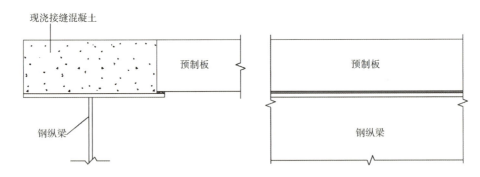

图 9.2-32　桥面板纵向接缝构造示意

该现浇接缝混凝土带承担混凝土桥面板与钢纵梁结合共同受力的重要作用，锚于钢纵梁的斜拉索集中力也将通过该现浇带传递到组合梁全截面的桥面板中，同时在组合梁作为整体承受荷载作用时，也存在钢主梁上的现浇桥面板与预制桥面板之间的荷载传递作用。因此，在桥面板接缝面处将产生剪力，必要时可在现浇带与预制混凝土板之间设置剪力键，如图 9.2-33、图 9.2-34 所示为两种设置剪力键的桥面板构造。

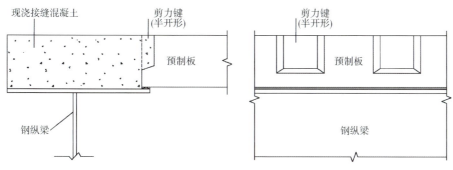

图 9.2-33　桥面板纵向接缝剪力键构造示意一

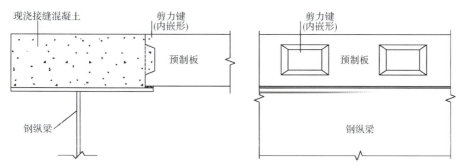

图 9.2-34　桥面板纵向接缝剪力键构造示意二

图 9.2-33 所示上部半开口形式的剪力键主要用于满足桥面板接缝面纵向抗剪需要，图 9.2-34 所示内嵌式的剪力键既可满足桥面板接缝面纵向抗剪需要，也可以满足桥面板接缝面竖向抗剪要求。相对而言，预制板设置内嵌式剪力键较半开式剪力键局部构造及制造略为复杂。预制桥面板与钢主梁上翼缘现浇桥面板之间也存在竖向荷载传递，接缝面存在竖向剪切作用，当桥面板厚度和横桥向配筋相对较小，需要加强接缝面抗剪能力时，采用内嵌式剪力键可以同时兼顾竖向和纵向抗剪要求。具体工程是否采用剪力键以及何种剪力键，可以根据实际受力情况加以确定。

预制桥面板间的接缝，又可以根据是否在接缝处设置小纵梁进一步细分。

图 9.2-35 所示为不设剪力键的预制桥面板接缝处构造形式，两块预制板与小纵梁上翼缘搭接，其间为现浇接缝混凝土。当需要加强桥面板接缝面竖向抗剪性能时，可以采用图 9.2-36 所示构造，这种剪力键不仅可以提高桥面板接缝面的竖向抗剪能力，也可以提高纵向抗剪能力。当桥面板接缝面靠近钢主梁时，有可能需要加强桥面板接缝面的纵向抗剪能力。

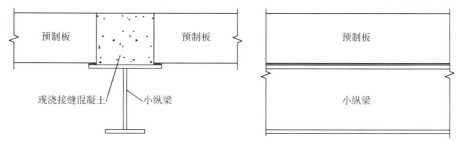

图 9.2-35　小纵梁处桥面板纵向接缝示意一

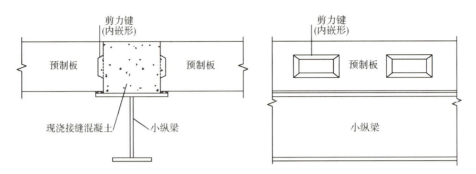

图 9.2-36　小纵梁处桥面板纵向接缝示意二

当预制桥面板接缝面仅需要考虑加强竖向抗剪能力时,也可以采用图 9.2-37 所示通长设置的剪力槽,使构造和预制板制造更加简洁。当不设小纵梁时,预制桥面板之间的接缝采用吊挂模板施工,可以采用图 9.2-38 所示构造形式。

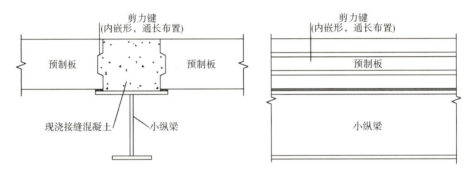

图 9.2-37　小纵梁处桥面板纵向接缝示意三

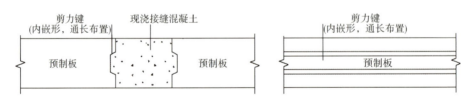

图 9.2-38　无小纵梁横向跨中桥面板纵向接缝示意

预制桥面板之间的接缝面两侧,当一侧受到车辆轮压作用力而向另一侧传递时,接缝面将承受较大的剪力作用,特别是接缝面同时存在受拉的情况下,设置剪力键有助于提高竖向抗剪能力,不仅可以降低对加强配筋的依赖,还可以提高接缝面在长期反复荷载作用下的安全性。

上述纵横向预制板接缝处的构造形式,具体的接缝宽度、剪力键尺寸等需要结合具体工程情况确定。比如,纵向接缝的宽度问题,当为双索面斜拉桥时,组合梁桥面板横桥向以受压为主,受压钢筋的连接所需宽度较小;当为中央单索面斜拉桥时,组合梁桥面板横桥向可能受拉,受拉钢筋的连接所需宽度较大;必要时需要配置预应力,使桥面板横向拉应力减小或受压。总之,预制桥面板及其连接构造,可以根据组合梁总体设计情况,结合桥面板自身受力和参与组合梁受力情况以及施工条件等方面,综合比较后确定。

斜拉桥组合梁采用预制桥面板方案时,预制板与钢梁之间的连接是薄弱环节,为保证预制板与钢梁的连接质量,提高结构的耐久性,有必要进行专门的防腐设计。一般而言,钢梁上翼缘根据受力需要设置焊钉,进行钢与混凝土的连接。预制板搭接在钢梁上翼缘,通常在钢梁翼缘两侧各 50mm 范围内粘贴橡胶条,以利用预制板重量压实接缝,防止现浇混凝土漏浆。组合梁结构中与空气接触的钢梁一般都具备防腐维护条件,而钢梁和混凝土板的结合面成桥后不可维护;由于焊钉是柔性连接件,在荷载作用下,钢梁和混凝土板二者可能会发生相对滑移,为侵蚀物质进入界面内部提供了可能性;此外,桥面板与钢梁上翼缘边缘搭接的橡胶条存在老化问题,一旦损坏丧失密封性能,也会引起相关部位钢梁的腐蚀。为保证钢梁与混凝土桥面板接触面的长期防腐性能,有必要采取适当的防腐措施。如在钢梁上翼缘顶面两侧预制板搭接范围,采取重防腐措施;重视预制桥面板与钢梁顶板间橡胶条的性能,优先选用高弹性、高密度、耐老化的氯丁橡胶等产品,橡胶条应该保证合适的最小压缩量,以保证钢-混界面的密封性;在钢梁翼缘顶面与桥面板之间缝隙填充密封胶,阻断湿气进入钢混凝土结合面,达到防腐的目的。可采用的预制桥面板连接及防腐构造如图 9.2-39 所示。

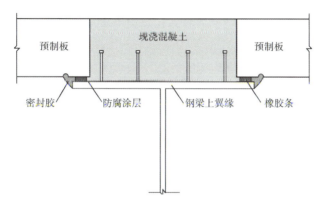

图 9.2-39　预制桥面板连接及防腐构造示意

9.2.5　预制板钢筋连接

预制桥面板在现浇接缝处钢筋的连接是关系到桥面板受力性能的重要问题,需要考虑多种因素的影响。在保证钢筋受力性能要求的情况下,有焊接、搭接、套筒连接等多种连接方式可供选择,每一种连接方式对桥面板预制与安装、接缝构造与尺寸的影响各有不同。此外,还需要考虑预制板伸出钢筋与钢梁上翼缘剪力钉的位置关系、接缝处钢梁上翼缘尺寸以及桥面板预制安装施工的精度与工效等。预制板及其接缝构造不同于现浇板,通常预制板之间的接缝宽度相对较小,钢筋布置既要满足锚固传力要求,也要避开剪力钉、便于混凝土浇筑,还要保证接缝受力可靠和连接处的耐久性。

从预制板接缝的受力条件看,纵向和横向接缝以及接缝所在主梁的位置不同,接缝的受力均有不同。从斜拉桥的总体布置看,在双索面布置和单索面布置的主梁上翼缘桥面板横向分别为受压和受拉状态,主梁在纵向不同位置处的桥面板纵向分别处于受压或受拉状态。此外,桥面板在荷载作用下将分别受到正负弯矩作用,桥面板内是否配置预应力其受力状态也不相同。无论桥面板受力情况如何,从桥面板钢筋受力看,无外乎上下双层钢筋受拉、上下双层钢筋受压、上层和下层钢筋分别受拉和受压、上层和下层钢筋分别受压和受拉等四种情况。总体来看,考虑到对钢筋焊接、搭接等连接形式同一截面不超过50%等规定,钢筋受拉时对接缝宽度的要求更大,钢筋受压时则反之。

关于预制桥面板钢筋的连接形式,分为横向接缝处纵向受力钢筋连接和纵向接缝处的横向受力钢筋连接两种情况进行讨论。

对于斜拉桥组合梁桥面板横向接缝的钢筋,多数需要考虑上层受拉的连接需求。对应钢主梁上翼缘处的纵向受力钢筋,通常桥面板为纵向连续的现浇混凝土,不存在预制板之间的纵向钢筋连接问题。桥面板横向接缝处主要是钢主梁之间的预制桥面板内纵向钢筋的相互连接问题。图9.2-40为一种常见的横向接缝处纵向受力钢筋的焊接连接方式,预制板预留直筋,在湿接缝内焊接,焊接长度相对较小(比如单面焊接长度不小于$10d$即可,d为钢筋直径)。钢筋采用焊接的连接方式,最大的优点是所需要的现浇接缝的宽度较小,通常钢横梁受力所需宽度即可满足构造要求。但钢筋现场焊接工作量较大,下层钢筋焊接条件较差,质量控制难度大,特别是钢筋配置较密、直径较大时,常成为工期的控制条件。也有下层钢筋采用套筒连接,上层采用焊接的方式(图9.2-41),但对预制桥面板钢筋定位及安装精度要求高,也存在套筒连接操作不便的难点。

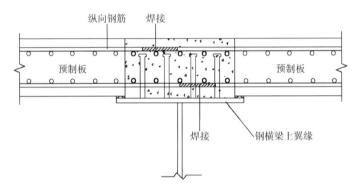

图9.2-40 预制板纵向钢筋焊接连接示意

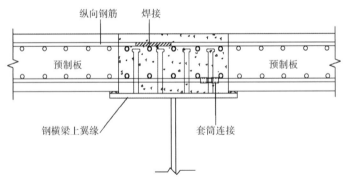

图9.2-41 预制板纵向钢筋焊接+套筒连接示意

为了提高安装施工效率,加快施工进度,可以采用预制板预留环形钢筋的连接方式(图9.2-42),环形在湿接缝内搭接,现场工作量较小。这种连接方式在同等钢筋直径和受力要求的情况下,所需接缝宽度小于钢筋搭接方式、大于钢筋焊接方式,在钢横梁上翼缘宽度满足要求的情况下,是一种比较理想的选择,也是工程中常用的一种连接方式。预制板外伸钢筋采用环形钢筋布置,通常两侧预制板的环形钢筋在接缝处可以交错布置,以方便施工。预制板钢筋弯曲加工及端模拆装会增加施工工作量,但并不会成为是否采用的控制因素。对于钢筋直径较大、桥面板厚度较小的情况,受弯曲半径限制,会影响其使用。

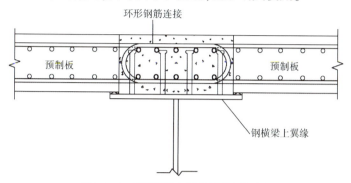

图 9.2-42　预制板纵向钢筋环形连接示意

钢筋采用搭接形式方便施工,有利于加快工期,但受拉钢筋需要较大的搭接长度,尤其在要求同一截面搭接钢筋不得超过 50% 时,所需接缝宽度更大。当接缝下的钢梁翼缘宽度较小时,为了保证钢筋搭接长度,也可采用图 9.2-43、图 9.2-44 所示构造处理方式。预制桥面板的边缘采用企口构造,通过预制板顶面内缩,使得上层钢筋具有较长的搭接长度。桥面板下层钢筋通常受压,可以弯起后搭接。

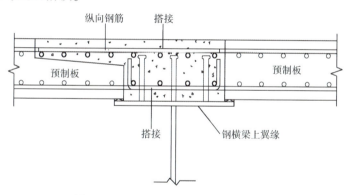

图 9.2-43　预制板纵向钢筋搭接连接示意一

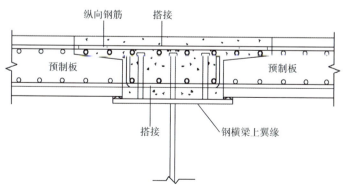

图 9.2-44　预制板纵向钢筋搭接连接示意二

根据桥面板的厚度、钢筋直径及受力等实际情况,还可采用图 9.2-45 所示构造处理方式。预制桥面板的边缘企口满足下层钢筋交叉后弯起要求,使得下层钢筋也具有较长的搭接长度。

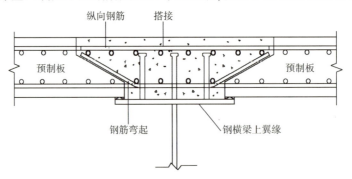

图 9.2-45　预制板纵向钢筋搭接连接示意三

对于双索面斜拉桥的组合梁,一般情况下桥面板横向主要承受压力作用,桥面板内受压钢筋的连接相对简单。两侧钢主梁之间预制板的纵向接缝,一般在其下设有小纵梁。图 9.2-46 所示为常用的预制板环形钢筋的连接方式,所需接缝宽度较小,与小纵梁上翼缘宽度匹配性较好,现场施工工作量较小。也可以采用图 9.2-47 所示钢筋采用焊接的连接方式,但现场焊接工作量大。

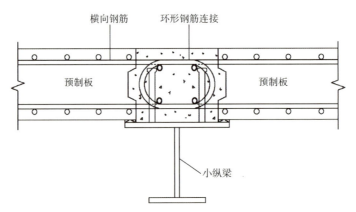

图 9.2-46　预制板横向钢筋环形连接示意(有小纵梁)

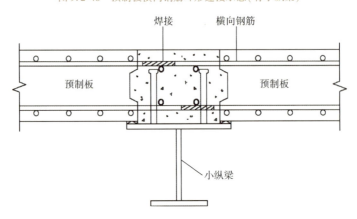

图 9.2-47　预制板纵向钢筋焊接连接示意(有小纵梁)

当预制板纵向接缝之下不设小纵梁时,接缝处横向钢筋的连接如图9.2-48所示。钢筋的连接构造及连接方式的选择和设置小纵梁并无太大差别。

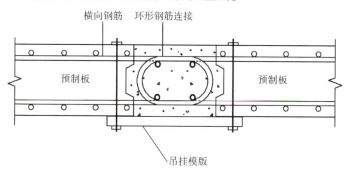

图9.2-48 预制板纵向钢筋环形连接示意(无小纵梁)

上述预制桥面板横向接缝的纵向受力钢筋主要考虑了双层钢筋受拉以及仅上层钢筋受拉的情况,纵向接缝的横向受力钢筋主要考虑了双层钢筋受压的情况。不同斜拉桥组合梁的桥面板受力状况有所不同,组合梁结构形式多样,具体工程组合梁的预制桥面板钢筋连接方式选择,应该以钢筋受力状况为前提,结合构造及施工等条件加以确定。当横向接缝的纵向钢筋在最不利组合作用下均为受压时,可以参照纵向接缝横向钢筋同样受力的连接方式,结合接缝构造、钢筋直径及施工条件加以选择。当纵向接缝的横向钢筋在最不利组合作用下均为受拉,或上层受拉、下层受压时,可以参照横向接缝横向钢筋同样受力的连接方式,结合接缝构造、钢筋直径及施工条件加以选择。

近年来,超高性能混凝土(UHPC)的研究应用成为热点,其中的一个应用方向就是钢筋混凝土结构的现浇接缝连接,其特点是利用高性能混凝土显著减小钢筋所需的锚固长度,从而减小接缝宽度,不仅可以更好地满足结构构造方面的需求,还可以提高工效、加快工程进度。如图9.2-49所示,前述预制桥面板纵向接缝,即使在钢筋受拉、常规配筋采用搭接的情况下,接缝宽度可以控制在25cm以内,这将降低对小纵梁上翼缘的宽度要求,同时伸出钢筋采用直筋,长度减小,方便预制。尽管UHPC材料价格较高,但如果考虑其用量较少、小纵梁材料的减少以及工效的提高,往往具有经济性。

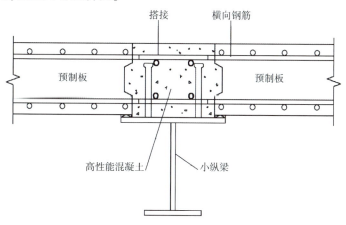

图9.2-49 预制板接缝采用UHPC的钢筋搭接连接示意

对于前述预制桥面板横向接缝,钢横梁上翼缘确定的宽度一般超过25cm,将增加UHPC的材料用量,增加工程造价。可以考虑适当降低材料的性能要求,选择能够平衡钢筋锚固性能和造价的高性能混凝土,如图9.2-50所示。

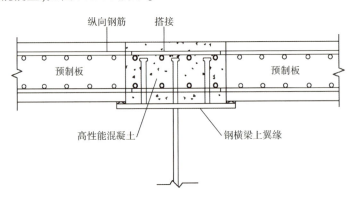

图9.2-50 预制板接缝采用高性能混凝土的钢筋搭接连接示意

对于斜拉桥组合梁桥面板接缝而言,采用高性能混凝土或超高性能混凝土仅仅解决钢筋连接问题是不够的,还要考虑高性能混凝土与普通混凝土之间的协调性,从整体上满足各项受力等要求。总之,应该结合斜拉桥主梁受力的合理性、施工的便利性以及经济性等方面,借鉴预制拼装桥梁等多方面的研究成果,开展研究应用。

以上预制桥面板钢筋的连接形式,按照接缝的方向分为纵向接缝和横向接缝,并不能涵盖每一种方向接缝钢筋连接需求的全部情况,纵横两个方向桥面板接缝钢筋的连接方式,可以互为参考、相互借鉴。总之,预制板钢筋的连接,要根据具体桥面板上下层钢筋的受力状况,结合钢梁翼缘宽度、组合梁对桥面板接缝的受力需求以及施工等条件,综合比选确定。

9.3 正交异性组合桥面板

9.3.1 概述

对于大型桥梁,桥面板的自重起着非常重要的作用。正交异性钢桥面板重量轻,但非常容易疲劳;组合桥梁的钢筋混凝土桥面板坚固耐用,但对于大跨径桥梁来说自重太大。而正交异性组合桥面板理想地将正交异性钢桥面板与钢筋混凝土桥面板的优势结合起来。这种轻质组合桥面板的基本原理自20世纪30年代就已出现,并成功应用于一些大型桥梁。

正交异性组合桥面板由轻质化正交异性钢桥面板和钢筋混凝土层组成,剪力连接件起着至关重要的作用。正交异性组合板满足以经济合理的方式进行大批量施工要求,同时还必须能够保证疲劳耐久性。正交异性组合桥面板是一种特殊的结构,包含一层相对较薄的钢筋混凝土板,无须额外的模板即可在轻质化的正交异性钢桥面板上浇筑。由此可将组合梁的桥面板的优点与正交异性钢桥面板的优点结合。为了确保结构的强健性和耐久性,最重要的是钢结构细节和连接件的设计。

在大跨径的桥梁建设中,与交通荷载相比,自重成为对于结构具有决定性的因素。随着桥梁跨径增大,为了实现桥梁的经济性,桥面板不再使用钢筋混凝土面板,而是正交异性钢桥面板。随着交通荷载的增加,正交异性钢桥面板承受的车轮荷载会增加局部疲劳问题。正交异性钢桥面系最常见的是面板和纵向加劲肋之间的纵向接缝裂缝,即所谓的 1 类疲劳损伤;以及纵向肋与横隔板槽型开口连接处的裂缝,即所谓的 2 类疲劳损伤。随着裂缝长度的增加,会导致桥梁安全受损。由于修补受到诸多限制,因此维修不可能达到所需的桥梁使用寿命。

由于国内外正交异性钢桥面板的大量损伤,消除正交异性板的结构缺陷的改造和加固方法成为研究热点。这些方法总体而言都会显著提高桥面板的刚度。桥面板刚度增加,纵向连接处面板的转动及其产生的应力幅度可以大幅减小;同时轮压荷载传递分布得以改善,可以显著减小纵向加劲肋与横隔板连接处的疲劳应力;从而降低钢桥面板 1 类和 2 类损坏的可能性。这些加固方法中使用 UHPC 材料的可以分为两种类型,即在 UHPC 和钢面板之间不使用连接件和使用焊钉作为连接件。

由于各种原因,尽管已经成功进行了一些试点应用,但这些方法尚未成为解决问题的灵丹妙药。大量的维修改造表明,迫切需要为新结构提供正交异性钢板的替代方案,既要轻又要满足现代桥梁结构的强健性要求。

正交异性组合桥面板可以追溯到 20 世纪 40 年代,在 1948 年完工的科隆—道依茨莱茵河大桥中,弗里茨·莱昂哈特(Fritz Leonhardt)已经采用了组合桥面板以减少总的钢材消耗。第二次世界大战结束后,钢材是极为稀缺的原材料,使用特别轻的桥面板,既可以对桥面板本身,也可以对主要的承重结构进行优化,以减少钢材的消耗量。混凝土板施加到正交异性钢桥面上,该桥面板布置有 50cm 间距的开口型材加劲肋,采用 Z 字形圆钢卷作为连接件,既减少了钢材用量,又控制了整个梁的重量。这种构造方法于 20 世纪 50 年代在国际上成功地用于许多大跨径桥梁。

1971 年至 1978 年完工的阿根廷里约帕拉纳河上的两座斜拉桥(图 9.3-1)也成功地运用了这一结构原理。主梁截面布置如图 9.3-2 所示,其中,机动车道混凝土板厚 14cm。

图 9.3-1　阿根廷扎拉特·布拉索·拉戈(Zarate Brazo Largo)桥(之一)

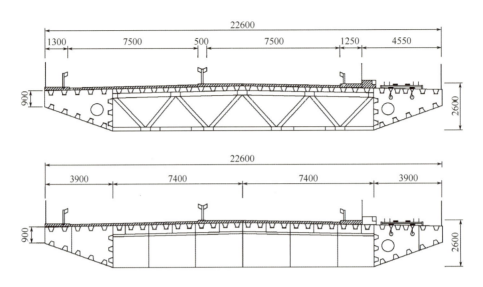

图 9.3-2 Zarate-Brazo-Largo 桥主梁标准截面布置(尺寸单位：mm)

值得一提的是，阿根廷里约帕拉纳河上的两座斜拉桥建成超过 40 年时，即使在一些情况下未用浇注沥青或类似方法对混凝土进行额外的防水层处理，也并未发现桥面板有任何明显的损坏。

随着经济发展，越来越多的钢材资源可供使用，焊接自动化使得钢结构制造生产更加经济，随后的技术发展由于正交异性钢桥面板取得了优势，轻质组合桥面板逐渐被人们遗忘。20 世纪 60～70 年代尚不能预见正交异性钢桥面板疲劳的敏感性。相关技术标准既未涵盖繁忙交通量的大幅增长，也未能为正交异性桥面板的疲劳提供保证。

当前，使用轻质的正交异性板和薄层混凝土组成的正交异性组合桥面板，仍然可以采用正交异性钢桥面板的施工方法，同时满足强健性和可持续性等当代建造要求。正交异性组合桥面板已经过历史检验，表明这是一种久经考验的可靠结构形式，开展研究和应用只是这种结构的复兴。

常规建筑材料结构钢、普通混凝土和钢筋以理想的方式相互协作。与正交异性钢板面板相比，正交异性组合桥面板显著优势在于更大的刚度使桥面板具有更高的强健性，而且在浇注沥青时，由于热效应和残余应力较低，结冰或形成薄冰的风险较低。与钢筋混凝土桥面板相比，正交异性组合桥面板的主要优点在于重量更轻，对大跨径桥梁更经济，混凝土板的浇筑简单快捷，表面精度高，易于保证质量。

上述正交异性组合桥面板的历史发展及正交异性钢桥面板的应用与维修加固情况表明，传统的正交异性钢桥面板迫切需要为新结构寻求新的解决方案，以满足现代桥梁结构的强健性和耐久性要求。而正交异性组合桥面板正是值得重新审视、研究和发展的一个重要方面。

9.3.2 技术特点

正交异性组合桥面板将相对较薄的钢筋混凝土板与相对较弱的正交异性钢桥面板形成组合结构，除了直接承受车轮荷载作用外，作为主梁的重要组成部分共同承受荷载作用。与正交异性钢桥面板相比,由于混凝土层的引入,显著提高了桥面结构刚度,使主承重结构所受局部荷载传递分布更广,显著降低钢桥面板疲劳易损点的应力,提高桥面结构耐久性能。正交异性组合桥面板出现之初,并不是为了解决钢桥面板的疲劳问题,在第二次世界大战后钢材稀缺的年代,正交异性组合桥面板作为正交异性钢桥面板的替代品出现,其设计需考虑如何在满足结构力学性能的前提下,减少钢材的消耗、控制桥面板重量并实现对主要承重构件优化。如今,面对国内外大跨径桥梁的建设需求以及正交异性钢桥面板的技术现状,正交异性组合桥面板具有良好的应用前景,开展正交异性组合桥面板合理构造研究和应用,保持其轻质、高强、耐久、经济等技术特点,进一步提升其技术竞争力,是正交异性组合桥面板推广应用的基础。

正交异性组合桥面板的性能要求是多方面的,要实现技术上的合理性必须充分了解结构受力特点,协调好不同技术要求。为此,采用数值模拟手段,建立正交异性组合桥面板标准节段有限元模型,标准构造如图 9.3-3 所示,计算桥面板在重型车辆典型车轮荷载下的结构响应,加载方式如图 9.3-4 所示,对正交异性钢桥面与正交异性组合桥面的疲劳、刚度、承载能力等力学性能进行分析对比,并探索混凝土层材料与厚度、钢顶板板厚、U 形肋尺寸、隔板间距、板厚等参数的影响规律。

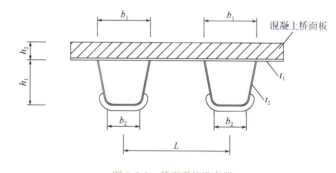

图 9.3-3 桥面系构造布置

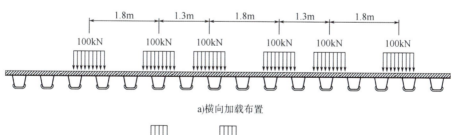

a) 横向加载布置

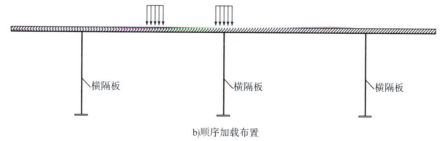

b) 顺序加载布置

图 9.3-4 加载示意图

鉴于正交异性组合板结构与构造参数众多,先按照横隔板间距不变进行相关参数影响分析,其中纯钢正交异性桥面板以及 UHPC 组合桥面板的横隔板间距均取 3.5m、钢筋混凝土(RC)组合桥面板的横隔板间距取 4.5m,不同组合的正交异性组合板结构与构造参数如表 9.3-1 所示。

桥面系构造参数表　　　　　　　　　表 9.3-1

类型	组号	编号	b_1 (mm)	b_2 (mm)	h_1 (mm)	h_2 (mm)	L (mm)	t_1 (mm)	t_2 (mm)	隔板间距 (m)
正交异性钢桥面	Ⅰ	0	300	180	300	—	600	16	8	3.5
UHPC 组合桥面板	Ⅱ	1	300	180	300	60	600	16	8	3.5
		2	300	180	300	60	600	14	8	3.5
		3	300	180	300	60	600	12	8	3.5
		4	300	180	300	60	600	10	6	3.5
	Ⅲ	1	300	180	300	80	600	16	8	3.5
		2	300	180	300	80	600	14	8	3.5
		3	300	180	300	80	600	12	8	3.5
		4	300	180	300	80	600	10	6	3.5
	Ⅳ	1	300	180	300	120	600	16	8	3.5
		2	300	180	300	120	600	14	8	3.5
		3	300	180	300	120	600	12	8	3.5
		4	300	180	300	120	600	10	6	3.5
RC 组合桥面板	Ⅴ	1	360	240	360	120	720	12	8	4.5
		2	360	240	360	120	720	12	6	4.5
		3	360	240	360	120	720	10	6	4.5
		4	360	240	360	120	720	8	6	4.5
	Ⅵ	1	360	240	360	120	900	12	8	4.5
		2	360	240	360	120	900	12	6	4.5
		3	360	240	360	120	900	10	6	4.5
		4	360	240	360	120	900	8	6	4.5
	Ⅶ	1	360	240	360	150	900	12	8	4.5
		2	360	240	360	150	900	12	6	4.5
		3	360	240	360	150	900	10	6	4.5
		4	360	240	360	150	900	8	6	4.5

一共进行了正交异性钢桥面、UHPC 组合桥面和 RC 组合桥面三类桥面板的数值分析。Ⅰ 组为传统正交异性钢桥面的构造参数,顶板厚 16mm,U 形肋顶、底宽分别为 300mm、180mm,U 形肋高 300mm、间距为 600mm、厚 8mm,隔板间距为 3.5mm,在此基础上对其他两类组合桥面板的构造参数进行变化。对于 UHPC 组合桥面板,Ⅱ、Ⅲ、Ⅳ 三组桥面板 U 形肋构造尺寸及隔板间距与Ⅰ组正交异性钢桥面完全相同,区别在于增加了一层 UHPC 层,以及部分工况对钢顶

板厚度及 U 形肋厚度进行了变化,其中Ⅱ、Ⅲ、Ⅳ三组桥面系的混凝土厚度分别取 60mm、80mm 和 120mm,三组桥面板中的钢顶板和 U 形肋厚度又细分为四种工况,分别取 16mm/8mm、14mm/8mm、12mm/8mm、10mm/6mm,编号分别记为 1、2、3、4。对于 RC 组合桥面板,与Ⅰ组正交异性钢桥面相比,隔板间距统一调整为 4.5m,U 形肋结构尺寸也进行了加大调整,顶、底宽及高度分别调整为 360mm、240mm 和 360mm,U 形肋间距也加大到 720mm 以上,根据 U 形肋间距和混凝土板厚度不同划分为 Ⅴ、Ⅵ、Ⅶ三组,其中Ⅴ组混凝土板厚度为 120mm、U 形肋间距为 720mm,Ⅵ组在Ⅴ组基础上将 U 形肋间距增加至 900mm,Ⅶ组又在Ⅵ组基础上将混凝土板厚度增加至 150mm;三组桥面板中的钢顶板和 U 形肋厚度又细分为四种工况,分别取 12mm/8mm、12mm/6mm、10mm/6mm、8mm/6mm,编号分别记为 1、2、3、4。

总体上看,RC 组合桥面板相对于 UHPC 组合桥面板,由于上层混凝土厚度较大,采用了材料用量更小的构造尺寸,如 U 形肋间距与厚度、钢面板厚度以及更大的横隔板间距等。

钢桥面板疲劳问题重点关注桥面板和纵向加劲肋之间的纵向接缝裂缝(②号应力点)以及纵向肋与横隔板槽型开口连接处的裂缝(③号应力点),如图 9.3-5 所示。

各组桥面系疲劳点应力、竖向位移、抗弯承载能力如表 9.3-2、图 9.3-6 ~ 图 9.3-9 所示。其中,轮载作用于横隔板间纵向跨中位置时桥面系竖向位移最大,用此位移量反映桥面系第二体系的竖向刚度。需要注意的是,本节列出的抗弯承载能力为 U 形肋与其钢顶板、混凝土板形成的组合截面的每延米正弯矩承载能力,

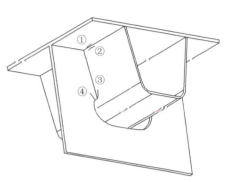

图 9.3-5　计算关注的桥面系疲劳应力点

其中钢结构的应力限值取为 275MPa,实际上组合桥面系作为主梁一部分参与总体受力,叠加第一和第二体系受力,根据总体受力位置不同可能承受拉弯、压弯、或正负方向的纯弯作用,且承载力的控制因素不尽相同。限于篇幅,本节以正截面抗弯承载力为代表进行讨论。

桥面系计算结果　　　　　　　　　　　　　　　表 9.3-2

类型	组号	编号	点 1 (MPa)	点 2 (MPa)	点 3 (MPa)	点 4 (MPa)	竖向位移 (mm)	正截面抗弯承载力 (kN·m)
正交异性钢桥面	Ⅰ	0	56	92	84	68	1.33	383
正交异性钢-UHPC	Ⅱ	1	28	61	54	56	0.75	429
		2	31	60	54	56	0.75	429
		3	35	60	55	57	0.75	429
		4	46	75	68	57	0.93	328
	Ⅲ	1	24	55	50	52	0.65	455
		2	27	54	50	52	0.65	455
		3	30	52	51	52	0.65	456
		4	40	59	62	52	0.79	349

续上表

类型	组号	编号	点1（MPa）	点2（MPa）	点3（MPa）	点4（MPa）	竖向位移（mm）	正截面抗弯承载力（kN·m）
正交异性钢-UHPC	Ⅳ	1	20	46	37	46	0.50	516
		2	23	45	38	46	0.50	516
		3	26	44	38	46	0.51	516
		4	33	50	50	46	0.60	396
正交异性钢-C60	Ⅴ	1	31	51	46	57	0.85	593
		2	37	60	55	56	1.02	455
		3	42	61	55	56	1.02	455
		4	48	62	56	57	1.03	456
	Ⅵ	1	29	48	45	56	1.02	483
		2	33	61	54	56	1.23	370
		3	38	62	55	56	1.24	370
		4	43	62	55	55	1.24	371
	Ⅶ	1	27	42	44	55	0.85	521
		2	31	55	50	52	1.01	402
		3	35	56	50	52	1.02	401
		4	40	56	51	53	1.03	400

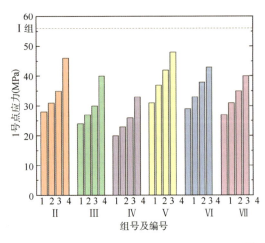
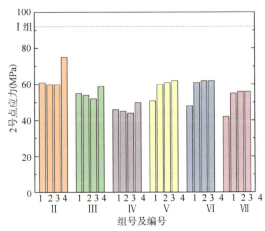

图 9.3-6

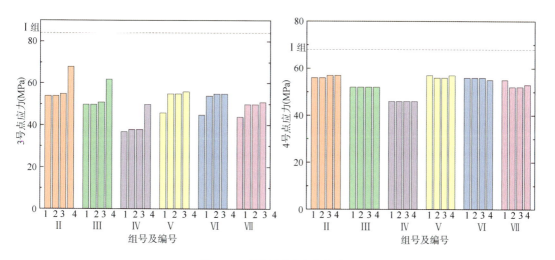

图 9.3-6 桥面系疲劳点应力对比

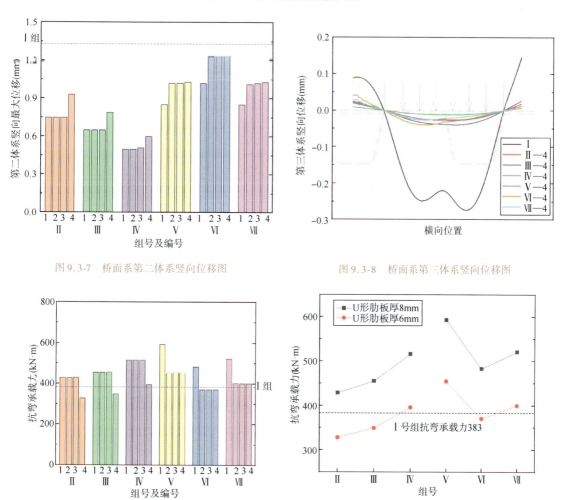

图 9.3-7 桥面系第二体系竖向位移图

图 9.3-8 桥面系第三体系竖向位移图

图 9.3-9 桥面系每延米抗弯承载能力图

根据以上计算分析结果,分别针对 UHPC 组合桥面板、RC 组合桥面板板的相关构造疲劳性能、结构刚度与承载能力等进行分析与对比。

1) UHPC 组合桥面板

(1) 疲劳关键点的应力

与正交异性桥面板相比,UHPC 组合桥面关键疲劳点的应力显著减小;随着 UHPC 层厚度的增加,各应力点的应力基本呈线性减少趋势。

①号点的应力受钢顶板自身厚度变化影响最大,各组编号 1～3 工况中钢顶板厚度从 16mm 减小至 12mm 过程中,①号点应力基本呈线性增长趋势;当各组编号 4 工况钢顶板进一步减小为 10mm、U 形肋厚度又从 8mm 减小为 6mm 时,①号点应力进一步突增,U 形肋厚度变化对①号点应力也有明显影响。

②号点的应力受 U 形肋自身厚度变化对影响最大,当各组编号 4 工况 U 形肋厚度从 8mm 减小为 6mm 时,②号点应力明显增加;各组编号 1～3 工况中钢板厚度从 16mm 减小至 12mm 过程中,②号点应力变化很小。

③号点的应力受 U 形肋自身厚度变化对影响最大,当各组编号 4 工况 U 形肋厚度从 8mm 减小为 6mm 时,②号点应力明显增加;各组编号 1～3 工况中钢板厚度从 16mm 减小至 12mm 过程中,③号点应力变化很小。

④号点位于横隔板上,当各组编号 1～4 工况钢顶板厚度变化及 U 形肋厚度变化时,均对④号点的应力影响很小。

(2) 桥面刚度

与正交异性钢桥面相比,UHPC 组合桥面板第二体系下结构竖向变形显著减小,增加混凝土层厚度可提升桥面结构刚度;UHPC 组合桥面板第三体系刚度提升尤其明显,竖向变形显著减小。

钢顶板厚度变化对桥面刚度的影响不大,这是由于其位于组合截面形心附近位置,厚度变化对截面惯性矩影响较小。

U 形肋厚度变化对第二体系下竖向变形影响显著,U 形肋厚度和底宽度即是组合板的下翼缘厚度和宽度,U 形肋的厚度减小显著减小组合板的惯性矩,进而增加桥面第二体系下的竖向变形,反之亦然。

(3) 桥面板承载力

总体而言,三组 UHPC 组合桥面的桥面承载力整体均比正交异性钢桥面大,混凝土板厚度越大,桥面板承载力越大。

钢顶板厚度变化对组合桥面板承载力的影响不大,同样是由于其位于截面中心轴附近。

U 形肋板厚对桥面板承载力影响较大,当 U 形肋板厚降低至 6mm 时,Ⅱ、Ⅲ两组桥面系承载能力低于钢桥面系,当Ⅵ组桥面系的 UHPC 厚度达到 120mm 时,承载力基本与钢桥面系相当。

2) RC 组合桥面板

(1) 疲劳关键点的应力

与正交异性桥面板相比,RC 组合桥面关键疲劳点的应力显著减小;随着 RC 层厚度的增加,各应力点的应力基本呈线性减少趋势。

①号点的应力受钢顶板自身厚度变化影响最大,但 U 形肋厚度也有明显影响,当各组编号 1 和 2 工况中 U 形肋厚度从 8mm 减小为 6mm 时,①号点应力增加;各组编号 2~4 工况中钢顶板厚度从 12mm 减小至 8mm 过程中,①号点应力基本呈线性增长趋势。

②号点的应力受 U 形肋自身厚度变化的影响最大,各组编号 1 工况 U 形肋厚度 8mm 减小到编号 2~4 工况 U 形肋厚度 6mm 时,②号点应力明显增加;各组编号 2~4 工况中钢板厚度从 12mm 减小至 8mm 过程中,②号点应力变化很小。

③号点的应力受 U 形肋自身厚度变化的影响最大,各组编号 1 工况 U 形肋厚度 8mm 减小到编号 2~4 工况 U 形肋厚度 6mm 时,③号点应力明显增加;各组编号 2~4 工况中钢板厚度从 12mm 减小至 8mm 过程中,③号点应力变化很小。

④号点位于横隔板上,当各组编号 1~4 工况钢顶板厚度变化及 U 形肋厚度变化时,均对④号点的应力影响很小。

Ⅵ组与Ⅴ组相比,仅增加了 U 形肋间距,编号 1~4 工况中,①号点的应力稍有减小,②~④号点的应力基本无变化;Ⅶ组与Ⅵ组相比,仅增加了 RC 板厚,编号 1~4 工况中,①~④号点的应力基本呈线性减少趋势。

(2)桥面刚度

由于横梁间距增加以及钢顶板厚度、U 形肋间距等尺寸减弱都将降低组合桥面板的刚度与承载力,但即使横梁间距由 3.5m 增加到 4.5m,RC 组合桥面的结构变形仍然低于正交异性钢桥面的变形值。

相同混凝土板厚情况下,RC 组合桥面板增加 U 形肋间距后,结构竖向变形随之明显增加;相同 U 形肋间距情况下,Ⅶ组在Ⅵ组基础上进一步增加混凝土板厚至 150mm,其结构竖向变形随之减小,与Ⅴ组整体相当。

与 UHPC 组合板类似,RC 组合桥面系第三体系刚度较正交异性钢桥面的提升较为明显。

钢顶板厚度变化对桥面刚度的影响不大,U 形肋厚度变化对第二体系下竖向变形影响显著。

(3)桥面板承载力

RC 组合板具有较大的承载力,RC 组合桥面中Ⅴ组工况(RC 板厚 120mm,U 形肋间距 720mm)的承载力比钢桥面系高 19%~55%;

Ⅵ组工况在拉大 U 形肋间距至 900mm 后,桥面板承载力有所降低,编号 1 工况(U 形肋板厚 8mm)仍比正交异性钢桥面大之外,编号 2~4(U 形肋板厚 6mm)承载力仍然基本与正交异性钢桥面相当;

Ⅶ组在Ⅵ组基础上进一步增加混凝土板厚至 150mm,组合桥面板承载力略有提高。

与 UHPC 组合桥面板类似,钢顶板厚度变化对组合桥面板承载力的影响不大,但 U 形肋板厚影响较大,三组 RC 组合桥面板的 U 形肋厚度由 6mm 增加至 8mm 时,承载能力提高约 30%。

3)小结

混凝土/UHPC 层厚度是影响桥面板承受轮压荷载作用扩散能力的重要因素,一般来说 UHPC 组合桥面的混凝土层不宜过小,一方面受限于钢筋构造尺寸及制造误差等影响,另一方面 UHPC 层厚度太小难以控制混凝土板与钢结构的应力水平,尤其是组合桥面板参与总体受力的情况。

UHPC 组合桥面板考虑到经济性等原因,UHPC 板厚度相对较小,组合后的正交异性钢桥面系统不宜有较大减弱,包括钢顶板及 U 形肋板厚、U 形肋尺寸和间距,否则对疲劳点应力幅及桥面刚度的改善不甚明显。UHPC 组合桥面板经常采用与正交异性钢桥面相同的钢结构构造,只有当混凝土板厚度取值较大时,可进一步对钢顶板厚度及 U 形肋系统进行适当优化,以取得力学性能和经济性能的平衡。

总体而言,RC 组合桥面板的混凝土层厚度相对较大、桥面高度较高,其对局部轮载的扩散能力以及承载能力相对较大,从参数分析结果也可看出,虽然 RC 组合桥面板横隔板间距由 3.5m 加大至 4.5m,且对正交异性钢桥面进行了弱化,但与正交异性钢桥面相比仍取得了较优的结构性能,RC 组合桥面板隔板间距可视具体情况取较大值。

RC 组合桥面板的混凝土层厚度一般在 100mm 以上,分析结果也显示当混凝土板厚度进一步增加,对于疲劳点降低应力幅或是提高承载力的幅度减小,组合桥面板混凝土厚度不仅需要考虑桥面板本身性能要求,还需要综合考虑景观总体受力的需要。

RC 组合桥面板的 U 形肋间距在 600~900mm 范围内变化时,两处主要疲劳点的应力变化并不敏感,甚至小幅减小,虽然桥面刚度会有所牺牲,但较正交异性钢桥面仍有较大优势,因此可对 U 形肋间距进行优化以提高设计经济性。钢顶板及 U 形肋厚度对两处主要疲劳点的应力影响较大,但前者对结构刚度和承载力影响并不敏感,为此可根据需要适当对钢顶板厚度进行合理优化,以取得力学性能和经济性能的平衡。

通过对比正交异性钢桥面与两种不同混凝土材料的组合桥面板在疲劳、刚度、承载能力等力学性能,对混凝土层材料与厚度、钢顶板板厚、U 形肋尺寸、隔板间距、板厚、桥面跨度等不同参数的影响规律进行了探讨。总体而言,通过合理设计,无论 UHPC 组合桥面板还是 RC 组合桥面板,相比正交异性钢桥面板,在疲劳、刚度、承载能力等方面均具有一定优势。此外,组合桥面板桥面刚度较钢桥面板大幅增加后,其钢结构部分可以采用开口肋加劲进一步规避疲劳损伤风险,可以从力学性能、制造安装及经济性等方面进一步研究应用。但正交异性组合桥面板能否得到推广应用,还要看其作为主梁的一部分参与结构总体受力等方面能否展现出技术和经济方面的优势。以应用于斜拉桥主梁为例,在实际斜拉桥工程中,主梁不同位置的受力不同,如何协调布置组合桥面板,包括合理的隔板间距选择、合适的混凝土层材料选用与厚度以及合理的正交异性钢结构布置,以取得结构自重、力学性能、总体造价的合理平衡,始终将是工程师需要关注的重点。对于正交异性组合桥面板,RC 板和 UHPC 板的厚度不仅关系到组合桥面板自身受力与刚度,还关系到总体受力中钢与混凝土(或 UHPC)的分配关系,减小 RC 板和 UHPC 板的厚度虽然可以减小结构自重和自身材料消耗,但由于主梁中的钢结构将要分担更大比例的内力作用,因此,斜拉桥整体的经济性常常并不是由主梁结构自重等简单因素决定。

9.3.3 结构与构造

正交异性组合桥面板可以分为两种类型:一类由正交异性钢桥面板及其上的钢筋混凝土板组成,另一类由正交异性钢桥面板及其上的超高性能混凝土板组成。两者结构重量均介于正交异性钢桥面板和混凝土桥面板之间,结构高度和承载力均大于正交异性钢桥面板和混凝土板;两者均为正交异性组合板,前者采用普通混凝土或纤维混凝土,简称为 RC 组合板;后者采用超高性能混凝土(UHPC),材料性能指标视具体受力情况确定,简称为 UHPC 组合板。

正交异性组合桥面板应用于不同主梁结构中,组成不同的主梁形式。比如开口截面的组合梁、全封闭的组合钢箱梁以及半封闭的组合钢箱梁等结构形式。简而言之,就是以组合板替代传统组合梁的混凝土板,或者替代钢梁的正交异性钢桥面板。

RC 组合板可以用于不同的主梁形式,图 9.3-10 和图 9.3-11 所示分别为开口截面主梁和全封闭截面主梁。采用正交异性组合板的高度约为混凝土桥面板或正交异性钢桥面板的 1.5 倍以上,其承载能力显著增加,因此根据具体情况横梁可以选用较大间距。混凝土层的高度较大、桥面刚度显著增加,大大提高了桥面板承受轮压荷载作用的扩散能力,使得正交异性钢桥面板 U 形肋与面板焊缝、U 形肋与隔板焊缝等相关疲劳易损部位的应力幅大幅下降。

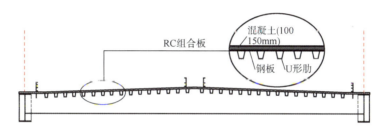

图 9.3-10　RC 组合板开口截面组合梁示意

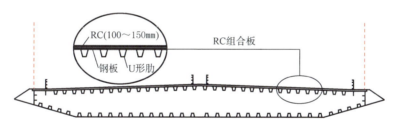

图 9.3-11　RC 组合板全封闭组合梁示意

RC 组合桥面板在承受正弯矩时,混凝土板受压、U 形肋受拉,最能充分发挥两种材料的性能优势,具有较强的承载能力;在承受负弯矩时,U 形肋受压或下缘侧部分受压,组合板的承载能力可能由 U 形肋稳定控制,当主梁所在区域压应力储备较小时,混凝土板受拉,则组合板的承载能力也可能由负弯矩控制。

组合桥面板作为主梁的一部分,参与主梁纵横向受力,需要考虑总体与局部两者的组合受力作用。组合桥面板为纵向受力的单向板,在桥面荷载作用下,纵向表现为由横隔板支承的连续梁受力特点,沿纵向交替承受正负弯矩作用。由于斜拉桥主梁不同区域受力不同,在主梁承受纵向压力较大、弯矩较小区域,组合桥面板为压弯构件;在主梁纵向压力较小、弯矩较大区域,如主跨跨中位置,在纵向为负弯矩荷载模式作用下,当纵向无预应力提供压应力储备时,组合桥面板为拉弯构件。从主梁横向受力看,组合桥面板的钢面板和混凝土板为横梁(横隔板)的上翼缘板,当为双索面斜拉桥时,主要承受压应力作用;当为单索面斜拉桥时,主要承受拉应力作用,此时一般会配置预应力;总体看来,横向受力不会成为主要控制因素。

从设计角度看,主梁纵向受力需要考虑总体受力和桥面板局部受力的叠加作用,组合桥面板的纵向受力包含桥面荷载作用产生的内力以及参与主梁总体受力所分担的内力。组合桥面板需要适当控制自身在桥面荷载直接作用下的纵向应力水平,以便在与总体受力组合情况下能够发挥主梁全截面的承载能力。因此,组合桥面板的合理结构与构造,不仅是由承受桥面荷载决定的,还需要统筹协调考虑主梁承受荷载的合理性。

正交异性组合桥面板的构造参数包括:混凝土厚度、U形肋(或板肋)高度与间距以及钢面板厚度、U形肋厚度(板肋尺寸)等。构造参数较多,构造优化需要重点考虑两方面的因素:一是合理控制钢与混凝土的纵向应力水平,二是U形肋与钢面板及横隔板相交位置两处疲劳敏感点的应力水平。

组合桥面板由正交异性钢桥面板与混凝土板组合而成,在混凝土板加入钢桥面板后,从纵向承载能力看,钢面板厚度可以减小,U形肋间距可以加大并采用较薄的构造,同时支承桥面板的主梁横隔板间距也可以在更大范围选择。从横向受力看,混凝土层和钢面板组成的面板由加劲肋支承,相对于10cm以上面板的厚度,支承间距相对较小,U形肋横向间距在1m之内变化,混凝土板的应力均很小,加劲肋间距可以适当增加,混凝土板横向受力主要由其参与主梁横向受力控制。此外,加劲肋间距变化将影响组合板纵向承载能力,应该综合考虑混凝土板横向受力及组合板的纵向受力等因素。

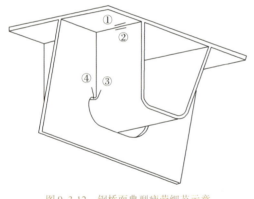

图9.3-12 钢桥面典型疲劳细节示意

从钢桥面板疲劳敏感点(图9.3-12)看,由于混凝土板相对强大的刚度,在一定范围内加大U形肋间距,U形肋与面板接缝处的应力变化并不敏感。U形肋与横隔板弧形缺口处的应力主要与组合板的纵向刚度有关,由于组合板的刚度较正交异性钢桥面板显著增加,混凝土板的加入增强了桥面荷载的扩散能力,组合桥面板的加劲肋竖向弯曲变形显著减小,所引起的横隔板面外变形减小,U形肋与横隔板弧形缺口处焊缝应力显著减小。

德国多年来针对正交异性组合桥面板开展了大量研究与应用,其中维滕贝尔格的易北河桥为跨径布置为126m+160m+126m的大跨径连续梁桥,采用正交异性组合板,主梁截面布置及正交异性组合桥面板构造分别如图9.3-13和图9.3-14所示。正交异性组合桥面板的混凝土板厚15cm,配有单层钢筋,钢面板厚度10mm,U形肋开口宽450mm、高350mm、厚度6mm。混凝土板与钢板采用焊钉连接,U形肋横向间距为900mm、横隔板纵向间距3000mm。

济南齐鲁黄河大桥主桥为主跨420m网状吊杆系杆拱桥,主梁采用钢箱组合梁,桥面板为正交异性组合板,主梁横截面布置及正交异性组合桥面板构造如图9.3-15和图9.3-16所示。正交异性组合桥面板的混凝土板厚12cm,配有单层横向钢筋与双层纵向钢筋,钢面板厚12mm,U形肋开口宽360mm、高300mm、厚度8mm。混凝土板与钢板采用焊钉连接,U形肋横向间距为720mm、横隔板纵向间距为4500mm。

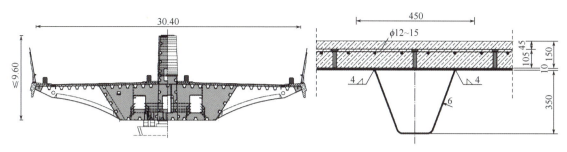

图9.3-13　德国易北河桥主梁截面布置(尺寸单位:mm)　　图9.3-14　易北河桥组合桥面板构造示意(尺寸单位:mm)

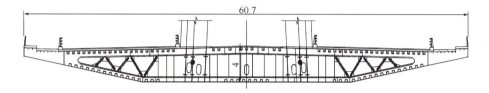

图9.3-15　济南齐鲁黄河大桥主梁截面布置(尺寸单位:mm)

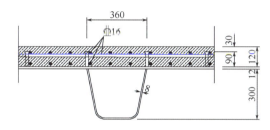

图9.3-16　齐鲁黄河大桥主梁组合桥面板构造(尺寸单位:mm)

根据国内外的研究与工程实践经验,RC组合板构造参数的合理取值范围如下:混凝土板厚100~150mm,U形肋之上的钢面板厚10~12mm,U形肋高28~35cm、厚6mm~8mm、横向间距为600~900mm,横梁(横肋)间距为300~450cm。焊钉横向间距为300~450mm(与U形肋开口间距或板肋间距一致)、纵向间距为120~600mm(根据受力需要调整)、直径13~25mm(根据受力需要调整)。上述参数主要是从满足正交异性组合桥面板疲劳性能和承载能力需要给出的变化范围,斜拉桥需要考虑组合桥面板局部受力与总体受力的组合作用,特别是大跨径斜拉桥,在主梁最小截面基础上,需要根据主梁不同部位的总体受力情况进行加强。通常主梁上翼缘混凝土板厚度保持等厚,采用增加钢面板厚度、选择较厚(8mm)的U形肋进行加强,主梁下翼缘根据需要增加底钢板厚度。必要时也可以调整混凝土板厚度,如在近塔段采用15cm及以上的较大厚度,近跨中段采用10cm较小厚度。混凝土板可以采用C60/C50混凝土或纤维混凝土。

图9.3-17和图9.3-18所示采用UHPC组合板的组合梁,从结构形式上看,和采用RC组合板的组合梁一样,只是较厚的普通混凝土层换成了较薄的超高性能混凝土(UHPC)。相对于RC组合板,由于UHPC板厚度较小,比如厚度为60mm时,对降低两个疲劳敏感点应力的效果要小于厚度较大的混凝土板,但相对于钢桥面板仍然十分显著。同样因为UHPC板厚度较小,与常规钢桥面板组合较为协调,U形肋高度、间距以及横隔板间距可不用调整变化。当

采用较厚的 UHPC 板时，如厚度为 100mm，可以采用较大高度和间距的加劲肋布置。

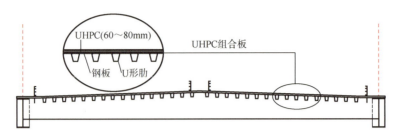

图 9.3-17　UHPC 组合板开口截面组合梁示意

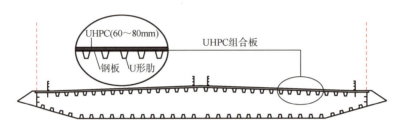

图 9.3-18　UHPC 组合板全封闭组合梁示意

UHPC 组合板的高度约为正交异性钢桥面板的 1.2 倍，其承载能力也显著增加。在承受正弯矩时，UHPC 受压、U 形肋受拉，组合板的承载能力将由钢材控制，UHPC 的抗压能力一般存在较大富余。在承受负弯矩时，U 形肋受压或下缘侧部分受压，UHPC 则受拉，当其抗拉能力足够时，组合板的承载能力可能由 U 形肋的屈曲稳定控制。

UHPC 的厚度为 60~100mm，U 形肋之上的钢板厚度一般采用 12mm，U 形肋高度 30cm 左右、间距 650mm 左右，横梁（横肋）间距 3500mm 左右。UHPC 既往的工程实践最小厚度可以达到 35mm，这主要是用于旧桥正交异性钢桥面板的维修加强或仅作为桥面铺装使用，作为永久结构参与主梁纵横向受力时，最小厚度需要考虑钢梁制造、UHPC 板浇筑误差以及配筋直径等影响。通常钢梁节段制造会以直代曲，浇筑厚度存在误差，为保证配筋的保护层厚度及 UHPC 层厚度以及作为永久受力结构的可靠性，UHPC 的最小厚度不宜低于 60mm。UHPC 的强度等级一般从 UC120 到 UC200 变化范围较大，性能差异较大，费用也差别很大，总体上应该根据斜拉桥受力性能要求，选择合适等级的 UHPC 材料，取得斜拉桥总体造价的经济性。

济南凤凰黄河大桥跨北侧大堤桥为跨径布置 154m + 245m + 154m 的连续梁桥，采用正交异性 UHPC 组合板，主梁横截面布置及正交异性 UHPC 组合桥面板构造如图 9.3-19 和图 9.3-20 所示。正交异性 UHPC 组合桥面板的混凝土板厚 8cm，抗压强度不低于 120MPa，抗弯拉强度不低于 24MPa。混凝土桥面板配有单层钢筋，钢面板厚度 16~50mm，U 形肋开口宽 360mm、高 300mm、厚度为 8~10mm。UHPC 板与钢板采用焊钉连接，U 形肋横向间距 720mm、横隔板纵向间距 4000mm。

值得一提的是，鉴于国内正交异性组合桥面板工程实践相对较少，一些结构参数还需要结合具体工程，根据结构局部和总体受力、钢结构抗疲劳性能等多方面的因素，进行多参数、多目标的优选。从实践层面看，还有待不断优化完善，以实现结构效益最大化。

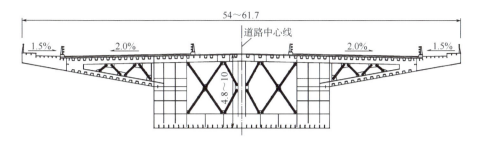

图 9.3-19　济南凤凰黄河大桥主跨 245m 的连续梁截面布置(尺寸单位:mm)

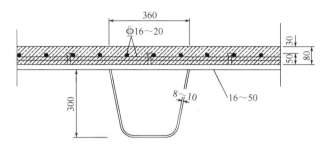

图 9.3-20　主跨 245m 连续梁组合桥面板构造(尺寸单位:mm)

正交异性组合桥面板由于有混凝土板加入,桥面板的刚度大幅提升,钢桥面板采用闭口肋提升桥面板刚度的需求已经退居次要位置,可以采用开口肋的结构形式,正交异性钢桥面结构采用合理的开口肋后,加劲肋与钢面板接缝处的疲劳问题几乎不会成为控制因素,加劲肋与横隔板交点处的疲劳问题也将由于焊接工艺的改变较 U 形肋方案明显改善。在组合板承受压应力较大的区域,开口肋结构需要考虑屈曲稳定问题,但一般不会因为局部屈曲而造成材料性能难以发挥的情况。

上海松浦大桥拓宽改造工程,主桥为两联 96m+112m 的钢桁梁桥,拓宽改造后,上层桥面采用球扁钢加劲肋、低收缩高强韧性混凝土(SSDC)组合桥面板,正交异性组合桥面板构造如图 9.3-21 和图 9.3-22 所示。根据计算,采用三种强度的混凝土,分别为抗压强度不低于 80MPa,抗弯拉强度不低于 12MPa;抗压强度不低于 100MPa,抗弯拉强度不低于 12MPa;抗压强度不低于 120MPa,抗弯拉强度不低于 20MPa。桥面板配有纵、横向钢筋各一层,钢面板厚度 12mm,球扁钢加劲肋为 280mm×11mm。SSDC 板与钢板采用焊钉连接,球扁钢加劲肋横向间距 500mm,横隔板纵向间距 4000mm。

济南凤凰黄河大桥主跨 245m 的连续梁桥采用了 80mm 板厚 UHPC,强度等级 120MPa,钢面板最小厚度 16mm。采用较大的 UHPC 板厚是为了增加高性能混凝土参与组合梁受力的面积,尽管自重也会随厚度增加而增加;采用较低的强度是为了在满足连续梁受力要求的情况下,降低 UHPC 的材料价格,以便取得连续梁桥整体的经济性。钢桥面板厚度最小为 16mm,主要因为大跨径连续梁的受力控制,而非正交异性组合桥面板的受力需要控制。

松浦大桥采用了 80mm 板厚,强度等级有 80MPa、100MPa 及 120MPa 三个等级,钢面板厚度度为 12mm,采用较大的板厚在于增加高性能混凝土参与组合桥面板受力的面积;采用较低的强度也是为了在满足结构受力要求的情况下,降低 SSDC 的材料造价。钢面板采用 12mm 厚度,并非受力需要,主要在于国内实践经验有限,偏于保守取用。

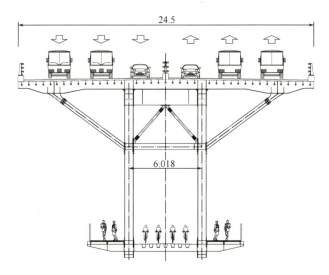

图 9.3-21 上海松浦大桥主梁截面布置(尺寸单位:m)

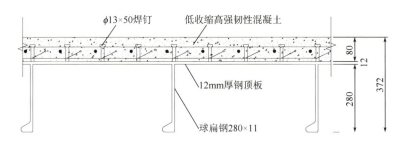

图 9.3-22 松浦大桥主梁组合桥面板构造(尺寸单位:mm)

9.3.4 发展前景

我国改革开放之初,因为混凝土取材方便、劳动力价格便宜,修建了大量预应力混凝土桥梁,随着国家经济发展和技术进步,大跨径钢结构桥梁得到发展,组合结构桥梁也成为发展的热点。组合结构桥梁在我国的技术发展相对落后,应用比例远远小于欧美等发达国家,面对未来桥梁建设的需求,新技术将迎来发展与应用高潮,有必要充分借鉴国内外的经验与教训,重视新技术研发和推广应用。

国内外传统组合结构在大跨径桥梁中应用广泛,但随着跨径的增加,自重较大的主梁形式将影响经济性,大跨径斜拉桥,特别是千米级斜拉桥,多采用纯钢梁以实现技术经济合理性,但钢梁存在正交异性桥面板疲劳损伤问题。作为解决问题的方案之一,可以在钢梁与传统组合梁之间,寻求能够平衡技术性能与经济指标的新结构。从一些工程实践和相关研究成果看,组合桥面板这种新构件可以满足要求,用于替代钢梁的正交异性钢桥面板,或者替代组合梁的混凝土桥面板,形成组合板组合梁新结构,在钢梁与传统组合梁之间寻求竞争优势。

组合桥面板采用正交异性钢桥面板与混凝土板组合的结构形式,着眼于减轻混凝土桥面板的自重,改善正交异性钢桥面板的疲劳性能。组合板采用普通混凝土或纤维混凝土时,将原来20~30cm的混凝土板降低到10~15cm;组合板采用超高性能混凝土时,可以采用10cm以下的厚度,并弥补常规混凝土的抗拉性能不足问题。从结构局部受力看,组合板在满足结构第二、第三体系受力的条件下,无论钢结构采用 U 形肋还是开口肋,相关疲劳敏感点焊缝处的应力水平大幅下降,抗疲劳性能得以提升。从斜拉桥总体受力与材料用量看,正交异性组合桥面板并不是仅仅作为桥面铺装,而是作为主梁的一部分,全面参与纵向、横向及桥面三体系的受力,相对于传统混凝土桥面板,减小了混凝土板厚度,同时增加了一些钢材的用量;相对于传统的正交异性钢桥面板,增加了一层超高性能混凝土,同时减少一些钢材的用量。

总体来看,对于正交异性组合桥面板及采用组合桥面板的主梁,结构构件的材料、构造及施工方法不同,其承载能力、抗疲劳性能等力学性能也不同,构件的重量及造价也会有所差异。任何单一的指标不能成为评判优劣的标准,必须针对斜拉桥不同的跨径、不同结构布置及施工条件等情况,在满足桥梁各项性能要求的前提下,才能做出正确的判断。

组合结构由不同材料结合一起共同受力,一个截面内两种材料的承载能力必然要受到弱的一方限制。如果我们想要混凝土分担更多的荷载,依靠提高其强度是不行的,要么增加混凝土的厚度(面积),但这同时也会增加重量;要么增加混凝土的弹性模量、减小其收缩徐变,这对材料提出了高要求,也可能面临较为昂贵或者很难合理实现的问题。关键是材料必须实现有效率的利用以及取得经济上的竞争力。

毫无疑问,桥梁结构的重量是一个重要的参数,从结构受力角度希望能够做到轻质高强,以满足桥梁向大跨径发展的要求。由不同材料塑造的结构构件,存在着承载重力与结构质量等多种特性,不同材料、不同结构形式的重量各不相同,工程造价也相差很大。既有自重较大的混凝土结构更为经济的适用范围,也有自重较轻的钢结构更经济的应用空间。结构与构件的承载能力、自重大小、材料特性等,对经济性的影响与多种因素有关,包括桥梁的跨径、结构体系以及施工方法等方面。对于斜拉桥不同的总体布置与结构形式,主梁受力各不相同、各有特点。宏观来看,跨径越大桥梁结构越倾向于采用轻质材料与结构形式,但关键是要找到合适应用范围,以便使结构材料的效益最大化。

组合梁用于斜拉桥可以发挥混凝土的抗压优势,在很大的跨径范围内可以抵消重量增加所产生的不利影响。但是随着斜拉桥跨径的增加,组合梁重量较大的不利因素逐步超越其有利影响,要进一步提升组合梁斜拉桥经济跨径,必须采用相对轻质的结构形式。从结构受力体系看,斜拉桥的主梁不仅是桥面传力结构,更是重要的承重构件,主梁自身结构承载的效率,特别是承受轴向压力作用的有效性,对于斜拉桥的经济性影响显著。因此,任何结构形式的主梁不仅需自身具有较好的承载效率,同时需兼顾对体系整体的影响。

正交异性组合桥面板可以看作介于传统混凝土桥面板组合梁和钢箱梁之间一种结构形式,重量介于钢箱梁和常规混凝土板组合梁之间。减小混凝土板厚度减轻了结构自重,同时因减小混凝土板厚降低的承载能力以钢材予以弥补。对造价的影响主要是主梁自身造价的变化以及重量变化引起桥塔、缆索等相关构件数量的变化,用于大跨径桥梁时,经济上有竞争力的跨径将介于传统组合梁与钢箱梁之间。

超高性能混凝土组合板的超高性能混凝土具有很高的抗拉压性能,与钢结构结合厚度可以做到 100mm 以下。超高性能混凝土组合板的超高性能混凝土具有很高的抗拉压性能,与钢结构结合厚度可以做到 100mm 以下,即便如此,由于受与其组合受力钢结构材料强度的限制,其材料力学性能一般得不到充分发挥。相对于正交异性钢桥面板,虽然重量有所增加,但因超高性能混凝土参与承载受力,可以适当减少钢材用量,由于自身重量增加相对较小,对整体结构造价的影响也相对要小,这些是采用超高性能混凝土组合板在造价上的有利因素。然而,超高性能混凝土材料与施工费用较高,其造价可能高于钢箱梁,工程师需要做好工程造价与结构性能的取舍。但从全寿命经济角度出发,考虑到超高性能混凝土组合板较好的结构抗疲劳性能及耐久性,与钢箱梁相比仍有相当的竞争力。

不同体系的桥梁对组合梁的性能要求不同,而且跨径不同也会影响主梁的经济性选择。因此,组合桥面板新技术的应用应该有针对性的要求,应该全面考虑各种相关影响因素,做出合理的选择,以期效益最大化。

总体来看,尽管建设条件千差万别,不同建设条件对斜拉桥主梁的合理形式会产生影响,但具体到每一种主梁形式,都有其合理的经济跨径范围。相关研究表明,混凝土板组合梁的经济跨径可以达到900m,正交异性组合桥面板斜拉桥经济跨径在1000m以上。但对于强风环境下的斜拉桥,在百年一遇极限风荷载作用下,主梁横桥向将产生较大的弯矩,跨中范围的桥面板将产生拉应力,特别是桥面宽度较小时,千米级正交异性组合板主梁斜拉桥的混凝土桥面板拉应力将成为控制因素。

正交异性组合桥面板的主梁形式,承受桥面车辆等荷载作用时具有良好的性能,但斜拉桥的主梁不仅只是满足承受桥面荷载作用,还要满足横桥向受力以及纵向总体受力需要。主梁的承载效率关系到经济性,要提高一种主梁形式的经济性,理想的状态是主梁在承受纵向、横向及桥面荷载时都能充分发挥材料性能。组合梁由钢与混凝土两种材料结合共同受力,要使两种材料性能都得到充分发挥,钢材强度与混凝土强度之间也存在合理匹配的关系。比如将C60混凝土与Q345钢材搭配,在考虑收缩徐变影响情况下,从承受压应力的角度看,当主梁控制截面的混凝土应力达到限值时,钢材应力也基本达到限值,两者匹配较好。如果将C60混凝土与Q500钢材搭配,则当主梁控制截面的混凝土压应力达到限值时,钢材应力还有较大富余。反过来,如果将C100混凝土与Q345钢材搭配,则当主梁控制截面的钢材应力达到限值时,混凝土应力还有较大富余。当组合梁中钢与混凝土两种材料的弹性模量一定时,要使其中一种材料分担更多荷载,增加其强度是无效的,只能增加其面积,也就是增加材料用量。因此,根据不同跨径斜拉桥的主梁受力特点,合理选择和确定材料性能要求,最大程度发挥材料性能至关重要。普通混凝土或纤维混凝土材料价格和施工费用便宜,但自重较大,随着斜拉桥跨径不断增加其经济竞争力将降低。UHPC材料性能优越,能够适应超大跨径斜拉桥的受力需求,但材料价格和施工费用较高,限制了其推广应用。从一些UHPC材料性能看,按照弹性模量换算成钢材后,其允许应力远高于结构钢材料,这需要我们根据不同区域主梁受力情况,一方面尽可能在合理范围选用高强钢材与之配合,另一方面在满足受力要求的条件下,选择强度适中、经济性更好的超高性能混凝土或高性能混凝土。

如前所述,正交异性组合桥面板斜拉桥经济跨径在1000m以上,千米级以上超大跨斜拉桥,将面临特殊工况下的受力问题。在极限静风荷载作用下,斜拉桥主梁将承受横桥向弯矩作用,在主梁梁高及结构形式确定的风阻系数一定的情况下,横桥向弯矩的大小主要取决于斜拉桥主跨跨径、边跨布置以及桥梁所在环境风荷载的大小。百年一遇横桥向极限风荷载作用下,在塔下和主跨跨中分别出现弯矩峰值,主梁横桥向弯矩典型分布如图9.3-23所示。

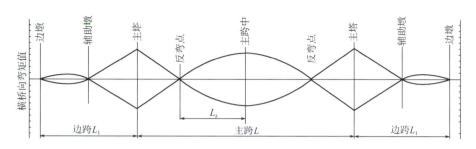

图 9.3-23 横桥向风荷载作用下主梁横向弯矩分布示意

桥塔下主梁截面由于在恒载下承受较大的压应力,与极限风荷载产生的拉压应力组合后,一般不会出现拉应力,但压应力有可能控制主梁截面设计,这可以通过增加截面构造尺寸加以解决。主跨跨中范围主梁由于所受轴向压力较小或接近于零,在极限静风荷载作用下将产生拉应力。从主跨跨中向桥塔方向,主梁恒载压应力越来越大、极限风荷载产生的拉应力越来越小,两者组合后仍然出现拉应力的范围随斜拉桥跨径、桥宽及风环境不同而异,对于沿海地区主跨 1000m 的斜拉桥,主梁出现拉应力的范围约为主跨的 1/5~1/4,拉应力最大值可能 10MPa 以上。对于采用普通混凝土和 UHPC 的组合梁,尤其是采用普通混凝土的组合梁,极限静风荷载可能会成为设计的主要控制因素。

斜拉桥同等跨径、同等风环境下,四车道、六车道及八车道高速公路的梁宽各不相同,极限静风荷载作用下拉应力的大小也不相同。总体而言,对于内陆地区,即使斜拉桥跨径达到 1000m 级,四车道以上高速公路所需主梁宽度条件下,极限静风荷载作用不会成为主梁设计控制因素。即使混凝土桥面板出现一定的拉应力,但数值较小,容易通过工程措施解决。对于沿海强风环境,即使斜拉桥跨径在 1000m 以下,六车道及以下车道数高速公路所需主梁宽度条件下,极限静风荷载作用也会成为主梁设计控制因素。相对而言,UHPC 组合桥面板存在主梁节段间连接部位的抗拉问题,内陆地区风荷载相对较小,六车道高速公路桥宽度的主梁,采用适当的连接方式可以满足桥面板的受力要求,必要时可以采用配置体外预应力的方法。RC 桥面板在强风环境下,800m 以上将会受到极限静风荷载作用控制,正常运营荷载组合下主梁上翼缘桥面板也可能出现拉应力。RC 桥面板的厚度已经具备设置体内预应力的条件,可以通过配置预应力的方式加以解决。当存在配置预应力数量较多或其他困难时,可以考虑设置体外预应力,或体内、体外预应力相结合的方式。对于沿海环境下的斜拉桥,主梁仅在百年一遇极限横向风荷载作用下,桥面板出现拉应力的情况,可以考虑受拉区允许混凝土板开裂、控制裂缝宽度的方法,这有可能需要加强钢梁和混凝土板钢筋配置。此外,可以考虑斜拉桥主跨主梁采用混合的结构形式,拉应力较大区域采用钢箱梁,其余采用组合梁。

总之,采用正交异性组合板的组合梁,应用于斜拉桥在技术上是可行的,正交异性桥面板的合理构造以及斜拉桥体系的力学性能等方面,需要结合实际工程不断深入研究改进,提高正交异性组合板组合梁斜拉桥的技术经济竞争力。

参 考 文 献

[1] 项海帆.桥梁概念设计[M].北京:人民交通出版社,2011.
[2] 邵长宇.索承式组合结构桥梁[M].北京:人民交通出版社股份有限公司,2017.
[3] 肖汝诚.桥梁结构体系[M].北京:人民交通出版社,2013.
[4] 吉姆辛.缆索支承桥梁—概念与设计[M].2版.金增洪,译.北京:人民交通出版社,2002.
[5] 林元培.斜拉桥[M].2版.北京:人民交通出版社,2004.
[6] 李国豪.桥梁结构稳定与振动(修订版)[M].北京:中国铁道出版社,2003.
[7] 严国敏.现代斜拉桥[M].成都:西南交大出版社,2000.
[8] 项海帆.现代桥梁抗风理论与实践[M].北京:人民交通出版社,2005.
[9] SVENSSON H.斜拉桥—世界范围内40年的理论和技术[M].张戎令,王学伟,王亚,等.译.北京:人民交通出版社股份有限公司,2018.
[10] 胡佳.超大跨径部分地锚交叉索斜拉桥结构体系研究[D].长沙:湖南大学,2019.
[11] 孙斌,肖汝诚,CAI C S.部分地锚斜拉桥经济性能分析[J].同济大学学报(自然科学版),2013,41(10):1476-1482,1489.
[12] 肖汝诚,卫璞,孙斌.大跨度部分地锚斜拉桥力学分析与参数研究[J].东南大学学报(自然科学版),2013,43(5):1097-1103.
[13] 戴昌源,邵长宇,苏庆田,等.混合桥面横向连接构造静力性能[J].同济大学学报(自然科学版),2022,50(5):678-689.
[14] 肖汝诚,姜洋,项海帆.缆索承重桥的体系比选[J].同济大学学报(自然科学版),2013,41(02):179-185,207.
[15] 周世忠,周念先.斜张桥和其他桥型的竞争与协作[J].中南公路工程,1981(02):109-114.
[16] 叶爱君,范立础.超大跨度斜拉桥的横向约束体系[J].中国公路学报,2007(02):63-67.
[17] 胡可,王胜斌,王波,等.超大跨径柱式塔斜拉桥结构创新与应用[J].桥梁建设,2021,51(04):88-95.
[18] 陈德伟,范立础,张权.独塔斜拉桥的总体布置和参数研究[J].土木工程学报.1999,32(3):34-40.
[19] 苗家武,肖汝诚,裴岷山,等.苏通大桥斜拉桥静力稳定分析的综合比较研究[J].同济大学学报(自然科学版).2006,34(7):869-8730.
[20] 苗家武.超大跨度斜拉桥设计理论研究[D].上海:同济大学,2006.
[21] OLLGAARD J G,SLUTTER R G,FISHER J W. Shear Strength of Stud Connectors in Lightweight and Normalweight Concrete[J]. Engineering Journal-American Institute of Steel Con-

struction,1971,8(2):55-64.
[22] 蔺钊飞,刘玉擎,贺君.焊钉连接件抗剪刚度计算方法研究[J].工程力学,2014,31(7):85-90.
[23] 李法雄.组合梁斜拉桥空间受力行为及时变效应[D].北京:清华大学,2011.
[24] 吴冲,曾明根,邵长宇,等.大跨度组合箱梁斜拉桥混凝土收缩与徐变应力分析[J].世界桥梁,2004(S1):37-41.
[25] 刘沐宇,程涛.不同龄期混凝土收缩徐变对三塔结合梁斜拉桥的影响[J].华中科技大学学报(城市科学版).2010,27(3):6-10.
[26] 颜东煌,田仲初,李学文,等.混凝土桥梁收缩徐变计算的有限元方法与应用[J].中国公路学报.2004,17(2):55-58.
[27] 李学文,姚康宁,颜东煌.利用最小二乘法实现2004规范徐变系数的指数函数拟合[J].长沙交通学院学报.2006(3):20-24.
[28] 陈亮,邵长宇.结合梁斜拉桥混凝土收缩徐变影响规律[J].桥梁建设.2015(1):74-78.
[29] 邵长宇,颜爱华,邓青儿.东海大桥主跨420m钢-混凝土箱形结合梁斜拉桥新技术[J].桥梁建设,2004(2):27-30.
[30] 高宗余.青洲闽江大桥结合梁斜拉桥设计[J] 桥梁建设.2001(4):13 17.
[31] 陈亮,卢永成,周伟翔,等.曹妃甸工业区1号桥斜拉桥设计[J].桥梁建设,2011(4):62-65.
[32] 潘家英,吴亮明,高路彬,等.大跨度斜拉桥活载非线性研究[J].土木工程学报,1993,26(1):31-37.
[33] 陈政清,颜全胜.大跨度斜拉桥的非线性分析[J].长沙铁道学院学报,1991,9(3):29-33.
[34] 张雪松,梁鹏,贾丽君,等.非线性因素对超大跨度斜拉桥活载内力的影响[J].重庆交通学院学报,2005,24(1):5-8,24.
[35] 张敏,高宗余,陈佳,等.千米跨度公铁两用钢桁梁斜拉桥几何非线性研究[J].桥梁建设,2014,44(5):15-20.
[36] 苗家武,裴岷山,肖汝诚,等.苏通大桥主航道桥总体静力分析[J].公路交通科技,2006,23(2):64-67.
[37] COMBAULT J,PECKER A,TEYSSANDIER JP,et al. Rion-antirion Bridge,Greece-Concept, Design and Construction [J]. Structural Engineering International,2005,15(1):22-27.
[38] PARK C K,JANG I H,KIRN K Y,et al. The Construction of Geogeum Bridge with Large Segment[J]. Structural Engineering International,2012,22(1):36-39.
[39] 林元培.南浦大桥与杨浦大桥[J].土木工程学报,1995,28(6):3-10.
[40] 彭旺虎,邵旭东,李立峰,等.无背索斜拉桥的概念、设计与施工[J].土木工程学报,2007(5):26-33.
[41] 常英,詹建辉.鄂东长江公路大桥结构设计方案研究[J].桥梁建设,2011(3):65-68.
[42] 丁望星,姜友生.荆岳长江公路大桥设计[J].桥梁建设,2011(04):57-61.
[43] 金增洪.日本多多罗大桥简介[J].中外公路,1999,019(4):8-13.

[44] 杨祖东,VIRL M.诺曼底大桥的设计与施工[J].城市道桥与防洪,1995(3):19-35.

[45] 刘海燕,陈开利.韩国仁川大桥的设计与施工[J].世界桥梁,2012,40(4):6-10.

[46] 陈开利.鹤见航道桥的上部结构设计简介[J].世界桥梁,1997(3):1-6.

[47] 邵长宇,黄少文,卢永成.上海长江大桥总体设计与构思[J].世界桥梁,2009(S1):6-9+26.

[48] 吴游宇,邓淑飞.贵黔高速鸭池河大桥主梁结构受力行为分析[J].世界桥梁,2016,44(04):71-75.

[49] 刘波,彭运动,侯满.贵州都格北盘江大桥主桥设计及关键技术[J].桥梁建设,2018,48(06):81-86.

[50] 高宗余.沪通长江大桥主桥技术特点[J].桥梁建设,2014,44(02):1-5.

[51] 赖亚平,邓宇,马振栋.公轨两用高低塔斜拉桥钢桁梁设计研究[J].钢结构,2016,31(09):67-72.

[52] 尤吉,魏乐永,尹超.望东长江公路大桥主桥设计[J].工程与建设,2019,33(01):50-52+70.

[53] KITE S,HORNBY R,MINTO B,et al. Queensferry Crossing, Scotland-scheme, specimen and definition designs[J]. Bridge Engineering,2019,172(2):1-46.

[54] MARKELJ V. Design and Construction of Sava Bridge in Belgrade[A]. MASE 2011[C]. Macedonia:Straga,2011.

[55] 王志荣,马矗,顾民杰.宁波大榭第二大桥总体设计[J].公路,2013(09):276-280.

[56] 潘放.黄茅海跨海通道总体方案及创新技术[J].桥梁建设,2021,51(04):10-16.

[57] 杜磊,梁立农,孙向东,等.黄茅海跨海通道工程高栏港大桥结构体系设计[J].公路,2021,66(08):130-136.

[58] 贾兆兵,胡吉利,王志英.青银高速公路济南黄河大桥总体设计[J].桥梁建设,2007(S1):11-14.

[59] 李强,凌立鹏,郭昊霖.拉索布置形式对大跨度三塔斜拉桥竖向刚度的影响研究[J].公路,2021,66(10):135-141.

[60] 魏乐永,熊文,崔冰.南京长江五桥结构竖向刚度分析与优化[J].公路,2019,64(05):149-153.

[61] 成井信,松下贞义,山根哲雄,等.柜石岛·岩黑岛公铁两用斜拉桥的设计[J].国外桥梁,1982(01):23-55.

[62] TANG M C. The Story of World-Record Spans[J]. Civil Engineering Magazine Archive,2010,80(3):56-63.

[63] STIPANIC B,HAJDIN N,KRAWCZYK J,et al. Bridge across Vistula River in Plock (Poland)-Project Realization[A]. IABSE Symposium: Sustainable Infrastructure-Environment Friendly, Safe and Resource Efficient[C]. Thailand:Bangkok,2009:30-39.

[64] EMGE A,MINAS F. Reconstruction of the Sloboda Bridge in Novi Sad[J]. Stahlbau,2004,73(10):61-68.

[65] LÖCKMANN H,MARZAHN G A. Spanning the Rhine River with a new cable-stayed bridge[J]. Structural Engineering International,2009,19(3):271-276.

[66] 杨进.汕头礐石大桥主孔斜拉桥的开拓性技术成就[J].桥梁建设,2000(3):25-28.

[67] 钱叶祥.汕头礐石大桥钢梁制造工艺方案[J].铁道标准设计,2000,20(3):23-25.
[68] 胡明义,黄冰释,余俊林,等.鄂东长江公路大桥设计关键技术[J].桥梁建设,2011(5):64-68.
[69] 金增洪.法国诺曼底大桥简介[J].国外公路,1996,16(4):26-31.
[70] 崔冰,曾宪武,王永珩.南京二桥南汊大桥主桥结构设计[A].中国土木工程学会桥梁及结构工程学会第十三届年会论文集(上册)[C].上海:同济大学出版社,1998:274-282.
[71] 陈卫国,杨元录.舟山桃夭门大桥钢箱梁制造关键工艺及质量控制[J].桥梁建设,2007(1):70-73.
[72] 裴岷山,徐利平,朱斌,胡晓光,苗家武,单宏伟.苏通大桥主航道桥桥型方案及上部结构设计研究[A].中国公路学会桥梁和结构工程学会2003年全国桥梁学术会议论文集[C].北京:人民交通出版社,2003:63-73.
[73] 胡辉跃,徐恭义,张燕飞.武汉青山长江公路大桥主桥主梁设计关键技术[J].桥梁建设,2018,48(5):81-85.
[74] TAPLEY M J,WEST B W,YAMAMOTO S,et al. Challenges in construction of Stonecutters Bridge and progress update[C]//The Hong Kong Institution of Engineers. International Conference on Bridge Engineering. Hong Kong: The Hong Kong Institution of Engineers,2006.
[75] 曾源,卢永成,蒋彦征,等.上海长江大桥主航道斜拉桥分离式钢箱梁设计[J].世界桥梁,2009(1):18-21.
[76] 张喜刚,王仁贵,孟凡超,等.多塔斜拉桥分体钢箱梁的设计与施工[J].公路,2013(7):289-293.
[77] 顾世明,林道锦,王仁贵.分体钢箱梁左右幅独立吊装技术[J].公路,2013(12):109-113.
[78] 杨詠昕,周锐,罗东伟,等.不同槽宽分体箱梁桥梁的涡振及其控制措施[J].工程力学,2017,34(7):23-40.
[79] 赵金磊.芜湖长江公路二桥主桥钢箱梁安装施工技术[J].公路交通科技(应用技术版),2018,14(01):261-263.
[80] 杨婷,周志勇.中央开槽箱梁涡激共振特性及抑振措施机理研究[J].振动与冲击,2015,34(10):76-83.
[81] 韩衍群,叶梅新,罗如登.整体桥面钢桁梁桥桥面荷载传递途径的研究[J].铁道学报,2008,30(1):65-69.
[82] 张敏,叶梅新,张晔芝.密布横梁正交异性板整体桥面受力行为[J].中国铁道科学,2010,31(3):28-34.
[83] 常付平,蒋彦征,李鹏.结合钢桁梁正交异性钢桥面板体系研究[J].桥梁建设,2011(6):37-41.
[84] 于祥敏,陈德伟,白植舟,等.贵黔高速鸭池河特大桥钢桁梁施工关键技术[J].桥梁建设,2017,47(4):107-112.
[85] 侯满,王茂强.毕都北盘江大桥钢桁梁设计关键技术[J].世界桥梁,2018,46(3):1-6.
[86] 张雷,马广,王召祜.杭绍台铁路椒江特大桥主桥设计[J].桥梁建设,2019,49(5):

73-78.

[87] 苏国明.杭绍台铁路椒江特大桥主桥钢桁梁设计[J].桥梁建设,2018,48(6):99-103.

[88] 徐伟,苑仁安,等.常泰长江大桥主航道桥结构体系及钢梁设计[J].桥梁建设,2021,51(03):1-8.

[89] 赖亚平,马振栋.重庆两江大桥上层桥面结构设计研究[J].桥梁建设,2016,46(5):89-94.

[90] 徐伟.武汉天兴洲公铁两用长江大桥主桥钢梁设计[J].桥梁建设,2008(1):4-7.

[91] 杜萍,万田保.铜陵公铁两用长江大桥主桥钢梁设计[J].桥梁建设,2014,44(2):6-11.

[92] 徐伟,郑清刚,彭振华.沪通长江大桥主航道桥主梁结构设计[J].桥梁建设,2015,45(6):47-52.

[93] 马矗,颜爱华,邓青儿,等.上海闵浦大桥设计与构思[J].上海建设科技,2010(5):1-4.

[94] 蒋彦征,马矗,邓青儿,常付平.上海闵浦大桥主跨钢桁梁设计[A].全国斜拉桥关键技术论文集(2012)[C].北京:人民交通出版社,2012:47-52.

[95] 陈良江,王德志,段雪炜,等.福平铁路桥梁总体设计及技术特点[J].铁道标准设计,2020,64(S01):1-6.

[96] 孙英杰,徐伟.平潭海峡公铁两用大桥双层结合全焊钢桁梁设计[J].桥梁建设,2016,46(1):1-5.

[97] KUMARASENA S,MCCABE R. US Grant Bridge Replacement[J]. Structural Engineering International,2008,18(1):56-61.

[98] GIMSING,JØRGEN N. High Strength Steel in the Great Belt East Bridge and the Øresund Bridge[J]. American Anthropologist,1996,53(2):155-163.

[99] GIMSING,JØRGEN N. Composite action and high strength steel in the Øresund Bridge[A]. Composite bridges Proceedings of the 3rd International Meeting[C]. Madrid:Springer Verlag,2001:337-347.

[100] SCHLAICH J, SCHMID V, SCHLAICH M. Composite bridges:recent experience. The development of teeth-connectors[A]. Composite bridges Proceedings of the 3rd International Meeting[C]. Madrid:Springer Verlag,2001:761-790.

[101] HANSWILLE G. Composite bridges recently built in Germany[A]. Composite bridges Proceedings of the 3rd International Meeting[C]. Madrid:Springer Verlag,2001:97-110.

[102] COMBAULT J. The bridge over the Chavanon river(France)[A]. Composite bridges Proceedings of the 3rd International Meeting[C]. Madrid:Springer Verlag,2001:739-744.

[103] VINUELA L. Project-construction interaction in composite bridge[A]. Composite bridges Proceedings of the 3rd International Meeting[C]. Madrid:Springer Verlag,2001:793-802.

[104] SAUL R. Re-modelling and replacement of large steel and composite bridge[A]. Composite bridges Proceedings of the 3rd International Meeting[C]. Madrid:Springer Verlag,2001:891-906.

[105] M Carter,S Kite,N Hussain,et al. Design of the Forth Replacement Crossing,Scotland[J]. Bridge Engineering,ICE,2010,163(BE2):91-99.

[106] CARTER M, KITE S, HUSSAIN N, SEYWRIGHT A, GLOVER M, MINTO B. Forth Replacement Crossing: Scheme Design of the bridge[A]. IABSE Symposium[C]. Bangkok: Taylor & Francis, 2009: 382-383.

[107] 邵长宇, 颜爱华, 邓青儿. 东海大桥主跨420m钢混凝土箱形结合梁斜拉桥新技术[J]. 桥梁建设, 2004(2): 27-30.

[108] 邵长宇. 钢-混凝土箱形结合梁斜拉桥在东海大桥的应用与展望[J]. 桥梁建设, 2003(3): 5-8.

[109] 徐利平, 戴利民, 龚中平, 郑本辉, 罗喜恒. 台州市椒江二桥总体设计[A]. 第十九届全国桥梁学术会议论文集(上册)[C]. 北京: 人民交通出版社, 2010: 162~168.

[110] 方秦汉. 芜湖长江大桥[J]. 华中科技大学(城市科学版), 2002, 19(1): 1-3.

[111] 赵世运, 李湘涛. 芜湖长江大桥正桥钢梁制造及架设技术[J]. 中国铁道科学, 2001, 22(5): 107-110.

[112] 方华兵, 黄峰. 武汉鹦鹉洲长江大桥钢-混结合梁施工技术[J]. 世界桥梁, 2014, 42(4): 10-14.

[113] GÓMEZ R, SÁNCHEZ-GARCÍA R, ESCOBAR J A, et al. Analysis of the Response Under Live Loads of Two New Cable Stayed Bridges Built in Mexico[A]. Developments in International Bridge Engineering[C]. Turkey: Springer International Publishing, 2016: 17-26.

[114] SHAHAWY M A, AROCKIASAMY M. Field Instrumentation to Study the Time-Dependent Behavior in Sunshine Skyway Bridge. I[J]. Journal of Bridge Engineering, 1996, 1(2): 76-86.

[115] 刘海燕, 陈开利. 多塔斜拉桥: 越南口新桥的设计[J]. 世界桥梁, 2011(4): 1-4.

[116] 陈炳坤, 林广元. 加尔各答胡格利河二桥[J]. 世界桥梁, 1998(2): 32-36.

[117] 谢学强. 马来西亚柔佛州双塔单索面斜拉桥上部结构架设施工[J]. 中国高新技术企业, 2009(5): 175-177.

[118] 林元培, 顾永良, 张介望, 等. 上海黄浦江南浦大桥设计[J]. 城市道桥与防洪, 1991(Z1): 1-6.

[119] CHRISTIAN MENN, V CHANDRA, K DONINGTON. Conceptual Design of the Leonard P. Zakim Bunker Hill Bridge, Boston, MA, USA[J]. Structural Engineering International, 2004(1): 42-45.

[120] BERGMAN D W, RADOJEVIC D, IBRAHIM H. Design of the Golden Ears Bridge[J]. Structural Engineering International, 2007: 41-48.

[121] 王伯惠. 斜拉桥的极限跨径(连载一)[J]. 公路, 2002(3): 46-53.

[122] 王伯惠. 斜拉桥的极限跨径(连载二)[J]. 公路, 2002(4): 38-48.

[123] 张杨永. 自锚式斜拉桥的极限跨径研究(Ⅰ)[J]. 重庆交通大学学报(自然科学版), 2013, 32(2): 177-182.

[124] 王忠彬, 杨进, 周平. 鹦鹉洲长江大桥钢-混结合梁悬索桥方案研究[J]. 桥梁建设. 2010(04): 52-56.

[125] 邵旭东, 曹君辉, 易笃韬, 等. 正交异性钢板-薄层RPC组合桥面基本性能研究[J]. 中国

公路学报,2012(2):40-45.

[126] 李嘉,冯啸天,邵旭东,等.正交异性钢桥面-RPC薄层组合铺装体系研究[J].湖南大学学报(自然科学版).2012(12):7-12.

[127] 汤虎.博士后研究工作报告-索承式组合结构桥梁结构体系与设计方法研究[R].上海:同济大学出版社,2016.

[128] 陈亮.大跨度钢-混凝土组合梁斜拉桥关键技术研究[D].上海:同济大学,2016.

[129] 左明福.厄勒海峡大桥的设计与施工[J].中国港湾建设,2001(1):5-7.

[130] 杨义东,胡定成.厄勒海峡大桥的详细设计[J].国外桥梁,1999(3):8-11.

[131] TAYLOR P R,邵克华,赵煜澄.一座大型结合梁斜拉桥-安纳西斯桥的上部结构[J].国外桥梁,1986(3):3-11.

[132] 常付平,汤虎,邵长宇.巢湖大桥主桥设计[J].桥梁建设,2020,50(6):91-96.

[133] 张德平,徐伟,黄细军,等.赤壁长江公路大桥钢锚梁索塔锚固结构优化设计[J].世界桥梁,2019,47(5):12-16.

[134] 张德平,周健鸿,王东晖.赤壁长江公路大桥主桥主梁设计[J].桥梁建设,2019,49(4):81-85.

[135] 陆凯卫.含粗骨料UHPC桥面板疲劳性能研究[D].南京:东南大学,2018.

[136] 龚志刚,康宗兰.尼泊尔卡那里河大跨独塔斜拉桥施工简介[J].国外桥梁,1996(4):23-25.

[137] 陈炜,张德平.武汉二七长江大桥结构体系方案研究[J].桥梁建设,2011(1):1-4,9.

[138] 陈恒大,姚丝思,邬晓光.跨中交叉布索的多塔斜拉桥受力机理及参数分析[J].铁道科学与工程学报,2018,15(10):2549-2556.

[139] 姚丝思.交叉索多塔斜拉桥结构刚度及拉索交叉比例研究[D].西安:长安大学,2017.

[140] 杨成峰.单索面钢混组合箱梁斜拉桥设计与分析[D].杭州:浙江大学,2018.

[141] 柳杰,高恩全,杨成峰.富翅门大桥设计分析[J].城市道桥与防洪,2014(9):117-120,124+18-19.

[142] 宋晖,刘锡明.泉州湾跨海大桥总体设计与技术创新[J].福建交通科技,2012(4):54-58.

[143] 魏乐永,崔冰,熊文.望东长江公路大桥的结构体系设计研究[J].公路,2019,64(7):149-154.

[144] 刘正光.香港大型悬吊体系桥梁的发展[J].土木工程学报,2005(6):59-68.

[145] 朱乐东,张之勇,张志成,等.香港汲水门大桥的模态识别[J].振动工程学报,1999(4):69-76.

[146] GIMSING N J,GEORGAKIS C T. Cable Supported Bridges: Concept and Design, Third Edition[M]. Germany: John Wiley & Sons,2012.

[147] 拓明阳,赵健.俄罗斯岛大桥总体施工设计综述[J].中外公路,2017,37(6):155-158.

[148] 戴永宁.南京长江第三大桥钢索塔技术[M].北京:人民交通出版社,2005.

[149] 彭卫.诺曼底桥的设计与施工[J].国外桥梁,1993(4):253-262.

[150] 黄侨,黄义理,郑清刚,等.常泰长江大桥塔柱偏心距增大系数的计算方法[J].长安大学学报(自然科学版),2021,41(3):42-51.

[151] 裴炳志,江建斌,岳丽娜.韩国首尔西海(Seohae)大桥的主桥设计[J].中外公路,2009,29(4):104-106.

[152] 游新鹏.韩国巨加大桥的设计与施工[J].世界桥梁,2014,42(1):1-5.

[153] 严国敏.名港大桥上部结构的设计与施工[J].国外桥梁,1995(3):161-174.

[154] 王辉,方兴,白玲,等.斜拉桥和悬索桥钢塔的架设[J].铁道建筑,2007(7):4-6.

[155] 张喜刚,刘高,高原,等.中空型外壁钢板-混凝土组合桥塔塔柱承载力研究[J].土木工程学报,2018,51(3):90-98.

[156] 周伟翔,陈亮,卢永成.曹妃甸工业区1号桥外露式钢锚箱设计与分析[J].上海公路,2012(4):24-28.

[157] 梅应华,胡可,朱大勇.芜湖长江公路二桥桥塔锚索系统性能研究[J].世界桥梁,2017,45(6):39-44.

[158] KANG X, YOU Q, LI G, et al. Construction Technology Innovation of Light-Weight Steel-Concrete Composite Cable-Stayed Bridge[A]. Proceedings of the 2022 International Conference on Green Building, Civil Engineering and Smart City[C]. Singapore: Springer Nature Singapore, 2022:455-464.

[159] CUI B, WU H, ZHAO C, et al. Steel-Concrete Composite Cable-Stayed Bridge—Main Bridge of the Jiangxinzhou Yangtze River Bridge at Nanjing[J]. Structural Engineering International, 2022:1-8.

[160] 魏建东,车惠民.斜拉索静力解及其应用[J].西南交通大学学报,1998(5):57-61.

[161] 任淑琰,顾明.斜拉桥拉索静力构形分析[J].同济大学学报(自然科学版),2005(5):595-599.

[162] 李文勃,林志兴.抑制斜拉索风雨激振的气动措施研究[J].土木工程学报,2005,38(5):48-53.

[163] 李文勃.斜拉桥三维风雨激振及静风荷载研究[D].上海:同济大学,2007.

[164] 李国强.拉索振动、动力检测与振动控制理论[M].北京:科学出版社,2014.

[165] 单继安,姜平,许奇峰,等.桥梁钢绞线拉索发展应用技术研究[J].安徽建筑,2019,26(12):151-154.

[166] 胡可.斜拉索力学特性及精确定位计算方法[A].中国公路学会桥梁和结构工程分会2004年全国桥梁学术会议论文集[C].北京:人民交通出版社,2004:807-811.

[167] 郭蹦.斜拉桥设计中拉索抗风问题研究综述[J].城市道桥与防洪,2008,2008(8):161-166.

[168] 杜萍.二七长江大桥主跨斜拉桥钢主梁设计[J].交通科技,2014,2014(2):4-7.

[169] 罗华莹,李亚东,周和林.泰国曼谷拉玛八世桥的设计与施工[J].世界桥梁,2004(3):1-4.

[170] 方秦汉.芜湖长江大桥的技术创新[J].铁道建筑技术,2002(04):1-6.

[171] 董学武,周世忠.希腊里翁-安蒂里翁大桥的设计与施工[J].世界桥梁,2004,2014(4):1-4.

[172] 林元培,章曾焕,卢永成,等.上海东海大桥工程总体设计[J].城市道桥与防洪,2004,

2004(4):1-8.

[173] 严少波,袁隆平,刘琪.枝江百里洲长江大桥的难题与破题[J].中国公路,2023,(7):58-61.

[174] 夏红波,彭首冲.狮子洋通道工程桥梁总体设计思考[J/OL].公路,2024,(7):109-115.

[175] 詹建辉,廖原,丁望星,等.丹江口水库特大桥总体设计[J].桥梁建设,2023,53(2):1-9.

[176] 刘朝辉,周范武,于得安,等.丹江口水库特大桥跨中无轴力连接装置施工关键技术[J].世界桥梁,2024,52(3):36-41.

[177] 严少波,袁隆平,刘琪.枝江百里洲长江大桥的难题与破题[J].中国公路,2023,(7):58-61.

[178] 张妮.美国与加拿大边界高迪·豪威国际大桥[J].世界桥梁,2021,49(4):118.

[179] 王仁贵.张靖皋长江大桥南航道桥设计创新[J].东南大学学报(自然科学版),2023,53(6):979-987.

[180] 魏乐永,颜智法,张愉.张靖皋长江大桥新型组合索塔设计[J].公路,2023,68(6):20-27.

[181] 冯鹏程,刘新华,易蓓,等.湖北观音寺长江大桥主桥方案构思与总体设计[J].桥梁建设,2023,53(S1):1-8.

[182] 陈亮,邵长宇,汤虎,等.济南齐鲁黄河大桥420 m跨网状吊杆系杆拱桥设计[J].桥梁建设,2022,52(3):113-120.

[183] 常付平,陈亮,邵长宇,等.济南凤凰黄河大桥主桥设计[J].桥梁建设,2021,51(5):101-107.

[184] 肖海珠.G3铜陵长江公铁大桥主桥设计[J].桥梁建设,2023,53(S2):1-9.

[185] 肖海珠,高宗余,刘俊锋.西堠门公铁两用大桥主桥结构设计[J].桥梁建设,2020,50(S2):1-8.

[186] 邵长宇.珠海淇澳大桥斜拉桥方案设计[C]//中国土木工程学会桥梁及结构工程学会第十二届年会论文集(上册).广州,1996:128-134.

[187] 胡昌炳.珠海淇澳大桥主梁悬臂拼装施工技术[J].桥梁建设,2000,(4):45-48.

[188] 于祥敏,陈德伟,白植舟,等.贵黔高速鸭池河特大桥钢桁梁施工关键技术[J].桥梁建设,2017,47(4):107-112.

[189] 王吉仁.郧阳汉江公路大桥设计与施工[J].公路,1996(3):15-20.

[190] 丁望星,姜友生.荆岳长江公路大桥设计[J].桥梁建设,2011(4):57-61.

[191] 陶齐宇,李平,蒋劲松.宜宾长江大桥总体设计[J].世界桥梁,2008,(3):9-11.

[192] 邵长宇.夷陵长江大桥三塔斜拉桥结构体系及性能研究[A].第九届全国结构工程学术会议论文集第Ⅱ卷[C].北京:清华大学出版社,2000:272-277

[193] 邓文中,任国雷,杨春.涪陵乌江二桥总体设计[J].桥梁建设,2007(1):43-46.

[194] 胡斯彦,张铭.宜昌香溪河大桥主桥设计[J].世界桥梁,2017,45(4):7-10.

[195] 杨耀铨,王镛生,冯鹏程,等.鄂黄长江公路大桥主桥总体设计[J].公路,2001(8):46-50.

官方微信公众号　　人民交通出版社旗舰店